DICTIONNAIRE
D'HISTOIRE ET DE GÉOGRAPHIE ECCLÉSIASTIQUES

FASCICULE 189b-190

APOLOGÉTIQUE JUDÉO-HELLÉNISTIQUE

Les écrits des plusieurs auteurs juifs de langue grecque (le philosophe Aristobule, les historiens Démétrius, Eupolème et Artapan, l'exégète Aristée, le poète Ézéchiel le Tragique) ne sont connus que grâce à des apologètes chrétiens comme Clément d'Alexandrie et Eusèbe de Césarée (voir *infra*, les notices Aristée, Aristobule, Artapan, Baruch, Démétrius, Eupolème, Ézéchiel le Tragique, Pseudo-Eupolème et Thérapeutes). Les principaux thèmes que l'apologétique chrétienne ancienne a repris à l'apologétique judéo-hellénistique sont : la présentation du monothéisme et la polémique anti-idolâtrique, l'exaltation de l'éthique judéo-chrétienne et la critique des mœurs païennes, l'antériorité de la révélation biblique par rapport au patrimoine littéraire païen.

M. Alexandre, *Apologétique judéo-hellénistique et premières apologies chrétiennes*, dans B. Pouderon et al. (dir.), *Les apologistes chrétiens et la culture grecque* (coll. Théologie historique, 105), Paris, 1998, p. 1-40. – S. Inowlocki, *Eusebius and the jewish Authors. His Citation Technique in an Apologetic Context* (coll. Ancient Judaism and Early Christianity, 64), Leiden-Boston, 2006.

J.-M. Auwers

ARISTÉE, auteur juif de langue grecque, dont l'unique fragment connu est cité par Eusèbe de Césarée, qui le cite à l'appui de son argumentation sur l'antériorité et la supériorité du judéo-christianisme sur la culture hellénique (*cf.* Apologétique judéo-hellénistique, *supra*, col. 897).

Aristée, est désigné comme l'Historien ou l'Exégète, pour ne pas le confondre avec l'auteur qui se donne le même nom, de la *Lettre à Philocrate*. Ce dernier fait peut-être allusion à l'Historien quand il mentionne dans sa *Lettre* § 6 son propre ouvrage *Sur la race des Juifs*. Mais l'ouvrage d'Aristée, *Des Juifs*, ne peut être présenté comme l'œuvre d'un païen, comme le fait pour le sien l'auteur de la *Lettre*, qui a pu emprunter son nom à l'Historien.

De l'ouvrage *Des Juifs* d'Aristée un seul passage a été conservé, cité par Eusèbe (*Préparation évangélique* 9, 25, 1-4) qui l'a trouvé chez Alexandre Polyhistor. Comme c'est un résumé fidèle du *Livre de Job*, Aristée peut être considéré comme un exégète. Il situe Job à l'époque patriarcale comme le font le *Testament de Job* I, 6, le *Livre des Antiquités bibliques* VIII, 7-8 et le *Targum de Job* I, 2. Le point de départ des renseignements fournis par Aristée est *Gn* 36, 33. Il identifie Job avec Jobab, « fils de Zara de Bossora », et fait de lui l'un des rois « qui régnèrent au pays d'Édom avant qu'un roi ne régnât sur les fils d'Israël (*Gn* 36, 31). Cette identification se rencontre également dans le post-scriptum à la version de la Septante de *Job* 42, 17 *d* et dans le *Testament de Job* I, 11 ; II, 1-2 ; III, 1. Aristée fait de Job le fils d'Ésaü et de Bassara, la ville de Bosra, dont le père de Job est originaire, devient Bassara, mère de Job ; dans le post-scriptum à la version de la Septante de *Job* 42, 7 *c*, Job a pour père « Zaré, fils d'entre les fils d'Ésaü, et pour mère Bossora ; il était le cinquième depuis Abraham ».

Aristée, judéo-helléniste, suit avec exactitude le texte de la Septante : comme dans la Septante, Job vit en Ausitis (texte massorétique `*uc*) ; ses possessions sont énumérées dans le même ordre et dans les mêmes termes (*LXX Job* 1, 3a ; *Préparation évangélique* 9, 25, 2) ; les maux qui s'abattent sur lui le sont également et dans des termes identiques.

Aristée présente Job comme un patient qui endure sa souffrance en silence et montre un Dieu proche qui intervient dans la vie des humains pour les éprouver et pour les sauver. C'est pourquoi Il n'est pas impossible que l'auteur de la *Lettre de Jacques* 5, 11 qui félicite ses lecteurs « d'avoir entendu l'histoire de l'endurance de Job », se soit inspiré de l'Exégète. Quoiqu'il en soit, le texte d'Aristée est un témoin important de la tradition sur Job et doit être considéré comme l'un des textes les mieux documentés qui ont préservé cette tradition comme le *Testament de Job* et *IIQtgJob*.

L'époque où Aristée a vécu, antérieure à Alexandre Polyhistor (vers 50 avant J.-C.), est postérieure à la traduction de la Septante du *Livre de Job*, au IIe siècle avant notre ère. Aucune autre précision n'est possible.

J. Freudenthal, *Alexander Polyhistor und die von him erhaltenen Reste jüdischer und samaritanischer Geschichtswerke* (coll. Hellenistische Studien, 1-2), Breslau, 1874-1875. – A.-M. Denis, *Fragmenta Pseudepigraphorum quae supersunt graeca*, Leiden, p. 195-196 ; Id., *Introduction à la littérature judéo-chrétienne*, t. II, Turnhout, 2000, p. 1146-1149. – C. R. Holladay, *Fragments from Hellenistic Jewish Authors*, vol. 1 : *Historians*, Chico, 1983, p. 261-264. – R. Doran, « Aristeas The Exegete », dans J. H. Charlesworth, *The Old Testament Pseudepigrapha*, vol. 2, London, 1985, p. 655-858. – J. Riaud, *À la croisée des cultures. Les traditions judaïques à la manière grecque*, Paris, Cerf, 2017, p. 153-160.

J. RIAUD

ARISTOBULE, auteur juif de langue grecque, mais connu uniquement par des apologètes chrétiens qui le citent à l'appui de leur argumentation (*cf.* Apologétique judéo-hellénistique, *supra*, col. 897).

Selon Eusèbe de Césarée (*Préparation évangélique* VII, 13, 7), Aristobule était « un sage parmi les Hébreux, qui fleurit sous la monarchie des Ptolémées » ; il aurait « dédié à Ptolémée lui-même son *Interprétation des saintes* lois ». Ce Ptolémée est, selon Clément d'Alexandrie (*Stromate* I, XXII, 150, 1) Ptolémée VI Philométor (155-145 avant J.-C.) et, toujours selon Clément (*Stromate* V, XIV, 97, 7), Aristobule serait l'Aristobule mentionné en *II Maccabées* 1, 10 où il est présenté comme le « didascale » (précepteur ou conseiller ?) du roi Ptolémée, et « issu de la race des prêtres consacrés ». Cette indication qui se trouve dans la seconde lettre aux Juifs d'Égypte (*II Maccabées* 1, 10-2, 18) – un faux de peu postérieur avant 60 de notre ère – nous apprend que l'ouvrage d'Aristobule était encore connu à Alexandrie au milieu du Ier siècle avant notre ère.

En *Stromate* V, XIV, 97, 7, Clément d'Alexandrie précise qu'Aristobule, le « Péripatéticien » (cf. *Stromate* I, XV, 72, 4) « a composé de nombreux ouvrages où il démontre que la philosophie péripatéticienne dépend de la loi de Moïse et des autres prophètes ». De son côté, Eusèbe de Césarée affirme (*Préparation évangélique* VIII, 9, 38) que, « outre sa philosophie ancestrale, il avait pratiqué celle d'Aristote ». Comment faut-il comprendre cette appartenance d'Aristobule, affirmée par Clément et Eusèbe ? Se déduit-elle de quelque détail du texte ? Ou indique-t-elle un auteur curieux d'histoire littéraire ou de science physique ? Sans vouloir identifier Aristobule avec l'auteur du traité pseudo-aristotélicien *De Mundo*, la thèse de Roberto Radice (*La filosofia di Aristobulo e i suoi nessi con il « De mundo » attribuito ad Aristotele*), mérite de retenir l'attention.

En *Stromate* V, XIV, 97, 7, Clément d'Alexandrie précise qu'Aristobule a composé de « nombreux ouvrages », et, en *Stromate* I, XXII, 150, 1, il cite un passage qu'il a trouvé, écrit-il, dans « un premier volume » dédié à Philométor. Anatole de Laodicée, cité par Eusèbe (*Histoire ecclésiastique* VII, 32, 16) se réfère aux « livres explicatifs de la loi de Moïse ». Eusèbe mentionne, lui aussi, « les narrations (...) d'Aristobule », « les explications de l'Écriture de Moïse » (*Chronique*,

GCS 47, p. 139, 5), « les études d'Aristobule dédiées au roi Ptolémée » (*Préparation évangélique* XIII, 12). Tous ces témoignages laissent entendre qu'Aristobule était l'auteur d'une œuvre importante. En plus du *De Mundo*, lui ont été attribués, à lui ou à son officine, *Le Troisième Livre des Oracles Sibyllins*, le *Discours sacré* du Pseudo-Orphée, la *Sagesse de Salomon*, et même la traduction des *Proverbes*. Mais, de même que son attachement à la communauté des Thérapeutes que Philon présente dans son *De vita contemplativa*, il ne s'agit là que d'hypothèses : aucun des arguments avancés pour les justifier n'emporte véritablement l'adhésion.

De l'œuvre d'Aristobule qui vivait à Alexandrie au IIe siècle avant J.-C., à l'époque du roi Philométor (155-145 avant J.-C.), cinq extraits, aux longueurs diverses, ont été conservés par Eusèbe de Césarée, et, en partie, par Clément d'Alexandrie. Le premier extrait, le plus court, se trouve dans l'*Histoire ecclésiastique*, VII, 32, 14-19. Eusèbe cite un passage du Περὶ τοῦ Πάσχα d'Anatole de Laodicée. C'est dans ce passage concernant la date de la Pâque chrétienne que se trouve le court fragment d'Aristobule sur la célébration de la Pâque juive, qui doit se faire après l'équinoxe de printemps, au milieu du premier mois.

Dans le second extrait (*Préparation évangélique* VIII, 9, 38-10, 1-17), Aristobule, qui fait appel à la philosophie d'Aristote, explique les anthropomorphismes de la Bible quand elle parle des membres de Dieu. Le troisième extrait (*Ibid.*, XIII, 11, 3b-12, 2) précise que les Grecs, à commencer par Platon, dépendent de la philosophie des Hébreux qui leur est antérieure. Dans le quatrième extrait (*Ibid.*, XIII, 12, 3-8), Aristobule reprend la question des anthropomorphismes en démontrant que Moïse et quelques philosophes grecs, Pythagore, Socrate, Platon et les poètes, partagent les mêmes idées au sujet de Dieu. Il cite Orphée lui donne un *Discours sacré* et le début des *Phénomènes* d'Aratus. Le dernier extrait (*Ibid.*, XIII, 12, 9-16) consiste en une explication allégorique du sabbat, don accordé aux humains par « Dieu qui a organisé le monde entier ». Pour convaincre ses lecteurs païens que le sabbat, jour de repos consacré à la contemplation, n'est pas l'apanage des seuls Juifs, mais aussi le leur, Aristobule invoque l'autorité de leurs poètes.

La lecture de ces fragments de son œuvre fait apparaître qu'Aristobule qui se présentait comme appartenant à l'école de Moïse, ambitionnait, en apologète, de montrer la cohérence de l'Écriture avec la pensée grecque. Elle permet également de se faire une idée des débats qui existaient au IIe siècle avant notre ère sur la Loi de Moïse dans les milieux cultivés d'Égypte et d'Alexandrie en particulier.

N. Walter, *Der Thoraausleger Aristobulos* (coll. Texte und Untersuchungen zur Geschichte der altchristlichen Literatur, 86), Berlin, 1964 ; Id., *Fragmente jüdisch-hellenistischer Exegeten : Aristobulos, Demetrios, Aristeas*, dans *Jüdische Schriften aus hellenistisch-römischer Zeit*, III/2, Gütersloh, 1975, p. 261-279 ; Id. et A. Y. Collins, « Aristobulus », dans J. H. Charlesworth (éd.), *The Old Testament Pseudepigrapha*, vol. 2, London, 1985, p. 831-842. – A.-M. Denis, *Fragmenta Pseudepigraphorum quae supersunt graeca*, Leiden, 1970, p. 217-228 ; Id., *Introduction à la littérature judéo-chrétienne*, t. II, Turnhout, 2000, p. 1216-1237. – M. Hengel, *Judaism and Hellenism*, Philadelphia, 1974, vol. I, p. 163-169 ; vol. II, p. 105-110. – C. R. Holladay, *Fragments from Hellenistic Jewish*

Authors, vol. III, *Aristobulus,* Atlanta, 1995. – R. Radice, *La filosofia di Aristobulo e i suoi nessi con il « De Mundo » attribuito ad Aristotele,* Milano, 1995. – *Les Proverbes,* traduction, introduction et notes par D.-M. D'Hamonville avec la collaboration de Sœur É. Dumouchet, dans *La Bible d'Alexandrie LXXX,* XVII, Paris, 2000, p. 134. – J. Riaud, *Pâque et Sabbat dans les Fragments I et V d'Aristobule,* dans Chr. Grappe et J.-Cl. Ingelaere (éd.), *Le Temps et les Temps dans les littératures juives et chrétiennes au tournant de notre ère* (coll. Supplements to the Journal for the Study of Judaism, 112), Leiden, 2006, p. 107-123. – S. Inowlocki, *Eusebius and the Jewish Authors. His Citation Technique in an Apologetic Context* (coll. Ancient Judaism and Early Christianity, 64), Leiden-Boston, 2006. – J. Riaud, *Une Communauté mystérieuse dans les environs d'Alexandrie aux alentours de l'ère chrétienne,* dans *Rivista di Storia e letteratura Religiosa,* 50/2, 2014, p. 195-257. – J. Riaud, *À la croisée des cultures. Les traditions judaïques à la manière grecque,* Paris, Cerf, 2017, p. 153-160.

J. RIAUD

ARTAPAN, auteur juif de langue grecque, mais dont les fragments nous sont transmis uniquement par Eusèbe de Césarée, qui le cite pour prouver l'antériorité et la supériorité du judéo-christianisme sur la culture hellénique (*cf.* Apologétique judéo-hellénistique, *supra,* col. 897).

La figure d'Artapan est énigmatique. Il a été tenu pour Juif, mais on lui faisait revêtir le personnage d'un Perse (d'après son nom d'Artapan), qui aurait fait parler un Égyptien, prêtre païen exaltant le peuple de la Bible, comme fait l'auteur de la *Lettre d'Aristée.* Il est seulement probable qu'il était un judéo-helléniste d'Égypte, peut-être d'Alexandrie, centre de la culture gréco-égyptienne, ou de la région de Memphis. Il connaît la version des Septante dont il s'inspire lorsqu'il évoque les plaies d'Égypte.

Les extraits que nous possédons de son œuvre ne permettent pas de préciser l'époque où a vécu Artapan. Il est, sans nul doute possible, antérieur à Alexandre Polyhistor (vers 105-140 avant J.-C.), et pourrait peut-être se situer vers 100 avant notre ère. Il aurait vécu beaucoup plus tôt, selon certains, parce qu'il connaît, en l'attribuant, comme premier cas, au roi Chénéphrès (*Préparation évangélique* IX, 27, 20), l'affection dite éléphantiasis, une maladie connue et nommée depuis 200 avant J.-C. par Bôlos Démocritos (IIIᵉ siècle avant J.-C.), ou 100 avant J.-C., selon Plutarque (*Quæstionum convivialium liber* VIII, 9, 1) à propos du médecin Asclépios de Pruse (vers 124-40 avant J.-C.). Il serait aussi contemporain du roi Ptolémée IV Philopator (221-204 avant J.-C.), car il est possible de rapprocher du décret du papyrus Schubart, décret porté par ce souverain ordonnant que l'on « vérifie les titres des mystagogues non officiels », un passage d'Artapan (*Préparation évangélique,* IX, 27, 24-25) qui relate que le roi ordonne à Moïse de lui dire le nom de son Dieu, et de l'écrire sur une tablette marquée de son sceau. Tout ceci ne permet pas de donner des dates précises. Artapan aurait pu écrire entre 250-100 avant J.-C., la compilation d'Alexandre Polyhistor étant le seul *terminus ante quem* assuré.

De l'ouvrage d'Artapan dont deux titres sont donnés : *Judaica* et *Les Juifs.* Le second, le seul mentionné par Clément d'Alexandrie (*Stromate* I, 23, 154, 2) est peut-être le titre authentique. Trois extraits ont été conservés par Eusèbe de Césarée qui les a empruntés à Alexandre Polyhistor.

Le premier extrait, le plus court (*Préparation évangélique* IX, 18, 1), fournit des informations fantaisistes du nom Ἰουδαῖος et quelques détails sur le séjour en Égypte, durant vingt ans, d'Abraham qui y enseigna l'astrologie.

Le second (*Ibid.,* IX, 23, 1-4) évoque l'arrivée de Joseph en Égypte. Résumé de Gn 37 et 39-47, il ne retient que les bienfaits de l'administration de Joseph, venu en Égypte comme immigrant bénévole. Il passe sous silence l'esclavage, les années de prison et les divers songes à interpréter.

Le troisième (*Ibid.,* IX, 27, 1-37) dont Clément d'Alexandrie cite un passage (*Stromate* I, 23,154, 2-3), est le plus long. Il relate la vie de Moïse de sa naissance à sa mort. Moïse, « enfant de l'un des Juifs », est adopté par « un certain Chénéphrès qui régnait sur les régions au-dessus de Memphis », et Merris, fille de Palmothès, hostile aux Juifs. Appelé Musée par les Grecs, Moïse fut le « précepteur d'Orphée », et l'inventeur « des navires, des machines pour soulever les pierres, de l'armement, des instruments d'irrigation, de la philosophie, de l'écriture sacrée des hiéroglyphes et de leur interprétation ». Aussi est-il appelé « Hermès, vu qu'il interprétait les lettres sacrées ». On lui attribue l'unification et l'organisation du pays et du clergé, et même du culte zoolâtrique. Il est le fondateur des villes d'Hermopolis et de Diospolis, qui est Thèbes. Chef de guerre contre les Éthiopiens dont il triomphe, il leur apprend ainsi qu'à tous les prêtres la circoncision (*Préparation évangélique* IX, 27, 1-10).

Jalousé par Chénéphrès, Moïse, après avoir tué Chanétoth, chargé de le tuer, s'enfuit en Arabie où il épouse la fille de Raguel. Chénéphrès est frappé d'éléphantiasis. Pendant que Moïse suppliait Dieu de sauver son peuple, « un feu jaillit de la terre, et il brûlait sans qu'il y eût sur ce site des arbres ou quelque autre sorte de bois ». Chargé, avec Aaron, de sauver son peuple, Moïse, mis en prison, devient thaumaturge : les portes de la prison et du palais s'ouvrent devant lui. Il révèle au roi la puissance du nom divin. Muni de son seul bâton, il suscite les plaies d'Égypte, malgré les prêtres de Memphis (*Ibid.,* IX, 27, 17-33).

Sous le coup de ces calamités, le roi libère les Juifs. Moïse organise la traversée de la mer Rouge et le séjour de quarante ans au désert où, pour les nourrir, « Dieu fait pleuvoir une farine semblable à celle du mil, voisine de la neige pour la couleur ». Artapan conclut : « Moïse était grand, roux, avec une longue chevelure blanche, et beaucoup de dignité ; et il fit tout cela alors qu'il avait environ quatre-vingt-neuf ans » (*Ibid.,* IX, 27, 34-37).

La lecture des trois extraits qui ont été conservés de son ouvrage permet, semble-t-il, de préciser le dessein d'Artapan qui était de donner une « biographie » ou une « généalogie nationale » qui exalte les ancêtres des Juifs, supérieurs aux ancêtres des autres nations. En écrivant cette biographie, Artapan entendait-il contrecarrer l'antijudaïsme dont lui et ses compatriotes étaient les victimes ? Sa biographie serait alors « une apologétique pour ceux du dehors ». Mais ce faisant, il rassurait les Juifs sur leur propre compte. Peuple choisi par Dieu, ils pouvaient, comme leurs ancêtres, contribuer à la prospérité de l'Égypte, voire même, comme Moïse, reconnaître la légitimité des pratiques religieuses des

Égyptiens, tout en demeurant pleinement assurés qu'ils étaient le peuple choisi du seul et unique Dieu, « le maître de la terre ».

J. Freudenthal, *Alexander Polyhistor. Hellenistische Studien und die von ihm erhaltenen Reste judäischer und samaritanischer Geschichtswerke.* (coll. Hellenistische Studien, 1-2), Breslau, 1874-1875. – L. Cerfaux, *Influence des Mystères sur le Judaïsme Alexandrin avant Philon*, dans *Recueil Lucien Cerfaux* (coll. Bibliotheca ephemeridum theologicarum Lovaniensium, VI-VII), Gembloux, 1954, p. 65-112. – G. Vermês, *La figure de Moïse au tournant des deux Testaments*, dans *Moïse, L'Homme de l'Alliance* (Cahiers Sioniens), Paris, 1955, p. 66-74 – A.-M. Denis, *Fragmenta Pseudepigraphorum quæ supersunt graeca*, Leiden, 1970, p. 186-195 ; Id., *Le Portrait de Moïse par l'antisémite Manéthon (IIIᵉ siècle av. J.-C.) et la réfutation juive de l'historien Artapan*, dans *Le Muséon*, 100, p. 49-65 ; Id., *Introduction à la littérature religieuse judéo-hellénistique*, t. II, Turnhout, 2000, p. 1135-1146. – N. Walter, *Fragmente jüdisch-hellenistischer Historiker*, I/2, Gütersloh, 1976, p. 121-136. – C. R. Holladay, *Theios Aner in Hellenistic Judaism : A Critique of the Use of this Category in New Testament Christology* (coll. Society of Biblical Literature. Dissertation Series), Missoula, 1977 ; Id., *Fragments from Hellenistic Jewish Authors*, vol. I : *Historians*, Chico, 1983, p. 189-243. – J.-J. Collins, *Artapanus*, dans J. H. Charlesworth, *The Old Testament Pseudepigrapha*, vol. 2, London, 1985, p. 889-903. – R. Kugler, *Hearing the Story of moses in Ptolemaic Egypte : Artapanus accomodates the Traditions*, dans A. Hilhorst et G. H. Van Kooten, *The Wisdom of Egypt Jewish, Early Christian and Gnostic Essays in Honour of Gerard P. Luttikhuizen*, Leiden-Boston, 2005, p. 69-80. – S. Inowlocki, *Eusebius and the Jewish Authors. His Citation Technique in an Apologetic Context* (coll. Ancient Judaism and Early Christianity, 64), Leiden-Boston, 2006. – J. Riaud, *Les fragments d'Artapan. Une Vie de Moïse ou une Biographie nationale ?*, dans D. Aigle et F. Briquel Chatonnet (dir.), *Figures de Moïse* (coll. Orient & Méditerranée, 18), Paris, 2015, p. 59-70. – J. Riaud, *À la croisée des cultures. Les traditions judaïques à la manière grecque*, Paris, Cerf, 2017, p. 153-160.

J. RIAUD

AXTERS (Gerardus), *Stephanus*, Belgian Dominican, philologist, theologian, Church historian, archivist and palaeographer (15 Oct. 1901 - 2 July 1977).

Gerard(us) Axters was born in 1901 in Bruges, the son of a high-ranking civil servant. He completed his secondary education at Sint-Lodewijks School in his hometown. He joined the Dominicans in 1920 and took Stephanus as his religious name. Axters had chosen to join the Dominican Order out of Christian and Flemish idealism. Thanks to figures such as Jules Laurentius Callewaert, the Dominicans had adopted a strong Flemish profile. Axters had presumably become sympathetic to the political concerns of the Flemish movement during his secondary education, but he was also the nephew of Jozef Axters, a priest (who later became a Jesuit) and teacher at the Minor Seminary in Roeselare, who belonged to the circle of the famous pro-Flemish student leader Albrecht Rodenbach. After being clothed in the habit of the Order in Ghent, Axters was sent to the novitiate in La Sarte near Huy, where he professed his simple vows. Afterwards, he was sent back to Ghent to study philosophy, and in 1925 he was sent to Leuven where he studied theology at the Order's house of study. In 1926, he made his solemn profession in Leuven, and was ordained a priest in the same year. Some years of preaching and apostolate

followed, first in Ghent and afterwards (from 1928) in Antwerp.

In 1931, he was sent to Rome to become a member of the *Commissio Leonina*, which was responsible for the critical edition of the works of Thomas Aquinas. He remained in Rome until 1938, staying first in the monastery of the Dominicans at the Angelicum, and afterwards in that of Santa Sabina. When he returned to Flanders, he became a member of the convent in Leuven, where the house of study was located. There, he was professor of the history of spirituality from 1939 until 1957. In 1945, he founded the *Tijdschrift voor Geestelijk Leven*, of which he was the editor-in-chief for a brief time. After teaching the students of his Order for almost twenty years, he was elected to become a member of the prestigious Royal Academy of Dutch Language and Literature (*Koninklijke Academie voor Nederlandse Taal- en Letterkunde*) in Ghent in 1957. He was president of this Academy for one year, in 1964. Axters was also a member of the Society of Dutch Literature (*Maatschappij der Nederlandse Letterkunde*) in Leiden (Netherlands), the Belgian Commission for Comparative Church History (*Belgische Commissie voor vergelijkende Kerkgeschiedenis*), the Christian Flemish Association of Artists (*Christelijk Vlaams Kunstenaarsverbond*), the Southern Netherlands Society for Language, Literature and History (*Zuid-Nederlandse Maatschappij voor Taal, Letterkunde en Geschiedenis*), and the *Scriptores Catholici*. He was also a Grand Officer in the Order of the Crown and in the Order of Leopold. He died in 1977, at the age of seventy-five, in the hospital of the Dominican Sisters at Lubbeek, near Leuven.

Axters' interest in mystical literature was already evident in his earliest publications. From 1929, he wrote reviews of recently published editions or secondary literature on mystical theology. He continued to write reviews for several journals for the rest of his life, which contributed to his great erudition. He wrote a number of articles about Catherine of Siena for the first issues of the Dominican journal *Thomistisch tijdschrift voor katholiek kultuurleven* (later : *Kultuurleven*), and in 1935 he published a Dutch translation of her *Dialogue of Divine Providence* (*Libro della divina dottrina*). In the same period – the beginning of the 1930s – he published a "Bibliography of Dutch Dominican Piety" (*Bibliographie van de Nederlandsch Dominikaansche Vroomheid*) in seven parts, in *Ons Geestelijk Erf*, the journal of the Ruusbroec Institute, which had been founded by the Flemish Jesuits.

His work as a researcher for the *Commissio Leonina* resulted in articles published in specialised journals of scholastic theology, such as *Angelicum*, *Divus Thomas*, *The New Scholasticism* and the *Revue Thomiste*, on subjects such as the *Adoro te devote* and Aquinas' *Quaestiones disputatae* and *Quodlibetica*. When the Flemish Dominicans initiated the project of a Dutch translation of Aquinas' *Summa Theologiae*, Axters was asked to draw up a list of scholastic terms with suitable Dutch translations. This was initially intended to be an instrument for the translators, but it became a 'scholastic lexicon' in its own right, and it was published in 1937. The introduction (which is almost two hundred pages long) to this lexicon contains an extensive original study of specific philosophical and theological terms from Middle Dutch literature. The then archbishop of Mechlin, Cardinal Ernest-Josephus Van Roey congratulated Axters on his lexicon, saying : "This is a very learned work, the fruit of much erudition and labour ; it will be of great service because it responds to a need, and it fills a lacuna" ("Het is een zeer geleerd werk, vrucht van veel belezenheid en van veel arbeid ; het zal veel diensten bewijzen, want het beantwoordt aan een behoefte en vult een leemte", letter of 4 Nov. 1937).

After his return from Rome, Axters increasingly devoted himself to studying the history of spirituality in the Low Countries. He researched both well-known authors (Hadewijch, Ruusbroec, Beatrice of Nazareth…) and lesser-known figures, and published countless articles and lemmas (such as in the *Dictionnaire de Spiritualité*, the *Religion in Geschichte und Gegenwart* encyclopaedia, and the *Nationaal Biografisch Woordenboek* of Belgium). In 1943 he published an anthology of the works of Jan van Leeuwen, "the good cook of Groenendaal". For this anthology, he used a manuscript from the library of the Dominican convent in Lier (today in the Royal Library of Brussels, KB IV 401), which he had discovered – a discovery which he considered to be the most important achievement of his career. His research in countless libraries and archives, both in Belgium and abroad, and his many years of teaching ultimately resulted in two major works : *Mystiek brevier* ("Mystical Breviary") and *Geschiedenis van de vroomheid in de Nederlanden* ("History of Piety in the Netherlands"). Only the first and third volumes of his anthology *Mystiek Brevier* were published, on mystical prose (1944) and mystical poetry (1946). The second volume, which was to contain an anthology of mystical epics, was never published.

Without any doubt, Axters' *magnum opus* is his four-volume *Geschiedenis van de vroomheid in de Nederlanden* (1950-1960), of which summaries in English (*The Spirituality of the Old Low Countries*) and French (*La spiritualité des Pays-Bas. L'évolution d'une doctrine mystique*) were also published. The concept of this publication is somewhat comparable to that of the famous *Histoire littéraire du sentiment religieux en France* by Henri Bremond. This work continues to be the most comprehensive study on this subject and of this breadth (stretching from the era of Christianisation until the Counter Reformation) that has ever been published. Axters not only provided extensive discussions of all the authors who were known, but he also revealed and analysed many previously unknown sources. His study thus initiated numerous new research domains.

In 1971, five hundred years after the death of Thomas a Kempis, Axters published a list of manuscripts of *De imitatione Christi*. This inventory lists 737 manuscripts, to which he added about one hundred more over the following years. He also wrote important contributions to the historiography of his Order with his *Bibliotheca Dominicana Neerlandica Manuscripta* (published in 1970, in the *Bibliothèque de la Revue d'histoire ecclésiastique*), and his research on two major German mystical Dominicans, Johannes Tauler and Heinrich Suso. He was otherwise sceptical regarding the attempts to secure the beatification of the latter (*cf.* his letter of 20 Sept. 1966).

He published several interesting meta-reflections on his scientific work, concerning methodology, lexicography

Le dominicain Stephanus Axters, Archives des Pères Dominicains à Leuven.

and textual criticism. His reflections on the scientific research of the history of spirituality were pioneering in several respects. Among other things, he indicated that the renewed interest in the history of spirituality was apparent among scholars of literature, even though spiritual literature had also made its own particular contribution to theology. Many of the desiderata in research that he had formulated as early as 1957 and 1962 are still valid today, such as the need for deeper knowledge of the spirituality of the early Middle Ages and of the laity, the development of a specifically mystical-theological terminology, the need for research that integrates both literary and iconographic sources, etc.

Axters was not only a researcher, he was also a poet. He regularly published poems, which were collected in 1967 under the title *Inkeer* ("Turning Inwards"). Thus, he joined the tradition of West-Flemish priest-poets (such as Guido Gezelle and Cyriel Verschaeve) who had marked his education as a young man, and on whom he regularly published short articles.

PRIMARY SOURCES. The archive of Axters is kept in KADOC – Documentation and Research Center on Religion, Culture and Society, Leuven.

SECONDARY SOURCES. For a bibliography on Axters up until 1971, see : *Stephanus G. Axters, O.P. Bibliografie 1922-1971* (Koninklijke Vlaamse Academie voor Taal- en Letterkunde, 4th ser., 17), Gent, 1971. The *Jaarboeken* ('Year Books') of this Academy published supplements to the bibliography in the following years. Notable contributions on Axters' life published as of 1971 are : A. Demedts, *Pater Stefanus Axters 70*, in

Vlaanderen, 20, 1971, p. 431. – L. J. Van Nueten, *Jubilea van de maand december. Gouden priesterjubileum P. Stephanus M. Gerard Axters*, in *Dominikaans Leven*, 31/6, 1976, pp. 291-294. – J. Andriessen, *Pater Stephanus G. Axters O.P. In memoriam*, in *Ons Geestelijk Erf*, 51, 1977, pp. 319-320. – Anon., *In Memoriam : Prof. Dr. Stefanus Axters O.P.*, in *Vlaanderen*, 26, 1977, p. 162. – P. J. A. Nuyens, *In memoriam Pater Stephanus Gerard Axters*, in *Dominikaans Leven*, 32/5, 1977, pp. 215-216. – P. Hoogeveen, *De beginjaren van TGL (1945-1950)*, in *Tijdschrift voor Geestelijk Leven*, 65/1, 2009, pp. 13-26. – S. Vloebergs, *Groeien naar een verankerde spiritualiteit. Over het Tijdschrift voor Geestelijk Leven*, in M. Lamberigts, M. De Caluwe and A. Milh (eds), *Predikbroeders in woord en daad. Dominicanen in Vlaanderen in de twintigste eeuw*, Antwerpen, 2016, pp. 195-214. See also the bio-bibliographic entry on the *ODIS website*, as well as the bibliographic websites of *DBNL (Digitale bibliotheek voor de Nederlandse Letteren)* and *BNTL (Bibliografie van de Nederlandse taal- en literatuurwetenschap)*.

R. Faesen and A. Milh

BANDE DESSINÉE (école « franco-belge » et catholicisme).

En matière de 9ᵉ art, on peut identifier au niveau mondial trois grands foyers de production : l'Europe francophone, les États-Unis avec leurs *comics*, et le Japon avec les *mangas*. Ne pouvant embrasser dans le cadre d'un article une création aussi importante et diverse, nous voudrions revenir ici sur ce que l'on appelle communément « l'école franco-belge ». Et nous prendrons le terme dans son acception technique et réduite. On a en effet tendance à regrouper sous le vocable « BD franco-belge » toute la production européenne de langue française. Mais au sens strict, la notion d'école franco-belge renvoie à l'idée d'allers et retours entre l'Hexagone et le petit royaume, d'échanges incessants entre auteurs et créations, d'une grande porosité culturelle. Et trois périodiques successifs incarnent véritablement ce courant : *Spirou*, fondé en Wallonie en 1938, *Tintin*, créé à Bruxelles en 1946, et *Pilote* lancé à Paris en 1959. Ils ont porté les plus grands héros francophones du 9ᵉ art, ceux qui encore aujourd'hui constituent en termes de ventes les poids lourds du genre : Spirou, Tintin, Blake et Mortimer, Lucky Luke, Les Schtroumpfs, Astérix. Au moins jusqu'aux années 1950, l'initiative émanait plutôt de la Belgique, avec *Spirou* et *Tintin*, et des auteurs français comme Goscinny ou Uderzo ont fait leurs premières armes au-delà du Quiévrain. Certains analystes estiment donc qu'il vaudrait mieux parler, pour les débuts de cette école, de création « belgo-française », voire « wallo-bruxelloise ». En tout cas, l'une des spécificités de la production en question, c'est qu'elle est née et s'est largement développée au sein de milieux catholiques. Une telle caractéristique est souvent passée sous silence de nos jours, peut-être parce que les séries qui ont connu le plus grand succès à long terme contenaient assez peu de références chrétiennes explicites. Cependant, il convient de ne pas oublier que les aventures de Spirou dessinées par Franquin paraissaient en 1953 dans le périodique éponyme à côté d'une vie en cases du jésuite François-Xavier. Par ailleurs, les versions actuelles sont parfois trompeuses, certains auteurs ayant repris leurs œuvres, afin d'en gommer les références chrétiennes. Ainsi, dans l'édition actuelle du « Stratonef H 22 », Jo et Zette sont secourus au Pôle nord par un ethnologue

scandinave, tandis que dans la même aventure, publiée dans *Tintin* en 1948, ils étaient aidés par un dynamique missionnaire en soutane noire…

Pour ce qui concerne les influences religieuses, le parcours du « père fondateur » de la BD franco-belge, Hergé, est éloquent. Celui-ci a reçu une formation chrétienne, et il a même pris des responsabilités dans des mouvements de jeunesse. Ainsi, à la fin des années 1920, il est « conseiller technique » au Présidium de la Jeunesse Indépendante Chrétienne, fournissant des illustrations pour différentes publications. Surtout, ce sont des réseaux catholiques qui lui ont permis de s'imposer comme auteur de BD. Il réalise en 1926 ses premières histoires en cases dans le périodique des scouts catholiques belges, puis crée en 1929 le personnage de Tintin dans le supplément jeunesse du quotidien confessionnel bruxellois *Le Vingtième Siècle*. Ajoutons que c'est un autre hebdomadaire chrétien, *Cœurs vaillants*, qui popularise en France les exploits du reporter à la houppette, tandis que c'est un grand éditeur belge confessionnel, Casterman, qui diffuse à partir de 1934 ces récits en images sous la forme d'albums cartonnés. Dans les années qui suivent, la BD « wallo-bruxelloise » se développe en priorité au sein de milieux chrétiens. Jean Dupuis, éditeur carolorégien, qui lance en 1938 le premier périodique spécialisé, *Spirou*, est un catholique social, qui entend fournir à la jeunesse de son pays des lectures plus saines que celles qu'on trouve dans certains illustrés venus de France. Il assiste chaque jour à la messe et investit certains de ses bénéfices dans la construction d'églises. Les hommes qui, en 1946, créent l'hebdomadaire *Tintin*, à savoir Hergé et d'anciens résistants monarchistes comme Raymond Leblanc, demeurent eux aussi marqués par leur formation religieuse. Ils se tournent ainsi vers les réseaux catholiques, et notamment les grands collèges bruxellois, pour assurer le succès de leur périodique. S'apercevant qu'un texte inspiré de Voltaire avait été publié dans le premier numéro, Raymond Leblanc fera immédiatement amende honorable, expliquant à ses interlocuteurs qu'il n'était pas question de donner une quelconque publicité à des auteurs mis à l'Index par l'Église. Et lorsqu'en 1948, une version française de *Tintin* est lancée avec l'appui de Georges Dargaud, le pouls du lectorat hexagonal est pris par le biais des paroisses.

On peut s'arrêter sur les raisons de cette collusion entre BD belge naissante et monde chrétien. Il convient d'observer tout d'abord que le catholicisme bénéficie au début du XXᵉ siècle d'une plus grande visibilité en Belgique que dans la France républicaine et laïque. D'ailleurs, dans le petit royaume, la société s'est organisée sur la base de « piliers », à la fois idéologiques et confessionnels. Le pilier catholique, sorte de réseau mobilisant des journaux, des associations, des écoles, des universités et un parti, exerce une forte emprise. Malgré des « guerres scolaires » avec les anticléricaux, l'Église bénéficie notamment d'une position privilégiée en matière d'enseignement. Encore à la fin des années 1950, près des deux tiers des élèves du secondaire, public assez naturel d'hebdomadaires comme *Tintin*, sont inscrits dans des établissements confessionnels. Par ailleurs, depuis le début du XXᵉ siècle, face à l'essor du rationalisme, la papauté en appelle à une reconquête des

Bande tirée de G. de Sutter, *Les derniers jours de Laurent*, 2015, dans *Gabriel*, nº 78, 2017, p. 9.

sociétés européennes, à la restauration des chrétientés. Et les laïcs sont conviés à participer au mouvement, à travers les organisations d'Action catholique. La jeunesse constitue une cible privilégiée, puisqu'elle représente l'avenir. Il n'est donc guère surprenant que de bouillants ecclésiastiques comme l'abbé Norbert Wallez, mentor d'Hergé, ou des éditeurs engagés, comme Jean Dupuis, décident de se tourner vers ce médium « moderne » qu'est alors la BD, afin de mieux atteindre les enfants. On peut d'ailleurs noter que le monde catholique était accoutumé depuis longtemps à l'usage conjoint d'images et de textes, par toute une tradition de littérature pieuse.

Les deux grands périodiques belges francophones de BD, ceux les mieux diffusés sur un temps long, à savoir *Spirou* et *Tintin*, ne peuvent être qualifiés d'illustrés confessionnels. Ils n'affichent pas dans leurs intitulés une appartenance religieuse explicite et ils ne dépendent pas d'une autorité ecclésiastique, même si les enfants de Jean Dupuis recourent aux services d'un jésuite, le P. Sonet, lorsqu'ils doivent trancher des dilemmes moraux au sein de leur maison d'édition. Mais ces deux périodiques sont marqués par une imprégnation catholique évidente. Celle-ci se déploie à plusieurs niveaux. Les numéros spéciaux de Noël et de Pâques permettent d'afficher une identité chrétienne marquée. Au cours des années 1940-1950, les couvertures de ces livraisons particulières viennent souvent indiquer leurs devoirs religieux aux jeunes lecteurs. Ainsi, pour Noël 1957, *Spirou* présente un grand dessin de Will, qui montre des fidèles cheminant tranquillement vers une église, pour assister à la messe de minuit. Parmi la foule, on aperçoit Spirou, Fantasio et même le Marsupilami, qui manifestent ainsi leur adhésion à la foi chrétienne ! Et à l'intérieur même des numéros de Noël, si les récits en feuilleton se poursuivent selon leur propre logique, des BD en une ou quelques planches incarnent l'esprit de la Nativité. Ainsi, dans la livraison spéciale de *Spirou* pour décembre 1960, on découvre un gag de Boule et Bill qui met l'accent sur la nécessaire charité, ou une

« Belle histoire de l'Oncle Paul » qui narre la vie du P. Damien, missionnaire belge devenu célèbre pour avoir soigné les lépreux dans l'archipel d'Hawaï.

En dehors de ces numéros spéciaux, on trouve parfois, dans *Spirou* ou *Tintin*, au long de l'année, des BD qu'on peut qualifier de « chrétiennes », dans la mesure où elles sont centrées sur de grandes figures catholiques ou sur des questions religieuses, et épousent le discours ecclésiastique. La première d'entre elles est apparue dans *Spirou* en 1941 sous le pinceau de Joseph Gillain, dit Jijé. Il s'agit d'une longue vie en cases et en bulles de Don Bosco, prêtre italien canonisé pour avoir fondé des œuvres pour la jeunesse défavorisée. L'initiative émanait du beau-frère des enfants Dupuis, qui avait suggéré au dessinateur de se lancer dans l'entreprise. La figure de Don Bosco correspondait parfaitement à ce catholicisme social qui animait la maison d'édition, et paraissait bien propre à toucher les jeunes lecteurs. L'éphémère version française de *Spirou*, en 1946, reprendra d'ailleurs le « Don Bosco » de Jijé, pour suppléer l'absence de licence pour les séries américaines sur le marché hexagonal. Et la maison Dupuis se placera sous la protection du saint italien, installant sa statue dans les ateliers. Le *Journal de Spirou* publiera par la suite d'autres longues biographies chrétiennes : une vie en cases de Godefroy de Bouillon en 1946, une autre de François Xavier en 1953, une enfin de Charles de Foucauld en 1959. Et périodiquement, des « Belles histoires de l'oncle Paul », « récits complets » en quatre ou cinq planches, illustreront le destin de saints ou de missionnaires célèbres. La vie en cases de François Xavier, jésuite devenu patron des ouvriers apostoliques, est particulièrement révélatrice. Charles Dupuis, désireux de mettre en avant cette figure catholique, et dont on a dit qu'il prenait parfois conseil auprès d'un religieux, s'est tourné vers la Compagnie de Jésus. Et c'est finalement un jeune jésuite nommé Defoux qui a réalisé le récit dans les pages de *Spirou* ! Si les éditeurs promouvaient des BD chrétiennes, c'est évidemment en lien avec leurs convictions, mais aussi et surtout parce que de telles publications adressaient un signal positif aux éducateurs et aux parents. Il convient de ne pas oublier qu'au cours des années 1940-1950, le 9e art est encore considéré comme un sous-genre, pouvant pervertir de jeunes esprits. C'est pourquoi les catholiques français s'étaient joints en 1949 aux communistes, pour voter une loi qui instaurait une sorte de censure sur la littérature en images dans l'Hexagone. Les vies de saints en cases pouvaient rassurer à la fois le clergé, responsable de collèges et prescripteur de lectures enfantines, et les parents. Dans un tel contexte, les éditions du Lombard, qui publiaient le journal *Tintin*, ont voulu proposer elles aussi une sorte de « Don Bosco ». Raymond Leblanc a insisté auprès du dessinateur Raymond Reding pour qu'il réalise en 1951 une longue vie en images de S. Vincent de Paul, grande figure de la charité chrétienne. Ce récit sera repris dans un album cartonné, au sein de la prestigieuse collection dite « du Lombard », qui rééditait les BD jugés les plus représentatives.

Mais il ne faudrait pas surévaluer la place des BD chrétiennes. Dans des périodiques comme *Spirou* et *Tintin*, les récits d'aventure ou d'humour l'emportent très largement. Et c'est sans doute là une des clefs de leur vaste succès : si quelques récits didactiques rassurent les adultes, l'esprit général, marqué par le sens de l'action, des péripéties débridées, charme les jeunes. Cela veut-il dire que l'essentiel du contenu échappe aux influences chrétiennes ? Pas nécessairement, et même loin de là. L'imprégnation se fait parfois très diffuse. Une série d'aventures telle que « Blake et Mortimer » ne contient presque pas de références catholiques explicites. On ne peut guère citer que des figures très fugaces, comme ce chapelain médiéval naturellement charitable, aperçu dans « Le Piège diabolique ». Mais la lutte entre le Bien et le Mal qui structure la série pourrait renvoyer à un discours chrétien, surtout qu'on sait, par les souvenirs de sa petite fille par alliance, que l'auteur, Jacobs, était très marqué par la tradition religieuse. Toutefois, dans d'autres cas, les références chrétiennes se font plus explicites et confèrent à des BD d'aventures un parfum catholique. On songe par exemple à la série « Jo et Zette », lancée par Hergé dans *Cœurs vaillants*, et reprise en couleurs dans *Tintin* à la fin des années 1940. Au début du second grand épisode, le petit héros est hospitalisé : on distingue alors nettement un crucifix au-dessus de son lit. Surtout, Jo et Zette sont secourus, dans le cours du récit, par un missionnaire dynamique : le bien nommé « Père Francœur ». Au long de plusieurs planches, on découvre une figure très positive de prêtre-aventurier, qui parcourt les étendues glacées à bord d'un avion dénommé *Sancta Maria*, et qui se rend au chevet d'un « vieux sorcier », afin de lui donner le baptême. L'épisode s'achève d'ailleurs sur un discours assez mobilisateur : les deux héros utilisent l'argent du prix qu'ils ont remporté pour offrir à l'ecclésiastique un plus grand avion, afin de lui permettre de mieux remplir sa mission. Les jeunes lecteurs de *Tintin* sont ainsi clairement invités à apporter leur contribution à l'effort apostolique !

On peut se demander si la BD franco-belge fait seulement écho au discours catholique dominant, ou si les impératifs du médium débouchent sur un propos quelque peu particulier. L'esprit de conquête prôné par la papauté entrait bien en phase avec le goût pour l'action et le mouvement développé par le jeune 9e art francophone. Mais la BD paraît accuser le propos, en mettant en avant des héros chrétiens avant tout hommes d'action, bien propres à séduire les jeunes gens : preux chevaliers, missionnaires lancés à la conquête de vastes espaces, ou scouts aventureux. Prenons l'exemple de cette dernière figure. Le scoutisme, né protestant, avait vite été adopté par le monde catholique et était devenu un élément essentiel du pilier confessionnel belge. Nombre d'auteurs de BD avaient développé leur goût pour les récits d'aventure au sein du mouvement de jeunesse, de Mitacq à Tibet, en passant par Peyo, et des périodiques comme *Spirou* et *Tintin* visaient aussi un public scout. Dans un tel contexte, des séries situées dans un environnement scout apparaissent rapidement : « Luc et Laplume », animés par Funcken en 1952 dans *Tintin* ; « Les 3 A », mis en scène dans le même journal, dix années plus tard, par Duchâteau et Mittéï ; enfin, la plus célèbre d'entre elles, « La patrouille des Castors », créée par Charlier et Mitacq pour *Spirou*, en 1954. Si la BD franco-belge, qui s'adresse avant tout à de jeunes garçons met bien particulièrement en avant le scoutisme, elle cultive en revanche une vision très peu confessionnelle du mouvement. Une telle orientation correspond pour une part à la réalité, puisque, malgré les incitations de la papauté à former les chevaliers de l'Action catholique, le scoutisme ne cultive guère de dimension apostolique. Cependant, la nécessité de faire vivre aux héros de papier des aventures distrayantes et captivantes contribue sans doute à accentuer cette neutralité. Le cas de « La patrouille des Castors » paraît significatif. Les héros arborent bien la croix potencée des chevaliers de Jérusalem sur leurs uniformes. Toutefois, ils vivent des aventures assez classiques, comme la recherche d'un trésor, et quand des activités scoutes sont mises en valeur, c'est pour leur caractère ludique. Les références à l'engagement chrétien de la patrouille sont rares et fugaces : dans le septième épisode, paru en 1959 et situé en Afrique centrale, on voit par exemple, sur une seule vignette, les jeunes scouts entonner un cantique autour d'un feu de camp.

Il convient de noter par ailleurs que la BD des années 1940-1950, surtout élaborée par des Belges mais largement destinée au marché hexagonal, plus important en terme de lecteurs, diffuse l'image d'un catholicisme « belgo-français ». Le cas des missionnaires mis en avant par les « Belles histoires de l'oncle Paul » dans *Spirou* est éloquent. Le Belge Joly, principal scénariste de la série, consacre en 1955 deux épisodes à celui qui, depuis les années 1930, est considéré comme la nouvelle grande figure missionnaire française : Charles de Foucauld. Le second épisode s'achève sur l'idée que « le souvenir d'une vie si ardente n'est pas près de s'éteindre ». Joly envoie ainsi un signal au lectorat catholique français, tout en contribuant à populariser Foucauld au-delà du Quiévrain. Mais il n'en évoque pas moins régulièrement des ouvriers apostoliques belges, et même flamands : le franciscain Ruysbroeck en 1957 – en réalité il s'agit du P. Guillaume de Rubrouck, et non pas de Ruysbroeck, le mystique rhéno-flamand du XIVe siècle –, le P. Fardé en 1958, le P. Damien en 1960, le jésuite Verbiest en 1961, le P. De Smet trois ans plus tard. Et l'identité de ces héros est souvent mise en exergue : ainsi, dès la deuxième case du récit consacré au P. Damien, un cartouche précise que ce dernier est né « à Tremeloo en Belgique ». Comme pour enfoncer le clou, sur le dessin, le religieux adresse, en lui-même, un adieu à sa « Flandre natale ». L'importance accordée par « l'Oncle Paul » aux missionnaires flamands n'est guère surprenante. Le nord de la Belgique constituait, en chiffres absolus, le réservoir le plus important de vocations apostoliques. En tout cas, *Spirou* initie par ce biais les jeunes lecteurs français à un imaginaire chrétien flamand. On se trouve ici au cœur d'une identité franco-belge ou « belgo-française », faite d'échanges culturels incessants.

Au cours des années 1960, le contexte de production connaît de profondes mutations. Une BD plus tournée vers les adultes, plus irrévérencieuse et ambitieuse à la fois, commence à émerger, par le biais notamment de l'hebdomadaire *Pilote*. Celui-ci avait été lancé en 1959 à Paris, avec le concours d'auteurs belges aguerris comme Charlier, Paape ou encore Mitacq, et dans une perspective relativement classique. D'ailleurs, dans l'une des premières livraisons, une double page venait célébrer « la merveilleuse histoire de Saint-Nicolas », un peu comme aurait pu le faire *Spirou*. Mais au cours des années 1960, alors que le scénariste français René Goscinny en a pris les rênes, l'hebdomadaire commence à mettre en scène des héros plus complexes, et à évoquer plus frontalement des questions de société. À la fin de la décennie, une nouvelle génération d'auteurs, comme Druillet ou Bilal, vient définitivement orienter *Pilote* vers un lectorat plus âgé et moins « bien-pensant », au prix d'un conflit avec Goscinny. Dans un tel cadre, les références chrétiennes s'évanouissent. En 1971, *Pilote* ne propose même pas de dessin particulier en couverture pour le numéro de Noël ! Une telle évolution renvoie évidemment aux transformations plus larges qui affectent la société française. Depuis le milieu des années 1960, le catholicisme est entré en crise : déclin des vocations, effritement des mouvements d'Action catholique. Il devient donc moins nécessaire pour les éditeurs de compter avec le lectorat chrétien. De telles évolutions affectent aussi, même si c'est à un degré moindre, les périodiques belges. *Spirou* continue de viser un public enfantin. Mais Thierry Martens qui prend en 1969 les rênes du journal demande par exemple à l'agence qui fournit les « Belles histoires de l'oncle Paul » de limiter désormais les épisodes centrés sur des saints ou des missionnaires, afin de ne pas s'enfermer dans un public confessionnel en diminution. Si les références religieuses se font plus discrètes, elles évoluent par ailleurs en fonction des amendements de la pensée catholique. Le cas de la mission est éloquent. Après les décolonisations et le concile Vatican II, il est difficile d'en rester à une vision offensive et paternaliste de l'apostolat. La BD témoigne de cette réflexion, à travers par exemple la série « La patrouille des Castors ». Dans un épisode lancé dans *Spirou* en 1971, intitulé « Le pays de la mort », les jeunes scouts de papier se rendent en Afrique centrale, afin de « servir » la population locale, en travaillant comme infirmiers dans un hôpital de brousse. Un tel scénario fait écho à la volonté de nombreux chrétiens de se situer dans une solidarité avec les Églises du Sud, de s'engager dans le tiers-mondisme plus que dans le

prosélytisme. Et une fois sur place, les Castors nouent des contacts avec un prêtre noir, qui a fait de son village « le plus riche de toute la région ». Avec ce personnage d'ecclésiastique africain, c'est une page qui se tourne, bien loin des prêtres belges « civilisateurs » de *Tintin au Congo*…

J.-B. Renard, *Bande dessinée et croyances du siècle. Essai sur la religion et le fantastique dans la bande dessinée franco-belge*, Paris, 1986. – R. Francart, *La BD chrétienne*, Paris, 1994 (2ᵉ édition prévue en 2018). – L. Courtois, *Les catholiques francophones belges et la bande dessinée : un apport majeur*, dans G. Zelis et al. (dir.), *Pour une histoire du monde catholique au XXᵉ siècle. Wallonie-Bruxelles. Guide du chercheur*, Louvain, 2003, p. 513-520. – Y. Delporte, *Les Noëls de Franquin*, Paris, 2006. – P. Delisle, *Le missionnaire dans la bande dessinée franco-belge : une figure imposée ?*, dans *Histoire et missions chrétiennes*, 1, mars 2007, p. 131-147 ; Id., *Spirou, Tintin, et Cⁱᵉ. Une littérature catholique ? Années 1930-1980*, Paris, 2010 ; Id., *De Tintin au Congo à Odilon Verjus. Le missionnaire, héros de la BD belge*, Paris, 2011 ; Id., *Une BD américaine transposée dans une cadre colonial et catholique belge : la série « Tiger Joe » de Charlier et Hubinon*, dans *Chrétiens et sociétés*, 20, 2013, p. 159-172 ; Id., *Les jésuites acteurs et héros de la BD franco-belge*, dans *Revue d'histoire ecclésiastique*, 109, 2014, p. 234-257 ; Id., *Les Spirou et Tintin des années 1940-1960 : un catholicisme en cases et en bulles ?*, dans *Le Rocambole. Bulletin des amis du roman populaire*, 73, 2015, p. 71-88. ; Id. (dir.), *Bandes dessinées et religions. Des cases et des dieux*, Paris, 2016, 337 p. ; Id., *Petite histoire politique de la BD belge de langue française. Années 1920-1960*, Paris, 2016. – T. Crépin et F. Hache-Bissette (dir.), *Les presses enfantines chrétiennes au XXᵉ siècle*, Arras, 2008. – V. Quittelier, *Edgar P. Jacobs. Témoignages inédits*, Saint-Égrève, 2009. – F. Preyat, *La bande dessinée chrétienne en francophonie. Une légitimité recherchée, une illégitimité reconnue*, dans A. Dierkens, S. Peperstraete et C. Vanderpelen (dir.), *Art et religion* (coll. Problèmes d'histoire des religions, 20), Bruxelles, 2010, p. 129-197. – B. Truchet, *François Xavier ou ses avatars en bande dessinée (1952-2002)*, dans J. Pirotte, C. Sappia et O. Servais (dir.), *Images et diffusion du christianisme*, Paris, 2012, p. 347-359. – R. Nouailhat, *Les avatars du christianisme en bande dessinée. Les nouvelles aventures du religieux, des « bons pères » franco-belges aux quêteurs de sens des années 2000* (coll. Divin et sacré), Fernelmont, 2014.

P. DELISLE

BARUCH (Apocalypse grecque), œuvre du judaïsme hellénistique, composée au second siècle après Jésus-Christ, mais qui contient quelques interpolations chrétiennes (*cf.* Apologétique judéo-hellénistique, *supra*, col. 897).

L'*Apocalypse grecque de Baruch* ou *III Baruch* a d'abord été connue à travers une version slave éditée en 1886 par Stovan Novaković (« Otkrovenje Varuhovo », *Starine* [1886]). Une décennie plus tard, en 1897, Montague Rhodes James publiait le texte grec de *III Baruch* d'après un manuscrit unique du British Museum (*Add. 10. 013*), datant de la fin du XVᵉ siècle, découvert en 1896 par Dom E. Cuthbert Butler (Montague Rhodes James, *Apocrypha Anedota II* [1897]). Une nouvelle édition du texte grec a été donnée par Jean-Claude Picard *Apocalypsis Baruchi Graece* (1967), qui a utilisé un deuxième manuscrit datant du XVᵉ siècle, découvert au monastère de l'Hagia, dans l'île d'Andros.

Cet écrit commence par un prologue qui empiète sur le premier chapitre et qui présente Baruch pleurant et se lamentant sur la destruction de Jérusalem. Un ange lui apparaît et se propose de lui révéler « les mystères de Dieu » (Prologue : I, 1-8).

Cette révélation se fait par étapes. L'ange, « l'ange interprète », conduit Baruch du premier au cinquième ciel en s'arrêtant à chacun des cieux intermédiaires. Baruch contemple l'univers et « les mystères de Dieu », que l'ange lui explique, mais il n'entre pas dans le cinquième ciel où l'archistratège, Michel, reçoit dans une coupe, pour les présenter à Dieu, les mérites des justes (XI, 1-XIV, 2). Au terme de ce voyage céleste, Baruch revient sur terre et invite ses frères à glorifier Dieu (XVII, 1-4).

Comme *III Baruch* ne mentionne que cinq cieux alors que, dans la tradition judéo-chrétienne, on parle habituellement des sixième et septième cieux, et que, dans l'un de ses traités *(De principiis*, II, 3, 6), Origène fait référence à un *Livre du prophète Baruch* à propos de l'existence de sept cieux, l'hypothèse a été avancée que l'*Apocalypse* n'était autre que le livre mentionné par Origène, mais amputé des sixième et septième cieux. Cette hypothèse doit être écartée. C'est délibérément, en raison du dessein qu'il poursuivait, que son auteur a arrêté le voyage de son héros au cinquième ciel. Il n'ignorait pas, en effet, l'existence d'autres cieux au dessus de celui-ci, comme il le laisse clairement entendre, en mentionnant les divers mouvements de l'archistratège, Michel, qui descend dans le cinquième ciel « pour recevoir les prières des hommes » (XI, 4 ; *cf.* XV, 1), et en repart pour « porter les mérites des hommes à Dieu » (XIV, 1).

Demeure cependant une question pour le moins embarrassante que tout lecteur ne peut éviter que se poser s'il prête attention aux promesses que l'ange fait au visionnaire. Au début du voyage, il lui annonce qu'il lui montrera « les mystères de Dieu » (I, 6. 8 ; II, 6), puis, vers le milieu et la fin du périple, il lui déclare qu'il « verra la gloire de Dieu » (VI, 12 ; VII, 12 ; XI, 2). On peut estimer que la première promesse est honorée : au cours de son voyage céleste, Baruch découvre un certain nombre de « mystères ». En revanche, la seconde ne l'est aucunement. Trois fois (VI, 12 ; VII, 2 ; XI, 2), l'*angelus interpres* ordonne à son compagnon d'attendre : « attends et tu verras la gloire de Dieu ». Cet ordre laisse entendre qu'au terme de son ascension le voyageur contemplera enfin « la gloire de Dieu » lors d'une théophanie du genre de celles qui sont narrées dans le livre d'Ézéchiel ou dans l'*Apocalypse d'Abraham*. Mais Baruch redescend sur terre sans avoir connu une telle expérience (XVII, 1-4). Ce non-accomplissement de la promesse a été interprété comme le signe que l'ascension est inachevée, et donc que la finale de l'*Apocalypse* a disparu. De plus, en n'accordant pas à son héros la vision de « la gloire de Dieu », si l'œuvre nous est parvenue dans son intégrité, l'auteur se montre incohérent.

Il n'en est rien. Une lecture attentive de la totalité de *III Baruch* fait apparaître que son auteur a soigneusement préparé le non-accomplissement de la promesse de contempler « la gloire de Dieu », et ce dès le Prologue (I, 1-8). Anticipation de l'ascension inachevée de Baruch, ce Prologue présente, selon Daniel C. Harlow, *The*

Greek Apocalypse of Baruch (III Baruch) in Hellenistic Judaism and Early Christianity, p. 56, une « *aborted theodicy* ». Alors qu'il pleure près des ruines du Temple terrestre (Prologue : 2, I, 1-3), Baruch reçoit de l'ange l'ordre d'arrêter sa lamentation (I, 3), et de ne plus se préoccuper du « salut de Jérusalem ». Et l'ange ajoute que Dieu trouve cette lamentation « irritante » (I, 6). La réponse de Baruch est immédiate : « Aussi vrai que le Seigneur Dieu est vivant, jure-t-il, si tu me les (mystères) montres et que j'entende de toi une parole, je ne continuerai certes pas à parler davantage. Dieu au jour du Jugement m'ajoutera un jugement, si je parle désormais » (I, 7). Fidèle à son serment, Baruch, non seulement ne se lamente pas, mais n'évoque jamais, au cours de son voyage, la question qui l'angoissait. Alors que l'on s'attendait à assister à une discussion serrée sur la ruine de Jérusalem et de son Temple, ce changement radical d'attitude ne manque pas de surprendre.

Ce silence s'explique par le fait que Baruch sait très vite qu'il existe des motifs de se lamenter et de pleurer, qui sont sans commune mesure avec le sien. Ainsi, au troisième ciel (IV, 1-17), l'ange lui relate l'expérience de Noé qui s'était demandé ce qu'il devait faire de la vigne qu'il avait trouvée, et qui était « responsable de la perdition du premier homme » (IV, 9). Curieusement, Noé ressemble à Baruch : comme lui, « il supplie et pleure » (IV, 14 ; *cf.* I, 1. 3). Mais l'ange précise que le bien-fondé de la supplication du Patriarche a été reconnu ; il n'a pas été rabroué, car ce pourquoi il se lamentait – la perdition du premier homme, « dépouillé de la gloire de Dieu » (IV, 16) à cause de la vigne –, était juste. Ainsi est signifiée que la lamentation sur la destruction du Temple n'a pas lieu d'être, car sa destruction est sans conséquence pour la marche du monde.

Comme Noé, les anges qui apportent dans le cinquième ciel « des corbeilles ni vides ni pleines » des mérites des anges auxquels ils sont préposés (XII, 6), sont affligés, parce que leurs corbeilles ne sont pas remplies ; Michel et l'ange le sont également pour la même raison (XII, 8). Quant aux anges, commis à la garde d'« hommes méchants », ils pleurent et se lamentent, suppliant d'être relevés de leur fonction (XIII, 1). Cette attitude des anges oriente le lecteur dans une direction tout à fait différente de celle que laissait présager le Prologue dans lequel Baruch pleurait, se lamentait, et se demandait, angoissé : « Pourquoi la ville sainte a-t-elle été détruite ? ». La réponse lui est donnée, à savoir que la relation entre Dieu et les hommes n'a plus pour point de passage obligé un sanctuaire terrestre ; une autre voie existe : celle des prières et des bonnes œuvres, c'est-à-dire « une vie tout entière passée dans la vertu » (XI, 7). Ce n'est donc pas sur la destruction du Temple qu'il faut se lamenter, mais, à l'instar de Noé et des anges, (XII, 6-XIII, 5), sur le péché de l'humanité. C'est ainsi que l'auteur de l'*Apocalypse* propose, en opposition à celle exprimée dans le Prologue, qui était celle des destinataires de son œuvre, sa *counter-theodicy* (Daniel C. Harlow, *op. cit.*, p. 57) que renforce l'inachèvement du voyage. Le fait que Baruch ne puisse « contempler la gloire de Dieu » relève de l'imperfection morale des humains, qui les rend incapables de se tenir en présence de Dieu. Certes, le visionnaire est un juste, mais il ne se désolidarise jamais du reste de l'humanité. Sans doute pourrait-il contempler « la gloire de Dieu » si les corbeilles des trois groupes d'anges étaient remplies. Tel n'est pas le cas.

On peut aussi avancer que s'il avait introduit son héros dans le Temple céleste, l'auteur de *III Baruch* aurait laissé entendre que « la gloire de Dieu » se manifesterait à nouveau dans le Temple de Jérusalem, et entretenu l'espoir de la restauration de celui-ci. Il s'en est bien gardé. Du cinquième ciel, Baruch redescend sur terre. Avant son voyage, il se lamentait (I, 1-2) ; à son retour, il glorifie Dieu et invite ses frères à se joindre à lui (XVII, 3-4). Son voyage, en dépit de son achèvement, a changé son regard.

Une autre ascension céleste, relatée dans l'*Apocalypse* doit retenir l'attention (II, 1-3, 8), celle des bâtisseurs de « la tour du combat contre Dieu » (II, 7), et de leurs conseillers. Les uns et les autres ont voulu dépasser les limites de leur condition humaine en tentant de pénétrer dans la Demeure même de Dieu (III, 7), lequel a mis fin à leur folle entreprise (II, 7 ; III, 8), et les a durement châtiés (II, 3. 7 ; III, 3. 8). Ce récit annonce très clairement la fin du périple céleste de Baruch. Comme celle de Baruch, l'ascension des bâtisseurs et de leurs conseillers est inachevée. Pas plus que Baruch, ils ne peuvent voir « la gloire de Dieu ». Mais une différence importante existe : l'une est arrêtée par Dieu lui-même qui punit ceux qui l'ont entreprise de leur propre chef ; l'autre, celle de Baruch qui n'est pas châtié, n'est interrompue ni par Dieu ni par quelqu'un d'autre. Car Baruch est un homme juste (*cf.* I, 3), qui « passe dans la vertu toute sa vie » (*cf.* XI, 7). C'est pourquoi il a été reconnu digne de faire un voyage à travers les cieux et de contempler « les mystères de Dieu ». Mais, si exceptionnelle que soit sa vertu, il ne lui est pas accordé de contempler « la gloire de Dieu ». La contemplation de celle-ci est inaccessible, même au meilleur des hommes, car il demeure solidaire de l'humanité déchue, comme le laisse entendre la digression sur le vin en IV, 16-17. De plus, comment Baruch qui, à la vue de la gloire du soleil et du phénix, est « frappé d'une grande crainte, prend la fuite et se cache sous les ailes de l'ange interprète » (*cf.* VII, 6), pourrait-il se tenir en présence de Dieu, contempler « sa gloire » ?

En minimisant la destruction de Jérusalem qui a cessé d'être l'« *axis mundi* », et, en soulignant, en contrepartie, l'importance du péché de l'humanité et du châtiment dont Baruch découvre, au cours de son voyage, les diverses formes, l'auteur de l'*Apocalypse* invite ses lecteurs à s'engager résolument dans la voie de la piété et des bonnes œuvres qui remplacent les sacrifices offerts au Temple ou, plus exactement, sont une forme de sacrifice. À ses yeux, Jérusalem et son Temple ont cessé à tout jamais de jouer un rôle symbolique dans l'identité juive. Il a réorienté ainsi l'espérance de ses coreligionnaires en leur montrant que la relation entre Dieu et les hommes ne passe plus par un sanctuaire terrestre mais par les bonnes œuvres qui sont récompensées dès ici-bas et immédiatement après la mort.

Œuvre du judaïsme hellénistique, composée durant les années qui suivirent la catastrophe de 70, probablement en Égypte, vers la moitié du second siècle de notre ère, *III Baruch* représente un immense intérêt pour l'histoire des idées religieuses qui avaient cours dans certains milieux juifs des débuts de notre ère.

Vers la fin du IIe siècle ou au début du IIIe, l'*Apocalypse* fut adoptée et transmise par les chrétiens qui lui apportèrent la modification sur le vin « qui deviendra le sang de Dieu » (III, 15) et surtout lurent XVI, 2, qui cite *Deutéronome* 32, 21 comme une condamnation des Juifs et leur rejet au profit des païens. C'est ainsi que l'universalisme que reflète l'œuvre de l'auteur juif fut transformé en un « *arrogant supersessionim* » (Daniel C. Harlow, *op. cit.*, p. 212). Ceci n'est pas non plus sans intérêt pour l'histoire des idées et des mentalités au moment où l'Église s'émancipe de sa matrice juive.

S. Novokovič, « Otkrovenje Varuhovo », dans *Starine*, 18, 1886, p. 203-209. – M. Rhodes James, *Apocalypsis Baruchi Tertia Graece*, dans *Apocrypha Anecdota II* (coll. Texts and Studies, 5/1), Cambridge, 1897, p. LI-LXXI (*Introduction*) et 83-94 (texte grec). – V. Ryssel, *Die Griechische Baruchapokalypse*, dans E. Kautzsch (éd.), *Die Apokryphen und Pseudepigraphen des Alten Testaments*, Tübingen, 1900. – H. H. Maldwyn, *The Greek Apocalypse of Baruch or III Baruch*, dans R. H. Charles, *The Apocrypha and Pseudepigrapha of the Old Testament*, t. 2, Oxford, 1913. – P. Riessler, *Apokalypse des Baruch (griechisch)*, dans *Altjüdisches Schriftum ausserhalb der Bible*, Heidelberg, 1927. – J.-Cl. Picard, *L'Apocalypse grecque de Baruch. Ière Parie : traduction, premier niveau de description et question de méthode*, doctorat inédit en théologie protestante, Université de Strabourg, 1967 ; Id., *Apocalypsis Baruchi Graece* (coll. Pseudepigrapha Veteris Testamenti *Graece*, 2), Leiden, 1967. – « *Je te montrerai d'autres mystères plus grands que ceux-ci...* ». *Notes sur 3* Baruch *et quelques écrits apparentés*, dans *Histoire et anthropologie des communautés juives et chrétiennes dans les sociétés anciennes. Canal 8* (Centre de recherches de l'École pratique des hautes études. Section des sciences religieuses), Paris, 1970. – *Observations sur l'Apocalypse grecque de Baruch. I : Cadre historique fictif et efficacité symbolique*, dans *Semitica*, 20, 1970, p. 77-103. – W. Hage, *Die griechische Baruch-Apokalypse* (coll. Jüdische Schriften aus hellinitisch-römischer Zeit, V/1), Gütersloh, 1974. – É. Turdeanu, *Apocryphes slaves et roumains de l'Ancien Testament* (coll. Studia in Veteris Testamenti Pseudepigrapha, 5), Leiden, 1981. – H. E. Gaylord, *3 (Greek) Apocalypse of Baruch. A new Translation and Introduction*, dans J. H. Charlesworth (éd.), *The Old Testament Pseudepigrapha*, t. 1, London, 1983. – *Apocalypse of Baruch. Slavonic, Ibid.* – J. Riaud, *Apocalypse grecque de Baruch. III Baruch*, dans A. Dupont-Sommer et M. Philonenko (éd.), *La Bible. Écrits intertestamentaires* (coll. La Pléiade), Paris, 1987 ; Id., « Quelques réflexions sur l'*Apocalypse grecque de Baruch* ou *III Baruch* à la lumière d'un vouvrage récent », dans *Semitica*, 48, 1999, p. 89-99 ; Id., *Un voyage à travers les cieux. L'Apocalypse grecque de Baruch* ou *III Baruch*, à paraître. – D. C. Harlow, *The Greek Apocalypse of Baruch (3 Baruch) in Hellenistic Judaism and Early Christianity* (coll. Studia in Veteris Testamenti Pseudepigrapha), Leiden, 1996. – A.-M. Denis, *Introduction à la Littérature religieuse judéo-hellénistique*, t. I, Turnhout, 2000. – J. Riaud, *À la croisée des cultures. Les traditions judaïques à la manière grecque,* Paris, Cerf, 2017, p. 153-160.

J. RIAUD

BEDE THE VENERABLE, *Baeda, Beda, Saint Bede, Venerable Bede*, English monk, author and scholar, c. 672/673-735.

Beda, whose rare name is Anglicised as Bede, appears in early manuscripts most commonly as Baeda (the form used by the editors Plummer [1896], Colgrave and Mynors [1969], and Lapidge [2008]). Bede was acknowledged a saint immediately following his life (S. DeGregorio [2010], pp. 193-200). The honorary title

Bède le Vénérable, image reprise à A. Thevet, *Histoire des plus illustres et scavans hommes de leurs siècles*, t. 2, Paris, 1670, p. 80.

'venerable' was bestowed on him early, and is recorded in the proceedings of the Council of Aix-la-Chapelle in 736 (only later did the title 'venerable' come to be used in the Catholic Church to designate someone in the first level in the canonisation process). Although Bede has long been honoured as a Doctor of the Church, he was designated formally so by Pope Leo XIII in 1899.

I. HIS LIFE. – Bede, arguably the greatest scholar, exegete, and historian of his age, comes on the historical scene without known parentage. His autobiographical note in the *Ecclesiastical History* (V.24) tells us he was educated in "the monastery of St Peter and St Paul which is at Wearmouth and Jarrow" – the double monastery founded by the aristocratic Benedict Biscop (d. 689) – after becoming a monk on the Continent, travelling to Rome five times, and then being assigned by Pope Vitalian to accompany Theodore when the latter travelled to England as the newly designated archbishop of Canterbury. Soon the much engaged and voyaging Abbot Benedict conferred the abbacy of Wearmouth on Eosterwine and that of Jarrow on Ceolfrith. Bede grew up in that joint monastery, only departing from it to visit York and Lindisfarne. Bede reports,

"I have spent all my life in this monastery, applying myself entirely to the study of the Scriptures ; and, amid the observance of the discipline of the Rule and the daily task of singing in the church, it has always been my delight to learn or to teach or to write. At the age of nineteen I was ordained deacon and at the age of thirty, priest, both times through the ministration of the reverend Bishop John on the direction of Abbot Ceolfrith. From the time that I became a priest until the

fifty-ninth year of my life I have made it my business, for my own benefit and that of my brothers, to make brief comments from the works of the venerable Fathers on the holy Scriptures, and to add notes of my own to clarify their sense and interpretation" (*EH*, V.24, ed. Colgrave and Mynors, pp. 566-567).

The members of the Wearmouth-Jarrow community were oriented to Rome and the Continent through their superiors and their library, and Bede, although well informed about Celtic culture, favoured and followed the Roman patristic tradition. Bede's extensive knowledge of English and Continental affairs was the result not of personal travel (only two short trips of his are recorded ; the numerous voyages attributed to him in some histories are groundless), but the result of his comprehensive reading and major correspondence with bishops and clergy, especially those in Canterbury and Rome (see the lists in Lapidge [2006], pp. 58-60, 191-228).

Benedict Biscop and his successors collected, in addition to relics and paintings, a great library for the joint monastery. The monastic library that Bede worked with was one of the period's largest, with some 250 volumes in addition to extensive biblical and liturgical texts. Included in the library were works by classical authors such as Vergil, traditional works on grammar and rhetoric, and writings of earlier Doctors of the Church. Bede as a monk shared the patristic concerns of Jerome and Augustine concerning the pagan enticements of classical literature, but he also shared their appreciation of its essential benefits for literacy and for rhetorical facility in reading Scripture. Those rich resources not only provided the foundation for Bede's commentaries but also contributed to the extensive monastic curriculum he created based on the central study of the Scriptures, with supporting studies in astronomy, chronology, mathematics, reckoning, and – emulating the Fathers of the Church – pagan classical and patristic Latin poets. In addition, Bede taught himself Greek (at the time he was one of the very few in the West with that facility) to compare the Latin translations of *Acts of the Apostles* with the Greek version.

Bede's literary activity was vast, and he seems to have had little assistance in its production. In his prologue to the *Commentary on Luke* he wrote *Ipse mihi dictator simul notarius et librarius* ("I am my own dictator as well as stenographer and copyist", see Hurst [1960, 2001], p. 96).

II. HIS WORKS. – At the end of his *Ecclesiastical History*, book 5, ch. 24, just after his brief autobiography cited above, Bede provided a list, slightly supplemented by scholars, of his many works up until the year 731. (Works Bede did not include are his *Retractions to Acts*, *Eight Questions* dedicated to Nothelm, the *Letter to Egbert*, and *On the Holy Places*. See *EH*, ed. Colgrave and Mynors, p. 571, note 4.) Because exact dates of Bede's composition of many of his works are unknown or disputed, the following is a catalogue of his works according to topic.

I. EDUCATIONAL MANUALS. – Bede's educational manuals were designed to provide the foundation for reading, understanding, interpreting, and expounding Scripture and history.

1° On the Art of Poetic Meter : An exposition of Latin versification, beginning with their letters, syllables, and their quantities and then with the metrics (hexameter, pentameter, lyric) by way of examples from Vergil and one from Lucan, and Christian poets, along with Latin grammarians' comments. Significantly, Bede updates metrical history with his description in chapter 24 of isosyllabic stress (accentual meter) that largely superseded quantitative verse in medieval poetry.

Ch. W. Jones et al. (eds), *Bedae Venerabilis Opera. Opera didascalia 1 : De ortographia. De arte metrica et de schematibus et tropis. De natura rerum* (Corpus Christianorum Series Latina, 123A), Turnhout, 1975, pp. 81-141. – Translation by C. B. Kendall in *Bede, Libri II de arte metrica et de schematibus et tropis / The Art of Poetry and Rhetoric*, Saarbrücken, 1991, pp. 36-167.

2° On Figures of Speech and Tropes : Bede classifies this as a "small book on figures of speech or tropes, that is, concerning the figures and modes of speech with which the holy Scriptures are adorned" (*EH*, V.24). Bede is the first to exclude pagan examples entirely. Remarkably also, this is the first synthesis of linguistic and theological symbolism within a grammatical treatise.

Ch. W. Jones et al. (eds), *op. cit.*, pp. 142-171. – Translation by C. B. Kendall, *op. cit.*, pp. 168-209. – See also G. Hecht Tannenhaus, *Concerning Figures and Tropes*, in J. H. Miller, M. H. Prosser and Th. W. Benson (eds), *Readings in Medieval Rhetoric*, Bloomington, 1973, pp. 76-80.

3° On Orthography : Bede describes his work as "a book about orthography, arranged according to the order of the alphabet" (*EH*, V.24). A lexicon providing grammatical, orthographic, and semantic information, it consists of short entries about the meaning and correct spelling of words likely to cause difficulties for a medieval Latinist.

Ch. W. Jones et al. (eds), *op. cit.*, pp. 1-57.

4° On Nature : This basic introduction to the cosmology of Bede's age is a judicious reworking of Isidore of Seville's *Liber rotarum* and Ps.-Isidore of Seville's *De ordine creaturarum*. Bede provides brief explanations of the heavens and of earth, atmospheric events, oceans and rivers, earthquakes along with the volcanic activity of Mount Etna, and the geographic divisions of the earth.

Ch. W. Jones et al. (eds), *op. cit.*, pp. 173-234.

5° On Time : Near the beginning of his career Bede composed the *De temporibus*, which students found too condensed ; he produced the *De temporum ratione*, a much more informative and accessible version, near the end of his career. The theory of six ages of the world, inherited from Augustine and Isidore, is overlaid with the traditional six days of creation and the six periods of man's life from infancy to decrepitude. Although Bede shared the common belief that he was living in the last age, he differed in the reckoning of the number of years in each age, and that disparity excited hostile criticism in the monastery of Hexham, to which he responded with an ardent defence.

Ch. W. Jones (ed.), *Bedae Venerabilis Opera. Opera didascalia, 3 : Magnus circulus seu tabula paschalis. Kalendarium sive Martyrologium. De temporibus*

liber. Epistolae (ad Pleguinam, ad Helmwaldum, ad Wicthedum) (Corpus Christianorum Series Latina, 123C), Turnhout, 1980, pp. 579-611 ; Id. (ed.), *Bedae Venerabilis Opera. Opera didascalia, 2 : De temporum ratione* (Corpus Christianorum Series Latina, 123B), Turnhout, 1977. – Other editions include Id. (ed.), *Opera de temporibus*, Cambridge (Mass.), 1943 ; and F. Wallis (ed.), *The Reckoning of Time*, Liverpool, 1988 (repr. with corrections, 2004).

II. BIBLICAL COMMENTARIES. – Bede's study of the bible and its application to life was central : "I have spent all my life in this monastery, applying myself entirely to the study of the Scriptures" (*EH*, V.24). His interpretative methods are those of the Fathers of the Church, providing literal, symbolic, and allegorical meanings to the text.

1° Commentaries on the Old Testament. Bede's commentaries form an interesting mix : *On Genesis, On Samuel, Thirty Questions on Kings, On the Tabernacle, On the Temple, On Ezra and Nehemiah, On Proverbs, On the Song of Songs, On Habakkuk, On Tobit.* To this list should be added : a discussion of three brief questions that pertain to the Old Testament (two from II Samuel and one on the word *ignitum* in Psalm 118 and Proverbs 30) ; the letter-tract on the resting places of Israel in its desert wanderings ; another letter-tract on a phrase in Isaiah, 24:22 ; and the abbreviated Psalter as a devotional manual.

a. *On Genesis* : Bede composed Book I (parts a and b) around 717-718, adding Book II in 720, and completing the commentary with Books III and IV in 722-725. For Bede, as for Augustine, Genesis is of the greatest importance because it is the account of creation, the structure of the world, the temptation and the fall of Adam, with all the consequences of sin for humanity. It serves as the negative pole for the positive new creation of the New Testament with redemption by the new Adam, Christ. Bede, while Augustinian, is not so concerned with sin and grace in this commentary as with *natura externa*, God's gracious creation. Bede concentrates on the original beauties of nature and the character of mankind, with its unique gift of language. A reading of Bede's four books of commentary on Genesis 1-21 provides an excellent example of Bede's skills at extended exegesis, and a long spiritual interpretation of the biblical text. In his commentary on Genesis, Bede showed that he could successfully incorporate, emulate, and extend patristic exegesis.

Ch. W. Jones (ed.), *Bedae Venerabilis Opera. Opera exegetica. Libri quatuor in principium Genesis, usque ad natiuitatem Isaac et eiectionem Ismahelis adnotationum [The Beginning of Genesis up to the Birth of Isaac and the Casting Out of Ishmael : four books]* (Corpus Christianorum Series Latina, 118A), Turnhout, 1967 ; translated by C. B. Kendall in *Bede : On Genesis* (Translated Texts for Historians, 48), Liverpool, 2008 (with an extensive introduction and notes).

b. *On the Resting Places of the Children of Israel (De mansionibus filiorum Israel).* In response to Bishop Acca's query, the *De mansionibus* enumerates and describes the Israelites' stopping-places during their desert wandering, described in Numbers, chapter 33. Following Jerome's interpretations, Bede adds the allegorical and moral meanings of those resting areas for the Christian journeying through this desert of life on the way to the Promised Land of heaven, a favourite theme in Bede.

De mansionibus filiorum Israel, in J.-P. Migne (ed.), *Patrologia Latina*, 94, cols 699-702. – Translated with notes and brief introduction by W. Trent Foley and A. G. Holder in *Bede : A Biblical Miscellany* (Translated Texts for Historians, 28), Liverpool, 1999, pp. 29-34.

c. *On the Tabernacle* : Bede's *On the Tabernacle* is the first Christian extended commentary on Moses' portable shrine of the divine presence. With its companion piece, *On the Temple*, it demonstrates Bede's architectural facility. He sees the tabernacle as representing the Church militant, on its earthly pilgrimage, alongside the temple, the Church triumphant. The principal sources Bede uses for describing and expounding the tent shrine are, besides Exodus 24:12-30:21, Josephus's *Jewish Antiquities*, Jerome's *Letter 64 to Fabiola* about the priestly vestments, and Pope Gregory's *Pastoral Care*. He also refers to a double-page drawing of the tabernacle in Cassiodorus's *Codex Grandior*, and he augments Jerome's *On Hebrew Names* and Isidore's *Etymologies* with references from Pliny's *Natural History*.

In *On the Tabernacle* Bede is most concerned with the spiritual sense. It is in this treatise that he becomes the first writer to give a full account of the fourfold sense of Scripture, with reference to the four feet of the table in Exodus 25:26 as historical, allegorical, tropological, and anagogical. Elsewhere in this and other treatises, such as *On Genesis*, he posits a threefold sense, but for the most part he distinguishes just two senses, one literal (historical), and the other spiritual, also called 'typic', 'sacramental'. Bede does not lose sight of the literal meaning and the larger context of the biblical narrative, but he emphasises and concentrates on the symbolic meanings that the various sacred elements and objects suggest. Such a reading produces a poetic effect, in that objects suggest deeper signification.

D. Hurst (ed.), *Bedae Venerabilis Opera. Opera exegetica. De Tabernaculo et vasis eius ac vestibus sacerdotum libri III [Three Books on the Tabernacle, its Vessels, and the Priestly Vestments]. De Templo. In Ezram et Neemiam* (Corpus Christianorum Series Latinae, 119A), Turnhout, 1969, pp. 1-139. – Translated with notes and introduction in A. G. Holder (ed.), *Bede : On the Tabernacle* (Translated Texts for Historians, 18), Liverpool, 1994.

d. *On the Temple* : Although earlier Fathers had commented thematically on the Temple, Bede's is the first commentary to provide a sustained allegorical analysis of Solomon's temple. In addition, Bede in this and in his other writings shows intense interest in and knowledge about building crafts and explains every element of the Temple, including its construction and adornment, expounding at both the literal and allegorical levels. After a tripartite prologue Bede opens Book I with a succinct summary of the meaning of the Temple "as a figure of the holy universal Church, which, from the first of the elect to the last to be born at the end of the world, is daily being built through the grace of the king of peace, namely, its redeemer". Although Bede had already explored the meaning of the Temple to some extent in three homilies, here he systematically proceeds verse-by-verse through the description of Solomon's temple in III Kings 5:6-7:51.

D. Hurst (ed.), *op. cit.* [1969], pp. 141-234. – S. Connolly (trans.), *Bede : On the Temple* (Translated Texts for Historians, 21), Liverpool, 1995, with a comprehensive introduction by J. O'Reilly.

e. *On Samuel* : This highly allegorical commentary that Bede considered an important and arduous enterprise, never gained the popularity of his other biblical commentaries. Bede's longest Old Testament commentary, the work is divided into four thematic books, with roughly equal numbers of chapters in each book, preceded by explanatory prologues. Book 1, in seven chapters, deals with Samuel's career from childhood to judge and leader. Book 2, in eight chapters, tells of the Israelites' demand for a king, to which God reluctantly accedes, after which Samuel anoints Saul. Book 3, in seven chapters, recounts the actions of the deeply troubled Saul as leader and king threatened by the young hero David ; and book 4, in nine chapters, extols the ascendant David, while the disfavoured Saul falls in battle and dies. Each of the four books is preceded by a prologue. The first justifies his allegorical approach by referring to three crucial texts in Scripture, two Pauline and one Petrine : "For what things soever were written, were written for our learning" (Romans 15:4, Douai) ; "Now all these things happened to them in figure : and they were written for our correction, on whom the ends of the world have come" (I Cor. 10:11) ; "And all the prophets, from Samuel and afterwards, who have spoken, have told of these days" (Acts 3:24). With that key reference to Samuel, Bede says he will carve out (*exsculpere*) the allegorical heart of the text, so that to the historical literal reading favoured by the Jewish tradition he will, with Christ's help, add the spiritual symbolic meaning for the contemporary Christian. In the fourth prologue Bede speaks of the resignation of his beloved abbot Ceolfrith, which caused him delay before beginning the final book. Throughout the commentary Bede assiduously explores the valuable symbolic meaning of personages, names, events, and numbers for the Christian, who should recognise providential exemplary acts throughout this meaningful history.

D. Hurst (ed.), *Bedae Venerabilis Opera. Opera exegetica. In primam partem Samuhelis libri IIII [Four Books on the First Part of Samuel]. In Regum librum XXX quaestiones* (Corpus Christianorum Series Latinae, 119), Turnhout, 1962.

f. *Thirty Questions on the Book of Kings* : The four parts of the Book of Kings (now usually designated as I and II Samuel and I and II Kings) contained some problematic passages that Nothelm, assistant to Archbishop Albinus and himself later Archbishop of Canterbury, queried Bede about. *Thirty Questions*, which scholars date to about 715, deals largely with the literal and historical sense of the passages, though some (questions 1, 2, 14, 16, 30) give allegorical interpretations. Bede's question 4 (on the length of time the Ark of the Covenant remained in Kiriath-Jearim) and questions 11-13 (on the dimensions of Solomon's temple) are examples of how problems of chronology and measurement captivated him.

D. Hurst (ed.), *op. cit.* [1962], pp. 289-322. – W. T. Foley (trans.), *Thirty Questions on the Book of Kings*, in W. T. Foley and A. G. Holder (eds), *Bede : A Biblical Miscellany* (cf. *supra*), pp. 81-87.

g. *Eight Questions* : These eight discussions of problematic passages in the Old and New Testaments are genuinely Bede's, while the rest, questions 9-15 (*Patrologia Latina*, 93, cols 462-478), are not. There are nine extant manuscripts containing this treatise, dating from the twelfth to the fourteenth century, and many Carolingian scholars studied and used the text.

De octo quaestionibus, in J.-P. Migne (ed.), *Patrologia Latina*, 93, cols 455-462 ; better edition by M. Gorman, in the Appendix to his *Bede's VIII Quaestiones and Carolingian Biblical Scholarship*, in *Revue Bénédictine*, 109, 1999, 1-2, pp. 32-74 ; repr. in Id., *The Study of the Bible in the Early Middle Ages* (Millennio medievale. Strumenti e studi, n.s. 67), Firenze, 2007, pp. 62-105. – Translated by A. G. Holder in *Bede : A Biblical Miscellany* (*cf. supra*), pp. 145-165.

h. *On the Song of Songs* : In the prologue Bede gives a 500-line, highly rhetorical rebuttal of the Pelagian Julian of Eclanum before providing a short introduction to his commentary. The five-book commentary that follows provides a prime example of Bede's exegesis. Bede treats the poem as a celebration of the union between the Church and Christ, a spiritual epithalamium with dramatic dialogue, rather than a paean to sexual congress. Although Bede, like Origen and Gregory the Great, occasionally attributes text to the voice of the contemplative soul addressing God, the principal actors are Christ and the Church. Bede supplements his own commentary with a final book (equivalent to a modern chapter) that is a collection of Gregory the Great's various comments on the *Song*. Bede prefaces the little anthology with the gracious remark, "If there is some reader especially enamoured of our own efforts, let it be as though our humble building were to receive a golden roof at the hand of a great master-builder" (translated by W. D. McCready, *Miracles and the Venerable Bede* (Studies and Texts, 118), Toronto, 1994, p. 6 ; Holder [2011] does not include the prologue in his translation).

D. Hurst and J. E. Hudson (eds), *Bedae Venerabilis Opera. Opera exegetica. In Tobiam. In Proverbia. In Cantica canticorum. In Habacuc* (Corpus Christianorum Series Latinae, 119B), Turnhout, 1983, pp. 165-375. – A. G. Holder (trans.), *Bede : On the Song of Songs and Selected Writings* (Classics of Western Spirituality), New York, 2011.

i. *On the Canticle of Habakkuk* : As Bede explains in his prologue addressed to a nun, the Canticle of Habakkuk has major importance because of its liturgical use in the Office of Fridays at Lauds as "a proclamation of the Lord's passion" and because "it also gives a mystical account of [Christ's] incarnation, resurrection and ascension, as well as of the faith of the Gentiles and the unbelief of the Jews" (Connolly [1997], chap. 1, p. 65).

D. Hurst and J. E. Hudson (eds), *op. cit.* [1983], pp. 377-409. – S. Connolly (trans.), *On Tobit and on the Canticle of Habakkuk*, Dublin, 1997, pp. 65-95.

j. *On Ezra and Nehemiah* : After a short prologue, Bede proceeds to comment on Ezra in two books and on Nehemiah in a third. The subject of the commentary is not only the building of the second Temple after the first was destroyed by the Babylonians but also the reconstitution of the Jewish nation and people. Key passages in Books 2 and 3 emphasise the need for contemporary spiritual rebuilding of the individual

and of society by repentance and reform. Bede notes the positive role of both men and women singers in the Israelite assembly (2.65). Also in Book 2 Bede considers the Temple as a figure of manifold meaning : it represents the individual soul, the whole Church, and the body of Christ. The Temple had an open side entrance that prefigured the opening into Christ's side on the cross, made by the centurion's spear, which is the door to salvation, out of which flows the water of Baptism and blood of the Eucharist. In this late commentary that manifests Bede's monastic outlook, attitude, and concern, Bede's own voice seems more clearly and intensely present than in his earlier exegetical works.

D. Hurst (ed.), *op. cit.* [1969], pp. 235-392. – S. DeGregorio (trans.), *Bede, On Ezra and Nehemiah* (Translated Texts for Historians, 47), Liverpool, 2006 (with introduction, notes, and corrections to readings in Hurst's edition.

k. *The Abbreviated Psalter* : From each of the Psalms Bede selects one or more verses that capture the spirit and theme of the Psalm. These aptly chosen verses form a fine testimonial to Bede's editorial acumen and scriptural sensitivity.

G. M. Browne (ed.), *Collectio psalterii Bedae Venerabili adscripta* (Bibliotheca scriptorum Graecorum et Romanorum Teubneriana), München-Leipzig, 2001. – G. M. Browne (trans.), *The Abbreviated Psalter of the Venerable Bede*, Grand Rapids, MI, 2002.

l. *On Tobit* : Bede's presentation of Tobit as the ideal pious Jew is augmented by his allegorical interpretation of the text as a moral for Christian living. In doing so, Bede omits large sections of the story. Allegorical numerology comes into play in Bede's chapter 23 exploiting Tobit 8:22, on Raguel's slaughtering two fat cows (representing prosperity and adversity) and four rams (representing the four Gospels, four cardinal virtues, and the four quarters of the world) for the banquet.

D. Hurst and J. E. Hudson (eds), *op. cit.* [1983]. – S. Connolly (trans.), *Bede : On Tobit and on the Canticle of Habakkuk* (*cf. supra*), pp. 39-63.

2° Commentaries on the New Testament. – Bede's commentaries on Luke, Mark, and The Acts of the Apostles are major in size and content, have extensive manuscript and textual histories, and have had great influence over the centuries.

a. *On Luke* : The six-page, 220-line prologue to the Lucan commentary begins with Bishop Acca's letter urging Bede to undertake the arduous task of a commentary on this gospel even though it has been commented on by Ambrose and others, whose commentaries were too erudite for Bede's English students. Bede responds by agreeing to the big task, in which he is involved "as author, secretary, and publisher" (*cf. supra*). In assembling his commentary he notes he will carefully cite his patristic sources by a system of marginal references (A–M = Ambrosius, A–V = Augustinus, G–R = Gregorius, H–R = Hieronymus). He hastens to point out that those who have accused him of idiosyncratic originality in his assigning the symbol of the lion to Matthew and of the man to Mark (instead of the reverse) in his earlier commentary on the Apocalypse ought to realise that it was not his notion but Augustine's. He then quotes

Augustine's *De consensu evangelistarum* at length to prove it. Bede breaks up the commentary into six nearly equal books, with an introductory paragraph for each. Bede is the first to canonise the now-traditional quartet, Ambrose, Augustine, Gregory, and Jerome, as the main Latin Fathers of the Church, in numerical alignment with the four Evangelists. The commentary explores the literal and moral meanings of the text and to a lesser degree the allegorical. Throughout, but especially in discussing the infancy narratives, Bede attacks christological heretics and their subordinationist doctrines.

D. Hurst (ed.), *Bedae Venerabilis Opera. Opera Exegetica. In Lucae evangelium expositio. In Marci evangelium expositio* (Corpus Christianorum Series Latinae, 120), Turnhout, 1960, repr. 2001, pp. 5-425. – Not yet translated.

b. *On Mark* : This was composed some years after his commentary on Luke, as Bede says in the Prologue. When the two synoptics have concurrent texts, Bede usually inserts into the Marcan commentary large blocks from his Lucan commentary. However, the original parts of this commentary represent some of Bede's most mature exegesis. Although he often and with due credit interweaves appropriate sections from the four Fathers, his own contribution is intelligent and extensive. In Bede's own moral and figurative interpretations of passages particular to Mark's gospel, as Trent Foley [2005] notes, "three themes stand out above the rest : Christology, the soul's salvation and sanctification, and the mission of the Church on earth" (p. 120). Foley also notes, (*Ibid.*, pp. 120-122), that passages in Mark describing Jesus's arduous missionary activity provide models of pastoral activity in contrast to feasting clerics and certain bishops who feed their bodies but not the souls of the faithful. And as Christ fled from honours and adulation, all believers but especially the Church's preachers and teachers must fight the temptation to vainglory.

D. Hurst (ed.), *op. cit.* [1960, 2001], pp. 427-648. – Not yet translated.

c. *On the Acts of the Apostles* : In this early commentary (between 709 and 716), Bede used three Vulgate manuscripts, including one of the sister volumes of the famous Codex Amiatinus and three Old Latin (Vetus Latina) versions. One of the latter was joined to a Greek text of *Acts*, the version found in Bodleian Library ms. Laudianus Graecus 35, which Bede cites often for textual comparison. Because Bede refers to *Graeca exemplaria* in the plural, he apparently consulted at least one other Greek manuscript of *Acts*. Bede furnishes this text with both literal and allegorical commentary. Attention in *Acts* to the complex evolution of the early Church is interesting to Bede not only because of the information about the early historical life of the institution responsible for spreading the Gospel to all peoples, but also, more particularly, the relevance of the information to the continuous evangelisation of the West, including of course the Christianisation of Britain.

Bede's commentary on *Acts* became one of his more popular and influential works ; a major reason for its popularity is no doubt that no Father in the West before Bede had done a complete prose commentary on the text. Arator had composed a poetic version in hexameters

with an elaboration of the symbolic meaning in the biblical narrative, which Bede acknowledges in his preface and cites in his commentary as a source nineteen times. For other information, Bede relies on Jerome, Augustine, Rufinus, Gregory the Great, and, to a lesser extent, on Ambrose, Isidore and others ; from classical sources he draws on Josephus and Pliny. The whole work, very much Bede's own, is quite readable ; he uses figures of speech and structural wordplay to great effect. As in all his exegetical works, the commentary centres on Christ, the Church, and the sacraments.

Although Bede composed the commentary on *Acts* early in his exegetical career, late in life he composed the *Retractatio*, in the spirit of Augustine's *Retractions* ; that is, a commentary written in late life with reflections, revisions, corrections, and additions to the earlier work. The *Retractatio*, about a third of the size of the original commentary, corrects a few errors in the earlier work, defends Bede's position on some points against critics, and, more independent than the Commentary, adds information gained from further study. Among the many important comments in this late work is his judicious condemnation of the apocryphal text on the death of Mary, *Transitus Mariae*, as fictional and suspect.

M. L. W. Laistner and D. Hurst (eds), *Bedae Venerabilis Opera. Opera exegetica. Expositio Actuum Apostolorum. Retractatio in Actus apostolorum. Nomina regionum atque locorum de Actibus apostolorum. In epistulas VII catholicas* (Corpus Christianorum Series Latinae, 121), Turnhout, 1983, pp. 1-99. – L. T. Martin (trans.), *The Venerable Bede : Commentary on the Acts of the Apostles* (Cistercian Studies, 117), Kalamazoo, MI, 1989.

d. *On the Seven Catholic Epistles* : The 117 extant manuscripts of the *Seven Epistles* indicate that these were the most popular of all Bede's exegetical expositions. In the preface Bede attempts to explain that the order of the Seven Letters represents both the sequence of conversion to the Faith (first Jerusalem, then the Jews in diaspora, and finally the gentiles) and also their dates of composition. Bede is aware that the attributed authorship of the various letters had been questioned, but he insists on their authenticity. All the letters are moral exhortations in epistolary guise for the practice of Christian wisdom and virtues, so Bede's commentaries are largely of that genre, while adducing other thematic biblical passages as well as comments by the Fathers (for the contents of each of the letters, see G. H. Brown [2009], pp. 64-68).

M. L. W. Laistner and D. Hurst (eds), *op. cit.*, pp. 179-342. – D. Hurst (trans.), *Bede the Venerable : Commentary on the Seven Catholic Epistles* (Cistercian Studies, 82), Kalamazoo, MI, 1985).

e. *Excerpts from Augustine on the Pauline Epistles* : *In Apostolum quaecumque in opusculis sancti Augustini exposita inueni, cuncta per ordinem transcribere curaui* [unedited]. Incorporating much of the *collectaneum* of Augustine's works by the abbot Eugippius (*fl. c.* 509) but arranging the collections according to the Pauline canon instead of Augustinian theme, Bede's Pauline collection influenced Carolingian exegetes such as Hrabanus Maurus and Florus of Lyon, who created a similar collection of Augustine's citations of Paul. Of the 457 passages from Augustine some are only a few lines while others are two or three pages long.

D. Hurst (trans.), *Bede the Venerable : Excerpts from the works of Saint Augustine on the Letters of the Blessed Apostle Paul* (Cistercian Studies, 183), Kalamazoo, MI, 1999.

f. *Commentary on the Apocalypse* : As an exegete and ecclesiastical historian, Bede was interested in first and last things as well as in the evolution of human history. It is not surprising then that his early biblical commentaries are on Genesis and Revelation along with the Acts of the Apostles. His commentary on the Apocalypse, apparently his earliest commentary (written between 703 and 709), is deliberately short, ostensibly because of the indolence of his English race : *Nostrae siquidem, id est Anglorum gentis inertiae consulendum ratus... et idem quantum ad lectionem tepide satis excoluit* (*Praefatio*). It proved quite popular on the Continent, as the 113 extant manuscripts attest. The commentary is preceded by Bede's 22-line poem about the author John and his apocalyptic subject. There follows the preface addressed to Eusebius (the monk Hwætberht). In that preface Bede explains that the Apocalypse, addressed to the seven churches in Asia (Rev. 1:1), contains seven parts, *periochae*, within thirty-eight chapters ; and just as seven seals enclose the Book, the seven Tyconian rules unseal the meaning. The commentary is strongly allegorical, an approach mandated by the symbolism and mystery of the text itself. It displays a great dependence on the comments of the Fathers and earlier exegetes, particularly Tyconius, Augustine, and Primasius.

R. Gryson (ed.), *Bedae Venerabilis Opera. Opera exegetica. Explanatio Apocalypseos* (Corpus Christianorum Series Latinae, 121A), Turnhout, 2001. – E. Marshall (trans.), *The Explanation of the Apocalypse by Venerable Beda*, Oxford-London, 1878. It is notable that the best edition of any of Bede's exegetical works is this by Gryson, and the oldest English translation of one of Bede's commentaries is this by Marshall.

III. BIBLICAL AIDS. – In addition to his biblical commentaries, Bede provided some ancillary texts to assist the student in his understanding of sacred history and geography.

1° On the Holy Places : *On the Holy Places* is an early work derived from a work by the Irish monk Adomnán, which, as Bede tells us in the ten-line verse introduction to the treatise, describes the territory and memorable sites in Holy Scripture. This quaint manual lists items such as the Lord's head cloth, the shroud woven by the blessed Virgin, the twelve stones that Joshua ordered taken from the Jordan, and the stones on which Christ's clothes were laid at his baptism.

I. Fraipont (ed.), *De locis sanctis*, in P. Geyer et al. (eds), *Bedae Venerabilis Opera. Itineraria et alia geographica* (Corpus Christianorum Series Latinae, 175), Turnhout, 1965, pp. 245-280. – W. T. Foley (trans.), *On the Holy Places*, in *Bede : A Biblical Miscellany* (*cf. supra*), pp. 1-26.

2° Gazetteer : Of the two geographic dictionaries for locating and explaining biblical places found attached to manuscripts of Bede's commentaries on *Acts*, this one is quite likely written by Bede. It is a geographical dictionary briefly explaining the names and places that appear in the *Acts of the Apostles*. This gazetteer draws upon authorities such as Pliny, Jerome, Isidore, and Adomnán, as well as Bede's own *De locis sanctis,* to explain geographical names and locations referred to in *Acts* and in Bede's *Commentary on Acts*.

M. L. W. Laistner and D. Hurst (eds), *op. cit.*, pp. 165-178.

IV. LITERARY WORKS. – Homilies, Hagiography, Martyrology, Poetry, Letters.

1° Homilies on the Gospel : Preaching for Bede has a special, even sacramental, significance ; it teaches the meaning of Scripture with correct theological understanding and moral rectitude. Preachers function as successors to the prophets and apostles, but preaching is the function not only of the ordained priest but of every Christian, male or female, rightly instructed in the faith (Homily I.7) ; see also A. Thacker [1983], p. 131. Bede's homilies resemble his commentaries in general tone and technique. In their sobriety, however, they also demonstrate stylistic diversity. Sermons for the great high feast days of joy –Christmas, Easter, Pentecost – display more structural symmetry, figures of speech, cadenced endings, liturgical formulae, and higher style, while homilies for vigils, Advent, and Lent display a simpler mode, and a more verse-by-verse approach. Although Bede's homilies are primarily moral exhortations, like his commentaries, they also contain instructions about the history and meaning of biblical events and objects.

Bede's fifty homilies were widely copied. Eventually some were transferred to different days to accommodate them to the later liturgy. Numerous other sermons were attributed to him over the course of the Middle Ages, some of which excerpted sections from his commentaries, especially on Mark and Luke, and assigned them to the Sundays when the gospel texts occur in the liturgy. Since his sermons are essentially reflective, with the purpose of meditation on the divine mysteries, interior compunction and attainment of virtue, they differ from the large public sermons of the Fathers. He does borrow pertinent parts from their works, but his monastic modality transforms them all.

D. Hurst and J. Fraipont (eds), *Opera homiletica. Opera rhythmica* (Corpus Christianorum Series Latina, 122), Turnhout, 1955, pp. 1-378. – L. T. Martin and D. Hurst (trans.), *The Venerable Bede : Homilies on the Gospels* (Cistercian Studies, 110-111), Kalamazoo, MI, 1991.

2° Saints' Lives.

a. *Vita Felicis*

Vita Felicis, in J.-P. Migne (ed.), *Patrologia Latina*, 94, cols 789-798. – Th. Mackay's 1971 Stanford dissertation, *Critical Edition of Bede's* Vita Felicis, was never published.

b. *Passio S. Anastasii* : probably by Bede, see *Bibliotheca Hagiographica Latina*, 408, and C. Vircillo Franklin [2004], pp. 186-228, 387-416.

c. *Two Lives of St Cuthbert* : As listed by Bede at the end of the *Historia* : "Also the histories of the saints : a book on the life and passion of St Felix the Confessor, which I put into prose from the metrical version of Paulinus ; a book on the life and passion of St Anastasius which was badly translated from the Greek by some ignorant person, which I have corrected as best

I could, to clarify the meaning. I have also described the life of the holy father Cuthbert, monk and bishop, first in heroic verse and then in prose" (*EH*, V.24).

These few but diverse saints' lives reveal Bede's hagiographic skills and attitudes. With Augustine, Bede asserts that saints' lives demonstrated the actualisation of the potential humans have for spiritual perfection through grace. For him the miracles saints performed in life and after death were revelations of God's power and his intervention in history, and their lives represent models for us to emulate. In this hagiographic genre, in which moral qualities, not individual characteristics, are paramount, Bede expresses how the saint's career conformed to the essential patterns, characterised by a set of standard deeds that served as credentials and proof of divinely inspired life.

Since the hagiographic life was traditionally recounted in prose or poetry, or transferred from prose into poetry or vice versa, Bede exercised his talents by producing both. So, for his *Life of Felix* Bede paraphrased in chaste prose the ornate poetic version by Paulinus of the life and miracles of the third-century saint, Felix of Nola. Then for the life of the Lindisfarne St Cuthbert, Bede created an *opus geminatum*, with a simpler prose and a more elaborate poetic version.

W. Jaager (ed.), *Vita Cuthberti. Bedas metrische Vita Cuthbert* (Palaestra, 198), Leipzig, 1935. – B. Colgrave (ed.), *Two Lives of Saint Cuthbert : A Life by an Anonymous Monk of Lindisfarne and Bede's Prose Life*, Cambridge, 1940. – J. F. Webb (trans.), *Bede, Life of Cuthbert*, in D. H. Farmer (ed.), *The Age of Bede*, New York, 2004.

3° Martyrology – Besides the four saints' lives and information about saints and martyrs he included as part of his histories, Bede made another, greater contribution to hagiography. From the pseudo-Jerome fifth-century martyrology, a liturgical calendar simply naming the martyrs and the places of their martyrdom, Bede composed between 725 and 731 an historical martyrology with 114 entries that include a brief account of each saint's life and death. Bede describes this work as follows : "A martyrology of the festivals of the holy martyrs, in which I have diligently tried to note down all that I could find out about them, not only on what day, but also by what sort of combat and under what judge they overcame the world" (*EH*, V.24). His martyrology served as a matrix and model for all future cumulative martyrologies produced in the Latin West, including those by Florus, Hrabanus, Usuard, and the later Baronius ; it forms the basis of the Roman martyrology used by the Catholic Church today.

F. Lifshitz (ed.), *Bede, Martyrology*, in Th. Head (ed.), *Medieval Hagiography : An Anthology*, New York, 2000, pp. 169-197.

4° Sacred Poems : *Liber Hymnorum, Rythmi, Variae Preces* : "A book of hymns in various meters and rhythms ; a book of epigrams in heroic and elegiac meter" (*EH*, V.24). The two books of Bede's poetry did not survive the Middle Ages intact. However, besides the metrical life of St Cuthbert in almost a thousand lines of skilfully wrought hexameters, two dozen of his poems have come down to us, along with some single lines, distichs, elegiac couplets, and short poems inserted in his prose works. One poem, in honour of St Æthelthryth,

we know is certainly genuine because Bede includes it with an introduction in the *Ecclesiastical History* (*EH*, IV.20).

Unfortunately, the editing in the *CCSL* edition is poor : J. Fraipont (ed.), *Liber Hymnorum, Rythmi, Variae Preces*, in D. Hurst and J. Fraipont (eds), *Opera homiletica...* (*cf. supra*), pp. 405-470.

5° Instructional Letters : All five letters that Bede describes in his *Ecclesiastical History* (V.24) are extant : "Also a book of letters to various people : one of these is on the six ages of the world ; one on the resting places of the children of Israel ; one on the words of Isaiah, 'And they shall be shut up in the prison, and after many days shall they be visited' ; one on the reason for leap years ; and one on the equinox, after Anatolius". Two letters (I, II) were written by Bede after the *Ecclesiastical History* was finished, but Letters III-VI, preceded them.

Ch. Plummer (ed.), *Epistola Bede ad Ecgbertum episcopum* in Id. (ed.), *Venerabilis Baedae Opera historica*, 2 vols, Oxford, 1896, repr. 1975, pp. 405-423. Because other letters are closely related to a Bedan treatise, they are discussed above with the appropriate treatises (*cf. supra* : Ch. W. Jones et al. (eds), *Bedae opera didiscalia...*). Therefore, the first letter on the six ages, *De sex aetatibus mundi*, is examined in connection with the *De temporibus*. The last two letters listed, *De ratione bissexti* and *De aequinoctio iuxta Anatolium* treat computational questions put to Bede by colleagues and incorporated by Bede in *De tempore ratione*. Wallis includes Bede's "Letters on Computus" as Appendix 3 of *Bede, The Reckoning of Time* (*cf. supra*). The letters *De mansionibus filiorum Israel* and *De eo quod ait Isaias 'Et claudentur ibi in carcerem et post multos dies uisitabuntur'* deal with questions about Genesis asked by Bede's patron, Bishop Acca, and translated by A. G. Holder in *Bede : A Biblical Miscellany* (*cf. supra*), pp. 29-34. – See also the collection of letters in Migne's *Patrologia Latina*, 94, cols 655-740.

v. The Histories. – Bede's histories, particularly *The Ecclesiastical History of the English People*, are unique. Without them whole centuries of early English history would be known only from archaeological bits. And they are not only unique, they represent the highest quality writing. In them his monastic vision of sacred and secular history and his reforming idealism, exemplified by his depiction of good and bad leaders and of faithful and faithless peoples, are combined. Although a cloistered monk living ascetic ideals, through his multiple contacts and extensive correspondence he knows the complex realities of Anglo-Saxon society and he deals with the real, disorderly, and contentious factors of that life and politics. Because of his insightful understanding of the unifying authority of the church of Canterbury and York as envisaged by Pope Gregory the Great, Bede precociously represented as a single nation a country that was and would remain long a collection of Anglo-Saxon tribal divisions. His treatment of Bernician and Deiran rivalries in Northumbria and of the Mercian polity, and his contentious treatment of the British and Irish as opponents, are understood and subsumed under his vision of the unity of the *gentis Anglorum*.

Like all great historians Bede marshals his materials in a carefully arranged presentation. He is a master of the overarching viewpoint as well as of the discreet silence, the omission that consigns a person or factions to oblivion. His chapters, sections, and sentences are adroitly structured, with rhetorical hypotaxis and emphasis. His many years as a teacher and writer of postclassical Latin, coupled with his impressive natural endowments, enabled him to write a structured, long and coherent treatise. His many years as an exegete had honed his interpretative skills ; the commentaries on the Gospels and *Acts* had especially practiced his talents for narrative, artistic selectivity, and the reconciliation of real and seeming contradictions. His work as a computist developed his special abilities for chronology, for fixing and relating events, and for understanding temporal sequence and relationships. His works of biography and hagiography had trained him to incorporate detail and sign into the larger fabric, to utilise reports, data, popular accounts, and miracle stories for studied effect. His expertise in poetry as well as rhetorical prose allowed him to use both forms effectively within the text, and his editorial expertise allowed him to edit and use letters and quotations effectively. The fact that many of his works were digests, revisions, or summaries of earlier materials also served him as an historian. All his training as grammarian, exegete, literary artist, and chronologer was brought to bear on history. Conversely, his historical work boldly and candidly manifests the means and ends of each of those disciplines, so that literature and its devices, hermeneutics both in its literal and allegorical manifestations, saints' lives and miracles, and modes of ecclesiastical and secular history are presented and amalgamated.

1° On the Lives of the Abbots of Wearmouth and Jarrow : "A history of the abbots of this monastery in which it is my joy to serve God, namely Benedict, Ceolfrith, and Hwætberht, in two books" (*EH*, V.24). Besides editing and freely incorporating the *Life of Ceolfrith* into his *Lives of the Abbots of Wearmouth and Jarrow*, Bede adds items of traditional material and personal experience to the institutional history. Bede's account of the life and career of the great founder of his monastery, Benedict Biscop (Book I, chap. 1-14), supplements his homiletic eulogy of that dynamic leader. Benedict, descended from noble lineage, "refused to become the father in the flesh of mortal children, being foreordained by Christ to bring up in spiritual learning immortal children for Him in the heavenly life" (chap. 1). In his journeys to Gaul and Rome "he brought back a large number of books relating to the whole of sacred learning" (chap. 4) and founded under King Ecgfrith's auspices the monastery of St Peter at Wearmouth. He established the Rule, distilled from the best of seventeen monasteries he had visited (chap. 11), and obtained a letter of papal sponsorship guaranteeing the monastery's independence. At Benedict's request, the pope sent his archcantor to teach the monks proper liturgical chant and liturgy. He brought stone masons and glaziers to construct the church, and furnished the church with books, relics, and pictures from the Continent (chap. 6, 9, 11). After dealing with Benedict's life, Bede describes his holy death and his last testament to his monks (chap. 12-14). In this first part of the *Lives* he also intersperses the histories of Benedict's subordinate abbots, Ceolfrith, Eosterwini, and Sigfrid. The eighth chapter, a separate eulogy on

Eosterwini, contains a particularly moving account of that nobleman's monastic humility in performing menial tasks.

After a summary chapter of the abbots' lives (chap. 14), Book II constitutes the history of Ceolfrith's reign, emphasising his own contributions ("He doubled the size of the library for both monasteries", chap. 15) and his piety (chap. 16) before recounting his resignation and the installation of his elected replacement, Bede's coeval Hwætberht. The history ends with Ceolfrith's pious death at Langres on his way to Rome with another reference to the pandect, the *Codex Amiatinus*, as a gift of homage to the pope.

Significantly, Bede in *The Lives of the Abbots* attributes no miracles to any of the five holy abbots. This could be interpreted as Bede's honest reluctance to ascribe miracles to men whose lives he knew had caused none. But he omits even the modest account of the miraculous apparitions at Ceolfrith's tomb in the last chapter of *Life of Ceolfrith*. Thus, he does not make Ceolfrith's afterlife more extraordinary than that of his other abbots. Bede's venture into historical biography in *The Lives of the Abbots* anticipates the later local monastic chronicles, widespread from the eleventh century on, which factually describe the foundation, leadership, patronage, and possessions of abbeys.

Ch. Plummer (ed.), *Historia abbatum auctore Baeda*, in *Venerabilis Baedae opera historica* (*cf. supra*), vol. 1, pp. 364-377, vol. 2, pp. 355-370. – J. F. Webb (trans.), *Lives of the Abbots of Wearmouth and Jarrow*, in D. A. Farmer (ed.), *The Age of Bede* (*cf. supra*), pp. 185-208.

2° The Chronicles : To his early *De temporibus* and the later *De temporum ratione*, Bede attached chronicles as final chapters. As a summary of major events the chronicle serves as a sort of historical index. Each entry presents a concise reference to an historical incident, so the chronicle differs from history, which as a literary form has material arranged and developed according to a sustained theme. Both forms, chronicle and history, were bequeathed to the Middle Ages by Eusebius of Caesarea (c. 260-c. 340). Eusebius's *Chronicle*, based on the time scheme of the Septuagint, was translated intact by Jerome and copied by Isidore. In recording the most important events in what was considered world – that is, Roman and ecclesiastical – history, Bede generally follows the Eusebian-Jerome calculations but revises the overall time scheme according to his reckoning of the six ages of the world, using dates derived from the Vulgate Bible. The earlier chronicle is attached to the *De temporibus*, and like it, it is much briefer than the second version in the *De temporum ratione*. Since the calculation of calendrical time is related to dating, the chronicle of major world events serves as an appendix to the treatises on computus, even though to many, even among the first readers, the chronicles have seemed adventitious to the treatises. So these chapters often circulated as historical records separately from the two treatises to which Bede attached them. The two chronicles themselves display major differences. The first, shorter chronicle attached to the *De temporibus* is structured according to the six ages of the world, subsuming all events under one or other of the ages. The individual entries are usually no more than a half dozen words, all of them culled from earlier sources without explanation. Like the earlier work, its dating ends some years before that of the *Chronica maiora*, the longer, more detailed and useful chronicle. Entries for the latter range from three or four lines to more than a dozen. As Faith Wallis [1988] points out, "These chronicles are not a history like the *Ecclesiastical History* ; they are universal, not national, and based on *annus mundi* rather than *annus Domini*". Bede's world-chronicle integrates portions of historical events in Britain and Ireland within world history, particularly the Roman conquest of Britain and the collapse of post-Roman Britain by Irish, Pictish, and Anglo-Saxon onslaughts. However, in this text Bede does not couple events in England with Rome as extensively and integrally as he does in the *Ecclesiastical History*. Although the world-chronicle has entries on Gregory the Great and major English figures such as King Edwin, Abbess Æthelthryth, Cuthbert, Abbot Ceolfrith and the missionaries Willibrord and Egbert, it omits many local persons, such as Abbess Hild, Bishop Chad and even Bishop Wilfrid, and many Anglo-Saxon events, such as the Irish mission to Northumbria, that are included in the *Ecclesiastical History*. After the last entries, for the *annus mundi* (traditional age of the world) 4679, recalling Ceolfrith's pilgrimage and demise, and 4680, recording the Saracen invasions, the *Chronica maiora* has additional theological chapters concerning the end of the sixth age, the time of the second coming, the arrival of Antichrist, and beyond world-time the seventh and eighth ages. The addition of this eschatological element to the world chronicle became traditional after Bede.

By insisting on the open-ended date of the end of the world, Bede also confutes the belief that ages of the world are exactly 1000 years each. In this he agrees with Augustine, who posited the humanly indeterminate seventh age as the Church Expectant. For dating in the chronicles Bede follows Isidore's scheme of the *annus mundi* and indictions, which apply to "the continuity and pattern of general providence throughout time", that is, throughout the history of the world from its inception, rather than to "the particular providence of God with regard to the English", in the Christian era of the *Ecclesiastical History* (See F. Wallis [1988], p. lxx ; pp. 357-358).

Ch. W. Jones (ed.), *Chronica minora*, in Id. (ed.), *Bedae Venerabilis Opera. Opera didascalia, 3...* (*cf. supra*), pp. 601-611. – Ch. W. Jones (ed.), *Chronica maiora*, in Id. (ed.), *Bedae Venerabilis Opera. Opera didascalia, 2...* (*cf. supra*), pp. 461-538.

3° The Ecclesiastical History of the English People : With the *Ecclesiastical History of the English People*, Bede has provided posterity with the only link, and a superb one, for much about England in its earliest history. Bede constructs a national identity that sets the norm for medieval English history ; he writes of England as a nation from the very first chapter rather than of a specific ethnic or regional group, even though as a Northumbrian his emphasis is on that area. The multitude of extant manuscripts from the Middle Ages (over 150), both in England and on the Continent, indicate its early renown. Since the Renaissance it has often been printed, with an important edition by Mynors with Colgrave in 1969, and then in 2008 edited superbly by Michael Lapidge, who in the introduction has provided a detailed and carefully argued discussion of the transmission and relationship among early manuscripts of the *History*.

The *History* belongs to the genre and tradition established by Rufinus's translation of Eusebius's *Ecclesiastical History*. An ecclesiastical history, based on biblical rather than classical concepts of time and event, presupposes a theocentric universe in which the secular is subsumed within the sacred. Like Eusebius, Bede includes documents and gives references to sources. Bede's *History* traces the development of the Church through conversion and the spread of the faith as it advances in time and geography to "the ends of the earth" (*Acts* 1:8) and finishes on a guardedly optimistic note, without emphasising the troubles and problems described in his admonitory *Letter to Bishop Egbert*.

Although in the *History* Bede shows special admiration for some persons, such as Bishop Cuthbert and King Oswald, throughout his narrative he demonstrates an objectivity and balance that made him an ideal model for the historians of the twelfth century and later. Bede gives even-handed and sober treatment to historical personages : with both his generosity and restraint in the presentation of bishops who pursued different ideals and models, such as Cuthbert and Wilfrid ; of princes with good and bad qualities, such as Edwin and Oswiu ; and with his judicious selectivity of events and balanced structure. Most modern historians, such as Mayr-Harting, Bonner, Meyvaert, Wallace-Hadrill, Bullough, and a host of others following Plummer, see Bede as an ideal ecclesiastical historian writing with the charity and prudence he so extolled in his theological works. However, a few contemporary historians, such as Walter Goffart and Nicholas Higham, see in Bede's method a subtle manipulation of facts, and the use of guile for the purpose, according to Goffart, of denigrating Wilfrid and his party and advancing the Cuthbertan Northumbrians (W. Goffart [1988], pp. 235-328 ; N. J. Higham [2006]).

In the preface Bede expressly defines his work as an ecclesiastical history "gentis Anglorum" ["of the English people"], which marks it off from Eusebian universal history because it presents local history within world history. He signals his intention to record the history of one people (nationhood was an operative concept only later in the Middle Ages), as Gregory of Tours did in the *History of the Franks*. In showing that the English Church developed according to the Eusebian model, Bede sees the people of England, and especially of his beloved Northumbria, as one of God's chosen tribes.

Bede was sensitive to the remoteness of his country geographically and temporally from the Mediterranean centres of Christianity, Jerusalem and Rome ; but his history asserts that in these days the converted English, whom he calls "our people" in the letter to Abbot Albinus, are a tribe of the new Israel at the ends of the earth. The preface to the *History* is, like much of Bede's writing, at once conventional and quite original. It is constructed of exordial *topoi* that entered Christian historiography from classical literature : it addresses a leader with a formula of submission by which a subject presents himself as a servant (*famulus*) seeking his benevolence, artfully intermixed with a devotional formula, *famulus Christi*. However, in the salutation the immediate juxtaposition of the names of King Ceolwulf and of Bede, *Gloriosissimo regi Ceouulfo Beda famulus Christi et presbyter*, as well as the personal if formal tone that follows, places the "servant" Bede on a level of authoritative equality with, or even superiority to, that of the royal recipient. Drawing on other *topoi* to his purpose, Bede expresses in the preface the moral usefulness of history, and then turns to his readers, requesting with authorial modesty their indulgence.

The greater part of this extensive preface is taken up with the acknowledgement of sources. In this Bede goes far beyond the conventional appeal to compelling witnesses. As in his commentaries on the gospels, and in remarkable contrast to the practice of other early medieval authors, Bede is at pains to list his authorities with their credentials. However, for the remoter background information on the history of the Church in England, that is, for the period from the beginnings up to the arrival of Augustine, Bede remarks only that he got the "material from here and there, chiefly from the writings of earlier writers" (*EH*, Preface). So, for Book I, chapters 1-22, Bede fashions this historical prelude from neatly assembled bits from late antique and British authorities : Pliny, Solinus, Orosius, Eutropius, Vegetius, Basil, Prosper, the *Liber Pontificalis*, the lives of St Alban and of St Germanus, and especially the invective *De excidio Britanniae* by the Romano-British Gildas (on Bede's sources, see *EH*, p. xxxi (Mynors and Colgrave), J. Campbell [1966], pp. 163-164 ; W. Levison [1935], pp. 134-137). For the period from the conversion to the present (particularly the recent past), Bede is more explicit about his sources of information. Such a procedure makes sense even to a modern reader : the preliminary material is treated as common knowledge derived from traditional authorities ; but the core of the history is verified by named sources. As Bede summarises at the end of the *History* (V.24) the material was assembled "either from ancient documents or from tradition or from my own knowledge." But the result is totally his own art.

Bede concludes his summary of sources with a plea : "I humbly implore the reader that he not impute it to me if in what I have written he finds anything other than the truth. For, in accordance with a true law of history *(uera lex historiae)*, I have tried to set down in simple style what I have collected from common report, for the instruction of posterity" (*EH*, pp. 6-7) The loaded phrase, *uera lex historiae*, which Bede also used in his commentary on Luke 2:33-34, apparently means that in human history, as opposed to theological revelation, common perception is a valid criterion. Although he has tried to use only trustworthy data, he has of necessity had to rely on much oral tradition and hearsay for which he cannot be held unreasonably accountable ; the probable truth of the material urges its inclusion. Bede takes the term *uera lex historiae* from Jerome, who uses it in his defence against Helvidius concerning the Evangelists calling Joseph the father of Jesus, asserting that they were simply "expressing the common opinion, which is the true law of history" (see W. Goffart [2005], pp. 11-16 ; R. Ray [1980], pp. 1-21).

In the last paragraph of the preface Bede points out that what he has recorded for the various provinces should be pleasing, *grata*, to their inhabitants. This is consonant with the generally positive thrust of the narrative, which includes frequent interspersion of pleasing story and anecdote with historical record. It is nonetheless clear from the narrative and architectonic thrust of the *History* that the main aim of the whole work is to expound the development of God's plan for the English as a chosen people and the development of one unified Church in a violent and feuding land. It tells of the coming of the faith to the beautiful but remote island described in chapter 1, the failures of the Britons to missionise the Anglo-Saxons, the successes of the Roman missionaries, the Anglo-Saxon Church's progress and its setbacks, and its present positive but not entirely roseate position.

The only work of Bede honouring a layman, the *History* is clearly intended for an educated lay as well as a clerical audience. The dedication to King Ceolwulf presages one important thematic interest in the *History*, that of royal conduct. It carefully records the succession and genealogy of kings. It is in part an early form of the mirror for princes, so prominent in the later Middle Ages and Renaissance. In his accounts of the careers of Æthelbert, Edwin, St Oswald, Oswiu, Oswine, Sigebert of the East Saxons, Cenwealh of Wessex, and others, Bede makes it clear that the role of Christian kings is to protect and defend their people and the Church, to observe its teachings, and to foster it. He shows how rulers prosper when observing Christian law and virtue, and how the Church avails them and they the Church. The earthly power of Edwin and Oswald magnified after their conversion (II.9 and III.6), and Oswiu and Aldfrith because of their faith overpowered superior forces in war (III.24).

Bede also provides negative examples of divine retribution for royal infidelity and backsliding. But Bede is a Christian monk who believes, from the psalms and prophets, that the wicked often prosper in this life as a test of faith and as penance for sins, so the narrative of royal events is not naively or perversely skewed to fit a simple thesis of virtue immediately rewarded in this life. Virtue is not always to a king's earthly advantage as the prophecy of St Aidan shows : as King Oswine humbled himself before Aidan, he exclaimed "I know the king will not live long ; for I never before saw a humble king ; therefore I think he will very soon be snatched from this life ; for this nation does not deserve to have such a ruler" (III.14).

If Bede intended the *History* to serve at least in part as a *speculum principis* for King Ceolwulf and other Anglo-Saxon rulers, why did he write it in Latin, the language of the Church and not of the laity ? The answer in part is that Ceolwulf like his predecessor Aldfrith, whom Bede calls "most learned in all respects" (V.12), had received education in Latin, the common language of culture in Europe. Bede sent advance drafts of the *History* to Ceolwulf for his perusal and criticism, as he had done for Abbot Albinus. Furthermore, after a reign "filled with so many and such serious commotion and setbacks" that Bede was unwilling to predict the results as he finished the History (V.23), Ceolwulf retired as a monk to Lindisfarne in 737. That fact does not necessarily bespeak his literacy, but it does associate him with the culture of literacy.

Another reason why Bede wrote the *Historia* in Latin is that it also, and in greater part, is directed to the clergy in the language of the Church, as the correspondence with Abbot Albinus of Canterbury reveals. As an ecclesiastical history, it is in large measure about the clergy and their activity. It catalogues and discusses episcopal succession (II.3-9). It not only describes the work of saintly prelates such as Gregory the Great, Augustine of Canterbury, Paulinus, and Theodore, but also adroitly includes the chequered career of Wilfrid. Walter Goffart has argued that Bede artfully composed the *History* to counter Wilfrid's power and his partisans by diluting Wilfrid's prestige and ideally counterpoising the Northumbrian monastic clergy, such as John of Hexham, Aidan, and especially Cuthbert (on Bede's complex attitude toward Wilfrid, see N. J. Higham [2006], pp. 64-66).

Taking issue with Goffart [1988], and Goffart's two subsequent articles (*The* Historia Ecclesiastica : *Bede's Agenda and Ours*, and *Bede's History in a Harsher Climate*) : Cuthbert was already eulogised by Bede in his prose life, a saint who was both monk and prelate, Irish in training but Roman in his respect for the Rule of Benedict and the reckoning of the date of Easter. He stands as a model for the clergy as Oswald does for the lay leader. On the other hand, Bede is obviously too sincere in his honouring of Wilfrid's disciple and Bede's diocean, Aidan, to be condemning all of Wilfrid's clergy. Bede has words of unfeigned praise for other prelates trained by Wilfrid, such as Chad (IV.3), and indeed for Wilfrid himself as loyal spokesman for Rome at the Synod of Whitby, and even as a missionary during his exile from his see (IV.13). It is clear, on the other hand, that Bede is critical of the lives of the grand potentates such as Wilfrid, who accumulate power, wealth, and territory, and sees in the very different Lindisfarne model a humble dedication closer to the examples of the *Acts of the Apostles* and Pope Gregory's *Pastoral Care*. True to his monastic and didactic vocation, Bede honours the pastoral apostolate in the *History* and especially in his *Letter to Egbert*, while in the *History* holding up as moral incentives the examples of good and bad for both cleric and layman (*EH*, Preface).

The five books trace the history of England and the English chronologically, except for some necessary displacements and backtracking for historical narrative, thematic groupings, and concurrent events and personages of the different kingdoms. Each of the books and its parts manifests an artistic organisational symmetry. The first three books deal primarily with the Christianisation of the English ; the last two books describe the way in which the Christian life developed among them. Although each of the books is about equal in size, the first book sweeps through 650 years, whereas each of the remaining four covers about a generation.

Following the account of the triumphant Synod of Whitby in Book III, the events of Book IV present the vibrant proselytising developments in the English Church (see B. Ward [1998], p. 124 ; S. DeGregorio [2008], pp. 75-76). Book V presents the positive results of the apostolate, with missionising in Germany, fruitful preaching among the South and West Saxons and the establishment of bishops, Abbot Ceolfrith's sending church builders to the king of the Picts, and the monks of Iona and their subject monasteries accepting

the Roman canonical dating of Easter through the instruction of the Irish monk Ecgbert. Historians have noticed, however, that Bede discusses the recent past much more completely than his own immediate period. Although he deals with his own times to some extent in his troubled *Letter to Bishop Ecgbert*, he seems reluctant to explore some of the contemporary negative issues in a work that sets out to express the theme of the victorious Christianisation in Britain, optimistically climaxed in the last chapter (V.23).

Besides ordering his material chronologically and geographically, Bede also arranges it in clusters by association with a certain person, place, or event. For instance, as Donald Fry has observed, "Bede's *Ecclesiastical History* contains fifty-one miracles, most of them grouped into clusters, usually around a person, such as Cuthbert, a subgenre, such as visions of hell, or a place, such as the double monastery at Barking" (D. Fry [1986], pp. 345-346). Within such clusters, the images, symbols, and complex patterns of diction provide unity. For example, in the Barking series (V.7-11), Bede develops, by contrasting imagery of light and darkness, themes of freedom and confinement.

The *Ecclesiastical History* is Bede's most notable and publicised work, intended for a wide public, as Bede indicates in his preface. It presents a great and generally optimistic overview of the English and particularly of the Northumbrians. Its audience was and continues to be widespread. The *Letter to Egbert*, however, was sent on 5 November 734 as a private admonition to his former pupil, who was to become archbishop of York the following year (EHD I : 799-810). It presents a grim view of the Northumbrian Church and land, and calls for reform. Though in failing health and destined to die within a year, Bede energetically admonishes the prelate to carry out much-needed reforms. The tone is that of a prophet exhorting a high priest. Although all the principal works of his later years deal to some extent with reform (see, for instance, Homily I. 7), the letter is the most severely critical of Church and state, and the most concrete in its proposals for change. In the letter, he begins by urging the prelate to live holily, to avoid gossip and unrestrained speech, to follow the instructions of Pope Gregory on pastoral responsibilities, and to teach. He censures bishops for setting bad examples, giving in to the seductions of the soft life, and failing to meet the needs of their remote flocks. For example, he writes, "And because the places in the diocese under your authority are so far apart that it would take you more than the whole year on your own to go through them all and preach the word of God in every hamlet and field, it is clearly essential that you appoint others to help you in your holy work ; thus priests should be ordained and teachers established who may preach the word of God and consecrate the holy mysteries in every small village, and above all perform the holy rites of baptism wherever the opportunity arises" (J. McClure and R. Collins [1994], p. 35 ; Ch. Plummer [1896], I : 408).

Bede criticises the bishop who associates with "those who are given to laughter, jests, tales, feasting, and drunkenness" (recall Bede's censure of Bishop Wilfrid's court in his letter to Plegwin), and the avaricious bishop "who, urged on by love of money, takes under his authority a larger portion of the population than he could visit and preach to in the course of a year" (in a clear allusion to the practice of a prelate like Wilfrid). He insists that the populace be taught the essentials of their faith and their prayers, in Latin for those educated and in the native tongue for the unlearned. Bede denounces the laymen who give money to kings to obtain lands for pseudo-monasteries, which are established to avoid military service and taxation. He writes, "There are [...] laymen who have no love for the monastic life nor for military service, who commit a graver crime by giving money to the kings and obtaining lands under the pretext of building monasteries, in which they can give freer rein to their libidinous tastes ; these lands they have assigned to them in hereditary right through written royal edicts, and these charters, as if to make them really worthy in the sight of God, they arrange to be witnessed in writing by bishops, abbots, and the most powerful laymen" (McClure and Collins [1994], p. 351).

Bede suggests abrogating such contractual deeds as bogus. At the end of the *Ecclesiastical History*, Bede said, "In these favourable times of peace and prosperity, many of the Northumbrian race, both noble and simple, have laid aside their weapons and taken the tonsure, preferring that they and their children should take monastic vows rather than train themselves in the art of war" (*EH*, V.23). Here, however, he insists that lands handed over for pseudo-monasteries deprive the king of men and revenue for the defence of the land.

Bede's ardent plea was neither successful in having more bishops consecrated nor in establishing diocesan headquarters at monasteries, after the Irish model. Although Bede's moral authority was the greatest of any contemporary, Egbert was limited in his ability to implement the specific proposals for reform called for in the *Letter*. In contrast, Bede's writings exerted powerful influence on later Anglo-Saxon clergy and Continental clergy, especially the missionaries on the Continent and Alcuin, who furthered the Carolingian reforms, making Bede *nostri didasculus aevi*, "the teacher of our age" (*Monumenta Germaniae Historica, Poetae* II, p. 665). Bede was the unquestioned teacher of all ages for hundreds of years. Medieval historians regularly accepted his data and his writings as accurate and objective. Although later historians have occasionally noted errors, Bede was by far the most reliable and practiced chronographer of his age. Working with a vast quantity of unmanageable, lacunose, and discordant oral and written records, variously dated by memory and disparate regnal and indictional records, Bede strives for accuracy about dates, times, and events. The marvel is that he got so much right and set so much straight. (On chronological and factual errors detectable in the *History*, see J. Campbell [1966], pp. 165-167 ; D. P. Kirby [1963], pp. 514-527 ; Id. [1966], pp. 341-371 ; P. Sims-Williams [1983], pp. 1-41. On the other hand, Kenneth Harrison [1976], pp. 76-98, examines Bede's dating and concludes, p. 96, that "the main sequence of dates from 596 to 729 appears to be reliable and free of systematic error").

Similarly, it is only in our age that medieval historians such as Walter Goffart, N. J. Higham, Roger Ray, Patrick Wormald, Andrew Scheil, and others have argued that Bede was sophisticated, subtle, biased, subjective, and programmatic. They note how devastating his silences were on certain topics and how subtle was his calculated treatment of Bishop Wilfrid, who represented Roman orthodoxy but also autocratic triumphalism. In various ways they point out that Bede the historian was, like all historians, manipulative, even if especially adroit (W. Goffart [1988] ; N. J. Higham [2006] ; R. Ray [1980], pp. 1-21 ; P. Wormald [2006]). Now, scholars, such as Alan Thacker and Scott DeGregorio, are also exploring his homilies for personal themes and emphasis on reform (A. Thacker [1983], pp. 130-153 ; S. DeGregorio [2002], pp. 107-122 ; and Id. [2004], pp. 1-25).

Th. Stapleton (ed.), *The History of the Church of England, compiled by Venerable Bede, Englishman*, Antwerpen, 1565. – A. Wheloc (ed.), *Historia ecclesiastica gentis Anglorum libri V, cui accessere leges Anglo-saxonicae*, London, 1644 (Ann Arbor, microfilm, 1966). – J. Smith (ed.), *Historiae ecclesiasticae gentis Anglorum libri quinque*, Cambridge, 1722. – Th. Miller (ed./trans.), *The Old English Version of Bede's Ecclesiastical History of the English People* (Early English Text Society, Original Series : 95-96, 111), Oxford, 1890, 1898 (repr. 1959, 1963). – J. Campbell (ed.), *The Ecclesiastical History of the English People and Other Selections*, New York, 1967. – B. Colgrave and R. A. B. Mynors (eds/trans.), *Bede's Ecclesiastical History of the English People* (Oxford Medieval Texts), Oxford, 1969. – G. Spitzbart (trans.), *Beda der Ehrwürdige, Kirchengeschichte des englischen Volkes* (Texte zur Forschung, 34), Darmstadt, 1982. – J. McClure and R. Collins (ed.), *The Ecclesiastical History of the English People, The Greater Chronicle, Bede's Letter to Egbert*, Oxford, 1994. – M. Lapidge and A. Crépin (eds), *Bède le Vénérable, Histoire ecclésiastique du peuple anglais (Historia ecclesiastica gentis Anglorum)*, P. Monat and P. Robin (trans.) (Sources chrétiennes, 489-491), Paris, 2005. – M. Lapidge (ed.), *Storia degli Inglesi (Historia ecclesiastica gentis Anglorum)*, P. Chiesa (trans.), 2 vols, Milano, 2008.

WRITINGS. References to editions and translations of Bede's individual works are given above. The main compilations of Bede's oeuvre are : J. Herwagen (ed.), *Opera Bedae venerabilis presbyteri anglosaxonis*, 8 vols, Basel, 1563. – H. Wharton (ed.), *Opera quædam theologica*, London, 1693 (Early English Books Online). – J. A. Giles (ed.), *The Complete Works of the Venerable Bede, in the Original Latin*, 12 vols, London, 1843. – *Venerabilis Bedae opera omnia*, in J.-P. Migne (ed.), *Patrologia Latina*, vols 90-95, Paris, 1850-1851. – J. E. King (ed.), *Opera historica* (Loeb Classical Library), 2 vols, London-New York, 1930. – *Bedae Venerabilis opera*, in *Corpus Christianorum Series Latina*, vols 118-123, 175, Turnhout, 1955-2001.

LITERATURE. W. Levison, *Bede as Historian*, in A. Hamilton Thompson (ed.), *Bede : His Life, Times and Writings*, Oxford, 1935, pp. 111-151 (repr. 1969). – D. P. Kirby, *Bede and Northumbrian Chronology*, in *English Historical Review*, 78, 1963, pp. 514-527 ; Id., *Bede's Native Sources for the* Historia Ecclesiastica, in *Bulletin of the John Rylands Library*, 48, 1966, pp. 341-371. – J. Campbell, *Bede*, in T. A. Dorey (ed.), *Latin Historians*, London, 1966, pp. 159-189. – K. Harrison, *The Framework of Anglo-Saxon History to AD 900*, Cambridge, 1976. – R. Ray, *Bede's vera lex historiae*, in *Speculum*, 55, 1980, pp. 1-21. – P. Sims-Williams, *The Settlement of England in Bede and the Chronicle*, in *Anglo-Saxon England*, 12, 1983, pp. 1-41. – A. Thacker, *Bede's Ideal of Reform*, in P. Wormald et al. (ed.), *Ideal and Reality in Frankish and Anglo-Saxon Society*, Oxford, 1983, pp. 130-153. – J. McClure, *Bede and the Life of Ceolfrid*, in *Peritia*, 3, 1984, pp. 71-84. – D. Fry, *Bede Fortunate in his Translator : The Barking Nuns*, in P. Szarmach (ed.), *Cædmon's Hymn and Material Culture in the World of Bede : Studies in Earlier Old English Prose*, Albany (NY), 1986, pp. 345-362. – W. Goffart, *The Narrators of Barbarian History (AD 550-800) : Jordanes, Gregory of Tours, Bede, and Paul the Deacon*, Princeton, 1988 ; Id., *The* Historia Ecclesiastica *: Bede's Agenda and Ours*, in *Haskins Society Journal*, 2, 1990, pp. 29-45 ; Id., *Bede's uera lex historiae Explained*, in *Anglo-Saxon England*, 34, 2005, pp. 11-17 ; Id., *Bede's History in a Harsher Climate*, in S. DeGregorio (ed.), *Innovation and Tradition in the Writings of the Venerable Bede*, Morgantown, 2006, pp. 203-226. – F. Wallis (ed.), *The Reckoning of Time*, Liverpool, 1988 (repr. with corrections, 2004). – B. Ward, *The Venerable Bede*, Kalamazoo, 1998. – G. Tugène, *L'idée de nation chez Bède le Vénérable* (Collection des Études Augustiniennes, série Moyen Âge et Temps Modernes, 37), Paris, 2001 ; Id., *L'image de la nation anglaise dans l'*histoire ecclésiastique *de Bède le Vénérable*, Strasbourg, 2001. – G. Caputa, *Il sacerdozio dei fedeli secondo san Beda. Un itinerario cristiana* (Monumenta Studia Instrumenta Liturgica, 16), Città Vaticano, 2002. – S. DeGregorio, *Nostrorum socordiam temporum : The Reforming Impulse of Bede's Later Exegesis*, in *Early Medieval Europe*, 11, 2002, pp. 107-122 ; Id. (ed.), *Innovation and Tradition in the Writings of the Venerable Bede*, Morgantown, 2006 ; Id., *Bede's In Ezram et Neemiam and the Reform of the Northumbrian Church*, in *Speculum*, 79, 2004, 1, pp. 1-25 ; Id., *Literary Contexts : Cædmon's Hymn as a Center of Bede's World*, in A. J. Frantzen and J. Hines (eds), *Cædmon's Hymn and Material Culture in the World of Bede*, Morgantown, 2008, pp. 51-79 ; Id. (ed.), *The Cambridge Companion to Bede* (Cambridge Companions to Literature), Cambridge, 2010. – R.-P. Pillonel-Wyrsch, *Le calcul de la date de Pâques au Moyen Âge. Analyse et commentaires sur* De Temporum Ratione *de Bède*, Fribourg, CH, 2004. – C. Vircillo Franklin, *The Latin Dossier of Anastasius the Persian* (Studies and Texts, 147), Toronto, 2004. – W. T. Foley, *Bede's Exegesis of Passages Unique to the Gospel of Mark*, in Cl. Leonardi and G. Orlandi (eds), *Biblical Studies in the Early Middle Ages*, Firenze, 2005, pp. 105-124. – G. H. Brown, *Bede's Neglected Commentary on Samuel*, in S. DeGregorio (ed.), *Innovations and Tradition in the Writings of the Venerable Bede*, Morgantown, 2006, pp. 121-142 ; Id. (ed.), *A Companion to Bede* (Anglo-Saxon Studies), Woodbridge, 2009 ; Id. and F. M. Biggs, *Bede* (Sources of Anglo-Saxon Literary Culture), 2 vols, Amsterdam, 2017. – S. Lebecq, M. Perrin and O. Szerwiniack (eds), *Bède le Vénérable : Entre tradition et postérité* (Histoire de l'Europe du Nord-Ouest, 37), Villeneuve d'Asq, 2005. – N. J. Higham, *(Re-)Reading Bede : The Ecclesiastical History in Context*, London, 2006. – M. Lapidge, *The Anglo-Saxon Library*, Oxford, 2006. – P. Wormald, *The Times of Bede, 625-865 : Studies in Early English Christian Society and its Historian*, S. Baxter (ed.), Malden, MA, 2006. – V. Gunn, *Bede's Historiae. Genre, Rhetoric, and the Construction of Anglo-Saxon History*, Woodbridge, 2009. – P. Darby and F. Wallis (eds), *Bede and the Future* (Studies in Early Medieval Britain and Ireland), Farnham-Burlington, 2014.

G. H. Brown

BOBBIO, monastère et ancien siège épiscopal d'Italie du nord, aujourd'hui dans le diocèse de Plaisance-Bobbio.

Bobbio (en latin *Bobium, Ebovium, Bobia [civitas]*) est actuellement une bourgade de 3500 habitants environ, située à 250 m au-dessus du niveau de la mer,

au cœur du Val de Trebbia, longue vallée des Apennins nord-occidentaux reliant Plaisance et la plaine du Pô à la crête séparant l'Émilie et le Piémont méridional de la Ligurie, par le col de la Scoffera. La localité est située dans un territoire montagneux, sur la rive gauche de la Trebbia à sa confluence avec la rivière appelée Bobbio, au sein d'une zone composée en partie d'une plaine, fertile et ensoleillée. La situation de la localité sur une terrasse naturelle est très favorable à l'établissement humain grâce à la proximité de l'eau, tout en lui offrant une protection face à celle-ci, surtout pendant les périodes de crue.

La renommée du site est essentiellement due à la fondation par S. Colomban, en 613 environ, du célèbre monastère ; le complexe abbatial existe encore aujourd'hui, malgré la reconstruction radicale du début de l'époque moderne et sa transformation en paroisse, statut qu'il garde à présent. Tout au long de son développement, l'histoire de Bobbio fut marquée par la présence abbatiale qui, au XIe siècle, fut également à l'origine de la fondation de l'évêché.

I. LE SITE MONASTIQUE DU HAUT MOYEN ÂGE. – *1° Avant le monastère : le peuplement de Bobbio et de la vallée de la Trebbia.* – Le peuplement de la vallée de la Trebbia remonte au moins à l'époque néolithique, mais on dispose de connaissances détaillées sur tout ce territoire seulement depuis l'époque romano-impériale. Il s'agit de quelques traces d'établissements généralement de taille assez réduite, de nécropoles, de centres de production (surtout de briques) et aussi d'un important pôle religieux, situé à 16 km environ au nord de Bobbio, dans le territoire de Travo. La localisation ancienne du sanctuaire n'est pas connue, mais sur le territoire de cette commune on a retrouvé de nombreuses inscriptions, ex-voto à *Minerva Cabardiacensis*, *Medica* et *Memor*, déesse guérisseuse proférant des oracles, dont le culte est lié à la présence d'eaux thérapeutiques. Le sanctuaire fut très fréquenté entre le Ier et le début du IIIe siècle, comme en témoignent des épigraphes concernant des pèlerins provenant de plusieurs villes de la plaine du Pô (Milan, Crémone, Verceil).

L'appartenance de Bobbio au territoire de Plaisance ou à celui de *Libarna* (Piémont méridional) à l'époque romaine est discutée ; toute la zone se trouve dans un espace limitrophe entre les circonscriptions administratives des deux villes ; en tout cas, elle apparaît bien insérée dans le système de *pagi* que décrit la *Tabula alimentaria* de Trajan, un document exceptionnel transmis par une grande inscription en bronze retrouvée dans les environs de la ville romaine de *Velleia*, au cœur de l'Apennin de Plaisance. Le texte épigraphique contient une description détaillée du parcellaire d'une très vaste région montagneuse et fournit des renseignements précieux sur la vallée de la Trebbia et le territoire de Bobbio au IIe siècle : un grand espace forestier y est attesté, le « saltus Blaesiola », à côté d'un ensemble de bien-fonds de moyenne et de petite taille.

En ce qui concerne Bobbio, on ne connaît pas le type d'occupation du site, qui pourrait aussi avoir accueilli une agglomération, peut-être l'un des *vici* auxquels la *Tabula alimentaria* fait référence dans plusieurs cas ; quelques indices semblent le suggérer, en particulier, pour l'époque républicaine (IIe siècle avant J.-C.), une

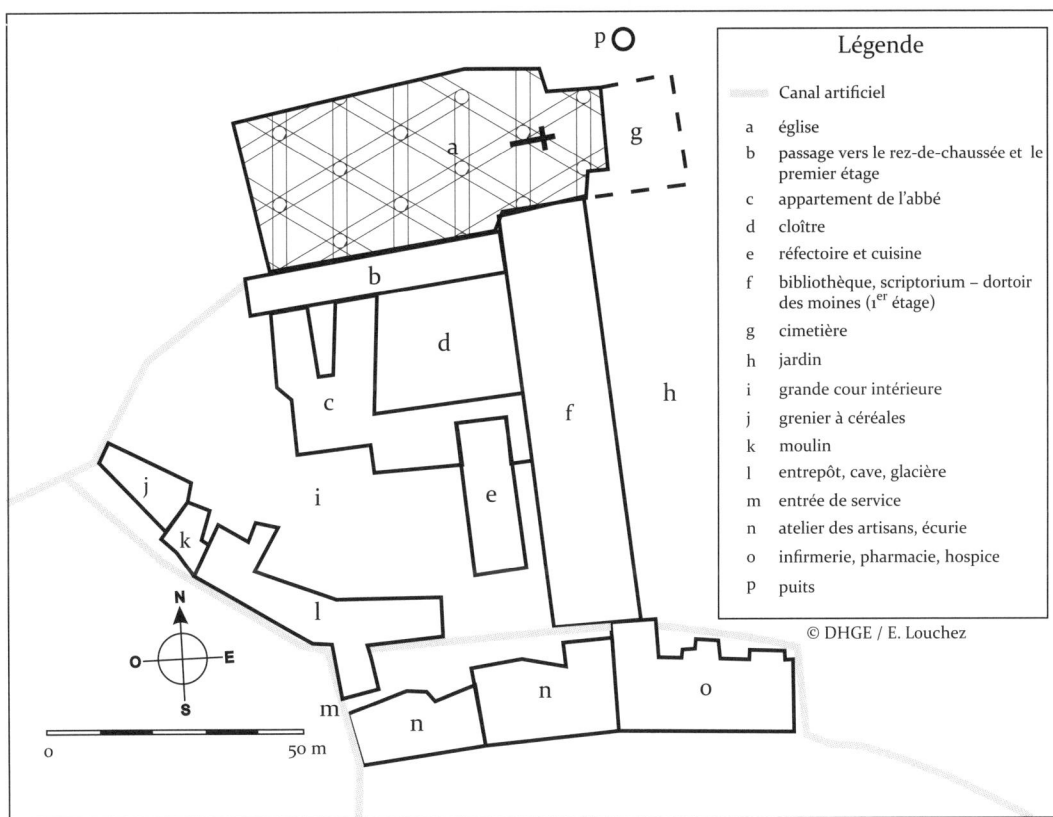

Plan de l'abbaye de Bobbio, réalisé à partir des plans présents dans F. G. Nuvolone (éd.), *La fondazione di Bobbio nello sviluppo delle comunicazioni tra Langobardia e Toscana nel Medioevo. Atti del Convegno internazionale*, Bobbio, 1-2 ottobre 1999 (Archivum Bobiense. Studia, 3), Bobbio, 2000, fig. 43, encart entre les p. 96 et 97. Et M. Richter, *Bobbio in the Early Middle Ages. The abiding legacy of Columbus*, Dublin-Portland, 2008, p. 119.

inscription funéraire mentionnant un personnage qualifié de *mag*[…], sans doute à interpréter comme *magister*, possible allusion à une charge administrative au sein du *vicus*. Plus généralement, la situation de Bobbio au cœur du seul territoire quelque peu plat et très fertile de la partie haute de la vallée de la Trebbia, la présence dans cet endroit d'un pont, peut-être déjà romain, qui traverse le cours d'eau, la situation de Bobbio sur un important nœud routier à l'échelle régionale, rendent très probable l'existence d'une agglomération dans ce lieu dès l'époque romaine.

2° La fondation du monastère. – Le tableau ainsi brossé doit être confronté à l'image du site proposé par le moine Jonas, qui écrivit la biographie de Colomban (*cf. DHGE, Colomban*, t. 13, col. 313-320) au début des années 640 (*Vitae Columbani et discipulorum eius* [dorénavant *VC*], I, 30, p. 106-107). L'auteur a recours à plusieurs *topoï* hagiographiques en décrivant un paysage dominé par des vastes étendues boisées (*densa saltus locis inaccessibilibus* : « au plus épais de la forêt, en des lieux inaccessibles », trad. Adalbert de Vogüé), *in solitudine ruribus Appenninis* (« dans la campagne solitaire des Apennins »), allusions assez claires au *desertum* monastique, ce qui est en contradiction non seulement avec ce que les sources matérielles

suggèrent, mais aussi avec les informations fournies par les premiers documents diplomatiques concernant le monastère (*Codice Diplomatico* [dorénavant CDSCB], I, doc. 3, 7, 9 = *Chartae Latinae Antiquiores* [dorénavant *ChLA*], doc. 10, 11). Ces derniers témoignent en particulier de l'exploitation d'un puits d'eau salée que le centre monastique partage avec le chef de l'armée lombarde, le *vir magnificus* Sundrarit, dont on apprend, par un document de 613 environ, qu'il était déjà installé à Bobbio avant l'arrivée des moines.

La présence d'une ressource économique très importante comme le sel ainsi que la position de carrefour routier d'envergure dans la région, l'emplacement dans une plaine fertile où l'eau abonde, la proximité de forêts en mesure de fournir le bois pour les besoins du monastère ont sans aucun doute été des atouts significatifs pour le choix du lieu. En outre, comme on le voit assez bien à Luxeuil, la proximité (quoique toute relative, à Bobbio) d'un important sanctuaire lié aux eaux peut également avoir été un facteur d'attraction pour cette zone du Val de Trebbia. Ce *locus* – ce terme, utilisé dans le premier document monastique connu, ne fut pas sans doute choisi au hasard puisque désignant très souvent un lieu habité ainsi que le lieu saint et le monastère – était d'ailleurs aussi marqué par la présence d'une église, la *basilica beati Petri*, que Colomban aurait trouvé à demi ruinée (*semiruta*), mais dans laquelle des miracles (*virtutes*) auraient néanmoins continué à se manifester.

La fondation du monastère est due à l'initiative de Colomban et du groupe de moines qui le suivirent après sa décision de quitter Bregenz et de se rendre en Italie, ainsi qu'à celle du roi lombard Agilulf qui avait choisi Milan comme ville de résidence. En 612 environ, quand le saint arriva en Lombardie et rencontra le roi, la situation de l'Italie du nord était assez particulière car l'occupation lombarde (depuis 568) avait perturbé la géographie ecclésiastique des territoires conquis : l'évêque de Milan était parti vers la ville byzantine de Gênes, bien qu'une partie sans doute non négligeable du clergé fût restée dans le siège d'origine. De plus, durant la première décennie du VIIᵉ siècle, le schisme des Trois Chapitres était en pleine expansion, grâce surtout à l'appui de la cour royale et notamment de la reine Théodolinde. Agilulf, en soutenant ce schisme, visait à rapprocher les différentes composantes ethniques et religieuses présentes sur les territoires de son royaume, qui restait encore à stabiliser du fait de sa très récente occupation. Il voulait ainsi accentuer la territorialisation du pouvoir royal afin d'être en mesure de gouverner les Lombards et les Romains. Pour ce faire, le roi développa une politique de communication et de ritualisation du pouvoir en reprenant plusieurs caractères du cérémonial impérial romain (tels que le couronnement de son fils Adaloald dans le cirque de Milan, signe clair de sa volonté de créer une dynastie et de la légitimer) et en se présentant comme *rex totius Italiae* et pas seulement comme roi des Lombards. Il s'était d'ailleurs entouré de plusieurs conseillers et collaborateurs romains, parmi lesquels figurait peut-être ce Iocundus (nom symbolique ?) qui, selon le récit de Jonas, se rendit à la cour d'Agilulf pour suggérer au roi le site où implanter le monastère de Colomban (*VC*, I, 30, p. 106).

C'est dans ce contexte que se situe la fondation de Bobbio, sans aucun doute bien programmée, qui découle de raisons multiples et complexes au nombre desquelles il faut ranger les liens familiaux de la reine bavaroise Théodolinde avec la puissante famille des Faronides qui avaient soutenu Colomban pendant son voyage à travers la Gaule et qui furent à l'origine de plusieurs fondations de monastères (*cf. DHGE, Colomban*).

La fondation d'un monastère était un instrument adéquat pour réaliser l'ambitieux projet politique d'Agilulf : une action d'une grande visibilité, dont le prestige était assuré par la *fama* dont jouissait Colomban et qui aurait concouru à l'apaisement des contrastes religieux et ethniques, réels et potentiels, au sein d'un royaume « en construction ». Au cours du XXᵉ siècle, l'historiographie a beaucoup insisté sur les enjeux liés à la situation religieuse nord-italienne à l'arrivée de Colomban, avec des positions très différentes, qui arrivent parfois à faire du roi lombard une sorte de champion, d'une part de la foi catholique (quoique restant arien par choix personnel) contre un arianisme associé à l'identité « nationale » des Lombards et, d'autre part, de l'unification religieuse de l'Italie par le biais du moine irlandais et des bons rapport de celui-ci avec le pape (Bognetti). Ces idées ont été récemment discutées par les spécialistes avec des arguments tout

à fait recevables, essentiellement fondés sur la prise de conscience du fait que l'arianisme était déjà en perte de vitesse à l'arrivée de Colomban, même si Jonas a décrit le saint comme l'auteur d'un *libellus* anti-arien pendant son séjour à Milan (*VC*, I, 30, p. 107). Bien que, du fait d'une situation très nuancée soumise à des équilibres très instables, on ne décrive plus aujourd'hui les 'partis', arien, catholique orthodoxe ou schismatique comme des groupes monolithiques, il ne faut pas, en tout cas, comme certains historiens l'ont fait, sous-estimer l'importance de la question religieuse, qui était intimement incluse dans le dessin politique d'Agilulf.

Dans les décennies qui suivirent les règnes d'Agilulf et de son fils Adaloald, la territorialisation du pouvoir ne se poursuivit pas, du fait de l'indiscipline de l'aristocratie, peu vouée à reconnaître l'autorité incontestée du souverain. Les rois lombards du second quart du VIIᵉ siècle, tout en continuant à soutenir Bobbio surtout avec des donations foncières ainsi que dans le processus d'acquisition de l'exemption de toute autorité épiscopale, ne s'engagent plus dans la fondation de monastères pour plusieurs décennies. Dans un dessin de renforcement de l'institution monarchique, ils se concentrent désormais sur Pavie, qui devient la capitale du Royaume et où ils fondent des églises, notamment funéraires, où les membres de la famille royale se font enterrer. La création d'ensembles cultuels continue à constituer un instrument puissant d'affirmation du pouvoir royal, mais leur choix se porte sur des lieux spécifiques, hautement symboliques et sur des institutions religieuses non monastiques.

La création d'un monastère 'territorial' comme Bobbio (à savoir qui se développe sur un territoire rural, qui s'impose comme le point de repère pour un territoire précis – les vallées de l'Apennin occidental – et qui est destiné également à devenir le centre d'un territoire dispersé correspondant à un vaste patrimoine foncier) répond, au contraire, à un projet politique qui se situe dans un contexte historique précis, au sein duquel la position géographique de Bobbio joue un rôle essentiel. Si les raisons liées à la seule « stratégie militaire », qui faisaient de Bobbio un poste avancé vers la frontière avec la Ligurie, encore byzantine à l'époque de la fondation du monastère, ont été désormais rejetées, le choix du lieu tient de fait à des raisons topographiques, en particulier à la position routière très favorable, le long notamment d'une route de communication importante comme celle reliant Plaisance à Gênes. Après leur arrivée en Italie, les rois lombards élargirent progressivement leur contrôle territorial, mais la phase d'occupation militaire fut très vite suivie par un processus de renforcement des établissements résidentiels, funéraires et productifs, de plus en plus documenté par les données archéologiques. Les fouilles et les trouvailles des vallées de la Trebbia, du Tidone et, plus largement, des vallées de l'Apennin nord-occidental commencent à bien montrer les progrès d'une occupation stable qui rayonne depuis Plaisance et la plaine et qui remonte petit à petit vers les zones montagneuses, en suivant les anciennes routes de communication. Ainsi que dans d'autres régions voisines (Piémont sud-occidental), le mobilier et les données stratigraphiques permettent de situer ce phénomène pendant la fin du VIᵉ siècle et les toutes premières années du VIIᵉ siècle, donc pendant les règnes d'Agilulf et de son fils, ce qui s'accorde d'ailleurs au tableau dressé par les sources écrites.

C'est dans ce contexte qu'il faut replacer la fondation de Bobbio et sa capacité de s'imposer dès ses débuts comme un centre d'organisation économique et religieuse au service d'un vaste territoire tout récemment conquis par les Lombards, qui n'avaient pas seulement des intérêts militaires sur cette région-clé entre la plaine du Pô et la Méditerranée.

3° Le développement du monastère pendant l'époque lombarde. – Le 'succès' de Bobbio se renforce au fil des siècles : plusieurs rois lombards octroient au monastère des biens-fonds et des droits d'exploitation de ressources économiques dans des lieux différents. La perte de plusieurs documents, notamment pour la période lombarde, nous empêche de disposer d'un tableau précis des propriétés que le monastère commence à attirer dès le lendemain de sa fondation. Si la première donation (et vente) connue est effectuée par un particulier, un certain Zusso (Zussone) autrement inconnu, dès la deuxième décennie du VIIᵉ siècle (CDSCB, I, doc. 9, p. 100 = *ChLA*, doc. 11, p. 66), pendant l'époque lombarde ce sont surtout les rois qui furent très actifs dans la dotation foncière du centre monastique : Liutprand et Ratchis donnèrent pour l'un des revenus en poissons et pour l'autre une pêcherie (*piscaria*) sur le Mincio dans le territoire du lac de Garde (donations ensuite confirmées par le diplôme de Louis II de 860 : *cf. infra)*. Pendant la première moitié du VIIIᵉ siècle, le patrimoine monastique incluait donc déjà des possessions excentrées situées dans des régions assez éloignées de Bobbio. Paul Diacre lui-même insiste sur le rôle joué par la monarchie lombarde, en rappelant que : *quo in loco* [Bobbio] *et multae possessiones a singulis principibus sive Langobardis largitae sunt, et magna ibi facta est congregatio monachorum* (« dans ce lieu plusieurs propriétés furent données par tous les princes lombards et une grande communauté de moines se constitua » : *Historia Langobardorum*, IV, 41, p. 134).

Toutefois, le soutien des rois lombards ne se concentra pas seulement sur le patrimoine mais toucha aussi aux aspects religieux et juridiques, avec, notamment, l'exemption de toute autorité épiscopale que le monastère a, semble-t-il, obtenue sous l'abbatiat de Bertulf, en 628. La bulle du pape Honorius ainsi que celle de Théodore (643) pour l'abbé Bobolène (CDSCB, I, doc. 10, p. 102-103 ; doc. 13, p. 108-112) ont été transmises par des copies tardives (IXᵉ-Xᵉ siècles pour celle de Honorius ; XIVᵉ siècle, à partir d'une copie de la seconde moitié du XIIᵉ pour celle de Bobolène). Ces documents ont fait l'objet d'un long débat au cours du XXᵉ siècle : on en a tout d'abord nié la fiabilité, tandis que, aujourd'hui, tout en reconnaissant la possibilité d'interpolations, la critique les estime globalement sincères, notamment celle de 628. En outre, Jonas nous apprend qu'il avait lui-même accompagné son abbé Bertulf à Rome chez le pape Honorius, pour obtenir cet important document et que le roi Arioald avait apporté son appui à ce voyage en affectant un équipage royal à la délégation des moines (*VC*, II, 23, p. 145).

Dans la bulle de Théodore, le rôle de la monarchie est encore plus évident : c'est le couple royal, Rotari et son épouse Gundeperge, qui demande directement au pape d'octroyer un privilège à Bobbio et on y parle de la *defensio* du roi et de son épouse (CDSCB, I, doc. 13, p. 110). Dans ce document, le pape mentionne, entre autres choses, une communauté pas du tout exiguë (*non parvam congregationem monachorum*), comprenant 150 moines sous le gouvernement de Bobolène (un nombre sans doute excessif pour cette époque et peut-être lié à une intervention tardive sur le texte). Cette charte rappelle en outre que ces moines vivaient sous la règle de Benoît et de Colomban (*sub regula sancte memorie Benedicti vel predicti reverentissimi Columbani fundatoris loci illius conversari videntur*), passage qui, comme d'autres passages similaires dans des documents concernant la Gaule (*cf. DHGE, Colomban)* a été interprété comme une allusion à une « règle mixte » dont l'existence fait débat depuis longtemps ; aujourd'hui, comme Albrecht Diem, entre autres, on a tendance à ne plus considérer ces mentions comme indiquant un ensemble rigide de normes découlant directement de Benoît et de Colomban.

La faveur des rois et de leur entourage permit à une vie culturelle assez intense de se développer à Bobbio pendant les deux premiers siècles de son existence ; elle se mesure à l'activité de son célèbre *scriptorium*. À travers ses productions, en particulier dans les palimpsestes où une écriture antérieure montre des caractéristiques insulaires, l'historiographie a maintes fois décelé la présence d'un foyer irlandais, interprétation que les études récentes ont globalement tendance à nuancer en soulignant l'importance des apports de la culture méditerranéenne tardo-antique et par conséquent de la tradition locale. L'attribution à l'atelier d'écriture de Bobbio de plusieurs manuscrits, datés pour la plupart du viiᵉ siècle et rédigés en écriture insulaire *lato sensu*, et de ce fait traditionnellement considérés comme issus du monastère, a été remise en cause, ce qui impose beaucoup de prudence dans ce domaine. En revanche, il est incontestable que, parallèlement à la production de manuscrits, la communauté religieuse a commencé très tôt à organiser une bibliothèque pour la lecture, la liturgie et la méditation, comme en témoigne la mention portée dans l'un des plus anciens manuscrits de Bobbio (Milan, Ambr. S 45 sup. : deuxième moitié du viiᵉ ou au début du viiiᵉ siècle), *liber de arca domno Atalani*, qui fait sans doute allusion à un espace où les livres étaient rangés dans des armoires, dont l'un portant le nom du deuxième abbé, Atala. Dès le début de la fondation, les moines commencent à collectionner des manuscrits importants dont certains semblent effectivement indiquer des liens avec l'Irlande, comme le célèbre Antiphonaire de Bangor, aujourd'hui conservé à la Biblioteca Ambrosiana de Milan.

Les structures matérielles et la topographie du monastère du haut Moyen Âge n'ont pas laissé de traces. Cependant, la Vie d'Atala rédigée par Jonas, fait allusion, quoiqu'indirectement, à plusieurs bâtiments où se déroulait la vie quotidienne de la communauté ou du personnel à son service (*VC*, II, 5, p. 117) : on sait de Jonas que, au sein des *septa monastirii*, l'abbé prêta beaucoup d'attention aux livres (*libros ligaminibus firmat* : « il fait relier solidement les livres »). Il se montra également attentif aux productions artisanales qui se déroulaient sans doute dans des ateliers pensés pour des usages différents ; le biographe évoque en effet la fabrication de chaussures (*calciamenta*) et l'utilisation de véhicules de transport (*vehicula quiete fovet*), ce qui suppose l'existence d'étables et d'écuries pour les animaux de trait. Un miracle donne à Jonas l'occasion d'évoquer le moulin du monastère, sur la rivière Bobbio, tandis qu'à travers le récit de la mort du premier successeur de Colomban, on apprend qu'il occupait une *cellula* sans doute individuelle, ce qui suggère, au moins pour ce qui concerne l'abbé, l'existence d'espaces de vie séparés et distincts des espaces communs.

Dès les premières décennies de sa fondation, Bobbio se montre bien intégré dans un réseau de pèlerinage international, dont plusieurs témoignages subsistent, écrits (notamment la *Vita Wandregiseli* et la *Vita Filiberti*) et matériels. Parmi ceux-ci, une collection encore peu connue de petits (et rares, en contexte italien du moins) reliquaires en bois et des *eulogiae* en argile, ces dernières provenant des sanctuaires de Terre Sainte et de Syrie (Saint Siméon le Jeune), établissent l'existence de flux dévotionnels empruntant de longues routes pour lesquelles Bobbio pouvait servir d'étape dans les Apennins. C'est dans ce contexte que s'insèrent les célèbres ampoules en alliage métallique portant, entre les autres décors, l'une des plus anciennes représentations connues du Saint-Sépulcre ; elles sont considérées comme un don de Grégoire le Grand à la reine Théodolinde qui, à son tour, les aurait données à Bobbio, mais, en réalité, il n'y a pas de preuves confirmant cette tradition.

Si, pour la plupart de ces objets, la chronologie est assez précoce (fin VIe-VIIe siècle), en revanche, la dalle funéraire de l'*episcopus* irlandais Cumian, dont l'inscription affirme qu'il s'est rendu à Bobbio pour servir la doctrine de Colomban (*dogma Columbani servando*), est datée du VIIIe siècle ; en effet c'est le roi lombard Liutprand qui fit réaliser cette dalle, une pièce de très grande qualité qui a préservé l'une des rarissimes signatures de la sculpture du haut Moyen Âge italien : celle de « Iohannes magister », sans doute l'un des artisans qui travaillaient pour les ateliers au service de la cour dans la capitale du Royaume, Pavie.

4° L'époque carolingienne. – La fin du royaume lombard et la conquête de l'Italie par Charlemagne ne modifièrent pas la position privilégiée de Bobbio vis-à-vis du souverain. Le diplôme avec lequel Charles, au début juin 774 – dans les jours qui suivirent la prise de Pavie –, donna d'importantes propriétés à Bobbio, dont une en Ligurie assurant au monastère un accès à la mer, en témoigne de façon éloquente.

Les documents de l'époque carolingienne montrent une abbaye à l'organisation complexe et bien structurée : en particulier, vers 833-835, l'abbé Wala, un cousin de Charlemagne qui avait été abbé de Corbie, fit rédiger un bref contenant une liste de plusieurs propriétés du monastère, réparties en *curtes* (cf. *infra*), consacrées les unes ad victum vel *ad vestimentum... fratrum* (« à la nourriture et aux vêtements des moines »), les autres *ad cameram... fratrum* (« à la chambre des moines » : CDSCB, I, doc. 36, p. 139-141). En même temps, il ordonne les charges au sein de la communauté religieuse, ce qui nous permet de connaître les détails d'une hiérarchie de devoirs sur lesquels se fonde le bon fonctionnement du monastère, assuré par des responsables de la gestion (*abbas, prepositus primus, decanus* : « abbé, prévôt en chef, doyen »), de la liturgie (*custos ecclesie, cantor* : « gardien de l'église, chantre ») et de la vie intellectuelle (*bibliothecarius, custos cartarum* : « bibliothécaire, archiviste ») ainsi que par ceux qui pourvoient aux besoins matériels des moines (*cellerarius, custos panis, camararius primus* : « cellérier, responsable de la fourniture du pain, chambrier en chef », qui s'occupe des vêtements et des chaussures des frères), à l'accueil des hôtes et à l'assistance (*portarius, hospitalarii religiosorum, hospitalarius pauperum, custos infirmorum* : « portier, hospitaliers au service des religieux, hospitalier au service des pauvres, responsable de l'infirmerie »). Un peuple multiple d'artisans est au service du monastère : *fabros, scutarios, sellarios, tornatores, pergamentarios, furbitores... operarios* (« forgerons/serruriers, fabricants de boucliers, selliers, tourneurs/menuisiers, ceux qui nettoient et préparent la peau et ceux qui la coupent pour fabriquer le parchemin, ouvriers divers ») ainsi qu'un *magister carpentarius* (« charpentier »), qui coordonne les *magistros de ligno et lapide* (« artisans experts dans le travail du bois et de la pierre »), d'autres qui *butes et bariles seu scrinia vel molendina, casas atque muros faciunt* (« fabricants de tonneaux, de barils, de coffres et maçons affectés à la construction de moulins, maisons et structures en dur »), jusqu'aux responsables des vignobles (*custos vinearum*), des jardins potagers (*ortolanus*), des vergers (*custos pomorum*).

Des documents successifs, des diplômes impériaux et surtout deux *abbreviationes* (brefs), de 862 et 883 (CDSCB, I, doc. 63 = Castagnetti, *Inventari*, doc. 1, 2 = *ChLA*, doc. 19, 21), décrivent précisément l'organisation de ce patrimoine qui avait connu une remarquable expansion : les terres les plus proches de l'abbaye, dans la vallée de la Trebbia, sont gérées pour la plupart directement par l'abbaye, par le biais de main d'œuvre de condition servile, tandis qu'ailleurs le domaine est organisé en *curtes*, exploitations agricoles dont on voit très bien la structure bipartite, avec des terres en faire-valoir direct et d'autres assignées à des exploitants aux statuts différents (les *massarii*, qui doivent des corvées plus lourdes que les *livellarii* qui souvent n'en doivent aucune).

Ces propriétés étaient réparties dans toute l'Italie du nord (avec une concentration très dense entre Plaisance, Parme, la Ligurie orientale, mais aussi dans des territoires bien plus éloignés tels que le lac de Garde ou le Piémont) et aussi en Toscane. Il s'agit souvent de domaines agricoles, mais les propriétés capables d'assurer des revenus spécialisés ne font pas défaut, comme les *curtes* du lac de Garde, qui fournissent de l'huile (de même que des biens en Ligurie), du fer et des poissons. Près de Mantoue, le contrôle du port sur le Pô permettait au monastère d'imposer aux quinze navires 'vénitiens' (*veneticis navibus*) utilisant le fleuve des redevances en argent, épices et lin, tandis que le navire de Comacchio devait fournir du sel à la *piscaria* du lac de Garde où cette précieuse ressource était utilisée pour la salaison du poisson.

Le monastère était aussi bien enraciné dans les milieux ruraux qu'en ville : Plaisance, Pavie, mais aussi Gênes représentaient pour la communauté non seulement les lieux où les produits des terroirs monastiques pouvaient être commercialisés et où des marchandises rares pouvaient être achetées, mais surtout les noyaux d'un système économique aux mécanismes de fonctionnement complexes reliant entre elles des propriétés aussi éloignées qu'interdépendantes.

Les documents carolingiens révèlent aussi plusieurs autres aspects de l'organisation du patrimoine monastique, tel le contrôle de la vie religieuse des habitants des terres monastiques, assuré par un réseau d'églises paroissiales (*plebes*), chapelles (*oracula*) et centres d'assistance dotés d'un lieu de culte (*xenodochia*).

La vie culturelle demeure dynamique pendant tout le IXᵉ siècle : la bibliothèque du monastère s'enrichit de plusieurs manuscrits importants, parmi lesquels les vingt-six donnés, probablement dans la troisième décennie du siècle, par l'Irlandais Dungal, *magister* ('maître') de l'école de Pavie, un des intellectuels les plus réputés de l'empire carolingien, auteur d'un fameux traité contre les écrits iconoclastes de Claude de Turin (Milan, Bibliothèque Ambrosienne, B.102 sup.). Dans un ancien inventaire de la bibliothèque du monastère, rédigé à la fin du IXᵉ-Xᵉ siècle (aujourd'hui perdu, mais transcrit au XVIIIᵉ siècle par Ludovico Antonio Muratori : *Antiquitates Italicae medii Aevi*, col. 817-824), cette œuvre figure parmi celles données par Dungal. Le manuscrit en a sans doute été réalisé à Pavie, tandis que les autres semblent avoir été copiés dans un *scriptorium* du nord de la France. Le très haut niveau du *scriptorium* de Bobbio est notamment révélé par un groupe de cinq manuscrits portant la dédicace de l'abbé Agilulf (888-896) et de riches enluminures réalisées sur du parchemin neuf. Les études récentes ont proposé de voir dans ces *codices* l'œuvre de professionnels provenant probablement de Pavie, car habitués à employer des matériaux rares, comme la pourpre et l'or, qui auraient pu travailler en collaboration avec des copistes locaux. L'atelier se montre donc en mesure de créer des ouvrages de qualité, tout en étant bien inséré dans un réseau à l'échelle de l'empire ; il semble en effet s'être inspiré de plusieurs modèles carolingiens du milieu du IXᵉ siècle, du nord de la France, de Tours et de Reims.

Cette insertion dans une *koiné* culturelle élargie est bien documentée par les nombreux éléments de mobilier liturgique et de décor architectural (dalles, piliers, colonnettes, petit chapiteaux) remontant à l'époque carolingienne et, au moins en partie, à la première moitié du IXᵉ siècle. Ils témoignent d'une part d'un renouvellement important des structures matérielles, notamment de l'église abbatiale, et d'autre part, avec leur décor élaboré et parfois un niveau d'exécution très remarquable, de l'inclusion de Bobbio dans des circuits culturels de haut niveau, qui lient la production du monastère à celle de Rome, de l'Italie du nord ainsi qu'à celle de nombreux centres religieux importants du monde transalpin.

5° L'époque post-carolingienne. – Toutefois, on entrevoit déjà, dans le courant du IXᵉ siècle, des pratiques qui amenèrent l'abbaye et son patrimoine à une très grave situation de crise au cours du siècle suivant. Dans le *breve memorationis* de Wala, les *curtes* dont le rédacteur fournit une liste ont une destination précise qui sous-entend une sorte de division des biens-fonds dont une partie était à l'usage des empereurs pour les donner en bénéfice à leurs fidèles. L'*adbreviatio* de 883 mentionne de façon explicite un « preceptum divisionis », un document officiel aujourd'hui perdu, mais qui, sans aucun doute, confirmait le partage du patrimoine monastique en deux unités différentes, l'une administrée par les moines, l'autre à disposition du souverain. Déjà un diplôme de Louis II de 860 (MGH, *Diplomata karolinorum*, IV, *Ludovici II diplomata*, Konrad Wanner éd., München, 1994, doc. 31, p. 129-132 = ChLA, doc. 18, p. 93-95) montre que ce processus était mis en place ; dans les décennies suivantes, il ne fit que s'accentuer, avec des conséquences importantes pour le monastère.

Le Xᵉ siècle, en effet, est marqué par plusieurs difficultés, notamment l'attaque du patrimoine monastique par des acteurs différents : en particulier, des grands fonctionnaires laïques, tels les marquis Radaldus, en 915, et Obertus, en 972, avaient profité du système des 'beneficia' pour installer leurs propres vassaux sur les terres monastiques. Cette pratique tendait de plus en plus à transformer une concession révocable à tout moment par le bienfaiteur en une occupation permanente des terres par le bénéficier, ce qui laissait par conséquent le champ libre aux usurpations. Elle fut également adoptée par des abbés-mêmes de Bobbio, tel Giseprand, également évêque de Tortone, qui encouragea ce processus sur la *terra vassallorum*, selon une expression très significative qui fait son apparition dans un diplôme de 998 pour désigner la *pars beneficiaria* (MGH, *Diplomatum regum et imperatorum Germaniae*, II, *Ottonis et III diplomata*, Hanovre, 1893, doc. 303, p. 729-730). Face à ce phénomène de plus en plus fréquent dans une société en pleine « mutation féodale », Gerbert, abbé de Bobbio dans les années 982-983 et futur pape Sylvestre II, essaya, sans succès, de combattre cette tendance et tenta de reconstituer un patrimoine monastique dispersé et en partie sous le contrôle de forces laïques extérieures.

Le problème de l'usurpation des terres ou des revenus monastiques par les puissants laïques ou ecclésiastiques est également au centre d'un texte récemment réédité, les *Miracula Sancti Columbani*, rédigé vers 950, précisément sous l'abbatiat de Giseprand. Celui-ci est la cible principale des critiques que l'auteur anonyme, un moine de Bobbio, adresse également à ceux qui, une vingtaine d'années auparavant, avaient 'envahi', c'est-à-dire occupé de façon illicite, les propriétés du monastère. En 929 en effet, comme le texte nous l'apprend, les moines de Bobbio organisèrent une translation solennelle du corps du saint fondateur à Pavie, pour participer à une assemblée judiciaire auprès du roi Hugues, afin d'affirmer leurs droits contre les puissants locaux : Gandolf, vassal impérial, futur comte et marquis, Rainier, comte de Plaisance et son frère Guy, évêque de cette ville. Accusés par la communauté religieuse d'avoir usurpé plusieurs biens de Bobbio, ils sont condamnés, notamment grâce à une ordalie où le saint intervint directement pour réaffirmer les arguments du monastère. Ce récit, inséré dans un texte qui relate également plusieurs miracles de Colomban et des anecdotes édifiantes concernant le territoire de Bobbio, représente un témoignage intéressant, assez rare sur le territoire italien, du recours au corps saint pour défendre les intérêts du monastère. Ces mêmes intérêts sont d'autant plus menacés qu'à l'époque de Giseprand la situation n'est plus favorable à l'abbaye, contrairement à ce qu'il en était à l'époque des événements de 929.

En effet, au cours du Xe siècle, les différends avec les pouvoirs laïques deviennent de plus en plus marqués, tandis que les luttes qui, à la fin du siècle précédent, avaient opposé le monastère aux ecclésiastiques, notamment à l'évêque de Plaisance, semblent progressivement s'apaiser. L'aristocratie qui tirait désormais d'importants revenus des terres monastiques devint le principal problème pour la communauté, tout d'abord du point de vue économique, comme les lettres de Gerbert le soulignent, bien que, tout récemment, Valeria Polonio ait mis en avant la probabilité d'exagérations rhétoriques de la part du futur pape. En effet, à bien y regarder, il ne s'agit pas seulement (ni peut-être prioritairement) d'une question d'appauvrissement des ressources du monastère, si l'on considère que celui-ci se montre, pendant ces décennies, non seulement en mesure de reconstruire l'abbatiale (*cf. infra*), mais encore de réaliser des manuscrits richement décorés et coûteux, pourvus d'enluminures de grande qualité, à l'instar d'un manuscrit de la Vie de S. Colomban par Jonas (Turin, Bibliothèque Nationale, F.IV.2).

En réalité, au tout début du XIe siècle, une situation politique particulière est en train de se dessiner dans une perspective qui va bien au-delà de cette petite région des Apennins. Une aristocratie formée en grande partie par des vassaux dépendant des puissants locaux et enracinés sur les biens ecclésiastiques, se montre bien déterminée et en pleine affirmation seigneuriale : dans ces conditions, elle représente de plus en plus un obstacle à l'exercice du contrôle territorial par les empereurs et par les évêques, qui tous se coalisent afin de conserver les équilibres existants et de combattre ces forces centrifuges.

II. DE LA FONDATION DE L'ÉVÊCHÉ À LA FIN DU MOYEN ÂGE. – *1° L'institution de l'évêché et la création du complexe épiscopal.* – C'est précisément dans ce contexte que se situe un autre épisode crucial pour Bobbio : l'institution d'un évêché par l'empereur Henri II (1014). Le souverain, en puisant presque complètement dans le patrimoine du monastère pour doter cet organisme nouveau, envisage d'une part de soustraire les biens de l'ancienne abbaye à l'emprise des groupes aristocratiques du territoire et d'autre part – ce qui constitue la raison première de cette fondation qui est un *unicum* dans l'Italie du nord au XIe siècle – de renforcer la position de l'Empire. Il pense atteindre ces objectifs en créant une institution capable d'hériter du rôle joué depuis des siècles par le monastère comme point d'ancrage et interlocuteur de marque pour la monarchie, tout en l'insérant dans le réseau des évêchés d'Italie du nord, demeurés aux côtés de l'empereur pendant des décennies très perturbées. Ce projet fut réalisé par le biais de la concentration des charges abbatiale et épiscopale entre les mains d'un seul homme, l'abbé Pietroald, qui, en 1017, est attesté comme *abbas et episcopus* (CDSCB, I, doc. 114, p. 389).

Une nouvelle histoire commence à Bobbio, à la fois pour ses institutions ecclésiastiques et pour l'agglomération qui, au fil des siècles, s'était développée autour du monastère. L'histoire de l'institution de l'évêché est relatée de façon synthétique mais très

efficace par un auteur de l'entourage d'Henri II, Thietmar, évêque de Mersebourg, qui, en rappelant la « *summa necessitas* » (« nécessité la plus haute ») motivant le choix de l'empereur, mentionne la nouvelle fondation comme s'élevant *in Bobia civitate* (*Chronicon*, p. 400). Bobbio n'était pas une vraie 'civitas', et n'arriva jamais à l'être : sa faible consistance démographique (en 1230, on compte moins de 700 'foyers', bien en-dessous des 5000 individus minimum que les historiens médiévistes retiennent pour parler d'une ville au sens conventionnel) et une hiérarchie sociale très simplifiée ne laissent entrevoir aucun caractère urbain au sens propre. Cette dénomination de 'civitas', qui apparaît pour la première fois dans Thietmar, découle en fait de la dignité épiscopale qui a été attribuée à Bobbio et qui, comme l'atteste cette expression employée par l'évêque allemand, trouve sa légitimation dans la tradition glorieuse de l'abbaye elle-même, gardienne des corps vénérés de Colomban et de ses illustres successeurs (*ubi christicolae sancti et confessores incliti Columbanus et Attala corporaliter requiescunt* : « où reposent les saints adorateurs et illustres confesseurs du Christ Colomban et Atala »).

L'union dans une seule personne des charges abbatiale et épiscopale cessa toutefois très vite, dès après Pietroald. Ses successeurs jouèrent un rôle essentiel dans le renforcement de ce jeune évêché, tout d'abord en faisant bâtir une cathédrale, de nos jours en grande partie conservée dans son état roman, construite à partir de la troisième décennie du XIe siècle. Il s'agit d'un édifice d'envergure, bien enraciné dans la culture architecturale de l'Italie du nord à l'époque romane, mais qui, avec l'introduction de la « façade harmonique » (avec deux tours flanquant la façade du bâtiment), a adopté des solutions bien connues au nord des Alpes, notamment dans la région du Rhin supérieur, au cœur de cet Empire auquel l'évêché doit sa naissance et avec lequel il avait des rapports étroits.

À la même période (fin X^e-premières décennies du XIe siècles) remonte aussi la reconstruction de l'abbatiale de Saint-Colomban, la plus ancienne église du monastère dont des structures subsistent encore, notamment le clocher et une partie du mur gouttereau nord. Bien qu'il ait été beaucoup transformé par les travaux des siècles successifs (*cf. infra*), on arrive pourtant encore à retrouver dans l'édifice actuel une possible trace de l'église romane, un bâtiment en trois nefs pourvu d'une crypte. Un mur de façade avec les fondations d'un portail et d'un escalier qui descendait vers la nef, qu'il faut peut-être associer à l'église romane, a tout récemment été repéré lors des fouilles menées en 2015 (dir. E. Destefanis, R. Conversi), au sein du Projet de recherche international « Making Europe : Columbanus and his Legacy/Construire l'Europe : Colomban et son héritage/Costruire l'Europa : Colombano e la sua eredità», monté à l'occasion du quatorzième centenaire de la mort de Colomban.

L'église a été remaniée plusieurs fois au Moyen Âge, comme en témoigne la présence d'une mosaïque très bien conservée, représentant le cycle des mois, des monstres et des épisodes de l'histoire des Maccabées (sans doute en référence à la Croisade), qui, depuis le milieu du XIIe siècle, décore la nef centrale de l'église. Encore conservée *in situ*, la mosaïque a été découverte pendant de gros travaux de restauration et de reconstruction partielle de la crypte menés dans les premières décennies du XXᵉ siècle, qui ont malheureusement détruit une partie importante des vestiges architecturaux de l'ancienne abbatiale, en particulier le chevet.

Les structures matérielles semblent en tout cas indiquer que les décennies suivant la fondation de l'évêché ont constitué une période assez dynamique pour les deux institutions ecclésiastiques. Pour l'évêché, on dispose notamment de renseignements assez conséquents. Dans la première moitié du XIᵉ siècle, un complexe canonial fait son apparition (1046) dans la documentation écrite : six *ordinarii* composent le chapitre et assistent l'évêque dans l'activité pastorale, assurent un déroulement correct de la liturgie sous la direction d'un chantre, sans doute sont-ils engagés dans la formation des novices et gèrent-ils assez attentivement le patrimoine qui fait partie de leur dotation.

D'une façon générale, l'évêque, les chanoines et les moines traversent le XIᵉ siècle dans une atmosphère de collaboration et de complémentarité dans le déroulement de leurs fonctions. Le premier s'appuie très vraisemblablement sur les moines pour la gestion de la *cura animarum* dans un territoire diocésain qui n'est nullement compact car issu du patrimoine abbatial, et donc assez dispersé et organisé autour de noyaux non contigus. Sur cet espace fragmenté, la communauté monastique gérait et encadrait depuis des siècles la vie religieuse des populations locales, à travers des églises dépendantes qui passèrent en grande partie sous le contrôle, plus ou moins direct, de l'ordinaire du diocèse.

2° La concurrence entre monastère et évêché et la fin de l'autonomie des moines. – Cette situation va changer de façon radicale pendant la première moitié du siècle suivant, quand la concurrence potentielle entre les deux institutions explosa, sous la pression d'importantes transformations du cadre géopolitique général suscitées par les tensions entre l'Empire et la papauté et à cause de la complexité des équilibres régionaux. L'un des moments les plus significatifs de l'histoire ecclésiastique de Bobbio est sans aucun doute celui de l'intégration de l'évêché de Bobbio dans l'archevêché de Gênes (1133), créé par le pape Innocent II pour des raisons politiques complexes, en particulier de politique religieuse, à l'arrière-plan d'un schisme assez grave.

Ce n'est probablement pas un hasard si, précisément dans ces années, plus d'un siècle après Pietroald qui fut le seul jusque-là à exercer en même temps la fonction abbatiale et la fonction épiscopale, celles-ci furent de nouveau réunies entre les mains d'un seul homme, Siméon, qui semble avoir eu des rapports très étroits avec Gênes, et ensuite, entre celles de son neveu Ogerius, qui lui succéda d'abord sur le siège abbatial puis sur le siège épiscopal. C'est avec celui-ci que les relations entre les deux institutions devinrent de plus en plus tendues, dans un contexte très difficile du fait que chacune des deux cherchait des alliances à la fois avec l'Empire, les seigneuries locales – notamment les Malaspina, qui contrôlaient désormais la vaste région montagneuse des Apennins occidentaux entre la Ligurie et la plaine du Pô ainsi que l'importante route de la vallée de la Trebbia – et, dans le cas des évêques, avec Plaisance, une ville en pleine expansion au XIIᵉ siècle.

Ces conflits aboutirent à des situations différentes pour chacune des deux institutions, mais avec un caractère commun, l'insuccès. Du point de vue institutionnel, c'est l'évêché qui l'emporta : en 1208, le pape Innocent III établit la soumission de la communauté monastique à celui-ci *tam in spiritualibus quam in temporalibus* (« au temporel comme au spirituel »), sans laisser aux moines aucune possibilité d'appel (CDSCB, III, p. 173). Cependant, l'alliance des évêques avec Plaisance, due très probablement à une grave situation d'endettement des ordinaires de Bobbio, finit par écraser cet évêché dépourvu d'une solide réalité urbaine. L'institution communale, qui naquit à Bobbio au XIIᵉ siècle, demeura toujours assez faible et atypique, car contrôlée par l'évêque et par les moines et surtout incapable de traiter de façon autonome avec Plaisance dont l'emprise sur Bobbio devint tellement forte que la ville de la plaine finit par imposer à l'ancien centre monastique un podestat nommé chaque année parmi ses hommes de confiance.

En 1230, après des décennies de conflits répétés, l'évêque céda enfin au *Comune* de Plaisance, en contrepartie d'une assez forte somme d'argent, toute la juridiction temporelle *et merum et mixtum imperium [...] in Bobio et districtu Bobii* (« haute juridiction pénale et civile à Bobbio et dans son district » : *Registrum Magnum*, II, doc. 433, p. 371-374). Gênes, attentive à jouer un jeu d'équilibres complexes entre les pouvoirs régionaux, n'intervint jamais et resta concentrée sur la défense des intérêts commerciaux que le diocèse, situé sur la route de Plaisance, lui assurait.

La période suivante, encore très mal connue car documentée par des sources pour la plupart inédites, est caractérisée par une situation de repli des deux institutions, en particulier de l'évêché, sur une dimension exclusivement locale. Cependant, ce qui restait au monastère, c'est le prestige de son passé, depuis la fondation colombanienne et les premiers siècles qui la suivirent, un passé qui est à plusieurs reprises retravaillé dans une opération complexe de recréation et de réécriture de sa propre mémoire. En même temps, comme l'a bien démontré tout récemment encore Valeria Polonio, plusieurs indices semblent montrer que la communauté et ses abbés surent se renouveler dans leur vie spirituelle en participant aux mouvements de réformes qui parcouraient alors l'Église ; elle obtint ainsi des privilèges (l'exemption des dîmes par exemple) propres aux communautés régulières reformées ou inscrites dans la mouvance du « nouveau monachisme », ce qui est assez rare pour un monastère de fondation aussi ancienne. Le flux des donations des laïcs ne connut pas d'interruption tout au long du XIIᵉ siècle et encore plus tard, ce qui montre l'attrait que, malgré tous les problèmes et la perte de tout rôle politique et administratif, l'abbaye continuait à exercer.

L'esprit de renouvellement du XIIIᵉ siècle, exprimé surtout par les ordres mendiants, ne se fit pas attendre à Bobbio : vers 1230, un couvent franciscain fut fondé à l'extérieur des remparts ; il subsiste encore actuellement, avec son église (dans sa phase XVIIIᵉ siècle) et les deux cloîtres caractéristiques de l'aspect médiéval du complexe.

3° La fin du Moyen Âge. – Les derniers siècles du Moyen Âge se caractérisent par une situation difficile pour Bobbio : l'institution communale perd de plus en plus son contrôle, déjà assez faible auparavant, sur l'agglomération qui est complètement absorbée dans les affaires complexes de la politique régionale. Dans cette zone de l'Italie du nord, plusieurs pouvoirs naissants se disputent de vastes territoires ; pendant les premières décennies du XIVe siècle, Corradino Malaspina est nommé *vicarius civitatis Bobi[i] pro imperialli magiestate* (« vicaire de la ville de Bobbio au nom de Sa majesté impériale » : MGH, *Leges*, sectio IV, *Constitutiones*, IV, 2, éd. I. Schwalm, Hanovre et Leipzig, 1909-1911, n. 1226, 21 avr. 1313, p. 1287) et *civitatis et distrectus dominus genneralis* de Bobbio (« seigneur général de la ville et de son district » : Archives d'État de Turin, *Bobbio*, m. 20, n. 52, 9 juin 1327), mais le rôle qu'il joua au sein de l'ancien centre abbatial reste encore à préciser sous plusieurs aspects, notamment celui de sa probable dépendance vis-à-vis des seigneurs de Milan, les Visconti, qui s'emparèrent manifestement de la domination de la 'ville' en 1342. L'historiographie locale attribue à Corradino l'édification du château qui domine la bourgade actuelle mais celui-ci fut radicalement transformé aux siècles suivants, ce qui rend difficile d'en connaître l'aménagement d'origine ainsi que la chronologie de construction.

En tout cas, c'est sous le gouvernement du premier Visconti, Luchino, que la communauté civique recouvra formellement ses pouvoirs et fut dotée d'un nouveau corps statutaire (1342), intéressant pour connaître l'organisation et la gestion de l'habitat à cette époque. Les Visconti et après eux les Sforza exercèrent leur domination sur Bobbio pendant tout le Moyen Âge tardif, par le biais de la famille des Dal Verme à partir de la première moitié du XVe siècle. Ce lignage était originaire de la région de Vérone et, déjà au XIVe siècle, un de ses membres, Jacques, s'était mis au service des Visconti, en devenant l'un des plus importants « condottieri di ventura » (commandants de compagnies de mercenaires au service des princes et des seigneuries italiennes) de son époque. Vers la fin du siècle, il avait obtenu en fief des territoires dans les vallées proches de Bobbio. En 1436, son fils, Louis, fut nommé comte de la ville mais, après sa mort, la famille perdit son titre et le recouvra seulement pendant la première moitié du siècle suivant, quand les Dal Verme furent en mesure de rentrer à Bobbio où ils s'installèrent de façon définitive, dans le château. Leur seigneurie marqua l'histoire de Bobbio pendant toute l'époque moderne, jusqu'à la domination française où ils perdirent leur pouvoir sur la ville des Apennins, bien que, depuis le XVIIIe siècle, ils n'y résidaient plus.

Quelques années après le début de la prise de pouvoir des Dal Verme à Bobbio, le site connut en 1448 un autre tournant essentiel dans son histoire et notamment dans l'histoire de l'abbaye ; ce fut le dernier moment de renouveau de cette institution, avant le déclin qui, en 1687, faisait écrire à Mabillon que l'ancien monastère des Apennins n'était plus que *magni umbra nominis* (« l'ombre de son grand nom » : *Iter italicum*, p. 215-216). Au milieu du XVe siècle en effet, le monastère intégra la Congrégation de Sainte-Justine de Padoue (dite ensuite du Mont-Cassin) ; une

période de réorganisation profonde de la vie monastique commença alors, quant à l'administration du patrimoine et aux structures matérielles. L'église abbatiale fut reconstruite, à partir d'une abside carrée, sous la forme d'une grande basilique à trois nefs, chapelles latérales et grand transept, telle qu'on peut l'admirer aujourd'hui, décorée par les fresques peintes par Bernardino Lanzani pendant le second quart du XVIe siècle. Au cours de ce même siècle, presque tout l'ensemble monastique fut reconstruit, excepté une partie du cloître, vers l'est, qui garde encore aujourd'hui son aspect de la fin du Moyen Âge.

Cette œuvre de réorganisation concerna aussi les aspects culturels et notamment la bibliothèque, un point fort de l'identité de la communauté au fil de sa longue histoire. En 1461, l'abbé Antoine de Plaisance fit rédiger un nouvel inventaire des manuscrits, qui, comparé à l'autre bien plus ancien, montre des dommages très importants : des 700 exemplaires anciennement recensés, seulement 243 restaient encore à la disposition de la communauté religieuse. Cette collection disparut quelques décennies plus tard, quand les humanistes, découvrant l'importance du patrimoine livresque de l'abbaye, furent à l'origine d'un processus de soustraction des volumes, ce qui aboutit à la dispersion d'une des plus extraordinaires collections de manuscrits du Moyen Âge européen.

Au-delà du monastère Saint-Colomban, dans la deuxième moitié du XVe siècle, Bobbio fut le théâtre d'une certaine vivacité religieuse et architecturale. La cathédrale fut l'objet d'un grand projet de restauration qui toucha plusieurs parties du bâtiment et notamment sa façade (1463) qui acquit alors l'aspect qu'on peut encore admirer actuellement, avec le recours à plusieurs motifs ornementaux en terracotta décorée et moulurée, ce qui en fait un exemple intéressant de l'art du Quattrocento dans la région.

L'effervescence qui animait le complexe épiscopal pendant ces décennies est également tangible dans d'autres contextes : en 1459, les moniales clarisses du couvent fondé en 1436 (où se trouve actuellement la mairie) obtinrent le statut de religieuses cloîtrées, et l'institution attira plusieurs filles de l'aristocratie locale. Le couvent jouissait d'un certain prestige auprès des habitants de la ville, qui, sans doute à partir du XVe siècle, confièrent aux moniales les archives de la commune. Les revenus des religieuses ne furent en tout cas jamais abondants et elles risquèrent plusieurs fois la suppression de leur couvent, qui fut toutefois évitée jusqu'à l'époque napoléonienne.

Pendant cette deuxième moitié du XVe siècle, on arrive à saisir l'activité de deux confréries, celle de Sainte-Marie-aux-Grâces, rattachée à l'ancien hôpital de Sainte-Marie de la Miséricorde, juste à côté de Saint-Colomban, et celle des 'Disciplinati' de Saint-Laurent, associée à une église située immédiatement au nord-est de l'abbatiale colombanienne et incluse dans l'emprise monastique. La présence des moines de Saint-Colomban dans la vie de la confrérie se poursuivit pendant plusieurs décennies, au moins jusqu'au début du XVIIe siècle quand ses membres s'opposèrent à l'ingérence abbatiale, en impliquant même l'évêque qui, en 1608, excommunia les moines : un épisode assez emblématique des rapports encore tendus entre les deux institutions religieuses majeures de Bobbio, bien au-delà du Moyen Âge.

Quant au pouvoir épiscopal, il démontra encore en quelques occasions sa capacité à intervenir dans la vie de la ville. En 1472, une image de la Vierge peinte sur le mur d'enclos d'un vignoble, juste à la sortie de la porte nord de la ville, dans le lieu-dit *Codognarium* (Corgnate), fut l'objet d'un événement miraculeux et toute une série de guérisons se produisirent immédiatement sur place. L'évêque Giovanni Mondani, qui obtint la charge épiscopale en cette année-là, s'immisça promptement dans ce phénomène de dévotion populaire qui amena l'édification d'une église incorporant le morceau du mur et l'image miraculeuse.

III. L'ÉPOQUE MODERNE ET CONTEMPORAINE. Le culte marial qui connut son essor à la fin du Moyen Âge fut de nouveau revitalisé au tout début du XVIIᵉ siècle quand les évêques Marcantonio Bellini et Francesco Maria Abbiati s'engagèrent dans la reconstruction de l'église et dans la relance du culte. L'épiscopat de Bellini constitue notamment un moment intéressant pour l'histoire religieuse de Bobbio et de son diocèse, puisque, grâce à ses évêques, le diocèse fit preuve d'une réception assez rapide non seulement des dispositions du Concile de Trente (1545-1563), mais encore, d'une façon plus générale, de la spiritualité de la Contre-Réforme.

C'est justement dans ce climat d'adhésion à l'esprit de la *renovatio* que s'insère l'activité des évêques de Bobbio entre la seconde moitié du XVIᵉ et la première moitié du XVIIᵉ siècle, activité qui consista, entre autres, en la fondation du séminaire diocésain par l'évêque Aulari en 1603, comme l'imposait le Concile. Toute l'action de son successeur, Bellini, se développa en fonction de l'application de la Réforme : en rapport étroit avec le champion de celle-ci, le cardinal milanais Frédéric Borromée, l'évêque, qui était un juriste et un diplomate d'une grande expérience, tenta d'une part de réformer le monastère Saint-Colomban, sans succès, et, d'autre part, se consacra comme on l'a vu, à la relance, à Corgnate, du culte de la Vierge, alors dénommée « *Beata Vergine dell'Aiuto* ».

Bobbio demeura en tout cas un petit diocèse à l'emprise territoriale fragmentaire et disposant de plusieurs enclaves dans les grands diocèses voisins, de Plaisance, Tortone et Gênes. Grâce à la documentation disponible, on a calculé que, entre le XVIᵉ et le XVIIᵉ siècles, le nombre des habitants du territoire soumis à l'évêque s'élève à 9500 individus environ, engagés essentiellement dans des activités agricoles et d'élevage et répartis en majorité dans la zone montagneuse, à l'écart des grandes routes de communication de l'époque.

Sous le gouvernement français, au début du XIXᵉ siècle, les institutions religieuses principales disparurent, certaines de façon définitive, comme les couvents des clarisses et des franciscains, mais surtout Saint-Colomban, supprimé en 1801 ; en 1803, ce qui restait de sa bibliothèque fut mis aux enchères. Après plusieurs péripéties, la plupart des manuscrits encore à Bobbio parvinrent à la Bibliothèque Nationale de Turin, de même que les archives abbatiales. Le complexe monastique fut démembré et ses bâtiments affectés à la paroisse et à des services judiciaires et administratifs

puis, en 1888, à la municipalité de Bobbio (à l'exception de la partie qui était la propriété de la paroisse).

En 1803, l'évêché fut également supprimé mais, après la Restauration, en 1817, il fut recréé, sous le titre de l'Assomption et de Saint-Pierre, pour être incorporé en 1986 à l'archevêché de Gênes et enfin, en 1989, au diocèse de Plaisance. Les décennies qui suivirent la reconstitution de l'évêché lui-même en 1817 furent assez difficiles au point de vue économique et social.

Dans ce contexte émerge l'action d'une personnalité très forte, celle d'Antonio Maria Gianelli, qui fut évêque de Bobbio de 1838 à 1846. Dès avant sa désignation, il était très engagé, au sein de l'archevêché de Gênes, dans la mission auprès des fidèles et dans l'éducation des jeunes ainsi que dans la formation des futurs prêtres. Après 1838, il poursuivit cette activité dans le diocèse qui lui avait été confié, où il fonda la congrégation missionnaire des Oblats de Saint Alphonse, qu'il installa dans l'ancien sanctuaire de la « *Madonna dell'Aiuto* ». Encore une fois, celui-ci fut l'objet de l'attention épiscopale, dans le contexte du nouveau climat spirituel du XIXᵉ siècle, caractérisé un peu partout par un nouvel essor du culte de la Vierge. Il installa également à Bobbio les religieuses « *Figlie di Maria Santissima dell'Orto* », une congrégation qu'il avait fondée en 1829 à Chiavari, en Ligurie, chargée des œuvres de charité ainsi que de l'éducation des jeunes filles et qui est encore présente aujourd'hui dans la ville. Il se montra conscient de l'ancienne histoire de son diocèse, vers laquelle il revint dans un effort intellectuel qui était fortement conditionné par son projet de mission et d'éducation. Pour la dernière fois, la Vie de S. Colomban fit l'objet d'une nouvelle réécriture, destinée, comme le déclare la préface, à l'édification spirituelle du peuple et notamment des habitants de Bobbio (et de Saint-Colomban-au-Lambro). Antonio Maria Gianelli fut canonisé en 1951.

BIBLIOGRAPHIE. Outre quelques ouvrages anciens importants ont été sélectionnés les articles et ouvrages les plus récents et les plus novateurs pour la connaissance de l'histoire de Bobbio ; on y trouvera encore un certain nombre d'autres références bibliographiques utiles. Aux ouvrages cités, il faut ajouter les travaux publiés depuis 1979 dans la revue *Archivum Bobiense*, si nombreux qu'il est impossible de les mentionner ici. Des sources citées, on fournit les éditions principales et plus récentes, dans lesquelles on trouvera les références des autres éditions.

SOURCES CITÉES. – L. Bethmann et G. Waitz (éd.), PAULI *Historia Langobardorum* (MGH, *Scriptores Rerum Langobardicarum et Italicarum, saec. VI-IX*), Hannover, 1878, p. 12-187. – B. Krusch (éd.), IONAE *Vitae Columbani abbatis discipulorumque eius libri duo* (MGH, *Scriptores Rerum Merovingicarum*, IV), Hannover et Leipzig, 1902, p. 1-152. – C. Cipolla et G. Buzzi (éd.), *Codice diplomatico* del *monastero di S. Colombano di Bobbio fino all'anno MCCVIII*, I-III (coll. « Fonti per la Storia d'Italia », 52-54), Roma, 1918. – R. Holtzmann (éd.), THIETMARI MERSEBURGENSIS EPISCOPI *Chronicon* (MGH, *Scriptores Rerum Germanicarum, Nova series*, IX), Berlin, 1935. – A. Castagnetti (éd.), *San Colombano di Bobbio*, dans A. Castagnetti, M. Luzzati, G. Pasquali et A. Vasina (éd.), *Inventari altomedievali di terre, coloni e redditi* (coll. « Fonti per la Storia d'Italia », 104), Roma, 1979, p. 119-192. – E. Falconi et R. Peveri (éd.), *Il Registrum Magnum del comune di Piacenza*, II, Piacenza, 1985. – A. De Vogüé, *Aux sources du monachisme colombanien*, vol. I-II : *Jonas de Bobbio, Vie de saint Colomban et de ses disciples* (coll. « Vie monastique », 19-20), Bégrolles-en-Mauges, Abbaye de Bellefontaine, 1988-1989. – G. G. Fissore et A. Olivieri (éd.), *Chartae Latinae Antiquiores*, partie LXVII, *Italy*, XXVIII, Dietikon-Zürick, 2001. – A. Bulla et U. Bruschi (éd.), *Gli Statuti del Comune di Bobbio*, Bobbio, 2008. – A. Dubreucq et A. Zironi (éd.), Miracula sancti Columbani. La reliquia e il giudizio regio – *La relique et le jugement royal* – *Relic and Royal Judgement* (coll. Per Verba. Testi Mediolatini con traduzione, 31), Firenze, 2015.

Travaux. – Jean Mabillon, *Museum italicum seu collectio veterum scriptorum ex bibliothecis italicis*, I, pars 1, *Iter italicum litterarium*, Paris, 1687. – Ludovico Antonio Muratori, *Antiquitates Italicae Medii Aevi*, t. III, Milan, 1740. – Benedetto Rossetti, *Bobbio illustrato*, Torino, 1795. – A. M. Giannelli, *Vita di San Colombano abbate...*, Torino, 1844. – C. G. Mor, *San Colombano e la politica ecclesiastica di Agilulfo*, dans *Bollettino Storico Piacentino*, 38, 1933, p. 49-58 (réimpr. dans Id., *Scritti di storia giuridica altomedievale*, Pisa, 1977, p. 605-613). – G. Mercati, *De fatis bibliothecae monasterii S. Columbani Bobiensis et de codice ipso Vat. Lat. 5757, Prolegomena à M. Tulli Ciceronis De re publica libri e codice rescripto Vaticano latino 5757 phototypice expressi*, Città del Vaticano, 1934, p. 1-171. – F. Bonnard, *Bobbio*, dans *DHGE*, t. 9, Paris, 1937, col. 275-284. – P. Collura, *La precarolina e la carolina a Bobbio*, Milano, 1943 (réimpr., Firenze, 1965). – G. P. Bognetti, *Santa Maria foris portas di Castelseprio e la storia religiosa dei Longobardi*, dans Id., G. Chierici et A. De Capitani d'Arzago (dir.), *Santa Maria di Castelseprio*, Milano, 1948, p. 11-511 et aussi dans : Id., *L'età longobarda*, t. II, Milano, 1966, p. 13-673. – A. R. Natale, *Influenze merovingiche e studi calligrafici nello scriptorium di Bobbio (Secoli VII-IX)*, tiré à part de *Miscellanea G. Galbiati* (coll. Fontes Ambrosiani, 26), t. II, Milano, 1951, p. 1-44. – *San Colombano e la sua opera in Italia*, Actes du *Convegno Storico Colombaniano*, Bobbio, 1-2 sept. 1951, Bobbio-Parma, 1953. – A. Grabar, *Ampoules de Terre Sainte (Monza-Bobbio)*, Paris, 1958. – V. Polonio, *Il monastero di San Colombano di Bobbio dalla fondazione all'epoca carolingia* (coll. Fonti e studi di storia ecclesiastica, 2), Genova, 1962. – P. Engelbert, *Zur frühgeschichte des bobbieser Skriptoriums*, dans *Revue bénédictine*, 78, 1968, p. 220-260. – M. Ferrari, *Le scoperte a Bobbio nel 1493: vicende di codici e fortuna di testi*, dans *Italia medioevale e umanistica*, 13, 1970, p. 139-180 ; Ead., *Libri e maestri tra Verona e Bobbio*, dans G. Folena (dir.), *Storia della cultura veneta*, t. I, *Dalle origini al Trecento*, Vicenza, 1976, p. 271-278. – M. Tosi, *Il santuario della Madonna dell'Aiuto*, Bobbio, 1975 ; Id., *Guida storica artistica e ambientale della città e dintorni*, Bobbio, 1983 ; Id., *Bobbio e la valle del Trebbia*, dans *Storia di Piacenza*, t. I, *Dalle origini all'anno Mille*, Piacenza, 1990, p. 393-499. – A. Segagni Malacart et S. Lomartire, *Bobbio*, dans *Enciclopedia dell'Arte Medievale*, t. III, Roma, 1992, p. 537-549. –

C. Azzara, *L'ideologia del potere regio nel papato altomedievale (secoli VI-VIII)*, Spoleto, 1997. – A. Piazza, *Monastero e vescovado di Bobbio (dalla fine del X agli inizi del XIII secolo)* (coll. Testi, Studi, Strumenti, 13), Spoleto, 1997. – F. Crivello, *La miniatura a Bobbio tra IX e X secolo e i suoi modelli carolingi*, Torino-London-Venezia, 2001. – F. G. Nuvolone (dir.), *La fondazione di Bobbio nello sviluppo delle comunicazioni tra Langobardia e Toscana nel Medioevo*, Actes du colloque international, Bobbio, 28-30 sept. 2000 (coll. Archivum Bobiense. Studia, 3), Bobbio, 2000 ; Id. (dir.), *Gerberto d'Aurillac da Abate di Bobbio a Papa dell'Anno 1000*, Actes du colloque international, Bobbio, 1-2 oct. 1999 (coll. Archivum Bobiense. Studia, 4), Bobbio, 2001 ; Id. (dir.), *Gerberto d'Aurillac-Silvestro II. Linee per una sintesi*, Actes du colloque international, Bobbio, 11 sept. 2004 (coll. Archivum Bobiense. Studia, 5), Bobbio, 2005 ; Id., *L'abbazia di Bobbio, i problemi e la loro gestione*, dans P. Racine (dir.), *Storia della Diocesi di Piacenza*, II.1, *Il Medioevo. Dalle origini all'anno Mille*, Brescia, 2008, p. 231-242. – G. Z. Zanichelli, *I modelli dello scriptorium di Bobbio*, dans L. Valle et P. Pulina, *San Colombano e l'Europa. Religione, cultura, natura*, Actes du colloque, Pavie, 27 nov. 1999, Como-Pavia, 2001, p. 27-60. – A. Calzona, *La questione dell'ubicazione del San Colombano e della Cattedrale di Bobbio*, dans T. Franco et G. Valenzano (dir.), De lapidibus sententiae. *Scritti di storia dell'arte per Giovanni Lorenzoni*, Padova, 2002, p. 67-80. – A. Diem, *Was bedeutet « regula Columbani » ?*, dans W. Pohl et M. Diesenberger (dir.), *Integration und Herrschaft. Ethnische Identitäten und soziale Organisation im Frühmittelalter*, Wien, 2002, p. 63-89. – E. Destefanis, *Il monastero di Bobbio in età altomedievale* (coll. Ricerche di archeologia altomedievale e medievale, 27), Firenze, 2002 ; Ead., *Materiali lapidei e fittili di età altomedievale da Bobbio*, Piacenza, 2004 ; Ead., *La diocesi di Piacenza e il monastero di Bobbio* (coll. Corpus della scultura altomedievale, 18), Spoleto, 2008 ; Ead., *Il monastero di Bobbio sulle vie del pellegrinaggio altomedievale : fonti scritte e dati materiali*, dans F. Benozzo et M. Montesano (dir.), *Pellegrinaggi e monachesimo celtico. Dall'Irlanda alle sponde del Mediterraneo*, Actes de la journée d'étude, Genova, 14 oct. 2010, Alessandria 2010 = n. s. de *Studi Celtici*, p. 59-108 ; Ead. et P. Guglielmotti (dir.), *La diocesi di Bobbio. Formazione e sviluppi di un'istituzione millenaria*, Firenze, 2015 ; Ead. (dir.), *L'eredità di san Colombano. Memoria e culto attraverso il medioevo*, Actes du colloque international, Bobbio, 21-22 nov. 2015, Rennes, 2017. – M. Pizzo (dir.), *Bobbio nell'alto cuore del medioevo*, Reggio Emilia, 2004. – A. Zironi, *Il monastero longobardo di Bobbio. Crocevia di uomini, manoscritti, culture*, Spoleto, 2004. – P. Fioretti, *Litterae notabiliores e scritture distintive in manoscritti 'bobbiesi' dei secoli VII e VIII*, dans *Segno e testo*, 3, 2005, p. 157-248. – S. Gasparri, *Culture barbariche, modelli ecclesiastici, tradizione romana nell'Italia longobarda e franca*, dans *Reti Medievali Rivista*, 6/2, juillet-décembre 2005, p. 1-56. – A. Bulla, *Le visite pastorali post-tridentine nella diocesi di Bobbio (1565-1606)*, Excerpta ex dissertatione ad Doctoratum in Facultate Historiae Ecclesiasticae Pontificiae Universitatis Gregorianae, Roma, 2006. – F. Lo Monaco, *De fatis manuscriptorum bibliothecae Sancti Columbani Bobiensis*, dans Á. Escobar (dir.), *El palimpsesto grecolatino como fenómeno librario y textual*, Zaragoza, 2006, p. 53-62. – M. Nobili, *Vassalli su terra monastica fra re e 'principi' : il caso di Bobbio (seconda metà del sec. X-inizi del sec. XI)*, dans Id., *Gli Obertenghi e altri saggi*, Spoleto, 2006, p. 113-124 (dejà paru dans : *Structures féodales et féodalisme dans l'Occident méditerranéen (Xe-XIIIe siècles). Bilan et perspective de recherches*, Actes du colloque international, Rome, 10-13 oct. 1978 (coll. de l'École française de Rome, 44), Roma, 1980, p. 299-309). – L. Scappaticci, *Codici e liturgia a Bobbio. Testi, musica e scrittura (secoli X-XII)*, Roma, 2007. – Gruppo Culturale « La Minerva » di Travo (dir.), *Minerva Medica in Valtrebbia. Scienze storiche e scienze naturali alleate per la scoperta del luogo di culto*, Actes du colloque, 7 oct. 2006 (coll. Quaderni di Archeologia dell'Emilia-Romagna, 19), Firenze, 2008. – W. Pohl, *Gregorio Magno e il regno dei Longobardi*, dans C. Azzara (dir.), *Gregorio Magno, l'Impero e i 'Regna'*, Actes du colloque international, Fisciano, 30 sept.-1 oct. 2004, Firenze, 2008, p. 15-28. – M. Richter, *Bobbio in the Early Middle Ages. The abiding legacy of Columbanus*, Dublin, 2008. – J.-P. Devroey et M. Montanari, *Città, campagna, sistema curtense (secoli IX-X)*, dans *Città e campagna nei secoli altomedievali*, Actes de la *LVI Settimana di Studi della Fondazione Centro Italiano di Studi sull'Alto Medioevo*, Spoleto, 27 mars-1 avr. 2008, Spoleto, 2009, p. 779-808. – T. Leso, « *Iona hebraice, Peristera graece, Columba latinae* ». *Per un riesame critico delle fonti sull'esperienza colombaniana tra VI e VII secolo (Francia e Italia)*, Tesi di laurea specialistica in Storia Medievale, Università degli Studi di Padova, Padova, 2009-2010. – M.-A. Laurent, *Organisation de l'espace et mobilisation des ressources autour de Bobbio*, dans R. Le Jan, L. Feller, J.-P. Devroey (dir.), *Les élites et la richesse au haut Moyen Âge*, Turnhout, 2010, p. 479-494. – A. O'Hara et F. Taylor, *Aristocracy and Monastic Conflict in Tenth-Century Italy: the Case of Bobbio and the* Miracula Sancti Columbani, dans *Viator*, 44/3, 2013, p. 43-62. – R. Conversi et E. Destefanis, *Bobbio e il territorio piacentino tra VI e VII secolo: questioni aperte e nuove riflessioni alla luce dei dati archeologici*, dans *Archeologia Medievale*, 41, 2014, p. 289-312 ; Ead., *La chiesa di San Colombano a Bobbio (PC). Dati di scavo e considerazioni architettoniche per una prima ricostruzione dell'abbaziale in età medievale*, dans *Ibid.*, 44, 2017, p. 95-121. – F. Bougard, *Les moines de Bobbio et les pouvoirs locaux dans le Royaume d'Italie du Xe siècle : contexte et motivations de la rédaction des 'Miracles'*, dans A. Dubreucq et A. Zironi (éd.), Miracula sancti Columbani. *La reliquia e il giudizio regio – La relique et le jugement royal – Relic and Royal Judgement* (coll. Per Verba. Testi Mediolatini con traduzione, 31), Firenze, 2015, p. XI-XIX. – G. Fiori, *Storia di Bobbio e delle famiglie bobbiesi*, Piacenza, s.d. [2015]. – M. Gaillard, *Colomban*, dans *DHGE*, 32, 2017, col. 602-615. – R. Conversi, E. Destefanis et A. Zironi, *Bobbio e il suo contesto : un monastero e il suo territorio in età altomedievale*, dans S. Bully, A. Bully et A. Dubreucq (dir.), *Colomban et son influence. Moines et monastères du haut Moyen Âge en Europe*, Actes du colloque international, Luxeuil, 16-20 sept. 2015, Rennes, à paraître.

E. DESTEFANIS

BRIFAUT VINCHENT (Julien), prêtre du diocèse de Malines, 1890-1964.

Cinquième enfant de l'avocat Armand Brifaut et de Louise Vinchent, Julien Brifaut (Bruxelles, 5 avr. 1890-La Hulpe, 19 févr. 1964) fit ses études d'humanité, ainsi qu'une candidature en philosophie et lettres, à l'Institut Saint-Louis à Bruxelles de 1900 à 1910. En 1913, il sortit docteur en droit de l'Université de Louvain et intégra le Barreau de Bruxelles dès l'année suivante. Au cours de la Première guerre mondiale, il fut interprète militaire auprès de la 2e Armée Britannique, dès 1917 et jusqu'à 1919. Après celle-ci, il démissionna du Barreau pour entrer au séminaire Léon XIII à Louvain en 1919. Ordonné prêtre par le card. Mercier le 23 sept. 1922, il professa à l'Institut Saint-Louis pendant sept ans, avant d'être nommé en 1929 recteur de l'église Expiatoire du Très Saint-Sacrement du Miracle à Bruxelles (rue Van Maerlant, n° 28), où il fut actif jusqu'en 1959, tout en occupant simultanément la direction de l'Œuvre des catéchismes et de l'Association de Bruxelles de l'aide aux Églises pauvres. Il fut également aumônier des religieuses de l'Adoration perpétuelle de Bruxelles, aumônier du Foyer du jeune travailleur de 1947 à 1952, ainsi qu'aumônier de la 83e unité scoute FSC de 1954 à 1959.

ÉCRITS. *L'enseignement de la religion dans les catéchismes paroissiaux dans l'agglomération bruxelloise*, Bruxelles, 1932. – *Le Problème catéchistique tel qu'il se pose aujourd'hui*, Bruxelles, 1935.

TRAVAUX. – *La Belgique active. Monographie des communes belges et biographies des personnalités*, t. 1, *Bruxelles. Brabant-Hainaut*, Bruxelles, 1931, p. 105. – F. Michielsen et S. S. Taylor, *Who's who in Belgium and Grand Duchy of Luxembourg*, 2e édition, Bruxelles, 1962, p. 98. – A. Tihon, *Nécrologe du clergé du diocèse de Malines (1962-2009)*, Bruxelles, 2010, p. 10. – J.-F. de le Court et T. Scaillet, *Les familles Brifaut et Briavoinne de Bruxelles*, Bruxelles, 2017, p. 109.

T. SCAILLET

BUYSE (Marcel Roger), OFMCAP, 1892-1974.

Marcel Buyse was born on 22 Aug. 1892 in Izegem, a town in the Belgian province of West-Flanders. He was the third of five children of Henry Buyse, a contractor, and Elodie Vandekerckhove. Buyse grew up in the Baron de Pélichystraat. He went to primary school at St Joseph's college in Izegem. His youth was marked by an unfortunate accident. While playing in the workplace of his father, he accidentally got unslaked lime in his eyes. Although spared of total blindness, Buyse's eyesight remained severely damaged for the rest of his life. He did not return to St Joseph's college but was placed under the care of the sisters of the *Wezeschool*. In 1904, he started secondary school at the *Serafijns* college in Bruges.

Upon finishing secondary school, Buyse entered the noviciate of the Order of Friars Minor Capuchin on 20 Sept. 1910. This noviciate was situated in the city of Enghien in the Belgian province of Hainaut. Here he was given the religious name Roger. On 21 Sept. 1911, he took his temporary religious vows, and on 22 Sept. 1914, his permanent ones. The theological school of the Capuchins was discontinued at the outbreak of the First World War and the students were forced to disperse over the Belgian country. Buyse remained in Izegem and

Mᵍʳ Marcel Buyse, photo tirée des collections du
Centrum voor Conciliestudie Vaticanum II, Leuven.

returned to live with his family. Even though the German
occupiers allowed them to return to their monastery in
Izegem just a few weeks later, the fathers' formation
period would be marked by the war. Buyse's ordination
as a deacon in 1915, for example, had to be performed in
Ghent with the approval of the German *Kommandantur*,
because Bruges was inaccessible. Two years later, for
his priestly ordination on 20 May 1917, it was the
other way around. This time it was Ghent that proved
beyond reach, so Buyse's ordination was presided over
by the bishop of Bruges, Mᵍʳ Waffelaert (1847-1931), in
the latter's own house chapel. The conditions for this
trip to Bruges were severe : Buyse needed to return
within 24 hours and was accompanied by a German
Feldwebel, the only witness of the ordination. After
the war, and upon completing his theological studies,
Buyse intended to go to British India as a missionary.
His order, however, sent him to Rome in 1919 to earn a
doctoral degree in theology at the Pontifical University
of the Gregoriana. Buyse was promoted doctor three
years later, on 17 July 1922.

After his studies in Rome, Buyse returned to Belgium
and gained approval to become a missionary. He left
Belgium on 30 Oct. 1922 for the Capuchin diocese of
Lahore in British India, where he arrived during the
episcopacy of Mᵍʳ Fabiaan Eestermans. He was sent
to Dalhousie, where the Friars had a monastery in the
Himalaya Mountains. He lived here for a year, learning

the local languages, English and Urdu. This prepared
him for his first appointment as auxiliary missionary
in Pasrur. Between March 1923 and December 1924,
Buyse worked here with the Chura community under
the leadership of Fr Fabiaan Faes. Thereafter, he was
sent to Narowal, where he co-founded a new missionary
post and took responsibility for 75 villages. He remained
in this region until September 1925, having been
appointed Professor of Theology at the Barlowgunj
Major Seminary of the Capuchins in Missouri, in the
archdiocese of Agra, by Minister General Giuseppe
Antonio Ferdinando Bussolari. He remained there
until 1927, when the Seminary was closed and the
students had to continue their training in Breust in the
Netherlands. Declining the offer to become Professor
of Theology in Breust, Buyse chose to stay in Punjab.
From June 1927 until June 1928, he enjoyed a spell
as missionary in Lyallpur, which ended when the new
bishop of Lahore, Mᵍʳ Catry, appointed Buyse as his
secretary and, three years later, as his vicar-general.
During his years as vicar-general Buyse was responsible
for the launch of the periodical *Collectanea Lahorensia*
in 1934, which was renamed in 1942 to *Collectanea
Punjabensia*. He interrupted his duties for the bishop
between 1940 and 1945, when he acted as military
chaplain of the troops of the Lahore Cantonment.

On 12 June 1947, Pope Pius XII appointed Buyse as
Bishop of Lahore. Buyse started his work on 22 August,
although his ordination in the cathedral of Lahore took
place only on 28 October. Buyse chose the motto *Sentire
cum Ecclesia*. This ordination was not only a major
event for the diocese of Lahore, but also for Izegem,
Buyse's hometown, where great festivities were held.
Buyse could not attend the festivities because of the
difficult political situation in his diocese. Only two
months after his appointment, on 14 and 15 August,
the British Indian Empire was divided into Pakistan
and India. The new partition line also divided Buyse's
diocese. Whereas some mission stations remained part
of India and were entrusted to the English Capuchins,
the diocese of Lahore became part of Pakistan under
the Archdiocese of Karachi. Only in 1950 was Buyse
able to return to Belgium for the celebration of his
appointment. One year later, he was honoured with the
title of Officer in the Order of Leopold. In 1956, Buyse
became involved in an interreligious conflict. After
having prayed the Act of Consecration of the Human
Race to the Sacred Heart of Jesus, Bishop Buyse was
sued, along with Bishop Hettinga, for having used the
words "Be Thou King of all those who even now sit
in the shadow of idolatry or of Islam". The prayer was
seen as anti-Islam and anti-Pakistan. As a result, Buyse
pleaded in Rome for permission to omit this passage in
the future use of the prayer.

As bishop, Buyse had several areas of interest. First,
he helped founding the Minor Seminary of St Mary on
12 June 1951, which also accepted indigenous candidates
for the priesthood. This reflected his wish to support
indigenous clerics and promote the local people. He also
convinced the Diocesan Board of Education to grant
scholarships to promising priest candidates. His second
ambition was to establish a good educational system, for
which he took several measures. He built and expanded
various schools, he asked the Brothers of Charity to

take care of primary and secondary education, and he made the Society of Jesus and the Franciscan Sisters responsible for, respectively, male and female university students. Third, Buyse was a promoter of Urdu as an educational and religious language. Thanks to Buyse, Urdu was accepted as a language of worship in the cathedral of Lahore, as early as its opening in July 1949. Finally, he took steps to promote the religious life in his diocese. He continued to found new missionary stations and he gave much attention to the statutes of the native religious sisters, granting them more independence. His relation with the different religious congregations was mixed, however. While Buyse hoped to increase their involvement in his diocese, his decisions were often met with distrust. Nevertheless, the congregations did obtain a more important role by the end of Buyse's episcopacy.

As Bishop of Lahore and citizen of Pakistan, Buyse was called to Rome to participate in the Second Vatican Council (1962-1965). The council was arguably one of the most important events in the Catholic Church in the twentieth century. The discussions of the 2929 Council Fathers present over the course of four years were not only focused on theological and ecclesiological issues, but were also strongly marked by the historical context in which the Church found itself. The council was an attempt to come to terms with modernity, but it should also be viewed in the light of the political movement of decolonisation and the ecclesial effort to promote inculturation. Many of the bishops experienced for the first time a sense of belonging to a global Church. Buyse's role in the assembly was not clearly defined. He was among the 1453 non-western Council Fathers, though many among them were actually missionary bishops of European or North American origin – just like Buyse was one of the 57 missionary bishops of Belgian nationality. Buyse was also part of the more influential group of 55 Capuchins – the second largest represented religious order at the council. The Capuchins were in regular contact with their father general, who convened meetings for them. However, Buyse saw himself first and foremost as a bishop of Pakistan and thus felt allegiance to the five other Pakistani archbishops present (Zupi, Battaglierin, Cialeo, Cordeiro, and Graner) and to his seven fellow bishops of the Bishops' Conference of Pakistan (Hettinga, Larose, Obert, Scheerer, Van Miltenburg, Ganguly, and Raeymaeckers). Buyse's involvement in the proceedings of the council was limited : he was not appointed to a specific commission and he never publicly took the floor, choosing instead to submit a number of written remarks. Nevertheless, the council proved a training school in new approaches to theology, offering him a rich experience with regard to discovering the global character of the Catholic Church, and – because of the dysfunction of the Pakistan Bishops' Conference – instilling him with an ambition to improve the Church's juridical organisation.

In 1963, Mgr Alphonse Raeymaeckers, another Flemish Capuchin, was appointed auxiliary bishop. Four years later, he succeeded Buyse, who resigned on 8 Apr. 1967. At Raeymaeckers's request, Buyse remained active in the diocesan curia. He was responsible for the native Franciscan sisters, he was national president of *Caritas* Pakistan, and he dealt with several court cases, both ecclesiastical and civilian. In 1973, the time had come to leave Lahore and return to Belgium. For this occasion, a great feast was held in Lahore on 14 November, during which Buyse was honoured and made Commander in the Order of the Crown. Three days later, on 17 November, he returned to Belgium. The end of his life was marked by continued contact with his Punjab mission and with pastoral work in his native region. On 29 May 1974, he became unwell and was brought to the St Joseph's Hospital in Izegem where he died a few hours later. His funeral was attended by the bishops of Bruges, Ghent, Antwerp, Lahore and Molegbe (Zaire).

The archives of Mgr Buyse are kept at the Centre for the Study of the Second Vatican Council, Faculty of Theology, KU Leuven. – Anon., *Obituary Roger Buyse*, in *Vox minorum*, 28, 1974, pp. 212-220. – E. Louchez, *Évêques missionnaires belges au Concile Vatican II : typologie et stratégie*, in D. Donnelly et al. (ed.), *The Belgian Contribution to the Second Vatican Council : International Research Conference at Mechelen, Leuven and Louvain-la-Neuve (September 12-16, 2005)* (Bibliotheca Ephemeridum Theologicarum Lovaniensium, 216), Leuven, 2008, pp. 647-684.

D. BOSSCHAERT

CARTON DE WIART (Étienne), prêtre du diocèse de Malines, évêque de Tournai de 1945 à 1948.

Fils aîné et premier enfant d'Albert Carton de Wiart et de Lucienne Brifaut, Étienne Carton de Wiart (Bruxelles, 27 sept. 1898-Tournai, 30 juil. 1948) réalisa de brillantes études secondaires au collège jésuite Saint-Michel à Etterbeek durant neuf années. Dès la fin de ses études le 29 juil. 1915, il se sentit appelé au sacerdoce, influencé en ce sens par la figure et le zèle de son oncle, l'abbé Maxime Carton de Wiart, restaurateur de l'abbaye de la Cambre. Il rejoignit le petit séminaire de Malines en 1916, où il étudia la philosophie jusqu'au 24 juil. 1918. Il entra ensuite au grand séminaire de Malines, le 17 septembre de la même année, pour y poursuivre ses études de théologie. Il fut ordonné prêtre par le card. Mercier à Malines le 9 oct. 1921. Le card. Mercier l'envoya ensuite poursuivre ses études à Rome au sein du Collège belge pour le préparer à l'œuvre du séminaire. En 1922, il rejoignit le Collège angélique, université pontificale des frères dominicains à Rome, dont il sortit docteur en théologie le 23 juin 1923.

À son retour en Belgique, Étienne Carton de Wiart fut nommé directeur au grand séminaire de Malines le 22 sept. 1923, en remplacement de Mgr Karel Cruysberghs, en charge de la discipline spirituelle des futurs séminaristes, tout en professant un cours sur les sacrements. À partir de 1929, il fut nommé professeur de dogmatique générale et de morale fondamentale, à la place du chanoine J. Naulaerts. Au cours de sa carrière professorale, il fut l'auteur de nombreux articles, parus entre autres dans la revue *Collectanea Mechliniensia*, mais aussi de deux ouvrages : *L'Église. Sa nature. Sa hiérarchie* (1931) et un traité de morale sur les péchés, *Tractatus de Peccatis* (1932). Le 21 nov. 1933, le card. Van Roey l'éleva au titre de chanoine honoraire de la cathédrale Saint-Rombaut de Malines. Il fut un des plus jeunes chanoines de l'archidiocèse, avant de devenir un des plus jeunes évêques de Belgique. Le 16 juin 1934, Étienne Carton de Wiart fut élu évêque titulaire de Taïum (Bithynie) à l'âge de 36 ans et, le 13 juillet suivant, nommé troisième évêque auxiliaire

Mᵍʳ Étienne Carton du Wiart, dans *Revue diocésaine de Tournai*, t. 3, 1948, encart entre les p. 384 et 385.

et vicaire-général du card. Van Roey pour l'aider dans ses tâches pastorales, avec Mᵍʳ Legraive et Mᵍʳ Van Cauwenbergh. Son sacre eut lieu en la cathédrale Saint-Rombaut à Malines, le 29 juil. 1934, et il prit pour devise : « *In Domino confido* » (Je mets ma confiance dans le Seigneur). Il avait pour mission de confirmer les enfants, d'ordonner les nouveaux prêtres, d'officier et de présider les grandes cérémonies religieuses dans tout le diocèse.

Le 8 juil. 1945, Étienne Carton de Wiart succéda à Mᵍʳ Delmotte au siège épiscopal du diocèse de Tournai. Son sacre eut lieu en la cathédrale de Tournai, le 29 juil. 1945. Il prit pour nouvelle devise : « *In Spe Fortitudo* » (Je trouverai ma force dans l'Espérance), un choix en corrélation avec l'importante vénération pour Notre-Dame de Bonne-Espérance dans son nouveau diocèse. Il découvre alors une ville fortement endommagée par la guerre et une région ouvrière très déchristianisée et acquise au socialisme qu'il tenta de reconquérir. Il décéda cependant de manière inattendue à Tournai, le 30 juil. 1948, après trois années d'épiscopat. Son décès soudain lui valut une reconnaissance quasi unanime dans la presse pour son action à la tête du diocèse, particulièrement dans l'action sociale, la formation du clergé et l'enseignement populaire, ce dernier osant notamment aller à contre-courant du catholicisme conservateur. Le quotidien *Le Populaire* parlait de lui comme « *l'évêque des ouvriers* » ou encore « *un évêque défenseur de l'opprimé* ».

ÉCRITS. – *L'Église, sa nature, sa hiérarchie. Quelques leçons*, Bruxelles, 1931. – *Tractatus de Peccatis et vitiis in genere*, Malines, 1932. – *La doctrine morale d'aujourd'hui à* la lumière de Saint Thomas d'Aquin, Louvain, 1932. – *L'Église et le syndicalisme*, Charleroi, 1947. –*La christianisation du prolétariat. Session de Charleroi 1947* (Problèmes de l'Église en marche, 1), Bruxelles, 1948. – *Préface*, dans *Éclaireur du Christ : l'Abbé Jumpertz, aumônier-scout, 1901-1929*, Bruxelles, 1935. – *Préface*, dans *Le Diocèse de Tournai sous l'occupation allemande*, Tournai-Paris, 1946. – *Préface*, dans *Qu'est-ce qu'un monastère de Pauvres Claires ?*, Tournai, 1946.

TRAVAUX. – J. Schyrgens, *Un nouvel Évêque à Malines*, dans *Revue catholique des idées et des faits*, juillet 1934, p. 23. – J. Dermine, *Monseigneur Étienne Carton de Wiart, évêque de Tournai*, dans *La revue nouvelle*, 15 sept. 1948, nᵒ 9, p. 145-155. – A. Simon, *Carton de Wiart (Étienne-Joseph)*, dans *Biographie nationale*, 30, supplément t. II, Bruxelles, 1958, col. 268-269. – *Annuaire des anciens élèves du collège Saint-Michel. 1906-1996*, Bruxelles, 1996, p. 70. – L. Honnoré, *Inventaire des archives de l'Évêché de Tournai (1940-1989)* (Tournai, arts et histoire, 2), Tournai, 2004, *passim*. – A. Tihon, *Nécrologe du clergé du diocèse de Malines (1813-1961)*, Bruxelles, 2004, p. 38. – J.-F. de le Court et T. Scaillet, *Les familles Brifaut et Briavoinne de Bruxelles*, Bruxelles, 2017, p. 130-132.

T. SCAILLET

CARTON DE WIART (Maxime), prêtre du diocèse de Malines.

Cinquième enfant d'Hassan Carton de Wiart et d'Élise Morel, Maxime Carton de Wiart (Ixelles, 11 févr. 1875-Uccle, 30 janv. 1944) fut ordonné prêtre le 23 sept. 1899, après des études secondaires menées au collège jésuite Saint-Michel à Etterbeek et deux candidatures en philosophie et lettres à l'Institut Saint-Louis à Bruxelles. Il est cousin germain d'Edmond et Henry Carton de Wiart. Il fut ensuite nommé professeur à l'Institut Saint-Louis, où il enseigna de 1899 à 1914. Au cours de la Première guerre mondiale, il devint aumônier militaire volontaire dès le 5 août 1914, attaché à une division de cavalerie du 1ᵉʳ régiment des Guides. À la fin des hostilités, il retrouva son poste à l'Institut Saint-Louis. Le 20 janv. 1921, il fut élevé troisième curé en titre de la paroisse Saint-Philippe de Néri, en charge également de l'Abbaye Notre-Dame de la Cambre à Ixelles. C'est à ce titre qu'il initia et concrétisa tout au long de l'entre-deux-guerres la restauration de l'église et du cloître de l'Abbaye. À son décès, grâce à une dérogation exceptionnelle au droit d'inhumation, il fut enterré dans le cloître de l'abbaye, le 3 févr. 1944. Il est porteur de nombreuses décorations de guerre et fut élevé Chevalier de l'Ordre de Léopold en 1927.

TRAVAUX. – J.-R. Leconte, *Aumôniers militaires belges de la guerre. 1914-1918*, Bruxelles, 1969, p. 124. – *Vie paroissiale*, nᵒ 46, janvier 1985, p. 1743. – A. Tihon, *Nécrologe du clergé du diocèse de Malines (1813-1961)*, Bruxelles, 2004, p. 38. – J.-F. de le Court et T. Scaillet, *Les familles Brifaut et Briavoinne de Bruxelles*, Bruxelles, 2017, p. 126.

T. SCAILLET

CONSTANCE (concile de), concile général qui s'est tenu de 1414 à 1418.

I.   CONVOCATION,   ORGANISATION, PROTAGONISTES. – I. CONVOCATION, CHOIX DE LA VILLE DE CONSTANCE ET RÉCEPTION DE LA BULLE DE CONVOCATION. – II. ORGANISATION DU CONCILE ET MODE DE SCRUTIN. – III. PARTICIPANTS. – II. DÉROULEMENT DU CONCILE. – I. CAUSA FIDEI. – 1° *Affaires Jan Hus*

La dégradation sacerdotale de Jan Hus au Concile de Constance. Tiré d'Ulrich von Richental, *Concilium zu Costencz Hienach ist zuo dem ersten verschriben wie die Cardinael und erczbischof fürsten und herren gen Costentz zu dem concilio einrittend*, Augsburg, Anton Sorg, 2. sept. 1483, p. 34. Manuscrit reproduit sur le site de l'Universitäts- und Landesbibliothek Darmstadt (Digitale Sammlungen).

I.   CONVOCATION,   ORGANISATION, PROTAGONISTES. – I. CONVOCATION, CHOIX DE LA VILLE DE CONSTANCE ET RÉCEPTION DE LA BULLE DE CONVOCATION. – Si le concile de Pise a été convoqué en 1409 à l'initiative des cardinaux en vue de résoudre

le schisme, ce n'est pas le cas pour celui de Constance. En effet, la convocation du concile de Constance est due à la volonté déterminée de Sigismond, élu roi des Romains à Francfort le 21 juil. 1411, d'en finir avec le schisme pour être couronné empereur par un pape dont personne ne puisse douter de la légitimité. Rappelons les faits.

Après l'échec du concile de Pise, l'idée de réunir un nouveau concile pour résoudre définitivement ce qu'on appelle aujourd'hui le Grand Schisme d'Occident est présente dans tous les esprits. La situation est malheureusement complexe. Trois prétendants à la papauté se font face : Benoît XIII, de l'obédience avignonnaise, Grégoire XII, de l'obédience romaine et Jean XXIII, le pape issu du concile de Pise. Dès lors, qui est habilité à convoquer un concile ? Sigismond, roi des Romains, souhaiterait que les trois prétendants assistent ensemble au prochain concile et admettent conjointement les décisions qui y seront prises. Son projet de réunion d'un nouveau concile est facilité par les difficultés que connaît en Italie Jean XXIII. Rome envahie par Ladislas de Naples le 7 juin 1413, oblige le pape pisan à fuir la Ville. Réfugié en Toscane, il se voit refuser l'ouverture des portes de Florence par crainte de représailles de la part de Ladislas. Acculé de toute part, Jean XXIII ne voit pas d'autre issue que de demander protection au roi des Romains qui obtient sans peine en contrepartie la convocation d'un concile en terre d'Empire. Il faut toutefois attendre octobre 1413 pour que Sigismond, recevant les ambassadeurs de Jean XXIII à Côme, leur arrache la promesse d'une convocation d'un concile. Cette promesse est confirmée au roi des Romains par Jean XXIII lui-même lors de son séjour à Lodi en décembre 1413. C'est de cette ville que le 9 décembre de la même année, Jean XXIII expédie sa bulle de convocation.

Cette bulle prévoit comme le souhaitait Sigismond l'ouverture du concile le 1er novembre 1414. Le délai entre convocation et ouverture du concile, de onze mois, le situe dans la moyenne des précédents conciles. En cela, le concile de Constance s'inscrit dans la continuité. Il innove en revanche dans la mesure où si ce concile est convoqué par Jean XXIII, Sigismond continue d'espérer la venue des deux autres prétendants et rivaux au siège pontifical, à savoir Grégoire XII et Benoît XIII. Sigismond ne manifeste nullement vouloir faire prévaloir les conclusions du concile de Pise à Constance. Son but premier est bien la recherche de l'unité de l'Église, notamment en vue de se faire sacrer empereur par un pape incontesté. Il n'en reste pas moins vrai que, dans la bulle de convocation, Jean XXIII ne mentionne évidemment aucun des deux autres prétendants à la papauté et n'aborde pas la question de l'union de l'Église. Il place d'emblée le concile qu'il convoque dans la continuité de celui de Pise. Il s'agit pour lui d'éviter que ce nouveau concile ne soit l'occasion de voir des débats se mettre en place autour de sa propre légitimité sur le siège de Pierre. Par ailleurs, Jean XXIII expose discrètement dans cette bulle ses nombreuses tergiversations sur le choix de la ville. Il affirme qu'il aurait souhaité que ce concile se réunisse dans la ville de Rome, mais que les circonstances ne l'ont pas permis, d'où son choix, sur proposition du roi des Romains, de la ville de Constance. La faiblesse politique de Jean XXIII en décembre 1413 et son absolue nécessité du soutien de Sigismond n'apparaissent ici qu'en filigrane. Mais par ces allusions, Jean XXIII se ménage une porte de sortie.

Dans cette bulle, Jean XXIII s'engage en son nom et en celui de Sigismond à assurer la sécurité de tous les participants au concile et ce, durant la tenue du concile. Il apporte également des garanties sur la capacité d'accueil et de gestion d'un événement de cette ampleur.

La réception de cette convocation conciliaire par les instances politiques comme religieuses a été diverse. L'obédience de Jean XXIII est logiquement la première à avoir répondu positivement à l'appel de son pape. C'est pourquoi les Italiens sont les plus nombreux au concile. Leur proportion est écrasante en novembre 1414. En raison du rôle majeur joué par Sigismond dans cette convocation, les Allemands constituent aussi une proportion non négligeable des participants au début du concile. En revanche, les Anglais et les Français mettent du temps à se mettre en route. Les tergiversations du roi de France et de son conseil sont significatives de leurs réticences initiales à la tenue de ce nouveau concile. Les raisons sont de nature religieuse et politique. Sur le plan religieux, le gouvernement du royaume de France craint d'une part que Constance n'apporte pas plus de résultats que Pise, d'autre part qu'une nouvelle discussion sur la légitimité de l'un ou l'autre pape ne

remette radicalement en cause l'œuvre du concile de Pise. Sur le plan politique, outre les bonnes relations que le roi Charles VI entretient avec Jean XXIII, le roi de France ne peut que se montrer circonspect voire humilié de la manière dont Sigismond prend les rênes de la résolution du schisme et ce, à ses dépens. Ce n'est qu'à la réception de la bulle de convocation du concile proprement dite que l'expectative n'étant plus possible, le gouvernement de Charles VI se décide à y répondre positivement. Le roi lève alors une demi-décime afin de financer le voyage et le séjour des clercs du royaume de France.

Les Espagnols et les Portugais, fidèles à Benoît XIII, ne répondent pas à la convocation de Jean XXIII. Il faut attendre 1417 pour qu'ils se rallient au concile et y envoient une délégation.

II. ORGANISATION DU CONCILE ET MODE DE SCRUTIN. – *L'ordo conciliorum* rédigé par François de Conzié au concile de Perpignan fixe le cadre général de l'organisation de celui de Constance. Dès l'ouverture du concile, certains Pères conciliaires se voient attribuer des fonctions spécifiques permettant la bonne tenue de son ordonnancement. C'est ainsi que sont nommés des protonotaires, notaires, avocats, commissaires et promoteurs du concile.

Le président effectif du concile est le pape Jean XXIII jusqu'à sa fuite de Constance. Après cette date, Sigismond cumule la fonction de président et de protecteur du concile. En son absence, du 18 juil. 1415 au 27 janv. 1417, le card. Jean Allarmet de Brogny, doyen des cardinaux, et vice-chancelier du concile, préside ce dernier tandis que le duc Louis de Bavière, nommé par Sigismond, en devient le protecteur.

Dès leur arrivée à Constance, les Pères conciliaires se regroupent et s'organisent en quatre nations : les nations italienne, allemande, française et anglaise. La nation espagnole n'est constituée qu'à l'arrivée de ses délégués à Constance en 1417. Les cinq nations sont très diversifiées tant par leur nombre que leur origine géographique ou leur pratique linguistique. C'est ainsi que la nation anglaise comprend des Arabes, la nation italienne des Grecs, la nation espagnole des Arméniens, la nation allemande des Polonais, des Hongrois, des Tchèques. La nation italienne est de loin la plus nombreuse, la nation anglaise n'a jamais dépassé vingt-quatre membres. C'est pour cette raison que très tôt se pose la question du mode de scrutin. Les Italiens sont logiquement partisans d'un vote par tête et rappellent que ce mode de scrutin est conforme à la tradition conciliaire. Les Anglais s'y refusent et plaident en faveur d'un vote par nation, sous peine de se voir *de facto* écartés du processus décisionnaire du concile. Pour obtenir gain de cause, ils menacent de quitter le concile. La nation française optant pour le vote par nation, la nation italienne est mise en minorité et doit se soumettre. Le 7 févr. 1415, rompant avec la coutume conciliaire, le vote par nation est adopté à Constance.

Les décisions sont désormais prises à trois niveaux : celui de la nation, celui de la congrégation générale et celui de la session. C'est au sein de la nation qu'ont lieu toutes les discussions et les débats qui aboutissent à des votes et à des décisions prises *nationaliter*. Celles-ci sont présentées et défendues lors de la congrégation générale par les députés des quatre nations. À l'issue de de la congrégation générale, une décision commune est prise qui est officiellement entérinée par le concile dans le cadre de la session. Il s'agit cette fois de décisions prises *conciliariter*. Ces décisions sont notifiées dans les Actes du concile. Les sessions revêtent une solennité particulière. Elles ont lieu dans la nef de la cathédrale de Constance et commencent par la célébration de la messe du Saint-Esprit. Il s'agit à la fois d'invoquer l'aide du Paraclet et de rappeler que les décisions prises le sont sous son inspiration. L'Esprit Saint apparaît ainsi comme l'un des protagonistes majeurs du concile au travers de la liturgie et de la prière.

Entre l'ouverture solennelle du concile le 5 nov. 1414 par Jean XXIII et sa clôture le 22 avr. 1418 par le pape Martin V nouvellement élu, quarante-cinq sessions se sont tenues.

Dans l'intervalle des sessions, le concile travaille souvent avec acharnement pour préparer la suivante. Les Pères se réunissent dans le cadre de commissions et de réunions d'informations. Les commissions pour la foi ont pour mission d'examiner le contenu doctrinal de certaines propositions. La première est établie par Jean XXIII dès le 1er déc. 1414 en vue d'examiner les propositions de Jan Hus. Elle est remplacée le 17 avr. 1415 par la commission prenant la lourde décision et la responsabilité de sa condamnation à mort et de son exécution. La troisième commission pour la foi est nommée le 15 juin 1415 et a pour mission de travailler sur l'affaire Jean Petit d'une part, sur la doctrine et la personne de Jérôme de Prague d'autre part.

D'autres commissions ou délégations du concile sont nommées de façon ponctuelle. C'est ainsi qu'une commission est constituée par le concile le 17 avr. 1415 en vue de se rendre auprès de Jean XXIII en fuite, réfugié à Fribourg, afin de le persuader d'abdiquer. Une autre est constituée en vue d'obtenir la résignation de Benoît XIII.

Sur le plan tant historique qu'ecclésiologique et canonique, le concile est marqué par différentes césures.

Sur le plan historique, la première rupture est sans conteste la fuite de Jean XXIII de la ville de Constance le 21 mars 1415. L'absence de pape dans la ville conciliaire pose la question de la légitimité de sa poursuite. C'est dans ce contexte troublé que les Pères conciliaires tiennent les quatrième et cinquième sessions tranchant en faveur de la poursuite du concile même en l'absence de pape et recommandant la réforme de l'Église, *tam in capite quam in membris*, selon la formule empruntée à l'évêque de Mende, Guillaume Durand. Les décrets de ces deux sessions ont fait l'objet d'abondantes études symptomatiques de courants théologiques divergents. Rappelons seulement que dans le contexte de crise où ces décrets ont été adoptés, il s'agissait d'un expédient destiné à convaincre les Pères conciliaires de ne pas quitter Constance mais de poursuivre le concile en vue de parvenir enfin à l'union de l'Église tant désirée. Les principaux auteurs de ces décrets, à commencer par Jean Gerson, n'ont cherché qu'à répondre à un problème concret et exceptionnel. C'est pourquoi leur accorder une valeur dogmatique outrepasserait l'intention des protagonistes de ces décrets.

La seconde rupture, de nature différente, est le départ le 18 juil. 1415 de Sigismond et d'une délégation du concile de Constance, en direction de Perpignan, afin de s'entretenir avec le pape Benoît XIII de son abdication. Leur retour à Constance s'effectue le 27 janv. 1417. Durant ce laps de temps, le concile se poursuit mais marque un temps d'arrêt en terme d'innovation, de projets de réformes, manifestant à quel point le roi des Romains a su imposer son autorité au concile.

Sur le plan ecclésiologique, plusieurs événements ont marqué durablement la vie conciliaire. Le cœur des débats porte sur la légitimité du concile de Constance et sur son œcuménicité. Évoquons quelques aspects. Tout d'abord, la convocation du concile par les représentants du pape de l'obédience romaine, Grégoire XII, le 4 juil. 1415, lors de la quatorzième session, est d'importance. Elle marque la date du début de la validité du concile de Constance pour les tenants de cette obédience. L'élection de Martin V le 11 nov. 1417 met un terme au Grand schisme d'Occident. Les sessions du concile de Constance, tenues à partir de cette date, de la quarante-deuxième à la quarante-cinquième sont unanimement reconnues comme valides. Enfin, le 18 juin 1417, lors de la trente-cinquième session, la ratification des accords de Narbonne déposant Benoît XIII par les Castillans, leur ralliement et leur intégration au concile de Constance sont un pas important en faveur de l'œcuménicité du concile.

III. PARTICIPANTS. – La bulle de convocation du concile mentionne les titres des futurs participants. De façon très classique, le pape convoque au concile les cardinaux, patriarches, archevêques, évêques, abbés, prieurs. Jean XXIII invite également les ambassades royales et princières à se rendre au concile. Par ailleurs, pour ceux qui seraient empêchés, est prévue la possibilité de se faire représenter par des *solemnes oratores*. Le nombre et la qualité des Pères conciliaires doivent garantir la *representatio* de l'Église, corps du Christ, et par conséquent asseoir définitivement Jean XXIII sur le trône de Pierre.

Parce qu'elle n'est pas adressée de façon nominative, la bulle de convocation au concile laisse au clergé comme aux États l'initiative de la composition de ses membres. Comme cela a été fait pour le concile de Pise, la nomination des délégués se fait par province ecclésiastique. Pour le royaume de France, chaque province ecclésiastique doit envoyer de trois à neuf prélats à Constance, fourchette qui semble avoir été respectée. Charles VI tente de contrôler leur nomination par le biais de l'assemblée du clergé de France réunie à cette occasion. Les ordres religieux procèdent librement à la nomination de leurs représentants. Les prélats venus de Castille, d'Aragon ou de Navarre sont désignés par le roi. Les ambassades royales et princières sont directement désignées par les rois et les princes, souvent très minutieusement. Parmi les laïcs, outre la présence et la sollicitude permanente du roi des Romains Sigismond pour la résolution du schisme, décision est prise d'accueillir à Constance les séculiers des ambassades royales et princières. Vinrent par exemple à Constance quatre Électeurs (ceux de Mayence, de Saxe, l'électeur Palatin, Louis de Bavière, Frédéric, le burgrave de Nuremberg) et de grands seigneurs : ducs, comtes, barons, gentilshommes, ainsi que de nombreux ambassadeurs et procureurs. Précisons toutefois que les laïcs ne disposent pas du droit de vote. Ils ne sont pas des Pères conciliaires.

En fin de compte, le nombre de participants au concile de Constance est important, ce qui correspond à l'évolution conciliaire. C'est ainsi qu'il y eut à Constance, d'après les listes collationnées établies sur place entre 1414 et 1418, jusqu'à 30 cardinaux, quatre patriarches, 20 archevêques, 150 évêques, plus de 100 abbés, 14 auditeurs de la Rote, plus de 150 autres prélats (généraux d'ordres, prieurs). Si la bulle de convocation de Jean XXIII ne mentionne pas les docteurs et les membres des universités en général, les listes établies mentionnent plus de 200 docteurs. Sur l'intégration des docteurs au concile, Pierre d'Ailly compose un *Mémoire*. Il y rappelle les variations des membres composant un concile dans l'histoire ainsi que la nouveauté du concile de Pise incluant les docteurs. Il conclut qu'on ne peut exclure les docteurs au concile de Constance sans nier la validité du concile de Pise.

Outre le nombre, le concile de Constance a pu se prévaloir d'avoir su réunir progressivement les plus prestigieux prélats de la chrétienté occidentale de ce début du XVᵉ siècle. Les contemporains du concile sont conscients de cela. Pour eux, l'assemblée conciliaire représente l'Église universelle, le corps mystique du Christ, inspirée par l'Esprit Saint.

En définitive, la ville de Constance a vu affluer fin 1414 et début 1415 une foule de clercs et de laïcs qu'il a fallu loger et nourrir pendant près de quatre années. Les va-et-vient permanents durant la tenue du concile permettent la circulation d'informations. Majoritaires sont les Pères conciliaires appartenant à un groupe, à un réseau préexistant à la convocation du concile par Jean XXIII. Le concile peut aussi être l'occasion de la création de nouveaux liens, de nouveaux réseaux. Ces réseaux sont curiaux, familiaux, religieux, universitaires, régionaux ou encore politiques.

Durant la tenue du concile, les regards inquiets de la Chrétienté occidentale sont tournés vers les événements qui s'y déroulent.

II. DÉROULEMENT DU CONCILE. – Le concile de Constance s'étale sur près de quatre années au cours desquelles les Pères s'attèlent à remplir leur mission qui se décline en trois volets : la *causa fidei*, la *causa unionis* et la *causa reformationis*. Si cet article se propose de les traiter séparément, la récente thèse de Sebastian Provvidente vise à analyser les liens existant entre ces trois aspects de la mission du concile de Constance.

1. CAUSA FIDEI. – La défense de la foi à Constance constitue un enjeu majeur du concile et donne l'occasion d'un grand déploiement d'énergie. Elle s'articule autour de plusieurs affaires qui monopolisent l'attention des Pères conciliaires, ceux de la commission pour la foi en tout premier lieu. Les affaires et les procès les plus importants sont ceux de Jan Hus, Jérôme de Prague, Jean Petit, Jean de Falkenberg.

1° *Affaires Jan Hus et Jérôme de Prague. – Jan Hus.* – Le procès de Jan Hus et sa cruelle condamnation à mort sur le bûcher au concile de Constance le 6 juil. 1415 ont fait couler beaucoup d'encre. Voir notamment l'article du chanoine Aubert, *supra*, t. 25, col. 435-441. Nous nous proposons ici de nous cantonner au seul concile de Constance et de rappeler quelques données factuelles et thématiques des recherches que ce procès et cette condamnation ont occasionnées.

Sur le plan factuel, le procès est instruit par les Pères conciliaires dans le cadre de la *causa fidei*. Il s'agit pour le concile de lutter contre les relents d'hérésie que semblent comporter les thèses du docteur, prédicateur et réformateur pragois et pour Jan Hus de se justifier des accusations portées contre lui. Ce dernier, convoqué par le concile de Constance, s'y rend de son plein gré malgré certaines craintes que n'apaise que partiellement le *salvus-conductus* accordé et signé par le roi des Romains Sigismond.

À son arrivée à Constance, diverses rumeurs circulent à son sujet dans la ville conciliaire, créant un trouble non négligeable. En effet, ayant fait l'objet d'une mesure d'interdit et d'excommunication, ce n'est pas sans méfiance que les Pères conciliaires le voient déambuler librement dans la ville. Accusé de véhiculer des idées wyclifites dans la cité conciliaire, c'est afin d'éviter le *scandalum* qui pouvait rejaillir sur le concile que Jan Hus est arrêté pour présomption d'hérésie le 27 nov. 1414 et incarcéré dans la prison de Gottlieben et ce, en dépit du *salvus-conductus* dont il bénéficiait. Puisqu'il s'agit d'hérésie, la procédure suit une forme propre dite *extra ordinem,* forme qui prévoit entre autres l'absence d'un avocat à la défense et l'adoption d'un rythme procédural rapide.

Le procès commence vite. Il est instruit par des commissaires de la foi nommés par le concile en décembre 1414. Le cardinal de Cambrai, Pierre d'Ailly, préside cette commission de décembre 1414 à avril 1415. Trois étapes peuvent être distinguées. De novembre 1414 à mars 1415, ce procès est conduit sous l'autorité du pape Jean XXIII. Une liste de 45 articles provenant des thèses wyclifites est présentée à Jan Hus afin qu'il se prononce sur la véracité de ces articles. Celui-ci nie avoir jamais tenu ces propositions. À partir du 21 mars 1415, date de la fuite de Jean XXIII de Constance, se pose la question de la reprise du procès, reprise intimement liée à celle de la poursuite du concile en l'absence de pape et à l'autorité de ce dernier. L'assemblée conciliaire prend la décision, lourde de conséquences, de se maintenir en l'absence de pape. Elle déclare détenir la *plenitudo potestatis* qui lui permet de mener à bien le procès d'hérésie à l'encontre de Jan Hus. Le 6 avr. 1415, soit quinze jours après la fuite du pape de Constance, le concile, dans le cadre de sa cinquième session, nomme ou confirme la nomination des commissaires de la foi opérée en décembre 1414. Il s'agit bien, pour des Pères conciliaires remis de leur stupeur, de prendre les rênes du concile et d'agir vite. En poursuivant le procès de Jan Hus, le concile affirme son droit de poursuivre en toute légitimité les travaux commencés avant la fuite du pape. En juin et juillet 1415 commence la troisième et dernière phase du procès qui aboutit à la condamnation de Jan Hus et à son exécution sur le bûcher le 6 juil. 1415. Durant toute la tenue du procès, des tentatives de conciliation ont lieu. Jusqu'au bout, l'issue reste incertaine.

Le procès et la condamnation de Jan Hus au concile de Constance soulèvent un grand nombre de réflexions et de débats dont témoigne l'historiographie. Évoquons les principaux.

Sur le plan théologique tout d'abord, de nombreuses études ont été faites pour tenter de déterminer si les divergences théologiques existant entre Jan Hus et les Pères conciliaires permettent de qualifier les thèses de Jan Hus d'hérétiques. Pour les Pères conciliaires, Jan Hus est coupable d'hérésie dans les deux acceptions de ce terme développées par Augustin puis Thomas d'Aquin, la dimension matérielle qui se réfère à la doctrine théologique et la dimension formelle qui met en jeu la volonté, bonne ou mauvaise de la personne suspectée d'hérésie, sa capacité à tenir compte ou pas des conseils donnés. Jan Hus, quant à lui, se défend des accusations portées à son encontre, affirmant qu'elles ne sont pas siennes. À ceux qui témoignent contre lui, il oppose ses propres témoins : Dieu et sa conscience.

Sur le plan juridique, le procès de Jan Hus pose la question du respect de l'*ordo procedendi*. Les historiens adoptent sur ce point des thèses divergentes. Alors que J. Kejř estime que les normes judiciaires ont été respectueuses du *codex iuris canonicis* en vigueur, A. Kelly évoque des anomalies de procédure.

Sur le plan ecclésiologique, le procès de Jan Hus a longtemps été étudié sous l'angle du positionnement de ce dernier à l'égard de la hiérarchie et de l'autorité ecclésiastique mais il permet également au concile de se positionner lui-même, de réfléchir à son identité et à sa mission. Se posait en effet la question après le 21 mars 1415, en l'absence de pape, de savoir si le concile était ou non habilité à poursuivre un procès d'hérésie. Les Pères conciliaires de Constance tranchent par l'affirmative et mènent ce procès à son terme. En ce sens, la sanction effective de l'hérésie participe à l'édification et à la consolidation de l'autorité du concile qui affirme sa *plenitudo potestatis*.

Sur le plan politique, les enjeux du procès et de la condamnation de Jan Hus ne sont pas minces. Il faut citer trois aspects majeurs. Tout d'abord, la perte de la protection de Wenceslas, roi de Bohême depuis 1412, et l'absence de prise de position claire de son frère Sigismond au concile. Ensuite, la pression des maîtres allemands contre Jan Hus et les défenseurs des intérêts de la nation tchèque au sein de l'Université pragoise. Enfin, les inimitiés que Jan Hus suscite au sein même des maîtres tchèques présents au concile. Si quelques nobles, comme Pierre de Mladoňovice, Jean de Chlum ou Henri Lacembok l'accompagnent à Constance et se démènent, soutenus par une centaine de nobles tchèques, pour obtenir sa libération, ses détracteurs, comme Étienne Páleč ou Maurice Rvacka, constituent un groupe puissant à Constance.

Le facteur humain n'est pas à négliger non plus. Le caractère entier de Jan Hus et son entêtement ont mal disposé ses juges à son encontre. Par ailleurs, en raison même de son intransigeance, les similitudes entre certaines de ses revendications réformatrices et celles de ses juges risquaient d'empêcher ceux-ci de les mettre en pratique.

Jérôme de Prague. – Le procès et la condamnation à mort de Jérôme de Prague à Constance revêtent des similitudes avec le procès de Jan Hus mais également des différences.

Contrairement à Jan Hus, Jérôme de Prague n'a pas été convoqué par le concile de Constance. Il se rend dans la ville conciliaire de sa propre initiative. Son but est d'apporter son soutien à la défense de Jan Hus,

ami et condisciple à l'université de Prague. Il arrive à Constance en avril 1415. Lorsqu'il prend conscience que son arrestation est imminente, il tente de fuir. Arrêté à la frontière tchèque, il est ramené à Constance et mis aux fers le 23 mai 1415. Son procès commence. Il donne l'occasion à ses nombreux détracteurs de témoigner contre lui. Les accusations portent sur son adhésion aux thèses de Wyclif. Parmi ses contendants se trouvent surtout des docteurs et des maîtres dont il a fait la connaissance au cours de ses voyages et avec qui il a entretenu des relations pour le moins conflictuelles. Rappelons que Jérôme de Prague est un véritable globe-trotter. Il a étudié et obtenu le grade de maître ès-arts successivement à Oxford, Paris, Cologne et Prague. Dans ces quatre universités, ses positions wyclifites, ses critiques acerbes contre l'institution de l'Église et un caractère peu accommodant lui valent l'animosité de ses pairs et l'acquisition d'une réputation sulfureuse. Jérôme lui-même nous informe qu'il a rapporté d'Angleterre, où il a séjourné deux ans, le *Dialogus* et le *Trialogus* de Wyclif. Enseignant dans la nation allemande de la faculté des arts de l'Université de Paris, il s'engage dans une dispute provocatrice sur les universaux. Jean Gerson garde cet épisode en mémoire et y fait référence à Constance, évoquant l'indignation qu'il a soulevée à Paris. À Heidelberg, en 1406, pour les mêmes raisons, il est interdit d'enseignement. À ses motifs philosophiques portant sur le caractère pernicieux de ses thèses s'ajoutent, comme pour Jan Hus, des motifs plus politiques. À son retour à Prague, Jérôme de Prague enseigne à l'Université et devient membre du cercle réformateur des patriotes tchèques aux côtés de Jan Hus. Sa responsabilité dans la proclamation du décret de Kulná Hora en 1409 qui entraîne le départ des maîtres allemands de l'Université de Prague ne peut qu'attiser le désir de vengeance des universitaires allemands du concile de Constance.

Jérôme de Prague reste emprisonné un an dans la tour Saint-Paul de Constance. Contrairement à Jan Hus, dont nous connaissons l'œuvre épistolaire réalisée durant le concile, Jérôme de Prague ne peut communiquer avec l'extérieur. Lors de la session du 23 sept. 1415, dans l'espoir de retrouver sa liberté, Jérôme de Prague signe un acte d'abjuration dans lequel il reconnaît que Jan Hus comme Wyclif défendait des thèses hérétiques. Il s'engage à y renoncer. Toutefois, fin mai 1416, il revient sur sa rétractation, affirmant avoir agi par peur de la mort sur le bûcher. Homme convaincu de la justesse de ses idées, de ses propos et de ses capacités rhétoriques, il refuse alors de renoncer à ses thèses, acceptant de mourir à son tour sur le bûcher pour obéir à sa conscience. Le 30 mai 1416, lors de la trente-et-unième session conciliaire, Jean de Rochetaillée donne lecture de sa condamnation à mort. Il est brûlé vif le même jour. Les témoins de sa mort évoquent son courage exemplaire.

2° Affaires Jean Petit et Jean de Falkenberg. – *Jean Petit.* – Elle porte le nom du théologien qui, le 28 mars 1408, présente au roi de France Charles VI, une justification de l'assassinat de son frère, le duc Louis d'Orléans, réalisé le 23 nov. 1407 sur ordre de Jean sans Peur, duc de Bourgogne. La veuve de Louis d'Orléans réclame justice. L'affaire est déférée au jugement de l'évêque de Paris, Jean de Montaigu, à la demande de Jean Gerson qui prend fait et cause contre cette théorie dite du tyrannicide. Dans un concile de la foi, tenu entre le 30 nov. 1413 et le 23 févr. 1414 à Paris, les thèses de Jean Petit sont condamnées. Jean sans Peur fait appel en cour de Rome. Le concile de Constance tout juste convoqué est chargé de juger l'affaire. Le combat entre parti orléanais, bientôt appelé armagnac et le parti bourguignon, commencé dans le royaume de France, fait l'objet d'une translation à Constance. L'enjeu est de taille car derrière l'affrontement théologique et juridique se cache un véritable combat pour prendre ou garder le pouvoir entre les contendants.

À Constance, les premières tensions apparaissent le 15 juin 1415 et prennent une ampleur considérable. Jean Gerson s'implique personnellement dans ce combat et défend une argumentation théologique fondée sur le *non occides*. Le chancelier de l'Université de Paris s'évertue ainsi à montrer le caractère hérétique de la justification de Jean Petit. À l'inverse, Martin Porée et Pierre Cauchon, ambassadeurs de Jean sans Peur, soucieux de rester sur un terrain juridique, dénoncent les vices de procédure du procès parisien.

L'affrontement entre les deux camps est virulent. Invectives et moqueries s'alternent, créant un climat délétère au sein de la nation française comme du concile pris à parti. Le duc de Bourgogne n'hésite pas à ouvrir très largement ses coffres pour gagner à sa cause les Pères conciliaires les plus influents. Alors qu'au début du concile, sa cause semblait bien mal partie, la situation évolue progressivement en faveur du camp bourguignon. Le 15 janv. 1416, la commission des trois cardinaux composée de Jourdain des Ursins, François Zabarella et Antoine d'Aquilée, casse la sentence de l'évêque de Paris. Le 10 déc. 1416, quatre-vingt-sept théologiens s'opposent par leur vote à bulletin secret à la condamnation des thèses de Jean Petit tandis que vingt-six seulement d'entre eux se prononcent en leur faveur. Le désaveu de la politique menée par Jean Gerson est réel, y compris au sein de la faculté de théologie de l'Université de Paris. Lorsque le concile de Constance se clôt le 22 avr. 1418, aucune solution définitive n'est donnée. Si cette prudence n'a satisfait aucun des deux partis, elle a permis au concile de se centrer sur l'essentiel : la résolution du Grand schisme.

Jean de Falkenberg. – L'affaire commence avant le concile de Constance lorsqu'un Dominicain allemand, Jean de Falkenberg, diffuse un pamphlet au ton particulièrement virulent et agressif contre le roi de Pologne Jagellon intitulé *Accipe gladium ou Satira contra haereses et cetera nefanda Polonorum et eorum regis Iyageyel fideliter conscripta*. Dans cet essai, l'auteur affirme que le meurtre d'un prince est parfois légitime et appelle à éliminer le roi de Pologne qualifié d'hérétique et d'idole de ses sujets. Ce pamphlet est révélateur d'un conflit plus ancien entre l'ordre teutonique et le royaume de Pologne. À Constance, il s'agit pour l'ambassade de Jagellon de convaincre le concile que la Pologne et la Lituanie sont devenues des États chrétiens pouvant se passer de l'ordre des chevaliers teutoniques dont plus rien ne semble justifier le combat. La victoire lituano-polonaise de 1410 à Tannenberg tend à le prouver. Il s'agit aussi de faire condamner par le concile la thèse de Falkenberg. Les ambassadeurs du roi de Pologne, notamment Paul Vladimir, recteur de Cracovie, fait chanoine de Poznań pendant le concile de Constance,

ancien élève du cardinal Francesco Zabarella, ne ménagent pas leur peine.

À Constance, le sujet divise les Pères conciliaires selon la même logique que dans l'affaire Jean Petit. Jean Gerson et Pierre d'Ailly prennent fait et cause pour la délégation polonaise tandis que les tenants du camp allemand et bourguignon défendent les thèses de Falkenberg. C'est le cas par exemple de Robert de Chaudessolles, abbé de Cluny, qui, en juillet 1417, se prononce sur ce sujet en s'en prenant avec force au roi de Pologne qu'il compare à un prince païen fauteur de schisme, qu'il accuse d'être un tyran, un hérétique, un des plus grands persécuteurs que l'Église ait jamais connus. Dès lors, condamner résolument le traité de Falkenberg revient pour le concile à condamner la justification de Jean Petit. Les deux affaires deviennent irrémédiablement liées l'une à l'autre.

Cela n'empêche pas la délégation polonaise de s'obstiner dans sa volonté d'obtenir la condamnation pour hérésie des thèses de Falkenberg. Paul Vladimir écrit *Iste tractatus* dans lequel il réfute les accusations de Falkenberg et renverse la situation, accusant l'Ordre Teutonique d'hérésie proche de la doctrine wyclifite. Devant l'évolution de l'affaire, le procureur de l'Ordre, Peter Wormditt, se désolidarise de Falkenberg qui est arrêté et emprisonné le 10 févr. 1417. Le pamphlet de Falkenberg est condamné par le concile le 13 mai 1418 mais de façon ambiguë pour ménager la susceptibilité de la nation allemande. C'est pourquoi la délégation polonaise et avec elle les tenants du camp armagnac de la nation française ne se montrent pas satisfaits et insistent auprès de Martin V pour que la condamnation soit plus explicite et sans appel possible. Jusqu'à la fin du concile, les débats sont virulents. Le 22 avr. 1418, lors de la quarante-cinquième et dernière session du concile, alors que les Polonais, déçus et frustrés de l'issue donnée par le concile à l'affaire Falkenberg, tentent un recours désespéré, Jean Mauroux et Jean de Rochetaillée se lèvent pour prendre la parole et les contredire. Les débats s'éternisent. Le pape refuse de trancher et de relancer l'affaire Jean Petit au concile. Il laisse les Polonais en appeler au prochain concile mais ne libère pas pour autant Falkenberg qui reste incarcéré.

II. Causa unionis. – Réaliser l'unité de l'Église est au cœur des occupations et préoccupations des Pères conciliaires. C'est pour cette raison que Sigismond a voulu la tenue du concile de Constance et que les Pères conciliaires se sont déplacés, parfois de très loin, et pour une durée indéterminée. Il s'agit d'en finir avec le schisme qui, commencé en 1378, n'a que trop duré. Les plus jeunes des Pères conciliaires n'ont jamais connu d'Église dirigée par un seul chef. Ce honteux prolongement du schisme fait peser sur les Pères conciliaires une forte pression. D'emblée, différentes questions sont posées : comment garantir la représentativité des trois obédiences à Constance ? L'un des trois prétendants à la papauté est-il plus légitime que les autres ? Faut-il obtenir la triple abdication et élire un nouveau pape, à la légitimité cette fois indiscutable ? Dès leur arrivée à Constance, les Pères conciliaires débattent de ces questions, sans parvenir à trouver un terrain d'entente, les Italiens refusant la triple cession préconisée par les cardinaux français Pierre d'Ailly et Guillaume Fillastre. Il faut attendre l'arrivée de Sigismond au concile à Noël 1414 pour qu'une étape soit franchie, le roi des Romains se montrant partisan de la triple cession. Dès lors, les Pères font pression sur Jean XXIII, le pape présent au concile, pour qu'il abdique. Celui-ci tergiverse et finit par s'enfuir de Constance, déguisé en arbalétrier, dans la nuit du 20 au 21 mars 1415. La découverte de la fuite de Jean XXIII par les Pères conciliaires provoque une grande confusion au concile. Les Pères conciliaires s'agitent et restent un temps dans l'indétermination de la décision à prendre. Faut-il quitter Constance et rejoindre Jean XXIII qui les y enjoint ? Convient-il de poursuivre le concile en l'absence de pape ? L'union de l'Église a-t-elle encore une chance d'être réalisée ? Dans ces moments troublés, quelques grandes figures du concile s'imposent. Celle de Jean Gerson, tout d'abord. À l'invitation des universitaires, le chancelier de l'Université de Paris fait un sermon le 23 mars 1415 dans lequel il rassure les Pères conciliaires, défend non seulement le maintien de la tenue du concile mais prône la supériorité du concile sur le pape en de pareilles circonstances. Pour Gerson, le pape doit suivre la voie d'union prescrite par le concile, c'est-à-dire qu'il doit abdiquer. Gerson conclut en affirmant que l'Église est plus nécessaire, plus utile, plus digne que le pape. Ces thèses, pour le moins conciliaristes, n'affirment cependant jamais la supériorité définitive du concile sur le pape et semblent résulter davantage de la conjoncture propre à Constance que d'une volonté de faire perdurer ce principe. Dans la foulée de ce sermon, le décret *Haec Sancta* adopté lors de la quatrième session du concile le 30 mars 1415 affirme entre autres que le concile de Constance est réuni « pour l'union et la réformation de l'Église de Dieu dans son chef et dans ses membres ». Les décrets de la cinquième session du 6 avr. 1415 prévoient des sanctions à l'encontre de ceux qui n'obéiraient pas aux injonctions du concile « *de quelque qualité ou dignité qu'il soit, même papale, en ce qui touche la foi et l'extirpation dudit schisme, ainsi qu'à la réformation de l'Église de Dieu dans son chef et dans ses membres* ».

Ces décrets donnent du poids à l'arrestation de Jean XXIII par les troupes de Sigismond. Jean XXIII est enfermé le 17 mai 1415 à Radolfzell, château fort près de Constance. Son procès commence. Quantité de témoins déposent contre lui. Personne ne le soutient ouvertement. Le 19 mai 1415, jour de la Pentecôte, c'est un pape repentant et pleurant qui remet au concile la bulle d'abdication, accompagnée de l'anneau du pêcheur. Le 25 mai, il est déposé solennellement par le concile qui doit désormais s'occuper des deux autres prétendants à la papauté. Grégoire XII prend l'initiative. Son ambassade, arrivée à Constance le 22 janv. 1415 entre en pourparlers avec Sigismond. Disposant des pleins pouvoirs du pape désireux de ne pas prolonger indûment le schisme, elle se montre prête à renoncer à la tiare pontificale en son nom et à adhérer au concile. C'est chose faite par l'intermédiaire de Charles de Malatesta le 4 juil. 1415 lors de la quatorzième session. La cession de Benoît XIII fait désormais l'objet de toutes les attentions du concile. Pour l'obtenir, Sigismond décide de partir à sa rencontre, accompagné d'une délégation du concile. Celle-ci quitte Constance en grande pompe le 18 juil. 1415. Les négociations ont lieu à Narbonne mais n'aboutissent pas. La délégation conciliaire prend alors la décision de déposer le pape avignonnais lors des « accords de Narbonne », accords ratifiés à Constance par les Pères

conciliaires le 4 févr. 1416. Si Benoît XIII refuse d'y souscrire, la plupart des fidèles de son obédience rallient alors le concile. C'est le cas des rois d'Aragon et de Castille qui envoient une délégation à Constance. Plus rien ne semble désormais s'opposer à l'union de l'Église. De vifs débats subsistent toutefois sur l'ordre des priorités à adopter entre réforme et élection du pape. La composition du conclave prête aussi sujet à des controverses. En définitive, la proposition de Pierre d'Ailly est adoptée. Elle consiste à ajouter au collège cardinalice des électeurs à raison de six par nation. Au total, ce sont cinquante-trois électeurs qui entrent en conclave le 8 nov. 1417. Trois jours plus tard, le 11 novembre, le cardinal Otto Colonna, nouvellement élu, prend le nom de Martin V en l'honneur du saint du jour.

III. Causa reformationis. – C'est l'une des trois missions du concile de Constance. Les Pères conciliaires en ont bien conscience. L'idée de *reformatio* semble omniprésente à Constance et s'échelonne sur toute la durée du concile. Elle est évoquée dans de nombreux sermons, cédules et traités mais aussi congrégations générales ou sessions. Elle concerne l'Église dans son ensemble mais aussi la papauté, le collège cardinalice dont certains Pères conciliaires verraient volontiers la suppression. Les discussions portent aussi sur la modification de la constitution des membres du conclave, la réforme de la curie pontificale, des ordres religieux, du clergé séculier, de la fiscalité pontificale en générale, des annates et des menus-services en particulier, du système bénéficial, de la simonie, du cumul des bénéfices, du célibat et des mœurs des clercs… Bref, on parle de réforme de l'Église « dans sa tête et dans ses membres », dans ses institutions et dans ses pratiques. S'il recouvre diverses acceptions, le terme de *reformatio* n'en signifie pas moins la prise de conscience par les Pères conciliaires de l'urgence d'un changement, d'un retournement, d'une conversion spirituelle et morale afin d'éviter l'arrivée de nouvelles catastrophes, qu'il s'agisse de châtiments divins ou des simples conséquences des exactions humaines.

Les appels à la réforme se font sur le ton de la menace ou de la prophétie comme cette admonestation de Pierre d'Ailly lors de l'ouverture du concile : « Je ne suis ni prophète ni fils de prophète : pourtant j'ose dire, sans crainte de témérité, que si le prochain concile n'arrive pas à trouver remède à ces scandales, s'il ne fait pas totalement cesser la division, s'il ne réforme pas l'Église, pervertie sur tant de points, l'on peut s'attendre vraisemblablement à des malheurs encore pires… Nous avons vu les éclairs, nous entendrons le tonnerre » (dans J. Gerson, *Opera omnia*, t. II, Anvers, 1706, col. 876-882). Ils prennent aussi la forme moins impétueuse et plus travaillée de traités ou d'opuscules. Pierre d'Ailly en a écrit un certain nombre : le *Monita de necessitate reformationis ecclesiae, in capite et in membris*, écrit au début du concile de Constance, le *De Ecclesiae, concilii generalis, romani pontificis et cardinalium autoritate*, publié au concile en 1416 et lu à Constance le 1er oct. 1416. Enfin, le *De reformatione Ecclesiae*, lu au concile le 1er nov. 1416 qui reprend et résume le contenu de son *Tractatus agendorum* rédigé entre 1409 et 1411.

Enfin, les appels à la réforme prennent le ton de l'urgence, de la déception ou de l'inquiétude. Vital Valentin par exemple, évêque de Toulon, fait un sermon le 6 janv. 1416, jour de l'Épiphanie, sur les paroles « *Les mages trouvèrent l'Enfant avec Marie sa Mère* ». Il y déplore le fait que depuis le concile de Pise, les tentatives de réformes se soient soldées par un échec. Il constate qu'elles ont toujours été renvoyées au lendemain. Il condamne le fait que le schisme soit plus virulent que jamais, que l'Église soit inondée comme par un déluge. Il parle avec beaucoup de force de la corruption de l'Église qui consiste en trois points : dans l'idolâtrie à l'égard du pape, dans le renversement de la discipline et du gouvernement ecclésiastiques, dans le luxe et dans la luxure des gens d'Église. Il conclut en préconisant trois remèdes à ces maux : abattre les idoles en déposant le pape (il parle ici de Benoît XIII), faire de bons règlements qui empêchent le relâchement de la discipline, obliger les ecclésiastiques à mener une vie conforme à leur statut.

Jean Gerson n'est pas en reste. Il s'impose à Constance comme un réformateur passionné. S'il aborde cette question à de nombreuses reprises, le sermon qu'il prononce le 2 févr. 1416, à l'occasion de la fête de la présentation de l'Enfant au Temple résume bien la position du chancelier de l'Université de Paris. Il y développe beaucoup plus amplement le thème de la réforme de l'Église.

Ces documents tendent à prouver qu'il y a unanimité à Constance sur la nécessité de réformer l'Église. Toutefois, le terme de *reformatio* semble loin d'être compris par tous les Pères conciliaires de la même façon. Son acception divise l'assemblée conciliaire. Les exemples sont nombreux. Citons seulement deux aspects : la division des Pères sur les thèses conciliaristes après la fuite du pape, la réforme des annates et des menus-services. Certains Pères se montrent partisans de réformes radicales, d'autres privilégient une réforme plus modérée. Ces divisions mettent en lumière les divergences d'intérêts entre les Pères.

De même, l'insertion dans le calendrier conciliaire du thème de la réforme est loin de faire l'unanimité. En témoigne la querelle sur l'ordre des priorités à adopter entre la réforme et le conclave. C'est bien parce que certains Pères conciliaires craignent qu'une fois élu, le nouveau pape n'élude la question de la réforme qu'ils obtiennent l'adoption du décret *Frequens* le 9 oct. 1417 fixant des échéances périodiques précises pour la réunion des conciles généraux.

En définitive, si l'idée de réforme est omniprésente, si son contenu est détaillé de façon minutieuse, sa réalisation est en grande partie remise *sine die*. En effet, l'élection du pape ayant précédé la réforme, une fois Martin V élu, les Pères conciliaires ont hâte de quitter Constance, ville dans laquelle ils séjournent pour la plupart d'entre eux depuis trois ans. C'est séparément avec chaque nation que Martin V signe des concordats. On est loin de la réforme *in capita et in membris* voulue en 1415.

III. QUERELLES ENTRE LES NATIONS. — Elles occupent une large place au concile de Constance. Certains Pères conciliaires, relayés par les historiens, estiment qu'elles ont pris le pas sur la mission propre du concile : la *causa fidei*, la *causa unionis*, la *causa reformationis*. Elles sont de deux ordres : les querelles entre les nations conciliaires et les querelles identitaires au sein des nations conciliaires.

I. LES QUERELLES ENTRE LES NATIONS CONCILIAIRES. — 1° *Querelle franco-anglaise et franco-allemande.* — La querelle franco-anglaise à Constance n'est qu'une translation dans la ville conciliaire de la guerre de Cent Ans. La cuisante défaite d'Azincourt en octobre 1415 ravive les tensions entre les nations anglaise et française du concile. Par ailleurs, l'alliance anglo-allemande consacrée par le traité de Cantorbéry le 15 août 1416 entre Henri V et Sigismond isole et fragilise la nation française. Ces alliances politiques ont des retombées non négligeables à Constance.

Profitant de la faiblesse du royaume de France, la nation allemande, en accord avec la nation anglaise, propose insidieusement dès juillet 1416 de substituer à la règle de l'unanimité des nations celle de la majorité. Cette mesure permettrait aux nations anglaise et allemande alliées d'obtenir souvent la majorité des voix. Aidés des cardinaux, les Français résistent fortement et parviennent à faire échouer la manœuvre. La résistance de la nation française est orchestrée par Pierre d'Ailly, nommé « défenseur et procureur du roi » qui dans son traité *De Ecclesiae, concilii generalis, romani pontificis et cardinalium autoritate* dont lecture est faite au concile le 1er oct. 1416 lance plusieurs invectives très claires contre les Anglais. Il tente en vain d'obtenir la suppression de la nation anglaise du concile et sa fusion avec la nation allemande. Un conflit long de cinq mois entre les nations française et anglaise au concile commence. Cette dispute, de nature politique, pèse lourdement sur l'atmosphère spirituelle du concile.

2° *Les querelles entre les Pères conciliaires « espagnols » et Sigismond sur les questions de préséance.* — Les Aragonais arrivent à Constance le 5 sept. 1416 en grande pompe. Le 26 oct. 1416, Anglais et Aragonais s'affrontent à propos d'une question de préséance. En effet, dans une note signée par les nations, l'ambassadeur d'Aragon au nom de la nation espagnole avait apposé son sceau en quatrième position, après les nations italienne, française et allemande. Le représentant de l'Angleterre l'a supprimé, a mis le sien, en ajoutant « *et sic pro Hispania* ». Les Aragonais protestent n'entendant pas passer après les Anglais. Ils menacent de considérer comme nulles et non avenues toutes les décisions où ils seront relégués à la dernière place. Le conflit sur les préséances prend dès lors une tournure inquiétante, risquant de mettre un terme à la poursuite et à l'unité du concile. En effet, Anglais et Espagnols sont conscients qu'obtenir la reconnaissance d'une prééminence dans le protocole est une manifestation de supériorité. Parce que places et rangs offrent une image visible de leur dignité et de leur honneur dans l'échelle des nations, ni les uns ni les autres ne semblent prêts à céder leurs droits. La querelle entre Anglais et Espagnols atteint son paroxysme lors de la vingt-troisième session, moment où les Aragonais menacent de quitter le concile et en attendant de prendre une décision, sortent avec force fracas et imprécations de la cathédrale. Cet épisode marque un tournant dans l'histoire des nations au concile. Jusque-là, la nation française a subi les assauts des Anglais et des Allemands. Dès lors, elle apporte son soutien aux Aragonais, reçoit le leur et sort ainsi de son isolement. La nouvelle alliance avec les Espagnols apparaît comme un moyen de contrebalancer l'union systématique entre les nations anglaise et allemande et un possible retour à un équilibre des forces au concile. *A contrario,* l'intervention aragonaise est particulièrement mal venue pour les Anglais qui voient leurs efforts risquer d'être compromis en un rien de temps. Les rivalités nationales reprennent le pas à Constance sur toute autre considération.

II. LES QUERELLES IDENTITAIRES AU SEIN DES NATIONS CONCILIAIRES. – 1° *Querelle entre différentes factions au sein de la nation française.* – La nation française apparaît comme divisée durant la tenue du concile. L'affaire Jean Petit est révélatrice des fortes tensions et rivalités internes qu'on y trouve et qui opposent les tenants du camp armagnac et ceux du camp bourguignon. Par ailleurs, certains membres de la nation française comme Jean Mauroux, patriarche d'Antioche, ont été de fidèles partisans et conseillers du roi des Romains, apparaissant aux yeux des membres de la nation française comme des traîtres à leur patrie. Le patriarche d'Antioche est évincé de sa nation conciliaire pour cette raison. On le retrouve siégeant dans la nation anglaise à la fin du concile.

2° *Querelle tchéco-allemande et polono-allemande.* – Cette querelle résulte des tensions nées des affaires Jan Hus et Jérôme de Prague puis de l'affaire Jean de Falkenberg. Dans le premier cas, les écrits de Thierry de Niem, notamment son *De vita ac fatis Constantiensibus Johannis Papa XXIII,* fourmille de propos anti-tchèques. Le curialiste saxon évoque leur stupidité, la perversité de leur nation et tente d'apporter une justification historique de leur infériorité. La défense des Tchèques à Constance est apportée entre autres par Jérôme de Prague qui, dans un discours tenu le 26 mai 1416, dénonce les mauvais traitements réservés aux Tchèques par les Allemands et appelle au changement.

Les tensions au sein de la nation allemande entre Allemands et Polonais sont exacerbées au concile par l'affaire Falkenberg. *Cf.* ci-dessus.

3° *Querelle des Écossais, des Irlandais et des Gallois contre les Anglais ?* – La première évocation des tensions internes existant au sein du royaume d'Angleterre est faite par un membre de la nation française, Jean de Campagne, ambassadeur du roi de France, désireux de nuire aux intérêts anglais dans le cadre de sa défense du royaume de France. Celui-ci tente de démontrer que l'existence de la nation conciliaire anglaise n'a pas de justification. Pour cela, au cours d'une argumentation construite, il insiste sur les conflits existant entre le royaume d'Angleterre, l'Écosse, le pays de Galles et l'Irlande. C'est pourquoi il se plaît à rappeler que le royaume d'Écosse n'accepte pas sa soumission à l'Angleterre et que sur le plan religieux, fidèle à Benoît XIII, elle n'a envoyé aucun représentant à Constance. Il en est de même pour le pays de Galles. Quant à l'Irlande, elle est en conflit ouvert avec le royaume d'Angleterre. Le concile de Constance est une occasion de plus pour elle de le manifester. Thomas Polton, chanoine de Salisbury, et ambassadeur du roi d'Angleterre, se charge de répondre point par point à ces invectives. Il le fait habilement et conclut que l'argument consistant à douter de la validité de l'existence d'une nation parce que certains de ses membres s'opposent à l'autorité royale est très étonnant. S'il nie le fait que le Pays de Galles soit insoumis au roi d'Angleterre, il admet que les diocèses suffragants écossais, fidèles à Benoît XIII, ont refusé d'appartenir à la nation anglaise au concile et que seule une partie de l'Irlande a envoyé des représentants à Constance.

La stratégie de Jean de Campagne cherchant à attiser les tensions entre les régions dissidentes et le royaume d'Angleterre à Constance n'a pas porté les fruits escomptés. La nation conciliaire anglaise, très peu nombreuse, n'a pas connu de division majeure.

BIBLIOGRAPHIE. – I. SOURCES. – H. Finke, H. Heimpel et J. Hollpteiner, *Acta concilii Constanciensis,* Munster, 1896-1928, 4 vol. (fondamental pour compléter les collections de H. von der Hardt et J. D. Mansi, mais ne comporte pas les actes publics et les décrets). – H. Heimpel, *Aus der Kanzlei Sigismunds,* dans *Archiv für Urkundenforschung,* 12, 1932, p. 111-80 ; Id., *Regensburger Berichte von Konstanzer Konzil,* dans *Festschrift K. G. Hugelmann,* t. 1, Aalen, 1959, p. 213-372. – H. Koeppen (éd.), *Die Berichte der Generalprokuratoren des Deutschen Ordens an der Kurie,* t. 2, Göttingen, 1960. – C. Crowder, *Correspondence between England and the Council of Constance 1414-1418,* dans *Studies in Church History,* 1, London, 1964, p. 154-206. – De très larges extraits des décrets du concile ont été publiés dans G. Alberigo (dir.), *Conciliorum oecumenicorum decreta,* Freiburg im Breisgau, 1962, p. 381-427.

II. TRAVAUX. – 1° *Ouvrages généraux.* – H. Finke, *Forschungen und Quellen zur Geschichte des Konstanzer Konzils,* Paderborn, 1889 ; Id., *Bilder von Konstanzer Konzil,* Heidelberg, 1903. – L. R. Loomis, *The Council of Constance,* London, 1962. – A. Franzen et W. Müller (dir.), *Das Konzil von Konstanz. Beiträge zu seiner Geschichte und Theologie,* Freiburg im Breisgau, 1964. – J. Gill, *Constance et Bâle-Florence* (Histoire des conciles œcuméniques, 9), Paris, 1965. – R. Bäumer, *Concilium Constanciense (1414-1418),* Darmstadt, 1977. – P. Ourliac, *Un temps d'épreuves,* dans *Histoire du christianisme,* t. 4, Paris, 1990, p. 108-116. – W. Brandmüller, *Das Konzil von Konstanz,* 2 vol., Paderborn, 1991-1997. – A. Frenken, *Die Erforschung des Konstanzer Konzils in den letzten 100 Jahren,* Paderborn, 1995 (vaste bibliographie). – Commémoration du six-centième anniversaire du concile de Constance : *Das Konstanzer Konzil. Katalog, 1414-1418. Weltereignis des Mittelalters,* 2014 ; *Das Konstanzer Konzil. Essays. 1414-1418. Weltereignis des Mittelalters,* Darmstadt, 2014 ; *Das Konstanzer Konzil als europäisches Ereignis,* Ostfildern, 2014.

2° *Convocation, organisation, protagonistes.* – J. Riegel, *Die Teilnehmerlisten des Konstanzer Konzils,* Freiburg im Breisgau, 1916. – D.-A. Ballentine, *Representatives and Leaders at the Councils of Pisa and Constance,* Michigan, 1978. – J. Hollnsteiner, *König Sigismund auf dem Konstanzer Konzil. Nach den Tagebuchaufzeichnungen des Kardinals Fillastre,* dans *Mitteilungen des Instituts für Österreichische Geschichtsforschung,* 41, 1926, p. 185-200 ; Id., *Das Konstanzer Konzil in der Geschichte der christlichen Kirche,* dans *Ibid.,* Ergänzungsband XI [Supplément XI], 1929, p. 395-420 ; Id., *Studien zur Geschfäftsordnung am Konstanzer Konzil. Ein Beitrag zur Geschichte des Parlamentarismus und der Demokratie (1925),* dans R. Bäumer (dir.), *Das Konstanzer Konzil,* Darmstadt, 1977. – P. Arendt, *Die Predigten des Konstanzer Konzils,* Freiburg im Breisgau, 1933. – K. Zähringer, *Das Kardinalkollegium auf dem Konstanzer Konzil bis zum Absetzung Papst Johannes'XXIII,* Münster, 1937. – E. Mallíusz, *Das Konstanzer Konzil und das königliche Patronatsrecht in Ungarn,* Budapest, 1959. – Th. E. Morrissey, *Emperor Elect Sigismund, cardinal Zarabella and the Council of Constance,* dans *Catholic Historical Review,* 69, 1983, p. 353-70 ; Id., *Cardinal Zabarella (1360-1417) as a canonist and the crisis of his age. Schism and the Council of Constance,* dans *Zeitschrift für Kirchengeschichte,* 96, 1985, p. 196-208. – M. Dyckmans,

Le cérémonial papal de la fin du Moyen Âge à la Renaissance, t. III, *Les textes avignonnais jusqu'à la fin du Grand Schisme d'Occident*, Bruxelles-Roma, 1983. – D. Girgensohn, *Berichte über Konklave und Papstwahl auf dem Konstanzer Konzil*, dans *Annuarium Historiae Conciliorum*, 19/2, 1987, p. 351-391. – J. Hoensch, *Itinerar König und Kaiser Sigismunds von Luxemburg. 1368-1437*, Münster, 1995. – D. Marcotte (dir.), *Humanisme et culture géographique à l'époque du Concile de Constance : autour de Guillaume Fillastre. Actes du colloque de l'Université de Reims, 18-19 novembre 1999*, Turnhout, 2002. – J. Grohe, *Spanien und die großen Konzilien von Konstanz und Basel*, dans K. Herbers et N. Jaspert, *Das kommt mir spanisch vor, Eigenes und Fremdes in den deutschspanischen Beziehungen des späten Mittelalters*, Münster, 2004, p. 493-509. – H. Müller et J. Helmrath, *Die Konzilien von Pisa (1409), Konstanz (1414-1418) und Basel (1431-1449). Institution und Personen* (Vorträge und Forschungen, 67), Ostfildern, 2007. – A. Frenken, *Wohnraumbewirtschaftung und Versogungsdeckung beim Konstanzer Konzil (1414-1418). Zur logistischen Bewältigung eines Grossereignisses im Spätmittelalter*, dans *Zeitschrift für Geschichte des Oberrheins*, 156, 2008, p. 109-146 ; Id., *Die Rolle der Kanonisten auf dem Konstanzer Konzil. Personen, Aktivitäten, Prozesse*, dans *Sacri canones servani sunt. Ius canonicum et status ecclesiae saeculis XIII-XV*, 2008, p. 398-417. – S. Vallery-Radot, *Benoît Gentien et la défense des intérêts de l'université de Paris au Concile de Constance*, dans *Les figures du maître médiéval et les modèles de son autorité (1400-1450)*, *Revue des Sciences religieuses*, 85/3, 2011, p. 391-409 ; Id., *Les Français au concile de Constance. Faire entendre sa voix*, dans C. Barralis, J.-P. Boudet, F. Delivré et J.-P. Genet (dir.), *Le pouvoir symbolique en Occident (1300-1640)*, t. 10, *Église et État, Église ou État ? Les clercs et la genèse de l'État moderne*, Actes de la conférence organisée à Bourges en 2011 en l'honneur d'Hélène Millet (Publications de la Sorbonne. Histoire ancienne et médiévale, n° 125-Collection de l'École française de Rome, n° 485), Paris, 2014, p. 293-308.

3° *Déroulement du concile, débats théologiques, réformes, sermons.* – Sur l'assemblée conciliaire, la *causa unionis*, le conciliarisme et la réforme à Constance. – B. Hübler, *Die Konstanzer Reformation und die Konkordate von 1418*, Leipzig, 1867 (demeure utile). – C. Moeller, *La collégialité épiscopale au concile de Constance*, dans *La collégialité épiscopale*, Paris, 1965, p. 131-149. – P. de Vooght, *Les pouvoirs du concile et l'autorité du pape au concile de Constance*, Paris, 1965. – H. Küng, *Strukturen der Kirche*, Freiburg im Breisgau, 1966, p. 244-290. – W. Brandmüller, *Besitzt das Konstanzer Dekret « Haec Sancta » dogmatische Verbindlichkeit ?*, dans *Annuarium historiae conciliarum*, 1, 1969, p. 96-113 ; Id., *Das Konzil, demokratisches Kontrollorgan über den Papst ? Zum Verständnis des Konstanzer Dekret « Frequens » vom 9. Okt. 1417*, dans *Annuarium historiae conciliarum*, 16, 1984, p. 328-47. – H. Jedin, *Bischöfliches Konzil oder Kirchenparlament. Ein Beiträg zur Ekklesiologie der Konzilien von Konstanz und Basel*, dans R. Bäumer (dir.), *Die Entwicklung des Konziliarismus*, Darmstadt, 1976, p. 198-228. – J. Mietke, *Die Konzilien als Forum der öffentlichen Meinung*, dans *Deutsches Archiv für Erforschung des Mittelalters*, 37, 1981, p. 736-773 ; Id., *Kirchenreform auf den Konzilien des 15. Jhts. Motive, Methoden, Wirkungen*, dans *Studien zum 15. Jht. Festschrift für E. Meuthen*, t. I, München, 1994, p. 13-42. – G. Alberigo, *Chiesa conciliare, identità e significato del conciliarismo*, Brescia, 1981. – Y. Congar, *Études d'ecclésiologie médiévale*, London, 1983 ; Id., *L'Église, de Saint Augustin à l'époque moderne*, Paris, 1997. – Ph. Stump, *The reform of papal taxation at the Council of Constance*, dans *Speculum*, 54, 1989, p. 69-105 ; Id., *Reform in Head and Members : the Reform in Head and Members : the Reform Ideas of the Council of Constance*, Leyden, 1994. – A. Frenken, *Die Reform auf dem Konstanzer*

Konzil. Überlegungen anlässlich jüngster Neuerscheinungen, dans *Annuarium historiae conciliarum*, 26, 1994, p. 376-388. – Th. Morrisey, « *More Easily and More Securely* » *Legal Procedure and Due Process at the Council of Constance*, dans J.-R. Sweeney et S. Chodorow, *Popes, Teachers, and Canon Law in the Middle Ages*, New York, 1989, p. 234-250. – I. Hlaváček et A. Patschosky (dir.), *Reform von Kirche und Reich zur Zeit der Konzilien von Konstanz und Basel*, Konstanz, 1996. – J.-M. Magaz, *Posiciones teologicas en torno al conciliarismo de Constanza*, dans *Revista española de teología*, 58, 1998, p. 141-180. – Th. Rathmann, *Geschehen und Geschichten des Konstanzer Konzils, Chroniken, Briefe, Lieder und Sprüche als Konstitutienten eines Ereignisses*, München, 2000. – Ch. Nighman et S. Vallery-Radot, *Bernardus Baptisatus, Bernard de la Planche and the Sermon « Sedens docebat turbas » at the Council of Constance*, dans *Annuarium historiae conciliarum*, 38, Cahier 2, 2006, p. 313-320. – H. Müller et J. Helmrath (dir.), *Die Konzilien von Pisa (1409), Konstanz (1414-1418) und Basel (1431-1449), Institution und Personen*, Ostfildern, 2007. – G. Christianson, T. Izbicki et C. Bellitto, *The councils, and reform : the legacy of the fifteenth century*, Washington (DC), 2008. – M. Decaluwe, *Three Ways to Read the Constance Decree Haec sancta (1415) : Francis Zabarella, Jean Gerson, and the Traditional Papal View of General Councils*, dans *The Church, the Councils, and Reform. The legacy of the fifteenth century*, Washington (DC), 2011, p. 122-140.

Sur Jan Hus et Jérôme de Prague à Constance. – P. de Vooght, *L'hérésie de Jean Hus*, 2ᵉ édition, 2 vol., Louvain, 1960. – H. Herkommer, *Die Geschichte vom Leiden und Sterben des Jan Hus als Ereignis und Erzählung*, dans L. Grenmann et K. Stackmann (dir.), *Literatur und Laienbildung im Spätmittelalter und in der Reformationszeit*, Stuttgart, 1984, p. 114-147. – Z. Kaluza, *Le chancelier Gerson et Jérôme de Prague*, dans *Archives d'histoire doctrinale et littéraire du Moyen Âge*, 59, 1985, p. 81-126. – V. Herold, *Der Streit zwischen Hieronymus von Prag und Johann Gerson. Eine spätmittelalterliche Diskussion mit tragischen Folgen*, dans S. Włodek (dir.), *Société et Église. Textes et discussions dans les universités d'Europe centrale pendant le Moyen Âge tardif*, Turnhout, 1995, p. 77-89. – F. Seibt, *Jan Hus. Zwischen Zeiten, Völkern, Konfessionen*, München, 1997. – H.-A. Kelly, *Trial Procedures against Wyclif and Wycliffites in England and the Council of Constance*, dans *Huntington Library Quartely*, 61, n° 1, 1998, p. 1-28. – F. Smahel (dir.), *Häresie und vorzeitige Reformation im Spätmittelalter*, München, 1998. – W. Brandmüller, *Johannes Hus vor dem Konzil von Konstanz*, dans E. Reinhardt (dir.), *Tempus Implendi Promissa. Homenaje Domingo Rasmos-Lissón*, Pamplona, 2000, p. 601-616. – O. Marin, *Orgueil et préjugé : Jean Gerson face à Jean Hus*, dans J. Hrdina (dir.), *Pater familias*, Praha, 2002, p. 381-400. – O. Marin, *L'archevêque, le maître et le dévôt. Genèses du mouvement réformateur pragois. 1360-1419*, Paris, 2005. – B. Studt, *Kurie und Konzil : die Hussitenpolitik König Sigismunds*, dans *Sigismundus von Luxemburg. Ein Kaiser in Europa*, Mainz, 2005, p. 113-125. – J. Kejř, *Die causa Johannes Hus und das Prozessrecht der Kirche*, Regensburg, 2005. – E. Bünz, *Das grosse Abendländische Schisma, Jan Hus und das Konzil von Konstanz*, dans *Mit Schwert und Kreuz zur Kurfürstenmacht. Fridrich der Streitbare*, München-Berlin, 2007, p. 74-79. – S. Provvidente, « *Factum hereticale, representatio et ordo iuri* » *: le procès contre Jean Hus au concile de Constance (1414-1418)*, dans *Temas medievales*, 17, 2009, p. 103-138 ; Id., *Causa unionis, fidei, reformationis : les notions de « vérité judiciaire » et de « vérité théologique » dans le procès contre Jan Hus – Concile de Constance (1414-1418)*, Thèse de doctorat inédite en Histoire et civilisation, École des hautes études en sciences sociales, Paris, 2010, 369 p. – O. Pavlíček, *La dimension philosophique et théologique de* *la pensée de Jérôme de Prague*, Thèse de doctorat inédite en histoire de la philosophie médiévale, Université de Paris 4, Paris, 2014 ; Id., *La figure de l'autorité magistrale à travers Jean Hus et Jérôme de Prague*, dans Fr. Šmahel et O. Pavlíček (dir.), *Les figures du maître médiéval et les modèles de son autorité (1400-1450)* (*Revue des sciences religieuses*, 85/3), 2011, p. 371-389. – Fr. Šmahel et O. Pavlíček (éd.), *A companion to Jan Hus*, Leiden, 2015. – Th. A. Fudge, *Jan Hus in English Language Historiography*, dans *Journal of Moravian History*, 16/2, 2016, p. 90-138.

Sur l'Affaire Falkenberg. – Z. Wlodek, *La Satire de Jean Falkenberg. Texte inédit avec introduction*, dans *Medieavalia Philosophica Polonorum*, 18, 1973, p. 51-95. – S. Kwiathowski, *Der Deutsche Orden im Streit um Polen-Litauen. Eine theologische Kontroverse über Krieg und Frieden auf dem Konzil von Konstanz (1414-1418)*, Stuttgart, 2000. – J. Miethke, *Theoretische Kontroversen zwischen Deutschem Orden und dem Königreich Polen vor und auf dem Konstanzer Konzil*, dans Kl. Schreiner et E. Müller-Luckner (dir.), *Heilige Kriege. Religiöse Begründungen militärischer Gewaltanwendung*, 2008, p. 109-125. – J. Miethke, *Die Polen auf dem Konstanzer Konzil. Der Konflikt um den Dominikaner Johannes Falkenberg*, dans *Das Konstanzer Konzil. Essays. 1414-1418. Weltereignis des Mittelalters*, Darmstadt, 2014, p. 106-110.

4° *Les nations conciliaires – querelles.* – A. Lenné, *Der erste literarische Kampf auf dem Konstanzer Konzil im November und Dezember 1414*, dans *Römische Quartalschrift*, 28, 1914, p. 3-40 et p. 61-86. – B. Katterbach, *Der zweite literarische Kampf auf dem Konstanzer Konzil im Januar und Februar 1415*, Fulda, 1919. – G. C. Powers, *Nationalism at the Council of Constance (1414-1419)*, Washington, 1927. – A. Gwynn, *Ireland and the English Nation at the Council of Constance*, dans *Proceedings of the Royal Irish Academy. Archaeology, Culture, History, Literatur*, 45, 1939-1940, p. 183-233. – J. Goñi Gastambide, *Los españoles en el concilio de Constanza*, dans *Hispania Sacra*, 15, 1962, p. 253-386, et 18, 1965, p. 103-58 et 265-332. – C. M-C. Crowder, *Some aspects of the work of the English « nation » at the Council of Constance, till the election of Martin V*, Oxford, 1953 ; Id., *Four English Cases Determined in the Roman Curia during the Council of Constance, 1414-1418*, dans *Annuarium historiae conciliarum*, 1980, p. 315-411. – J.-Ph. Genet, *English Nationalism. Thomas Polton at the Council of Constance* (Nottingham Medieval Studies), 1984, p. 60-78. – S. Gommez de Arteche y Catalina, *Las « nationes » en la historia de los concilios*, dans *Hispania Sacra*, 39, 1987, p. 623-651. – F. Delivré, *Les évêques face au pape. Les conflits de préséance en concile général (XIᵉ-XVᵉ siècle)*, dans F. Foronda, Chr. Barralis et B. Sère (dir.), *Violences souveraines au Moyen Âge*, Paris, 2010, p. 175-183. – J.-B. Lebigue, *L'ordo du concile de Perpignan*, dans H. Millet (dir.), *Le concile de Perpignan (15 novembre 1408-26 mars 1409)* (Études Roussillonnaises, Revue d'histoire et d'archéologie Méditerranéennes, 24), Perpignan, 2009-2010, p. 57-67. – S. Vallery-Radot, *Les Français au concile de Constance (1414-1418). Entre résolution du schisme et construction d'une identité nationale* (Ecclesia Militans), Turnhout, 2016.

S. Vallery-Radot

DÉMÉTRIUS, auteur judéo-hellénistique, qui a vécu dans l'Égypte des Lagides au IIIᵉ siècle avant notre ère, six fragments ont été conservés. Cinq sont cités par Eusèbe de Césarée et un sixième par Clément d'Alexandrie ; ils sont empruntés au Polyhistor (*cf.* Apologétique judéo-hellénistique, *supra*, col. 897).

Le récit du sacrifice d'Isaac (*Préparation évangélique*, IX, 19, 4), extrait du Polyhistor par Eusèbe sans autre précision, est généralement attribué à Démétrius. Le second fragment (*Ibid.*, IX, 21, 1-9) relate la vie de Jacob en retenant principalement les naissances des enfants, datées avec précision (1, 11a). Vient ensuite un résumé de celle de Joseph (11b-15) avec des précisions sur l'arrivée de ses frères en Égypte, sa préférence pour Benjamin, et une chronologie précise d'Abraham jusqu'à Moïse et Aaron (16-19).

Les généalogies comparées de Moïse, réfugié en Madian, et de Sepphora, son épouse, « qui descendait de Qetoura, de la famille d'Abraham, par Yoqshan, né d'Abraham et de Qetoura », sont présentées dans le troisième fragment (*Préparation évangélique*, IX, 29, 1-3).

L'épisode des eaux amères (*Exode* 15, 22-25) est relaté dans le quatrième fragment (*Ibid.*, IX, 15), et l'aporie sur la possession d'armes des Israélites au désert, suggérée par *Exode* 17, 8-13 est traitée dans le cinquième fragment (*Ibid.*, IX, 29, 16). Ces armes avaient été reprises aux Égyptiens engloutis.

Une chronologie des déportations à Ninive et à Babylone jusqu'à Ptolémée IV Philopator (221-204 avant J.-C.) est attribuée par Clément d'Alexandrie (*Stromate*, I, 21, 141, 1-2) à Démétrius dans son livre *Sur les rois de Juda* d'où sont probablement tirés les fragments précédents.

Démétrius est un chroniqueur, sobre et exact. D'où le surnom, Chronographe, qui lui a été donné. Son texte biblique est celui de la Septante dont la date se trouve précisée. Sa préoccupation est de résoudre les difficultés que présente le texte biblique, et de répondre ainsi aux objections de quiconque s'intéressait à la Bible. Aussi l'a-t-on considéré comme un historien, un exégète, un apologète.

J. Freudenthal, *Alexander Polyhistor und die von ihm erhaltenen Reste jüdischer und samaritischer Geschichtswerke* (coll. Hellenitischen Studien, 1-2), Breslau, 1874-1875. – A.-M. Denis, *Fragmenta pseudepigraphorum quae supersunt graeca* (coll. Pseudepigrapha Veteris Testamenti Graece, 3), Leiden, 1970, p. 175-179 ; Id., *Introduction à la littérature judéo-hellénistique*, t. II, Turnhout, 2000. – E. J. Bickerman, *The Jewish Historian Demetrius*, dans J. Neusner (éd.), *Christianity, Judaism and Other Greco-Roman Cults* (Studies in Judaism in Late Antiquity, 12), Leiden, 1975. – N. Walter, *Fragmente jüdisch-hellenistischer Exegeten : Aristoboulos, Demetrius, Aristeas* (coll. Jüdische Schriften aus hellenistisch-römisher Zeit, III/2), Gütersloh, 1975. – J. Hanson, *Demetrius the Chronographer*, dans J. H. Charlesworth (éd.), *The Old Testament Pseudepigrapha*, t. II, London, 1985. – S. Inowlocki, *Eusebius and the Jewish Authors. His Citation Technique in an Apologetic Context* (coll. Ancient judaism and Early Christianity, 64), Leiden, 2006. – J. Riaud, *À la croisée des cultures. Les traditions judaïques à la manière grecque*, Paris, Cerf, 2017, p. 153-160.

J. Riaud

DIEMERINGEN (Otto von), chanoine de Metz († 24 août 1398)

Issu d'un lignage originaire de la seigneurie homonyme (France, département du Bas-Rhin) et attesté à Metz et à Strasbourg aux XIVᵉ et XVᵉ siècles, il entre au chapitre cathédral de Metz fin 1367 ou début 1368, sollicite une décennie plus tard, apparemment sans succès, un canonicat à la cathédrale de Châlons et un bénéfice à Strasbourg, acquiert à une date inconnue la maîtrise universitaire ès arts, vraisemblablement à Paris, et n'accède probablement pas à la prêtrise avant 1384. À son décès, le 24 août 1398, il est prévôt de

Le chanoine Otto von Diemeringen occupé à retranscrire en allemand le récit de voyage de Jean de Mandeville.
© British Library, Ms Additional 24189 f. 3.

la collégiale de Sarrebourg (diocèse de Metz). C'est vraisemblablement lors de son séjour parisien qu'il subit l'influence de la cour de Charles V, qui mène alors une véritable politique de traductions.

Virtuellement à la même époque que Michaël (ou Michel) Velser, Otto von Diemeringen traduit en allemand le « livre » de Jean de Mandeville, savante compilation rassemblant en une sorte de somme les connaissances que l'on pouvait avoir sur la terre au milieu du XIVᵉ siècle, autrement dit une « géographie » en un temps où le mot était encore perdu. Le « livre » connaît une large diffusion dans une bonne partie de l'Europe, spécialement entre 1450 et 1550. Pour effectuer sa traduction, le chanoine messin utilise la version liégeoise de l'œuvre (en langue française) et la version latine qui en dérive. Aux dires du prologue, ce travail est destiné aux marchands. La proximité messine de la frontière linguistique pourrait également expliquer le projet.

Otto von Diemeringen livre davantage qu'une simple traduction : il introduit une nouvelle structuration de la matière, amplifie les emprunts à la chanson de geste *Ogier le Danois*, s'intéresse aux croyances, rites et coutumes des juifs, des musulmans, des chrétiens orientaux et de populations païennes et consacre des développements à la rotondité de la terre. Aux six alphabets présents dans ses sources, il ajoute un alphabet tartare-russe.

La plupart des 44 manuscrits conservés s'échelonnent de la première décennie du XVᵉ siècle aux débuts de la Réforme. À partir de Strasbourg et de l'Alsace, l'œuvre se diffuse le long du Rhin en direction du Nord et atteint la Souabe. Elle serait reçue essentiellement par la haute noblesse. Peu après 1400, elle est à l'origine d'une traduction en tchèque. La version néerlandaise en dériverait également.

La première des sept éditions connues sort des presses du graveur et imprimeur bâlois Richel en 1480-1481. Elle est ornée de 148 gravures, quelques-unes inspirées de celles de Sorg dans la traduction allemande de Velser, la plupart originales. On les retrouve dans les éditions de Strasbourg des XVᵉ et XVIᵉ siècles. La Réforme entraîne un temps d'arrêt en matière d'impression, avant une reprise en 1580.

K. Bartsch, *Diemeringen, Otto von*, dans *Allgemeine Deutsche Biographie*, t. 5, Leipzig, 1877, p. 129. – F. E. Sandbach, *Handschriftliche Untersuchungen über Otto von Diemeringen's deutsche Bearbeitung der Reisebeschreibung Mandeville's*, Strasbourg, 1899. – *Diemeringen (de) Otton*, dans É. Sitzmann (dir.), *Dictionnaire de biographie des hommes célèbres de l'Alsace depuis les temps les plus reculés jusqu'à nos jours*, t. 1, Rixheim, 1909, p. 375. – E. W. Crosby, *Otto von Diemeringen. A German Version of Sir Mandeville's 'Travels' (Parts I-IV)*, Lawrence, University of Kansas, Phil. Diss., 1965. – F. Rapp, *Diemeringen Otto (von)*, dans *Nouveau dictionnaire de biographie alsacienne*, t. 7, Paris, 1985, p. 644-645. – C. Deluz, *Le livre de Jean de Mandeville. Une « géographie » au XIVᵉ siècle* (Université catholique de Louvain. Publications de l'Institut d'Études médiévales. Textes, Études, Congrès, t. 8), Louvain-la-Neuve, 1988. – R. Müller, *Die Reisen des John (Jean de) Mandeville*, dans *Deutsches Literatur-Lexikon. Biographisch-bibliographisches Handbuch*, 3ᵉ édition, t. 12, Bern-Stuttgart, 1990, col. 939-944, ici col. 943. – E. Bremer et Kl. Ridder (dir.), *Jean de Mandevilles 'Reisen'. Die deutschen Übersetzungen des Otto von Diemeringen und Michel Velser. Reprint der Erstdrucke, Basel bei Bernhard Richel, 1480/81 und Augsburg bei Anton Sorg, 1480* (Deutsche Volksbücher in Faksimiledrucken, t. 21), Hildesheim, 1991. – Kl. Ridder, *Jean de Mandevilles 'Reisen'. Studien zur Überlieferungsgeschichte der deutschen Übersetzung des Otto von Diemeringen* (Münchener Texte und Untersuchungen zur deutschen Literatur des Mittelalters, t. 99), München-Zürich, 1991.

J.-M. YANTE

DOMINIQUE DE SAINT-JOSEPH (Domingo Estanislao Arbizu Munárriz), carme déchaussé, 1799-1870.

1° *Naissance et première formation (1799-1817)*. – Domingo Arbizu y Munárriz est né le 7 mai 1799 à Puente la Reyna, au sud-ouest de Pampelune (Navarre), de Don Joachim Arbizu et de Doña María Lucía Munárriz, tous deux d'origine noble mais sans grande fortune. Il est baptisé dans l'église Saint-Jacques sous le nom de Dominique-Stanislas. Orphelin à cinq ans, il est recueilli, avec sa sœur Helena, de trois ans son aînée, à Villanueva de Yerri, chez son oncle Fernando Munárriz, époux de Doña Franscica Murie. Jusqu'à 14 ans, il fréquente le collège local où il se distingue par son intelligence et sa piété. Ses deux oncles paternels joueront également un rôle important dans la vie de Dominique Arbizu. Le premier, José Francisco, est prêtre et chapelain de la chapelle royale de Ferdinand VII (1784-1833), proclamé roi en 1808, mais qui abdiqua au bout d'un mois et 17 jours, avant d'occuper finalement son trône du 11 déc. 1813 au 29 sept. 1833. Cet oncle influencera notablement Dominique dans le choix de la carrière ecclésiastique. Pour l'heure c'est son autre oncle, Domingo Orevidi, général dans l'armée de Ferdinand VII qui imposera à Dominique d'intégrer pendant deux ans et demi un prytanée militaire à Saint-Jacques de Compostelle, au titre de cadet.

L'enfance de Dominique se passe dans un climat politique troublé. Au début de l'année 1808, l'Espagne est envahie par les troupes napoléoniennes. La rébellion s'organise contre l'occupant, à Saragosse d'abord (31 mai 1808) puis en Navarre (1er juin). Les opposants en appellent aux droits de Ferdinand VII. Les soldats français sont nombreux en Navarre, imposant leurs lois. En 1812, ils seront jusqu'à 230 000 dans toute l'Espagne. Joseph-Bonaparte (1768-1844), frère aîné de Napoléon, occupe le trône d'Espagne du 6 juin 1808 au 11 déc. 1813. Mal accepté par les Espagnols qui le considèrent évidemment comme un roi illégitime, il fait promulguer à partir de 1809 les premiers décrets supprimant les ordres religieux. Ceux-ci doivent quitter le pays dans les 15 jours ou s'incorporer au clergé diocésain ; leurs couvents et leurs biens sont confisqués par l'État. Le 15 oct. 1812, la bataille de Mañeru conduite par Francisco Espoz y Mina (1781-1836) se solde par une défaite française. La guérilla s'organise.

La même année, les Cortes de Cadix proclament la nouvelle Constitution qui adopte les principes de la Révolution française. Si de nombreux catholiques s'opposent à ce texte, certains Espagnols y voient la possibilité de sortir le pays d'un passé obscurantiste qu'ils récusent. Le berceau du mouvement carliste se trouve précisément dans la volonté des Espagnols de conserver les racines de l'Espagne traditionnelle incarnée dans la personne du roi, de l'Église et de ses institutions, face aux adeptes d'une nouvelle Espagne libérale, héritière des principes laïcs de la Révolution française.

En 1813, Dominique Arbizu, contraint et forcé, entre à l'école militaire de Saint-Jacques de Compostelle. Peu convaincu par sa vocation militaire, il fuit le prytanée et retourne à pied de Saint-Jacques à Puente la Reyna. Mais le général Orevidi ne l'entend pas de la même manière et raccompagne prestement son neveu, qui accepte finalement de suivre sa formation. À l'académie militaire, on parle avec orgueil de l'héroïsme espagnol durant le siège de Saragosse (1808-1809) durant lequel 56 000 habitants moururent de faim avant la reddition de la ville. Ce souvenir forgera la fièvre patriotique du jeune Dominique et influencera ses décisions futures. À 17 ans, il est sous-lieutenant. Il doit gagner la caserne de Santander (Cantabrie).

Mais de son côté, le chanoine José Francisco pense aussi à l'avenir de son neveu. Il lui rappelle la consigne de Jésus : « Car celui qui veut sauver sa vie la perdra, mais qui perd sa vie à cause de moi la trouvera. Quel avantage, en effet, un homme aura-t-il à gagner le monde entier, si c'est au prix de sa vie ? Et que pourra-t-il donner en échange de sa vie ? » (Mt 16, 25-26). En 1816, Dominique renonce à la carrière militaire en donnant sa démission. Il rejoint la maison de sa sœur Helena, se met à la disposition du clergé local et réunit quelques enfants pour leur enseigner le latin et la grammaire. Parmi eux se trouve Silverio Puyo y Ugarte (1806-1862) qui, devenu

carme sous le nom de Louis-Marie du Saint-Sacrement, accompagnera le futur Dominique de Saint-Joseph en France pour y restaurer le Carmel masculin. Durant cette période de sérénité familiale, Dominique Arbizu y Munárriz mûrit sa vocation religieuse et fin août 1817, entre au noviciat des Carmes déchaux de Lascano en Guipúscoa. Il prend l'habit le 5 octobre sous le nom de Domingo de San-José. Il a 18 ans.

2° Dominique de Saint-Joseph : années d'études et choix politique (1818-1839). – Le 6 sept. 1818, Dominique de Saint-Joseph fait profession religieuse à Lascano. Il suit ses études de philosophie à Peñaranda de Duero, dans la Province de Burgos (Castille et Léon). Avec application, il étudie le thomisme dans ce couvent destiné à la formation philosophique des Carmes depuis 1814. Il y reste jusqu'en 1820, date à laquelle il rejoint le couvent de théologie de Pampelune où il résidera jusqu'en 1823. Les Carmes avaient fondé ce monastère en 1587 quatre ans après celui des Carmélites. Il fonctionnera comme maison de formation en théologie de 1682 à 1809, puis de nouveau à partir de 1814.

Dominique de Saint-Joseph est ordonné diacre le 16 juin 1821. Il est ordonné prêtre au couvent de Calahorra le 24 mai 1823, veille de la Trinité, par l'évêque du diocèse, Mgr Antonio Puyal y Poveda (1751-1827). Enfin, il est envoyé à Burgos (Castille et Léon) pour y étudier la morale et le droit canonique de 1823 à 1826. Alors qu'il achève ses études de droit canonique, le P. Dominique est nommé professeur suppléant (*primer pasante*) de philosophie au Collège carmélitain de Burgos. Le 28 mai 1829, le Définitoire provincial le désigne comme professeur de philosophie au Collège de Calahorra. En 1832, il fait une longue retraite au couvent de Guipuzcoa avant de prendre en charge l'enseignement de la théologie au Collège de Pampelune où il retrouve les étudiants qu'il avait eus tant à Burgos qu'à Calahorra. « Outre les religieux qui habitaient constamment dans ce couvent, 40 théologiens formaient les élèves de cet illustre Collège de la capitale de la Navarre ». La prédication dans les différentes églises de Pampelune complète l'apostolat du jeune carme.

C'est alors que le 29 sept. 1833 meurt le roi Ferdinand VII. Celui-ci, de retour d'exil en 1814, s'était empressé de restaurer la monarchie absolue et d'éliminer tout ce qui avait été réalisé par les Cortes de Cadix, en particulier la Constitution libérale fondée sur les principes de 1789. De plus, le souverain avait rétabli les monastères et réintégré les jésuites expulsés précédemment. Son œuvre avait consisté à gommer les traces du libéralisme au profit de l'Espagne traditionnelle restaurée grâce au concours actif de l'Église catholique. Mais surtout, Ferdinand avait aboli en 1830 la loi salique, commune aux Bourbons, privant ainsi son frère, Don Carlos María Isidro de Borbón y Borbón-Parma (Charles V, 1788-1855), de la couronne des Espagnes, au profit d'Isabelle II (Marie-Louise de son nom de baptême, 1830-1904), fille de sa quatrième épouse Marie-Christine de Bourbon des Deux-Siciles (1806-1878). La mort de Ferdinand VII provoque une guerre de succession qui dura, dans un premier temps, jusqu'en 1839, puis alternativement jusqu'en 1876 : d'un côté, le parti des carlistes ou *Apostolicos* composé en majorité des catholiques ultras, frustrés par le refus du roi de ressusciter l'Inquisition, et le parti des *cristinos* (du nom de la régente Marie-Christine) ou *Liberales*, auquel appartient une large part de l'épiscopat et des libéraux. Les carlistes sont soutenus par les monarchies absolutistes (Charles X en exil, le roi des Deux-Siciles, le duc de Parme, le roi Miguel de Portugal) et les cristinos par la France et l'Angleterre. Grégoire XVI (1831-1846), prudent, refuse obstinément de reconnaître le gouvernement, pourtant légitime, de la régente Marie-Christine. Malgré l'engagement de la diplomatie pontificale, des évêques et du clergé en faveur des prétendants légitimistes, les protestations vaines et répétées du pontife conduisent à la rupture des relations diplomatiques avec l'Espagne le 31 juil. 1835. Elles ne seront rétablies que sous Pie IX en 1851.

Pour l'heure, le 9 nov. 1833, invité par la municipalité, le P. Dominique prononce en la cathédrale de Pampelune le panégyrique de Ferdinand VII « roi bien-aimé, très puissant, très bon, Auguste monarque ». Le discours qui exaltait les vertus chrétiennes du défunt, sans prononcer le nom d'Isabelle, ni faire l'éloge des idées libérales en vogue, est jugé trop bienveillant envers Charles V. Un mandat d'arrêt est immédiatement signé à l'encontre du prédicateur qui, prévenu par le P. Roch de l'Assomption (Roque Zayas Eraso, 1784-1854), réussit à s'échapper avec deux autres religieux du côté d'Alsasua (Altsasu), entre Pampelune et Vitoria. Au bout de quelques jours, l'ancien professeur de théologie rejoint les partisans de Don Carlos, dans la province de Guipúzcoa. Il est rapidement nommé aumônier des armées royales. En juillet 1834, le roi, ayant regagné ses troupes, appelle le P. Dominique et le nomme prédicateur de son quartier royal et aumônier de sa garde d'honneur. Jusqu'en 1837, le P. Dominique de Saint-Joseph accompagnera Charles V dans toutes ses expéditions jusqu'aux portes de Madrid où Charles devra finalement se retirer.

À la même époque, entre janvier 1834 et juin 1835, la régente, forte du soutien des libéraux – qui vont lui imposer la nouvelle constitution de 1837, établissant le régime constitutionnel – et d'une partie de l'épiscopat espagnol, organise une rénovation des réguliers et une amélioration de la condition des séculiers sur le modèle de l'*Aufklärung* catholique. Mais la réforme n'aboutit pas et les émeutes de Madrid du 17 juil. 1834 qui causent la mort de soixante-dix-huit religieux et la destruction de leurs résidences y mettent un terme sanglant. Les décrets hostiles aux religieux se multiplient. En réponse aux plaintes formulées par Grégoire XVI, un décret du 8 mars 1836, qui aura force de loi le 29 juil. 1837, supprime tous les couvents d'hommes : franciscains, capucins, carmes déchaussés, trinitaires, dominicains, augustins déchaussés. La nation espagnole s'exaspéra des excès des *cristinos*. Depuis le 12 juil. 1834, Don Carlos a joint ses partisans à Elizondo, dans les Pyrénées occidentales espagnoles, et installé sa cour à Estella, chef-lieu de la Comarque. Pour y faire face, les *cristinos* décident d'acheter le général Rafael Maroto (1783-1847) qui s'était d'abord allié à Don Carlos en 1833. Il devient commandant général de Vincaya en 1835. Disgracié l'année suivante, Maroto signera avec le général Baldomero Espartero, duc de la Victoire (1793-1879), le *Convenio de Vergara* le 31 août 1839.

La chute des carlistes en 1838 avait emporté avec elle tout espoir d'union entre absolutisme et religion, d'éradication des idées libérales et de retour à l'alliance entre le Trône et l'Autel. Le courant de sympathie envers Don Carlos demeure tout de même dans le clergé, particulièrement dans les territoires basques, où les intérêts de l'Église se confondent avec les traditions locales. Le 18 févr. 1839, les principaux généraux carlistes « les plus fidèles à la cause de la religion et de la légitimité » furent fusillés. L'évêque de Léon, Mgr Joachim Abarca y Blanque, délégué spécial de Grégoire XVI, avait été exilé et le P. Dominique de Saint-Joseph avait quitté l'Espagne. « Forcé de pourvoir à ma sûreté personnelle, je pris la fuite avec un colonel carliste, qui, compromis comme moi, voulut partager mes dangers ». Le 4 mars 1839, ils avaient franchi les Pyrénées. C'est donc un homme mûr de 40 ans qui arrive à Bordeaux comme un fugitif « déguisé en paysan ».

Le 14 septembre suivant, ayant renoncé à ses prétentions à la couronne d'Espagne par le *Convenio de Vergara* du mois d'août 1839, Don Carlos, en compagnie de la princesse de Beira, de son fils aîné, le prince des Asturies futur Charles-Louis-Marie-Ferdinand VI (1818-1861) et de son neveu Don Sebastian, des ministres et de Mgr Joachim Abarca y Blanque, s'exilèrent à Bourges dans une résidence assignée par Louis-Philippe. Pendant ce temps, le P. Dominique de Saint-Joseph poursuivait sa route jusqu'à Bordeaux dans l'espoir de gagner le Mexique.

3° *Le restaurateur des carmes en France (1839-1859)*. – Grâce à la bienveillance d'une paroissienne, le P. Dominique est accueilli par l'abbé Bernard-Marie Lafargue (1811-1890), vicaire à Saint-Michel de Bordeaux. Dans l'attente d'embarquer pour Puebla au Mexique où la Congrégation d'Espagne, à laquelle il appartient, possède des couvents, le P. Dominique vit quelques mois dans ces conditions précaires. Jusqu'au jour où l'abbé Lafargue le conduisit au monastère des carmélites du 56 de la rue Permentade.

La prieure est la Mère Bathilde de l'Enfant-Jésus (Suzanne de Saint-Exupéry, 1785-1863). Dès son entrée au Carmel en 1814, elle convoite le rétablissement des carmes déchaux auxquels elle est très attachée. Lorsque finalement le P. Dominique de Saint-Joseph se présente au carmel de la rue Permentade, la Prieure est conquise : « ce prêtre était un véritable carme et ce n'était pas moi qu'il venait visiter, mais l'habit de notre Mère sainte Thérèse (…). Je vis que ses connaissances étaient très étendues, que son jugement était prompt et solide. Je crus distinguer en lui ce que je cherchais depuis si longtemps… » (*Annales des Carmes Déchaussés*, vol. 1, p. 28). Face à la difficulté d'obtenir de Rome la permission de se rendre au Mexique dans la province de Saint-Albert, le P. Dominique renonce à y aller et envisage de gagner un couvent italien. Mais l'obstination de la Prieure emporte l'assentiment du P. Dominique qui sera « le premier carme de la restauration ».

La Prieure suggère une petite maison sise au 46-48 rue Permentade, tout à côté du carmel. Mgr François-Auguste Donnet (1795-1883), archevêque de Bordeaux depuis 1837 et futur cardinal (15 mars 1852) donne son approbation, malgré les positions anticléricales du gouvernement d'alors. La permission épiscopale ratifiée, la maison trouvée et meublée, il ne manque plus que les Frères pour composer la première communauté. Le P. Dominique fait appel à son ancien élève, carliste comme lui, le P. Louis-Marie du Saint-Sacrement qui, depuis septembre 1839, attend à Bayonne en compagnie d'un jeune diacre, le Frère Emmanuel de Sainte-Thérèse (Elosegui Albizu, 1817-1889), la permission d'aller au Mexique. La réponse à l'appel du P. Dominique est instantanée. Le 14 oct. 1839, après les premières vêpres de la fête de Ste Thérèse de Jésus, le P. Dominique de Saint-Joseph entre seul dans la petite maison de la rue Permentade. Quelques jours plus tard arrive d'Espagne le Frère François de Saint-Simon-Stock (Goicoecheandia Larrazabal, 1796-1885), frère convers, habile charpentier. Le 30 nov. 1839, veille du premier dimanche de l'Avent, le P. Louis et le Frère Emmanuel sont à Bordeaux. La communauté est donc constituée. La vie conventuelle avec son observance rigoureuse recouvre ses droits : offices liturgiques de jour et de nuit, oraison silencieuse, jeûne et abstinence, macérations de toutes sortes, silence rigoureux.

Le 24 nov. 1840, fête de S. Jean de la Croix, le P. Dominique est à Bordeaux, revêtu du titre de « Commissaire général de l'Ordre des carmes déchaussés en France » (11 sept. 1840) avec l'autorité pour procéder à l'érection canonique de la première communauté de la restauration du Carmel masculin en France. Le petit groupe est composé de huit Frères : les P. Dominique de Saint-Joseph, Louis-Marie du Saint-Sacrement, Jean de Saint-Joseph (Marcos Casado, 1813-1865), Emmanuel de Sainte-Thérèse, Firmin de la Sainte-Trinité (Azcorve Salvadorà, 1814-1876), François de Jésus-Marie-Joseph (Munárriz Remiro, 1816-1883), ancien novice de Lazcano, et deux convers, François de Saint-Simon-Stock et Joseph de Saint-Joachim (Gastesi Ugalde, 1803-1870).

L'année suivante, d'autres Frères viendront renforcer la communauté bordelaise : les P. Louis Gonzague de l'Assomption (Emmanuel Villar Gurrea, 1807-1879), Raymond de la Sainte-Vierge (Paraisa, 1810-1885), Jean-Baptiste de l'Assomption (Gastesi Ugalde, 1807-1868), Pierre de Saint-Élie (Ansotegui Rementeria, 1813-1879), Joseph du Sauveur (Caballero, 1815-1873), Michel de la Sainte-Trinité (Calle-Aransolo Bengoa, 1811-1887) et le Frère Joseph-Vincent de Sainte-Thérèse (Tornaria Machinena, 1796-1861).

Les fondations allèrent bon train entre 1840 et 1865 : Bordeaux (1840), Le Boussey (1841), Montigny-lès-Vesoul (1844), Agen (1846), Carcassonne (1851), Montpellier (1851/1853), Pamiers (1853/1854), Bagnères-de-Bigorre (1853/1856), Désert de Tarasteix (1856/1867), Rennes (1856), Lyon (1859), Saint-Omer, (1859-1865), Paris (1864), Laguet (1865). Le nombre de couvents est tel que la semi-province érigée en 1850 est constituée comme Province d'Aquitaine lors du 63e chapitre général tenu à Rome du 15 au 23 avril 1853. Le P. Dominique de Saint-Joseph alors Vicaire Général d'Aquitaine (12 sept. 1847) en devient le premier Provincial. Le Définitoire réuni le 30 avr. 1853 procédera aux nominations des supérieurs et maîtres de formation des différentes maisons de la Province nouvellement créée sous le titre de « Jésus-Marie-Joseph ». Le P. Dominique résidera au couvent de Carcassonne. La Province compte déjà plus de 80 religieux profès, dont la moitié étaient français.

Le noviciat érigé au Broussey le 15 avr. 1842 formera une pépinière de carmes qui rayonneront, non seulement en France, mais partiront pour l'Angleterre, la Belgique, l'Espagne, l'Inde, le Mont-Carmel, le Moyen-Orient, Rome. De là aussi les Frères se rendront aux nouvelles fondations basques de Marquina (1868) et Larrea (1876). La Province d'Aquitaine sera l'une des provinces les plus missionnaires de l'Ordre au XIXe siècle. C'est au couvent du Broussey que le P. Hermann Cohen (Augustin-Marie du Très-Saint-Sacrement, 1820-1871, cf. sur ce dernier DHGE, t. 32, col. 594-602) fera son noviciat. Le taux de persévérance des candidats formés au Broussey est assez remarquable. En 1854 par exemple, 33 frères prirent l'habit (21 Français, 11 Espagnols, 1 Hongrois) et 25 feront profession (16 Français, 8 Espagnols, 1 Hongrois). Le sage gouvernement du P. Dominique de Saint-Joseph, sa capacité de placer les Frères à la bonne place, sa connaissance de l'Ordre et de sa tradition portèrent, et pour longtemps, des fruits visibles. Le chapitre provincial se réunit à Carcassonne au mois d'avril 1859. Le P. Dominique de Saint-Joseph ne pouvant assumer un troisième mandat (1853-1855/1855-1859), c'est le P. François de Jésus-Marie-Joseph qui est élu. Le P. Dominique se rend au Broussey où, faisant l'admiration de tous, il poursuit sa vie de simple frère.

4° *Au service du centre de l'Ordre du Carmel (1859-1870).* – Au cours du 64e chapitre général réuni à Rome au couvent Sainte-Marie de la Scala du 13 au 20 mai 1859, le P. Dominique de Saint-Joseph, présent comme *socius* du provincial d'Aquitaine, est élu premier définiteur général. Il assistera pendant 6 ans le P. Élisée de l'Immaculée Conception (Nicolas Royer, 1799-1869), de la Province de Naples. Le chapitre traita essentiellement de la question des missions dans l'Ordre. Au cours de ce sexennat, l'Ordre réalise les fondations de Londres (1862) et de Stock (1863) auxquelles participera le P. Hermann Cohen avec l'infatigable soutien du P. Dominique, ainsi que celle du Séminaire des missions de Quilon (État du Kerala, Inde, 1860).

À Rome, le P. Dominique de Saint-Joseph est nommé Consulteur de la Congrégation du Concile, charge qu'il assume avec une grande probité, faisant l'admiration de son entourage pour la qualité de ses notes, la concision et la clarté de sa pensée forte d'une grande culture théologique. Après 1865, il sera consulteur de la Congrégation des Évêques et des Réguliers. Il réside au couvent de la Victoria et se charge, entre autres, des couvents français et belges et rédige un précis de droit canonique qui ne fut jamais publié.

Du 5 au 12 mai 1865, le 65e chapitre général se réunit à Rome. Lors de la troisième session, le P. Dominique de Saint-Joseph est élu Préposé général de l'Ordre des carmes déchaux. Le P. Luc de Saint-Jean de la Croix (Thomas Verzola, 1799-1872), de la province de Lombardie, assumera la charge de Vicaire général et 1er définiteur. Le chapitre traita de la division de la province d'Aquitaine et de la création de la province d'Avignon sous le patronage de Ste Thérèse de Jésus (7-8 juin 1867). La nouvelle province est composée des couvents de Montpellier, Lyon, Montigny-les-Vesoul, Paris, Saint-Omer, Rennes, et Le Laguet. Le couvent de Montélimar sera fondé en 1869. Le P. Saturnin-Marie de Saint-André Corsini (1831-1892) est élu provincial. La majorité des Frères espagnols intégreront la province d'Aquitaine. À cette date, la France comptait un peu moins de 250 Frères. Durant ces années, le P. Dominique visite les provinces de France et les couvents d'Angleterre, d'Irlande, de Belgique, d'Allemagne, de Pologne, d'Autriche, de Hongrie et d'Italie. Il prend possession du couvent de Marquina le 14 août 1868.

En 1867, le P. Dominique participe aux réunions préparatoires du Ier concile du Vatican qui sera officiellement convoqué le 29 juin 1868 et débutera le 8 déc. 1869. Le Général des carmes s'intéresse particulièrement à l'infaillibilité pontificale, dont l'Ordre sera le grand défenseur, ainsi qu'aux missions et à l'exemption des ordres religieux. Le Pape Pie IX (1846-1878) a pour le religieux la plus haute estime et la plus grande confiance.

En mai 1870, le P. Dominique de Saint-Joseph est atteint d'une blessure à la jambe provoquée par une chute lors d'une visite au couvent de Ferrare. Il meurt à Rome le 12 juin 1870. Il existe trois relations à peu près semblables des derniers instants du P. Dominique de Saint-Joseph ; l'une du P. Jean-Baptiste de la Mère de Miséricorde (Dominique Folco, 1817-1900), Procureur général, la deuxième du P. Luc de Saint-Jean de la Croix à la prieure du couvent de Montélimar, la troisième du P. Pascal, carme espagnol de passage à Rome, adressée à la cousine du P. Dominique. Ses funérailles sont célébrées avec la plus grande solennité au couvent de la Scala à Rome en présence des archevêques de Valence et Tarragone, des évêques de Pampelune, de Salamanque, de Tarragone, des Grands carmes et des carmes déchaux présents au Concile, avant que son corps ne soit inhumé au cimetière de La Scala ; l'abbé Sabatier, doyen de la Faculté de théologie de Burgos, prononça un ultime éloge funèbre. Mgr Marie-Ephrem du Sacré-Cœur de Jésus (Lucien Garrelon, 1827-1873), vicaire apostolique de Quilon, évêque in partibus de Nimésis (Chypre) et ancien étudiant du P. Dominique à Carcassonne, présida la célébration. Mais les carmes de la province d'Aquitaine firent toutes les démarches possibles pour que le corps du défunt puisse reposer en France. Après avoir embaumé la dépouille mortelle du P. Dominique, le cercueil partit de Civitavecchia le 4 août. Il arrive à la gare de Cérons, via Marseille, le 7 août au soir. La célébration liturgique, présidée par le P. Basile du Saint-Nom de Marie (Basile Audubert, 1824-1901), futur provincial d'Aquitaine, se déroule le 11 août en présence de plusieurs Pères des provinces d'Aquitaine et d'Avignon, de nombreux carmes et de prêtres venus de Bordeaux. Le P. Alexis de Saint-Joseph (Cyprien Baracand-Dulacas, 1818-1880), prononça l'éloge funèbre. Le corps du restaurateur du Carmel en France est enfin enterré dans le cimetière conventuel du Broussey où il repose aujourd'hui.

5° *Le 66ᵉ chapitre général de 1872. L'œuvre du P. Dominique de Saint-Joseph.* – Pour des raisons politiques (annexion de Rome par l'Italie), le chapitre général ne se réunira à Rome qu'en 1872, deux ans après la mort du P. Dominique de Saint-Joseph. Cette réunion des 24 capitulants porte les fruits des travaux du P. Dominique de Saint-Joseph. D'abord en élisant Général le P. Luc de Saint-Jean de la Croix (José Ranis, 1811-1884), de la province romaine, premier Définiteur et Vicaire général depuis la mort du P. Dominique, le chapitre donnait une continuité à l'œuvre entreprise depuis 1865. Ensuite le chapitre général traita de

l'unification des deux Congrégations des carmes. Il convenait de supprimer la Bulle de Clément VIII (1592-1605) qui créait en 1600 la Congrégation d'Italie (Congrégation Saint-Élie) ouverte aux missions et de permettre à celle d'Espagne (Congrégation Saint-Joseph) de s'y adonner aussi. Il convenait également de tenir compte des droits du P. Maldonado (Jean de Saint-Thomas d'Aquin), général de la Congrégation d'Espagne. Par le bref *Lectissimas Christi turmas*, daté du 12 févr. 1875, le pape Pie IX décidait que les deux Congrégations n'en formeraient qu'une seule sous l'autorité du Préposé général, résidant à Rome. Les carmes appliqueraient les constitutions de la Congrégation d'Italie et les biens de la Procure générale de la Congrégation Saint-Joseph passeraient à l'Ordre désormais unifié. Le bref d'union sera intégré dans les actes du Définitoire général du 3 juin 1876. Pour la première fois, le Préposé général avait la charge de tout l'ordre. D'ailleurs, le P. Luc conservera, jusqu'à sa mort en 1884, le titre de Préposé général de l'Ordre. Si le P. Dominique de Saint-Joseph ne fut pas le témoin de ce dénouement, il a été à l'origine d'un processus qui réglait la situation des carmes qui, au gré des conflits politiques, se trouvaient en difficulté pour passer d'une Congrégation à l'autre.

Si le P. Dominique de Saint-Joseph n'a pas encore trouvé dans l'historiographie moderne la place qu'il mérite de tenir, il reste que sa personnalité, son action, son gouvernement, son amour pour le Carmel et sa vocation, font de lui l'un des acteurs majeurs de la restauration du Carmel en France au XIXᵉ siècle et l'artisan du dynamisme missionnaire de l'Ordre au lendemain des révolutions et des bouleversements politiques.

SOURCES. Archives Générales OCD, Roma : *Libro de Registro de la procuración General de Carmelitas Descalzos de la Congregación de España en Roma*, Sección A, Plut. 218,a. ; Carta P. Domingo, Plut 219d. ; *Instructio Missionum Carmelitarum Discalceatorum a Definitorio Generali ex commissione Capituli Generalis emanata*, Anno 1866, signavit : Fr. Dominicus a S. Ioseph, Praepos. Gen. Carm. Exc. – Archivio generale de Navarra, OCD : Leg 5, n° 104, *Libro de recibio del convento de Carmelitas Descalzos de Pamplona, Años 1794-1836*, 1833. – Archives de la Province Anglo-Irlandaise OCD, London-Kensington : *Documents and Correspondence Old-english Semi-Province*, classeurs noirs I & II ; *Rescriptae*, 2 & 7 ; *Litterae patentae*, 3. – Archives de la Province d'Avignon-Aquitaine OCD (Toulouse) : Ange-Louis de Jésus-Crucifié, *Annales des Carmes Déchaussés rétablis en France le 14 octobre 1839 par le T. R. P. Dominique de Saint-Joseph*, première partie, *De 1839 à 1867*, vol. 1, Série C Province 35 (spécialement, p. 9-33). Deuxième partie, *De 1867 à 1879*, vol. 2, Série C Province 35 (spécialement, p. 107-113, 174-190). Suppléments 9, p. 28 ; 11, p. 29-39, 12, p. 26 et 40, p. 53-63. Troisième Partie, *De 1879 à 1885*, vol. 3, Série C Province 35. – Archivio provincial de los Carmelitas Descalzos de San Joachim de Navarra, Vitoria : *Libros de hábitos y Profesiones, 1825-1836*. – Archivio de los Padres Carmelitas Descalzos de Calahorra. – Archivio de los Padres Carmelitas Descalzos de Marquina. – Archivio Silveriano de Burgos : *Libro de los Definitorios Provinciales de Navarra, Siglo XIX*, 1826, 1829, 1832. – Archives historiques du diocèse de Bordeaux : *Correspondance*, 1 D3 et 2 FA. – Archivio diocesano de Calahorra : *Libros de Órdenes Sagradas*, 9/405, f° 116. – Archivio histórico diocesano de Vitoria. – Archivio Decanal de Tudela : *Lista votantes, 1821*.

SOURCES IMPRIMÉES. Eliseo Monsignani et José Alberto Ximénez (éd.), *Bullarium Carmelitanum...*, 4 vol., Roma, 1715-1768. – A. Fortes (éd.), *Acta Definitorii Generalis OCD Congregationis s. Eliæ (1766-1863)* (Monumenta Historica Carmeli Teresiani, Subsidia 1), Roma, 1983 ; Id. (éd.), *Acta Capituli Generalis OCD Congregationis S. Eliæ et totius Ordinis*, vol. IV, *1801-1895* (Monumenta Historica Carmeli Teresiani, 15), Roma, 1993. – J. Urkiza (éd.), *Reimplantación del Carmelo teresiano masculino en España. Documentación y correspondencia epistolar de los fundadores (1867-1882)*, t. I, *Comienzos en Marquina bajo la amenaza de nuevas expulsiones (1867-1870)* (Monumenta Historica Carmeli Teresiani, 24), Roma, 2007. – M. À. Lizaso Tirapu, *Catálogo de los religiosos descalzos de la Provincia de San Joaquín de Navarra de la Congregación española (1706-1875)* (Monumenta Historica Carmeli Teresiani, Subsidia Selecta, 9), Roma, 2012.

TRAVAUX. J. Castells y Puig de Gerri, *Restauration des Carmes déchaussés en France... et biographies du T. R. P. Dominique de Saint-Joseph*, Bordeaux, 1865. – G. Mitchell, *El campo y la corte de Don Carlos*, Pamplona, 1872. – [Alexis de Saint-Joseph] *Éloge funèbre historique du T. R. P. Dominique de Saint-Joseph, Général des Carmes déchaussés et restaurateur de son Ordre en France de nos jours, prononcée dans l'église du noviciat du Broussey, pour la cérémonie de la translation et de l'inhumation de son corps dans le cimetière de ce couvent le 11 août 1870*, par le R. P. Alexis de Saint-Joseph, 3e Définiteur Provincial, Carcassonne, 1870, 1886. – A. Luis de San José, *Elogio fúnebre histórico del M. R. P. Fr. Domingo de San José, General de los Carmelitas Descalzos y Restaurador de su Orden in Francia. Pronunciado en la Iglesia del noviciado de Broussey para la ceremonia de la traslación y de la inhumación de su cuerpo en el cementerio de este convento el 11 agosto de 1870*, Pamplona, 1896. – Joachim de l'Immaculée Conception, *L'Ordre des Carmes. Aperçu général*, Paris, 1910. – Silverio de Sant Teresa, *Resumen histórico de la restauración de los Carmelitas Descalzos en España, 1868-1918*, Burgos, 1918 ; Id., *Historia del Carmen descalzo en España, Portugal y America*, t. XIII, *1812-1926*, Burgos, 1946. – H. Blanc, *Un grand religieux. Le R. P. Dominique de Saint-Joseph. Restaurateur des Carmes en France en 1830*, Carpentras, 1921-1922. – *Diario de Navarra*, 14 déc. 1941 – A. Perez Goyena, *Ensayo de bibliografía navarra*, 1964 (année 1835, p. 137 sv.). – W. von Rahden, *Andanzas de un veterano de la guerra de España (1833-1840)*, Pamplona, 1965. – Bonifacio de Santa Teresa, « *Centenario de un insigne Carmelita : Padre Domingo de San José (1799-1870)* », dans *Boletín oficial de la Provincia de S. Joaquín de Navarra de Carmelitas Descalzos*, vol. VI, Enero-Junio de 1971, n° 76, p. 201-218. – É. Alford, *Annales brèves des Carmes déchaux de France, 1600-1970. Deuxième partie : 1839-1918*, Avon, 1973. – R. Rodriguez Moñino Soriano, *El exilio carlista en la España del siglo XIX : carlistas y « democratas » revolucionarios*, Madrid, 1987. – A. Bullón de Mendoza, *La imprenta carlista, 1833, 1840*, dans *Estudios de Historia Moderna y Contemporánea, homenaje a Federico Suarez Verdeguer*, Madrid, 1991, p. 77-100. – J. C. Clemente, *Historia general del Carlismo*, 6 vol., Madrid, 1992 ; Id., *Diccionario histórico del carlismo*, Pamplona, 2006 ; Id., *Breve Historia de las Guerras Carlistas*, Madrid, 2011. – J. M. Maquirriain, *Historia de los conventos de Carmelitas Descalzos en Pamplona*, Pamplona, 1994. – Á. Santesteban, *Un hombre cabal. Domingo de S. José*, Burgos, 2008. – E. Tronco, *Les Carlistes espagnols dans l'ouest de la France (1833-1885)*, Rennes, 2010. – D. A. Fernández de Mendiola, *El carmelo teresiano en la historia una nueva forma de vida contemplativa y apostólica, Apertura a la misión en todo el mundo (1841-2014)*, Vol. V, *Restauración del Carmelo Teresiano (1841-1874)* (Institutum Historicum Teresianum, Studia, 17), Roma, 2015. – Elie-Joseph du Sacré-Cœur de Jésus, « Le R. P. Dominique de Saint-Joseph et la restauration des carmes en France au XIXe siècle », *Carmel*, 165, 3e trimestre 2017, p. 95-113.

ST.-M. MORGAIN

DUMORTIER (Louis), jésuite français (1810-1867).

Il naquit le 12 oct. 1810 à Estaires, dans le département du Nord, au sein d'une famille très pieuse. Il aida son père dans les travaux des champs jusqu'à ce qu'il décide d'entrer dans la Compagnie de Jésus en 1832. Il commença son noviciat en Belgique et l'acheva aux États-Unis, à Saint-Stanislas du Missouri (Florissant), où il était arrivé en compagnie de sept autres novices le 30 nov. 1839. Professeur dans plusieurs collèges jésuites américains (Cincinnati, Bardstown, Saint-Louis), il acquit de grandes connaissances en mathématiques, chimie et théologie. Souffrant de maladie nerveuse, il revint temporairement en France à la fin des années 1850. Ayant recouvré la santé, en 1859, il fut désigné pour la Mission de Sainte-Marie du Kansas où il travailla pendant 7 ans avec zèle auprès des pionniers. Il commença par réunir les catholiques dispersés parmi les émigrants. Il convertit sa petite case en chapelle, confessa, baptisa, prêcha. Peu à peu sa paroisse s'accrut sur plus de 300 km de long et 80 km de large, couvrant pas moins de 14 comtés ! Par tous les temps, des hivers les plus rudes aux étés les plus accablants, il poursuivait opiniâtrement ses travaux apostoliques. Même en avançant en âge, il ne se passa pas un jour où il ne parcourut pas des dizaines de kilomètres à cheval pour visiter ses ouailles, n'hésitant pas à mettre sa vie en danger durant les crues des rivières. Il fonda plusieurs postes missionnaires (Diamond Springs, Baxter, Cedar Point), des paroisses et des colonies, généralement à proximité du chemin de fer de l'Union Pacific, qui devinrent rapidement florissantes et il fit construire cinq églises en deux ans. Le 15 avr. 1860, à la mission de Sainte-Marie, il baptisa Charles Curtis (1860-1936), né d'une mère amérindienne (Osage) et d'un blanc, futur sénateur du Kansas et 31e vice-président des États-Unis. Le choléra s'étant déclaré dans les confins occidentaux du Kansas, peut-être initialement au sein du 18e Bataillon de volontaires du Kansas stationné à Fort Harker, le P. Dumortier s'y rendit aussitôt, distribua l'extrême-onction et prodigua ses soins aux nombreuses victimes de l'épidémie. Atteint lui-même par le mal, il s'éteignit épuisé le 26 juil. 1867 à Ellsworth dans le district des Pottowatomies.

La Semaine religieuse du diocèse de Cambrai, 1867, p. 356-357. – *Les Missions Catholiques*, 1868, p. 95. – G. J. Garraghan, *The Jesuits of the Middle United States*, New York, 1938, vol. 1, p. 360 ; vol. 2, p. 572, 618 ; vol. 3, p. 15, 39-42.

B. BAUDRY

ÉBERLÉ (Pierre-Louis), prêtre français, érudit (1848-1923).

Fils d'un tailleur d'habits, né à Gray (Haute-Saône) le 7 mai 1848, il étudie aux séminaires de Marnay (Haute-Saône) et de Besançon (Doubs). La guerre de 1870-1871 interrompt momentanément sa scolarité et il est ordonné prêtre en 1874 à Besançon. Il est d'abord vicaire à Saint-François-Xavier à Besançon, jusqu'à ce qu'il soit nommé aumônier de l'hôpital Saint Jacques à Besançon en 1880. Le 16 juil. 1889, il reçoit la charge de la paroisse d'Amance où il fonde un patronage, une mutuelle-incendie et une laiterie coopérative. Il sera même vice-président de l'Union des syndicats communaux de Haute-Saône en 1900. Pendant trente ans, il rassemble les documents et les échos de la tradition pour écrire l'histoire de sa paroisse. Mais *Amance en Franche-Comté* ne sera publié qu'en 1926 par son collaborateur P. L. David, un prêtre historien que les hasards de la guerre avaient amené à cantonner dans son presbytère. À la demande de ses supérieurs, l'abbé Éberlé étudie l'histoire de Faverney et, profitant du tricentenaire du miracle en 1908, avec le secours d'un mémoire de l'abbé Bullet resté manuscrit, il signe sept ans plus tard *Faverney, son abbaye et le miracle des saintes Hosties*. Avec un certain talent de journaliste, il collabore sous le pseudonyme de Père l'Africain au *Petit Saônois*, au *Nouvelliste* et à *L'Éclair comtois*. Malade, il démissionne de la cure d'Amance où il meurt le 25 avr. 1923.

ÉCRITS. *La confrérie du Saint Suaire et de la croix pour la sépulture des pauvres de l'hôpital Saint-Jacques de Besançon*, Besançon, 1886. – *Faverney, son abbaye et le miracle des saintes Hosties*, Luxeuil, 1915.

SOURCES. *Semaine Religieuse de Besançon*, 1923, p. 263-264.

TRAVAUX. J.-C. Grandhay et V. Petit, *Éberlé, Pierre-Louis*, dans L. Ducerf, V. Petit et M. Tramaux (dir.), *Franche-Comté* (Dictionnaire du Monde religieux dans la France contemporaine, t. 12), Paris, 2016, p. 289.

V. PETIT

EUPOLÈME, auteur juif de langue grecque, mais dont les cinq extraits connus sont rapportés par Eusèbe de Césarée (pour quatre d'entre eux) et par Clément d'Alexandrie (pour le cinquième) (*cf.* Apologétique judéo-hellénistique, *supra*, col. 897).

Eupolème, historien, est mentionné par Flavius Josèphe comme un historien soucieux de la vérité (*Contre Apion*, I, XXIII, 216). Il est hautement probable que ce juif hellénisé soit Eupolème, « fils de Jean, fils d'Akkos », envoyé en ambassade à Rome par Judas Maccabée en 161 avant J.-C. pour conclure un traité d'alliance avec les Romains (I M 8, 17-20 ; II M 4, 16 ; *cf.* Josèphe, *Antiquité juives*, XII, 415). D'Eupolème cinq extraits ont été conservés, dont quatre par Eusèbe de Césarée et le cinquième, par Clément d'Alexandrie.

Le premier extrait (*Préparation évangélique*, IX, 26, 1) présente Moïse comme le premier sage, inventeur de l'alphabet qu'il transmit aux Juifs. Les Phéniciens le reçurent des Juifs et, des Phéniciens, les Grecs. Moïse est également le premier à avoir rédigé des lois pour les Juifs.

Le second extrait (*Ibid.*, IX, 30, 1-34, 18) présente une chronologie de Moïse à David avec une histoire de ce roi, ses guerres et ses diverses conquêtes (IX, 30, 1). Cette histoire est suivie d'une correspondance relative à la construction du temple entre le roi Salomon et Vaphrès, roi d'Égypte, et Sourôn, roi de Tyr, Sidon et de la Phénicie (IX, 1-34, 3).Viennent ensuite le récit de celle-ci, la description du Temple, celle de la ville entourée de remparts et de fossés, et celle du palais. Ces travaux achevés, Salomon se rend à Silo où il offre un sacrifice et remporte les ustensiles faits par Moïse, qu'il dépose dans le Temple. Il offre alors un « immense sacrifice » et fait parvenir divers dons à ses correspondants, dont à Sourôn la couronne d'or qui se trouve à Tyr (IX, 34, 4-18).

Le troisième extrait (*Ibid.*, IX, 34, 20) précise le poids des mille boucliers d'or de Salomon ainsi que sa chronologie. Il vécut cinquante-deux ans, dont quarante de règne en paix.

Le règne du roi Joachin, les prophéties de Jérémie, leur accomplissement, la prise de Jérusalem par Nabuchodonosor sont évoqués dans le quatrième extrait (*Ibid.*, IX, 39, 2-5).

Dans un cinquième extrait, Clément d'Alexandrie (*Stromates*, I, 21, 141, 4) attribue à Eupolème une chronologie tirée de son ouvrage, *Les rois de Judée*. Cette chronologie va d'Adam et de l'Exode jusqu'à la cinquième année de Démétrius, probablement Démétrius I Soter (160-152 avant J.-C.) et la douzième de Ptolémée, Ptolémée VII Évergète II (170-116 avant J.-C.). Ces dates permettent de préciser l'année où Eupolème aurait écrit, vers 158 avant J.-C.

Eupolème connaît bien la Septante, principalement les *Livres des Chroniques*, et probablement aussi les livres du Pentateuque et celui de Josué. Il n'hésite pas à avoir recours au texte hébreu. Il entend montrer l'harmonie interne de la Bible et veut surtout exalter son peuple, ses rois, et célébrer la splendeur du Temple et de son culte.

J. Freudenthal, *Alexander Polyhistor. Hellenistische Studien und die von ihm erhaltenen Reste judäischer und samaritanischer Geschichtswerke.* (coll. Hellenistische Studien, 1-2), Breslau, 1874-1875. – J. Giblet, *Eupolème et l'Historiographie du Judaïsme Hellénistique*, dans *Ephemerides Theologicae Lovanienses*, 39, 1963, p. 539-554. – B. Z. Wacholder, *Eupolemus. A Study of Judaeo-Greek Literature*, Cincinnati-New York, 1974. – N. Walter, *Eupolemus* (coll. Jüdische Schriften aus hellenistisch-römischer Zeit, I/2), Gütersloh, 1976. – C. R. Holladay, *Fragments from Hellenistic Jewish Authors*, Chico, 1983. – F. Fallon, *Eupolemus*, dans J. H. Charlesworth (éd.), *The Old Testament Pseudepigrapha*, t. II, London, 1985. – A.-M. Denis, *Introduction à la Littérature judéo-hellénistique*, t. II, Turnhout, 2000. – S. Inowlocki, *Eusebius and the Jewish Authors. His Citation Technique in an Apologetic Context* (coll. Ancient Judaism and Early Christianity, 64), Leiden, 2006. – J. Riaud, *À la croisée des cultures. Les traditions judaïques à la manière grecque*, Paris, Cerf, 2017, p. 153-160.

J. RIAUD

ÉZÉCHIEL LE TRAGIQUE, auteur juif de langue grecque, dont l'œuvre n'est connue que par des citations chez Clément d'Alexandrie et Eusèbe de Césarée (*cf.* Apologétique judéo-hellénistique, *supra*, col. 897).

Nous ne trouvons dans les sources anciennes aucune donnée biographique concernant Ézéchiel le Tragique. Alors qu'il cite d'autres auteurs judéo-hellénistiques, tels Philon l'Ancien et Eupolème (*Contre Apion*, I, 218), Flavius Josèphe ne mentionne pas Ézéchiel dont il devait connaître les fragments de son œuvre, l'*Exagôgé*, conservés par Alexandre Polyhistor (vers 105-35 avant J.-C.) dans son *Peri Ioudaiôn*. Philon qui semble avoir connu l'*Exagôgé*, dont il emprunte beaucoup d'expressions dans *De Vita Moysis*, ne fait pas non plus allusion à son auteur.

Le pays d'origine d'Ézéchiel est l'Égypte en raison du calendrier qu'il adopte, où le jour commence à l'aube (*Préparation évangélique*, IX, 29, 12), plus précisément Alexandrie. Son époque est antérieure à Alexandre Polyhistor et postérieure à la traduction du Pentateuque par les LXX, puisqu'il l'utilise. Ézéchiel a donc vécu entre la moitié du IIIe siècle et la moitié du Ier siècle avant notre auteur.

Eusèbe de Césarée présente Ézéchiel comme « auteur de tragédies » (*Préparation évangélique*, IX, 28, 1), « de tragédies à sujets juifs », précise Clément d'Alexandrie (I *Stromate*, 23. 155, 1). De ces tragédies, n'ont été conservés, empruntés à Alexandre Polyhistor par Eusèbe de Césarée et Clément d'Alexandrie que 269 trimètres iambiques qui constituaient le huitième, voire le quart, ou même plus, de la tragédie complète, intitulée *Exagogé*. Le choix de ce titre par Ézéchiel pour sa pièce consacrée à la sortie d'Égypte repose sur le verbe *exagein*, « faire sortir » (Ex 16, 3 LXX), avec pour sujet Dieu ou Moïse agissant sur son ordre ; la raison de ce choix est que *exagogé* pouvait faire allusion plus précisément que *éxodos* à l'action tutélaire et libératrice de Dieu.

Eusèbe rassemble dans trois citations cinq extraits de l'*Exagogé* qui se retrouvent en partie chez Clément d'Alexandrie (I *Stromate*, 23. 155, 2-7 ; 156, 2 ; V *Stromate*, 14. 131, 3). Le premier des extraits (*Préparation évangélique*, IX, 28, 1-4) met en scène Moïse qui explique, en monologue, comment, après l'arrivée de Jacob, avec soixante-dix personnes, et après l'oppression du peuple de plus en plus nombreux par le roi Pharaon, il a été sauvé des eaux par la fille du roi, qui lui a donné un nom égyptien. Il rappelle son enfance, son éducation par sa mère à laquelle il avait été confié par la princesse, sa fuite en pays étranger et sa rencontre avec Sepphôra, l'une des sept filles de Raguel.

Le second extrait (*Ibid.*, IX, 29, 5-11) rapporte un songe de Moïse qui voit Dieu trônant au sommet du Sinaï. Invité à s'asseoir sur le trône, Moïse reçoit les emblèmes royaux du pouvoir. Dialoguant avec Moïse, son beau-père, Raguel interprète ce songe comme l'annonce de la royauté future de Moïse sur l'univers. Suit un autre dialogue de Dieu avec Moïse au sujet de sa mission.

Le troisième extrait (*Ibid.*, IX, 29, 12-13) est encore un dialogue au cours duquel Dieu donne ses ordres à Moïse au sujet des plaies d'Égypte, de l'emprunt d'objets précieux aux Égyptiens en rétribution des travaux exécutés et de la célébration de la Pâque.

Dans le quatrième extrait (*Ibid.*, IX, 29, 14), un rescapé égyptien fait le récit détaillé du passage de la mer Rouge au cours duquel cent myriades (1.000.000) de guerriers égyptiens qui s'étaient engagés à la suite des Hébreux sur le passage de la mer, périrent, engloutis dans les flots qui se refermèrent sur eux.

Dans le cinquième et dernier extrait (*Ibid.*, IX, 29, 16), Ézéchiel met en scène un personnage qui vante à Moïse, qui va y établir son camp, l'oasis d'Élim aux douze sources et soixante-dix palmiers, puis, quittant le récit biblique, décrit un animal étrange, le roi des oiseaux, assimilé au Phénix.

La source principale d'Ézéchiel est la Bible des LXX. Mais il s'éloigne parfois du texte biblique : la femme coushite de Moïse, rencontrée en Lybie-Afrique, est éthiopienne et elle a un frère, Choum. Le songe-vision rapporté dans le deuxième extrait, ignoré de la Bible, relève d'une technique que connaissaient fort bien les tragiques grecs, la reine Atossa dans les *Perses* d'Eschyle. Ce songe avec l'apparition de Dieu trônant en majesté évoque le songe de Jacob à Béthel (Gn 28, 12-13) et probablement les visions d'Isaïe (Is. 6, 1-9) et de Daniel (Dn 7, 9). Moïse y apparaît comme « un sage-roi ». L'apparition de l'être fabuleux, le roi des oiseaux, dans le cinquième extrait, souligne l'événement de l'exode et son importance.

Ézéchiel, pour construire sa tragédie, s'est inspiré des drames historiques grecs, ceux d'Euripide, les *Perses* d'Eschyle, l'*Œdipe à Colonne* de Sophocle. Mais il n'hésite pas à se libérer des règles fixées par Aristote (*Poétique* 1449b) sur l'unité de temps et de lieu. Son intention était de raconter l'histoire d'un salut, œuvre d'un Dieu miséricordieux qui, grâce à la médiation de Moïse, intervient dans le monde pour libérer son peuple de l'esclavage et de l'oppression. Il met en valeur la supériorité du culte, de la Pâque tout particulièrement, mais il ignore le temple. Il souligne fortement la transcendance de Dieu qui se révèle, mais par sa parole, sans aucune allusion à la Loi, le Sinaï étant le trône de Dieu lors du songe-vision. En passant, il justifie ses coreligionnaires d'une accusation que l'on rencontre dans l'antijudaïsme de l'époque, à savoir l'emprunt, lors de l'exode, d'objets précieux (Ex 3, 22 ; 11, 2-3 ; 12, 35-36) sans restitution aux Égyptiens. Cet emprunt était le salaire pour les durs travaux accomplis sans rémunération.

Ce drame a-t-il été représenté sur la scène ? Ou n'était-il pas destiné, non à la scène, mais à la lecture publique ? S'il est difficile d'imaginer qu'un tel drame ait pu être présenté dans un théâtre public, il est, en revanche, possible de supposer l'existence d'une structure communautaire juive susceptible d'accueillir l'auditoire d'Ézéchiel. Mais une lecture publique ne peut être exclue.

P. W. van der Horst, *Throne Vision in Ezekiel the Dramatist*, dans *Journal of Jewish Studies*, 34, 1983, p. 21-29. – H. Jacobson, *The Exagoge of Ezekiel*, Cambridge, 1983. – E. Vogt, *Tragiker Ezechiel* (coll. Jüdische Schriften aux hellenistisch-römischer Zeit, IV/3), Gütersloh, 1983. – R. G. Robertson, *Ezechiel the Tragedian*, dans J. H. Charlesworth (éd.), *The Old Testament Pseudepigrapha*, 2, London, 1985. – C. R. Holladay, *Fragments from Hellenistic Jewish Authors*, vol. 2, *Poets*, Atlanta, 1989. – P. Sacchi (éd.), *Apocrifi dell'Antico Testamento*, vol. V, Brescia, 1997. – A.-M. Denis, *Introduction à la littérature religieuse judéo-hellénistique*, t. II, Turnhout, 2000. – P. L. Lanfranchi, *L'Exagoge d'Ézéchiel le Tragique* (coll. Studia in Veteris Testamenti Pseudepigrapha, 21), Leiden-Boston, 2006. – S. Inowlocki, *Eusebius and the Jewish Authors. His Citation Technique in an Apologetic Context* (coll. Ancient Judaism and Early Christianity, 64), Leiden-Boston, 2006. – G. E. Sterling, *From the Thick Marshes of the Nile to the Trone of God : Moses in Ezekiel the Tragedian and Philo of Alexandria*, dans *The Studia Philonica Annual. Studies in Hellenistic Judaism*, 26, 2014, p. 115-134. – J. Riaud, *À la croisée des cultures. Les traditions judaïques à la manière grecque*, Paris, Cerf, 2017, p. 153-160.

J. Riaud

FAIVRE (Célestin), prêtre français, aumônier de la maison de correction et de la prison de Besançon (1811-1893).

Né à Indevillers (Doubs) le 20 mars 1811, il étudie d'abord auprès de son père, instituteur, et du curé de la paroisse, l'abbé Roycomte, puis dans les écoles de Blamont et de Belvoir. Il entre au grand séminaire de Besançon en 1831 et il est ordonné le 6 sept. 1835. Alors qu'il est séminariste, il est catéchiste à l'hôpital Saint-Jacques, auprès des enfants assistés et des soldats du pénitencier. De 1835 à 1839, il est vicaire à la maison de correction et de refuge de Bellevaux à Besançon auprès des jeunes délinquants. En 1839, il est curé de Combe-la-Motte mais revient à Besançon d'abord en tant qu'aumônier de l'hôpital Saint-Jacques (1841), puis aumônier de Bellevaux à partir du 1er mars 1844, puis enfin aumônier honoraire de la nouvelle prison du quartier de la Butte. Jusqu'à sa retraite en 1877, l'abbé Faivre se montre très actif, ce qui lui vaudra de nombreuses distinctions : chevalier de la légion d'Honneur (1873), chanoine du Patriarcat latin de Jérusalem (1874), chanoine honoraire (1887). Parmi ses initiatives, il faut souligner l'Œuvre de Saint-Joseph (1844-1848), qui accueille les enfants pauvres pour leur donner un apprentissage gratuit (en horlogerie essentiellement). En raison de son expérience et de sa connaissance du monde pénitentiaire, il sera même appelé au congrès de Londres en 1862 ! En 1873-1874, durant le *Kulturkampf*, il sert d'intermédiaire entre l'archevêque de Besançon, le card. Césaire Mathieu, et Mgr Eugène Lachat, évêque de Bâle (*cf. DHGE*, t. 29, col. 1212-1215). Il est élu à l'Académie des sciences, belles-lettres et arts de Besançon le 20 juil. 1882, et en assume la trésorerie de 1884 à 1889. Il est décédé à Besançon le 23 avr. 1893.

ÉCRITS. *Le Patriarcat d'Antioche*, Paris, 1875. – *Saint-Joseph, école charitable d'horlogerie*, Besançon, 1883. – *La Cellule pénitentiaire*, Besançon, 1887 (tiré à part du *Bulletin de l'Académie de Besançon*, séance du 20 mai 1886).

SOURCES. *Académie des sciences, belles-lettres et arts de Besançon. Procès-verbaux et mémoires*, 1893, p. 183-204. – *Semaine Religieuse de Besançon*, 1893, p. 264.

TRAVAUX. J. Thiébaud, *Le centre départemental de Bellevaux à Besançon. Huit siècles d'histoire*, Besançon, 1980. – G. Sichler, *Célestin Faivre, un enfant d'Indevillers (1811-1893). Aumônier de prison et passeur d'âmes à Bellevaux*, Indevillers, 2014. – V. Petit, *Faivre, Célestin*, dans L. Ducerf, V. Petit et M. Tramaux (dir.), *Franche-Comté* (Dictionnaire du monde religieux dans la France contemporaine, t. 12), Paris, 2016, p. 293.

V. PETIT

FAURE (Rambert-Irénée), évêque de Saint-Claude (1872-1948).

Fils d'un ouvrier mineur, né à Sorbiers (Loire) le 11 déc. 1872, il est élève au petit séminaire de Verrières jusqu'en 1890. Il étudie ensuite au grand séminaire et à la faculté catholique de Lyon où il obtient un doctorat en théologie. Ordonné le 30 mai 1896, il entre à la société des missionnaires diocésains de Saint-Irénée communément appelée la maison des Chartreux. Il en crée l'annexe à Saint-Roch dans la ville de Saint-Étienne, puis revenu dans la maison-mère, il en est élu supérieur par ses pairs en 1913 : prédicateur renommé, il donne de nombreuses retraites et carêmes un peu partout en France, et jusqu'à Rome et aux États-Unis. Mobilisé comme infirmier durant la Première guerre mondiale, il réintègre les chartreux jusqu'à ce qu'il soit promu vicaire général par le card. Louis-Joseph Maurin en 1922. Prédicateur du grand pèlerinage des anciens combattants à Lourdes en 1923, il est honoré du titre de protonotaire apostolique. Le 12 mars 1926, il est nommé évêque de Saint-Claude, sacré le 27 mai à Lyon, et intronisé à Saint-Claude le 1er juin. Très soucieux de son clergé, il soutient le recrutement sacerdotal,

accorde une grande importance aux retraites annuelles et stimule le denier du culte. En 1930, mettant un terme à près d'un siècle de débats sur la localisation du siège épiscopal, il procède au transfert de l'évêché à Lons-le-Saunier, Saint-Claude conservant le titre cathédral. À son arrivée, il crée un bureau des catéchismes et réorganise la direction de l'enseignement libre, placée sous la direction de l'un de ses vicaires généraux. En février 1927, par un communiqué, il dénonce « certains retards, certaines inerties » et rappelle à son clergé la nécessité de « l'union de nos forces », en s'appuyant sur l'Union diocésaine qui vient d'être fondée : il affirme son autorité sur la direction des œuvres, prend lui-même l'aumônerie de la LPDF (Ligue Patriotique des Françaises), relance les congrès diocésains de jeunesse. Dans le même esprit, il soutient les mouvements d'action spécialisés qui connaissent un grand développement dans le diocèse à partir de 1928-1929 : la JOC et la JOCF mais surtout la JAC et la JACF. De santé fragile, d'un tempérament froid, méfiant à l'égard de la société civile pour avoir subi la politique antireligieuse du début du siècle, ses relations avec son clergé sont parfois difficiles. Son attitude pendant l'Occupation, qui plus est dans un diocèse coupé par la ligne de démarcation, est marquée par des prises de position maréchalistes, en particulier une « Lettre-Pastorale sur notre collaboration au redressement de notre cher pays » du 11 févr. 1941, ou un sermon prononcé à Lyon en novembre 1942. Il écrit par exemple : « Reconnaissons les erreurs du passé ; à leur source nous trouvons le laïcisme officiel, sorte d'apostasie nationale, qui par une logique inévitable, devait entraîner l'oubli ou le rejet du devoir, qui prend en Dieu son origine et sa force d'obligation… ». Ce qui ne l'a pas empêché de protéger des prêtres engagés en résistance. Proche de Mgr Gerlier, il reçoit de ses mains le pallium à l'occasion de son jubilé sacerdotal (6 juin 1946). Il meurt subitement au petit séminaire de Vaux-sur-Poligny, au cours d'une tournée de confirmation, le 27 mai 1948.

SOURCES. *Semaine Religieuse de Saint-Claude*, 3 avr. 1926, 3-10 juin 1948.

TRAVAUX. M. Rey (dir.), *Histoire des diocèses de Besançon et Saint-Claude*, Paris, 1977, p. 282-283. – P. Lacroix, *La JAC dans le Jura : préparations lentes et premiers pas*, dans *Semaine Religieuse de Saint-Claude*, 1979, n° 8, p. 278-284, n° 9, p. 320-331, n° 10, p. 370-373, n° 12, p. 448-463 ; 1980, n° 1, p. 29-47. – V. Petit, *Faure, Rambert-Irénée*, dans D.-M. Dauzet et F. Le Moigne (dir.), *Dictionnaire des Évêques de France au XXe siècle*, Paris, 2010, p. 253-254.

V. PETIT

FILSJEAN (Jean-Claude), prêtre, théologien et canoniste français (1766-1857).

Il est né à Plaimbois-du-Miroir (Doubs) le 30 mai 1766. Après son ordination (24 mars 1792), il refuse de prêter serment à la constitution civile du clergé et part en exil. Après le Concordat, il est directeur du collège de Saint-Claude (1806-1810), puis vicaire à Saint-Maurice (Besançon). Soigné par les Sœurs de la Charité en 1800, c'est à cette occasion qu'il fait la connaissance de Jeanne-Antide Thouret qu'il aide à rédiger la règle de la nouvelle congrégation. Théologien et canoniste, il travaille à la correction des *Œuvres spirituelles* du P. Judde (Besançon, 1815), rédige un supplément aux *Pensées sur la vérité de la religion* de l'abbé Humbert et collabore aux *Mémoires pour servir à l'histoire des égarements de l'esprit humain, par rapport à la religion chrétienne ou Dictionnaire des hérésies, des erreurs et des schismes* de Pluquet réimprimé à Besançon (1817). Dans ce livre qui est la réédition d'un ouvrage de 1762, l'abbé Filsjean ajoute quatre nouveaux articles, sur le jansénisme, le quesnélisme, le richérisme et les constitutionnels. En 1822, il récidive en donnant une nouvelle édition du *Dictionnaire des conciles*, augmenté d'une analyse des 'conciliabules' de 1797 et de 1801, et du concile national de 1811. Dans le même état d'esprit, il publie une brochure contre le chef de file intellectuel du clergé constitutionnel dans la région, l'abbé Maurice Vernerey. En 1823, il est nommé chanoine titulaire du diocèse de Saint-Claude, avec le titre de théologal (1832) et de promoteur (1841), puis de doyen. Il sera en outre vicaire général honoraire (1840). Il est décédé à Saint-Claude le 5 févr. 1857.

SOURCES. *L'Union franc-comtoise*, 17 févr. 1857. – *Sainte Jeanne-Antide Thouret. Fondatrice des Sœurs de la Charité 1765-1826. Lettres et documents*, Besançon, 1982, p. 614-626.

TRAVAUX. V. Petit, *Filsjean, Jean-Claude*, dans L. Ducerf, V. Petit et M. Tramaux (dir.), *Franche-Comté* (Dictionnaire du monde religieux dans la France contemporaine, t. 12), Paris, 2016, p. 303-304.

V. PETIT

FLUSIN (Claude), évêque de Saint-Claude (1911-1979).

Fils d'un mouleur de fonderie devenu employé de distillerie, il est né à Fougerolles (Haute-Saône) le 29 août 1911. Il éprouve la vocation sacerdotale en 1926 alors que son frère aîné vient d'être ordonné. Il effectue l'ensemble de ses études dans le diocèse : au séminaire de Luxeuil (1926-1930), au séminaire de philosophie de Faverney (1930-1932) et enfin au grand séminaire de Besançon (à partir d'octobre 1932) jusqu'à son ordination le 12 juil. 1937 – avec une interruption pour cause de service militaire en 1934-1935. Il part ensuite pour le séminaire français de Rome, obtient une licence de théologie et commence une thèse à l'Université grégorienne. Mobilisé en 1939 jusqu'en août 1940, il assume alors un vicariat à Bondy. À l'été 1941, il obtient sa licence en droit canonique et devient professeur au grand séminaire de Besançon. Là il participe à la résistance (diffusion de *Témoignage Chrétien*, dissimulation de prisonniers) avec les abbés Bourgeois et Ball. Il retourne à Rome en janvier 1946 en tant que chapelain de Saint-Louis-des-Français – comme son frère aîné avant lui, entre 1928 et 1930. Dans le difficile après-guerre, il se voit bientôt chargé de l'économat, puis, avec le départ du recteur en septembre 1947, il en fait fonction jusqu'à sa nomination officielle en mars 1948, grâce au soutien chaleureux de l'ambassadeur près le Saint-Siège, Jacques Maritain. Il est en outre honoré du titre de Prélat de Sa Sainteté le 27 mars 1948. Cependant il n'occupe pas longtemps la place, puisque le 27 août 1948, il est nommé évêque de Saint-Claude et devient à 37 ans le plus jeune membre de l'épiscopat. Un entretien avec le nonce, Mgr Roncalli, dissipera ses doutes sur sa relative inexpérience pastorale. Il est sacré à Besançon le 28 oct. 1948. Dès son arrivée, le nouvel évêque déploie une grande capacité de travail.

Portrait de Mgr Claude Flusin, tiré de *Concilium Oecumenicum Vaticanum II*, Roma-Milano, Istituto Luce, 1963, p. 100.

Il obtient le rattachement du diocèse à la province ecclésiastique de Besançon (26 mars 1949). En juillet 1950, il convoque un synode et entreprend la rénovation des statuts diocésains. La cathédrale de Saint-Claude est érigée en basilique en 1951. Dans le même esprit que les *Recherches sociologiques sur la pratique religieuse du Jura* de l'abbé Simon Ligier publiées en 1951, il s'attache à connaître au mieux son diocèse par une première visite des 393 paroisses effectuée de 1951 à 1953, puis une seconde en 1956-1959. En 1960-1962, celles-ci seront regroupées en 25 secteurs pastoraux. Son activisme se lit aussi avec l'agrandissement de l'évêché, le rachat de l'ancienne mission qui accueille la direction des œuvres, la réorganisation de la maîtrise, la fondation de nouveaux lieux de culte à Dole, Lons-le-Saunier, Champagnole, Morez. Très soucieux de maintenir les vocations sacerdotales (il aura ordonné 160 prêtres), il veille à l'amélioration du sort matériel des prêtres, avec l'augmentation du denier du culte, la création d'une mutuelle et le réaménagement de la maison de retraite de Vannoz. Il cherche aussi à ouvrir le diocèse sur l'extérieur, en faisant venir Mgr Roncalli à Dole en 1950 ou le card. Tisserant à Lons-le-Saunier en 1957. Il se révèle un soutien ferme de la communauté de Taizé, comme des prêtres-ouvriers, mais se montre soucieux d'affirmer l'autorité de l'Église, d'où quelques démêlés avec l'équipe fédérale de la JOC en 1956. Homme direct, il entretient de bons rapports avec les responsables politiques locaux (Edgar Faure en premier lieu). Lors du Concile, dont il soutient les orientations, il intervient oralement lors de la seconde session en faveur de l'œcuménisme et laisse deux communications écrites, respectivement sur le chap. IV du schéma sur l'Église (*De vocatione ad sanctitatem in Ecclesia*) et sur le schéma *De Vita et Ministerio sacerdotali*. Il joue aussi un certain rôle au sein de la conférence épiscopale, en particulier dans le comité financier. Surtout, en 1968, il est nommé consulteur de la commission de révision du code de droit canonique. Dans le diocèse, il applique les décisions conciliaires en créant le conseil presbytéral (28 nov. 1967), le conseil pastoral diocésain... Cependant, les conséquences de mai 68, la mort de son frère en juin 1973, et les premières atteintes de la maladie changent l'homme et l'évêque. « Carrure massive, visage taillé en rectangle entre un front large et un menton volontaire, éclairé par des yeux nets et profonds » (Pierre Lacroix), la personnalité devient plus taciturne et le pasteur moins entreprenant. Après avoir préparé sa succession, il démissionne le 10 juin 1975, mais continue de travailler, en partageant son temps entre Rome et le Jura. Il est décédé à Champagnole (Jura) le 9 févr. 1979.

SOURCES. *Semaine Religieuse de Saint-Claude*, 15 avr. 1979. – *Bulletin de l'Association des Anciens Maîtres et élèves du Séminaire de Luxeuil*, 1979, p. 1-13.

TRAVAUX. M. Rey (dir.), *Histoire des diocèses de Besançon et Saint-Claude*, Paris, 1977, p. 288-289. – Ph. Levillain, Ph. Boutry et Y.-M. Fradet (dir.), *150 ans au cœur de Rome. Le Séminaire français 1853-2003*, Paris, 2004, p. 165. – R. Gaudillier, *JOC-JOCF et mouvement ouvrier dans le Jura des années 1930 à 1958*, dans *Travaux de la Société d'Emulation du Jura*, 2004, p. 191-221. – V. Petit, *Flusin, Claude*, dans D.-M. Dauzet et F. Le Moigne (dir.), *Dictionnaire des Évêques de France au XXᵉ siècle*, Paris, 2010, p. 266.

V. PETIT

FOUR (Antoine), prêtre catholique (1798-1864).

Il est né à Arc-les-Gray (Haute-Saône) le 15 avr. 1798. Issu d'une famille de négociants, il fait ses études au collège de Gray. Ordonné le 21 sept. 1822, il est d'abord vicaire à Faucogney (Haute-Saône), puis curé de Membrey (Haute-Saône) et enfin curé de Jussey (Haute-Saône) en 1828. Il se distingue en étant « l'un des premiers actionnaires et les plus chauds abonnés » (Gaston Bordet) de *L'Avenir*, le journal fondé par Lamennais en 1830, avec lequel il entretient d'ailleurs une correspondance de 1831 à 1833. En 1847, il prend une part active à la campagne en faveur de la liberté d'enseignement. Candidat libéral aux élections législatives de 1848 en Haute-Saône, il n'est pas élu mais obtient tout de même 11 662 voix (22ᵉ rang) : le comité catholique qui siégeait à Besançon avait refusé de le soutenir. Nommé curé de Gray (Haute-Saône) le 28 avr. 1849, il restaure l'église et érige un autel à Sainte Philomène. Déjà à Jussey, il s'était montré « ami de l'art gothique, dont il avait puisé le goût dans quelques belles pages de *L'Avenir*, il découvrit dans le voisinage et sauva de la destruction de remarquables colonnes torses en bois sculptés » (Jules Sauzay). Il a effectué de nombreux pèlerinages à Einsiedeln et à Rome, mais aussi en Palestine en 1859. Il est décédé à Gray le 30 sept. 1864.

SOURCES. J. Sauzay, *M. Antoine Four, curé de Gray*, dans *Annales franc-comtoises*, 2, 1864, p. 490-501.

V. PETIT

FRANCHET DE RANS (Claude-Ignace), évêque suffragant de Besançon (1722-1810).

Fils d'un conseiller au Parlement, né à Besançon le 7 janv. 1722, il est membre du chapitre de l'église métropolitaine (1743) au sein duquel il cumule les fonctions : grand trésorier (1763), grand chantre (1766), grand archidiacre (1774), et enfin haut doyen (1775) – abbé commendataire au prieuré de Fontaine les Luxeuil (1745) et de l'abbaye de Balerne (1767). À la demande de Mgr Antoine-Clériade de Choiseul-Beaupré, il est sacré évêque suffragant de Besançon avec le titre d'évêque in partibus de Rhosy, le 23 mai 1756, et demeure sous l'épiscopat de Mgr Raymond de Durfort, dont il est aussi vicaire général. En 1789, il préside la chambre du clergé de Besançon et la commission de la rédaction des cahiers de doléances où il se montre hostile à toute innovation. Il refuse de prêter serment et se réfugie provisoirement à Lausanne en 1791 puis à Soleure, où il est l'un des douze vicaires généraux nommés par l'évêque de Lausanne pour administrer le diocèse de Besançon. Il revient ensuite à Besançon où, en raison de son âge, il n'est pas inquiété. En 1799, il est nommé administrateur du diocèse sous la juridiction de l'évêque de Bâle et dirige les prêtres insermentés présents sur place, en rivalité avec l'évêque constitutionnel du Doubs, Mgr Jean-Baptiste Demandre. C'est comme évêque – puisque le cardinal légat Caprara l'autorise à conserver son titre et ses insignes – que le 22 mai 1802 il accueille, aux côtés de l'évêque du Doubs démissionnaire, le nouvel archevêque, Mgr Claude Le Coz, qui le nomme chanoine honoraire puis titulaire (8 mai 1804). Il est décédé à Besançon le 21 févr. 1810.

SOURCES. Ch. Denizot, *Notices historiques sur les membres du chapitre de l'Église métropolitaine de Besançon depuis sa fondation en 1803*, t. 1, Besançon, 1866, fᵒ 76-86. – V. Petit, *Franchet de Rans, Claude-Ignace*, dans L. Ducerf, V. Petit et M. Tramaux (dir.), *Franche-Comté* (Dictionnaire du monde religieux dans la France contemporaine, t. 12), Paris, 2016, p. 314-315.

V. PETIT

FRÈRE DE VILLEFRANCON (Paul-Ambroise), archevêque de Besançon (1754-1828).

Il est né à Besançon le 20 juin 1754, dans une famille noble de Franche-Comté. Il est très tôt destiné à une carrière ecclésiastique. Après des études en Sorbonne et à Saint-Sulpice, il est ordonné prêtre et nommé dans la foulée vicaire général de Besançon (1778) et chanoine du chapitre cathédral (1781). À la proclamation de la Constitution civile du clergé, il part en exil avec l'archevêque Mgr Raymond de Durfort. À la mort de celui-ci en 1792, il est l'un des administrateurs du diocèse. Après le Concordat, il regagne Besançon et refuse l'évêché de Saint-Flour proposé par le Premier Consul et la charge de vicaire général que lui offre Mgr Claude Le Coz (*cf. DHGE*, 31, col. 15-16) : au contraire, il est un des animateurs du Comité des conseils, comité clandestin de prêtres réfractaires et de nobles royalistes qui s'opposent à l'action de l'archevêque concordataire. En 1817, il refuse le siège de Châlons-sur-Saône mais accepte d'être nommé évêque coadjuteur de Mgr Gabriel Cortois de Pressigny à Besançon – il est sacré le 12 août 1821 avec le titre d'archevêque in partibus d'Adana –, à qui il succède en mai 1823. Son épiscopat, marqué par la reconstitution du diocèse de Saint-Claude, correspond à une phase de restauration religieuse, sensible avec les campagnes de rétractation auxquelles sont soumis les assermentés survivants et l'organisation de nombreuses missions – comme celle qui a lieu à Besançon du 9 janv. au 27 févr. 1825. Son gallicanisme – en 1826, il signe avec treize autres prélats une adhésion au premier des

L'archevêque de Besançon, Mgr Frère de Villefrancon, tableau à l'archevêché. Crédit photo Pierre Guenat/Cathédrale Saint-Jean. Reproduction numérisée grâce à l'aimable collaboration de l'archiviste du diocèse, Mme Marylise Forster.

quatre articles de la déclaration de 1682 en réaction au livre de Lamennais – soulève l'opposition de son clergé. Proche du gouvernement, homme fortuné, il est très souvent à Paris où il siège à la chambre des Pairs (depuis décembre 1823), au Conseil d'État (depuis août 1824) et au Conseil privé du Roi. Il apparaît « comme un prélat très peu religieux, peu intelligent, hautain, fermé et replié sur les prérogatives hiérarchiques de sa caste et de sa charge » (G. Bordet). Il meurt à Besançon le 27 mars 1828.

G. Bordet, *La Grande mission de Besançon. Janvier-février 1825. Une fête contre-révolutionnaire, néo-baroque ou ordinaire ?*, Paris, 1998. – V. Petit, *Frère de Villefrancon Paul-Ambroise*, dans L. Ducerf, V. Petit et M. Tramaux (dir.), *Franche-Comté* (Dictionnaire du monde religieux dans la France contemporaine, t. 12), Paris, 2016, p. 315.

V. Petit

GAINET (Jean-Claude), prêtre et apologète français (1805-1890).

Il est né à Beaumotte-les-Montbozon (Haute-Saône) le 18 mars 1805. Il reçoit les premiers rudiments de latin par le curé de Villers-Pater, mais ce dernier ne croit pas en ses capacités. Le jeune Gainet reprend les travaux des champs puis s'engage comme instituteur. Repéré par un vicaire plus perspicace, il entre au petit séminaire de Vesoul (1822), puis fait sa philosophie à Écôle (1825) et sa théologie au grand séminaire de Besançon. Il y suit l'enseignement de l'abbé Pierre-Simon Blanc, professeur de dogme, et de l'abbé Thomas Gousset, professeur de morale, et approfondit sa formation intellectuelle au sein

de la section des hautes études créée par Mgr Louis-François de Rohan-Chabot, archevêque de Besançon. Ordonné en 1830, il est d'abord vicaire à Gray puis curé de Vereux. Là, il prend l'initiative de réunir régulièrement ses confrères du canton de Dampierre-sur-Salon dans une conférence ecclésiastique pour entretenir leur goût de l'étude. Cette démarche a-t-elle déplu à Mgr Césaire Mathieu, le successeur de Mgr de Rohan ? En tout cas, en 1843, l'abbé Gainet saisit l'occasion qui lui est offerte pour rejoindre le diocèse de Reims, où Mgr Thomas Gousset le nomme curé de Cormontreuil, dans les faubourgs de la ville. En 1880, il obtient du nouvel archevêque de Besançon, Mgr Justin Paulinier, de revenir dans son diocèse d'origine, en tant que curé de Traves (Haute-Saône). Il avait été nommé chanoine honoraire des diocèses de Reims (1868) et de Besançon (1887). L'abbé Gainet est surtout remarquable par le nombre de ses publications. Après plusieurs écrits philosophiques et polémiques contre Guizot et Renan, il se lance, en constituant une bibliothèque riche de 2500 volumes, dans une vaste entreprise d'apologétique contre la science moderne : « on attaque la religion au nom de la science, il faut démontrer par la science profane la vérité de la religion ». Il s'attache en particulier à montrer la véracité des enseignements bibliques dans la formation des ères géologiques. Il était membre de l'académie de Reims dès sa fondation en 1847, de l'académie de Besançon depuis 1878 et de la société d'agriculture de la Haute-Saône. Il est décédé à Traves (Haute-Saône) le 14 avr. 1890.

Écrits. *De la morale chrétienne dans ses rapports avec l'ordre politique et civil*, Paris, 1844. – *Le paupérisme* : extrait des *Sciences et travaux de l'Académie de Reims*, Reims, 1848. – *Essai critique sur les ouvrages historiques de M. Guizot*, Paris, 1851. – *Dictionnaire d'ascétisme*, en collaboration avec l'abbé Poussin, Petit-Montrouge (Paris), 1854-1855, 2 vol. – *Histoire de l'Ancien et du Nouveau Testament par les seuls témoignages profanes avec le texte sacré en regard ou la Bible sans la Bible*, Paris, 1866-1867, 5 vol. – *Unité de l'espèce humaine*, Bar-le-Duc, 1871. – *De l'enseignement public en France comme principale cause de la crise actuelle*, Bar-le-Duc, 1872. – *Les questions préliminaires de la loi sur l'Enseignement public*, Reims, 1873 (2e édition, la même année). – *Les progrès dans l'étude des langues*, Reims, 1877. – *Accord de la Bible et de la géologie dans la création de six jours : Dans le récit du déluge mosaïque et dans l'époque de l'apparition de l'homme*, Reims-Paris, 1876. – *Étude sur la Chine. Abrégé de son histoire, son état présent et son avenir*, Besançon, 1881. – *Le déluge de Noé et les terrains quaternaires des géologues*, Besançon, 1883. – *Examen du livre de M. Jules Simon intitulé la religion naturelle*, Reims, 1889.

Sources. *Semaine Religieuse de Besançon*, 1890, p. 277-282. – A. Cizel, *Notice sur la vie et les œuvres de M. le chanoine Gainet, curé de Traves*, Besançon, 1890.

Travaux. V. Petit, *Gainet, Jean-Claude*, dans L. Ducerf, V. Petit et M. Tramaux (dir.), *Franche-Comté* (Dictionnaire du Monde religieux dans la France contemporaine, t. 12), Paris, 2016, p. 329-330.

V. Petit

GAUTHEY (François-Léon), archevêque de Besançon (1848-1918).

Il est né à Chalon-sur-Saône (Saône-et-Loire) le 1er mars 1848. Orphelin à dix ans, il entre à cette date au petit séminaire d'Autun puis, en 1866, au grand séminaire. Il obtient en outre un baccalauréat ès lettres

Mgr François-Léon Gauthey, photographie aux Archives historiques du diocèse de Besançon. Reproduction numérisée grâce à l'aimable collaboration de l'archiviste du diocèse, Mme Marylise Forster.

à l'université de Lyon. Ordonné le 16 juil. 1871, il est vicaire de la paroisse Saint-Laurent au Creusot pendant un an. Il remplit les fonctions d'aumônier à l'école normale d'enseignement secondaire de Cluny puis aux écoles Schneider au Creusot. En 1876, il est l'un des premiers membres de la société des chapelains de la basilique du Sacré-Cœur, fondée par Mgr Adolphe Perraud à Paray-le-Monial, société dont il devient le supérieur en 1880. En 1886, il est nommé curé de la paroisse Saint-Vincent de Chalon-sur-Saône. En 1889, Mgr Perraud l'appelle à ses côtés comme vicaire général du diocèse. Proche collaborateur de l'évêque d'Autun qui fut créé cardinal en 1894, il l'accompagne à Rome lors du conclave de 1903. Après la mort de Mgr Perraud et dans le contexte difficile d'application de la loi de séparation, il est nommé évêque de Nevers le 21 févr. 1906. Il est l'un des quatorze évêques qui sont sacrés le 25, à Saint-Pierre de Rome, par Pie X en personne, et intronisé le 5 avril. Occupant un siège vacant depuis novembre 1903, Mgr Gauthey fait preuve d'une grande activité pour mettre en place la nouvelle organisation du diocèse (voir en particulier son ordonnance sur l'administration temporelle des paroisses et l'établissement des conseils paroissiaux en janvier 1908). Il œuvre aussi pour introduire la cause de béatification de Bernadette Soubirous, décédée à Nevers – déclarée vénérable en 1913. C'est au cours d'une visite ad limina que Pie X le nomme archevêque de Besançon – décision rendue publique le 17 janv. 1910. Le nouvel archevêque est solennellement intronisé le 7 avril en la cathédrale Saint-Jean. Mgr Gauthey, en plus directif, se place dans le sillage de son prédécesseur, Mgr Fulbert Petit, en parachevant la reconstitution des

structures diocésaines : acquisition d'un nouveau palais archiépiscopal, réouverture de la maîtrise à Besançon, installation du séminaire de philosophie à Faverney. De nouvelles paroisses urbaines (à Besançon, Belfort, Vesoul) sont érigées et des églises reconstruites. L'urgence est à la mise en place du denier du culte pour pallier la suppression du budget des cultes : il rapporte 600 000 francs en 1914 (soit les 2/3 de ce que l'État dépensait en 1904 en frais de personnel ecclésiastique pour le diocèse de Besançon) et permet ainsi d'assurer sans trop de difficultés l'entretien du clergé. L'autre priorité consiste à reconstituer les structures diocésaines, en développant l'enseignement libre, en restaurant les séminaires et en soutenant le recrutement sacerdotal. Un synode diocésain a lieu en 1911, en même temps qu'est créée une ligue sacerdotale. Il fait ouvrir une section destinée aux « vocations tardives » au séminaire de Faverney à partir de 1912. Le bureau diocésain des œuvres se met définitivement en place et chaque année entre 1910 et 1913 se tient un congrès diocésain. Mgr Gauthey soutient la fondation du Secrétariat social de Franche-Comté en septembre 1910, préside les séances au congrès social de l'ACJF de Lyon, des 19, 20 et 21 avr. 1912 sur l'organisation professionnelle et accepte d'accueillir une semaine sociale à Besançon, du 3 au 10 juil. 1914 – qui sera annulée à cause des tensions diplomatiques annonçant la guerre. Contre les mesures anticléricales, il soutient les écoles catholiques en créant le Denier des écoles et, sur la question des manuels scolaires, encourage l'Association de chefs de famille, fondée en 1907. Le 25 févr. 1913, il interdit la lecture du journal le plus lu de la région, le radical *Petit Comtois*. Prélat d'une parfaite orthodoxie doctrinale, qui applique sans rechigner la répression du modernisme et la condamnation du *Sillon*, Mgr Gauthey est aussi un homme de grande piété, priant de longues heures, spécialement dévôt au Sacré-Cœur depuis son séjour à Paray-le-Monial : c'est ainsi qu'il émet le vœu d'ériger une église votive au Sacré-Cœur à Besançon (lettre-pastorale du 31 déc. 1916) et réédite la *Vie de la vénérable Marguerite-Marie Alacocque* en 1890. La Première guerre mondiale, dans un diocèse frontalier, trouve un archevêque patriote qui prêche l'union sacrée dans de nombreux textes, réunis en volume, *Les Paroles de la guerre*. En outre, il doit faire face à la mobilisation de 600 prêtres et séminaristes et se montre très présent dans le diocèse, au prix de sa santé. Parti se reposer en Auvergne, il meurt le 25 juil. 1918 à Fournols (Puy-de-Dôme). Son corps est alors transféré à Besançon et inhumé le 1er août 1918.

ÉCRITS. *L'Orient. Notes de voyage et études de mœurs : l'Égypte, la Palestine, la Syrie, l'Asie mineure, Constantinople, les îles Ioniennes*, Charolles, 1886. – *Petit manuel de l'archiconfrérie du Sacré-Cœur de Jésus instituée au monastère de la Visitation de Paray-le-Monial pour la France et la Belgique*, Autun, s.d. – *Les Paroles de la guerre, août 1914-août 1915*, Paris, 1916 (2e édition).

SOURCES. C. Dory, *Mgr François-Léon Gauthey, archevêque de Besançon : souvenirs d'un ami*, Autun, 1918. – J. Gauthey, *Un des quatorze : Mgr François-Léon Gauthey, évêque de Nevers, archevêque de Besançon (1848-1918) : vie intime*, Paray-le-Monial, 1926. – L. Villat, *Mgr Gauthey, archevêque de Besançon (1848-1918), d'après des souvenirs intimes*, dans *Académie des sciences, belles-lettres et arts de Besançon. Procès-Verbaux et Mémoires*, 1929, p. 41-57. – R. Surugue, *Les archevêques* *de Besançon. Biographies et portraits*, Besançon, 1931, p. 554-570.

Travaux. R. Aubert, *Gauthey, François-Léon*, dans *DHGE*, t. 20, col. 70-71. – V. Petit, *Gauthey, François-Léon*, dans D.-M. Dauzet et F. Le Moigne (dir.), *Dictionnaire des Évêques de France au XXᵉ siècle*, Paris, 2010, p. 290-291. – D.-M. Dauzet, *La vie spirituelle des évêques de France au XXᵉ siècle*, dans F. Le Moigne et C. Sorrel (dir.), *Les Évêques français de la Séparation au pontificat de Jean-Paul II*, Paris, 2013, p. 177-178.

                                              V. Petit

GAY (Paul), député de la Haute-Saône (1874-1938).

Il est né à Montpellier le 14 oct. 1874. Après des études secondaires au lycée Louis-le-Grand à Paris, il est reçu au concours d'entrée à l'École centrale, dont il sort en 1897 ingénieur des Arts-et-Manufactures. Il s'installe à Belfort en 1900 où il travaille pour la Société alsacienne de constructions mécaniques. Il participe alors aux œuvres sociales animées par l'abbé Paul Rémond. En 1904, il prend la direction des usines Gaussin à Héricourt. Il commence à militer au Sillon belfortain : il est chargé du rapport lors du congrès régional du Sillon de l'Est qui se déroule à la Pentecôte 1903 et anime en mars 1904 une campagne de propagande en faveur du mouvement. En 1908, il est membre correspondant du bureau diocésain des œuvres qui vient d'être fondé par l'archevêque de Besançon, Mgr Fulbert Petit, pour la section des œuvres sociales. En 1911, il est le président cantonal, puis le président de la fédération de l'arrondissement de Lure, de l'Association catholique des chefs de famille de Jean Guiraud et combat contre les manuels scolaires interdits par l'Église. Sa conduite pendant la guerre 1914-1918 lui vaut la croix de chevalier de la Légion d'honneur. Capitaine en 1914, il termine la guerre comme chef d'escadron d'artillerie territoriale. Il est gazé en août 1918. Depuis longtemps tenté par la politique – dès 1908, il avait cherché en vain à se faire élire au conseil municipal d'Héricourt –, il est quatrième et dernier de la liste d'union nationale républicaine qui est élue en entier aux élections législatives du 16 nov. 1919. Inscrit dans le groupe de l'entente républicaine démocratique, Paul Gay se montre un député très actif : il intervient sur les questions de l'enseignement technique, des beaux-arts et de l'éducation physique, du suffrage des femmes et du vote familial. Il abandonne la vie publique suite à ses échecs aux élections législatives du 11 mai 1924 et aux élections cantonales du 19 juil. 1925, puis quitte Héricourt après avoir vendu son usine. Il meurt à Mirecourt (Vosges) le 24 janv. 1938.

Travaux. – V. Petit, *Le congrès de la Jeunesse Catholique de Besançon en 1898 et ses suites : l'ACJF contre le Sillon ?*, dans J.-M. Mayeur (dir.), *Marc Sangnier et la démocratie sociale. Actes du colloque des 18 et 19 mars 2004*, Besançon, 2006, p. 95-121. – J.-C. Grandhay et V. Petit, *Gay, Paul*, dans L. Ducerf, V. Petit et M. Tramaux (dir.), *Franche-comté*, (Dictionnaire du monde religieux dans la France contemporaine, t. 12), Paris, 2016, p. 342-343.

                                              V. Petit

GENEVAY (Joseph), prêtre catholique, supérieur du grand séminaire du diocèse de Saint-Claude (1765-1839).

Né à Moirans (actuel département du Jura) le 19 oct. 1765 dans une famille de négociants, il est l'aîné de quatre frères et de plusieurs sœurs. Il commence ses études au séminaire de Besançon en 1784, et le 8 mars 1788 il est ordonné prêtre. Mgr Jean-Baptiste de Rohan-Chabot, évêque de Saint-Claude, le nomme professeur puis directeur dans le séminaire qu'il venait de fonder en 1785. Il refuse le serment à la Constitution Civile du clergé le 27 nov. 1791 et jusqu'au Concordat, il est l'un des cinq représentants de l'évêque de Saint-Claude en exil. Dénoncé comme réfractaire, il préfère s'enfuir et gagne la Suisse, trouvant refuge à Lausanne où il réside jusqu'en 1792. En 1794, il décide de rentrer en France où il exerce alors un ministère clandestin. Mais il est vite dénoncé à la municipalité d'Arinthod qui le reconduit de force à Moirans. Il reprend vite sa mission, mais à Saint-Amour cette fois où il se concilie l'estime et le respect de la population. Sous le Consulat, il sollicite un poste auprès du nouvel archevêque de Besançon, Mgr Claude Le Coz, et devient succursaliste à Thoirette en 1803, puis curé d'Arinthod en 1806, où il fonde une école ecclésiastique (17 pensionnaires en 1808). En 1816, il est nommé professeur de théologie morale au grand séminaire de Besançon où il se montre comme le seul professeur de valeur en ce début de Restauration. Cela explique que, lorsque le diocèse de Saint-Claude est restauré en 1823, le nouvel évêque, Mgr Antoine de Chamon, le nomme supérieur du séminaire dans le nouveau bâtiment qu'il veut établir à Lons-le-Saunier. Cette installation n'est pas possible tout de suite en raison de la vétusté des bâtiments. Pendant une période transitoire qui dure jusqu'en 1828, le séminaire s'établit donc à Orgelet. Le grand séminaire ouvre le 2 nov. 1824, l'abbé Genevay va y consacrer quinze années de sa vie. Ancien collègue de l'abbé Gousset, il introduit le liguorisme dans son enseignement de la théologie morale. Proche collaborateur de l'évêque, vicaire général du diocèse et archidiacre de Dole depuis novembre 1837, certains considèrent que c'est lui qui administrait réellement le diocèse. Il meurt à Lons-le-Saunier le 5 janv. 1839.

L'Ami de la religion, t. 100, 1839, p. 280-281. – *Semaine Religieuse de Saint-Claude*, 1884, p. 424-425, p. 507-514 et p. 518-519. – E. Chamouton, *Monsieur l'abbé Genevay prêtre, premier supérieur du grand séminaire de Lons-le-Saunier*, Lons-le-Saunier, 1884. – [J.-B. Chère], *Le séminaire de Lons-le-Saunier. Souvenirs de cinquante années*, Lons-le-Saunier, 1901.

                                              V. Petit

GILLAIN (Joseph ; pseudonyme : Jijé), auteur de bande dessinée wallon (Belgique), 1914-1980.

Gillain (Joseph, dit Jijé), né à Gedinne (Ardenne belge) le 13 janv. 1914 et mort à Versailles le 19 juin 1980, auteur de bande dessinée wallon (Belgique), un des grands maîtres de l'École franco-belge, au même titre qu'Hergé (Georges Remy).

Mieux connu sous le pseudonyme de Jijé, il est né dans la province de Namur en 1914, soit sept ans après Hergé. Il est souvent considéré comme le second « père fondateur » de la bande dessinée belge de langue française, terreau de l'école dite « franco-belge ». Au cours des années 1930-1940, après des études d'arts plastiques, il devient en effet le principal pilier du *Journal de Spirou*, premier périodique wallon

Bande tirée de Jijé, *Charles de Foucauld. Conquérant pacifique du Sahara*, Marcinelle, Dupuis, 1959.

spécialisé dans les récits en images. Jijé y anime des héros aussi divers que Freddy Fred, Trinet et Trinette, le petit *groom* qui donne son nom à l'hebdomadaire, ou encore Jean Valhardi, enquêteur à la poigne d'acier. Il s'illustre par ailleurs avec de grandes biographies historiques, à vocation didactique et moralisante, comme « Christophe Colomb », lancée en 1942 dans *Spirou* pour commémorer l'anniversaire de la découverte de l'Amérique. Enfin, Jijé s'affirme comme un passeur, un révélateur de « jeunes pousses ». Il accueille ainsi chez lui, à Waterloo, en 1947, Franquin, Will et Morris, et contribue au sein d'un atelier informel à faire éclore leur talent. Au cours des années 1950-1960, alors que ses élèves atteignent une notoriété parfois supérieure à la sienne, il explore de nouveaux genres, s'affirmant notamment comme un maître du western réaliste, par le biais de sa série « Jerry Spring ».

Mais Jijé est aussi l'un des initiateurs de la bande dessinée dite « chrétienne », et il peut sans doute être considéré, à certains égards, comme un auteur chrétien. Il fait ses débuts au sein de la presse confessionnelle, créant en 1936 sa première série en images, « Jojo », pour *Le Croisé*, organe de la croisade eucharistique de Namur. Un tel fait n'est guère étonnant. L'Église catholique, qui jouit en Belgique d'une position privilégiée en matière scolaire, contrôle alors largement la presse pour la jeunesse. Et Jijé est issu d'une famille profondément chrétienne : deux de ses frères deviendront prêtres et deux de ses sœurs religieuses. Il a d'ailleurs suivi durant son adolescence trois années de formation à l'école des métiers d'art de l'abbaye bénédictine de Maredsous, et alors même qu'il se lance dans la bande dessinée, il réalise des travaux d'art sacré, comme ces stations en béton et granito dédiées aux « Sept douleurs de la Vierge » près du village de Bure. Les aventures de Jojo constituent avant tout une fiction débridée, inspirée des exploits de Tintin, même si on y trouve quelques références religieuses. Ainsi, à la fin du second épisode, quand les « méchants » ont un accident, un missionnaire en soutane blanche surgit de la forêt et leur offre « l'immense grâce d'une bonne mort ».

Mais, en 1941, Jijé fait œuvre plus originale en publiant dans *Spirou* une longue vie en cases de Don Bosco, prêtre italien célèbre pour s'être occupé des jeunes défavorisés. Le thème lui a été suggéré par la famille Dupuis, qui édite cet hebdomadaire non confessionnel,

mais imprégné de valeurs chrétiennes. Le fondateur de l'imprimerie vouait sans doute une grande dévotion à un saint qui portait le même prénom que lui, « Jean », et qui incarnait parfaitement ce catholicisme social qu'il entendait promouvoir au sein de son entreprise. Il s'agit en tout cas de la première bande dessinée de quelque ampleur qu'on peut qualifier de chrétienne. Alors que dans les aventures de Jojo les valeurs religieuses étaient sous-jacentes, les considérations morales et spirituelles occupent ici le devant de la scène. Il ne s'agit plus de distraire en édifiant, mais bien avant tout d'édifier. Jijé, s'il ne néglige pas les scènes d'action, comme ces planches sur lesquelles le saint est attaqué à la nuit tombée par des malfrats armés de couteaux, n'élude pas non plus les visions et les miracles. Il paraît d'ailleurs s'être inspiré d'une pieuse biographie rédigée par un salésien : Albert Prin. Et quand le récit sera repris en album en 1943 aux éditions Dupuis, il sera précédé d'une introduction stipulant que sa lecture doit orienter vers « l'amour de Dieu ».

L'étape suivante devait logiquement consister en une mise en images des textes bibliques. Jijé la franchit en 1947, en publiant, toujours chez Dupuis, et cette fois directement en albums, une bande dessinée qui reprend les Évangiles, sous le titre : *Emmanuel*. Cependant, les contraintes institutionnelles sont ici bien plus fortes que dans le cas de *Don Bosco*. Jijé doit en effet composer avec l'*imprimatur*, et surtout avec les exigences de l'abbé Balthasar, son ancien professeur, qui avait eu l'idée du projet et qui s'était assuré par contrat la totale maîtrise de l'ouvrage. L'ecclésiastique refusant de sacrifier un seul mot des textes sacrés, le résultat s'apparente plus à un ouvrage illustré à l'ancienne qu'à une véritable bande dessinée. Dans certaines pages, le dessin est réduit à un rôle décoratif, tandis que d'immenses phylactères viennent souvent empiéter sur les personnages. Et si *Don Bosco* rencontre un accueil des plus favorables, permettant à la maison Dupuis de supporter l'épreuve de la guerre, *Emmanuel* est un échec commercial cuisant.

Comme on vient de le dire, ces ouvrages étaient des commandes, que Jijé pouvait d'autant plus aisément satisfaire qu'il avait reçu une éducation et une formation artistique catholiques. On peut toutefois penser que le jeune auteur a trouvé dans le genre « chrétien » un moyen d'exprimer des convictions qui lui tenaient à cœur. Il est évidemment difficile de sonder les consciences. Mais on peut noter que contrairement à un Hergé ou à un Franquin, Jijé ne profitera pas de l'édition ou de la réédition de ses récits en albums pour gommer des références religieuses, et qu'il ne dira pas, dans des interviews ultérieures, avoir perdu ou n'avoir jamais eu la foi. Il affirmera au contraire, à la fin de sa carrière, que les grandes biographies lui avaient permis de mettre son talent au service d'ambitions plus élevées que le simple amusement des jeunes. D'ailleurs, au milieu des années 1940, il n'avait pas hésité à abandonner ses séries à succès, confiant « Spirou » à Franquin et « Blondin et Cirage » à Hubinon, pour se lancer dans ce qu'il croyait être une grande œuvre : *Emmanuel*. Et par la suite, il semble avoir décidé par lui-même de mettre en scène certains héros chrétiens. Ainsi, en 1954, il transpose en cases et en bulles, pour l'hebdomadaire familial *Le Moustique*, un roman édifiant composé par un missionnaire belge au Canada, l'abbé Jules-Joseph Pirot (1877-1955), sous le titre « Blanc casque ». Jijé nourrissait apparemment une affection particulière pour cette œuvre, puisque l'auteur avait été en relation épistolaire avec son père, littérateur wallon. De même, il semble choisir, en dehors de toute contrainte éditoriale, de proposer en 1959 au journal *Spirou* une longue vie en images de Charles de Foucauld. Il vivait alors avec sa famille près de Paris, et avait sans doute été séduit par cette figure française qui renouvelait largement l'image de la mission chrétienne et était devenue assez célèbre, grâce à des romans ou des films. La maison Dupuis, nourrie de valeurs catholiques et désireuse de conquérir le lectorat hexagonal, ne pouvait qu'être convaincue par une telle proposition.

Les convictions de Jijé transparaissent aussi à travers le fait que nombre de ses fictions pourtant débridées contiennent des références chrétiennes assez explicites. La question de la mort des personnages de papier fournit un bon indicateur. En milieu catholique, elle devait presque nécessairement être entourée de précautions. Mais, alors qu'un Hergé se contente de placer dans la bouche de ses héros des formules laconiques, comme « Dieu ait son âme », Jijé reste assez longtemps fidèle à l'image de la « bonne mort », avec confession et rédemption, à laquelle il avait déjà sacrifié dans *Le Croisé*. On songe par exemple à un épisode de « Blondin et Cirage » situé au Mexique, et paru dans *Spirou* en 1951. À la fin du récit, le « méchant », piqué par un serpent venimeux, s'écroule au pied d'un rocher, promis à une mort certaine. Un peu comme par miracle, un « *Padre* » en costume de *clergyman* surgit alors, et s'approche du mourant. On l'aperçoit à l'arrière-plan d'une case, agenouillé et penché sur la victime, comme s'il recueillait les dernières paroles de celle-ci. La scène est plus fugace que dans les aventures de Jojo, sans doute parce que *Spirou* n'est pas un organe confessionnel. Ces quelques cases tracent néanmoins l'image d'une mort toute chrétienne, obtenue grâce à l'intercession d'un ecclésiastique.

Du fait de l'âge peu avancé des héros, « Blondin et Cirage » s'adressait à un jeune public. Mais Jijé demeure fidèle à l'image de la « bonne mort » dans des séries un peu plus « adultes », comme « Jerry Spring ». Ce nouveau héros est un *cow-boy* justicier, porteur de valeurs chrétiennes telles que la fraternité.

C'est probablement pourquoi Jijé lui fait parfois jouer le rôle d'un « confesseur » qui permet aux « méchants » d'avoir accès à une « bonne mort ». À la fin de sa première aventure, parue en 1954 dans *Spirou*, Jerry Spring découvre le bandit qu'il poursuivait grièvement blessé. Il se penche alors sur le mourant, une main tendue vers lui, déclare lui avoir « déjà pardonné » et l'exhorte à « bien mourir ». Le vocabulaire utilisé, tout comme les attitudes des personnages, renvoient au discours chrétien, même si aucun ecclésiastique n'intervient ici. Jerry Spring se tient en effet dans la même posture que le missionnaire confesseur au sein des aventures de Jojo. L'effacement de l'ecclésiastique au profit d'un héros laïc tient sans doute pour partie aux impératifs de la narration. Il n'était pas toujours aisé de faire intervenir au bon moment un prêtre dans des récits d'aventures débridés. Mais l'image d'une « bonne mort » obtenue sans intercession ecclésiastique renvoie peut-être aussi aux évolutions des sociétés occidentales, et de Jijé lui-même, vers une conception moins cléricale de la religion…

C'est d'ailleurs tout l'intérêt de l'œuvre « chrétienne » de Jijé : il ne se contente pas de décliner d'albums en albums les mêmes stéréotypes, mais fait écho à des courants parfois marginaux au sein du monde catholique. On peut prendre l'exemple de la piété mariale. Dans certaines de ses premières bandes dessinées, Jijé avait fait écho à cette dévotion, en sacrifiant à un certain sens du « merveilleux ». On voit ainsi, au sein de *Don Bosco*, le héros prier « la Madone » et obtenir qu'elle fasse pleuvoir, ce qui lui permet de gagner la confiance de ses paroissiens accablés par une sécheresse. Et à la fin du récit, le saint italien réussit, grâce à une médaille de « notre Mère du Ciel », à rendre la vue à une jeune aveugle. Dans la foulée, la grand-mère de la miraculée se trouve délivrée de ses rhumatismes, et les deux femmes s'empressent d'aller s'agenouiller devant une statue de la Vierge.

Cependant, le temps passant, les conceptions chrétiennes du dessinateur évoluent quelque peu. Il dira qu'en 1958, lorsqu'on lui a proposé de réaliser une vie en images de Bernadette Soubirous dans *Line*, son « premier sentiment fut presque de l'agacement ». Il précisera que, du fait de sa formation religieuse sérieuse, les « phénomènes genre Lourdes » le « gênaient ». En effet, en France et en Belgique, des chrétiens cultivés, appartenant aux classes moyennes et souvent bien encadrés par des aumôniers, aspirent alors à une « réaction puriste », qui débarrasserait la foi de sa gangue de merveilleux. La dévotion mariale et les miracles de Lourdes leur apparaissent pour partie comme des phénomènes archaïques. Jijé paraît tout à fait représentatif de ces milieux « puristes ». Et cette approche transparaît très nettement dans la manière dont il aborde son sujet. Les autres dessinateurs mobilisés en 1957-1958 dans des périodiques comme *Spirou* ou *Petits Belges* afin de célébrer le centenaire des apparitions à Lourdes mettent tous en avant l'image de la Vierge, drapée de blanc et flottant dans les airs, telle qu'elle serait apparue à Bernadette. Jijé se distingue, en s'éloignant de ces représentations empreintes de merveilleux.

Il dira en 1979, lors de la parution tardive du récit en album, que ce qui l'avait finalement le plus séduit dans le thème, c'était la « parfaite humilité et surtout le caractère ferme » de cette petite paysanne, qui, après avoir fait part de ses visions, s'était trouvée confrontée à une forte pression, à des « enquêteurs retors ». Il choisit en effet de s'attarder durant neuf pages, soit près de la moitié de celles parues dans *Line* en 1958, sur la vie de la famille Soubirous avant les visions de Bernadette, sur un monde paysan rude, mais vertueux. Le lecteur suit ainsi les déconvenues d'une famille de métayers illettrés, qui peinent à payer les loyers et rencontrent tantôt de la compassion, tantôt de la suspicion. Surtout, Jijé effectue des choix esthétiques lourds de sens. Lorsqu'il aborde enfin, à partir de la dixième planche, les apparitions, il se refuse à sacrifier à l'imagerie classique et sulpicienne d'une Vierge immaculée flottant dans les airs. Il se contente en effet de montrer la jeune Sainte figée dans des extases mystiques. Le regard reste toujours extérieur, comme si la réalité des visions appartenait seulement à la petite paysanne. On songe par exemple à ce *strip* qui inaugure la treizième planche. Comme par un effet de *zoom*, le regard, après avoir embrassé les réactions extérieures des camarades de Bernadette, se rapproche du visage de celle-ci. Dans la dernière vignette, la petite Sainte fixe le lecteur, les yeux dans le vague, tandis qu'un cartouche évoque une « mystérieuse vision ». Mais du contenu de cette vision, on n'en saura pas plus !

L'image des missions chrétiennes dans l'œuvre de Jijé traduit elle aussi des évolutions et des particularités. Élevé dans un catholicisme qui s'était donné pour objectif de reconquérir outre-mer le terrain perdu en Europe face aux « laïques », le maître belge a souvent mis en scène des « ouvriers apostoliques ». On trouve en effet une telle figure dans « Les aventures de Jojo », dans « Le nègre blanc », un épisode de Blondin et Cirage paru en 1951, dans « Don Bosco », dans « Blanc Casque », et évidemment dans « Charles de Foucauld ». Au sein de ses bandes dessinées les plus anciennes, Jijé se conforme à une image assez stéréotypée du missionnaire : c'est un homme d'action, un héros romantique, qui parcourt des immensités « sauvages » et sauve de multiples âmes. Dans les exploits de Jojo, publiés en 1937, l'ouvrier apostolique fait ainsi son apparition alors qu'il traverse, seul et à bicyclette, l'épaisse forêt tropicale congolaise, à l'approche de la nuit. Penché en avant, et transportant de grosses sacoches, il ne ménage pas ses efforts !

Cependant, après la Seconde guerre mondiale, avec la montée des nationalismes, le développement de l'anthropologie, cette vision romantique, prosélyte et offensive de la mission paraît de moins en moins tenable à de nombreux chrétiens. Et la figure de Charles de Foucauld est présentée comme l'une de celles qui peut permettre de renouveler l'approche de l'évangélisation : l'ancien officier avait simplement choisi de manifester la présence du Christ en célébrant l'eucharistie en terre « païenne ». En décidant de transposer en cases la vie de l'ermite de Tamanrasset pour *Spirou*, Jijé montre qu'il est séduit par cette conception moins offensive des rapports inter-religieux. Se conformant aux recettes déjà bien éprouvées de la bande dessinée d'aventures pour la jeunesse, il privilégie les épisodes épiques ou amusants. La majeure partie du récit se concentre ainsi sur la jeunesse de l'officier, rétif à l'autorité et prompt à jouir des plaisirs de la vie, puis sur les exploits du voyageur intrépide au sein d'un Maroc indépendant et dangereux. Cependant, les cinq dernières planches du « Charles de Foucauld » viennent donner tout leur sens à l'intrigue, en montrant un héros qui se dépouille de ses attributs d'explorateur aventureux, pour se muer en simple hôte des Touareg, pauvre et priant. La bande dessinée, envisagée alors comme une littérature qui privilégie le mouvement, n'était sans doute pas le médium le mieux adapté pour mettre en scène une existence d'ermite, faite d'intériorité. Mais Jijé contourne la difficulté. Il se concentre sur quelques anecdotes attrayantes, comme la visite d'un Targui dans la famille française du héros, mais insère ici et là des cases isolées montrant un Foucauld qui étudie les traditions locales dans la pénombre de son réduit, ou encore qui prie, agenouillé et les bras le long du corps, devant un autel rudimentaire. La couverture de l'album paru en 1959 en France, et deux ans plus tard en Belgique, résume à elle seule le propos. Les deux grands dessins qui ornent la première et la quatrième marquent bien la nouveauté du discours. Sur le premier, on voit un Foucauld vêtu d'un simple burnous blanc serrer la main d'un Targui plus imposant que lui, richement habillé et armé. C'est donc ici l'idée du dialogue avec les cultures qui s'impose, sans que l'Européen occupe une position privilégiée. L'autre grand dessin montre Charles de Foucauld à la veille de sa mort, ligoté et le visage penché vers le sol, tandis que des guerriers mettent sa pauvre demeure à sac. Il se tient dans une posture qui rappelle celle de la prière et paraît apaisé, les yeux clos, comme s'il avait atteint le dépouillement ultime qu'il recherchait. On est bien loin ici du triomphalisme affiché autrefois par les « bons Pères » civilisateurs de *Tintin au Congo* !

Charles de Foucauld constitue le dernier grand récit chrétien de Jijé. Ce dernier se contente par la suite de réaliser de courts épisodes « religieux », comme ce « Merveilleux Noël de Blondin et Cirage » paru dans *Spirou* en 1963. On y voit les deux héros cheminer à pied et sac au dos, conformément à l'esprit scout, pour assister à une messe de minuit à Champignac, village du fameux comte, créé par Franquin. Peu avant d'arriver, ils font halte auprès d'une petite crèche pour prier, et sont rejoints par des rois mages modernes qui se déplacent en *Rolls-Royce*. Mais si Jijé ne publie plus, au cours des années 1960, de grandes biographies chrétiennes comme « Don Bosco », « Bernadette » ou « Charles de Foucauld », ce n'est sans doute pas, ou pas uniquement, de son fait. Les mentalités évoluent, l'emprise ecclésiastique sur les sociétés belges et françaises commence alors à décroître, et les éditeurs doivent s'adapter à un nouveau public. Ils conservent le principe de numéros spéciaux de Noël contenant des récits complets édifiants, comme l'épisode de Blondin et Cirage précité. Mais l'heure n'est plus aux longues bandes dessinées didactiques et moralisantes, qui visaient à édifier les jeunes et à rassurer les parents et les éducateurs...

P. Vandooren, *Comment on devient créateur de bandes dessinées : Franquin et Gillain répondent aux questions de Philippe Vandooren* (Marabout service. Série « Réussir », 120), Verviers, 1969. – *Jijé* (Schtroumpf. Les Cahiers de la Bande dessinée, 39), Grenoble, 1979. – *La Bande à quatre ou la victoire de Waterloo*, Bruxelles, 1981, *passim*. – *Vous avez dit BD... Jijé/Joseph Gillain* (Grands Auteurs Dupuis), Marcinelle, 1983. – T. Martens, *Le Journal de Spirou 1938-1988 : cinquante ans d'histoire(s)*, Charleroi, 1988, *passim* ; Id. et J.-P. Tibéri, *Les Mémoires de Spirou*, Charleroi, 1989, p. 33-55 ; Id., *Gillain, Joseph, Jean, Pierre, dit Jijé*, dans *Nouvelle Biographie nationale*, t. 5, Bruxelles, 1999, p. 175-177. – N. Gillain,

Joseph Gillain : Peintre-artiste créateur. Monographie illustrée et raisonnée, Mémoire de licence inédit en histoire de l'art, Université catholique de Louvain, Louvain-la-Neuve, 1996. – L. Courtois, avec la collaboration de T. Scaillet, *La presse enfantine et juvénile chrétienne en Belgique francophone aux 19ᵉ et 20ᵉ siècles : première enquête*, dans L. Courtois, J.-P. Delville, F. Rosart et G. Zelis (dir.), *Images et paysages mentaux des 19ᵉ et 20ᵉ siècles, de la Wallonie à l'Outre-mer* (Université catholique de Louvain. Publications de la Faculté de philosophie et lettres, Collection Temps et Espaces, 7), Louvain-la-Neuve, 2007, p. 175-199. – J. Toussaint (dir.), *Jijé... un artiste wallon au service de la bande dessinée*, Namur, 2010. – P. Delisle, *Spirou, Tintin et Cⁱᵉ, une littérature catholique ?*, Paris, 2010, *passim* ; Id., *De Tintin au Congo à Odilon Verjus. Le missionnaire, héros de la BD belge*, Paris, 2011, *passim* ; Id., *Le missionnaire dans la bande dessinée de Jijé : une figure récurrente mais évolutive*, dans J. Pirotte, C. Sappia et O. Servais (dir.), *Images et diffusion du christianisme. Expression graphique en contexte missionnaire (XVIᵉ-XXᵉ siècles)*, Paris, 2012, p. 332-346 ; Id., *Tintin et Spirou contre les négriers. La BD franco-belge : une littérature antiesclavagiste ?* (Esprit BD), Paris, 2013, *passim* ; Id., *Du « mal blanchi » au frère de couleur. Images évolutives de « l'indigène » chez Jijé*, dans *Outre-mers. Revue d'histoire*, nᵒ 392-393, 2016, p. 69-86. – C. et B. Pissavy-Yvernault, *La Véritable Histoire de Spirou*, t. 1, *1937-1946*, Marcinelle, 2013, *passim* ; t. 2, *1947-1955*, Marcinelle, 2016, *passim*. – F. Deneyer, *Quand Gillain raconte Jijé*, Marcinelle, 2014. –*Franquin, Morris, Jijé, Sempé... 200 couvertures inédites pour le journal* Le Moustique (Patrimoine), Marcinelle, 2015. – L. Courtois, *La BD, un média moderne au service de la croisade eucharistique en Belgique*, dans P. Delisle (dir.), *Bandes dessinées et religions*, Paris, 2016, p. 19-44. – B. Glaude, *Jijé, l'abbé Pirot et le western missionnaire*, dans P. Delisle (dir.), *Bandes dessinées et religions. Des cases et des dieux*, Paris, 2016, p. 69-98.

P. DELISLE

HAZE (Jeanne, Marie-Thérèse du Sacré Cœur de Jésus en religion), Bienheureuse, religieuse belge, co-fondatrice de la congrégation des Filles de la Croix de Liège, Liège, 17 févr. 1782-7 janv. 1876.

L'enfance. Jeanne Haze est née le 27 févr. 1782, dans le *cœur historique* de Liège, sur l'*isle*, à deux pas des églises Saint-Adalbert et Saint-Jean et de l'ancien couvent des Dominicains. Elle est baptisée le lendemain en l'église Saint-Adalbert. Jeanne s'avère vite d'une grande vivacité. Elle n'est ni l'aînée – trois enfants la précèdent – ni la cadette, une petite sœur arrivant un peu plus tard au sein du foyer. Dans les biographies de Marc LePain, nous ne connaissons pas les prénoms (Louis Humblet, lui, les signale) ; il n'est question que de Fernande, qui la rejoint dans la vie religieuse, sous le nom de Sœur Aloysia. L'instruction des enfants est faite avec amour, par le père, qui éveille leur intelligence et leur curiosité, une *école à domicile* avant l'heure. Marguerite Tombeur, la maman, y participe également. Maria-Eugénia Pietromarchi (OSB) note le caractère bien trempé de Jeanne, malgré sa douceur ; sa vivacité est confirmée par son sens du *leadership*.

Originaire de Geer, arrivé à Liège en 1766 à l'occasion de son mariage, son père Louis Haze est au service du Prince-Évêque, Constantin de Hoensbroeck, et de son successeur, Mgr de Méan. Il y connaît les ors de la Cour et du Palais, tout « l'establishment » épiscopal, la vie de château dans la résidence d'été du Prince-Évêque à Seraing. La biographie de la maman, Marguerite Tombeur, est beaucoup moins connue. Elle

Mère Marie-Thérèse Haze, image pieuse, Liège, *c.* 1912.

n'est pas une *femme au foyer* puisqu'elle est secrétaire du Prince-Évêque. Les cinq enfants sont donc nés dans une famille aisée. Marguerite Tombeur rend régulièrement visite à une amie, abbesse cistercienne au monastère de Robermont, à l'autre bout de la ville, le long de la route qui mène à Aix-la-Chapelle, là se trouve actuellement le cimetière du même nom. Les dates correspondent, nous pensons qu'il s'agit soit de Victoire de Borret, soit de Louise de Terwangne (voir *infra* la bibliographie : U. Berlière, *Monasticon belge*). Mère Victoire est mentionnée dans les *Registres de l'abbaye d'Aulne* en 1784, elle décède en 1787. Comme le signalent les documents d'Aulne, leur maison-mère, cette abbesse laisse une vacance courte mais assez mouvementée. Aussi bien le nonce de Cologne que la *Secrétairerie d'Etat* à Rome interviennent pour régler le différend. Mère Louise est nommée chapelaine en 1786, élue en 1787, décédée en 1809, soit après les tourmentes révolutionnaires qui ont affecté cette abbaye.

Au sein de la famille Haze, la fratrie baigne dans la religion catholique ; le Jansénisme, bien présent à Liège, ne semble pas les atteindre. Comme beaucoup d'enfants du XIXᵉ siècle et parfois durant le XXᵉ siècle, les filles et leurs amies jouent *aux moniales*. Il semble que la *Règle* de S. Benoît (VIᵉ siècle) a été assimilée par Jeanne, souvent élue abbesse durant ses jeux.

La période de la *Révolution* française, dont les idées arrivent rapidement à Liège, les guerres, les mandements épiscopaux en vue d'une pacification, bousculent l'équilibre familial, sans atteindre pourtant l'amour du couple et des enfants. Après quelques tourments et violences, dont une condamnation avec à la clé une probable pendaison par les révolutionnaires, la sagacité des parents Haze les pousse à l'exil chez des proches à Huy, puis à Maastricht, enfin en Allemagne : Cologne, Düsseldorf, Solingen. Comme souvent dans les fuites dues à la guerre, la famille est éparpillée peu après

Cologne. Louis Haze part à la recherche de ses filles. Éreinté, cardiaque, il s'en remet à la Providence, il meurt à Düsseldorf le 15 juin 1795. Comme tous les exilés et les réfugiés, Jeanne et les siens vivent en subissant une trop longue liste de découragements et de souffrances.

Le retour à Liège. Revenue à Liège, Jeanne Haze vit intensément les bouleversements dus à la Révolution industrielle. Elle prend conscience des nombreuses inégalités sociales dans son environnement, son cadre de vie ; elle les trouve criantes car à Liège et dans la région, une paupérisation galopante s'est installée. Ce processus de conscientisation ne la quittera plus jamais. Pour la tranche de la société dont elle est issue, les Universités de Liège et de Gand sont créées en 1817. Des jeunes, aisés, sont instruits dans des conditions optimales. Le roi des Pays-Bas, Guillaume Ier, promulgue un décret le 12 oct. 1815 (droit public). En 1824, Jeanne Haze reçoit l'autorisation d'enseigner. Elle accepte la responsabilité d'une école payante pour jeunes filles, créée par Melle Servais. Avant cette date, l'école n'est pas formellement autorisée, tout au plus, est-elle tolérée. À cette époque, il est proposé à Jeanne Haze de rejoindre la Congrégation des Sœurs de Notre-Dame, ce qu'elle refuse.

Jeanne Haze fonde alors une école de travaux d'aiguilles, y favorise les principes chrétiens et l'honnêteté. En 1829, avec plusieurs amies, dont Virginie Soroge, elle fonde une école gratuite pour jeunes filles pauvres. Elles sont soutenues par l'abbé Théodore-Joseph Cloes (1772-1830), doyen à Saint-Barthélemy, et par Mgr Corneille van Bommel, l'évêque de Liège.

Dans ces circonstances, une ébauche de vie communautaire se dessine, le charisme apparaît lentement : le service des pauvres par l'éducation et, plus tard, par la santé. L'apostolat ne reste pas en cet état embryonnaire ; selon l'époque et le pays, d'autres actions étoffent leur agir pour tout homme, ici ou à l'étranger : dans les épidémies, en prison, l'activité est débordante. Le pays Belgique est créé en 1830. Doté d'une Constitution, il retrouve la stabilité. C'est une des raisons pour laquelle, en 1833, malgré ses 47 ans, Jeanne Haze prend l'habit religieux et le nom de Marie-Thérèse. Une autre raison, familiale cette fois, avait retardé l'épanouissement de la vocation de Jeanne Haze. Elle avait voulu demeurer auprès de sa mère, veuve. Ses frères et sœurs ont ainsi pu se marier et fonder une famille.

En 1841, Marie-Thérèse Haze est émue par les conditions de détention de trois cents femmes, appelées *délinquantes*, retenues dans la prison Saint-Léonard voisine. Elle interpelle ses sœurs ; un début de pastorale carcérale est rapidement mise en place. Les religieuses procurent une croissance spirituelle ; elles accompagnent et pratiquent une « maternité spirituelle ». Ainsi fondées, les Filles de la Croix doivent écouter l'autre, prier la Bible ; dans l'Esprit, elles discernent ce qui est utile pour autrui, sur les plans horizontal et vertical. Par ricochets, face aux fruits visibles de leur apostolat, le gouvernement provincial s'intéresse à leurs initiatives en vue d'autres œuvres de redressement moral. Il s'agit probablement de créer une atmosphère de bienveillance, d'hygiène sociale, de tempérance dans l'agir individuel et collectif, etc. Alors qu'une religieuse est devenue

portière de la prison, en remplacement d'un membre du personnel laïc, Mère Marie-Thérèse Haze et Sœur Agnès s'intéressent au sort des détenues lors de la sortie de prison. Dans un des greniers de celle-ci, les deux religieuses fondent un *Refuge* en vue d'une réinsertion sociale. En 1842, le local du grenier est devenu trop petit, le *Refuge* est transféré dans une annexe du Palais des Princes-Évêques, grâce à une dame de grande vertu, membre de la Confrérie des Dames de la Miséricorde, fondée par l'abbé Jean(-Baptiste)-Guillaume Habets (1801-1876). Lors de l'inauguration du nouveau local, d'autres fruits de leur apostolat sont remarqués : la participation des anciennes détenues aux sacrements. Mgr van Bommel s'en réjouit ouvertement.

Le *refuge* reste environ 25 ans dans cette annexe du Palais avant le transfert à Namur, de force, sur décision de l'État. Les religieuses ne les suivent pas à Namur, les scènes de départ seront déchirantes.

Comme tant d'autres bâtiments, il faut démolir celui qui abrite le *Refuge*. À partir de 1828, tout le quartier Saint-Servais évolue ; la ville veut un assainissement des bâtis, mise sur la circulation, ce qui signifie amener le chemin de fer au centre de la ville. La ligne est construite sur un tracé de 1863, sur un projet de l'ingénieur, Directeur des travaux de la ville de Liège, Hubert-Guillaume Blonden ; elle est ouverte au trafic le 1er mai 1865. Par ces travaux d'envergure, un fossé est creusé à l'intérieur même du quartier (voir l'exposé de M.-E. Melon, *infra*, bibliographie). Apparemment, il n'a jamais été question d'une expropriation du bien géré par Marie-Thérèse Haze.

Les religieuses reçoivent une aide spirituelle et morale de l'abbé Jean Habets, le fils d'un agriculteur limbourgeois, né dans une grande fratrie. Il est ordonné prêtre et devient le curé de la paroisse Saint-Barthélemy. Par l'aide apportée au Carmel voisin, le prêtre possède déjà une expérience de discernement spirituel. Quelques années plus tard, il est muté en tant que chanoine de la collégiale Sainte-Croix, en plein cœur historique de Liège. Les Filles de la Croix sont également soutenues par l'abbé Jean-François Maréchal (1805-1891), curé de la paroisse voisine de Sainte-Foy, mais il souhaite aussi y créer une école.

L'extension de la congrégation. De même, dès 1833 et au cours de son épiscopat, Mgr van Bommel leur prodigue sa sollicitude pastorale. Nous le verrons, comme on le montrera *infra*, à l'œuvre lors des diverses étapes du développement de la communauté religieuse. De façon régulière, des jeunes filles entrent au noviciat, cette croissance permet à Marie-Thérèse Haze de fonder des Instituts en Belgique (1841-1844), et bientôt à l'étranger. Parmi ces novices, Marie-Caroline Mevis ; elle est née à Tongres en 1832 dans une famille d'origine liégeoise. À sa vêture, elle reçoit le nom de Théodorine de la Passion ; elle émet ses vœux en 1852 (sur cette dernière, voir E. Laveille, bibliographie, *infra*). Très vite, elle assiste Marie-Thérèse Haze dans le gouvernement de la communauté du *Refuge*, formée de quatre religieuses et d'une soixantaine d'anciennes détenues. En 1860, Sœur Théodorine en devient la supérieure, jusqu'au transfert du *Refuge* à Namur. En 1851, Sœur Théodorine Mevis quitte la maison-mère pour se dévouer auprès des malades à Aspel (Aujourd'hui Rees, en Allemagne), avant de rejoindre d'autres religieuses dans les Indes britanniques.

Au milieu du XIXᵉ siècle, malgré tant d'éléments encourageants pour la communauté nouvelle, le choléra se propage à Liège et dans les environs. Les Filles de la Croix procurent une assistance spirituelle et les soins adéquats avec l'installation d'un hôpital de fortune, bien que les voisins s'interrogent sur le risque d'extension de l'épidémie. De même, pour lutter contre ce terrible fléau, elles établiront un « hôpital de campagne » en Outremeuse. Les réactions des voisins y sont tout aussi virulentes.

En 1842, à la demande de Jean-Bernard-Joseph Lejeune, le nouveau curé de la paroisse Sainte-Véronique, quelques religieuses s'installent à l'autre bout de la ville, sur la même rive. L'église Sainte-Véronique tombant en ruine, il faut tout reconstruire. Cependant, le pasteur pense que l'éducation des filles par la création d'une école a une priorité sur la restauration de l'église. Alors que des Filles de la Croix enseignent avec des moyens de fortune, Marie-Thérèse Haze s'ingénie à la cuisine avec des moyens dérisoires, comme une excellente maîtresse de maison. À la même époque, grâce à l'intervention régulière de la Conférence de Saint Vincent de Paul, les religieuses s'implantent également à Chênée. On pourrait dire que la jeune congrégation quadrille désormais la ville…

Le chemin vers la béatification. Marie-Thérèse Haze meurt le 7 janv. 1876, sa mission est accomplie, le relais est assuré. La Congrégation compte déjà 900 religieuses et 50 fondations. Avec l'expansion de la Congrégation, en 1905, soit 30 ans après sa mort, le bilan s'établit à 1300 religieuses et 88 fondations. Inhumée à Chênée, elle y reste pendant 50 années. En 1926, son corps est exhumé pour le procès diocésain en vue de la béatification. La dépouille, intacte, est ramenée à Liège dans la chapelle *Ecce Homo* du jardin de la maison-mère. Le dossier est transmis au Saint-Siège pour examen par le dicastère pour la cause des saints. Avec ses points sombres, commence un très long procès. La procédure informative commence en 1902, le décret sur les écrits est promulgué le 23 févr. 1910, la cause est introduite le 13 déc. 1911, le décret sur la validité des procédures informative et apostolique tombe le 26 juin 1923, la promulgation du décret sur les vertus héroïques survient le 9 févr. 1941, celle du décret sur le miracle le 22 janv. 1991, soit quelques mois avant la cérémonie de béatification.

En 1927, Mᵍʳ Martin-Hubert Rutten, évêque de Liège, préface l'édition des *Lettres* de Sœur Émilie, rassemblées par Charles Richstaetter (SJ), publiées par Victor Couty (SJ) (*cf. infra*, bibliographie).

Malgré les éloges émis en 1948 par la *Sacrée Congrégation des Rites* à Rome, il faut attendre le 21 avr. 1991 pour la célébration de sa béatification, par le pape Jean-Paul II, dans la Ville Éternelle. À cette occasion, deux religieuses italiennes du XIXᵉ siècle sont également portées sur les autels. À partir du 21 avr. 1993, Marie-Thérèse Haze repose dans la chapelle du Sacré-Cœur, attenant à la maison-mère, à flanc de rue, aux périphéries du centre-ville. En 2016, une nouvelle exhumation est réalisée, en vue de la translation du corps dans la cathédrale Saint-Paul de Liège. Le corps s'avère toujours parfaitement intact, il est resté dans le même état de conservation qu'en 1926.

Le samedi 29 avr. 2017, à Liège, en présence du nonce apostolique, de diverses autorités religieuses, de membres de la société civile, Mᵍʳ Jean-Pierre Delville, évêque de Liège, a procédé à la translation du corps de la Bienheureuse Mère Marie-Thérèse (Jeanne) Haze, co-fondatrice des Filles de la Croix de Liège, de l'ancienne maison-mère vers la cathédrale Saint-Paul. Pour elle, ce fut le tout dernier voyage, pour une inhumation enfin définitive. Le cœur historique de la ville a vibré au son de la fanfare ou des chants de jeunes.

Les Filles de la Croix en Europe et sur les autres continents. En 1851, à la fin de son noviciat, avec quelques sœurs, Émilie (Julie) Schneider, d'origine allemande, rentre dans son pays natal. Grâce à Mᵐᵉ Lacordaire, belle-sœur du dominicain français, une petite communauté de Filles de la Croix s'installe à Aspel, avant de s'implanter à Düsseldorf. Sous l'impulsion de l'archevêque de Cologne, Johannes von Geissel (sur celui-ci, voir *DHGE*, t. 20, col. 264-270), elles s'associent en 1852 aux *Cellitines*, une Congrégation de religieuses soignantes, à l'époque en voie de disparition. La cohabitation n'est pas aisée. Sœur Émilie l'écrit à sa supérieure, Marie-Thérèse Haze, lors de la réception d'un petit fragment de Sa croix. Elle assimile ces difficultés à la Passion et à la Croix du Christ. En Allemagne, en 1859, les Filles de la Croix s'émancipent ; elles érigent un hôpital thérésien. En ce début du XXIᵉ siècle, la fondation de Düsseldorf existe toujours. En 1926, le dossier de béatification de Sœur Émilie est ouvert à Rome.

En 1861, Mᵍʳ Steins (SJ), vicaire apostolique de Bombay (Indes britanniques), vient en Europe pour obtenir un financement de ses projets. Il séjourne chez ses confrères à Liège. Aux Jésuites, il s'ouvre d'un souhait de voir une implantation religieuse féminine dans son vicariat. Ses frères de la Compagnie lui parlent des Filles de la Croix de Liège. La rencontre est rapidement mise en place ; elle a lieu entre le prélat, l'Abbé Jean Habets et Marie-Thérèse Haze. Le saut vers l'inconnu païen est confirmé en 1862. Marie-Thérèse Haze connaît le zèle et le dévouement de ses sœurs, elle accepte. D'Aspel, Sœur Théodorine Mevis est rappelée à Liège pour se préparer au départ vers une lointaine contrée. Accompagnée d'un jésuite, rejointes par un groupe de religieuses, et après plusieurs escales en Égypte, elles arrivent aux Indes en 1868.

L'extension de la congrégation se poursuit : Angleterre (1863), 1910, Congo (colonie belge), 1920, Irlande, 1924, Pays-Bas, 1925, Formose (rapidement fermé), 1929, Italie, 1953, Brésil, 1958, États-Unis. En 1943, la congrégation fusionne avec les Sœurs de Saint-Joseph. Des congrégations autochtones sont fondées en Inde et au Congo.

Le message de Mère Haze, à partir d'une double vision. La première vision de Marie-Thérèse Haze est une immense croix dans le ciel liégeois. Au croisement des bras de la croix, entre l'horizontalité et la verticalité, une couronne d'épines. C'est le symbole de la Congrégation, que les religieuses portent toujours en pendentif. Dans un livre sur la croix dans l'art, Anne Libbrecht Gourdet (voir bibliographie *infra*) montre l'évolution de l'art religieux et de la représentation de la Croix. Elle répond au Tau hébreu, symbole du nom de Dieu (Ez 9, 4 ; Ap. 7). Annoncée par S. Irénée de Lyon, à la fin du IIe siècle, la Croix symbolise l'*arbre de vie*. Redécouverte au IVe siècle par S. Jean Chrysostome, mais connue antérieurement par les chrétiens du Nil, la Croix triomphale est considérée comme une *source d'honneur et de gloire*. Il faut attendre le VIIIe siècle pour que les chrétiens se marquent eux-mêmes du signe de la croix. Les exo-signes qui entourent la croix sont usuels au XIIIe siècle, reconnus comme des *Arma Christi*. À partir du XVIe siècle, la Contre-Réforme fait de la Croix le symbole qui a guéri le monde ; un rapport est ainsi facilité avec l'inscription qui entoure la croix 'rayonnante', vue dans le Ciel par Marie-Thérèse Haze : *In hoc signo vinces*, soit *Par ce signe, tu vaincras*. La Croix annonce l'arbre de vie. A. Libbrecht Gourdet classe la croix des religieuses dans les *croix triomphantes*. Les religieuses la voient comme une croix glorieuse, le signe que toute souffrance peut être transfigurée.

L'art est devenu un moyen de propagande, jusqu'à la piété populaire, sensible. Dans cette perspective, le XIXe siècle voit la mise en place des instruments de la Passion du Christ. Marie-Thérèse Haze est probablement marquée par ce phénomène. Mais c'est aussi le début de « l'amour pour Jésus crucifié », un thème repris cent ans plus tard par les instituts séculiers. Au temps de Marie-Thérèse Haze, l'accent est mis sur les souffrances du Christ, nos péchés, le renoncement et l'âpreté de la prière. Cependant, le désir de Dieu doit primer. Marie-Thérèse Haze voit le développement de ce dessein ; il se réalise au fil des ans dans le service de Jésus souffrant. Afin de révéler au monde le visage de tendresse de Dieu, avec d'autres religieuses, elles mènent des œuvres de miséricorde. Bien installées dans la spiritualité ambiante au XIXe siècle, sulpicienne, peut-être avec une pointe de jansénisme, les Filles de la Croix de Liège s'inspirent de la péricope du « Christ souffrant au Calvaire ». Elles regardent la compagnie de la Vierge Marie, de S. Jean, de Marie de Magdala. Elles voient le divin Rédempteur suspendu entre ciel et terre, et son amour poussé à ce point. Jean Habets ajoute que « *l'humilité est une vertu propre à la congrégation, l'obéissance en toutes choses en est la perfection* ». Dieu est leur supérieur.

Mgr van Bommel accepte le projet. Le 8 sept. 1833, en l'église du Carmel du Potay, il procède à la *vêture* de Jeanne Haze et de ses compagnes, dont une converse. Au cours de cette cérémonie, en signe de conversion, Jeanne change de nom, elle est appelée Sœur Marie-Thérèse, et Ferdinande devient Sœur Aloysia.

Marie-Thérèse Haze connaît une seconde vision : une invitation à vivre dans un ermitage. Régulièrement, elle en parle à ses sœurs comme d'un lieu à « habiter où Il [le Seigneur] la visiterait ». Situé dans la campagne de Düsseldorf, Marie-Thérèse Haze comprend que le village d'Aspel correspond à cette vision pour une vie solitaire et solidaire. De même, jusqu'à sa mort en 1859, Sœur Émilie Schneider se rappelle la parole de sa supérieure : « Souvenez-vous de l'ermitage ».

Évolution en droit canonique. La *Règle* et les *Constitutions* sont élaborées au cœur d'une prière communautaire, avec patience. Elles sont votées en 1842, lors d'un Chapitre, par les professes ayant plus de dix ans de vie religieuse. Marc LePain décrit l'influence de

Jean Habets. Ce dernier joue en effet un rôle déterminant dans le processus de rédaction, selon les exigences de la période post-tridentine. Il offre le Saint Sacrifice de la Messe à cette intention, il dirige la prière commune, souhaite que la *Règle* et les *Constitutions* soient libres de toute influence monastique, sans se distraire de la contemplation face à l'action, par la réalisation des œuvres de charité. Afin d'établir des statuts conformes à l'enseignement de l'Église, Jean Habets étudie la législation religieuse de S. Ignace de Loyola. Grâce à des aides et ressources extérieures, les *Statuts* et l'action apostolique des Filles de la Croix de Liège sont reconnus officiellement par Mgr van Bommel en 1845.

Du fait de nombreuses difficultés et des obstacles récurrents dus à un refus d'approbation de la Règle et des Constitutions, au décès de Grégoire XVI, à l'exil à Gaète de son successeur Pie IX, d'où il ne rentre à Rome qu'en 1850, aucune décision engageante pour l'Église ne peut être prise par le pontife avant cette dernière date. De plus, les paquets de documents transmis au Saint-Siège sont perdus à la Secrétairerie d'État. Mgr van Bommel ne désespère pas ; entre 1844 et 1850, il mène une action incessante tant à Liège qu'à Rome. Par sa rencontre à Liège avec le jésuite et théologien Giovanni Perrone, l'évêque de Liège tente de débloquer le dossier à Rome. Finalement, le *Bref d'approbation* est promulgué le 9 mai 1851, moyennant une modification aux Statuts, relatifs au vœu de persévérance. Celui-ci ne peut être respecté qu'à l'intérieur d'une clôture, il est incompatible avec l'action menée par les religieuses. Ce vœu devient une ferme résolution de persévérance.

De façon surprenante, dès l'origine, l'Église reconnaît les Filles de la Croix de Liège comme une fondation de droit pontifical. Cependant, vu leur apostolat, elles ne peuvent faire partie d'une congrégation de religieuses régulières, cette appellation étant réservée aux moniales ; par conséquent, avant le code canonique de 1917, les religieuses décident de vivre *in casa*, en une maison, à la jonction des quartiers Saint-Barthélemy et Saint-Léonard.

Le nom de Filles de la Croix existe déjà au XVIIe siècle en France. Des congrégations portant la même dénomination sont fondées au XIXe siècle en France, Italie, Belgique, Angleterre, Thaïlande et aux États-Unis ; toutes sont de droit diocésain. Certaines congrégations françaises fusionnent après Vatican II.

Les *Statuts* sont révisés en 1911, en 1920 et en 1955. La dernière révision date de 1963, soit avant la fin du concile Vatican II et la promulgation du décret *Perfectae Caritatis* sur la vie religieuse (1965). Il n'y a pas eu de révision connue après le Code canonique de 1983.

En suivant l'Article 1 de leurs *Constitutions*, repris dans un des dépliants sur l'action de la communauté, les Filles de la Croix de Liège s'engagent à « former un institut de vie apostolique », dont le but est : « de reconnaître et d'annoncer que l'amour de Dieu s'est manifesté de manière éclatante dans la passion et la mort de Jésus. En réponse à cet amour, les Filles de la Croix « rendent gloire et honneur au Christ en l'aimant et en le servant dans ses membres, surtout les plus faibles et les plus souffrants ». À la fin du livret *Secret d'un amour*, édité en 1983 par la Congrégation avec l'aide de leurs élèves, pour les 150 ans de la fondation, il est inscrit : « Communiant au mystère de Jésus crucifié, De

Jésus ressuscité dans l'offrande, Pour la Rédemption du monde, Elles lui porteront son message d'espérance ».

Cette maxime actualise les pensées et toute l'action de Marie-Thérèse Haze, reprises ci-dessus : « Cœur transpercé sur la Croix, Transfiguré dans la gloire. Amour sans limites, Pour Jésus Crucifié, glorifié. Amour sans frontières, Pour ses frères, Les plus déshérités ».

Actualité de sa vie. Comme le *Secret d'un Amour*, bien enracinée dans la réception de Vatican II, pétries de la Parole divine, les Filles de la Croix croient en la communion aux mystères de l'« Amour démuni, désarmé, offert » ainsi qu'au « mystère de la fraternité universelle ». Elles discernent les *signes des temps* pour revivifier leur engagement auprès des plus pauvres et des marginalisés du lieu où elles sont implantées, dans nos sociétés de consommation ou globalisées. Les besoins indiens ne sont pas ceux de pays en guerre, encore moins ceux de l'Europe.

Sociabilité de toute l'Église. À Liège, dans la première moitié du XIXe siècle, la pauvreté matérielle et morale est importante et dure. Réaliste sur ces situations difficiles, Marie-Thérèse Haze ne se décourage jamais, elle accepte beaucoup de missions d'Église ou de la société civile en faveur des moins favorisées, jusqu'à la limite de ses forces. Elle voit une âme à sauver, elle regarde toute situation de détresse « à la lumière qui irradie du Golgotha » pour reprendre les mots de Maria-Eugenia Pietromarchi. Tant humain que charitable, le projet de Marie-Thérèse Haze s'inscrit dans un courant d'idées sur la justice sociale, antérieur à la position de l'Église et sa doctrine sociale. Pour agir, Jeanne Haze n'attend pas la promulgation de l'encyclique *Rerum Novarum* par Léon XIII, en 1891. À cette date, elle est morte depuis quinze ans.

Mère Marie-Thérèse Haze poursuit le but de rendre la dignité aux femmes, touchées par différentes pauvretés, dont l'illettrisme. Par extrapolation, serait-elle une des précurseurs de la théologie de la libération ? Au moment où Karl Marx démonte le mécanisme économique et dénonce l'outrance du capitalisme, Mère Marie-Thérèse Haze est sensible à ces affres et à leurs conséquences, elle vit l'incarnation pour plus de justice sociale, à la lumière des Évangiles. Ce courant d'idées d'un *humanisme chrétien* est aussi incarné en Belgique par un prêtre diocésain, l'abbé Adolf Daens (1839-1907).

Pour conclure. Les biographies de Marie-Thérèse (Jeanne) Haze ne sont pas nombreuses. Soucieuse d'une orthodoxie catholique, dès le début de son livre édité en 1948, Maria-Eugénia Pietromarchi (OSB) se réfère à un Décret du pape Urbain VIII, publié au XVIIe siècle, pour éviter les écueils du Jansénisme et les polémiques de l'époque sur la grâce. En guise de préface, nous y lisons la lettre de S. Natucci, Promoteur général de la Foi au sein de la S. Congrégation des Rites. Il a lu l'*épreuve* du récit avant publication et a été profondément touché par une vie aussi riche et féconde. Déjà en 1945, dans son commentaire – où Marie-Thérèse Haze est affirmée *vénérable* – il écrit : « Rarement, dans l'exercice de mes fonctions, il m'est arrivé de rencontrer une œuvre comme la présente biographie qui, en même temps qu'elle suscite un sentiment de joie sereine, laisse au fond de l'âme une agréable et durable impression de bien ».

Pour offrir une histoire cohérente de sa vie, il a fallu relier entre eux des livres et des brochures sur la vie des différents acteurs : Marie-Thérèse Haze, Sœur Émilie Schneider, l'abbé Habets, etc. Ces ouvrages sont le reflet du cloisonnement d'une époque, d'une vie familiale qui ne prend en compte que la vocation religieuse. Dans cette présentation, pour les enfants mariés, il faut gérer une frustration. Au fil des ans, toute l'action de Marie-Thérèse Haze est rendue possible par l'aide matérielle et collaborative des confréries et du laïcat. De tous les temps, ces pieuses *associations de fidèles* ont permis à l'Église de réaliser une action caritative d'envergure. Bien avant la naissance de la Principauté, du Moyen Âge jusqu'à ce jour, Liège n'a pas échappé à cette tradition.

Éprouvée par la Révolution de 1789, Marie-Thérèse Haze et sa sœur Ferdinande partent d'un confort bousculé pour se mettre au service des autres.

À travers certaines biographies, à côté d'un réel et authentique désir d'union à Dieu, nous remarquons tout un vocabulaire de morale religieuse : un attrait pour le sacrifice, une indéniable force d'abnégation, etc. Si les influences sont difficiles à déterminer, les mots flirtent avec une forte culpabilisation, une culpabilité excessive. Même si les religieuses s'en défendent, le Jansénisme a laissé des traces à Liège. À l'identique, la Contre-Réforme et le mouvement sulpicien y ont fait quelques dégâts.

Mère Marie-Thérèse Haze est une femme *universelle* par son souci pour toutes sortes de pauvretés autour d'elle et de sa communauté, à Liège et dans sa banlieue. Avant l'heure, elle porte son action missionnaire aux périphéries existentielles européennes et en outre-mer. Elle est bien ancrée dans sa terre liégeoise. Ses actions partent de la Cité Ardente. Elle est aussi de son temps car elle s'insère dans un contexte socio-économique difficile et dans une Église en mutation suite aux révolutions militaires ou industrielles. Son dynamisme, reconnu dès l'enfance, ne la quitte jamais.

Aujourd'hui, en Europe, comme dans d'autres communautés religieuses, les Filles de la Croix de Liège connaissent la même baisse vocationnelle. Néanmoins leur charisme y est bien représenté : depuis le début, à travers le monde, des laïcs associés vivent de leur spiritualité, propagent leur généreux projet. Ces laïcs participent à la mission de l'Institut, de l'Église locale comme de l'Église universelle. En Amérique latine comme dans le Sud-Est asiatique, les vocations sont nombreuses, l'inculturation est réussie. La pensée inspirée de l'Évangile par l'Esprit en Marie-Thérèse Haze est portée aux confins de la terre.

Archives de l'Évêché de Liège, *Fonds van Bommel*, no 14 et 436 ; *Collection Peyrot*, Boîte D, *Correspondance* ecclésiastique. – Anonyme, *Les Filles de la Croix aux Indes*, Liège, 1905, p. 10. – L. Humblet, *La Vénérable Marie-Thérèse Haze, fondatrice de la congrégation des Filles de la Croix de Liège*, Liège, 1924, p. 82. – V. Couty et Ch. Richstaetter, *Vie et lettres de Sœur Emilie des Filles de la Croix, une âme mystique au temps présent*, Louvain, 1927. – J. de Marchi, *The Venerable Mother Marie Therese Haze*, London, 1928. – E. Laveille, *Une sœur missionnaire, sœur Théodorine de la Passion de la Congrégation des Filles de la Croix de Liège (1832-1911)* (Museum Lessianum. Section ascétique et mystique, 26), Louvain, 1928, p. 1, 16, 24. – U. Berlière, *Monasticon belge*, t. II, *Province de Liège*, Maredsous, 1929, p. 185-186. – M.-E. Pietromarchi, *Mère Marie-Thérèse Haze*.

Fondatrice des Filles de la Croix de Liège, Liège, 1948. – G. Jones, *Une belle figure du clergé liégeois,* Liège, 1953. – O. de La Brosse, A.-M. Henry et Ph. Rouillard (dir.), *Dictionnaire de la foi chrétienne,* t. I, *Les mots,* Paris, 1968, col. 800. – E. Koninckx (éd.), *Le clergé du diocèse de Liège (1825-1967),* t. I, 1974, p. 140 ; t. II, 1975, p. 215. – G. Brasca, *Prier en plein monde. Un problème pour les Instituts Séculiers,* dans *Vie consacrée,* 48, 1976, p. 12-13. – G. Rocca, *Figlie della Croce di Lavaur,* dans Id. (dir.), *Dizionario degli Istituti di perfezione,* t. III, Roma, 1976, col. 1556-1557 ; Id., *Figlie della Croci di Liegi,* dans *Ibid,* col. 1558-1559 ; Id., *Haze, Jeanne,* dans *Ibid.,* t. IV, Roma, 1977, col. 1516. – Congrégation des Filles de la Croix de Liège, *Secret d'un amour,* Liège, 1983, p. 1, 5, 32. – R. et M. Gollnick, *Haus Aspel, Irmgard von Aspel – Maria Theresia Haze, Zwei Frauen, dem Niederrhein in* ᶫᶦᵉᵇᵉ *verbunden,* Kevelaer, 1985. – Cl. Viard, *Accompagnement et croissance spirituelle dans la vie consacrée,* dans *Vie consacrée,* 60, 1988, p. 346-359 (recension par J.-M. de Marneffe, dans *Collectanea Cisterciensia,* 51/1, 1989, p. [376]). – F. W. Bautz, *Haze, Maria Theresia (Taufname : Johanna),* dans *Biographisch-Bibliographisches Kirchenlexikon,* t. 2, 1990, col. 617-619. – E. I. Strubbe et L. Voet, *De chronologie van de middeleeuwen en de moderne tijden in de Nederlanden,* Antwerpen, 1991, p. 223. – Brochure vaticane pour la liturgie de béatification des servantes de Dieu, Roma, 21 avr. 1991. – M. B. Bliss, *Haze, Maria Theresia, Bl.,* dans *New Catholic Encyclopedia,* t. 6, 2003, p. 678. – M. LePain, *Canon Jean Habets, Co-founder par excellence,* Strasbourg, 2009, p. 16, 30-31, 33, 47-50, 109-111 ; Id., *Rencontre avec Sœur Émilie,* Strasbourg, 2009, p. 17-22-26, 49 ; Id., *A great mystic for our times : Sister Emilie Schneider,* Strasbourg, 2009, p. 51. – J.-P. Delville, *L'engagement social de l'Église hier et aujourd'hui,* conférence donnée à Tilleur le 23 févr. 2016 (sur le site du diocèse de Liège). – A. Libbrecht Gourdet, *Mort et Vie. La Croix à travers les âges et les cultures,* Namur, 2017, p. 11-12, 17. – M.-E. Melon, *La responsabilité de la Ville de Liège dans la destruction de son patrimoine architectural (1794 à nos jours),* exposé à l'Université de Liège, le 23 nov. 2017. – J. Pirotte, *Révoltés d'hier au nom de l'Évangile : à la rencontre de quatre contestataires,* conférences des 5, 12, 19, 26 oct. 2017 organisées par le doyenné du Sud-Luxembourg, dans *Communications,* 8, 2017, p. 310.

F. Mélard

JIJÉ, pseudonyme de Joseph Gillain (1914-1980), auteur de bande dessinée wallon (Belgique), un des grands maîtres de l'École franco-belge, au même titre qu'Hergé (Georges Remy). Voir *supra,* Gillain (Joseph).

KEOGH (Myles Walter), zouave pontifical irlandais, puis officier de cavalerie dans l'armée américaine, 1840-1876.

Il est né en Irlande le 25 mars 1840 à Orchard House (commune de Leighlinbridge, comté de Carlow) de John Keogh, un fermier aisé, et de son épouse Margaret, née Blancheville, une femme de la gentry (haute bourgeoisie ou noblesse non titrée) du comté de Kilkenny, au sein d'une famille catholique fervente qui compta 9 enfants. Il perdit son père alors qu'il était encore enfant. Le

jeune Keogh étudia à l'école nationale de sa ville, puis sans doute au Collège Saint-Patrick de Carlow. D'esprit aventureux, en août 1860, à la suite d'un appel aux armes lancé par le clergé irlandais, il s'engagea en tant que second lieutenant dans le Bataillon irlandais de Saint-Patrick engagé en Italie pour la défense des États pontificaux. Prit-il part à la bataille de Castelfidardo (18 sept. 1860) ? Un bref message envoyé à sa mère la veille et conservé dans les archives de la National Library (Dublin) pourrait le faire croire. On est par contre certain qu'il a été décoré pour ses faits d'armes durant le siège et le bombardement du port d'Ancône par la flotte piémontaise (24-29 septembre 1860). Emprisonné à Gênes pendant quelque temps, il retourna à Rome pour réintégrer la Compagnie de Saint-Patrick au sein de la garde pontificale. Avait-il perdu ses illusions sur la conduite du gouvernement pontifical et cherchait-il une meilleure opportunité de faire ailleurs une brillante carrière militaire, comme le suggère Kurt H. Cox dans son article ? (cité *infra*). Quoi qu'il en soit, son service dans l'armée du pape s'arrêta le 20 févr. 1862. Outre la médaille *Pro Petri Sede,* il reçut aussi la Croix de l'Ordre de Saint-Grégoire le Grand pour sa vaillance durant le service.

Recruté par l'archevêque d'origine irlandaise John Hughes (New York) arrivé en Italie afin de trouver pour l'armée de l'Union des officiers ayant servi dans les armées du pape, Keogh parvint à New York à la fin mars 1862 avec plusieurs de ses camarades officiers du bataillon de Saint-Patrick, et notre Irlandais se mit donc au service de l'Union durant la guerre de Sécession avec le grade de capitaine. Il servit d'abord comme aide de camp du brigadier général James Shields (également Irlandais d'origine), puis dans l'armée du Potomac sous les ordres du général George McClellan (jusqu'en novembre 1862) et du brigadier général John Buford. Il prit part en tant qu'officier de cavalerie à près de 80 batailles ou escarmouches et se distingua rapidement dans plusieurs célèbres batailles de la guerre civile : Port Republic (9 juin 1862), qui fut son baptême du feu en Amérique et où il fit forte impression sur le général McClellan, Cedar Mountain (9 août 1862), Second Bull Run (28-30 août 1862), Antietam (17 sept. 1862), Fredericksburg (13 déc. 1862). Quelques semaines après Antietam, il fit partie des cinq officiers chargés d'escorter le président Lincoln lors de sa visite du champ de bataille. Il combattit encore à Chancellorsville (1-5 mai 1863), Brandy Station (9 juin 1863), Gettysburg (1-3 juil. 1863), bataille où il fut promu major après avoir pris une part active à l'action de retardement décisive de la division de Buford au Nord puis au sud de la ville et pour laquelle il reçut ultérieurement un brevet reconnaissant les mérites de son action, Mine Run (30 nov.-1ᵉʳ déc. 1863). Ultérieurement, après la mort de Buford (16 déc. 1863) qui mourra de la fièvre typhoïde assisté dans ses derniers instants par Keogh, ce dernier fut affecté au théâtre d'opérations occidental où il servit en tant que chef d'état-major du général George Stoneman. C'est ainsi qu'il prit part à la campagne d'Atlanta à l'été de 1864. Il s'illustra durant le combat de Resaca (13-15 mai 1864) en capturant une concentration de soldats confédérés grâce à une charge de cavalerie menée avec un impressionnant sang-froid. À la suite de la bataille de Sunshine Church (31 juil. 1864) où il mena une charge de cavalerie pour couvrir la retraite de la troupe et de l'artillerie, il est capturé et emprisonné avec le général Stoneman pendant deux mois et demi à Charleston, puis relâché avec son supérieur grâce aux efforts du général William T. Sherman. En avril 1865, il combattit à la tête du régiment de cavalerie *Eleventh Kentucky* et s'illustra encore le 12 lors de l'engagement de Grant's Creek (Salisbury), à la tête d'un détachement de cette unité. À la fin de la guerre, il fut de nouveau promu pour son courage et son efficacité, cette fois au rang de lieutenant-colonel. Il était hautement apprécié de tous ses supérieurs qui le considéraient comme l'officier de cavalerie par excellence, intelligent, au jugement sûr et très bien éduqué.

Les années d'après-guerre furent moins glorieuses. Avec la réduction conséquente des effectifs, il fut rétrogradé du grade de lieutenant-colonel à celui de capitaine et se retrouva d'abord sans affectation. Après avoir fait jouer ses relations auprès du Département de la guerre, il fut affecté, le 4 mai 1866, au 4ᵉ régiment de cavalerie comme simple second lieutenant, mais il ne s'y rendit jamais. Le 28 juil. 1866, Myles Keogh fut en effet promu capitaine au sein du 7ᵉ Régiment de cavalerie qui venait d'être créé et était stationné à Fort Riley (Kansas) sous le commandement du célèbre lieutenant-colonel George Armstrong Custer. En novembre 1866, il était envoyé prendre pour une année le commandement de Fort Wallace (Kansas), un poste désolé toujours en construction. Durant l'hiver, le quartier-général lui notifia l'importance stratégique de Fort Wallace pour contrer la rébellion indienne de nouveau préoccupante et la nécessité d'agrandir les installations. À l'époque, Keogh avait bien besoin de toute sa garnison, portée de 243 hommes en juin à 541 en juillet, pour assurer la sécurité du fort et il ne pouvait aussi faire escorter les bûcherons et les menuisiers, ce qui retarda d'autant les travaux. En décembre 1867, il céda le commandement du fort. De 1866 à 1868, sous les ordres de Philip Sheridan et d'Alfred Sully, Keogh était chargé de la protection des colons blancs, des convoyeurs de bétail, des ouvriers du chemin de fer contre les raids des Indiens ; il ne combattit par conséquent les Cheyennes et les Lakotas que lors de brèves mais fréquentes escarmouches, comme il ressort d'une lettre envoyée à son frère Thomas le 9 mai 1869 depuis Fort Hays (Kansas), missive dans laquelle il raconte la capture d'environ 90 squaws lors de leur dernier engagement militaire. De fait, il ne prit pas part à la campagne d'hiver de Custer contre les Cheyennes, marquée par le « massacre » de la Washita, le 27 nov. 1868. Le 25 août 1869, il reçut la nationalité américaine à New York. Après une chute de cheval qui lui brisa une jambe, il rentra pour une permission de quelques mois dans son pays natal (à la fin de 1869, début 1870), séjour durant lequel il régla des arrangements financiers pour deux de ses sœurs célibataires, donnant à Margaret une propriété, sise dans le comté de Kilkenny, dont il avait hérité en 1863. Puis il revint au 7ᵉ de cavalerie en mars 1870 où il reçut le commandement du 1ᵉʳ escadron. En 1873, son régiment fut transféré au Fort Abraham Lincoln (Dakota du Nord). Mais à cette période, de 1871 à 1873, puis derechef de la fin 1874 jusqu'en 1876, Keogh était de nouveau détaché de son unité, caserné à Fort Totten (Dakota du Nord) s'employant par des missions de police, avec sa compagnie I du 7ᵉ de cavalerie, à

Le capitaine Myles W. Keogh, tiré de B. Brown, *Comanche. The sole survivor of all the forces in Custer's Last Stand, the battle of the Little Big Horn*, Kansas City, 1935, p. 5.

surveiller la frontière avec le Canada et à appliquer aux bandes indiennes la politique gouvernementale. C'est là qu'il accueillit chaleureusement un prêtre canadien du Sacré-Cœur, Louis Bonnin, venu ouvrir une école pour les enfants indiens. Pour certains auteurs, durant ces années, cette fois à partir de Fort Leavenworth (Kansas), il aurait également été amené, dans le cadre des *Reconstruction Acts* (1867), à lutter contre le Ku Klux Klan, les contrebandiers de l'alcool et autres malfrats venus du sud. De toute façon, il ne participa pas aux escarmouches avec les Indiens près de la rivière Yellowstone (1873) et dans les Black Hills l'année suivante. En effet, à l'été 1874, il était retourné en Irlande pour un séjour de 7 mois dans sa famille, pour soutenir ses sœurs après la mort de leur mère. C'est à ce moment qu'il donna son patrimoine à sa sœur Margaret. Mélancolique, pessimiste quant à son avenir, célibataire mais physiquement à son avantage, Keogh appréciait certes beaucoup la compagnie des femmes (il avouait ouvertement cette faiblesse pour le beau sexe dans sa correspondance) mais hésitait à s'engager dans les liens du mariage. Contrairement à ce qu'affirment certains auteurs, on n'est pas sûr qu'il était vraiment fiancé à Nelly Martin, de la célèbre famille Throop-Martin d'Auburn, une famille qu'il fréquentait cependant depuis 1866. Malgré ses accès d'humeur maussade, et des crises occasionnelles d'alcoolisme et de fureur, un comportement très courant parmi les officiers de cavalerie stationnés dans les plaines de l'ouest, il était respecté parmi les officiers et même par les hommes de troupe du 7ᵉ de cavalerie, surtout dans sa compagnie I. Durant les guerres indiennes, il s'avéra un officier plutôt prudent, avouant se sentir peu à l'aise face aux tactiques de guérillas pratiquées par les Indiens des plaines. Il déplorait aussi la tactique de la guerre d'extermination menée contre les Amérindiens, sans considération d'âge ou de sexe.

Bien que faisant partie du « clan Custer », à divers moments, les relations ont pu être assez tendues entre Myles Keogh et le bouillant lieutenant-colonel. Ce dernier reprochait d'abord à Keogh une position déloyale (mais il ne fut pas le seul officier du 7e à agir de la sorte) lors de son procès en 1867 devant la cour martiale pour abandon temporaire de son poste, qui lui vaudra un an de suspension. Custer n'était pas non plus très heureux des fréquentes assignations temporaires, des périodes de maladie ou des congés qui maintenaient Keogh loin du 7e de cavalerie. Enfin, assez audacieusement, quelques auteurs, dont N. Philbrick, notamment à partir d'une « photo de famille » prise lors d'une partie de chasse en juillet 1875, suggère qu'Elisabeth (Libbie) Custer, l'épouse du colonel, et Myles Keogh, entretenaient des relations proches, ce qui aurait logiquement déplu à Custer. A contrario Libbie n'avait point de mots assez durs dans ses carnets sur les officiers qui s'adonnaient à la boisson, Keogh inclus. Néanmoins Custer aurait écrit aussi qu'en cas de coup dur, il préférerait avoir Myles Keogh stationné auprès de lui à la place de beaucoup d'autres officiers. En définitive, Keogh rejoignit son régiment à Fort Lincoln le 14 oct. 1875. Il allait prendre part à sa première opération d'envergure contre les Indiens. Ce serait aussi sa dernière.

En 1876, le 7e régiment de cavalerie constituait justement l'un des fers de lance de la grande campagne lancée par l'administration Grant en vue de mettre au pas tous les Amérindiens dits « hostiles », c.-à-d. les individus qui ne se tiendraient pas strictement confinés dans leur réserve. Ce régiment était à l'époque composé d'un nombre important de soldats volontaires (dont un bon nombre d'origine irlandaise ou allemande) peu aguerris au combat, alors que les sous-officiers et officiers avaient généralement gagné leurs galons au cours de la guerre de Sécession. À partir du mois de mai, trois colonnes militaires convergèrent vers le territoire des Lakotas, sous le commandement respectif du colonel John Gibbon, du général George Crook et du général Alfred Terry. Le 15 juin 1876, le général Alfred Terry et le lieutenant-colonel Custer décidèrent de porter le coup de grâce aux Sioux, aux Cheyennes et aux Arapahos rebelles. Avec les 600 hommes du 7e de cavalerie, Custer quitta le fort Abraham Lincoln et prit la route de la Vallée de la rivière Little Big Horn (Montana) où il repéra un très grand campement indien comprenant 4 à 5000 âmes, dont environ 1500 à 2000 guerriers. Le 25 juin, pour mener l'assaut selon le manuel, Custer divisa ses forces en quatre composantes. L'objectif était de s'emparer le plus rapidement possible des non-combattants et d'obtenir ainsi une victoire rapide par la démoralisation des guerriers indiens. Bien que toujours sujet à de multiples controverses, le déroulement de la bataille est bien mieux connu depuis le milieu des années 1980 marquées par des campagnes de fouilles archéologiques. Custer lui-même s'était mis à la tête de 5 compagnies (225 hommes) pour lancer l'assaut principal sur le camp par la rive droite de la rivière. Témérairement, Custer scinda encore sa propre troupe en deux ailes gauche et droite, qui étaient commandées respectivement par les capitaines George Yates et Myles Keogh. L'effet recherché était de faire croire aux Indiens que les soldats américains étaient bien plus nombreux qu'en réalité. Yates était chargé en théorie de l'attaque sur le campement indien avec 2 compagnies tandis que Keogh, avec 3 compagnies – soit environ 115 hommes – postées sur une colline voisine, devait jouer le rôle de pivot, soutenir l'opération par un feu continu et attendre l'arrivée des renforts. Le second de Custer, le major Marcus Reno, avait pris 3 compagnies sous son commandement pour faire diversion en simulant une attaque par la rive gauche de la Little Big Horn. Trois autres compagnies, sous les ordres du capitaine Frederick Benteen, devaient constituer la réserve et le renfort. Enfin, le train de provisions et de munitions se trouvait plus loin en arrière, gardé par une compagnie sous la responsabilité du capitaine Thomas McDougall. Reno et ses hommes furent rapidement mis en déroute par les Indiens, obligés de se replier (sans doute trop vite) et d'attendre Benteen et le train de munitions afin de fortifier leur position et de survivre à l'engagement. Avec les minutes qui passaient, le nombre d'Indiens combattants augmentait toujours plus et ils attaquaient directement les cavaliers de Keogh et de Yates/Custer, les submergeant par le nombre et la vitesse d'exécution. Le choc psychologique déboucha sur une panique qui s'empara de la partie inexpérimentée de la troupe qui se débanda et fut systématiquement massacrée. Après avoir couvert du mieux qu'il pouvait l'aile gauche de Yates, Keogh ordonna de remonter à cheval et se replia avec les cavaliers survivants de sa compagnie I vers une autre position. Assailli de toutes parts par les guerriers hunkpapas de Gall, les Cheyennes de Lame White Man puis par les Oglalas de Crazy Horse, atteint d'une balle dans la jambe gauche, Myles Keogh, en officier expérimenté, fit mettre pied à terre, et tenir les chevaux par la bride. Entouré d'un petit groupe de sous-officiers et soldats de sa compagnie I, il dut vendre chèrement sa peau, déchargeant son revolver anglais Webley sur ses assaillants, un panache qui sera reconnu ultérieurement par des témoins Indiens, même si tous les témoignages ne peuvent manifestement concerner le capitaine Keogh. En moins d'une demi-heure, vers 17h45, lui-même et ses hommes furent totalement anéantis au Horse Holder's Ravine, un creux près de Battle Ridge. Puis vint le tour de Custer et de ses derniers cavaliers, le fameux Custer's Last Stand. Le cheval de Keogh, Comanche, sera retrouvé gravement blessé sur le champ de bataille, soigné par l'armée, adopté comme mascotte par le 7e, puis envoyé à Fort Riley et présenté pendant des années comme le « seul survivant » du combat, jusqu'à sa disparition en 1891, date à laquelle il fut empaillé et conservé au Musée de l'Université du Kansas à Lawrence. En réalité, les Indiens ont emmené des dizaines de chevaux du 7e de cavalerie, Gall ayant d'ailleurs fait de la récupération du plus grand nombre de chevaux un de ses objectifs. Mais il est à peu près sûr que, superstitieux, les Indiens n'aient pas voulu récupérer ce cheval-là car Keogh mortellement atteint en tenait apparemment toujours les rênes en main. Contrairement à bien d'autres corps, celui de Myles Keogh ne fut pas mutilé. La presse, essentiellement catholique, s'en empara en présentant cela comme la conséquence du fait qu'il portait sur lui sa médaille Pro Petri Fede gagnée lors de la défense du Saint-Siège et que la croix du Christ aurait ainsi arrêté les mains vengeresses des Indiens (Charles Coulombe, qui n'est pas à une fantaisie historique près, ajoute même que les Indiens de Sitting Bull, catholiques, auraient reconnu la tiare pontificale...). Cette vision édifiante des événements, outre le fait qu'il n'est pas certain que Keogh portait bien cette médaille lors de la bataille (certains témoins parlent plutôt d'un *Agnus Dei* et d'un scapulaire), ne résiste cependant pas à l'analyse. D'abord ce sont les squaws qui ont très majoritairement mutilé et les gens de Sitting Bull étaient à l'époque loin d'être des chrétiens... Il est déjà plus crédible de penser que les Indiennes aient perçu la médaille comme une sorte d'amulette protégeant son possesseur ; mais aussi rien n'interdit de croire que sa vaillance au combat l'a préservé des outrages de la mutilation et surtout que, toujours par superstition, les Indien(ne)s n'aient pas voulu toucher au cheval et au cavalier ainsi unis. Voire même que son corps ne fut pas écharpé par un simple concours de circonstances... Plusieurs mois après, dans des camps indiens, on retrouva plusieurs objets lui ayant appartenu : sa montre, une paire de gants, deux photos...

Avec à propos, il avait préparé son testament et souscrit en octobre 1875 une assurance-vie de 10.000 $ au profit de sa famille en Irlande. Assez superstitieux et fataliste, il écrivit un jour à son frère Thomas que le mois de juin était pour lui celui de la malchance, qui ne se déroulait jamais sans qu'un événement très déplaisant ne lui arrive. Les faits lui donnèrent raison. D'abord inhumé sur le champ de bataille, Myles Keogh fut enterré avec tous les honneurs au cimetière militaire de Fort Hill (Auburn, New-York) le 25 oct. 1877 suite à la demande faite par la famille Throop-Martin. Myles Keogh avait d'ailleurs laissé des instructions pour être enterré à Auburn (New York) auprès de ses amis. Quant aux Papiers personnels de Myles Keogh, ils ont été retournés à sa famille en Irlande après sa mort et sont désormais conservés dans les collections de l'Autry National Center of the American West à Los Angeles.

Dans le sud-est du Montana, un fort de l'armée, construit à la fin de l'année 1876 (au confluent des rivières Yellowstone et Tongue, près de la ville actuelle de Miles City) fut baptisé de son patronyme. On trouve évidemment son nom sur le monument du champ de bataille, et sur un marbre commémoratif à Fort Leavenworth. Un mémorial lui est dédié à Fort Hill (avec sa tombe) et un autre à Leighlinbridge. Un vitrail de la chapelle Saint-Joseph de Tinryland (comté de Carlow) lui rend hommage. Alors que le cinéma et la télévision se sont emparés de la figure de Custer et de la bataille de Little Big Horn à une quinzaine de reprises de 1912 à 1991, il est vrai d'une manière très peu fidèle à la réalité historique pour ne pas dire carrément fantaisiste, la figure de Myles Keogh n'est pratiquement jamais évoquée sous son nom, à l'exception d'une production Disney, *Tonka* (1958), qui revient sur l'histoire de Comanche et où l'acteur Philip Carey incarne le capitaine Keogh. Les prouesses de Comanche ont engendré par contre une série de romans, de comics, de tableaux, de poésies et de chansons. Dans l'histoire, il arrive même que le cheval surpasse le cavalier et contribue grandement à sa légende...

J. Monahan, *Myles W. Keogh*, dans *Carlovania. Journal of the Old Carlow* Society, 1, 1958, p. 8-10. – G. A. Hayes-McCoy, *Captain Myles Walter Keogh, United States Army,*

1840-1876, Dublin, 1965. – R. D. Hurt, *The Construction and Development of Fort Wallace, Kansas, 1865-1882*, dans *Kansas Historical Quarterlies*, 43/1, 1977, p. 44-55. – E. S. Connell, *Son of the morning star. Custer and the Little Bighorn*, New York, 1985, spéc. p. 290-294. – Ch. Convis, *The Honor of Arms : A Biography of Myles W. Keogh* (Great West and Indian Series, 55), Tucson, 1990 (réédé. en 2010). – R. M. Utley, *Cavalier in Buckskin : George Armstrong Custer and the Western Military Frontier* (Oklahoma Western Biographies, 1), Norman (Okl.), 1991, *passim*. – J. Langellier, K. Hamilton et B. C. Pohanka (éd.), *Myles Keogh : The Life and Legend of an « Irish Dragoon » with the Seventh Cavalry* (Montana and the West Series, 9), El Segundo (Cal.), 1991. – R. A. Fox, *Archaeology, History, and Custer's Last Battle. The Little Big Horn reexamined*, Norman (Okl.), 1997, spéc. p. 162-172. – K. H. Cox, *Last Campaign of Myles Keogh*, dans *Wild West*, 12/1, 1999, p. 28-33, 77-78. – L. Sklenar, *To Hell with Honor. Custer and the Little Bighorn*, Norman (Okl.), 2000. – Ch. A. Coulombe, *The Pope's Legion. The Multinational Fighting Force that Defended the Vatican*, New York-Basingstoke, 2008, p. 10-11, 56-57, 84-85, 95-96, 205. – J. Donovan, *A terrible glory. Custer and the Little Bighorn. The last great battle of the American West*, New York, 2008. – N. Philbrick, *The Last Stand. Custer, Sitting Bull and the battle of the Little BigHorn*, London-New York, 2010. – C. J. Hartley, *Stoneman's Raid, 1865*, Winston-Salem (NC), 2010, spéc. p. 71-75, 237-244. – B. D. Lookingbill (éd.), *A Companion to Custer and the Little Big Horn Campaign*, Malden-Oxford-Chichester, 2015, p. 254-255, 320-327, 330-334. – F. C. Wagner III, *Participants in the Battle of the Little Big Horn. A Biographical Dictionary of Sioux, Cheyenne and United States Military Personnel*, Jefferson (North Carolina), 2016. – D. Murphy, *Keogh, Myles Walter*, dans *Dictionary of Irish Biography*, version en ligne. – N. F. Cosgrove, *Myles Keogh, A True Hero Hidden in Myth*, sur le site Internet de l'*Ancient Order of Hibernians Division 3* (New York). – Site Internet de l'*Autry National Center of the American West*. – Site Internet *Myles Keogh*. – Site Internet de la *National Library* (Dubin). – Site Internet de l'*Internet Movie Database*.

E. LOUCHEZ

LICHTENTHALER MARIENKLAGE, poème religieux allemand du XIVe siècle.

Conservé dans un manuscrit de la Bibliothèque de Karlsruhe provenant du monastère de Lichtenthal en Bade (*cf. DHGE*, t. 32, p. 44-46), ce poème est un des premiers témoins des *Marienklagen* allemands. Dans un dialogue, la Vierge gémit sur le Christ mort tandis que S. Jean tente en vain de la consoler en présentant la mort du Christ sur la croix comme la cause du salut du genre humain.

ÉDITIONS. Le manuscrit du XIVe siècle peut être téléchargé sur le site du Badische Landesbibliothek Karlsruhe (Ms. Lichtenthal 30, ff. 81r-82v). Pour une édition du poème, voir F. J. Mone, *Schauspiele des Mittelalters*, t. 1, Karlsruhe, 1846, p. 31-37. – E. Haufe (dir.), *Deutsche Mariendichtung aus neun Jahrhunderten*, Berlin, 1961, p. 124-149.

TRAVAUX. E. Wilken, *Geschichte der geistlichen Spiele in Deutschland*, Göttingen, 1872, p. 76-77. – A. E. Schönbach, *Über die Marienklagen*, Graz, 1874, p. 11-18. – K. C. J. W. de Vries, *De Mariaklachten*, Zwolle, 1964, p. 138. – H. Eggers, *Lichtenthaler Marienklage*, dans W. Stammler et al. (dir.), *Die deutsche Literatur des Mittelalters. Verfasserlexikon*, 2e édition, t. 5, Berlin, 1985, p. 776-777. – F. Heinzer et G. Stamm, *Die Handschriften von Lichtenthal. Mit einem Anhang : Die heute noch im Kloster Lichtenthal befindlichen Handschriften des 12. bis 16. Jahrhunderts* (Die Handschriften der Badischen Landesbibliothek in Karlsruhe, 11), Wiesbaden, 1987, p. 116.

– H. Rupprich, *Die deutsche Literatur vom späten Mittelalter bis zum Barock. Teil 1 : Das ausgehende Mittelalter, Humanismus und Renaissance 1370-1520* (Geschichte der deutschen Literatur von den Anfängen bis zur Gegenwart, 4), 2ᵉ édition, München, 1994, p. 225. – W. Kohlschmidt et W. Mohr (dir.), *Reallexikon der deutschen Literaturgeschichte*, 2ᵉ édition, t. 4, *Sl-Z*, Berlin et New York, 2001, p. 85.

F. KEYGNAERT

LIERRU (SAINTS-PIERRE-ET-PAUL), *de Lierruto*, prieuré de chanoines réguliers en Normandie, dans le diocèse d'Évreux (département de l'Eure, arrondissement d'Évreux, canton de Breteuil, commune de Sainte-Marguerite-de-l'Autel).

À l'origine du prieuré de Lierru se trouvait un groupe d'ermites qui s'installa dans la forêt de Conches vers le milieu du XIIᵉ siècle. Un certain Hervé, dont le nom figure dans une charte datée de 1142, était à la tête des ermites. D'après la chronique de Robert de Thorigny († 1186), le même Hervé mourut en 1148 (*1148 : obiit Herveus heremita Sancti Petri de Lerru*). À l'instigation de leur avoué, Roger Iᵉʳ de Tosny, seigneur de Conches, les ermites adoptèrent la règle de S. Augustin dans les années 1170, transformant ainsi leur ermitage en prieuré de chanoines réguliers. À en croire les rapports des visitations de l'archevêque de Rouen, Eudes Rigaud, en 1250, 1255 et 1258, les chanoines gardaient toujours leurs origines modestes et ascétiques un siècle après l'établissement de l'ermitage. Au temps des visitations d'Eudes, le prieuré comptait de 7 à 10 chanoines ; ses revenus équivalaient à 200 livres tournois. En 1251, l'église du prieuré fut consacrée et dédiée aux SS. Pierre et Paul (tout comme l'abbaye bénédictine de Conches, qui eut le droit de présentation à Lierru). À cette époque, Lierru s'était tellement agrandi que des chanoines furent introduits au prieuré du Bosc-Morel, également situé dans le diocèse d'Évreux en Haute Normandie. Le pouillé de 1370 nous apprend que le Bosc-Morel continuait de dépendre de celui de Lierru. Le 22 mai 1419, suite à la conquête de la Normandie par les Anglais, des lettres de sauvegarde furent accordées au prieuré par le roi d'Angleterre. La réforme canoniale de Bourg-Achard, instiguée par le prieur Jean Moulin, s'étendit à Lierru à la fin du XVIIᵉ siècle. Supprimé à cause de l'Édit royal de 1768 (suppression d'établissements réguliers), le prieuré, qui ne comptait plus que quatre religieux, fut réuni à la Fabrique de la cathédrale d'Évreux. Quelques restes des bâtiments subsistèrent jusqu'au milieu du XIXᵉ siècle.

SOURCES. T. Bonnin (éd.), *Registrum visitationum archiepiscopi Rothomagensis. Journal des visites pastorales d'Eudes Rigaud, archevêque de Rouen (1248-1269)*, Rouen, 1852, p. 71, 219, 306. – L. Delisle (éd.), *Auctarium Lirense, Chronique de Robert de Thorigny*, 2 vol., t. 2, Rouen, 1872-1873, p. 155. – G. Bourbon, *Inventaire sommaire des archives départementales antérieures à 1790. Eure, Série H*, Évreux, 1893, p. 179-180, 184 (H 898-907).

TRAVAUX. L.-E. Charpillon, *Dictionnaire historique de toutes les communes du Département de l'Eure*, t. 2, Les Andelys, 1879, p. 812-813 (avec mention de quelques prieurs, dont la liste est forte incomplète). – L. Lecestre, *Abbayes, prieurés et couvents d'hommes en France*, Paris, 1902, p. 34. – A. Longnon, *Pouillé de la province de Rouen*, t. 2, Paris, 1903, p. 179, 194. – C. Beaunier et J. M. Besse, *Abbayes et prieurés de l'ancienne France. Recueil historique des archevêchés, évêchés, abbayes et prieurés de France*, t. 7, *Province ecclésiastique de Rouen*, Paris, 1914, p. 187. – L.-H. Cottineau, *Répertoire topo-bibliographique des abbayes et prieurés*, t. 1, Mâcon, 1935, p. 1607. – L. Musset, *Recherches sur les communautés de clercs séculiers en Normandie au XIᵉ siècle*, dans *Bulletin de la Société des antiquaires de Normandie*, 55, 1961, p. 5-38 (29). – J. Fournée, *Un aspect original des réformes du XVIIᵉ siècle chez les chanoines réguliers : les constitutions et la congrégation dites de Bourg-Achard*, dans L. Musset (dir.), *Aspects du monachisme en Normandie (IVᵉ-XVIIIᵉ siècles). Actes du Colloque Scientifique de l'Année des Abbayes Normandes, Caen, 18-20 octobre 1979*, Paris, 1982, p. 125-142 (138, 141). – J. Charles, M.-C. de La Conté et C. Lannette, *Répertoire des abbayes et prieurés de l'Eure dressé à l'occasion de l'Année des abbayes normandes*, Évreux, 1983. – M. Arnoux (dir.), *Des clercs au service de la réforme : études et documents sur les chanoines réguliers de la province de Rouen*, Turnhout, 2000, p. 13, 21, 38, 87, 174, 175, 184, 260, 267, 293-296. – A. Vauchez, *Ermites de France et d'Italie*, Roma, 2003, p. 122, 127.

F. KEYGNAERT

LILLE, concile de 1384.

À l'époque, le comte de Flandre Louis de Male (1346-1384), le clergé et le peuple étaient d'ardents partisans du pape de Rome Urbain VI (1378-1389), mais les quatre évêques de la région (Arras, Cambrai, Thérouanne, Tournai), qui étaient soumis sur le plan spirituel à l'archevêque français de Reims, soutenaient la cause du pape d'Avignon Clément VII (1378-1394). Lorsque le duc de Bourgogne Philippe le Hardi (1363-1404) succéda en 1384 à son beau-père Louis à la tête du comté de Flandre, il s'efforça de rallier le comté à la cause de Clément VII et, dans ce but, convoqua à Lille un concile provincial, également une assemblée des nobles de Flandre. Ce concile, longtemps ignoré par les historiens du fait que ses actes n'ont pas été conservés et qu'aucune trace du concile n'est restée dans les sources narratives, se réunit le 27 septembre en présence du duc, des représentants des villes, et des délégués de l'Université de Paris. Quelques-uns des délégués nous sont connus grâce aux cartulaires des soi-disant nations de l'Université de Paris. Les cartulaires nous apprennent que la nation picarde et la nation française (gallicane) élurent comme délégués les maîtres en arts et en théologie Gui Couteau et Jean Raulet de Roncourt. Un autre participant au concile fut le chancelier de l'Université, Pierre d'Ailly, qui fit allusion au concile dans un de ses entretiens avec Clément VII à Avignon en 1385. En outre, on a conservé les discours prononcés par deux participants au concile, l'un du canoniste parisien Jean d'Aramon, qui prit la défense du pape d'Avignon en démontrant que l'élection d'Urbain VI n'avait pas été faite pour des raison spirituelles, mais sous la pression du peuple romain qui s'opposait à un pape français ; l'autre du doyen de Saint-Pierre de Comines, Chrétien Coq, qui analysa les raisons flamandes de l'obédience à Urbain VI afin de mieux les réfuter. Chrétien Coq était le porte-parole idéal pour le nouveau comte de Flandre en raison de son âge, de son éminence, de son expérience, et de sa position élevée parmi le clergé flamand. Non seulement doyen du chapitre de Comines, il était un des conseillers de la comtesse de Bar, Yolande de Flandre, un des dignitaires qui avaient été présents à l'assemblée de Gand en 1379 où le clergé flamand s'était décidé en faveur du pape Urbain VI, et, ce qui ne gâte rien, il était versé en droit canonique. Dans son discours, dont une version écrite fut envoyée à tous ceux qui s'étaient réunis à Lille, Chrétien expliquait pourquoi à son avis le clergé, inclus lui-même, avait pris la mauvaise décision à l'assemblée de 1379. Il reprenait les arguments de Jean d'Aramon pour déclarer nulle l'élection d'Urbain VI, en ajoutant que le clergé et le peuple flamands furent obligés d'accepter la décision de leurs supérieurs : l'archevêque, les évêques, et leur nouveau comte. Malgré tout, ni le comte-duc, ni les délégués de Paris ne réussirent à modifier la situation en Flandre : si le duc, la noblesse et les évêques continuèrent à soutenir le pape d'Avignon, le clergé et le peuple demeurèrent fidèles à la cause d'Urbain VI. Ce ne fut que vers la fin de son pontificat, et surtout après la mort du pape Urbain VI en 1389, que Clément VII obtint le soutien de la plupart des membres du clergé flamand.

SOURCES. Le concile n'est pas mentionné par J. D. Mansi dans son *Sacrorum conciliorum nova et amplissima collectio*, Paris, 1901-1927 (réimpr., Graz, 1960, t. 26). On trouve une allusion au concile de Lille de Pierre d'Ailly, ainsi que les noms des délégués des nations picardes et françaises, dans H. Denifle et A. Chatelain (dir.), *Chartularium Universitatis Parisiensis*, t. 3 : *1350-1394*, Paris, 1894, p. 332 (n° 1492), p. 399-400 (n° 1519) et p. 591-592 (n° 1653). Le discours de Jean d'Aramon en faveur de Clément VII fut découvert par N. Valois (voir son *La France et le Grand Schisme d'Occident*, t. 2, Paris, 1896, p. 257) dans un manuscrit du XVIe siècle conservé à l'ancienne bibliothèque Barberini à Rome (aujourd'hui la collection *Barberini lat.* à la bibliothèque du Vatican), mais c'est L. Salembier qui en fit l'édition dans son article *Deux conciles inconnus de Cambrai et de Lille durant le Grand Schisme*, dans *Revue des Sciences Ecclésiastiques*, 9e série, 3, 1901, p. 120-129, 256-272, 327-349 ; 9e série, 4, 1901, p. 4-21 ; 9e série, 5, 1902, p. 110-123 (avec l'édition du discours aux pages 110-117). L'article de Salembier a été reproduit intégralement dans K.-J. Hefele et H. Leclercq, *Histoire des conciles d'après les documents originaux*, t. VI-2, Appendice 3, Paris, 1915, p. 1481-1544 (voir les pages 1521-1525 pour le texte latin du discours de Jean d'Aramon). Quant au discours de Chrétien Coq, voir l'édition de A. Leman, *Un traité inédit relatif au Grand Schisme d'Occident. Propositions de Chrétien Coq, doyen de Saint-Pierre de Comines au synode de Lille de 1384*, dans *Revue d'Histoire Ecclésiastique*, 25, 1929, p. 239-259.

TRAVAUX. H. Nelis, *La collation des bénéfices ecclésiastiques en Belgique sous Clément VII (1378-1394)*, dans *Revue d'Histoire Ecclésiastique*, 28-1, 1932, p. 34-69 (61-62). – E. Perroy, *L'Angleterre et le Grand Schisme d'Occident. Étude sur la politique religieuse de l'Angleterre sous Richard II (1378-1399)*, Paris, 1933, p. 205. – P. Palazzini (dir.), *Dizionario dei Concili*, t. 2, Roma, 1965, p. 271. Pour un aperçu plus général du Grand Schisme, voir d'abord J. Rollo-Koster et T. M. Izbicki (dir.), *A Companion to the Great Western Schism (1378-1417)* (Brill's Companions to the Christian Tradition, 17), Boston, 2009. Pour la situation en Flandre pendant le Schisme, voir G. A. van Asseldonk, *De Nederlanden en het Westers Schisma tot 1398*, Utrecht, 1955. – J. van Herwaarden, *De Nederlanden en het Westers Schisma*, dans *Algemene Geschiedenis der Nederlanden*, t. 4, Haarlem, 1980, p. 379-386. – H. Storme, *Het ontstaan van het Westers Schisma (1378-1417) en de weerslag in Vlaanderen, voornamelijk voor 1383*, dans R. Vinckier (dir.), *Ieper Tuindag. Zesde eeuwfeest. Een bundel historische opstellen* (Historica Lovaniensia, 165), Ieper, 1983, p. 59-105. – M. Maillard-Luypaert, *Papauté, clercs, et laïcs : le diocèse de Cambrai à l'épreuve du Grand Schisme d'Occident (1378-1417)*, Bruxelles, 2001 (avec mention du concile de Lille, p. 363).

F. KEYGNAERT

LIMA (Francisco de), carme portugais, évêque d'Olinda (Pernambouc) au Brésil (1630-1704).

Né à Lisbonne en 1630, il entra chez les carmes de l'ancienne observance dans sa ville natale le 16 sept. 1649 et fit profession l'année suivante. Ayant achevé avec profit ses études philosophiques et théologiques à Coïmbre, il fut nommé professeur de théologie. Alors qu'il était au couvent de La Horta (dans l'île de Faial) comme visiteur et réformateur, il fit preuve de courage lors du tremblement de terre dont la ville fut victime. Après avoir exercé la fonction de troisième définiteur et de provincial dans l'État de Rio de Janeiro au Brésil, il fut nommé en 1686 prieur de Lisbonne. Durant ces années, il s'adonna avec grand succès à la prédication.

Nommé évêque de S. Luis de Maranhão au Brésil, il fut préconisé le 19 déc. 1691 et sacré le 20 avr. 1692 dans le couvent de Lisbonne. En 1694, alors qu'il était sur le point de partir prendre possession de son diocèse, une bulle d'Innocent XII le nomma évêque d'Olinda, dans la capitainerie de Pernambouc, toujours au Brésil. Confirmé le 22 août 1695, il prit possession de son diocèse en février 1696. Il le dirigea jusqu'à sa mort, survenue le 23 avr. 1704. Il fut inhumé dans la salle du chapitre de l'église du couvent des carmes à Olinda (où ses restes ont été retrouvés en 1867).

Son apostolat comme évêque s'était caractérisé par une attention toute spéciale aux pauvres et un grand souci du sort des Indiens. Il fonda 30 villages et procéda à la visite de l'ensemble de son vaste diocèse. Il fit construire un hospice à l'intention des missionnaires et lui assura des revenus suffisants. Il s'appliqua à rendre moins pénible la condition des esclaves et à régler de manière satisfaisante la situation des nègres fugitifs du « Quilombo » de Palmares.

Manuel de Sá, *Memórias historicas dos ilustrisimos arcebispos, bispos e escritores portuguezes da ordem de Nossa Senhora do carmo*, Lisboa, 1724, p. 148-149. – *Bibliotheca carmelitico-lusitana historica, critica, chronologica*, Roma, 1754, p. 87-88. – C. Eubel et al., *Hierarchia catholica*, t. 5, p. 294-295. – M. Wermers, *A Ordem Carmelita e o carmo em Portugal*, Lisboa-Fatima, 1963, p. 246. – B. Velasco Bayón, *História da Ordem do Carmo em Portugal*, Lisboa, 2001, p. 245-246, 261. – *Grande Enciclopédia portuguesa e brasileira*, t. XV, p. 84-85.

E. BOAGA†

LIMA (José de), carme portugais, théologien (1668-1745).

Fils de François Gomes Correa et de Philippine de l'Ascension Lima, il est né le 3 déc. 1668. Il fit ses études d'humanités et de philosophie au collège des jésuites. Il entra encore jeune chez les carmes du couvent d'Horta, dans l'île de Faial (Açores), et reçut, le 31 oct. 1686, l'habit religieux, qui lui fut remis par le P. Emmanuel de Ste-Catherine, son frère aîné devenu carme quelques années auparavant. Sous la conduite vigilante de ce frère (qui deviendra évêque en Angola), il recommença ses études de philosophie et ensuite acheva ses études de théologie à Evora, où il obtint le grade de lecteur. Après son ordination sacerdotale, il fut envoyé enseigner la philosophie et la théologie au scolasticat du vicariat de Maranhão au Brésil. Revenu à Lisbonne en 1693, il y resta jusqu'en 1697, année où il fut nommé vicaire provincial de la province de

Maranhão, une charge dont il s'acquitta jusqu'en 1701. Estimé pour ses qualités intellectuelles et spirituelles, il fut rappelé au Portugal, où il devint lecteur à l'Université de Coïmbre, puis, ayant obtenu la maîtrise en théologie, il fut nommé également professeur de philosophie au collège de philosophie que son ordre avait dans la ville.

Au cours de ses dernières années, tout en exerçant la fonction de confesseur dans divers couvents de religieuses, il fut visiteur du collège de Coïmbre, protonotaire apostolique et consulteur pour la bulle de croisade. En 1721, le prieur général de son ordre, le P. Carlo Cornaccioli, le chargea d'écrire l'histoire de la province du Portugal, qui était demeurée inachevée. Il mourut à Lisbonne le 26 mars 1745.

Il avait publié divers sermons moraux et des panégyriques (2 vol., Lisbonne, 1720 et 1732) ainsi qu'un panégyrique en l'honneur de S. Jérôme (Lisbonne, 1723). Il laissa en manuscrit un traité sur les propositions théologiques condamnées par les papes Alexandre VII et Innocent XI.

Bibliotheca Carmelo-Lusitana, historica, critica, chronologica, Roma, 1754, p. 150-152. – *Grande Enciclopédia portuguesa e brasilaira*, t. XV, p. 89.

E. Boaga[†]

LIMA (Plácido Rodríguez de), appelé *Plácido de Lima*, bénédictin d'origine portugaise de la congrégation espagnole de Valladolid, maître général de celle-ci († *c.* 1638).

Il est né dans la localité portugaise de Ponte da Barca, mais il prit l'habit bénédictin, le 16 avr. 1594, au célèbre monastère de San Martín Pinario à Saint-Jacques-de-Compostelle. Après avoir fait ses études dans les collèges de la congrégation, il devint professeur de théologie à l'Université d'Irache, où il avait pris ses grades en philosophie et en théologie le 21 nov. 1614. Il devint par la suite prieur de son monastère de profession, qualificateur de l'Inquisition et, après avoir été abbé de Nuestra Señora de Obarenes (Burgos) de 1621 à 1625, adjoint du général de la congrégation, Gregorio Parcero, de 1625 à 1629. Il devint ensuite, de 1629 à 1633, abbé de Saint-Jacques-de-Compostelle en même temps que professeur *de prima* de théologie à l'université de cette ville (1631-1633), un poste obtenu en concours après une lutte acharnée. Il fut par la suite définiteur général de la congrégation (à partir de 1633) alors qu'il était déjà maître général. Il semble qu'il avait été promu docteur à Osma et que son titre fut ensuite validé en 1617 à l'Université de Saint-Jacques-de-Compostelle.

Le P. Plácido de Lima intervint activement pour défendre l'ancienneté de l'ordre bénédictin en Espagne, face aux prétentions des basiliens espagnols, qui étaient presque tous vêtus de la coule noire ample et avec des manches propre aux bénédictins qui auraient voulu qu'ils y renoncent. À l'occasion de cette controverse, il écrivit deux mémoires, qui furent imprimés – dont l'un était intitulé : *Memorial sobre el uso de la cogulla con mangas* (Madrid, 1636) – que le basilien Alonso Clavel qualifia de « libelles infâmes ». Ce qui est certain, c'est que d'autres bénédictins intervinrent pour défendre leur ordre et leur habit de chœur, tels qu'Alonso de San Vitores, Gabriel de Bustamante et Gregorio de Argaiz, qui écrivirent eux aussi des libelles sur la question. La controverse se poursuivit, avec des intermittences,

jusque tard dans le XVIIIᵉ siècle, bien que la Rote romaine ait imposé le silence aux deux partis.

Nous ignorons la date exacte de la mort du P. de Lima, mais en 1645, A. Clavel le considérait comme déjà décédé. Il s'était fait remarquer par ses connaissances théologiques mais aussi par son esprit polémiste, au service de la défense de son ordre.

Sources. Archives de la congrégation de Valladolid, conservées à l'abbaye de Silos, *Actas de los capítulos generales*, II, fᵒ 77vᵒ, 147vᵒ, 173rᵒ. – *Catálogo de los monges que rresciven nuestro santo ábito en esta casa de San Martín el Real de Santiago*, manuscrit de la Bibliothèque universitaire de Saint-Jacques-de-Compostelle, *324*, fᵒ 13rᵒ. – A. Clavel, *Antigüedad de la religión y regla de San Basilio Magno*, Madrid, 1645. – J. Sáenz de Aguirre, *Ludos salmanticenses*, t. I, Salamanca, 1668, p. 130. – G. De Argaiz, *La perla de Cataluña. Historia de Nuestra Señora de Monserrate*, Madrid, 1677, p. 457.

Travaux. V. Beltrán de Heredia, *La facultad de teología de la Universidad de Santiago*, dans *La Ciencia Tomista*, 39, 1929, p. 12-19. – J. Ibarra, *Historia del monasterio benedictino y de la Universidad literaria de Irache*, Pamplona, 1939, p. 333. – S. Cabeza de León, *Historia de la Universidad de Santiago de Compostela*, t. I, Santiago de Compostela, 1945, p. 124 et sv. – J. Pérez de Úrbel, *Varones insignes de la Congregación de Valladolid (ms. del s. XVIII)*, Madrid-Pontevedra, 1967, p. 156. – J. Barreiro, *Abadologio del monasterio benedictino de San Martín Pinario (1607-1836)*, dans *Studia monastica*, 7, 1965, p. 156-157. – T. Moral, *Un catálogo de abades del monasterio de San Martín Pinario*, dans *Nova et Vetera* (Zamora), nᵒ 12, 1981, p. 327. – A. Andrés, *El monasterio de Santa María de Obarenes*, dans *Boletín de la Institución Fernán González*, 160, 1963, p. 25. – E. Zaragoza Pascual, *Abadologio del imperial monasterio de Santa María de Obarenes (s. XII-XIX)*, dans *Ibid.*, 1985, nᵒ 2, p. 35 ; Id., *Los generales de la Congregación de San Benito de Valladolid*, Silos, 1979-1982, t. III, p. 121 ; t. IV, p. 137-142, 275, 445 ; Id., *Abadologio del monasterio de San Martín Pinario (898-1935)*, dans *Compostellanum*, 39, 1994, p. 223 ; Id., *Libro de gradas de los monjes de San Martín Pinario de Santiago de Compostela (1502-1833)*, dans *Estudios mindonienses*, 7, 1991, p. 481. – M. V. Pardo Gómez, *Catálogo de manuscritos da Biblioteca Xeral*, Santiago de Compostela, 1998, nᵒ 11.

E. Zaragoza

LIMANES (Santa María de), monastère bénédictin dans les Asturies (diocèse d'Oviedo).

Son existence est connue par une donation que le prêtre Artenio fit à son confrère Modesto le 26 déc. 980, document conservé dans l'ancien dépôt d'archives du monastère San Vicente d'Oviedo, auquel il fut uni par la suite. Son église, dont la construction primitive fut réalisée aux XIᵉ-XIIᵉ siècles, a subsisté jusqu'à nos jours comme église paroissiale après une restauration pratiquement complète au XXᵉ siècle. Jusqu'au début du XIXᵉ siècle, l'abbaye de S. Vicente percevait la moitié des dîmes de l'église de Limanes et avait le droit d'en présenter le curé.

G. De Argaiz, *La soledad laureada... Teatro monástico de Asturias y Galicia*, Madrid, 1675. – A. Floriano, *Colección diplomática del monasterio de San Vicente de Oviedo*, Oviedo, 1968. – E. Zaragoza, *Relación de beneficios de los monasterios benedictinos asturianos en el siglo XVIII*, dans *Boletín del Instituto de Estudios Asturianos*, nᵒ 142, 1993, p. 658.

E. Zaragoza

LIMAS (Saint-Gilles), *Limaco (de), Limans*, doyenné relevant de la mense abbatiale de Cluny, diocèse de Lyon, Rhône, arrondissement et canton de Villefranche-sur-Saône (province clunisienne de Lyon).

La possession de Limas par l'abbaye de Cluny vient d'une donation faite en 976 par Umfred de Beaujeu et sa femme, Emme. Ce lieu, dénommé doyenné, n'est pas un centre de vie monastique et aucun moine ne semble y résider en permanence, du moins à partir du XIIIᵉ siècle.

Limas, comme d'autres établissements de ce genre plus ou moins éloignés de Cluny, est un instrument dans la gestion financière de l'abbaye bourguignonne ou, du moins, de son abbé. Il est du reste aliéné par Guillaume II, en 1254, à Thomas de Fuer, membre d'une puissante famille consulaire de Lyon, sa vie durant, moyennant une redevance annuelle de 45 livres viennoises. De même, en 1260, le doyenné est encore en partie dans les mains laïques puisque le seigneur de Beaujeu a vendu les revenus en pain et en vin. Le chapitre général tente de réagir, sans succès, contre ce type de cession, qui permettait aussi, certainement, d'éteindre les dettes de l'établissement.

On ne sait presque rien de ce doyenné aux revenus modestes, qui fut abandonné durant les guerres de Religion et vendu en 1575.

SOURCES. Archives départementales du Rhône, 24 H 3 (1314-1362). – A. Bruel et A. Bernard, *Recueil des chartes de l'abbaye de Cluny*, t. 6, Paris, 1894-1903, p. 951. – A. Longnon, *Pouillés de la province de Lyon*, Paris, 1904, col. 14 et 41. – E. Berger, *Les registres d'Innocent IV (1243-1254)*, t. 3, Paris, 1921, p. 419. – Dom G. Charvin, *Statuts, chapitres généraux et visites de l'ordre de Cluny*, Paris, 1965-1979, voir index au t. 6.

TRAVAUX. L. Galle et G. Guigue, *Histoire du Beaujolais, manuscrits inédits des XVIIᵉ et XVIIIᵉ siècles. Mémoires de Louvet*, t. 1, Lyon, 1903, p. 197-199. – J. Beyssac, *Abbayes et prieurés de l'ancienne France*, t. 10, *Province de Lyon*, Ligugé-Paris, 1933, p. 111. – L.-H. Cottineau, *Répertoire topo-bibliographique des abbayes et prieurés*, t. 1, Mâcon, 1935, col. 1615. – D. Riche, *L'ordre de Cluny à la fin du Moyen Âge. « Le vieux pays clunisien » (XIIᵉ-XVᵉ siècle)*, Saint-Étienne, 2000, voir index.

PH. RACINET

LIMAYE, commanderie de l'Ordre du Temple en Provence, sur le territoire de la commune actuelle de La Bastide-des-Jourdans (département du Vaucluse, arrondissement d'Apt).

Comme bien des sujets concernant l'histoire des ordres militaires en Provence, et malgré de riches fonds d'archives (telles les Archives départementales des Bouches-du-Rhône, série H) et une recherche en constant progrès, l'origine de la maison des templiers de Limaye (au lieu-dit La Cavalerie, à la Bastide-des-Jourdans) n'a pas encore été complétement élucidée par les chercheurs. Fondée dans la seconde moitié du XIIᵉ siècle – les premières maisons templières de la région, celle de Richerenches, à 85 km au nord-ouest, fut édifiée dès 1136, celle de La Brillanne (25 km au nord-est) reçue par donation en 1144, celles de Ruou, sise à une cinquantaine de kilomètres à l'est de Limaye, et d'Hyères plus au sud, furent fondées en 1156 –, sans doute comme donation d'un petit seigneur local de retour de Terre Sainte, elle participe, comme le montre B. Marty (*cf.* la bibliographie, *infra*), de la stratégie d'installation de l'Ordre le long des voies de

communication, grandement favorisée par les bonnes dispositions des potentats locaux, comme les comtes de Provence. Limaye figure ainsi sur un axe le long de la Durance, en compagnie d'Avignon, Châteauneuf et Cavaillon. Cette demeure est mentionnée pour la première fois en 1176 dans un acte, la donation aux Templiers de Limaye par Bernard, abbé de Saint-Eusèbe, d'une église sise à Saint-Saturnin d'Apt, Raymond de Rochebrune (ou Roquebrune) en étant le récipiendaire et le précepteur (commandeur). Dès cette époque, on peut donc supputer que cette commanderie était déjà amplement dotée mais on ne peut guère en apprendre plus car les archives de cette maison ont pratiquement toutes disparu. D'après C. Boekholt (*cf.* la bibliographie), l'installation à cet endroit pourrait aussi illustrer le rôle de protecteurs des voyageurs habituellement dévolu aux Templiers puisque la toponymie et la topographie ont conservé à proximité la trace d'un lieu d'asile dit *La Sauveté*. Cependant J.-A. Durbec (*Les Templiers dans les diocèses de Fréjus...*, p. 126-128, *cf. infra* la bibliographie) a fortement relativisé ce rôle de défense des voies de communication et des voyageurs, les Templiers disposant de peu d'armes et se consacrant avant tout à l'exploitation agricole. Limaye étant implantée au milieu de forêts, on peut supputer que les Templiers, outre la culture céréalière, l'élevage et la culture vinicole, se livraient à l'exploitation forestière.

La commanderie continua probablement à croître au cours du XIIIᵉ siècle comme importante maison de second rang. Un indice de son importance est fourni par le nombre des frères qui y furent arrêtés lors de la suppression de l'ordre en 1308 : quatre ou cinq. Ce chiffre est de même importance que celui des membres de l'Ordre qui logeaient à cette date dans les maisons d'Arles et d'Aix.

Une certaine confusion règne sur ces quatre ou cinq templiers arrêtés par le bailli et ses gens d'armes à Limaye le 24 janv. 1308 et conduits à demi-nus par une température glaciale vers la forteresse de Pertuis. C'est le prêtre historien Honoré Bouche qui nous donne au XVIIᵉ siècle deux listes des Templiers arrêtés en Provence à Meyrargues (27 noms) et Pertuis (21 noms). On constate ici une différence avec la liste des 23 Templiers gardés dans la forteresse de Pertuis conservée aux Archives départementales des Bouches-du-Rhône (série B-152). Pour Limaye (*Limasia*), l'abbé Bouche évoque d'abord 4 templiers puis livre néanmoins 5 noms de templiers emprisonnés à Pertuis ! La liste d'origine semble bien pourtant fournir 6 noms pour Limaye. Les Templiers de Limaye incarcérés se nommaient : Raymond Blancaud, chambrier (en charge de l'administration de la maison : exploitation agricole, personnel...), Bernard de Thore, Raymond Sauvaire, Guillaume Cobrati et Hugo Atizalli. Il est possible que le commandeur Guillaume Raybaud soit ce sixième moine-soldat oublié par Bouche (voir ci-après). Et pour ne rien arranger, J.-L. Alias associe ces templiers de *Limasia* à la maison de Limans, erronée en tant que commanderie templière (ainsi que l'explique bien J.-A. Durbec, *Templiers et hospitaliers...*, p. 132-133, puisque le procès-verbal d'arrestation mentionne que la maison de *Limasia* se trouvait dans le bailliage de Pertuis, comme Limaye et pas Limans ; et que les templiers arrêtés précisent même que leurs biens devaient être confiés à des habitants de la Bastide-des-Jourdans.

Cf. la bibliographie, *infra*). On ignore le sort qui leur fut réservé. M. Lavocat dans son *Procès des frères et de l'Ordre du Temple* (p. 204-205) indique que les Templiers de Provence arrêtés furent tous suppliciés puis brûlés, ce qui est fort douteux. À cette occasion, un inventaire des biens meubles et immeubles confisqués est dressé. Pour Limaye, cela consiste notamment en 20 chevaux, 16 bœufs *arans* (pour le trait), 20 autres bovins, 315 bêtes à laine, 50 chèvres.

En 1308, le commandeur de Limaye se nomme Guillaume Raybaud ou de Raymbaud. Mais, on l'a vu, il ne figure apparemment pas parmi les templiers arrêtés. Il est bien possible qu'il ait été mis au courant de la décision d'arrestation. En effet, la veille, il aurait confié au prieur de l'église du Revest d'Aigues un paquet scellé contenant des chartes.

Quelques informations parcellaires sont parvenues jusqu'à nous. Dans l'église du Temple, Bertrand, seigneur des Baux († *c.* 1183) faisait célébrer annuellement par 20 prêtres une messe anniversaire.

En décembre 1208, un nobliau guerroyeur, Guillaume de Sabran-Forcalquier, longtemps adversaire résolu du comte de Provence Raymond-Bérenger V, était entré chez les Templiers de Limaye où il décéda et fut enterré en 1250.

Parmi les possessions de la commanderie de Limaye, on retient avec certitude, outre Saint-Saturnin d'Apt, La tour d'Aigues et Lauris. D'après les recherches de C. Boekholt, en 1219, Isnard Amic, dit de Limaye, et son cousin Reyne II de Sabran, concédèrent aux Templiers de Limaye et nommément à Pons de Limaye, commandeur, le Revest de La tour d'Aigues.

Les Templiers furent des conservateurs de reliques. Ils possédaient ainsi dans plusieurs commanderies des morceaux de la Vraie Croix ramenés de Terre Sainte par les croisés, comme à Limaye.

Après quelques années de confusion en ce qui regarde le retour des biens templiers à l'Église, en 1312, lors du Concile de Vienne, le pape Clément V décide, outre la suppression de l'Ordre, que les biens des Templiers iront aux Hospitaliers de Saint-Jean de Jérusalem. Il fallut cependant encore attendre plusieurs années de manœuvres dilatoires de la part du comte Robert le Sage et de ses vassaux avant que les Hospitaliers ne reçoivent leur dû à la fin de l'année 1319. La commanderie de Limaye ne fit pas exception à la règle, fut rétrogradée au rang de grange et gérée par les Hospitaliers de Manosque sous l'appellation de *La Madeleine*. Mais dès 1373, une enquête pontificale sur les biens des Hospitaliers révélait que les bâtiments de Limaye se trouvaient dans un état de délabrement avancé. Il s'agit d'une conséquence de l'isolement géographique combiné à la grave négligence des métayers chargés de l'exploitation et de l'entretien des bâtiments.

Au début du XVIIIᵉ siècle, le seigneur local et président du Parlement de Provence, le baron Joseph Édouard de Coriolis Limaye, conçut, avec le curé de la paroisse, l'abbé Morellet, le projet de relever le site et d'y implanter un monastère de *Frères-Laboureurs*, à côté de l'église des Templiers. Les premières recrues furent envoyées par les ermites de Saint-Hilaire d'Olières (1706). La communauté d'une quinzaine de frères dirigés par un prêtre subsista jusqu'à la Révolution française, période durant laquelle elle fut dispersée et les biens détruits. De nos jours, les ruines de la commanderie, non classées, subsistent près de la ferme de Limaye à La Bastide-des-Jourdans.

H. Bouche, *L'histoire chronologique de Provence*, t. 2, Aix-en-Provence, 1664, p. 330-332. – C.-F. Achard, *Description historique, géographique et topographique des villes, bourgs, Villages & Hameaux de la Provence ancienne & moderne, du Comté-Venaissin, de la principauté d'Orange, du comté de Nice, etc.*, Aix-en-Provence, 1787, p. 310. – J. Courtet, *Dictionnaire géographique, géologique, historique, archéologique et biographique des communes du Département de Vaucluse*, Avignon, 1876, p. 74-75. – M. Lavocat, *Procès des frères et de l'Ordre du Temple d'après des pièces inédites publiées par M. Michelet et des documents imprimés anciens et nouveaux*, Paris, 1888. – J.-A. Durbec, *Templiers et hospitaliers en Provence et dans les Alpes maritimes*, Grenoble, 2001 (réédition de contributions parues dans *Provence historique*, t. 9, 1959), p. 103-104, 132-133 ; Id., *Les Templiers dans les diocèses de Fréjus, Toulon et Riez. Maisons de Ruou, Hyères, Saint-Maurice, Bras, Peirassons et autres*, dans *Bulletin de la Société d'Études Scientifiques et Archéologiques de Draguignan et du Var*, 8, 1963, p. 90-133. – R. Boyer, *À propos des Templiers en Provence*, dans *Ibid.*, 9, 1964, p. 33-37. – N. Coulet, *Les ordres militaires, la vie rurale et le peuplement dans le sud-est de la France au Moyen Âge*, dans *Les ordres militaires, la vie rurale et le peuplement en Europe occidentale (XIIᵉ-XVIIIᵉ siècles). Sixièmes Journées internationales d'histoire, 21-23 septembre 1984*, Auch, 1986, p. 37-60. – B. Beaucage, *La saisie des biens provençaux de l'ordre du Temple*, dans M.-C. Déprez-Masson (éd.), *Normes et pouvoir à la fin du Moyen Âge. Actes du colloque « La recherche en études médiévales au Québec et en Ontario », Montréal, 16-17 mai 1989*, Montréal, 1989, p. 85-103. – J.-L. Alias, *Acta Templarorium ou la prosopographie des Templiers*, Corps, 2002, *passim*. – D. Carraz, *L'Ordre du Temple dans la basse vallée du Rhône (1124-1312). Ordres militaires, croisades et sociétés méridionales*, Lyon, 2005, p. 94, n. 57, 330, n. 216, 331, 349. – A. Demurger, *Les Templiers. Une chevalerie chrétienne au Moyen Âge*, Paris, 2014, p. 179. – B. Marty, *Les ressources documentaires sur l'ordre du Temple dans la Région Provence-Alpes-Côte d'Azur (PACA)*, s.l., s.d., sur le site Internet e-corpus.org. – C. Boekholt, *Les Templiers de Limaye*, 2003, sur le site templiers.net.

E. LOUCHEZ

LIMBOURG (Érasme de), *Limburg, Schenk von Limpurg*, évêque de Strasbourg (1507-1568).

Né le 7 août 1507, fils de Christophe Schenck de Limbourg et d'Agnès de Werdenberg, Érasme de Limbourg fit des études supérieures à Tübingen d'abord, puis à Paris. Dans cette dernière ville, il se lia d'amitié avec l'humaniste Jean Sturm, le futur directeur du Gymnase de Strasbourg. Il acquit un solide bagage littéraire, mais s'intéressa plus particulièrement au droit canon, ainsi qu'à la Sainte Écriture, dont il passait pour être un bon connaisseur.

Chanoine du chapitre cathédral de Strasbourg en 1532, il obtint également une prébende au chapitre de Bamberg. Son élection, en 1541, fut bien accueillie par les autorités strasbourgeoises. En effet, alors que son prédécesseur Guillaume de Honstein s'était opposé de plus en plus nettement à la Réformation, Érasme, dont la sœur, Barbe, comtesse de Wertheim, favorisait le succès du protestantisme dans sa seigneurie, était considéré comme un homme conciliant avec lequel un accord semblait possible. Au moment où il monta sur le siège de Strasbourg, le prélat ne désespérait pas que l'unité des chrétiens fût un jour prochain rétablie. Il partageait à cet égard les vues de son chancelier, Welsinger, et repoussa jusqu'en 1548 son ordination sacerdotale ainsi que son sacre épiscopal.

Deux événements l'amenèrent à changer de position, l'Interim d'abord, et la résistance farouche qu'opposèrent les Strasbourgeois à son application (1548), ensuite le concile de Trente, auquel il prit part (1551-1552) et où il fit la connaissance d'un théologien hostile au protestantisme, Delphius, qu'il prit comme évêque auxiliaire. Ses relations avec les Strasbourgeois se gâtèrent : ceux-ci refusèrent de reconnaître son autorité temporelle et spirituelle, et ce ne fut qu'à l'issue de longues tractations qu'ils autorisèrent en 1549 la célébration de la messe à la cathédrale et dans les trois collégiales de la ville. Pierre Canisius passa quelque temps à Saverne, la résidence de l'évêque, et y travailla à la rédaction de son catéchisme ; en 1552, il donna des sermons à la cathédrale de Strasbourg.

Érasme s'efforça de réformer son clergé dont une visite effectuée en 1551 avait révélé les nombreuses et graves faiblesses. Mais les statuts, qui avaient obtenu l'aval du théologien Witzel et avaient été publiés après la réunion des synodes diocésains en 1549 et 1560, furent jugés inapplicables. La création d'un séminaire fut envisagée mais ne fut réalisée qu'au début du XVII⁰ siècle. En 1567, les décrets du concile de Trente furent adoptés.

Érasme ne suivit pas le conseil de Canisius, qui lui avait recommandé de prendre un coadjuteur résolument décidé à combattre la Réformation, mais il fraya la voie à l'action fermement engagée dans la voie de la Réforme catholique de son successeur Jean de Manderscheid. Il décéda le 27 nov. 1568 dans son palais épiscopal, au château d'Oberhof, à Saverne.

L. Pfleger, *Die Strassburger Synodalstatuten des Bischofs Erasmus von Limburg and Georg Wicilius*, dans *Archiv für elsässische Kirchengeschichte*, 6, 1931, p. 410-412. – H. Neu, *Regesten zur Geschichte der Strassburger Bischöfe des 16. Jhs*, dans *Ibid.*, 12, 1937, p. 394-398. – K. Hahn, *Die katolische Kirche in Strassburg unter dem Bischof Erasmus von Limburg (1541-1568)*, Frankfurt am Main, 1941. – *Neue deutsche Biographie*, t. 4, 1959, p. 554. – R. Bornert, *La réforme protestante du culte à Strasbourg au XVIᵉ siècle (1523-1598)*, Leiden, 1981, p. 66-67. – F. Rapp (dir.), *Le diocèse de Strasbourg*, Paris, 1982, p. 81-82 (Histoire des diocèses de France, 14) ; Id., *Limburg, Erasmus von*, dans E. Gatz (dir.), *Bischöfe des Heiligen Römischen Reiches 1448-1648*, Berlin, 1996, p. 426-427. – A.-M. Burg, *Limburg, Erasmus von (Erasme de Limbourg)*, dans *Nouveau Dictionnaire de Biographie alsacienne*, t. 24, 1995, p. 2373-2375.

F. RAPP

LIMEBROOK, priory of Augustinian canonesses in the English county of Herefordshire, diocese of Hereford, parish and village of Lingen.

The priory of Limebrook was founded no later than 1199, during or shortly before the reign of King Richard I. Ralph of Lingen is often accredited as having founded the priory, although this honour may also have fallen to a member of the local Mortimer family. The Mortimers, in fact, also bear the credit for founding Limebrook's nearby motherhouse in 1179, the Augustinian abbey of Wigmore. The priory of

Limebrook was of modest size, housing not more than 6 nuns at the time of its suppression in 1539 as a result of Henry VIII's dissolution of monasteries. Today, only a few ruins remain among the impressive shrubs of Asarabacca, or wild ginger, well known in the Middle Ages for its medicinal use. Limebrook is thought to have been the community for which the *Ancrene Wisse* was written, a thirteenth-century beginner's guide for female recluses.

LIST OF PRIORESSES. The names of only a few prioresses are known, starting with Matilda Whyteney, -1429. – Agnes Corbury, 1429-. – Joan Brygge (Brugge), -1486. – Emma Powys (Powes) *alias* Grey, 1486-1488. – Juliana Barbo(u)r, -1539.

Royal Commission on Historical Monuments, England 1934. An Inventory of the Historical Monuments in Herefordshire. Volume 3 : North-West, London, 1934, p. 136. – D. Knowles and R. N. Hadcock, *Medieval Religious Houses in England and Wales*, London, 1953, p. 229. – J. W. Tonkin, *The Nunnery of Limebrook and Its Property*, in *Transactions of the Woolhope Naturalists' Field Club*, 41, 1974, 1, pp. 149-164. – S. P. Thomas, *Limebrook priory*, in *Transactions of the Radnorshire Society*, 56, 1986, pp. 23-25. – S. Thompson, *Women Religious : The Founding of English Nunneries after the Norman Conquest*, Oxford, 1991, pp. 33-35. – Y. Wada, *What is Ancrene Wisse ?*, in Id. (ed.), *A Companion to Ancrene Wisse*, Cambridge, 2003 (repr. 2010), pp. 1-28 (13, 20-24). – D. M. Smith et al., *The Heads of Religious Houses : England and Wales, vol. 3 : 1377-1540*, Cambridge, 2008, p. 663.

F. KEYGNAERT

LIMÉS (Santa María de), *Lemnes*, monastère prébénédictin dans les Asturies situé à quelques 2 kilomètres au sud de Cangas del Narcea, dans le village de Limés, au bord de la rivière Cibea, avant son embouchure dans le Narcea.

Ce monastère avait des propriétés sur les deux rives de cette rivière à Moral, Piñera et Castro. Nous ignorons le nom du fondateur et la date de fondation mais nous savons qu'en 912 le roi Fruela II en fit don à l'église d'Oviedo, et qu'en 944 il était occupé par le prêtre Diosdado, du Monte de Prada. En 1104, le monastère confirma devant le bailli des Asturies, García Marceliz, la propriété qu'il possédait à La Roza de Cobos. Nous savons que les habitants de la région se réunissaient parfois dans ce monastère pour y conclure des accords.

Des anciens bâtiments, seul subsiste l'église avec ses dépendances, qui sert d'église paroissiale à la localité.

G. De Argáiz, *La soledad laureada por San Benito y sus hijos y theatro monástico de la Provincia de Asturias y Cantabria*, t. VI, Madrid, 1675. – F. Martínez Marina, *Diccionario geográfico-histórico de Asturias*, ms. du XVIIIᵉ siècle à la Biblioteca de la Real Academia de la Historia, de Madrid. – C. M. de Luis, *Los monasterios asturianos dependientes de la catedral de Oviedo en la Alta Edad Media*, Oviedo, 1966. – M. G. Martínez, *Monasterios medievales asturianos (s. VIII-XIII)*, Gijón, 1977, p. 52, 119. – *Gran Enciclopedia Asturiana*, t. IX, p. 78-79. – R. Arias Del Valle, *Monasterios documentados en el archivo capitular de Oviedo*, dans *Memoria Ecclesiae*, 7, 1995, p. 379.

E. ZARAGOZA

LIMIA (Fermín), bénédictin espagnol († 1832).

Né à Baltar (province d'Orense) vers 1743, il reçut au baptême le prénom de Martín. Il prit l'habit bénédictin le 4 juin 1760 à l'abbaye de Santo Domingo de Silos sous le nom de religion de Fermín et il y fit profession le 5 juil. 1761. Au terme de ses études à l'Université bénédictine d'Irache en Navarre (1762-1765), ses supérieurs l'orientèrent vers le ministère pastoral et la prédication. Il réussit si bien qu'il resta de longues années à Madrid comme prieur de la communauté paroissiale de San Ildefonso puis (de 1793 à 1797) comme sacristain, prieur et vice-curé de l'abbaye de San Martín à Madrid, dont il fut également procureur de 1801 à 1805. Dans l'intervalle, il avait été, de 1797 à 1801, abbé du monastère de San Pedro de Villanueva dans les Asturies. De 1805 à 1814, il occupa la charge d'abbé de San Benito de Huete (Cuenca), mais il dut abandonner ce monastère en 1811 du fait de la sécularisation générale décrétée par Joseph Bonaparte en 1809. Il revint probablement ensuite à Madrid ou à Silos, où il mourut dans la seconde moitié de 1832.

Son frère José, également bénédictin, avait pris l'habit au monastère de San Salvador de Celanova en 1745 et mourut à San Martín de Madrid en 1794.

E. Zaragoza, *Abadologio del monasterio de San Pedro de Villanueva (siglos XII-XIX)*, dans *Boletín del Instituto de Estudios Asturianos*, 116, 1985, p. 925 ; Id., *Necrologio benedictino vallisoletano (1806-1833)*, dans *Studia monastica*, 25, 1983, p. 266 ; Id., *Los monjes de Silos (1550-1829)*, dans *Ibid.*, 32, 1990, p. 416 ; Id., *Varones insignes de la Congregación de Valladolid (1750-1798)*, dans *Nova et Vetera*, 37, 1994, p. 140 ; Id., *Abadologio del monasterio de San Benito de Huete (1468-1835)*, dans *Silos. Un centenario*, t. 1, Silos, 2003, p. 518-519.

E. Zaragoza

LIMISA, siège titulaire en Byzacène, Afrique du Nord (actuellement sur le territoire de la Tunisie).

Le P. Vailhé a placé parmi les sièges titulaires de Byzacène (n° 1251) *Limisa* (Henchir-Boudja), qui ne figure pas dans les notices de Darrouzès. Le 24 juin 1926, l'évêque démissionnaire de Lacedonia (Italie), Francesco Maffei, avait été nommé à ce siège. À son décès, survenu le 25 oct. 1937, il fut remplacé le 16 décembre de la même année par Cesare Maria Guerrero y Rodriguez, archevêque auxiliaire de Manille, élu évêque de San Fernando (Philippines) le 14 mai 1949. Se succédèrent dans cette charge : Le 10 sept. 1949, Johannes Bydolek, auxiliaire de l'évêque d'Hildesheim (Allemagne), décédé le 18 oct. 1957. – Le 5 déc. 1957, Victor Joseph Reed, évêque auxiliaire d'Oklahoma City-Tulsa, élu évêque du même diocèse le 21 janv. 1958. – Le 15 févr. 1958, Angel Riesco Carbajo, archevêque auxiliaire de Pampelune, décédé le 2 juil. 1972. – Le 5 sept. 1972, Victorio Oliver Domingo, archevêque auxiliaire de Madrid, élu évêque de Tarazona (Espagne), le 20 déc. 1976. – Le 24 mai 1977, Francisco Garmendia Ayestarán, archevêque auxiliaire de New York, décédé le 16 nov. 2005. – Le 3 janv. 2006, John Bura, évêque auxiliaire de Philadelphie (Ukrainiens).

Index Sedium Titularium, Cité du Vatican, 1933, p. 53. – *Annuario pontificio*, 1927 et sv. – Site Internet *Catholic Hierarchy*.

E. Louchez

LIMOUZIN-LAMOTHE (Raymond ou René), historien, né à Saint-Sulpice-les-Feuilles (département de la Haute-Vienne, arrondissement de Bellac), le 15 sept. 1898, mort à Paris, le 28 déc. 1966.

Il naît d'une famille toulousaine, mais son père exerce la médecine dans un gros bourg de la Haute-Vienne, où il a fondé un foyer. Après des humanités au lycée Gay-Lussac à Limoges, il entreprend des études supérieures à la Faculté de Toulouse. Après la Première guerre mondiale et l'occupation de la Rhénanie, il poursuit son cursus universitaire à Toulouse, puis à Paris. Agrégé en 1928, il est nommé au lycée de Limoges. Quatre ans plus tard, il « monte » à Paris où il enseigne successivement aux lycées Michelet, Buffon et Louis-le-Grand. En 1932, il devient docteur-ès-lettres avec une thèse remarquable sur *La Commune de Toulouse et les sources de son histoire (1120-1249)* complétée par une histoire des cartulaires de la ville, puis une *Bibliographie critique de l'histoire municipale de Toulouse des origines à 1789*. Il n'oublie pas sa province d'origine : des communications à la Société archéologique et historique du Limousin, plus un opuscule et un article sur *Jeanne de Matel et la religion du Verbe Incarné*, ordre transplanté dans la Creuse voisine après la Révolution. Depuis 1932, il participe au triumvirat qui dirige la *Revue d'histoire de l'Église de France*, où il s'occupe d'ordonner la partie bibliographique : recueillant les livres, suscitant les envois des auteurs et des éditeurs, il s'attache à surveiller la production pour ne rien laisser passer d'important et sait non moins trouver des collaborateurs idoines. Simultanément, il collige des notes sur sa région natale dont la synthèse aboutit en 1951 et 1953 au premier ouvrage d'une collection sur l'histoire des diocèses de France, *Le diocèse de Limoges*, en deux tomes, le premier, des origines à la fin du Moyen Âge, le second du XVIe siècle à nos jours. Simultanément, il travaille sur le diocèse de Paris pendant la première partie du XIXe siècle ; ce qui aboutit en 1955-1957 à son grand ouvrage : *Mgr de Quelen, archevêque de Paris, son rôle dans l'Église de France de 1815 à 1839*, que devait prolonger un travail sur son successeur, Mgr Affre, limité à trois articles. On ne saurait omettre que depuis 1962, il codirigeait le *Dictionnaire de biographie française* auquel il collaborait depuis plusieurs années.

P. Marot, *René Limouzin-Lamothe (1898-1966)*, dans *Revue d'histoire de l'Église de France*, 52, 1966, p. 327-330. – A. Pettier, *Raymond Limouzin-Lamothe*, dans *Bulletin de la Société archéologique et historique du Limousin*, 1967, p. 3-7. – L. Pérouas (dir.), *Le Limousin* (Dictionnaire du Monde Religieux dans la France Contemporaine, 7), Paris, 1994, p. 74. – G. Jacquemet (dir.), *Catholicisme. Hier-aujourd'hui-demain*, t. 7, Paris, 1975, col. 807.

L. Pérouas[†]

LIMPENS (Jean), jésuite néerlandais (1709-1783/84).

Né à Aalbeek (Limbourg hollandais), le 18 nov. 1709, il entra dans la Compagnie de Jésus, le 2 oct. 1726 et fut ordonné prêtre le 24 sept. 1740. Bollandiste jusqu'en 1750, il collabora à la rédaction des trois premiers tomes des *Acta Sanctorum* du mois de septembre (il prépara entre autres les dossiers des juges Josué et Gédéon, et de la prophétesse Anne). De 1750 à 1760, il fut recteur du collège de Maastricht, dont il devint par la suite procureur jusqu'à la suppression de son ordre en 1773. Il mourut dans la même ville, le 28 nov. 1783 ou 1784.

F. Loise, *Limpens (Jean)*, dans *Biographie nationale publiée par l'Académie royale de Belgique*, t. 12, *Les-Ly*, Bruxelles, 1892-1893, col. 208. – K. J. Derks, *Limpens (Joannes)*, dans P. C.

Le Christ à l'agonie de Limpias, sculpture en bois polychrome, repris à Wikipedia.es, notice «Iglesia de San Pedro (Limpias)», © Jose33luis, CC BY-SA 3.0.

Molhuysen et P. J. Blok (dir.), *Nieuw Nederlandsch Biografisch Woordenboek*, 1, Leiden, 1911, col. 1275. – C. Sommervogel, *Bibliothèque de la Compagnie de Jésus*, t. 1, col. 1835. – A. Poncelet, *Nécrologe des jésuites de la province flandro-belge*, Wetteren, 1931, p. 199. – W. Audenaert, *Prosopographia Iesuitica Belgica antiqua (PIBA). A biographical dictionary of the Jesuits in the Low Countries, 1542-1773*, t. 2, Leuven-Heverlee, 2000, p. 74.

B. JOASSART

LIMPIAS, sanctuaire espagnol dans le diocèse de Santander (province de Cantabrie).

Dans l'église paroissiale de San Pedro, reconstruite au XVIIᵉ siècle pour remplacer celle du XVIᵉ siècle, se trouve une très belle statue du Christ à l'agonie. Elle fut la propriété du noble Diego de la Piedra, qui l'avait reçue en cadeau des franciscains et qui la conservait dans la chapelle privée de son palais de Cadix. Elle devint célèbre parce que lors de l'inondation maritime dont la ville fut victime en 1755, elle fut portée en procession et aussitôt la mer recula, ce qui fut considéré comme un miracle. À partir de ce moment, on demanda que la statue puisse être vénérée publiquement dans une église de la ville mais, n'ayant pu se mettre d'accord avec le chapitre cathédral sur l'église qui serait choisie, le propriétaire l'envoya, avec quelques autres objets précieux, à Limpias, son lieu de naissance, où elle fut déposée sur le maître-autel de l'église paroissiale.

La statue devint particulièrement célèbre au début du XXᵉ siècle, dans le contexte d'un catholicisme espagnol assiégé par les forces anticléricales. Le 30 mars 1919, au cours de la messe de première communion des enfants au terme d'une mission paroissiale conduite par des capucins, on entendit un bruit sourd, à la suite duquel une petite fille s'avança vers l'autel et fit observer aux prédicateurs que les yeux du Christ de la statue remuaient. Stupéfaits, les trois prêtres présents et ceux qui se trouvaient autour d'eux constatèrent le prodige. La nouvelle, signalée par la presse madrilène, se répandit dans toute l'Espagne. Les autorités ecclésiastiques conduisirent une enquête, concluant à un phénomène d'autosuggestion combiné à l'éclairage artificiel, mais laissèrent faire sans émettre de déclaration publique, tandis que les hommes de science réfutaient le phénomène. Dans la sacristie de l'église, on conserve un registre contenant les témoignages signés de 1200 personnes qui affirment avoir vu bouger les yeux et la bouche et transpirer et pâlir le visage du Christ. Par la suite, de nombreux pèlerinages, venus d'Espagne mais aussi d'Autriche et de Hongrie, défilèrent devant la statue et de nombreuses conversions se produisirent. Peu à peu toutefois, les phénomènes décrits diminuèrent jusqu'à disparaître totalement, mais la dévotion continue et, à l'heure actuelle encore, le sanctuaire attire des pèlerins venus non seulement de toute l'Espagne mais aussi d'autres pays d'Europe et même d'Amérique latine. Les Hongrois recréèrent des sanctuaires de Limpias à Budapest et à Lillafüred.

M. Sáiz, *Breve reseña de los santuarios de la Provincia de Santander*, Santander, 1919. – A. De Palazuelo, *Santísimo Cristo de la Agonía*, Madrid, 1920. – L. Urbano, *Los prodigios de Limpias a la luz de la teología y de la ciencia. Estudio crítico*, 2ᵉ édition, Barcelona-Madrid-Valencia, 1920. – G. Geijo, *El Cristo milagroso*, Bilbao, 1961. – W. A. Christian, *Divine Presence in Spain and Western Europe 1500-1960. Visions, Religious Images and Photographs*, Budapest, 2012, p. 81-83. – *Diccionario de historia eclesiástica de España*, t. 3, p. 2282-2283. – *Lexikon für Theologie und Kirche*, t. 6, col. 1060-1061.

E. ZARAGOZA

LIMPO (Baltasar), carme portugais, évêque de Porto, archevêque de Braga (1478-1558).

Né à Moura en 1478, il y fut baptisé dans l'église Saint-Jean. Ses parents Rodrigue Limpo et Agnès da Rocha, faisaient partie de la noblesse du sud du Portugal. À 17 ans, en 1494, il entra chez les carmes de sa ville natale. Il s'y fit remarquer par sa piété et son ardeur à l'étude. Au terme de ses études à l'Université de Salamanque, il fut nommé en 1521 à la première chaire de théologie de l'Université de Lisbonne, poste qu'il occupa pendant de nombreuses années. Sa réputation de prédicateur fut vite établie : en 1522, Jean III le nomma prédicateur de la chapelle royale et il devint également confesseur de la reine Catherine, sœur de l'empereur Charles Quint, ainsi que de ses enfants.

Élu provincial en 1523, il gouverna la province portugaise (sauf en 1526-1527) jusqu'en 1537, année où il devint évêque. Durant son provincialat, il collabora à la réforme entreprise par le général de l'ordre, Nicolas Audet, et il introduisit rapidement parmi les carmes portugais le véritable esprit du Carmel. Il s'agissait de revenir à la pratique de la vie commune, de rétablir les offices liturgiques tout au long de la journée, de réagir contre les privilèges excessifs des religieux ayant un grade universitaire (notamment les exemptions dont ils bénéficiaient) et d'en revenir à la pratique de la pauvreté religieuse en supprimant toute propriété individuelle. Il accorda également une grande attention à la formation spirituelle et intellectuelle et au choix de supérieurs locaux zélés, doctes et pieux. Par la suite, devenu évêque, il contribuera au transfert du scolasticat de Lisbonne à Coïmbre, lui procurant de nouvelles ressources et améliorant ses statuts.

Présenté par le roi Jean III pour l'évêché de Porto, il fut confirmé par le pape Paul III le 15 nov. 1536. Il prit possession du diocèse en avril de l'année suivante et fut ordonné évêque en mai ou juin. Il commença son activité pastorale en procédant à la visite de toutes les paroisses du diocèse, afin de se rendre compte de la situation. Ses mesures contre les curés non résidents ou qui se livraient à des occupations incompatibles avec le ministère pastoral suscitèrent de fortes réactions et même des appels au roi. La polémique se prolongeant, bien que le cardinal-infant se soit prononcé en faveur de Mgr Limpo, le pape, à la demande du roi, évoqua l'affaire à Rome, imposa le silence aux curés qui avaient provoqué le recours et finalement approuva, le 1ᵉʳ févr. 1539, les mesures prises par l'évêque. Celui-ci convoqua l'année suivante un synode diocésain, lequel réforma les constitutions synodales, qui remontaient à 1496, en y introduisant les modifications et les additions nécessaires pour rétablir la discipline ecclésiastique, surtout concernant la résidence des curés, l'administration des sacrements dans des conditions satisfaisantes, la rémunération convenable des prêtres qui aidaient ou remplaçaient les curés et, pour finir, la prédication aux fidèles. En 1540, il réorganisa également le chapitre cathédral ainsi que le fonctionnement de l'Inquisition. Les protestations des juifs et des nouveaux chrétiens (les convertis de l'islam et du judaïsme) provoquèrent la suspension de l'activité de l'Inquisition en 1544 mais, sur ordre du pape, à la requête de Limpo, celle-ci reprit après quelques années.

En octobre 1546, Mgr Limpo partit pour Trente afin d'y prendre part au concile. Il y arriva le 18 novembre. Au cours des trois années (1546-1549) où il y fut présent, il multiplia les interventions, toujours passionnées et vibrantes. Notons en particulier celles relatives à la justification, qui eurent entre autres pour résultat d'éviter, dans la rédaction du décret, l'usage d'expressions insuffisamment claires sur la nature du péché originel et de ses conséquences, celles en faveur de sa thèse sur la justification par la foi et, dans la question de la certitude de la grâce, celle sur la permanence de la foi, bien qu'infirme, chez les pécheurs. En matière sacramentelle, il ouvrit la voie, avec d'autres Pères, à la mise au point de formules exprimant bien la différence entre les sacrements de l'Ancienne Alliance et ceux du Nouveau Testament, ainsi que la causalité des sacrements « ex opere operato ». Il prit une part active à la préparation des décrets sur les sacrements en général ainsi que sur le baptême et la confirmation. Il parla également, lors de la congrégation générale du 8 mars 1547, sur la liste des erreurs proposées par Massarelli sur l'eucharistie et intervint aussi dans le débat sur le mariage et sur les saints ordres. Il fit partie, à la place de l'évêque de Bitonto, de la commission chargée du catéchisme universel. Mais ses interventions qui retinrent le plus l'attention furent celles dans le débat très animé sur l'obligation pour les évêques et les curés d'observer la résidence. Il se rangea parmi ceux qui affirmaient que cette obligation était de droit divin et pas seulement de droit ecclésiastique et, prenant la défense des idées radicales du card. Pacheco, il prononça des paroles très dures contre le cumul des bénéfices et contre les dispenses concédées très largement dans ce domaine par les nonces et même par les papes. Lorsqu'il fut question de transférer le concile à Bologne, il s'opposa à la proposition et ne se rallia que tardivement à un compromis. Il prit part aussi à la discussion sur les problèmes concernant la situation politique du concile et, après un bref voyage à Venise, il semble que sa franchise dans ses critiques de la position adoptée par le pape Paul III et celles contre les lenteurs de la procédure, lui valurent des reproches publics de la part du cardinal-légat. Après la suspension du concile et un nouveau court séjour à Venise, il se rendit en octobre à Rome, où il discuta avec une grande sincérité des problèmes de la Réforme, lors de l'audience que lui accorda Paul III.

Revenu au Portugal à la fin de 1549, il fut promu le 23 mars 1550 archevêque de Braga et primat du Portugal. Il prit possession de son nouveau siège le 31 août. Au début, il dut affronter et résoudre une vieille question que son prédécesseur avait laissé pendante, le droit de l'archevêque de procéder à la visite de la collégiale de Guimarães. En même temps, il affirma son autorité face aux limites que les Chambres municipales prétendaient mettre à l'administration des biens ecclésiastiques. Son action la plus importante dans le diocèse de Braga fut la réorganisation des études publiques, à laquelle il procéda en 1553. Dans ce but, il dota le collège Saint-Paul des revenus nécessaires, rédigea de nouveaux statuts et règlements, réorganisa la répartition des différentes chaires (deux pour la théologie, deux pour le droit canonique et deux pour la grammaire). Il intervint également pour remédier aux graves manquements constatés lors de la visite pastorale qu'il effectua dans les divers diocèses de sa province. Parmi les mesures qu'il prit, signalons la nomination d'une commission spéciale et la publication en 1558 d'un nouveau missel.

Le 8 févr. 1558, il rédigea son testament, qui reflète son esprit généreux et charitable. Outre quelques legs à des parents et à des couvents de l'ordre du Carmel, il légua des sommes importantes en faveur des orphelins et pour le rachat des prisonniers.

Il mourut le 31 mars 1558, âgé de 80 ans. Il fut inhumé dans la chapelle de Saõ Pedro de Rates, qu'il avait lui-même fait construire et pour laquelle il avait institué un chœur de cinq chapelains qui devaient chaque jour célébrer deux messes et réciter l'office divin.

E. M. Wermers, *Baltasar Limpo Ord. Carm., 1478-1558*, (repris de sa thèse à la Faculté d'Histoire ecclésiastique de l'Université Grégorienne), Braga, 1957 (ample bibliographie des sources et travaux, p. IX-XVII). – J. A. Ferreira, *Memorias, arqueologico-históricas da cidade de Porto (fastos episcopaes e políticos)*, vol. II, Braga, 1924, p. 95-124 ; Id., *Fastos episcopaes da igreja primacial de Braga*, t. II, Braga, 1928-1934, p. 461-497 ; Id., *História abreviada do Seminário conciliar de Braga e das escolas eclesiásticas precedentes*, Braga, 1937. – C. A. Dias dos Santos, *O Censual da Mitra do Porto : subsídios para o estudo da diocese nas vésperas do concílio de Trento*, Porto, 1973. – Ch.-M. de Witte, *Cinq lettres de dom Baltasar Limpo au cardinal Marcello Cervini*, dans *Lusitania Sacra*, 10, 1975, p. 75-99. – A. F. Sampaio Neva Soares, *Visitações de dm frei Baltasar Limpo na arquidiocese de Braga*, dans *Theologica* (Braga), 14, 1979, p. 529-570, et 16, 1981, p. 447-535. – M. A. Rodríguez, *Dom Frei Baltasar Limpo insigne bispo e teólogo portûgues do séc. XVI – a sua participação no Concílio de Trento*, dans *Ibid.*, 15, 1980, p. 225-246. – *Grande Enciclopédia portuguesa e brasileira*, t. XV, p. 122.

E. Boaga[†]

LIMPO (Baltasar), dit *Baltasar junior*, carme portugais (*c.* 1592-1639).

Né à Moura, fils de Juan Limpo, qui était parent de l'archevêque de Braga Baltasar Limpo (*cf. supra*, col. 1063-1065), et de Caterina Oliveira, il commença son noviciat chez les carmes de l'ancienne observance le 6 août 1607. Il fit profession le 7 août de l'année suivante. Il étudia la philosophie au collège de son ordre à Coïmbre. Baltasar Limpo devint un prédicateur apprécié. Il fut prieur des couvents de Vidigueira et d'Evora et, à deux reprises, *socius* du provincial et secrétaire de sa province natale. Élu provincial du Portugal le 2 mai 1637, il mourut dans cette charge au couvent de Lisbonne le 17 juil. 1639, âgé seulement de 47 ans.

Le carme Baltasar Limpo, galerie de portraits des archevêques de Braga, repris à Wikipedia.pt, notice «Baltazar Limpo», © Joseolgon, CC BY-SA 4.0.

Il avait rédigé un commentaire littéral et moral des chapitres 18 et 27 du Premier livre des *Rois*, intitulé *Doze fugas de Davidde seu inimigo Saul*, ainsi qu'un commentaire, qu'il laissa inachevé, sur les œuvres de S. Thomas d'Aquin. Son ouvrage *Doze fugas* fut publié après sa mort à Lisbonne chez l'imprimeur Antonio Alvares en 1642.

Archives générales des Carmes à Rome, I, *Lusitania*, II-1, *Flores en el Carmelo Lusitano*, fᵒ 83vᵒ-86rᵒ. – *Bibliotheca carmelitico-lusitana, historica, critica, chronologica*, Roma, 1754, p. 36-37. – B. Velasco Bayón, *História da Ordem do Carmo em Portugal*, Lisboa, 2001, p. 294-295, 334.

E. Boaga[†]

LIVINHAC (Léon), Missionnaire d'Afrique (Père Blanc), Fondateur de l'Église catholique au Buganda, évêque de Pacando, archevêque d'Oxyrhynque, supérieur général des Missionnaires d'Afrique, 1846-1922.

Ce missionnaire, de nationalité française, était originaire du diocèse de Rodez, dans le Midi de la France. Il naquit le 13 juil.1846 dans une famille très chrétienne, au hameau de Ginals, dans la paroisse de Buzeins. Baptisé Auguste-Simon-Léon-Jules, il fut appelé « Léon ». Ses parents étaient propriétaires d'une belle ferme aveyronnaise qu'ils exploitaient à l'aide de journaliers. Ils avaient trois enfants : Léon, sa sœur aînée et son frère cadet. La mort précoce de leur père et puis celle de leur mère, quand Léon avait six ans, bouleversa la vie heureuse des trois enfants. Depuis lors, leur éducation avait été assurée par une grand-mère et deux tantes, sous l'œil vigilant d'un grand-oncle, curé de Bonneterre.

Le P. Léon Livinhac, dans *Missions d'Afrique des Pères blancs*, 294, déc. 1922, p. 354.

Léon fait ses études primaires de 1855 à 1860 chez les Frères des écoles chrétiennes à Saint-Geniez. Puis il est inscrit au collège diocésain Saint-Denis, aussi à Saint-Geniez, où il suit la section générale du secondaire. Mais au courant de sa première année, il est affecté par une paralysie aux jambes qui l'oblige à rentrer en famille à Ginals. Lors de sa convalescence, l'abbé Malet, curé de Buzeins, discerne chez lui une vocation sacerdotale. Il le confirme dans ce sens en lui donnant des cours de rattrapage pour le latin. Guéri fin 1861, Léon retourne au collège, cette fois-ci comme élève de la section gréco-latine. Ses progrès sont tels qu'il sautera une classe à la rentrée de 1862.

En octobre 1867, à l'âge de 21 ans, Léon entre au grand séminaire de Rodez, tenu par les sulpiciens. Il y étudie d'abord la philosophie, puis la théologie. Plus tard, il reconnaîtra que ses études avaient des lacunes ; il ne les comblera jamais. Son accompagnateur spirituel est le P. Claude-Benoît Georjon, supérieur du séminaire. Parmi ses compagnons de classe figurent le futur évêque de Mende, Mgr Jacques-Jean Gély (1849-1906), et le futur supérieur général des sulpiciens, Mgr Pierre-Henri Garriguet. Léon reçoit la tonsure en mai 1869 et les ordres mineurs l'année suivante, au mois de juin. Sa vocation prendra une tournure inattendue en 1871. Durant l'automne, il rencontre un missionnaire d'Afrique, le P. Félix Charmetant (1844-1921), envoyé au séminaire de Rodez par Mgr Lavigerie (1825-1892), archevêque d'Alger. Celui-ci, de nationalité française, avait fondé en 1868 une société missionnaire, à caractère international, pour évangéliser le continent africain. Il espérait trouver des candidats pour son projet dans les séminaires français. Léon s'y intéresse, mais hésite à s'engager. Son hésitation est justifiée par le fait que ce fameux projet comptait alors une seule œuvre, un pauvre orphelinat installé à Maison-Carrée, la maison-mère des Missionnaires d'Afrique près d'Alger.

Encouragé par l'exemple de son ami, l'abbé Jean-Baptiste Charbonnier (1842-1888), Léon se décide finalement après son ordination diaconale (mai 1872). Il adresse sa demande d'admission à Mgr Lavigerie le 26 févr. 1873, retardant ainsi son ordination sacerdotale. Fin mars, Léon, accompagné d'un compagnon de classe, Auguste Moncet (1849-1889), se présente à Maison-Carrée. Il entre au noviciat le 6 avril et reçoit huit jours plus tard l'habit missionnaire (gandoura, chéchia et rosaire) de Mgr Lavigerie. Son maître des novices, le P. Terrasse (1831-1922), jésuite, l'initie à la spiritualité ignatienne. Mgr Lavigerie, fort impressionné par ce novice modèle, l'ordonne prêtre le 12 oct. 1873. Le même jour, il le nomme au scolasticat (grand séminaire des Missionnaires d'Afrique). Le P. Léon y sera sous-directeur, économe et professeur de théologie dogmatique, sans avoir terminé, ni son noviciat, ni ses études théologiques. Inscrit sous le numéro 22 dans le registre des admissions, il prononce son serment missionnaire le 7 avr. 1874. Et quelques mois plus tard, le 12 oct. 1874, il est déjà élu membre du Conseil général lors du premier chapitre général des Missionnaires d'Afrique, connu comme le chapitre de fondation vu l'importance de ses décisions. À cette occasion, Mgr Lavigerie le nomme économe général d'une société, pauvre en ressources financières mais riche en générosité humaine. Elle compte alors 43 pères et 9 frères formant une quinzaine de communautés disséminées en Algérie.

Fin décembre 1874, Mgr Lavigerie envoie le P. Livinhac à Paris pour y installer une procure, la première en Europe. Mais huit semaines plus tard, il est déjà de retour avec l'excuse qu'il lui manque les aptitudes pour une telle responsabilité. Mi-février de l'année 1875, Mgr Lavigerie le nomme à la communauté des Ouadhias en Kabylie. Tout heureux, le P. Livinhac y fait sa première expérience missionnaire par un contact direct avec la population : il étudie le kabyle, enseigne quelques enfants, soigne les malades et visite les villageois. Mais son bonheur ne durera que quelques mois. Le 24 août 1875, il se retrouve de nouveau à Maison-Carrée comme directeur du scolasticat. En même temps, il enseigne la théologie morale, compose une grammaire kabyle et rédige une règle de vie, utilisée depuis lors par des centaines de jeunes confrères. En 1876, il prêchera pour la première fois une retraite à ses confrères en présence de Mgr Lavigerie. Cette même année, l'assassinat par des Touaregs de trois de ses confrères en route pour Tombouctou, lui rappelle que la vie missionnaire implique le don de soi jusqu'au martyre. Son mandat de Conseiller est renouvelé lors du chapitre général de 1877. Bien qu'il ait obtenu le plus grand nombre de voix, Mgr Lavigerie refuse de le nommer supérieur général. En effet, quelques mois plus tard, en mars 1878, il sera désigné pour conduire la première caravane vers les hauts plateaux de l'Afrique équatoriale. L'évangélisation de cette région immense avait été confiée à la Société des Missionnaires d'Afrique par le pape Léon XIII (1810-1903).

Le P. Livinhac séjourna en Afrique équatoriale de 1878 à 1889, plus spécialement aux abords du lac

Victoria, dans des conditions matérielles pénibles, sans compter avec des marches à pied interminables et des déplacements peu confortables en pirogue. Il subit deux naufrages, l'un provoqué par une tempête et l'autre par un hippopotame. Durant ce séjour, lui et ses collaborateurs, les P. Siméon Lourdel (1853-1890), Ludovic Girault (1853-1941), Léon Barbot (1846-1882) et le Frère Amans Delmas (1852-1895), tous de nationalité française, fondent l'Église catholique au *Buganda* en appliquant les consignes de Mgr Lavigerie. Obligés par les circonstances, ils l'avaient fondé à la Cour même de ce royaume africain, autrefois très puissant, mais alors en proie à des tensions créées par la présence d'Arabes et d'Occidentaux. Ces tensions susciteront des violences terribles parmi les *Baganda* (habitants du *Buganda*). Justement pour des raisons de sécurité, le P. Livinhac installe, début 1883, sa résidence à Kamoga, dans le Bukumbi, région située au sud du lac Victoria. Lui-même passera finalement peu de temps au *Buganda* : de juin 1879 à novembre 1882, et quelques mois durant les années 1885-1888 et 1890. Après sa nomination comme vicaire apostolique du vicariat « Victoria-Nyanza » en juin 1883, il séjourne à Maison-Carrée où Mgr Lavigerie l'ordonne évêque titulaire de Pacando, le 14 sept. 1884. Puis, après avoir participé au huitième chapitre général, il retourne en Afrique équatoriale en mai 1885.

Au *Buganda*, il découvre une situation très tendue. Le *Kabaka* (roi) Mwanga (*c.* 1866-1903) était devenu l'otage des rivalités entre sorciers de la Cour, musulmans, anglicans et catholiques. Chacun d'eux voulait le convertir pour mieux accaparer le pays. En 1886, Mgr Livinhac assiste au martyre de *Baganda* ayant choisi de rester fidèles à la foi chrétienne ; ils avaient refusé d'obéir aux ordres de Mwanga qui voulait tester la fidélité de ses serviteurs à sa manière en accord avec le droit coutumier. À cette époque, Mgr Livinhac compose une grammaire *luganda* pour faciliter l'apprentissage de cette langue par ses confrères. Le 24 août 1887, il ordonne évêque, à Kipalapala, son ami le P. Charbonnier, nommé vicaire apostolique du vicariat « Tanganyika ». Cette ordination épiscopale fut la première en Afrique équatoriale.

Mgr Livinhac est élu supérieur général lors du dixième chapitre général de septembre 1889. Il apprend la nouvelle de son élection lors de son séjour dans les îles de Sese. Avant de quitter Kamoga, il confère l'épiscopat, le 25 mai 1890, à son successeur le P. Jean-Joseph Hirth (1854-1931. *Cf.* sur ce dernier, *DHGE*, t. 24, col. 670-672), d'origine alsacienne. Le 19 sept. 1890, accompagné de quatorze jeunes *Baganda*, il débarque à Marseille d'où il se rend au Congrès antiesclavagiste de Paris. Il passe encore au Vatican, emmenant toujours avec lui les quatorze *Baganda*. Le 5 nov. 1890, à l'âge de 46 ans, il est installé comme supérieur général par Mgr Lavigerie. Quand ce dernier lui propose de devenir son coadjuteur, il refuse pour mieux se consacrer à sa nouvelle tâche.

Les premières années, Mgr Livinhac s'initie à ses nouvelles responsabilités avec l'aide de Mgr Lavigerie. Ce dernier est alors engagé dans une campagne contre l'esclavagisme, campagne qui suscitera la colère des commerçants arabes contre les Missionnaires d'Afrique et encouragera les puissances coloniales à occuper l'Afrique équatoriale.

Mgr Livinhac devient vraiment supérieur général après la mort du fondateur en novembre 1892. À cette occasion, il écrit à ses confrères une phrase résumant son attitude face à l'avenir : « Désormais nous devons suivre le train ordinaire des Congrégations qui ont perdu leur Fondateur : il faut que chacun de nous, dans sa sphère grande ou petite, devienne un homme d'initiative, tout en ne faisant rien qui ne soit pas conforme aux Règles et aux ordres reçus de plus haut ». Suivant ce mot d'ordre, il dirigera la Société depuis lors jusqu'à sa mort en 1922. En effet, il sera réélu comme supérieur général lors des chapitres généraux de 1894, de 1900 et de 1906, et supérieur général à vie lors du chapitre général de 1912.

Durant son supériorat, Mgr Livinhac relève plusieurs défis. Peu de temps après la mort du fondateur, il réussit à résoudre le litige entre la Société des Missionnaires d'Afrique et l'archidiocèse d'Alger concernant les biens et les responsabilités à partager entre eux. Puis il sauve l'Église catholique au *Buganda* dont l'existence avait été mise en cause en janvier 1892 suite à la guerre civile entre catholiques et anglicans. Dorénavant il s'efforce d'internationaliser un peu plus la Société, restée très française ; les puissances coloniales exigeaient que les missionnaires dans leurs colonies aient la même nationalité que leurs dirigeants occidentaux. À partir de 1904, il doit faire face à la politique anticléricale du gouvernement français, politique qui menaçait l'existence de la Société. La Première guerre mondiale lui impose de nouveaux défis. Pendant plusieurs années, les activités de la Société fonctionnent au ralenti, et parmi ses confrères mobilisés, 60 seront tués, 29 seront gravement blessés et 42 changeront d'orientation de vie par la suite. Aidé par le chapitre général de 1920, il arrive à remettre la Société des conséquences de cette guerre désastreuse.

En dernier lieu, Mgr Livinhac réussit à guider la jeune Société vers sa pleine maturité, ce qui fut facilité par l'augmentation rapide du nombre de ses membres : en 1892, elle comptait 3 évêques, 185 pères et 64 frères. Trente ans plus tard, en 1922, elle compte 16 évêques, 674 pères et 232 frères. Grâce à cette augmentation, il peut ouvrir des maisons de propagande et de formation au Canada, au Luxembourg, en France, en Belgique, en Grande-Bretagne, en Allemagne, en Italie et même en Argentine. Il peut également multiplier des fondations en Afrique et organiser l'évangélisation de nouvelles régions, comme le Rwanda, le Burundi et le Soudan français. Les 3 vicariats et les 3 provicariats de 1892 deviendront 13 vicariats en 1922 ! Il entame des réformes administratives et financières, et il donne à la Société des Constitutions (1908) et un Directoire (1914), approuvés par le Saint-Siège. Soucieux de créer un esprit de famille, il encourage la publication de plusieurs revues à l'usage de ses confrères : la *Chronique trimestrielle*, de 1879 jusqu'en 1909, les *Rapports annuels* à partir de 1905, et le bulletin *Petit écho*, lancé en 1912, favorisant un partage d'expériences et d'idées. Durant son supériorat, il écrit à ses confrères 133 circulaires dans lesquelles il se manifeste comme un maître spirituel, à la fois marqué par la spiritualité sulpicienne et celle de S. Ignace de Loyola (1491-1556).

Il demande à ses confrères d'avoir une grande confiance dans la Providence, une fervente dévotion à la Vierge Marie, et un esprit d'obéissance au Souverain Pontife. Le succès de l'évangélisation, d'après lui, dépend de la sanctification du missionnaire. Avec chaque confrère, il entretient une correspondance personnelle. Grâce à sa bonté et sa fermeté, il devient le père d'une famille missionnaire très unie.

Mgr Livinhac arrive à susciter l'intérêt des catholiques du monde entier pour l'Afrique par une animation missionnaire bien organisée. Il se fait écouter par le pape Benoît XV (1854-1922). Celui-ci reprend certaines de ses idées sur le rejet des nationalismes européens et la nécessité de la formation d'un clergé autochtone. Le pape développe ces idées dans son encyclique missionnaire *Maximum Illud*, publiée en novembre 1919. C'est dans ce contexte qu'il béatifia, en juin 1920, les martyrs *Baganda* dont le procès avait été introduit en 1912. Mgr Livinhac, qui n'assistera pas à la cérémonie pour des raisons de santé, fut promu archevêque d'Oxyrhynque le 21 nov. 1920.

Épuisé par sa charge, Mgr Livinhac meurt le 11 nov. 1922 à Maison-Carrée à l'âge de 76 ans. Missionnaire d'élite, selon le cœur de Mgr Lavigerie, il a contribué d'une manière remarquable à la fondation de l'Église catholique en Afrique, d'abord comme formateur des missionnaires, puis comme vicaire apostolique du vicariat « Victoria-Nyanza » et enfin comme supérieur général de la Société des Missionnaires d'Afrique. Il a su dynamiser cette Société en mettant en pratique les grands principes du fondateur et en encourageant les initiatives de ses confrères. Il compléta également son organisation juridique. Avec compétence, il l'a aidée, malgré sa timidité, à relever les défis de son temps parfois dans des circonstances difficiles. Ainsi, il est entré dans l'histoire de la Société des Missionnaires d'Afrique comme son deuxième fondateur.

ÉCRITS. *Essai de grammaire ruganda, par un Père de la Société des Missionnaires de Notre-Dame des Missions d'Afrique d'Alger*, Paris, 1885, 98 p. ; Id. et J.-B. Charbonnier, *Près des Grands Lacs, par les missionnaires de S. Ém. le cardinal Lavigerie*, Lyon, 1886. – *Grammaire luganda*, 1890, 134 p. – *Grammaire luganda*, nouvelle édition, Paris, 1921, 252 p. – *Lettres circulaires adressées aux Missionnaires d'Afrique (Pères Blancs). 1889-1912*, recueil de 97 lettres (n° 1-97). – *Lettres circulaires adressées aux Missionnaires d'Afrique (Pères Blancs). 1912-1922*, recueil de 37 lettres (n° 98-134). – *Manuel de langue luganda comprenant la grammaire et un recueil de contes et de légendes*, Einsiedeln, 1894, 290 p. – *Plans de méditations pour une retraite de 8 jours*, s.l.s.d. – *Instructions de Mgr Livinhac aux Missionnaires d'Afrique (Pères Blancs)*, Alger, 1938, 423 p.

SOURCES. L. Burlaton, *Mgr Léon Livinhac, archevêque d'Oxyrhynque, supérieur général de la Société des Missionnaires d'Afrique (Pères Blancs), fondateur de la mission de l'Ouganda*, 1ère partie, *1846-1892*, ms. inédit, 529 p. – Dossier *Éléments et notes biographiques concernant Mgr Livinhac* : J. Maze, *Mgr Livinhac*, 1ère partie, *Depuis sa naissance jusqu'à son départ aux grands Lacs (1846-1878)*, ms. inédit, 53 p. – Mgr Lavigerie, *Les martyrs nègres de l'Ouganda. Circulaire de S.É. le cardinal Lavigerie portant communication d'une lettre de Mgr Livinhac*, Paris, 1886.

TRAVAUX. J. Van der Burgt, *Mgr Léon Livinhac*, dans *Notices nécrologiques (1922-1931)*, t. IV, p. 65-80. – J.-C. Ceillier, *De chapitre en chapitre : les premiers chapitres généraux de la Société des Missionnaires d'Afrique (1874-1900)*

(Série historique, n° 1), Roma, 2002, 84 p. ; Id., *Histoire des Missionnaires d'Afrique (Pères Blancs). De la fondation de Mgr Lavigerie à la mort du fondateur (1868-1892)*, Paris, 2008, passim. – A. Shorter, *Cross and Flag in Africa : the « White Fathers » during the Colonial Scramble. 1892-1914*, New York, 2006, 294 p. ; Id., *African Recruits and Missionary Conscripts : the White Fathers and the Great War (1914-1922)*, London, 2007, 270 p.

S. MINNAERT

LLANZA Y DE VALLS (Fray Jaume de), Mataró (Barcelona), 1766-*c*. 1840, historien bénédictin.

De famille noble, il prit l'habit bénédictin au monastère de Sant Cugat del Vallés et fit profession à Barcelone le 2 sept. 1789. En 1790, il défendit, au collège Sant Paul del Camp, de Barcelone, en compagnie de ses condisciples Josep Jordana et Lluis de Vallgornera, des thèses théologiques qui furent ensuite imprimées. Il fut prieur de Santa Oliva, vicaire général de Sant Cugat, prieur et maître des novices du noviciat commun de Sant Paul del Camp (1801-1814), confesseur du monastère de Santa Clara de Barcelone (1803-1814), abbé co-président de la Congrégation claustrale tarraconaise (1819-1825), abbé des monastères unis de Gérone, Santa María de Amer et Santa María de Roses (1814-1835), et académique correspondant de la Real Academia de la Historia à partir du 20 mai 1825. Il fouilla les archives de divers monastères à la recherche de documents intéressants pour la diplomatique espagnole. Selon son contemporain, le chanoine et historien Barraquer, il fut « un défenseur zélé de sa dignité (abbatiale) et un gardien sévère des règles monastiques de sa Congrégation ». Il mourut après l'exclaustration générale de 1835, sans que nous sachions ni le lieu ni la date.

ÉCRITS. *Sacra Theolog. theses quas defendebant D. Fr. Aloisius de Vallgornera et d'Alentorn, monachus Reg. Mo. S. Mariae Rivipulli, D. Fr. Josephus de Jordana et de Areny, monachus Reg. Monast. S. Mariae Gerrensis et D. Fr. Jacobus de Llanza et de Valls, monachus Reg. MonaSant S. Cuc. Vallen. Patrono D. Fr. Joachimo de Llauder et de Matas, monacho Regalis Monast. S. Petri Gallicantus, theologiae professore*, Barcelona, Apud Joannem Serra et Nadal Typ., 1790.

TRAVAUX. Archivo de la Real Academia de la Historia, Madrid, *Expedientes de Correspondientes* ; Archivo del Ministerio Asuntos Exteriores, Madrid, Fondo *Santa Sede*, Leg. 681, f° 86r-88r ; Archivo Histórico Nacional, Madrid, sección de Consejos, Leg. 12080, Exp. 112 ; F. Monsalvatje, *Los monasterios de la diócesis gerundense. Noticias históricas*, vol. 14, Olot, 1904, p. 371. – C. Barraquer, *Las casas de religiosos en Cataluña durante el primer tercio del siglo XIX*, I, Barcelona, 1906, p. 76. – J. Marquès, *Amer*, dans *Anales del Instituto de Estudios Gerundenses*, 20, 1970-1971, p. 55, 62. – E. Zaragoza, *Benedictinos españoles académicos de la Real de la Historia*, dans *Boletín de la Real Academia de la Historia*, 187, 1990, p. 54 ; Id., dans *Diccionari d'Història Eclesiàstica de Catalunya*, t. II, Barcelona, 2000, p. 476 ; Id., *Abaciologi benedictí de la Tarraconense*, Barcelona, 2001, p. 41, 100, 234, 368 ; Id., *Història de la Congregació Benedictina Claustral Tarraconense i Cesaraugustana (1215-1835)* (coll. *Scripta et Documenta*, 67), Montserrat, 2004.

E. ZARAGOZA PASCUAL

LLORET (Fray Jerónimo), *Jeroni*, OSB, Cervera (Lérida), *c*. 1509-Sant Feliu de Guíxols (Gérone)-5 déc. 1571, exégète biblique.

Élève de la manécanterie du monastère observant de Nuestra Señora de Montserrat (Barcelone), il y prit l'habit le 14 août 1525 et y fit profession l'année suivante. Il fut également un excellent musicien, très appliqué et il possédait une grande érudition biblique et patristique. Conventuel de Sant Feliu de Guixols (Gérone), il fut élu une première fois abbé triennal de ce monastère en septembre 1559 et le demeura jusqu'en 1562. Il fut élu une seconde fois abbé en 1568, mais pour six ans, selon les nouvelles Constitutions de 1563 de la Congrégation de Valladolid, à laquelle appartenaient les monastères de Sant Feliu et de Montserrat. Durant son second abbatiat, en 1568, il obtint du pape Pie V l'union de l'aumônerie majeure du monastère à la mense abbatiale, avec le consentement de l'évêque de Gérone ; il acheta les terres du mas Rovira de Crota pour augmenter celles du mas des Aroles et en 1571, il signa deux accords, l'un avec les bénéficiers et l'autre avec les jurés de la ville de Guixols. Il n'acheva pas ses six ans d'abbatiat, décédant en fonction après trois ans, et il fut enterré dans la chapelle de la Ste-Croix, dans le monastère de Guixols. Il rédigea divers ouvrages mais celui qui lui donna une renommée universelle fut l'œuvre latine *Sylva allegoriarum totius Sacrae Scriptuae*, qui mérita les plus grands éloges des érudits de son temps et dont S. Charles Borromée recommandait la lecture à ses prêtres. Avec cette œuvre, l'auteur offrait un répertoire complet de matières, faits et passages de la Sainte Écriture, accompagnés des commentaires correspondants des Pères et des auteurs ecclésiastiques autorisés, afin de faciliter la compréhension des sens littéral, allégorique et mystique du texte sacré.

ÉCRITS. *Sylva allegoriarum totius Sacrae Scripturae*, avec un double appendice : *De numeris* et *Index genealogiae virorum et mulierum Sacrae Scripturae*, Barcelona, Miguel Ortiz y Pedro Reguerius, 1568, qui connut une quinzaine d'éditions : Barcelona, 1570, 1596 ; Venezia, Gaspar Bindenum, 1575, 1579, 1587, 1595 ? ; Paris, 1583, 1584 ; Köln, 1601, 1612, 1630, 1681, 1701, 1704, 1726, 1744 ; Lyon, 1622. L'ultime réédition, anastatique, fut imprimée à Munich en 1971 à partir de l'édition de Cologne de 1681. – *Vita Garciae de Cisneros*, préface de l'ouvrage *Exercitatorium Vitae Spiritualis*, Barcelona, 1570.

SOURCES. Archivo de la Congregación de Valladolid, à l'abbaye de Silos, dans *Documentación varia*, vol. 36, f° 463r°. – A. Cano, *Discurso general de este antiquísimo castillo y monasterio de San Feliu de Guíxols, Biblioteca del monasterio de Montserrat (Barcelona)*, Ms. 6 (1606), f° 190r°, 195r°-201r°. – G. de Argaiz, *La Perla de Cataluña. Historia de Ntra. Sra. de Monserrate*, Madrid, 1677, p. 200, 204, 447. – M. Zieguelbauer, *Historia rei litterariae Ordinis Sancti Benedicti*, vol. 4, Ausgburg, 1754, p. 21-22. – N. Antonio, *Bibliotheca Hispana Nova*, vol. 1, Madrid, 1783, p. 588.

TRAVAUX. B. Saldoni, *Diccionario biográfico-bibliográfico de efemérides de músicos españoles*, vol. 4, Madrid, 1881, p. 177. – A. M. Albareda, *Bibliografia dels monjos de Montserrat (s. XVI)*, dans *Analecta Montserratensia*, 7, 1928, p. 240-257. – A. Palau Dulcet, *Manual del librero hispano-americano*, VI, Barcelona, 1952. – J. Pérez de Úrbel, *Varones insignes de la Congregación de Valladolid (Ms. del siglo XVIII)*, Madrid, 1967, p. 149-151. – C. Baraut, *Lauretus, Hieronimus*, dans *Dictionnaire de Spiritualité*, vol. 9, Paris, 1976, col. 949. – E. Zaragoza Pascual, *Los generales de la Congregación de San Benito de Valladolid*, 6 vol., Silos, 1972-1987, vol. 2, p. 470 ; vol. 4, p. 429-430 ; vol. 5, p. 492 ; Id., *Monjes profesos de Montserrat (1493-1833)*, dans *Studia monastica*, 3, 1991, p. 336 ; Id., *Necrologi benedictí guixolenc (s. XVI-XIX)*, dans

Estudis de Temes del Baix Empordà, 10, 1991, p. 98 ; Id., *Abaciologi del monestir de Sant Feliu de Guíxols (segles X-XIX)* (coll. *Scripta et Documenta*, 57), Montserrat, 1998, p. 34-35 ; Id., *Lloret, Jeroni*, dans R. Corts y Blay et al. (dir.), *Diccionari d'Història Eclesiàstica de Catalunya*, vol. 2, Barcelona, 2000, p. 504 ; Id., *Abaciologi Benedictí de la Tarraconense*, Barcelona, 2002, p. 212 ; Id., *Músicos benedictinos españoles (siglos XV-XX)*, dans *Analecta Sacra Tarraconensia*, 76, 2003, p. 58 ; Id., *Història de la Congregació Benedictina Claustral Tarraconense i Cesaraugustana*, Montserrat, 2004.

E. ZARAGOZA PASCUAL

LLORET (Fray Mateu), OSB, Cervera (Lérida), *c.* 1550-San Liberatore di Maiella (Italie), 30 août 1622, historien.

Neveu du bénédictin Jeroni Lloret (Lauretus, *cf. supra*), il prit l'habit bénédictin observant au monastère de Nuestra Señora de Montserrat le 31 oct. 1569. Il fut majordome de son monastère, où il intervint activement dans les luttes internes que se livraient les moines catalans et castillans pour en obtenir l'hégémonie et les charges, ce qui motiva une visite apostolique. Philippe II consentit à ce qu'il fût déporté et incarcéré à Naples (1585). Il parvint à s'évader de cette prison, se réfugiant dans le monastère du Mont-Cassin, où il fut prédicateur et composa divers ouvrages, dont quelques-uns furent imprimés. Il mourut en 1622 abbé titulaire de San Salvatore dei Castelli par une concession obtenue de Paul V (1610).

ÉCRITS. *De vera existentia corporis sancti Benedicti in Cassinensi ecclesia deque eiusdem Translatione*, Napoli, 1607. – *Son suyas las vidas de San Benito, San Plácido, San Mauro y San León Ostiense que van al frente de la obra :Chronicon antiquum Sacri Cassinensis olim Leone Cardinali et Episcopo Ostiensi conscriptum*, Napoli, 1616. – *Disputatione demanachatu S. Gregorii Magni, sub regula S. Benedicto*, Napoli, 1616 ou 1619. – Plusieurs manuscrits de M. Lloret, ainsi qu'un sermonnaire, sont conservés au Mont-Cassin : *Tractatus de divinis auxiliis* ; *Index rerum notabili sancti Augustini* ; *Vidas de San Guinisón y San Januario, santos españoles*.

SOURCE. E. Gattula, *Historia abbatiae Cassinensis per saeculorum seriem distributa*, Venezia, 1733, p. 750-751.

TRAVAUX. J. Pérez de Úrbel, *Varones insignes de la Congregación de Valladolid*, Madrid, 1967, p. 151-154. – E. Zaragoza Pascual, *Los Generales de la Congregación de San Benito de Valladolid*, vol. 3, Silos, 1980, p. 84, 129, vol. 4, Silos, 1982, p. 430 ; Id., *Monjes profesos de Montserrat (1493-1833)*, dans *Studia monastica*, 33, 1991, p. 341. – C. Baraut i Obiols, *Lloret, Mateu*, dans R. Corts y Blay et al. (dir.), *Diccionari d'Història Eclesiàstica de Catalunya*, vol. 2, Barcelona, 2000, p. 504-505.

E. ZARAGOZA PASCUAL

LLUPIÁ Y ROGER (Fray José de), OSB, évêque, Barcelone, 15 janv. 1684-León, 21 nov. 1752.

Descendant des marquis de Llupiá, il entra à l'abbaye bénédictine claustrale de Sant Cugat del Vallés (Barcelone) et fit son noviciat à Sant Pau del Camp, dans la même ville, où il fit profession le 12 déc. 1700. Il fut supérieur de Sant Cugat, abbé président (1730-1734), visiteur (1734-1737) et trésorier de Catalogne (1718-1734) de la Congrégation bénédictine claustrale tarraconaise et abbé de Sant Cugat del Vallés (1726-1736). Il fut présenté pour être évêque de Léon en octobre 1735, préconisé le 19 décembre de la même année et il prit possession de son siège le 22 févr. 1736. Il se consacra avec ardeur à visiter pastoralement son diocèse, ce qu'il fit à quatre reprises. Il mourut avec une réputation d'homme savant, charitable et saint ; il fut enterré dans son monastère de Sant Cugat.

Archivo del Ministerio de Asuntos Exteriores de Madrid, Section « Santa Sede », dossier 255. – B. Plaine, *Series chronologica scriptorum O. S. Benedicti Hispanorum*, Brünn, 1884, p. 15. – J. De Posadilla, *Episcopologio legionense*, vol. II, León, 1889. – C. Barraquer, *Las casas de religiosos en Cataluña durante el primer tercio del siglo XIX*, vol. I, Barcelona, 1906, p. 117. – R. Bozzo, *Obituari de la Congregació Benedictina Claustral des del 1673 a l'any 1749*, dans *Catalònia monàstica*, I, Montserrat, 1927, p. 118. – J. M. Riera, *Professions monàstiques emeses al monestir de Sant Pau del Camp (1672-1833)*, dans *Ibid.*, p. 269. – J. M. Peray March, *San Cugat del Vallés. Su descripción e historia. Últimas investigaciones*, Barcelona, 1931, p. 175-176, 223-224. – J. Rius Serra, *Necrologi de Sant Cugat del Vallès*, dans *Analecta Sacra Tarraconensia*, 20, 1947, p. 23. – E. Zaragoza Pascual, dans *Diccionari d'Història Eclesiàstica de Catalunya*, vol. II, Barcelona, 2000, p. 512-513 ; Id., *Abaciologi benedictí de la Tarraconense*, Barcelona, 2001, p. 385 ; Id., *Història de la Congregació Benedictina Claustral Tarraconense i Cesaraugustana (1215-1835)*, dans *Scripta et Documenta*, 67, Montserrat, 2004.

E. Zaragoza Pascual

LOAISA (Francisco de), *Loaiza,* missionnaire jésuite († *c.* 1767).

Né à Puebla de Los Angeles (Mexique) le 10 déc. 1718, il fut admis dans la Compagnie de Jésus, au Collège jésuite de Puebla, le 20 avr. 1736. Il exerça son action dans l'actuel État de Sonora (Mexique), où la mission jésuite englobait le bassin moyen du fleuve Yaqui et ses affluents, habités par les Indiens Nébomes (Pimas). Il est l'auteur de deux livres sur les différents idiomes usités dans la province de Sonora, qui sont restés manuscrits.

A. De Baker, *Bibliothèque des écrivains de la Compagnie de Jésus*, t. II, Liège, 1853, p. 768. – C. Sommervogel, *Bibliothèque de la Compagnie de Jésus*, t. IV, Bruxelles-Paris, 1893, col. 1879. – L. Lopetegui et F. Zubillaga, *Historia de la Iglesia en la América Española. México. América Central. Antillas*, Madrid, 1965, p. 750-751.

E. Zaragoza

LOAYSA (Juan de), prêtre et écrivain (Séville, 1633-1709).

Il fut étudiant au Collège de Saint-Thomas et S.-Hermenegildo à Séville, puis à l'Université de Salamanque, où il étudia le droit et le droit canon. Il y présenta sa défense publique en avril 1652, puis devint chanoine archiviste de la cathédrale de Séville et historien de la ville. Dans son travail d'archiviste, il réalisa des inventaires qui comportent pour nous de précieuses annotations. Il fut également majordome de la cathédrale et contribua, pour un montant de 800 pesos, à sa décoration et à l'ornementation en or du tabernacle et du maître-autel. Il soutint également le travail d'autres historiens par ses encouragements et des facilités d'accès aux sources relatives aux antiquités de l'Église de Séville. Enfin, il entama à ses frais le procès de béatification et de canonisation des vénérables Fernando de Contreras et Sœur Francisca Dorotea.

Écrits. À la bibliothèque Colombina de Séville, on conserve l'original de ses œuvres les plus importantes : *Epitafios y memoriales sepulcrales de esta Santa Iglesia, donde inserta su biografía hasta finales del siglo XVII* ; *Catálogo de varones ilustres de Sevilla* ; *Noticia de las dotaciones, que se cumplen en la Santa Iglesia* ; varios *Cuadros de efemérides* ; et *El Presente que envió el rey de Egipto a Don Alfonso el Sabio*. On ne lui connaît qu'un imprimé (*Pésame al Cabildo*) de l'oraison funèbre de l'archevêque Spínola.

Sources. Archives de la Cathédrale de Séville, Actes capitulaires (1709). – *Gran Enciclopedia de Andalucía*, t. V, Sevilla, 1979, p. 2289-2290.

E. Zaragoza

LOAYSA (Rodrigo de), augustin espagnol, théologien († *c.* 1620).

Né à Grenade, il partit pour le Pérou où il entra dans l'ordre des ermites de Saint-Augustin au début du XVIIe siècle. De retour en Espagne, il fut élu provincial d'Andalousie lors du chapitre provincial de 1617, année au cours de laquelle fut fondé le couvent de Nuestra Señora de las Nieves, à Cadix. Il fut maître en théologie et est connu pour avoir publié : *Victorias de Cristo Nuestro Redemptor. Primera Parte* (Sevilla, Alfonso Rodríguez Gamarra, 1618), premier – et unique – imprimé des sept volumes que devait compter son œuvre (intitulés *De malis angelis* ; *De Adamo apostata* ; *De perversis circa tempos diluvii mortalibus* ; *De improbis Regibus qui populum hebraeorum affixerunt* ; *De lucifero redemptionis tempore* ; *De Eucharistiae Ecclesiae perssequutoribus*) et qui sont perdus.

N. Antonio, *Biblioteca Hispana Nova*, t. II, Madrid, 1783. – A.Sanz, *Historia de los agustinos españoles*, Madrid, 1948, p. 331-332. – A. Palau Dulchet, *Manual del librero hispanoamericano*, t. VII, Barcelona, 1954, p. 594. – B. Estrada, *Los agustinos ermitaños en España hasta el siglo XIX*, Madrid, 1988, p. 417. – *Enciclopedia Universal Ilustrada Europeo-Americana*, t. XXX, p. 1227.

E. Zaragoza

LOAYSA Y MENDOZA (García de), dominicain, général de son ordre, archevêque et cardinal espagnol, 1478-1546.

Né à Talavera de la Reina (province et diocèse de Tolède) en 1478, il est le fils légitime de Pedro Loaysa et Catalina Mendoza. Bien que de santé fragile, il prit l'habit au couvent des dominicains de Salamanque, le 25 nov. 1496. Il fit de brillantes études aux couvents dominicains de Saint-Thomas d'Avila et de Saint-Grégoire de Valladolid, dont il fut lecteur et vice-recteur, et obtint en 1512 le titre de maître en théologie. Il fut prieur des couvents d'Ávila et de Valladolid, définiteur, vicaire provincial d'Espagne, vicaire général et maître général (le 23 mai 1518), choisi pour son savoir et parce qu'il s'efforçait de gagner la confiance de tous. Il encouragea la vie communautaire, combattit la propriété particulière, couvrit les plans de réforme de Frère Juan Hurtado de Mendoza, avec lequel il fonda les couvents de Talavera de la Reina, d'Atocha et d'Ocaña, et étendit l'observance de l'ordre au Portugal, avec la fondation du couvent de Gotor. Il développa également la dévotion au Rosaire. Après avoir visité les couvents de Naples et de Sicile, il se rendit à Valladolid à la demande de l'empereur Charles Quint, pour pacifier les esprits et punir quatre frères dominicains instigateurs d'un mouvement révolutionnaire communal. De son généralat, on conserve les lettres encycliques adressées à l'ensemble de l'Ordre entre 1518 et 1523, insérées dans les dossiers des chapitres généraux.

Après son accession au généralat, il devint cependant paresseux, autoritaire, irascible et très soucieux de vivre de manière raffinée, tandis qu'un certain nombre de décisions arbitraires provoquèrent peu à peu une désaffection pour sa personne. Très attaché à l'empereur Charles Quint et à sa cour, il refusa de suivre Adrien VI quand il partit pour Rome du port de Tarragone. Il se fixa à Valladolid, où l'empereur fit de lui son confesseur et en 1522, il le présenta à l'archevêché de Grenade et comme inquisiteur général de Castille et Léon, postes jugés suffisamment rémunérateurs. Deux ans plus tard, il accepta l'évêché d'Osma, mieux pourvu. Ensuite, il démissionna du gouvernement de son Ordre. Il a été très influent à la cour, au point que, en 1524, Charles Quint le chargea du contrôle du respect des dernières volontés des Rois Catholiques et de Philippe Ier le Beau, ainsi que d'autres affaires de l'État. Il le nomma premier président du Conseil royal et suprême des Indes, un poste qu'il conserva jusqu'à la fin de ses jours avec un salaire de 200 000 maravédis. C'est grâce à Loaysa qu'en 1526, Charles Quint prit un décret royal qui protégeait les Indiens d'Amérique et qu'en 1540, il réunit un conseil qui traita de la conversion et de la protection des Indiens. Le Saint-Siège lui confia la réforme des couvents de dominicains cloîtrés de la Couronne d'Aragon, mais sans que l'on connaisse les résultats de son action. Il dut faire face à l'inimitié des Érasmiens, parce qu'il essaya d'interdire l'Enchiridion d'Érasme, traduit en castillan par l'archidiacre d'Alcor, et se brouilla avec Mercurino Gattinara, de sorte que des langues médisantes répandirent des bruits outrageux quant à ses relations avec María de la Torre. Sa renommée était en baisse, et sa tentative pour continuer à s'imposer au conseil de Charles Quint amena ce dernier, pour l'éloigner de lui, à le faire nommer par le pape le 9 mars 1530 cardinal au titre de Sainte-Susanne, avec obligation de résidence à Rome, ce que Loaysa ne pouvait accepter, ne voyant pas de motif d'être banni de la cour. Il demanda donc à plusieurs reprises à l'empereur de pouvoir retourner dans son diocèse d'Osma, mais en voyant qu'il n'y parvenait pas, il organisa pompeusement son palais à Rome avec un service de plus de 100 personnes et de 40 chevaux. Malgré des qualités, son manque de tact répété finit par l'éloigner de l'ambassadeur d'Espagne et surtout, du pape Clément VII. Lorsque le siège de l'archevêché de Saragosse fut vacant, il suggéra à Charles Quint de le donner à l'évêque de Sigüenza, de le garder lui dans ce dernier diocèse, qui avait plus de revenus qu'Osma, ce que Clément VII accepta le 23 févr. 1532, ce qui lui permit de quitter son exil doré, et de retourner en Espagne où, en 1533, il reprit la présidence du Conseil des Indes et sa tâche de conseiller de l'empereur, mais ne redevint pas son confesseur. Dans le diocèse de Sigüenza, il commença par nommer comme proviseur et vicaire général son parent Cristóbal Loaysa, chanoine d'Osma, mais le chapitre réclama un évêque auxiliaire. En 1532, il commença des travaux à la cathédrale et passa deux accords avec le chapitre, l'un sur la rectification des bénéfices, et l'autre sur le fonctionnement du collège universitaire de San Antonio.

Le card. García de Loaysa y Mendoza, anonyme (XVIIIe siècle), coll. digitale de la Biblioteca Nacional de España.

Il fut également l'organisateur d'un synode, dont les décisions furent publiées : *Constituciones sinodales del Obispado de Sigüenza hechas por el Ilustrísimo y Reverendísimo Cardenal don fray García de Loaysa... en el año de M.D.XXX.III* (Alcalá de Henares, 1534). Il participa à la réunion du Parlement de 1534 et à d'autres, et il accompagna toujours l'empereur dans ses voyages, l'aidant à ce point dans son expédition de Tunis que ce dernier le nomma commissaire général de la croisade (1536), poste qu'il a occupé jusqu'à sa mort, en publiant une *Instrucción de la forma que se ha de tener en la predicación...así de las bulas de Cruzada como de otras* (Barcelone, 1537). Membre du Conseil de Régence, il y exerça une influence décisive sur le gouvernement de l'Espagne. En 1539, il fut nommé archevêque de Séville et régent des Indes en l'absence de l'empereur, cas unique dans l'histoire de l'Espagne. Il contribua aux premières ordonnances pour le Conseil des Indes et à l'élaboration d'instructions importantes pour l'administration des autorités coloniales et la défense des Indiens, ordonnances édictées à Barcelone en 1542, et auxquelles vinrent s'y ajouter six autres l'année suivante, signées par Loaysa. Pour se conformer à l'ordre de l'empereur qui imposait aux prélats de résider dans leur diocèse au moins neuf mois par an, il alla résider à Séville à l'été 1543, où il passa les dernières années de sa vie à la prédication, aux visites pastorales et aux œuvres et y établit une fondation pour le salut de son âme. En 1546, il fut nommé inquisiteur général, mais il mourut de la goutte à Madrid la même année, le 22 avril, et fut enterré dans le couvent dominicain de San Ginés de Talavera, où il avait fait construire pour lui et ses parents un magnifique tombeau Renaissance.

J. Loperráez, *Descripción histórica del obispado de Osma*, t. II, Madrid, 1788. – G. Heine, *Briefe an Kaiser Karl V geschrieben von seinem Beichtvater in de Jahren 1530-1532, in der historischen Reichsarchiv zu Simancas autgefunden und mitgetheil von G. Heine*, Berlin, 1848. – *Correspondencia del Cardenal de Osma con Carlos V y con su secretario don Francisco de los Cobos, comendador mayor de León (1530-1531)*, dans *Colección de documentos inéditos para la Historia de España*, Madrid, 1842-1896, t. I, p. 27 ; t. XIV, p. 5-284 ; t. XCVII, p. 213-283. – W. Heidtmann, *García de Loaysa*, Neustettin, 1850. – G. Berton, *Dictionnaire des cardinaux*, Paris, 1857, p. 1139-1140. – M. Danvila y Collado, *Historia crítica y documentada de las comunidades de Castilla* (coll. Memorial Histórico Español), t. V, Madrid, 1899, p. 39, 584. – A. Rodríguez Villa, *El Emperador Carlos V y su corte según las cartas de don Martín de Salinas, embajador del infante don Fernando (1522-1530)*, Madrid, 1903 (voir index). – J. Alonso Morgado, *Prelados sevillanos*, Sevilla, 1906, p. 422-426. – L. Pastor, *Historia de los papas*, t. X, Barcelona, 1911, p. 141-144, 152, 158, 276-277. – T. Minguella, *Historia de la diócesis de Sigüenza y de sus obispos*, t. II, Madrid, 1912, p. 221-229. – M. De Foronda, *Estancias y viajes del emperador Carlos V*, Madrid, 1914, p. 341, 476. – D. A. Mortier, *Histoire des maîtres généraux de l'Ordre des Prêcheurs*, t. V, Paris, 1914, p. 231-259. – J. Cuervo, *Historiadores del Convento de San Esteban de Salamanca*, t. I, Salamanca, 1914, p. 430-439 ; t. II, p. 609-611. – E. Pacheco de Leiva, *El cardenal García de Loaysa, primer regente de Indias*, dans *Blanco y Negro*, n° 1700, 16 déc. 1923. – C. Eubel et al., *Hierarchia catholica*, t. 3, p. 2, 211, 265, 296. – E. Schäffer, *El Consejo Real y Supremo de las Indias*, t. I, Sevilla, 1935, p. 45-46, 55-58, 67, 70-72, 258-260, 268-272, 351. – J. Quétif, J. Échard et R. Coulon, *Scriptores Ordinis Praedicatorum*, t. II, Roma, 1936, p. 39. – V. Beltrán de Heredia, *Historia de la reforma de la Provincia de España (1450-1550)*, Roma, 1939, *passim* ; Id., *Las corrientes de espiritualidad entre los dominicos de Castilla durante la primera mitad del siglo XVI*, Salamanca, 1941, p. 18, 26, 28 ; Id., *Cartulario de la Universidad de Salamanca*, t. II, Salamanca, 1970, p. 430, 483, 488-489, 499-500. – A. Billi di Sadorno, *Documentos inéditos e interesantes sobre la vida del cardenal Loaisa*, dans *Hispania Sacra*, 5, 1952, p. 103-111. – P. Girón, *Crónica del emperador Carlos V*, J. Sánchez (éd.), Madrid, 1964, p. XVII, 9, 30-31, 36, 41, 48, 56, 62, 65-70, 82-83, 113-114, 129, 146, 161, 257, 259. – L. Núñez de Contreras, *Un registro de cancillería de Carlos V*, Madrid, 1965, p. 126, 133-134, 152. – M. Bataillon, *Erasmo y España*, Mexico, 1966, p. 191-192, 229, 267-268, 368, 376, 396, 404, 418, 540, 819. – J. Pérez de Tuleda, *El presidente Loaysa, la real provisión de Granada y las leyes nuevas*, dans *El Consejo de Indias en el siglo XVI. Obra colectiva presentada por L. Suárez Fernández*, Valladolid, 1970, p. 49-60 ; Id., *La gran reforma carolina de India*, dans *Revista de Indias*, 73-74, 1958, p. 563-609. – C. Ros, *Los arzobispos de Sevilla*, Sevilla, 1986, p. 137-141. – Q. Aldea, I. Marin et J. Vives (éd.), *Diccionario de historia eclesiástica de España*, Madrid, 1972-1975, t. V, col. 426-432 (J. Goñi).

E. ZARAGOZA

LŒVENBRUCK (Jean-Baptiste), prêtre spiritain lorrain (1795-1876).

Originaire de Kemplich, entre Thionville et Sarrebruck, Jean-Baptiste Lœvenbruck est lorrain de langue allemande. Ses parents étaient cultivateurs. Peu après sa naissance, le 2 juin 1795, il est baptisé par un prêtre non jureur. Il se révèle un enfant indépendant et pourtant se décide à entrer au séminaire de Metz. Les Cent jours l'obligent à fuir à Mayence pour continuer ses études cléricales ; il a pour professeur Liebermann, plus tard grand vicaire de Strasbourg, et pour condisciple André Raess, futur évêque de Strasbourg.

Son évêque, M\ugr Gaspard-André Jauffret, a décelé en lui des aptitudes spéciales, et l'autorise à rejoindre à Paris les « missions de France », organisation de M. Rauzan pour la rechristianisation de la France. Il n'est pas encore prêtre qu'on l'envoie à la fin de 1817 s'exercer dans la mission d'Arles. En 1818, il part à Grenoble recevoir l'ordination sacerdotale et participer dès le lendemain à la mission qui s'ouvre dans la capitale du Dauphiné. Au terme d'une série de missions (Clermont-Ferrand, Toulouse, Cugnaux, Bayonne, Saint-Jean-de-Luz, Mugron, Tartas), il remonte à Paris, puis redescend à Marseille pour la fameuse mission de 1820. Il continue sur Toulon et termine avec un grand repas pour les bagnards ; pour couvrir les frais, il fait en passant une quête à Saint-Martin de Marseille. Peu après, il monte en Normandie où on l'envoie aider l'évêque de Bayeux à organiser les missionnaires de la Délivrande. Il en profite pour donner des missions dans l'Orne, la Manche et le Calvados, avant de revenir sur Paris. En 1822, ayant rejoint ses confrères à l'église Ste-Geneviève (l'actuel Panthéon), il y lance une Association de Saint-Joseph qui veut se mettre au service des jeunes venant à Paris pour trouver du travail. Grosse affaire qui mobilise patrons et prêtres en vue d'aider et former, matériellement et spirituellement, les jeunes ouvriers et apprentis qu'on leur recommande (il en passera 7000 environ). Il agrandit son œuvre en installant ses jeunes recrues dans le Grand Commun du château de Versailles. Imaginatif, honnête mais imprudent, en 1825, il a le malheur d'accepter pour son œuvre le patronage du jeune duc de Bordeaux. Cela lui apporte des compensations financières, mais l'entraîne aussi dans un contrôle dont il avait grand besoin. On lui suggère de prendre du recul. Il participe alors à la mission de Rouen (mai 1826), mais elle tourne mal. Le missionnaire Lœvenbruck se fait agresser à la sortie de l'église Saint-Sever ; un garçon boucher lui sauve la vie. Traumatisé, pour se refaire une santé physique et mentale, il parcourt la France, lance des entreprises hasardeuses en Provence et passe en Italie où un ami l'emmène aux eaux d'Oleggio.

Lors d'une excursion à Milan, en 1827, il rencontre chez le comte Mellerio le prêtre philosophe Antonio Rosmini-Serbati. Ils fondent ensemble au Calvaire de Domodossola l'Institut de la Charité, ordonné à la formation du clergé et aux retraites spirituelles. Rosmini part dans son Trentin natal, pour y tenter une extension de leur œuvre, puis à Rome pour obtenir les approbations nécessaires. Pendant ce temps, Lœvenbruck rayonne en missions paroissiales dans la région. Dans les vallées alpestres, il recrute des jeunes filles pour faire l'école aux filles : c'est le début des sœurs de la Providence. Il prospecte et recrute, puis en mars 1832, avec l'aide de deux sœurs françaises de Portieux, il ouvre un noviciat à Locarno dans le Tessin suisse. Mais sa hâte compromet la fondation ; Rosmini intervient et l'amène à lui abandonner la direction. Les religieuses de la Providence deviennent et resteront Rosminiennes.

Après avoir missionné dans l'Ossola et dans la vallée d'Aoste, Lœvenbruck passe en Savoie. En 1835, il incite Rosmini à reprendre l'abbaye de Tamié pour en faire un centre de missionnaires, et se trouve naturellement retenu comme moteur de la nouvelle fondation. Avec une équipe de son institut, il démarre un programme de missions pour la région. En 1837, il conduit une équipe de Rosminiens en Angleterre. La dureté du climat pousse Rosmini à fermer Tamié, ce qui amène Lœvenbruck à se brouiller avec l'archevêque de Chambéry, Mgr Antoine Martinet, et au début de 1839 à se séparer de Rosmini en partant de son plein gré donner des missions dans le sud de la France.

À partir du château cévenol de Brézis qu'il a acheté, il anime des missions paroissiales dans le Languedoc et les Cévennes, accepte même d'administrer temporairement la paroisse de Concoules, mais ne peut s'empêcher de rayonner aussi en Provence : à Marseille, Aubagne, Cassis, la Ciotat, Riez, Moutiers, Cannes, etc. C'est alors que son ami Leguay, supérieur des spiritains à Paris, fait appel à lui pour l'aider dans la gestion de son Institut. Il lui confie une mission aux USA, mais un naufrage en Manche le fait rentrer à Paris. Il est alors envoyé à Rome démarcher auprès de la Propagande ; sa mission aboutit, mais, lors de son retour, la révolution de 1848 a provoqué la démission de Leguay ; son successeur s'appelle Monnet. C'est l'heure de la fusion : union entre spiritains de Paris et missionnaires de François Libermann installés près d'Amiens. Lœvenbruck sert d'intermédiaire ; il est envoyé à Rome pour obtenir l'aval romain de cette union qui est approuvée en septembre. En octobre, afin de parfaire la « fusion », Libermann emmène à Rome Lœvenbruck. Fin octobre, Libermann retourne en France tandis que Lœvenbruck est envoyé à Corfou par la Propagande. Mission délicate dans une île où il rencontre des difficultés provenant surtout des tensions entre catholiques et orthodoxes, mais aussi du clergé local. Revenu en France dans le but de chercher des religieuses pour l'éducation des filles, il en trouve au Bon Pasteur d'Angers. Mais la situation trop brûlante à Corfou leur interdit de partir.

En 1849, à partir d'Angers, Lœvenbruck se remet alors aux missions paroissiales dont il élargit de plus en plus le champ : diocèses d'Angers, Laval, Le Mans, Rennes, Vannes, etc. Il accepte le supériorat ecclésiastique du couvent de Saumur, mais des conflits avec les supérieures lui font donner sa démission en1858. On le demande de partout. Il profite de l'amélioration des transports pour mieux se partager entre l'Anjou, la Mayenne, le Perche et la Bretagne et il continue d'user sa vie en chaire et au confessionnal, accumulant des infirmités de plus en plus réductrices. En 1866, il se fait opérer de la cataracte par le docteur angevin Desaneaux, opération réussie pour dix années de ministère itinérant.

Au début de 1876, il doit s'arrêter dans sa maison d'Angers. Quelques jours après, on le transporte chez les sœurs de la Forêt, où il meurt le 3 mars 1876 à plus de quatre-vingt ans. Ses obsèques ont lieu dans l'église Sainte-Thérèse et ses restes sont déposés au cimetière de l'Ouest. Missionnaire à la parole ardente et aux semelles impatientes, le spiritain lorrain Lœvenbruck a mérité une courte notice dans le *Dictionnaire biographique du Maine-et-Loire*.

SOURCES. Archives spiritaines de Chevilly-Larue. – Archives historiques de la Propagande à Rome. – Archives départementales de Moselle, du Gard, des Bouches-du-Rhône, de Sarthe, du Maine-et-Loire, d'Ille-et-Vilaine. – Archives de l'institut de la Charité à Stresa (Italie). – Archives de l'Abbaye de Tamié. – Archives des Oblats de Marie immaculée à Rome et à Marseille. – Archives diocésaines de Metz, de Grenoble, d'Angers, de Laval. – Archives des Sœurs du Bon Pasteur à Angers – Archives des Frères de Ploërmel à Rome – Archives de l'Œuvre de Saint-Nicolas à Paris, etc.

TRAVAUX. *Semaine religieuse d'Angers*. – *Semaine religieuse de Laval*. – *Semaine religieuse de Rennes*. – *Semaine du Fidèle* (Le Mans). – *Ami de la Religion et du Roi*, 1817-1860. – Journaux régionaux en Maine-et-Loire, Mayenne et Ille-et-Vilaine. – *Notes et Documents relatifs à la vie et à l'œuvre du Vénérable François-Marie-Paul Libermann,* Paris, vol. X à XIII, publiés en 1940-1941. – *Bulletin général de la Congrégation du Saint-Esprit,* surtout les n° 24 à 115. – A. Delaporte, *Vie du Très Révérend Père Jean-Baptiste Rauzan fondateur et premier supérieur-général de la Société des missions de France [...],* Paris, 1857. – C. Port, *Dictionnaire historique, géographique et biographique de Maine-et-Loire,* 3 vol., Paris-Angers, 1874-1878. – L. Reynaud, *Notice biographique sur le R. P. Lœvenbruck,* Angers, 1876. – A. Romani-Serbati, *Epistolario completo di Antonio Rosmini-Serbati,* Monferrato, 1887-1894. – A. Angot, *Dictionnaire historique, topographique et biographique de la Mayenne,* 4 vol., Laval, 1900-1910. – Fr. Gautier et V. Prunier, *Histoire des Missionnaires de Notre-Dame de la Délivrande,* Caen, 1919. – E. Sevrin, *Les missions religieuses en France sous la Restauration,* t. I, Saint-Mandé, 1948 et t. II, Paris, 1959. – J.-B. Duroselle, *Les débuts du Christianisme,* Paris, 1951. – J. Leflon, *Eugène de Mazenod évêque de Marseille,* 3 vol., Paris, 1960. – F. de Lamennais, *Correspondance générale,* Paris, 1971-1981. – *Venuta della montagna, la prima rosminiana Suor Giovanna Maria Camilla Antonietti di Baceno,* s.l., 1985. – G. Gaddo, *Giorni antichi,* Stresa, 1986. – *Cahiers mennaisiens,* n° 22, 1988. – L. Portier, *Antonio Rosmini, un grand spirituel à la lumière de sa correspondance,* Paris, 1991. – C. Duprat, *Usage et pratique de la philanthropie... au cours du premier XIXᵉ siècle,* 2 vol., Paris, 1996. – M.-C. Bergey, *La robe de pourpre,* Paris-Bordeaux, 2000. – J.-M. de Lamennais, *Correspondance générale,* Rennes, 2001. – R. Sauzet, *Les Cévennes catholiques,* Paris, 2002. – R. Bessero Belti, *Per colmare un vuoto nella storia dell'Istituto,* dans *Charitas, bollettino rosminiano mensile,* mars-septembre 2002. – R. Charrier, *Jean-Baptiste Lœvenbruck (1795-1876). Missionnaire de France et d'ailleurs. Compagnon de Rosmini et de Libermann,* Paris, 2012.

G. VIEIRA

LOGENDIO IRURE (Fray Luis María de), bénédictin basque, avocat, diplomate et écrivain, San Sebastián (Guipúzcoa), 6 mai 1907-Leyre (Navarra), 27 oct. 1987.

Frère de José Maria de Logendio, président de l'Académie de la langue basque († 1979) et de Juan Pablo de Logendio, diplomate ambassadeur d'Espagne près le Saint-Siège. Il étudia le droit à l'Université de Valladolid et exerça comme avocat à San Sebastian et Pampelune. Durant 12 ans (1946-1958), il fut organisateur et chef du service d'information diplomatique du ministère des Affaires étrangères et il fonda l'actuelle Officine d'information diplomatique, qu'il dirigea jusqu'en 1959. Le 23 juil. 1960, il prit l'habit bénédictin à Silos mais pour le monastère de San Salvador de Leyre et fit profession le 20 oct. 1962. Il fut ordonné prêtre le 27 mai 1966 et durant des années il fut prieur – jusqu'à présent on n'y élit pas d'abbé – de Leyre et ensuite abbé de Santa Cruz del Valle de los Caídos (Madrid) à partir du 16 déc. 1968, succédant au célèbre abbé Justo Pérez de Urbel. Il résigna sa charge abbatiale en 1979 et retourna dans son monastère de Leyre, où il mourut malade du cœur. D'un esprit ample, il montra une connaissance profonde des personnes et

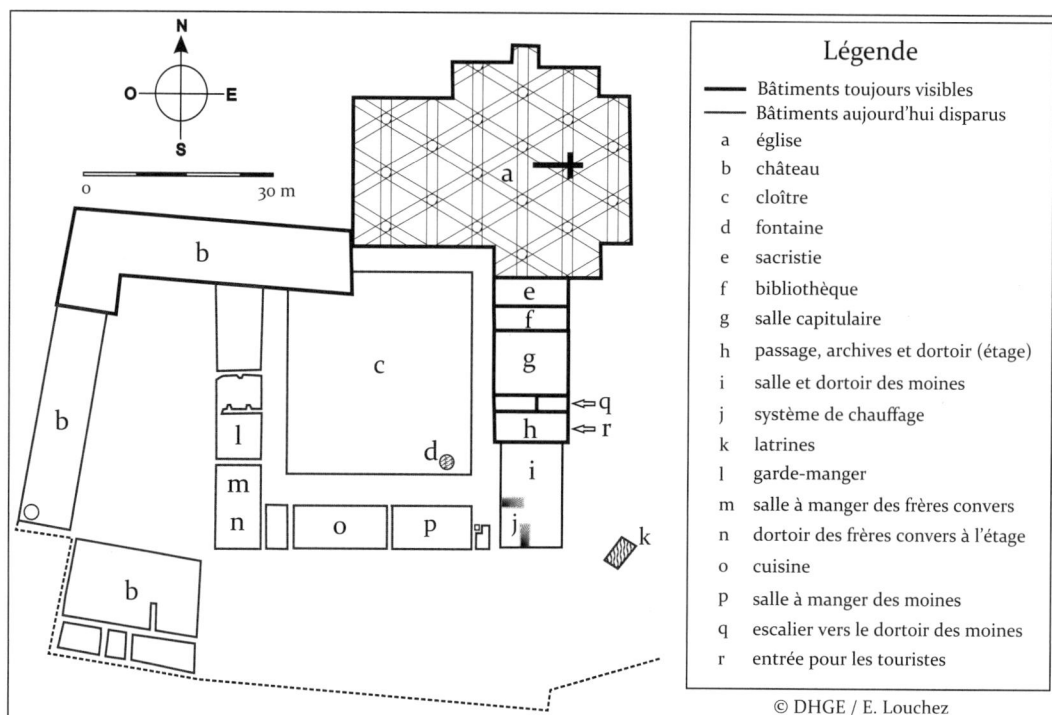

Légende

— Bâtiments toujours visibles
— Bâtiments aujourd'hui disparus

a église
b château
c cloître
d fontaine
e sacristie
f bibliothèque
g salle capitulaire
h passage, archives et dortoir (étage)
i salle et dortoir des moines
j système de chauffage
k latrines
l garde-manger
m salle à manger des frères convers
n dortoir des frères convers à l'étage
o cuisine
p salle à manger des moines
q escalier vers le dortoir des moines
r entrée pour les touristes

© DHGE / E. Louchez

Plan réalisé à partir du plan reproduit dans G. Y. Iversen, *Kloster Lügum. Lebendiges Kulturerbe*, Løgumkloster, Museet Holmen, 2011, p. 12.

fut un habile diplomate. Il déploya une grande activité intellectuelle et littéraire.

ÉCRITS. *Guerra y neutralidad y operaciones militares de la Guerra de España 1936-1939*, Barcelona, 1940. – *Gonzalo de Córdoba, el Gran Capitán*, Madrid, 1942 (rééd. en 1943 et 1973). – *Savonarola*, Madrid, 1945 et 1970. – *El testimonio personal de San Pablo*, 3 vol. (Patmos, 118-120), Madrid, 1964-1966, où il analyse la théologie paulinienne. – *La conversión del cristiano*, Madrid, 1968. – *Leyre, un ideal de vida benedictina*, Pamplona, 1968. – *Notas sobre el sentido litúrgico de San Pablo*, dans *Liturgia*, 18, 1963, p. 141-166. – *Castille romane*, 3 vol., París, 1967, et *Navarre romane* (Zodiaque), Paris, 1967, ouvrage qui fut traduit en anglais et en allemand. – *Diario espiritual de la Madre Teresa Dupuy, fundadora de las religiosas du Sacré-Coeur*, Madrid, 1970. – *Leyre* (Temas de cultura Popular), Pamplona, 1969. – *Aspectos sociales de la historia vasca*, dans *Revista internacional de los Estudios Vascos*, 1935, p. 6-97. – *La oración benedictina ; San Benito, ayer y hoy ; Itinerario del románico en Navarra* (Espiritualidad monástica. Fuentes y Estudios, 12), Zamora, 1983. En outre, il a laissé divers manuscrits sur l'histoire du Pays basque et de la Navarre, des sermons d'abbé et des conférences spirituelles à des religieuses. Il était un grand amateur de peinture, surtout paysagère.

TRAVAUX. *Congregatio Solesmensis*, 1978. – T. Moral, *El monasterio de Leyre*, León, 1988, p. 35-36 ; Id., *Chronique*, dans *Revue d'Histoire Ecclésiastique*, 83/1, 1988, p. 204 ; Id., *Necrología*, dans *Boletín del Centro de estudios sociales de la Santa Cruz del Valle de los Caídos*, novembre 1987. – *Enciclopedia General Ilustrada del País Vasco*, t. 25, p. 309.

E. ZARAGOZA PASCUAL

LØGUMKLOSTER (Notre Dame), *Lügum Kloster, Locus Dei*, abbaye de cisterciens à Sønderjylland/Nordschleswig (une région cédée par l'Allemagne au Danemark après la Première guerre mondiale).

Fondé d'abord à Seem près de Ribe, ce monastère bénédictin fut transféré entre 1162 et 1171 à un lieu qui s'appelle actuellement Løgumkloster. Cet endroit se situait dans le nord de l'ancien duché de Schleswig, qui fut un fief des rois danois. À la demande de l'évêque Rudolf de Ribe, l'abbaye, une fois rétablie, fut affiliée à l'Ordre de Cîteaux et peuplée par des moines venus de Herrevad (le premier monastère cistercien danois, actuellement en Suède, *cf. DHGE*, t. 24, col. 199-201). Après un incendie, la nouvelle église abbatiale fut achevée entre 1225-1325 et construite d'après le style architectural de Fontenay. Vers 1400, 20 moines y demeuraient. À la fin du Moyen Âge, ceux-ci possédaient 193 fermes, 4 églises, et plusieurs moulins. Vers 1500, l'abbé de Løgumkloster était membre du *Reichsrat* danois. La Réforme, introduite au Danemark en 1542, mis fin à l'entreprise et l'abbaye fut supprimée définitivement après 1553. Au début, les bâtiments monastiques furent utilisés comme résidence ducale et royale, tandis que l'église abbatiale devint une annexe de l'église paroissiale avoisinante. De nos jours, d'intéressants vestiges de ce monastère ont été conservés, comme l'église abbatiale du XIIIe siècle, ainsi que l'aile orientale des bâtiments claustraux avec la salle capitulaire. Après plusieurs restaurations au cours du XXe siècle, l'ancienne église continue à servir d'église paroissiale luthérienne pour le village actuel de Løgumkloster.

LISTE DES ABBÉS. Bernard, *c.* 1173. – Vagerus, succéda à Bernard. – Paul, *c.* 1202. – Tyge, élu en 1213. – Niels, succéda à Tyge. – G., 1238. – Jens, 1263. – Johannes, 1272, 1279-avant 1283. – Gunner, 1296-1303. – Johannes, 1308. – Henrik, 1324, 1326. – Thomas, 1329-1352. – Olaf, 1365, 1369. – Thomas, 1376-1390. – Svend, 1397, 1405. – Trugil, 1410, 1420. – Laurence, 1421. – Niels Snoer, 1442. – Tyge, 1444-1464. – Niels, 1470-1493. – Johannes Brodersen, 1493-1496. – Johannes 'Clare' Arnstsen, élu en 1496, 1499-*c.* 1505. – Henrik Madsen, 1505-1521. – Niels Persen, 1527-1539. – Martin, 1546, 1548.

TRAVAUX. C. A. J. France, *A List of Danish Cistercian Abbots,* dans *Analecta Sacris Ordinis Cisterciensis,* 20, 1964, p. 185-198 (194-195). – F. van der Meer, *Atlas de l'Ordre cistercien,* Paris-Bruxelles, 1965, p. 286. – J. Wissing, *Kloster Lögum. Zistercienserabtei Locus Dei,* Apenrade, 1972 (= *Schriften der Heimatkundlichen Arbeitsgemeinschaft für Nordschleswig,* 26, 1972). – A. Schneider (dir.), *Die Cistercienser. Geschichte-Geist-Kunst,* Köln, 1974, p. 586-587. – *Løgumkloster Studier,* 1-3 (1978-1981) ; 4 (1984) ; 5 (1992). – B. P. McGuire, *The Cistercians in Denmark. Their Attitudes, Roles, and Functions in Medieval Society* (Cistercian Studies Series, 35), Kalamazoo, 1982. – N. Sterum, *Not on Rock, not on Sand, but on Turf. Turf Foundations under the Cistercian Church in Løgum, Denmark,* dans *Cîteaux : Commentarii Cistercienses,* 34, 1983, p. 311-315. – J. A. Wissing, *Das Kloster Lügum im Rückblick,* Løgumkloster, 1989. – N. Haastrup, *Three Halle Manuscripts from Løgum Abbey, Denmark,* dans *Cahiers de l'Institution du Moyen-Âge grec et latin, Université de Copenhague,* 63, 1993, p. 294-296. – M. Scharff, *The Altar Frontal from Løgum,* dans *Acta ad archaeologiam et artium historiam pertinentia,* 11, 1995, p. 83-91. – H.-W. Stork, *Handschriftenbestände in Schloß Gottorf aus Cismar, Lügum und Bordesholm,* dans U. Kuder, H.-W. Stork et B. Tewes (dir.), *Die Bibliothek der Gottorfer Herzöge : Symposium,* Nordhansen, 2008, p. 43-64. – K. V. Jensen, *A Cistercian Sermon Collection from Løgum,* dans L. Bisgaard et al. (dir.), *Monastic Culture : The Long Thirteenth Century. Essays in Honour of Brian Patrick McGuire,* Odense, 2014, p. 81-102. – J. K. Krarup, *Kloster Lügum. Lebendiges Kulturerbe,* Løgumkloster, 2015. – H. J. Roth, *Ehemalige Klosterstätten (XXVI) : Løgumkloster,* dans *Cistercienser Chronik,* 123/1, 2016, p. 127-130. – Pour un aperçu des travaux en danois, voir le site web *Cistopedia. Encyclopædia Cisterciensis.*

F. KEYGNAERT

LOISY (Alfred-Firmin), historien et exégète, né à Ambrières le 28 févr. 1857, mort à Ceffonds le 1er juin 1940.

Né le 28 févr. 1857 à Ambrières, dans le département de la Marne, second de trois fils d'une famille d'agriculteur, à son baptême, il reçut les prénoms d'Alfred et Firmin.

Après des études classiques à Vitry-le-François et Saint-Dizier, il décide en 1874, contre l'avis de sa famille, de s'engager dans la prêtrise et entre au grand séminaire de Châlons-sur-Marne, convaincu qu'il s'agit de sa vraie vocation. Il se sent particulièrement attiré par l'expérience des mystiques. Considéré comme un pieux et bon séminariste, il reçoit le sous-diaconat le 30 juin 1878, étape considérée à l'époque comme marquant un choix définitif dans la voie du sacerdoce. Envoyé à Paris en octobre de la même année pour étudier la théologie à l'Institut catholique, il se montre quelque peu déçu, tant par l'établissement que par les études de théologie en général. Durant ses études, il se consacre en autodidacte

Pierre tombale d'Alfred Loisy dans le cimetière d'Ambrières (Marne), © L. Courtois.

à l'étude de l'hébreu, afin d'être capable de lire les livres de l'Ancien Testament dans leur langue d'origine : c'est là un signe de ses choix futurs en tant que chercheur. Le 29 juin 1879, il est ordonné prêtre, et mène une brève expérience pastorale dans deux paroisses.

En 1881, il retourne à l'Institut catholique pour y poursuivre ses études. Il y suit les cours de Louis Duchesne, professeur d'histoire et connu pour ses recherches sur l'Église ancienne, tout en suivant les cours du Collège de France en hébreu donnés par Ernest Renan, domaine qu'il va bientôt enseigner à ses camarades de classe. Pour élargir sa formation, il suit également à l'École des Hautes Études les cours d'assyriologie, d'égyptologie et de sciences éthiopiennes.

Loisy aura souvent l'occasion de dire que les vues de Renan n'ont jamais eu aucune influence sur lui, mais bien plutôt sa méthode, dont il s'est imprégné à fond. Renan lui a appris à débattre scientifiquement des livres de la Bible, et lui a fait comprendre que le commentaire scientifique de la Bible devait être refondé si l'Église désirait s'adapter à la culture de son temps.

Tout en écrivant des recensions pour le *Bulletin critique* de Duchesne, il commence en 1884 à donner le cours d'exégèse biblique, et en 1885, il est officiellement nommé professeur à l'Institut catholique : son avenir est désormais tracé ; il cherchera à donner droit de cité à la science dans l'Église, de façon à pouvoir discuter et combattre pied à pied avec les ennemis de l'Église elle-même.

En 1886, il doit interrompre son enseignement pour de graves raisons de santé, dont il se remet après un bref séjour à Cannes : ce sera le seul arrêt de travail de sa vie, et le seul voyage !

Son premier centre d'intérêt en matière de recherches sera l'histoire du canon de l'Ancien Testament : ce sera l'objet du cours d'Écriture Sainte qu'il prépare pour l'année scolaire 1889-1890, et également le titre de sa thèse de doctorat en théologie obtenue le 7 mars 1890. Dans les années suivantes, il continue à travailler les mêmes thèmes d'investigation : l'histoire du canon du Nouveau Testament en 1890-1891, et l'histoire critique du texte de l'Ancien Testament, l'année suivante. Les deux cours, comme le premier, ont ensuite été publiés en volumes entre 1891 et 1893. Parallèlement à sa collaboration au *Bulletin critique* de Louis Duchesne, il travaille sur le Pentateuque et surtout sur la Genèse. Il commence les recherches sur les anciennes divinités nationales de Ninive et Babylone, en présentant une communication sur ce sujet au second congrès scientifique international des catholiques, qui se déroule à Paris en 1891. Pour étendre le cercle de ses lecteurs, il donne vie en 1890 à une petite publication, *L'Enseignement biblique*, dont il n'entend pas faire une véritable revue, mais où il présente les résultats de ses recherches et les textes de ses leçons d'exégèse. À l'époque, les problèmes historiques et exégétiques connexes du Pentateuque sont particulièrement étudiés et discutés, tout comme beaucoup de problèmes soulevés par divers textes sacrés : en 1890, le dominicain Joseph-Marie Lagrange ouvre à Jérusalem une École pratique d'études bibliques et fonde, en 1892, la *Revue biblique*, tandis que Léon XIII fixe, avec l'encyclique *Providentissimus Deus* de 1893, les règles qui doivent régir les études bibliques.

Les travaux de Loisy commencent à soulever critiques et scepticisme : il semble mettre en doute l'authenticité mosaïque du Pentateuque et l'historicité des premiers livres de la Genèse, comme l'affirmait la doctrine traditionnelle de l'inspiration divine des livres sacrés ; il montrait également l'exigence de bien séparer le caractère historique-littéraire du texte sacré de sa signification religieuse et théologique.

Sans doute dans le but de défendre son professeur, le recteur de l'Institut catholique, Mgr Maurice De Hulst, publia le 25 janv. 1893 dans le *Correspondant*, un article consacré à la Question biblique, en présentant les diverses écoles théologiques et exégétiques qui abordaient de manière critique l'étude de la Bible. L'article finissait par avaliser l'hypothèse que le vrai chef de file de celle qu'il qualifiait « d'école large » était Loisy, renforçant ainsi les préoccupations qu'un certain nombre d'évêques français, surtout parmi les responsables de l'Institut catholique, avaient déjà eu occasion d'exprimer. Dès octobre 1892, du reste, le supérieur général des sulpiciens, Henri Icard, avait déjà interdit aux religieux de sa société de suivre les leçons d'exégèse de Loisy, en affirmant que celles-ci mettaient en cause le respect et l'attachement pour l'Écriture Sainte.

Mgr d'Hulst se rendit alors à Rome, où il prit conscience que les doutes des évêques français étaient également partagés par la curie romaine. On n'en était pas à une condamnation explicite, mais Loisy se trouvait privé de sa chaire d'exégèse, conservant seulement l'enseignement des langues orientales, dont il sera d'ailleurs privé peu après également, quand il se décidera à publier la leçon avec laquelle il avait conclu l'année académique précédente, consacrée à *La Question biblique et l'inspiration des Écritures*.

Il s'y trouvait mentionnées quelques-unes des hypothèses qui allaient bientôt devenir l'objet d'âpres discussions, puisqu'il y mettait en effet en doute l'origine mosaïque du Pentateuque et le caractère historique des premiers livres de la Genèse. Dans une de ses dernières leçons, il avait utilisé des mots qui, à la lumière des événements ultérieurs, peuvent sembler prophétiques : « Quoi qu'il arrive, mon humble effort n'aura pas été inutile, et le petit mouvement qui est déjà excité ne s'arrêtera pas, parce que les idées et les faits sont plus forts que les hommes, parce que l'œuvre s'impose et que les temps sont accomplis. Si peu de promesses qu'ait pour moi l'avenir, nous nous séparerons, si vous le voulez bien, sur un mot joyeux, et qui convient surtout à votre âge : Espérance ».

Suspendu de son enseignement, il fut alors envoyé comme aumônier dans un pensionnat pour jeunes filles que dirigeaient les sœurs dominicaines à Neuilly. Il y passa cinq années de solitude, mais aussi d'une intense activité intellectuelle. En 1896, il commence également la *Revue d'histoire et de littérature religieuses*, dont l'objet devait être « purement historique et critique ». Les textes qu'il écrit durant cette période, destinés à constituer un exposé général sur la doctrine catholique, resteront inédits, mais ils lui fourniront le matériau de base pour ses travaux ultérieurs, qui reviendront sans cesse à l'une des idées centrales de sa pensée, l'idée de développement et de changement : selon le savant, l'idée de Dieu, tout comme la conception de l'Église, évoluent constamment en fonction des circonstances actuelles et ne peuvent correspondre exactement à celles conçues par le Christ en son temps.

De quelque façon, il se sent encouragé à approfondir sa réflexion sur l'idée du développement de la doctrine chrétienne à la lecture des livres de John Henry Newman, que lui a recommandée le baron Friedrich von Hügel. Le cardinal anglais a en effet mis vraiment au centre de ses réflexions l'idée du développement du dogme, idée plutôt suspecte dans la théologie du temps. La même idée de développement est appliquée par Loisy à l'étude des évangiles : ceux-ci ne présentent pas une vraie « vie de Jésus », mais nous donnent plutôt à découvrir l'histoire du Christ comme l'a repensée la foi de la communauté primitive, et non pas sa vérité historique concrète. Apparaît déjà ici, la distinction caractéristique – et qui deviendra centrale dans les études bibliques du temps –, entre le Jésus de l'histoire et le Christ de la foi. Au-delà de Newman, Loisy a également l'occasion de lire les œuvres majeures d'Adolf von Harnack et d'Auguste Sabatier. Loisy reproche aux deux savants de priver le christianisme de ses éléments essentiels, l'historicité et la dimension sociale de la foi. La religion ne peut se réduire au rapport individuel entre la conscience du croyant et Dieu ; elle détermine aussi un lien entre les fidèles, elle donne forme à une vraie société, à une Église ; en outre, le christianisme ne naît pas d'une rupture avec la religion hébraïque préexistante, mais il en représente la suite naturelle.

En 1899, Loisy abandonne sa charge d'aumônier à Neuilly pour raisons de santé. Durant ces années, il est entré en contact, essentiellement épistolaire, avec de nombreux spécialistes de différents pays, en particulier avec les deux personnages qui lui resteront toujours fidèles, même quand ils ne partageront plus ses choix et ses théories : Mgr Eudoxe Irénée Mignot, évêque de Fréjus puis d'Albi, et le baron von Hügel, polyglotte et spécialiste de l'histoire de la mystique. Il a publié de nombreux essais, dont quelques-uns ont été réunis en volume : ils sont consacrés aux différents aspects de l'Ancien et du Nouveau Testament, au Livre de Job, et au problème synoptique. Il commence également des recherches en histoire comparée des religions. Plusieurs de ces essais sont signés de pseudonymes, dont il fait un large usage au cours de ces années. Dans un certain nombre de ses articles, il critique les théories sur la religion du protestantisme libéral, en ayant surtout dans la ligne de mire les écrits d'Auguste Sabatier. Un autre essai, signé Firmin et consacré à *La Religion d'Israël* dont la première partie vient de paraître dans la *Revue du clergé français*, est censurée par le cardinal-archevêque de Paris, qui lui interdit également de futures collaborations avec la revue. Loisy est accusé d'être opposé à la doctrine du concile du Vatican et à l'encyclique *Providentissimus deus*.

Loisy accepte alors de donner un cours à l'École des Hautes Études, qui sera dédié au rapport entre les premiers chapitres de la Genèse et les mythes babyloniens. Afin de prévenir d'éventuelles nouvelles censures, avec l'accord du prince de Monaco, sa candidature au siège épiscopal de la principauté, vacant à ce moment-là, est présentée. Sa candidature n'est pas acceptée ; bien plus, de nouveaux nuages sombres s'amoncèlent sur la tête de l'exégète.

En 1900, un des meilleurs historiens du temps, Adolf von Harnack, publie un certain nombre de ses cours consacrés à l'essence du christianisme sous le titre *Das Wesen des Christentums*. Loisy décide de lui répondre, en mettant en cause la théorie du savant allemand, avec un livre qui arrive dans les librairies en novembre 1902, et qui va soulever des débats passionnés : le volume, *L'Évangile et l'Église*, deviendra une espèce d'étendard du modernisme, un mouvement qui n'a pas pris ses contours caractéristiques, mais dont le travail de Loisy sera considéré comme le moment initial. Le texte soulève rapidement des débats passionnés, implique un public beaucoup plus vaste que d'habitude, qui déborde largement du petit cercle des érudits. Un des éditeurs pontificaux, Pustet, cultive un moment le projet d'en préparer une édition italienne, puis délaisse finalement le projet.

Considéré un moment comme la réponse catholique à Harnack, le texte de Loisy tombera bientôt sous le coup de la censure, en subissant la condamnation de Paris d'abord, puis de Rome. Le 17 janv. 1903, le jour même où Pustet faisait savoir à Loisy qu'il avait été invité à ne pas publier une édition italienne de son livre, le cardinal de Paris, François Richard, promulguait un décret de condamnation du livre, comme étant de nature à troubler gravement la foi des catholiques dans les dogmes fondamentaux de l'enseignement de l'Église. Une lettre d'explications envoyée par Loisy au cardinal ne réussit pas à le faire changer d'opinion.

Dans sa réponse à Harnack, Loisy tâchait de définir l'essence du christianisme qui ne consistait pas à son sens, comme l'historien allemand l'affirmait, dans l'annonce de la paternité divine dont chaque chrétien, en suivant l'exemple de Jésus, pouvait faire l'expérience : l'essence du message de Jésus était l'annonce du Royaume de Dieu et de sa réalisation imminente ; et pour cette raison même, Jésus ne pouvait pas avoir pensé donner naissance à une Église. Après sa mort, l'attente du Royaume s'était révélée vaine et ses disciples s'étaient donc attachés à la mise en place d'une organisation, en fondant une Église avec des dogmes, des rites, des structures. « Jésus annonçait le Royaume, et c'est l'Église qui est venue », écrivait Loisy dans une formule devenue emblématique. Mais cette formule, considérée souvent quasiment comme une synthèse de la pensée de Loisy, et par laquelle il nierait par conséquent l'institution de l'Église par Jésus, était en réalité assumée autrement dans la pensée de l'auteur, comme une preuve des adaptations continues et nécessaires à l'institution pour continuer à vivre dans des contextes nouveaux. Loisy ne contestait donc pas l'Église, mais il donnait l'impression d'en venir à mettre en cause l'origine divine de l'Église, la conscience messianique du Christ et même sa divinité. Sollicité par les critiques et les discussions, Loisy chercha à préciser mieux sa pensée, en rédigeant une série de lettres fictives adressées à différentes personnalités ecclésiastiques et savantes, publiée en octobre 1903 sous le titre « Autour d'un petit livre ». Il s'agissait de sept lettres qui précisaient sa pensée sur quelques-uns des thèmes les plus discutés : il y parlait du problème biblique, de la critique des évangiles, de la divinité du Christ, de la fondation et de l'autorité de l'Église, des dogmes et de l'institution des sacrements.

L'écho soulevé par ces travaux, qui aurait été qualifiés de livres rouges en raison de la couleur de leur couverture, fit passer au second plan la masse des volumes que Loisy avait discrètement publiés en faisant preuve de grandes capacités d'érudition et d'analyse et qui constituaient en fait le fondement réel des autres livres traitant certes des mêmes problèmes mais sur un mode de vulgarisation et qui, eux, étaient en train de connaître un grand succès.

Et peut-être que le vrai problème qui était posé et qu'on lui reprochait d'avoir provoqué, c'était précisément d'avoir jeté en pâture à la réflexion d'un vaste public non préparé à cette problématique et ces débats, des questions qui, selon les autorités ecclésiastiques, auraient dû rester réservées aux spécialistes.

Loisy considérait comme un faux problème le conflit supposé entre science et foi, entre les données qui semblaient émerger des nouvelles recherches et les doctrines traditionnelles ; il entendait produire un discours exclusivement scientifique, en appliquant à l'étude de la Bible et des origines chrétiennes les mêmes critères et la même méthode que pour toutes les autres recherches : et puis seulement ce serait aux professionnels de la réflexion sur la foi, c'est-à-dire aux théologiens, de se demander jusqu'où leurs affirmations étaient compatibles avec les nouveaux résultats de la recherche, et éventuellement de les remettre en cause. Les théologiens quant à eux, reprochaient à Loisy de feindre de ne pas faire de théologie, mais de soulever des problèmes qui avaient des implications profondément théologiques ; en outre, tandis qu'ils prenaient acte des critiques adressées à Harnack par Loisy, ils faisaient remarquer que le même Loisy ne faisait que reprendre les thèses d'autres auteurs allemands, en particulier Albert Schweitzer et Johannes Weiss, sur l'interprétation eschatologique du message de Jésus.

Ce n'était pas seulement une comparaison entre les différents résultats d'une étude scientifique de la Bible, mais plutôt la confrontation et l'affrontement entre deux manières différentes de penser, la pensée critique et la mentalité dogmatique, cette dernière étant utilisée pour déduire des conclusions à partir de prémisses considérées comme immuables. Il est significatif que la plupart des critiques de Loisy ne vinrent pas des exégètes, aussi capables, comme le P. Lagrange, de se situer sur son propre terrain et de discuter sur les mêmes arguments scientifiques, mais des théologiens spéculatifs qui pensèrent pouvoir rejeter avec des syllogismes, les conclusions que semblait apporter l'analyse exégétique. Le résultat est que même ceux qui, comme le P. Lagrange, entendaient rester dans les limites de l'orthodoxie, furent perçus de la même manière et subirent les mêmes griefs que ceux subis par les exégètes moins préoccupés par la défense de la théologie traditionnelle.

Dans l'entre-temps s'étaient ouverts d'autres fronts de controverse. Loisy, qui avait déjà publié un livre consacré aux Évangiles synoptiques en 1903, publia une ample recherche sur *Le Quatrième Évangile*, qui appuyait l'hypothèse largement répandue parmi les chercheurs protestants ou rationalistes, qui refusaient à la fois l'origine johannique de ce texte et sa valeur historique.

La condamnation semblait imminente, notamment en raison de la mort de Léon XIII et de l'élection de Pie X, considéré comme beaucoup plus sévère à l'égard des doctrines considérées comme erronées ; et en décembre 1903, la Congrégation de l'Index condamna cinq œuvres de Loisy : les deux livres rouges tenaient compagnie à *La Religion d'Israël*, aux *Études évangéliques* et au *Quatrième Évangile*.

La tentative de Loisy de faire révoquer la sentence, avec une lettre écrite au secrétaire d'État Merry del Val le 11 janv. 1904 et dans laquelle il se disait prêt à y donner une adhésion « purement disciplinaire », ne fut pas prise en considération. Loisy y précisait effectivement : « Je réserve le droit de ma conscience, et je n'entends pas, en m'inclinant devant le jugement rendu par la S. Congrégation du Saint-Office, abandonner ni rétracter les opinions que j'ai émises en qualité d'historien et d'exégète critique ». Ne suscita pas de meilleur accueil la lettre envoyée par Loisy au pape le 28 févr. 1904, lui communiquant sa décision d'abandonner l'enseignement qu'il dispensait à l'École des Hautes Études et de suspendre les publications qu'il préparait. Loisy écrivait : « Je connais toute la bienveillance de Votre Sainteté et c'est à son cœur que je m'adresse aujourd'hui. Je veux vivre et mourir dans la communion de l'Église catholique. Je ne veux pas contribuer à la ruine de la foi dans mon pays. Il n'est pas en mon pouvoir de détruire en moi-même le résultat de mes travaux. Autant qu'il est en moi, je me soumets au jugement porté contre mes écrits par la Congrégation

du Saint-Office ». Pie X ne répondit pas directement à Loisy, mais communiqua sa décision au cardinal-archevêque de Paris, le 12 mars 1904, pour qu'il la transmette à Loisy, et dans laquelle il estimait que « pour faire accepter comme sincères toutes ses déclarations, il est absolument nécessaire que, confessant ses propres erreurs, il se soumette, pleinement et sans restriction, au jugement prononcé par le Saint-Office contre ses écrits ». Pie X ajouta ensuite la phrase que Loisy devait considérer comme la fin de toute possibilité pour lui de dialoguer avec Rome : « Il fait appel à mon cœur : mais cette lettre, il ne l'a pas écrite avec son cœur ».

Pendant ce temps, toutefois, la situation générale était devenue encore plus problématique : Loisy avait commencé une longue correspondance avec Maurice Blondel, à son tour soupçonné pour sa philosophie de l'immanence, tandis qu'Édouard Le Roy et Lucien Laberthonnière subissaient la censure et la condamnation. La concession refusée par son évêque de lui accorder l'autorisation de célébrer la messe (la dernière célébration, Loisy devait la faire le 1er nov. 1906, « vingt-sept ans et quatre mois après la première », précisa-t-il dans ses *Mémoires*) était quasiment le prélude à la condamnation. Le 3 juil. 1907, la Congrégation du Saint-Office publia le décret *Lamentabili*, dans lequel se trouvaient condamnées 65 propositions, tirées principalement des écrits de Loisy. Après un peu plus de deux mois, le 8 sept. 1907, Pie X publia l'encyclique *Pascendi*, une condamnation sévère de toutes les doctrines jugées hétérodoxes et identifiées de manière générale au « modernisme », une synthèse de toutes les hérésies.

Devant ce nouvel échec du dialogue avec Rome, qui lui a demandé une soumission immédiate et complète, Loisy décida de publier ensemble, avec son long commentaire sur les Évangiles synoptiques, une réponse à l'encyclique : *Simples réflexions sur le Décret du Saint Office « Lamentabili sane exitu » et sur l'Encyclique « Pascendi dominici gregis »*.

Les propositions du décret du Saint-Office étaient analysées, et était en particulier dénoncée l'image donnée du modernisme et des modernistes par l'encyclique, Loisy accusant le document de créer un système de pensée qu'aucun des condamnés n'avait jamais soutenu.

Invité d'une manière péremptoire par le card. Merry del Val à se soumettre « sans aucune restriction » aux censures des diverses propositions et à s'engager à ne pas publier « à l'avenir aucun écrit ou article semblable à ceux qui ont déjà été l'objet de la réprobation du Saint-Siège », Loisy répondit : « Un pareil aveu, Monseigneur, ne me condamnerait pas à l'orthodoxie, mais au néant de l'intelligence et de la conscience ». Le 7 mars 1908, Loisy fut ensuite nommément excommunié et déclaré *vitandus*, c'est-à-dire qu'il était interdit à tout croyant d'avoir avec lui aucune espèce de contact ou de relation. Quelques semaines plus tard, Loisy publia « Quelques lettres sur des questions actuelles et des événements récents », une collection de lettres et documents de natures variées, qui reconstruisait ses relations difficiles avec l'autorité ecclésiastique de 1903 jusqu'à l'excommunication.

Avant qu'il puisse prendre des dispositions concernant son avenir, la mort de Jean Reville lui ouvrit la voie du Collège de France, où il fut appelé le 31 janv. 1909 à la chaire d'histoire des religions. Contraint d'élargir les horizons de ses études consacrées jusque-là à la religion d'Israël et aux origines du christianisme, Loisy traça un programme de travail visant à développer une orientation de travail populaire en son temps, les éléments communs à toutes les religions, comme le sacrifice, la prophétie, la prière, les rituels. Ainsi commença une recherche approfondie sur le sacrifice, un thème cher à celui qui avait été l'un de ses concurrents au Collège de France, Marcel Mauss. Le fruit de ses leçons et recherches devait être le volume de 1919, *Les Mystères païens et le mystère chrétien*, et celui de 1920, *Essai historique sur le Sacrifice*. Déjà auparavant, il avait soutenu, dans le livre *La religion* de 1917, qu'il devait élargir en 1924 par l'ajout d'une ample introduction à la mystique, le rôle positif de la religion dans le développement de l'humanité.

Il rejetait la conception positiviste considérant la religion comme une étape du développement de l'humanité vouée à disparaître. La religion est une dimension essentielle de l'esprit humain, dont il ressent le besoin absolu. Mais il ne doit pas devenir un instrument au service de l'homme. En fait, Loisy, en raison de la tragédie de la Première guerre mondiale et du fait que les religions étaient susceptibles de devenir la justification des divers nationalismes, aurait voulu arriver à définir une religion universelle, une religion qui ne représentait pas seulement une étape dans le développement de l'humanité et qui ne s'identifiait à aucune religion historique spécifique, mais qui avait les caractéristiques d'une véritable « religion de l'humanité », qui assumerait certaines valeurs du christianisme, mais le dépasserait, cherchant à accomplir aujourd'hui les idéaux de bonté et de justice que le christianisme référait à l'éternité invisible et à la possibilité d'un renouvellement cosmique.

La future religion de l'humanité conduira à la paix universelle ; c'est à tout le moins ce que pensait Loisy, et il le dit explicitement le 2 déc. 1918, quelques semaines après la fin de la guerre, dans le discours d'ouverture de son cours au Collège de France, qu'il publia plus tard sous le titre *La Paix des Nations et la Religion de l'Avenir*. Le savant exaltait les mots du président américain Wilson, qui avait jeté les bases de la Société des Nations, et de là, les conditions pour la paix universelle, promulguant solennellement la première religion universelle, parce qu'étant la religion de l'humanité.

Loisy semble se faire des illusions sur l'importance et le poids que la Société des Nations pourrait avoir sur l'avenir de l'humanité, mais cela l'amène à réfléchir sur la religion de l'humanité qui semble être le point culminant de l'évolution religieuse, et a eu le christianisme comme avant-dernière étape de cette évolution. On peut lire, dans *De la croyance à la foi* : « La religion juive et la religion chrétienne ne sont pas un cas primordial, unique et définitif, dans l'évolution religieuse de l'humanité ; elles sont un produit remarquable, disons le plus remarquable, de cette évolution historique… l'idéal chrétien pourrait être considéré comme l'essence du christianisme, imparfaitement réalisée dans le christianisme historique, et ce serait aussi bien l'essence de la religion humaine, indéfiniment et de plus en plus réalisable dans l'avenir ».

Durant ces années, Loisy ne négligeait pas ses études d'exégèse et d'histoire, d'autant qu'à partir de 1924, il enseigna également l'histoire de la religion d'Israël à l'École des Hautes Études. Ainsi, il s'occupa une fois de plus des écrits de S. Paul, des Évangiles et de la littérature chrétienne primitive. Il publia l'un des meilleurs textes, parmi les plus connus, en 1933, *La naissance du Christianisme*, qui devait être complété par trois travaux ultérieurs : *Le Mandéisme et les origines chrétiennes* en 1934, *Remarques sur la littérature épistolaire du Nouveau Testament*, en 1935, et *Les origines du Nouveau Testament*, en 1936. Dans ses travaux, il accentuait l'attitude critique en matière d'authenticité de la plupart des livres du Nouveau Testament, mais il était sévère avec ceux qui niaient l'historicité de Jésus et quelques-uns des principaux événements de sa vie. Il devint redevable de divers chercheurs, de Wilhelm Bousset à Édouard Norden, et de Martin Dibelius à Rudolf Bultmann. Il convient de noter également que, malgré l'évolution de sa pensée et l'acceptation de nombreuses positions extrêmes qu'il n'avait pas partagées au début de ses recherches, il conclut son récit de la naissance du christianisme en restant cohérent avec ce qu'il avait soutenu dans les deux premiers livres rouges : l'élément constant de l'Église catholique est le changement, la capacité de s'adapter à de nouvelles situations, c'est une loi qui régit toutes les activités humaines, et il n'est pas nécessaire de recourir au surnaturel pour expliquer la force de résistance de l'Église. Elle avait fait ce que n'avait pas pu faire le judaïsme, transformer une conception prisonnière d'un nationalisme étroit en une idée universelle.

Durant ces années, Loisy reçut également un hommage appuyé des institutions dans lesquelles il a développé son enseignement. À l'occasion de son soixante-dixième anniversaire, elles organisèrent un congrès consacré à l'histoire du christianisme, qui se déroula au Collège de France en avril 1927. Y participèrent la plupart des grands savants européens dans le domaine de l'histoire des religions, ainsi que des délégations de diverses universités européennes. Loisy y fut célébré comme un grand savant, mais surtout comme un symbole, un exemple de courage et de cohérence affirmé au cours des diverses circonstances difficiles de sa vie.

L'abandon progressif de l'enseignement ne signifiait pas l'abandon des études. Il approfondit sa réflexion sur l'expérience mystique, celle partagée par des hommes religieux authentiques, qui veulent vivre dans l'intimité d'une réalité divine qu'ils ne parviennent pas à comprendre et à laquelle ils voudraient accéder. Le mysticisme finira par représenter, dans les écrits de Loisy, le véritable esprit de la religion et de la morale, sans lequel aucune société ne peut survivre. Il en viendra en effet à affirmer : « l'identité foncière de la religion de l'humanité avec le pur amour des mystiques ». Il y a une sorte d'attraction de Loisy vers les mystiques, qui finit par augmenter sa méfiance à l'égard des théologiens. Ce n'est pas un hasard si Loisy admirait tant Fénelon, qu'il considérait comme un de ses maîtres spirituels : pour Fénelon, dont Loisy relisait chaque année le *Télémaque*, l'idéal mystique était l'élément fondamental du christianisme. Et pour lui, aucune société ne pouvait survivre si elle ne préservait pas l'esprit religieux, qui était aussi le fondement de la vie morale. L'homme religieux n'est pas celui qui disserte de l'idée de Dieu, mais celui qui essaie de vivre dans une intimité profonde avec la réalité divine par laquelle l'on se sent attiré : parce que « la nature de l'homme est plus profonde que sa faculté de critique rationnelle ». Et c'est du plus profond de la nature humaine que « procèdent la faculté, le besoin de connaître, le sens mystique, le sens de l'esprit, fondement de la connaissance, source de la religion, de la morale et de l'art, racine de l'humanité ». Ensuite, tout peut être sublimé par l'amour, ou mieux, par l'amour dévouement, cet amour qui est mis en évidence dans la lettre aux Corinthiens, dans laquelle l'amour est « comme le don divin qui prime tous les autres ». Et il ajoutait : « Ce qui ne varie pas, c'est le principe éternel de l'amour dévouement, clé du mystère divin, source de véritable progrès humain ».

Une partie importante de son activité, Loisy la consacra, avec un soin très méticuleux, à la rédaction de ses mémoires. Grâce à ses nombreux rapports épistolaires, ses archives conservent une grande quantité de lettres et de documents qui témoignent des moments les plus importants de sa vie. Il sera donc le premier à en profiter, sollicité en fait par un événement inattendu. En 1907, Loisy était malade, peut-être gravement pensait-il. Il avait alors confié à l'un de ses élèves, Albert Houtin, des matériaux autobiographiques, en vue de la rédaction éventuelle d'une biographie. Insatisfait des premiers chapitres que Houtin lui avait soumis, il décida d'écrire un premier texte autobiographique, *Choses passées*, publié en 1913. Houtin continua cependant son travail, interrompu en cela par la mort. La publication en 1929 par Jean Rivière du premier texte écrit par un historien et consacrée au modernisme, *Le modernisme dans l'Église*, très critique contre Loisy, et quelques pages de l'ouvrage de Houtin, publiés dans une revue par l'héritier de Houtin, Félix Sartiaux, suscita chez lui de nouvelles préoccupations le pressant de développer l'autobiographie de 1913 avec la rédaction de trois gros volumes des *Mémoires* (1930-1931), qui représentent un extraordinaire – bien que controversé – témoignage sur toute une période de l'histoire de l'Église et sur le développement des sciences religieuses, but, d'ailleurs, qu'il s'était fixé, comme l'indique le titre : *Mémoires pour servir à l'histoire religieuse de notre temps*.

Sa publication va soulever pas mal de commentaires et controverses, en partie en raison du fait que Loisy consacrait de nombreuses pages aux protagonistes de ces décennies d'histoire religieuse, protagonistes dont beaucoup étaient encore en vie. Parmi les commentaires les plus importants, on peut signaler celui du dominicain Lagrange, qui avait connu des difficultés en raison de ses recherches, et qui publia un ouvrage, *M. Loisy et le modernisme*, un livre à propos des « Mémoires » avec des clarifications destinées à défendre des personnes qu'il estimait injustement offensées. Du bord opposé, Henri Bremond, le savant analyste de l'histoire du sentiment religieux en France, publia sous le couvert d'un pseudonyme (Sylvain Leblanc), une introduction à la lecture des mémoires, revue avant la publication par Loisy, avec un titre qui était déjà une prise de position : *Un clerc qui n'a pas trahi. Alfred Loisy d'après ses Mémoires*. Il en ressort deux portraits très différents, comme le montre la comparaison entre les *Mémoires* de Loisy et le travail de Houtin-Sartiaux (à noter, entre autres choses, le fait que Sartiaux a réussi à reprendre le travail de Houtin qu'il a complété : le texte n'en sera publié qu'en 1960, grâce au travail d'Émile Poulat). Loisy se décrit comme une personne sincère et loyale, dont le travail scientifique ne pouvait pas ne pas entrer en contradiction avec les directives non critiques de l'Église de son temps ; pour Houtin, toute la vie de Loisy devait être marquée par un manque total de sincérité.

Le 16 avr. 1932, Loisy donna sa dernière leçon au Collège de France, puis se retira à Ceffonds, tout en continuant ses travaux scientifiques. Parmi eux, certains seraient spécifiquement consacrés au dialogue, même parfois sur un mode polémique, avec certains savants parmi les plus érudits de l'époque, à commencer par Henri Bergson. Ce dernier avait publié en 1932 un travail consacré aux *Deux sources de la morale et de la religion*, et Loisy, qui mettait en doute l'existence de deux sources, publia un volume intitulé *Y a-t-il Deux sources de la religion et de la morale ?*. Loisy critiquait la distinction faite par Bergson entre religions statiques et religions dynamiques, car une telle distinction revenait à briser le principe fondamental de l'unité et de la continuité de la religion et du mysticisme à travers l'histoire de l'humanité. Si l'on voulait parler de religion statique et de religion dynamique, on pouvait le faire à condition, toutefois, de noter que cette dernière n'était que le résultat de l'évolution de la première, tout comme la mystique de Jésus portait la forte empreinte de la religion juive. « Pour le mysticisme comme pour la religion même, il n'y a pas de coupure nette à instituer entre le statique et le dynamique, parce qu'il n'y a en réalité qu'un mysticisme qui est né avec l'humanité même et qui n'atteindra aussi le terme de son évolution qu'avec cette humanité qui le porte ». L'unité substantielle de la religion et la centralité du mysticisme étaient des thèmes partagés par son ami Bremond, comme cela transparaît clairement dans le dialogue épistolaire avec Loisy et dans le volume publié par Bremond après les *Mémoires* de Loisy pour défendre son ami exégète. Mais le secret sur l'auteur d'*Un clerc qui n'a pas trahi* restait absolument intact et personne, même parmi les proches amis, ne soupçonna jamais qui se cachait derrière le pseudonyme de Sylvain Leblanc.

La mort de Bremond, survenue le 17 août 1933, suscita commentaires et nécrologies. Bremond était membre de l'Académie française, et la pratique voulait qu'il y ait des commémorations officielles. La présentation de la pensée de Bremond faite par les auteurs de ces commémorations était, selon Loisy, totalement trompeuse sur les véritables dispositions intérieures de Bremond, ce qui amena Loisy à analyser ce qu'il considérait comme le véritable cheminement intellectuel et spirituel de son ami, appelé « Le plus grand écrivain ecclésiastique de notre pays », et dont le nom était inséparable de la mémoire de George Tyrrell. En 1936, Loisy édita le volume *George Tyrrell et Henri Bremond*, où il faisait usage de la correspondance privée échangée avec ses amis. Ce volume devait presque faire crier au scandale et au manque de discrétion ; mais une lecture attentive de ces textes, tout comme des *Mémoires*, où l'utilisation de documents épistolaires est très ample, montre plutôt le soin extrême mis par Loisy pour ne pas compromettre des personnes vivantes, ni pour faire naître à leur endroit un doute sur leur orthodoxie catholique. Loisy ne déroge à ce principe que pour défendre quelques vieux amis ou collègues contre des accusations ou des insultes dirigées contre eux.

Dans un autre ouvrage, *Histoire et mythes à propos de Jésus-Christ* (1938), il devait critiquer sévèrement la thèse de son ancien élève, Paul-Louis Couchoud : dans ses travaux sur Jésus, ce dernier avait progressivement adopté la thèse mythologique, à savoir la réduction de Jésus comme construction mythique, niant ainsi son existence historique ; thèse réitérée avec le volume de 1937, *Jésus le Dieu fait homme*. Encore plus sévère devait être la réponse, dans *Un mythe apologétique* (1939), que Loisy donna à Jean Guitton, qui avait accusé l'exégète d'avoir abandonné la foi catholique au profit d'une sorte de positivisme humanitaire, aboutissant finalement à diviniser l'humanité, tout en niant l'existence d'un Dieu transcendant et personnel, et ce, en dépit du fait que Loisy lui avait dit, à l'occasion d'une réunion : « Mon pauvre ami, qu'est-ce donc que la foi et quand sait-on si on l'a ou si on ne l'a pas ? Chacun a sa foi particulière. Il y a tant de manières de croire et de ne pas croire. Sait-on jamais si on croit, ou si on ne croit pas ? ». Étaient restées ouvertes, et le sont encore, les controverses et discussions sur le stade final atteint par les positions de Loisy et sur sa réelle ou présumée dérive rationaliste, qu'il a souvent rejetée.

Au cours des dernières années de sa vie, en effet, il devait écrire une autre autobiographie intellectuelle, dont le titre lui-même prêtait à des lectures les plus diverses : *De la Croyance à la foi*. Il y a également quelques-unes de ses affirmations dans le volume de 1937, *La Crise morale du temps présent et l'éducation humaine*, qui semble mettre en cause son rationalisme présumé. Certaines phrases semblent être dictées par une forme de déisme, plus que par la foi dans le Dieu des chrétiens, mais qui montrent comment Loisy en était arrivé à s'interroger sur le problème de Dieu : « Dieu est la raison dernière, la vie profonde, l'insondable auteur de tout ». « Dieu existe, c'est-à-dire un Être au-dessus de tous les êtres, une Puissance au-dessus de toutes le puissances, un Esprit au-dessus de tous les esprits, qui est le principe et la source de toute vie dans l'ordre sensible et dans l'ordre insensible, dans l'ordre éternel des mondes. Quelque chose qui est trop au-dessus de nous pour nous ressembler en quoi que ce soit, bien qu'il soit en nous plus intimement que nous ne sommes en nous-mêmes. Notre respectueux silence devant lui pourrait bien être la meilleure expression de notre culte ». Quelques années plus tôt, il avait déjà écrit à la savante anglaise Miss Maude Petre : « Bien sûr, je crois dans le Transcendant, dans l'idéal et la réalité, comme quelque chose qui est Autre en soi de l'humanité. Mais je m'abstiens de définir la nature de cet Autre, et j'ai entrepris de construire ma religion morale sans une doctrine explicite de cette Transcendance qui nous échappe, bien que nous ne lui échappions pas ». En 1939, il écrivait encore, dans *Un mythe apologétique* : « Mais comme il serait faux de dire que par la naissance nous sommes venus du néant, il serait pareillement faux de soutenir que nous y rentrons par la mort. Le fait est que nous sommes venus du mystère et que nous y retournons. Or cela signifie que nous sortons de Dieu et que nous rentrons en Lui, après avoir selon notre mesure travaillé avec Lui et pour Lui ».

La crise morale du temps présent et l'éducation humaine représente le point d'arrivée de son expérience religieuse, quasiment son testament spirituel. Loisy se défend des accusations d'avoir abouti à une doctrine de nature mystique, réaffirmant sa conviction qu'il subsistait encore dans le monde beaucoup de force spirituelle, principalement dans les religions, et par-dessus tout, dans les grandes confessions chrétiennes. Il en vient alors à la nécessité d'une religion de l'humanité, en essayant d'en donner une description : « Non pas, comme on l'a parfois étourdiment supposé, une religion qui aurait pour objet l'humanité que nous connaissons… Il est parlé simplement d'une religion qui serait capable de rassembler tous les hommes dans un commun idéal et une commune adoration. Qu'une telle religion n'existe pas encore, j'ai dès longtemps pensé le constater ». Mais, ajoute Loisy, je voudrais faire voir « qu'une telle religion maintenant se prépare et qu'elle s'impose comme une nécessité vitale ».

En 1938, Loisy pensait être arrivé au terme de son itinéraire intellectuel : en octobre, il décida de faire don de tous ses livres à la Sorbonne ; il ne prit pas la peine de garder près de lui une copie de toutes ses œuvres. Il vécut les derniers mois de sa vie en présence de familiers, souffrant en particulier, compte tenu de son état d'excommunié, de l'impossibilité de participer aux cérémonies religieuses auxquelles participaient certains d'entre eux. Il répétait se sentir en paix avec le Seigneur, et attendre la fin comme son ancêtre Job (« J'attends la relève comme Job mon ancêtre », écrivait-il le 4 mai 1938 à un ami), le héros de ce livre que Loisy considérait comme l'un des plus beaux de toute la littérature mondiale. Il se sentait isolé et en était énormément éprouvé, comme les années précédentes d'ailleurs. Il avait écrit à un ami, s'excusant de ne parfois pas savoir à certains moments leur témoigner son affection : « Ce n'est point faute de sensibilité. Pendant longtemps j'en aurais eu plutôt trop, et je me suis si bien appris à la contraindre que maintenant j'ai l'air de n'en avoir point assez. On a déjà imprimé plus d'une fois que je suis un 'exégète sans cœur'. Si c'était vrai tout à fait, j'aurais bien moins souffert dans le passé. Et nul ne soupçonne que ce dont j'ai le plus souffert est l'isolement dans lequel j'ai vécu ; le reste, en comparaison, comme peine intérieure, a été assez peu de chose » (R. Boyer de Sainte Suzanne, *Alfred Loisy entre la foi et l'incroyance*, Paris, 1968, p. 197). Quelqu'un a dit qu'il était « trop intellectuel pour vivre dans l'Église, [et qu'] il était trop religieux pour trouver en dehors d'elle ce qu'il cherchait en elle » (cité dans É. Poulat, *Critique et mystique. Autour de Loisy ou la conscience catholique et l'esprit moderne*, Paris, 1984, p. 114). Il rappelait aux amis que la décision de se consacrer à la science avait été toute la vie son apostolat. Il l'écrivait par exemple à Franz Cumont, sans doute l'un des meilleurs spécialistes des religions antiques, avec qui Loisy avait eu un long et riche échange de correspondances, commencé en 1909 : « J'ai travaillé sur des terrains discutés, sur des questions éternellement mouvantes : et j'ai trouvé bon d'être apôtre en cultivant ce qu'on appelle communément la science » (cité dans É. Goichot, *Alfred Loisy et ses amis*, Paris, 2002, p. 189).

La mort devait survenir le 1er juin 1940, dans un moment tragique pour la France, envahie par les troupes allemandes. C'est ce qui explique le manque d'attention que la presse devait porter à sa disparition. Dans les mois suivants devaient paraître des articles et des essais qui ne différaient pas des jugements dont Loisy avait été l'objet dans la vie : pour les uns, l'exégète français avait été victime de l'intolérance ecclésiastique, un savant incompris, l'exemple clair d'un désir irrépressible de liberté et de sincérité religieuse ; pour d'autres, le savant rebelle qui avait refusé tout acte de soumission à une autorité à laquelle, en entrant dans l'état ecclésiastique, il avait promis fidélité et d'obéissance. Pour Guillaume Pouget, le lazariste qui fut le maître discret de nombreux intellectuels, Loisy était « comme les chèvres de mon pays, il aimait les précipices ». Ces précipices qui sont aujourd'hui partiellement aplanis grâce à la recherche, et aux erreurs, des protagonistes des premières décennies du XXᵉ siècle. Aujourd'hui, personne ne nie que les récits évangéliques sont aussi une expression de la foi, aujourd'hui personne ne croit que la conception de l'histoire affirmée à des époques ultérieures était la même que celle sur laquelle se fondaient les apôtres, tous admettent que les apôtres étaient préoccupés de proclamer et de témoigner, plus que de faire un travail d'historien. Nous sommes également conscients que les découvertes de textes et que les témoignages qui peuvent être déduits de l'archéologie, ont précisément confirmé les données historiques et géographiques présentes dans les Évangiles.

Revenons à Loisy : conformément à son attitude de tout planifier dans les détails, il avait préparé dans l'avis mortuaire le texte à mettre sur sa tombe : « Alfred Loisy. Prêtre. Retiré du ministère et de l'enseignement. Professeur au Collège de France. 1857-1940. *Tuam in votis tenuit voluntatem* ». D'aucuns ont voulu donner à cette expression une interprétation fantaisiste, oubliant que c'était une référence précise à la liturgie. Ce texte latin fait partie de la liturgie des funérailles, emprunté à l'un des missels utilisés dans les années trente : « Il est toujours resté de cœur attaché à Votre Volonté ».

ÉCRITS. La bibliographie complète des œuvres de Loisy a été rassemblée par Émile Poulat et peut être trouvée dans *Alfred Loisy. Sa vie – son œuvre par Albert Houtin et Félix Sartiaux. Manuscrit annoté et publié avec une bibliographie Loisy et un index bio-bibliographique*, par É. Poulat, Paris, 1960, p. 301-324. Sont rassemblés, avec l'indication des diverses éditions, 60 volumes, 264 articles et 5 inédits. Poulat a également publié certains compléments dans *Critique et mystique. Autour de Loisy ou la conscience catholique et l'esprit moderne*, Paris, 1984, p. 322-327. Y sont indiqués 9 autres articles et 4 inédits, ainsi que la bibliographie des écrits contenant des lettres de Loisy. Ont été récemment réédités une anthologie des écrits sur les Évangiles et trois écrits de Loisy : A. Loisy, *Écrits évangéliques. Un siècle après les « petits livres rouges »*, textes choisis et présentés par C. Chauvin, Paris, 2000. – *Alfred Loisy*, présenté par G. Mordillat et J. Prieur : *L'Évangile et l'Église* ; *Autour d'un petit livre* ; *Jésus et la tradition évangélique*, Paris, 2001.

TRAVAUX. Toutes les œuvres, nombreuses aujourd'hui, dédiées au modernisme, réservent une place importante à Loisy. Une ample bibliographie se trouve dans T. M. Loome, *Liberal Catholicism, Reform Catholicism, Modernism. A Contribution to a New Orientation in Modernist Research*, Mainz, 1979. On trouvera une autre bibliographie, plus récente, dans la 3ᵉ édition de la thèse de Poulat : É. Poulat, *Histoire, dogme et critique dans la crise moderniste*, Paris, 1996, p. 679-706. Mise à jour ultérieure dans A. Botti et R. Cerrato (dir.), *Il modernismo tra cristianità e secolarizzazione*, Urbino, 2000. Parmi les travaux consacrés explicitement à Loisy, dans l'ordre chronologique (à l'exclusion des articles de revues et des notices de dictionnaires ou encyclopédies), voir : E. Buonaiuti, *Alfredo Loisy*, Roma, 1925. – J. M. Lagrange, *M. Loisy et le modernisme. À propos des « Mémoires »*, Juvisy, 1932. – A. Omodeo, *Alfredo Loisy storico delle religioni*, Bari, 1936. – M. D. Petre, *Alfred Loisy. His Religious Significance*, Cambridge, 1944. – F. Heiler, *Alfred Loisy, der Vater der katholischen Modernismus*, München, 1947. – M. Dell'Isola, *Alfred Loisy. Entretiens et souvenirs avec correspondance inédite*, Parma, 1957. – A. Houtin et F. Sartiaux, *Alfred Loisy. Sa vie – son œuvre. Manuscrit annoté et publié avec une bibliographie Loisy et un Index bio-bibliographique*, par É. Poulat, Paris, 1960. – E. Lacoste, *Les dernières semaines d'Alfred Loisy*, Lille, 1963. – R. Boyer de Sainte Suzanne, *Alfred Loisy entre la foi et l'incroyance*, Paris, 1968 (où sont publiées un certain nombre de *Lettres inédites* de Loisy). – É. Poulat (dir.), *Une œuvre clandestine d'Henri Bremond. Sylvain Leblanc, un clerc qui n'a pas trahi. Alfred Loisy d'après ses Mémoires. 1931*, édition critique et dossier historique par É. Poulat, Roma, 1972 ; Id., *Critique et mystique. Autour de Loisy ou la conscience catholique de l'esprit moderne*, Paris, 1984. – J. Hulshof, *Wahrheit und Geschichte. Alfred Loisy zwischen Tradition und Kritik*, Essen, 1973. – D. Baader, *Der Weg Loisys zur Erforschung der christlichen Wahrheit*, Freiburg im Breisgau, 1974. – L. Bedeschi, *Saggio introduttivo*, dans le volume A. Loisy, *Il Vangelo e la Chiesa e intorno a un piccolo libro*, Roma, 1975, p. 7-65. – M. Guasco, *Alfred Loisy in Italia. Con documenti inediti*, Torino, 1975 ; Id., *Alfred Loisy*, Brescia, 2004. – M. Ivaldo, *Religione e cristianesimo in Alfred Loisy*, Firenze, 1977. – F. Turvasi, *The Condamnation of Alfred Loisy and the Historical Method*, Roma, 1979. – D. Dumont-Dressy, *Alfred Loisy, martyr de l'Église*, Paris, 1988. – R. Ciappa, *Storia e teologia. L'itinerario intellettuale di Alfred Loisy (1883-1903)*, Napoli, 1993 ; Id., *Rivelazione e storia. Il problema ermeneutico nel carteggio tra Alfred Loisy e Maurice Blondel (febbraio-marzo 1903)*, Napoli, 2001. – É. Goichot, *Alfred Loisy et ses amis*, Paris, 2002. – F. Laplanche, *La crise de l'origine : la science catholique des Évangiles et l'histoire au XXᵉ siècle*, Paris, 2006 ; Id., I. Biagioli et C. Langlois (dir.), *Autour d'un petit livre. Alfred Loisy cent ans après*, Turnhout, 2007. – H. Hill, L.-P. Sardella et C. J. T. Talar, *By those who knew them : French modernists left, right, & center*, Washington (D.C.), 2008. – C. Arnold et G. Losito (éd.), *La censure d'Alfred Loisy (1903). Les documents des Congrégations de l'Index et du Saint Office*, Roma, 2009. – C. J. T. Talar (éd.), *Prelude to the Modernist Crisis. The « Firmin » Articles of Alfred Loisy*, Oxford-New York, 2010. – F. Laplanche, R. Ciappa et Chr. Theobald, *Alfred Loisy, La crise de la foi dans le temps présent (Essais d'histoire et de philosophie religieuses)*, Turnhout, 2010. – G. Losito, *Dio s-oggetto della storia. Loisy, Blondel, Laberthonnière*, Napoli, 2014.

M. GUASCO

LOMELLO (Santa Maria Maggiore), collegiate church in the Lombard province of Pavia, North Italy, diocese of Vigevani (although for most of its history it fell under the diocese of Pavia).

The *basilica* of Santa Maria Maggiore is one of the earliest examples of Italian Romanesque architecture. The church is referred to for the first time in a privilege granted by Pope Paschalis II in 1107, lost today, but the origins of the religious complex that the church forms part of dates back to the early Middle Ages.

The church itself is commonly thought to have been established between 1025 and 1040 (mainly based on the conclusions of A. K. Porter's architectural study, see below), but earlier churches may have preceded the current Romanesque building. If we are to believe Paul the Deacon's *Historia Langobardorum*, Lomello played a part in the love story between Teodolinda and the Longobard duke Agilolf of Turin, but the assumption extrapolated from this by some that it was here that the couple married in 590 – which in turn is used as evidence for the existence of a sixth-century church – is nowhere explicitly mentioned. However, the annex to the church, the baptistery dedicated to San Giovanni ad Fontes, was indeed partly built in as early as the fifth century, at a time when *Laumellum* was still a Roman *vicus* (parts of the Roman walls were later incorporated into the church and the chapterhouse, where they can still be seen). One may assume that, early on, there was a small group of clerics attached to the baptistery that eventually grew into the community of canons associated with the Romanesque church. Lomello, along with its several religious institutions, continued to flourish well into the Middle Ages, not least because of its political importance as a comital seat. The provost of Santa Maria Maggiore was a powerful figure himself, enjoying privileges not unlike those of a bishop. The chapter still had 10 canons in the fifteenth century, but as the town of Lomello gradually lost its importance, its religious institutions dwindled. In 1565, the visiting bishop of Pavia ruefully remarked on the chapter's poor state of affairs. Nevertheless, when Napoleon conquered the area in 1805 and disbanded Lomello's Benedictine female monasteries, there were still canons in Santa Maria to witness the sisters' departure. Up until today, the *basilica* continues to serve as a parish church, its buildings having undergone several phases of restoration throughout the twentieth century.

M. Zucchi, *Lomello (476-1796). Con un cenno sul periodo delle origini*, in *Miscellanea di storia italiana*, series 3, 9, 1904, pp. 273-377. – A. K. Porter, *Lombard Architecture*, t. 2, New York, 1917 (repr. 1967), pp. 500-509. – C. Nigra, *La Basilica della Società novarese di storia patria*, 1-2, 1936, pp. 1-25. – F. Pianzola, *Santa Maria Maggiore in Lomello*, Pavia, 1940. – F. Pezza, *Visioni episcopali tra le architetture paleocristiane di Lomello*, in *Ticinum*, n.s., 1, 1950, 4-5, pp. 13-20. – A. Sergagni, *Contributi al romanico lomellino : la chiesa inedita di Sant'Agata a Lomello*, in *Atti del 4° Congresso internationalo sull'alto medioevo*, Spoleto, 1969, pp. 515-523. – H. M. Blake and S. J. Fleming, *S. Maria Maggiore at Lomello in the Province of Pavia, Italy : TL Dating of Architectual Phases*, in *Masca Journal*, 2, 1983, 4, pp. 120-123. – A. Bedina, *"Quiete habere offersionem" ? Tensioni nel clero di Lomello in un documento del secolo* XII, in *Archivio Storico Lombardo*, 120, 1994, pp. 403-421. – A. Segagni Malacart, *La collegiata di S. Maria Maggiore di Lomello e le origini del romanico in Lombardia*, in A. Cadei et al. (ed.), *Studi in onore di Angiola Maria Romanini*, Roma, 1999, pp. 83-99. – V. Cecchetto, *Lomello. Collegiata di S. Maria Maggiore*, in *Lomellina romanica. Primo cenismento sulle emergenze romaniche nel territorio lomellino* (Archivio Lomellino, 13), Vigevano, 2005, pp. 46-63. – L. Iazzolino, *Note contributi discussioni per la storia di "Laumellum" e della sua chiesa di Santa Maria Maggiore*, in *Annali della Facoltà di Lettere e Filosofia dell'Università degli Studi di Milano*, 65, 2012, 1, pp. 327-335. – P. M. De Marchi and M. Palazzo, *La basilica di Santa Maria Maggiore di Lomello : l'architettura e il ciclo decorativo in stucco : ricerche, restauro e valorizzazione*, Firenze, 2014.

F. KEYGNAERT

LOMMEL (Léon), cinquième évêque de Luxembourg, 1893-1978.

Originaire de Schleiderhof près de Cruchten (Grand-Duché de Luxembourg), il fit ses études secondaires à Echternach, le cours supérieur à Luxembourg et entra comme séminariste au collège Germanicum-Hungaricum de Rome, dont les étudiants furent contraints de poursuivre leur formation à Innsbruck (Autriche) pendant les années de guerre 1915-1919. C'est là qu'il fut ordonné prêtre le 13 juil. 1919. Promu docteur en philosophie et licencié en théologie, il retourna à Luxembourg où il fut nommé en 1923 professeur de philosophie et d'histoire de l'art au grand séminaire. Aumônier des étudiants et de l'association catholique des académiciens depuis 1926, il fut nommé conseiller principal pour l'agrandissement et l'embellissement de la cathédrale en 1935-1938.

Après l'occupation du Luxembourg par les Nazis dès 1940, Lommel fut déporté avec dix confrères en territoire français le 5 mai 1941 et il devint curé des paroisses Saint-Yan et Saint-Germain-des-Rives dans le diocèse d'Autun. De retour à Luxembourg après la guerre, il revint au séminaire comme professeur de théologie dogmatique et s'occupa de la reconstruction des nombreuses églises et chapelles endommagées ou détruites par les Allemands vers la fin de la guerre, et notamment de la basilique d'Echternach, rouverte et consacrée en 1953. À cette fin, il engagea surtout des artistes autochtones.

Nommé évêque titulaire de Nephelis et coadjuteur avec droit de succession de l'évêque diocésain Joseph Philippe, malade, il fut sacré le 29 juin 1949 par le nonce Ferdinando Cento. Il prit comme devise « *Nos autem populus tuus* ». Après la mort de Mgr Philippe, Lommel devint évêque de Luxembourg le 21 oct. 1956. En 1959, il créa une paroisse européenne pour les employés de la CECA qui avait son siège à Luxembourg. L'action catholique perdit de son influence sous son épiscopat, alors que s'amorcèrent des changements sociétaux profonds. Lommel participa avec ferveur au concile Vatican II et convoqua en 1969 un synode diocésain pour promouvoir la réception du concile au sein de l'église luxembourgeoise qui était d'orientation plutôt traditionnelle. Mais ce fut à son successeur Jean Hengen qu'incombèrent le déroulement et l'exécution du synode (1972-1981). Lommel institua un conseil presbytéral ainsi que des conseils paroissiaux. En 1966, il put célébrer avec éclat le tricentenaire de l'élection de Notre-Dame, Consolatrice des affligés, comme patronne de la capitale. Lors de la réforme du cycle scolaire secondaire en 1968, il ne s'opposa pas à l'introduction d'un cours de morale laïque parallèle à l'instruction religieuse. En 1970, il fonda un institut catéchétique pour la formation des futurs enseignants de religion dans les écoles primaires, tandis que le séminaire – il entreprit la construction de nouveaux locaux – connut une chute libre des vocations. Léon Lommel était ouvert aux nécessités du monde moderne. Visionnaire plutôt qu'administratif, on l'estimait pour son amour de l'art et sa profonde humanité qu'il révéla même à travers une certaine solennité liée à son caractère comme à son ministère. Après sa démission le 12 févr. 1971, il fut remplacé par Jean Hengen, son vicaire général et, depuis 1967, évêque-coadjuteur. Lommel mourut le 11 juin 1978 et fut inhumé dans la crypte de la cathédrale de Luxembourg.

P. Spang, *Zu einem Doppeljubiläum des Bischofs von Luxemburg Mgr Dr. Léon Lommel*, dans *Luxemburger Marienkalender*, 1969, p. 97-103. – J. Hengen, *Bischof Leo Lommel von Luxemburg*, dans *Korrespondenzblatt Collegium Germanicum et Hungaricum*, 85, 1978, p. 168-170. – A. Heiderscheid, *Bischof Léon Lommel*, dans *Luxemburger Marienkalender*, 1979, p. 53 et sv. – J. Malget, *Lommel Léon*, dans *Biographisch-Bibliographisches Kirchenlexikon*, t. V, Hamm, 1993, p. 204-207. – M. Schmitt, *Leo Lommel als Kunstberater*, dans *Nos cahiers*, 1993, n° 2, p. 5-20. – E. Gatz (dir.), *Die Bischöfe der deutschsprachigen Länder, 1945-2001*, Berlin, 2002, p. 339-341. – M. Schiltz, *Leo, Bischof von Luxemburg und Echternach*, dans *100 Joer Kruuchtener Kierch. 1905-2005*, Miersch, p. 103-111. – G. Hellinghausen, *Luxemburger in den päpstlichen Armeen*, dans *Nos cahiers*, 2006, n° 2, p. 69-111.

G. HELLINGHAUSEN

LONERGAN (Bernard Joseph Francis), jésuite canadien, né le 17 déc. 1904 à Buckingham (Québec) et décédé le 26 nov. 1984 à Pickering (Ontario).

Lonergan est entré dans la Compagnie de Jésus en 1922 et a été ordonné prêtre en 1936. Il a étudié à Heythrop College, Oxford (où il obtient le diplôme de *Bachelor of Arts* en 1922), à l'Université pontificale grégorienne de Rome (où il obtient son doctorat en théologie en 1940), et à la London School of Economics. Il enseigne ensuite au Collège de l'Immaculée Conception de Montréal, à la Grégorienne de Rome, au Collegium Christi Regis (aujourd'hui Regis College) de Toronto, à l'Université d'Harvard et au Boston College.

Les premiers travaux de Lonergan ont été entrepris dans l'esprit du renouvellement thomiste du XXe siècle. Sa thèse de doctorat en théologie, rédigée sous la direction du jésuite Charles Boyer, a tenté de restituer la pensée de S. Thomas sur la grâce dans son contexte historique, dont elle avait été coupée dans les controverses théologiques de la scolastique baroque (cette recherche a été publiée en 1971 sous le titre *Grace and Freedom : Operative Grace in the thought of St Thomas Aquinas*). Une série d'articles publiés par la revue *Theological Studies* (publiés en 1967 sous le titre *Verbum : Word and Idea in Aquinas*) examinaient l'idée que la notion épistémologique de la connaissance en tant que « parole intérieure » doit être prise comme base pour la compréhension chez Thomas de l'analogie psychologique de la Trinité. Cette étude a été fondamentale dans la formulation de la théorie de la connaissance de Lonergan.

L'œuvre majeure de Lonergan, *Insight. A Study of Human Understanding*, a été rédigée au cours de ses années d'enseignement théologique au Collegium Christi Regis et a été publié en 1957. Initialement conçue comme une étude préparatoire en vue de l'élaboration d'une méthode théologique remise en perspective, elle présente une théorie de la connaissance qui fonde une métaphysique ouvrant à la connaissance de la transcendance. Il examine d'abord les méthodes satisfaisantes de compréhension du sens commun et de la science. Ces chapitres ont pour but de fournir et développer des fondements pour la démarche aristotélico-thomiste de l'introspection : le lecteur effectue lui-même les actes de compréhension et de jugement, et s'approprie ainsi explicitement ses propres activités de sujet pensant. Ce processus culmine dans l'idée que la cognition humaine est médiatisée par une dynamique implicite de la conscience vers l'être. L'analyse lonerganienne du jugement de l'être présente une similitude avec la philosophie du « thomisme transcendantal » développée par le jésuite belge Joseph Maréchal, mais Lonergan s'en distingue par son insistance sur le point de départ de l'expérience pour formuler une « méthode empirique généralisée », antérieure à la métaphysique, évitant ainsi la problématique kantienne relative à la connaissance des « noumènes » (réalités en soi). Les derniers chapitres de *Insight* constituent la partie philosophique d'une « théologie fondamentale » qui établit l'existence de Dieu et permet l'anticipation d'une œuvre divine salvifique dans l'histoire humaine, médiatisée par une communauté de croyance.

Le projet de Lonergan d'une méthode théologique basé sur une théorie de la connaissance a été concrétisé en 1973 avec la publication d'une *Method in Theology*. Il y examine trois niveaux de « conversion » : intellectuel (l'objet de l'ouvrage *Insight*), moral et religieux. Le dernier, qui se compose d'une expérience de l'amour de Dieu de manière inconditionnelle, constitue la base formelle pour l'édification de la théologie. La discipline est divisée en huit « spécialités fonctionnelles », correspondant chacune à un niveau d'activité cognitif (expérience des données, compréhension, jugement, décision) mis en relation avec : 1) la réception de la révélation divine ou 2) une réflexion sur elle.

En plus de ses œuvres majeures, Lonergan a produit des textes sur le *De Trinitate* et le *De Verbo Incarnato* pour ses cours à l'Université Grégorienne, ainsi qu'un certain nombre de travaux plus courts, des articles, et des transcriptions de conférences ou de cours. Beaucoup d'entre elles ont été publiées dans un recueil en trois volumes intitulé *Collection, Collection II*, et *Collection III*. Vers la fin de sa vie, Lonergan est revenu à un projet précoce de chercher à comprendre la dynamique des processus économiques. Les résultats, sous l'intitulé *For a New Political Economy* and *Macroeconomic Dynamics : An Essay in Circulation Analysis*, furent publiés à titre posthume.

Lonergan a exercé une influence durable dans les domaines suivants : 1) l'étude historique de S. Thomas ; 2) l'épistémologie et la métaphysique, à travers une combinaison originale de la philosophie transcendantale continentale et de l'empirisme anglo-américain ; 3) la méthode théologique, à travers une adaptation des méthodes les plus efficaces de la science empirique à la réflexion sur la foi.

La recherche scientifique sur Lonergan et son œuvre sont effectuées dans un certain nombre d'instituts qui lui sont dédiés, notamment au Boston College (Massachusetts), à l'Université Seton Hall (New Jersey), à l'abbaye de Saint-Anselme (Washington, DC), au Regis College de l'Université de Toronto, à l'Université Concordia (Montréal), dans des centres de Los Angeles (CA), et à Sydney, en Australie. Il y a aussi des sociétés et des associations Lonergan dans le monde entier vouées à la diffusion et à l'étude de son œuvre.

ŒUVRES MAJEURES. F. E. Crowe (éd.), *A Third Collection. Papers by Bernard J. F. Lonergan*, New York, 1958. – *Method in Theology*, New York, 1972. – W. F. J. Ryan et B. J. Tyrell (éd.), *A Second Collection*, Philadelphia, 1975. – E. A. Morelli and M. D. Morelli (éd.), *Understanding and Being : An Introduction and Companion to Insight : the Halifax Lectures*, New York, 1980 (rééd. en 2005). – *Collection*, dans F. E. Crowe et R. M. Doran (éd.), *Collected Works of Bernard Lonergan*, vol. 4, Toronto, 1988. – *Insight : A Study of Human Understanding*, dans F. E. Crowe et R. M. Doran (éd.), *Collected Works of Bernard Lonergan*, vol. 3, Toronto, 1992 (rééd. en 2005). – *Topics in Education*, dans F. E. Crowe et R. M. Doran (éd.), *Collected Works of Bernard Lonergan*, vol. 10, Toronto, 1993 (rééd. en 2005). – *Philosophical and Theological Papers 1958-1964*, dans R. C. Croken, F. E. Crowe et R. M. Doran (éd.), *Collected Works of Bernard Lonergan*, vol. 6, Toronto, 1996. – *Verbum : Word and Idea in Aquinas*, dans F. E. Crowe et R. M. Doran (éd.), *Collected Works of Bernard Lonergan*, vol. 2, Toronto, 1997. – *Shorter Papers*, dans R. C. Croken, R. M. Doran et H. D. Monsour (éd.), *Collected Works of Bernard Lonergan*, vol. 20, Toronto-Buffalo-London, 2007. – *Early Works on Theological Method 1*, dans R. M. Doran et R. C. Croken (éd.), *Collected Works of Bernard Lonergan*, vol. 22, Toronto-Buffalo-London, 2010.

TRAVAUX. D. Tracy, *The Achievement of Bernard Lonergan*, New York, 1969. – B. Tyrell, *Bernard Lonergan's Philosophy of God*, Dublin, 1974. – F. Lawrence (éd.), *The Lonergan Workshop. Papers from the annual Lonergan workshops at Boston College*, vol. 1-13, Boston, 1978-1998. – F. E. Crowe, *The Lonergan Enterprise*, Cambridge (Mass.), 1980 ; Id., *Appropriating the Lonergan Idea*, Washington (DC), 1989 ; Id., *Lonergan*, Collegeville (Minn.), 1992. – V. Gregson (éd.), *The Desires of the Human Heart : An Introduction to the Theology of Bernard Lonergan*, New York, 1988. – S. E. McEvenue et B. F. Meyer (éd.), *Lonergan's Hermeneutics : Its Development and Application*, Washington (DC), 1989. – R. M. Liddy, *Transforming Light : Intellectual Conversion in the Early Lonergan*, Collegeville (Minn.), 1993 ; Id., *Startling Strangeness. Reading Lonergan's Insight*, Lanham-Boulder-New York-Toronto, 2007. – W. A. Stewart, *Introduction to Lonergan's Insight : An Invitation to philosophize*, Lewiston, 1996. – T. J. Tekippe, *What is Lonergan up to in Insight ? A Primer*, Collegeville (Minn.), 1996 ; Id., *Bernard Lonergan's Insight. A Comprehensive Commentary*, Lanham-New York-Oxford, 2003 ; Id., *Bernard Lonergan. An Introductory Guide to Insight*, New York, 2003. – J. Flanagan, *Quest for Self-Knowledge : An Essay in Lonergan's Philosophy*, Toronto, 1997. – N. Ormerod, *Method, Meaning and Revelation. The Meaning and Function of Revelation in Bernard Lonergan's Method in Theology*, Lanham-New York-Oxford, 2000. – J. Kanaris, *Bernard Lonergan's Philosophy of Religion : From Philosophy of God to Philosophy of Religious Studies*, Albany, 2002. – D. Teevan, *Lonergan, Hermeneutics, & Theological Method*, Milwaukee (Wisc.), 2005. – V. Danna, *Bernard Lonergan. Il metodo teologico, le scienze e la filosofia. In appendice due testi di B. Lonergan*, Cantalupa, 2006. – J. L. Connor, *The Dynamism of Desire. Bernard J. F. Lonergan S.J., on the* Spiritual Exercises *of Saint Ignatius of Loyola*, Saint Louis, 2006. – G. Walmsley, *Lonergan on Philosophic Pluralism : The Polymorphism of Consciousness as the Key to Philosophy*, Toronto-Buffalo-London, 2008. – G. Guglielmi, *La sfida di dirigere se stessi. Soggetto esistenziale e teologia fondazionale in Bernard Lonergan*, Trapani, 2008 ; Id., *B. J. F. Lonergan tra tomismo e filosofie contemporanee. Coscienza, significato e linguaggio*, Napoli, 2011 ; Id., *L'incontro con il passato. Storiografia e filosofia della storia in Bernard Lonergan*, Trapani, 2015. – G. Woimbée, *La presqu'île du divin. Objectivité de la raison théologique chez Bernard Lonergan*, Paris, 2010. – G. Whelan (éd.), *Lonergan's Anthropology Revisited. The next fifty years of Vatican II. Contributions made to the international conference held in the Pontifical Gregorian University*, Rome, 27-30 Nov. 2013, Roma, 2015.

R. VILADESAU

LONEYE (John), *Loney*, *Lovey*, carme anglais, théologien († 1390).

On ne possède pas beaucoup de renseignements sur sa vie. Ce qui est certain, c'est qu'il entra au couvent des carmes de Londres, à une date incertaine, mais avant 1361, année où il reçut le diaconat le 18 décembre. Il fut ordonné prêtre le 23 déc. 1363. Maître en théologie à l'Université d'Oxford, il fut désigné au printemps de 1380 par son chancelier, William Barton, comme membre de la commission de 12 théologiens chargés d'examiner les positions théologiques de John Wyclif. Par ailleurs, il participa à toutes les sessions du concile de Londres présidé par l'archevêque Guillaume Courtenay au couvent des dominicains les 17-21 mars et le 18 nov. 1382, et il contribua à la condamnation des idées de Wyclif.

Connu pour l'acuité de son intelligence et son ample culture, de même que pour son zèle à l'égard de ceux qui s'en remettaient à l'Église, il fut également pendant quelques années prieur du couvent de Londres où il mourut en 1390. Il fut enterré dans le cloître.

On lui attribue une série d'ouvrages, parmi lesquels un livre *De Spirito Sancto* (dont l'incipit indique *Utrum Spiritus Sanctus procedat*) et une série de *Lecturae solemnes*.

C. de Villiers, *Bibliotheca Carmelitana*, t. II, Orléans, 1752, p. 41-42. – W. Waddington (éd.), *Fasciculi zizaniorum Magistri Johannis Wyclif cum tritico* (Rolls Series), London, 1858, p. 113, 286. – D. Wilkins, *Concilia Magnae Britanniae et Hiberniae*, vol. 3, Oxford, 1869, p. 157-165, 170. – H. Workman, *John Wyclif*, t. II, Oxford, 1926, p. 141, 144, 260, 282. – A. B. Emden, *A Biographical Register of the University of Oxford to A.D. 1500*, Oxford, 1958, p. 1159.

E. BOAGA†

LONGEVILLE (-lès-Saint-Avold), anciennement Glandières, *Longovillanum*, *Glanderiense*, abbaye de bénédictins dans le diocèse de Metz (département de Moselle, arrondissement de Forbach-Boulay-Moselle, canton de Faulquemont, commune de Longeville-lès-Saint-Avold).

Ce monastère primitivement appelé Saint-Martin en Glandières aurait été fondé par Bodagisèle, père de S. Arnoul, en 587. D'après Nancy Gauthier, il daterait plutôt du VIIe ou du début du VIIIe siècle, le temps de la vague des fondations monastiques en Lorraine. L'attribution de la fondation au père de S. Arnoul serait alors basée sur quelques fausses généalogies carolingiennes. On sait qu'après 933, la réforme de Gorze y est introduite. Dix-huit cures sont à la collation de l'abbé au milieu du XIVe siècle. Florissant jusqu'au XVe siècle, le monastère connaît les malheurs de la guerre de Cent ans, puis des guerres de religion. Quand dom Laurent Ducalberti visite les monastères lorrains en 1605-1606, il constate que l'abbaye est « en état pire que toutes les autres ». Pour porter remède à la situation, l'abbé dom François Thierry y introduit en 1606 la réforme de la congrégation de Saint-Vanne. Malheureusement, l'abbaye est pillée une fois de plus lors de la guerre de Trente ans. Dès 1684, elle se redresse avant d'être sécularisée en 1793. Les anciens bâtiments claustraux sont occupés de 1905 à 1950 par les franciscains. Ils sont devenus depuis lors un centre de soins.

LISTE DES ABBÉS. Thiémar, 991. – Hémon, 1066. – Richizo, 1121, 1142. – Louis. – Folmar, 1163, 1165, 1170, 1175, 1184. – Vautier, 1210, 1219, 1222. – Pontius, 1255, 1257. – Jean I, 1262-1271 – Godefroy, 1271-1296. – Vautier de Mengues, 1296, 1309, 1327. – Thierry de Mengues, 1328, 1342. – Nicolas I de Princy, 1343-1352. – Isembert de Mengues, 1352-† 1369. – Renaud de Belfort, 1369, 1376. – N. 1392, 1393. – Jean II Guemanne, 1399-1414. – Conrad de Castel, 1416. – Mathias, 1420-1422, † 1424. – Pierre I de la Mothe, 1422, † 1457. – Albert, 1457-1479. – Philippe d'Halem, 1479-1510. – Jean Gaspard d'Halem, 1518-1529. – Nicolas II Prévot, 1539, † 1546. – Sébastien Tarvenu, 1546, 1552, † 1557. – Jean III de Neuburg Sébrich, 1557-† 1564. – Nicolas III Pierrat, 1564-† 1572. – Jean IV Claudot, 1572-† 1582. – Claude Eliphi, 1582-1605, † 1611. – François Thierry, 1606-1651. – Étienne de Hennin, 1628-† 1654. – Dieudonné Clément, 1655. – Joachim Vivin, 1666-1667. – Anselme de Vautrembois, 1667-† 1684. – Hilarion de Bar, 1682 (coadjuteur avec Anselme jusqu'en 1684)-1710. – Claude de Bar, 1710-† 1718. – Pierre II Vassimont, 1718. – Henri Fauque, 1740-1752 (avec coadjuteur Étienne de Henning). – Stanislas de Boufflers, abbé commendataire, 1752-1793.

SOURCES. L. Marchal (éd.), *Journal de dom Cassien Bigot, prieur de l'abbaye de Longeville (Saint-Avold)* (Recueil de documents sur l'histoire de Lorraine, 14), Nancy, 1869. – H. Stein, *Bibliographie générale des cartulaires français ou relatifs à l'histoire de France* (Manuels de bibliographie historique, 4), Paris, 1907 (réimpr. Cambridge, 2010, p. 478, n° 3483-3484. – A. Longnon, *Pouillés de la province de Trèves* (Recueil des Historiens de la France. Pouillés, 5), Paris, 1915, p. 197. – C. Schmitt, *Le bullaire de l'abbaye de Saint-Martin des Glandières à Longeville-lès-Saint-Avold (1163-1756),* dans *Les Cahiers lorrains,* 4 (= *Journée d'études mosellanes 9, Longueville-lès-Saint-Avold, 17-18 octobre 1988 – Actes),* 1988, p. 379-386. – P. Bertrand (dir.), *CartulR – Répertoire des cartulaires médiévaux et modernes* (Ædilis. Publications scientifiques, 3), Orléans, 2006 (http ://www.cn-telma.fr/cartulR/entite4318). La relation de la visite de dom Lucalberti dans les monastères de Lorraine se trouve dans un manuscrit conservé à la *Biblioteca Apostolica Vaticana, Vat. Lat. 7923,* f° 429.

TRAVAUX. *Gallia Christiana in provincias ecclesiasticas distributa,* t. 13, Paris, 1785, col. 841-844. – R. Dupriez, *Les abbés réguliers du monastère de Longeville-lès-Saint-Avold,* Metz, 1877. – U. Chevalier, *Répertoire des sources historiques du Moyen Âge. Topo-bibliographie,* t. 2, Paris, 1903, col. 1743. – L.-H. Cottineau, *Répertoire topo-bibliographique des abbayes et prieurés de l'ancienne France,* t. 1, Mâcon, 1935, p. 1290, 1645. – T. de Morembert, *Longeville-lès-Saint-Avold,* dans G. Jacquemet et G. Mathon (dir.), *Catholicisme. Hier-Aujourd'hui-Demain,* t. 7, Paris, 1974, col. 1062-1063 ; Id., *Le temporel de l'abbaye de Longeville-lès-Saint-Avold au Moyen Âge,* dans *Annuaire de la Société d'histoire et d'archéologie de la Lorraine,* 77, 1977, p. 73-94. – N. Gauthier, *La fondation de l'abbaye de Longeville-lès-S.-Avold,* dans *Les Cahiers lorrains,* 4, 1988, p. 368-378. – G. Michaux, *Les débuts de la réforme vanniste à l'abbaye de Longeville-lès-S.-Avold,* dans *Ibid.,* p. 379-386. – C. André, *Saint Martin en Glandières. Longeville-lès-Saint-Avold. Maison de repos et de convalescence. Une ancienne abbaye de Lorraine. Son histoire,* Boulay, 1991. – M. et W. Stephan, *Benediktinische Stätten in Frankreich,* t. 1, Sankt Ottilien, 2002, p. 555-556.

G. MICHIELS† et F. KEYGNAERT

LONGLIER, *Longliers, Longario,* prieuré bénédictin dépendant de Florennes (près de Neufchâteau, Luxembourg belge, ancien diocèse de Trèves, diocèse actuel de Namur).

Sa fondation entre fin 1056 et début 1057 est due au duc de Lotharingie Godefroid le Barbu, qui donna le prieuré avec la paroisse de Longlier (d'origine carolingienne) en dépendance de l'abbaye de Florennes (*cf. DHGE,* t. 17, col. 579-582). Les moines furent au nombre de deux ou trois. Maintes controverses opposeront au sujet des dîmes les seigneurs de Neufchâteau aux prieurs successifs de Longlier. En 1594, le prieuré manqua de disparaître et d'être incorporé avec d'autres prieurés de la région aux biens que les jésuites de Luxembourg réservaient à la création d'un collège et d'un séminaire. À Jean Migeotte, qui deviendra prieur en 1738, on doit des *Mémoires* sur la baronnie de Rumigny et une chronologie des abbés de Florennes. Avec Eugène Bertaux, devenu prieur à la mort de Louis Laurent en novembre 1783, se clôt la liste des prieurs. Au mois de mai 1794, les armées de la Moselle mirent à sac le prieuré, qui fut vendu en 1797. Le village de Longlier souffrit gravement pendant les deux guerres mondiales, surtout lors de l'incendie du 20 août 1914 qui détruisit le logis et la tour d'angle du prieuré ; aujourd'hui, il n'en reste pratiquement rien.

LISTE DES PRIEURS. Jean de Semel, 1273, 1277. – Jean d'Oisy, avant 1378. – Jean de Bovesse (ce fut le candidat du pape Urbain VI au temps du grand schisme d'Occident). – Martin du Sart (candidat de l'antipape Clément VI, il n'occupa jamais le prieuré). – Jehan de Virevelt, *c.* 1501-1511. – Dom Michel, 1540. – Dom Antoine, 1542. – Lambert de Salthour (de Sathoux), 1558. – Pierre Hutin, 1570. – André de Thonon, 1570, 1571, † 1582. – Toussaint de Easse, 1582. – Jean Stavesoulle, 1591. – François de Senzeilles, 1594. – Victor Servaty, 1597-1607. – Après Victor, le prieuré fut dirigé par deux représentants de l'abbaye-mère de Florennes, Jean de Noville et Jean de Montplainchamps, -1623. – Nicolas Tayenne, 1626. – Godefroid Evrard, 1640. – Gabriel Benoît, 1645. – Frédéric Mottez, 1655, 1656. – Jean Mathée, 1660-1665. – Guillaume de la Hamaide, 1676, 1683. – Adrien Perpête, 1683, † 1692. – Gilles Léonard, 1692-1714. – Bernard Malfroid, 1714. – Martin Lemoine, 1717, † 1720. – Emilian Robert, 1723-1729. – Hubert Robert, 1729-1738. – Jean Migeotte, 1739-† 1763. – Célestin de Waha, 1763-† 1769. – Louis Laurent, 1769-† 1783. – Eugène Bertaux, 1783-1794.

SOURCES. A. Longnon, *Pouillés de la province de Trèves* (Recueil des Historiens de la France. Pouillés, 5), Paris, 1915, p. 28. – G. Despy (éd.), *Les Actes des ducs de Basse-Lotharingie du XIᵉ siècle,* dans *Publications de la section historique de l'Institut du Grand-Duché de Luxembourg,* 95, 1981, p. 65-132 (67, 86-92). Pour un aperçu des sources archivistiques, voir le *Monasticon belge* (ci-dessous).

Le prieuré de Longlier, carte-vue de la Société d'édition «Les Châteaux de Belgique» (Bruxelles), s.d., coll. personnelle d'E. Louchez.

TRAVAUX. U. Chevalier, *Répertoire des sources historiques du Moyen Âge. Topo-bibliographie*, t. 2, Paris, 1903, col. 1743. – L. Hector, *Longlier et son prieuré* dans *Annales de l'Institut archéologique du Luxembourg*, 73, 1942, p. 1-176. – A. Laret-Kayser, *Prieuré de Longlier*, dans *Monasticon belge*, t. 5 : *Province de Luxembourg*, Liège, 1975, p. 111-122. – H. d'Otreppe de Bouvette, *Longlier*, dans G. De Bièvre et J. Reybroeck (dir.), *Le patrimoine monumental de la Belgique. Wallonie*, t. 14 : *Province de Luxembourg*, Liège, 1989, p. 212. – *Arrondissement de Neufchâteau*, Liège, 1989, p. 212-213. – D. Misonne, *Note sur un calendrier-obituaire de l'abbaye de Florennes*, dans *Revue bénédictine*, 121, 2011, 1, p. 214-223 (220-223).

G. MICHIELS[†] et F. KEYGNAERT

LONGO (Filippo) compagnon de S. François, † *ante* 1253.

Au simple nom de Filippo, qui est initialement utilisé pour le désigner, les sources ultérieures ajoutent le surnom Longo, à moins qu'il ne désigne son lieu d'origine, peut-être situé près d'Adria, auquel cas il pourrait s'agir de l'ancien village d'Antria, près de Pérouse, ou de Costa San Savino, situé dans la région d'Assise). La localisation près d'Atri, dans les Abruzzes, ou de Reatina (près de San Savino, au-dessus de l'ermitage de Fontecolombo), est moins plausible, à une époque, précoce, où Filippo rejoint François et ses premiers compagnons d'Assise.

Il participe aux premiers voyages missionnaires en Italie centrale, et en 1209-1210, on le compte parmi les frères qui se rendent à Rome pour obtenir l'approbation pontificale. Les hagiographes franciscains signalent ses qualités de prédicateur et sa très bonne connaissance de l'Écriture, malgré l'absence d'une véritable formation ecclésiastique.

En 1211-1212, avec François, il amène Claire d'Assise à choisir la vie religieuse, d'abord à l'abbaye bénédictine de San Paolo delle Abbadesse, puis au monastère de Sant'Angelo in Panzo (Assise), et finalement de San Damiano (Assise également). Par la suite, Filippo continua à s'occuper de la branche féminine des franciscains : trois ans plus tard, il est à l'origine de la conversion de Sœur Cécile, et en juillet 1219, peu après la mort du cistercien Ambrogio, il assuma la direction des monastères féminins de l'Ordre de San Damiano.

À ce titre, il assigna des moines au service spirituel des moniales et obtint la permission du pape Honorius III d'excommunier ceux qui indisposaient les Pauvres Dames (Clarisses) de San Damiano. La nouvelle indigna profondément François, opposé à tout privilège papal, et contribua à son retour précipité du Levant (1220), ainsi qu'à la probable destitution de Filippo. En août 1228, le cardinal Rainaldo di Ienne, protecteur de l'Ordre de San Damiano, le nomma de nouveau visiteur général, en remplacement de son prédécesseur, Frère Pacifico, et c'est peut-être durant cette période qu'il s'engagea à la rédaction de nouvelles constitutions pour les religieuses. Autour de 1244, il s'intéressa à la fondation d'un couvent à Volterra, comme en témoigne le seul document conservé. En 1246, toujours visiteur des Pauvres Dames, il fut l'un des principaux informateurs sur le mémoire de la vie de François, envoyé auprès du Ministre général des Frères mineurs, Crescenzio Iesi, par les frères Leone, Rufino et Angelo.

D'après une tradition apparue à l'époque moderne – ou du moins après la déposition de 1220 –, il serait mort en 1259 ou 1260, au cours d'un voyage en France, plus précisément à Clermont-Ferrand, voyage entrepris à la demande de François.

Il mourut plus probablement avant Claire d'Assise, à la mort de laquelle il n'assista pas (11 août 1253) ; d'après d'aucuns, il n'était plus en vie le 24 nov. 1253, date à laquelle commença le procès de canonisation, qui ne le mentionne pas comme témoin. Le confirme une bulle d'Innocent IV de 1254, qui cite Filippo comme « autrefois » visiteur des monastères de San Damiano. La tradition de l'ordre le considère comme un saint et situe sa mort au 14 ou au 20 mars. Il fut probablement enterré dans l'antique monastère – qui n'existe plus aujourd'hui – de Santa Maria degli Angeli, à Pérouse, monastère qu'il avait fondé.

SOURCES. Tommaso da Celano, *Vita beati Francisci*, 25, 3-4 ; Id., *Memoriale in desiderio anime*, 206, 3-4. – *Legenda trium sociorum. Epistola*, 1,4. – *Legenda sanctae Clarae Assisiensis*, 37, 3. – Bernardo da Bessa, *Liber de laudibus beati Francisci*, 1,9. – L. Wadding et al., *Annales Minorum*, t. I, p. 67 (anno 1208, n. 28), 345 et sv. (anno 1219, n. 45), 352 (anno 1219, n. 48) ; t. II, p. 732 et sv. ; t. IV, p. 126 et sv. (anno 1259, n. 8). – L. Jacobilli, *Vite de' santi e beati dell'Umbria*, t. I, Foligno, 1647-1661, p. 321 et sv. – F. Hueber, *Menologium*, München, 1698, col. 690-693. – B. Mazzara, *Leggendario francescano*, t. III, Venezia, 1721, p. 339 et sv. – H. Sbaralea, *Bullarium Franciscanum*, t. I, Roma, 1759, p. 93 et 738. – *Chronica XXIV generalium Ordinis Minorum*, dans *Analecta Franciscana*, t. III, 1897, p. 4, 252, 262, 632. – Bartolomeo da Pisa, *De conformitate vitae beati Francisci ad vitam domini Iesu*, dans *Analecta Franciscana*, t. IV, 1906, p. 243 et 505. – Giordano da Giano, *Chronica 13*, dans H. Boehmer (éd.), *Chronica fratris Jordani*, Paris, 1908, p. 12 et sv. – L. Oliger, *De origine regularum Ordinis s. Clarae*, dans *Archivum Franciscanum Historicum*, 5, 1912, p. 445 et sv. ; *Compilatio Antoniana*, 59, dans Id., *Descriptio codicis S. Antonii de Urbe*, dans *Ibid.*, 12, 1919, p. 382-384). – Z. Lazzeri, *De fr. Philippo Longo anno 1244 omnium Clarissarum Visitatore atque de initio monasteriorum Volaterrarum et Castri Florentini*, dans *Ibid.*, 13, 1920, p. 286-289. – P. Nicola Cavanna OFM (éd.), *La Franceschina. Testo volgare Umbro del secolo XV scritto dal P. Giacomo Oddi di Perugia*, t. I, Firenze, 1931, p. 478. – Arturo da Moustier, *Martyrologium Franciscanum*, nouvelle édition par I. Beschin et G. Palazzolo (éd.), Vicenza, 1939, p. 95 et sv. – Fra Mariano da Firenze, *Libro delle degnità et excellentie del Ordine della seraphica madre delle Povere Donne sancta Chiara da Asisi*, G. Boccali OFM (éd.), Firenze-Perugia, 1986, p. 55 et sv. – E. Menestò et S. Brufani (éd.), *Actus beati Francisci et sociorum eius*, 1,7 ; 58, 3-5, dans *Fontes Franciscani*, Assisi, 1995, *passim*. – D. Solvi (éd.), *Atti del processo di canonizzazione di s. Chiara d'Assisi*, VI, 1,4 ; X, 1,28 ; XII, 2,6 ; XVII, 1,7, dans *Officina Franciscana. Testi, sinossi e indici delle fonti francescane, con grafici, mappe e tabelle*, t. II, Firenze, 2005, p. 347-395.

TRAVAUX. N. Papini, *La storia di san Francesco di Assisi*, t. I, Foligno, 1825, p. 197 et sv. – L. Oliger, *De origine regularum Ordinis s. Clarae*, dans *Archivum Franciscanum Historicum*, 5, 1912, p. 417-420, 444-446. – B. Bughetti, *Legenda versificata s. Clarae Assisiensis (saec. XIII)*, dans *Ibid.*, p. 466, n. 3. – Z. Lazzeri, *Il processo di canonizzazione di s. Chiara d'Assisi*, dans *Ibid.*, 12, 1920, p. 475, n. 1. – A. Chiappini, *L'Abruzzo*

francescano nel secolo XIII, dans *Rassegna di Storia e d'Arte d'Abruzzo e Molise*, 2, n° 3-4, juil.-déc. 1926, p. 45. – E. Ricotti, *La provincia francescana abruzzese di s. Bernardino dei Frati Minori Conventuali. Tradizioni, Memorie, Notizie*, Roma, 1938, p. 191-193. – A. Terzi, *Memorie francescane nella Valle reatina*, Roma, 1955, p. 223-226 ; Id., *Ultime battute sul luogo di nascita del Cantico di frate Sole*, Roma, 1960, p. 53-55. – E. Grau, *Die ersten Brüder des hl. Franziskus*, dans *Franziskanische Studien*, 40, 1958, p. 141 et sv. – A. Fortini, *Nova vita di san Francesco*, t. II *(Appendice. Le fonti. Questioni francescane)*, Assisi, 1959, p. 283-285. – R. Rusconi, *L'espansione del francescanesimo femminile nel secolo XIII*, dans *Movimento religioso femminile e francescanesimo nel secolo XIII. Atti del VII Convegno internazionale (Assisi, 11-13 ottobre 1979)*, Assisi, 1980, p. 279-284. – A. D'Antonio, *S. Francesco e l'Abruzzo, tra storia e leggende, miracoli e conventi, e il B. Filippo Longo di Atri, 7° Compagno di S. Francesco*, Penne, 1981, p. 85-108. – M. Tabarrini, *L'Umbria si racconta. Dizionario*, t. II, Foligno, 1982, p. 258 et sv. – G. P. Chiodini, *Fra Filippo Longo*, dans *San Francesco Patrono d'Italia*, t. 70/5, 1990, p. 44-46. – E. Menestò, *Leone e i compagni di Assisi*, dans *I compagni di Francesco e la prima generazione minoritica. Atti del XIX Convegno internazionale (Assisi, 17-19 ottobre 1991)*, Spoleto, 1992, p. 39. – M. P. Alberzoni, *San Damiano nel 1228. Contributo alla « questione clariana »*, dans *Collectanea Franciscana*, 67, 1997, p. 466-469 ; Id., *Papato e nuovi Ordini religiosi femminili*, dans *Il papato duecentesco e gli Ordini mendicanti. Atti del XXV Convegno internazionale (Assisi, 13-14 febbraio 1998)*, Spoleto, 1998, p. 232 et sv. – C. Leonardi et D. Solvi (éd.), *La letteratura francescana. II. Le vite antiche di san Francesco*, Milano, 2005, p. 613 et sv.

D. SOLVI

LONGO DA MARIGLIANO (Michel-Ange), franciscain italien, serviteur de Dieu (1811-1886), fête le 10 juillet.

Il est né à Marigliano (Naples) le 22 sept. 1811, de parents nobles : le père, Fulvio, était apparenté aux marquis de Vinchiaturo et la mère, Felicia Gaetani, aux comtes de Messine.

Il avait reçu au baptême le prénom de Michel. De par la volonté de son père, il reçut sa formation d'éducateurs et de professeurs privés. À 17 ans, vaincues les résistances des parents, il voulut entrer au noviciat des Pères franciscains, au couvent de S. Ange du Palco de Nole, ce qu'il fit le 26 avr. 1829. Il prit le nom de Michel-Ange et se proposa de devenir un frère mineur observant, imitant la pauvreté de S. François et le modèle de pénitence de S. Pierre d'Alcantara. Il passa ensuite au couvent de la Sanità, à Naples, où il suivit les cours de philosophie et de théologie. Il prononça ses vœux solennels le 23 sept. 1832 et fut ordonné prêtre le 25 mars 1834.

Par sa fidèle observance de la règle franciscaine du silence et de l'esprit de prière, il contribua à un nouvel essor de la spiritualité franciscaine à Naples, après la décadence causée par la suppression napoléonienne. Il fut berger des couvents de Miano, Lauro, della Palma, à Naples et de S. Ange de Nole. En 1871, il fut élu ministre provincial, tâche qu'il accomplit jusqu'en 1874. Sous sa direction, la province, alors appelée Saint Pierre ad Aram, connut une reprise admirable. On lui confia également la mission de commissaire général des Sœurs Stigmatines de l'Italie méridionale, ce qui lui imposa les incommodités de longs voyages, toujours à pied, pour visiter toutes les maisons religieuses. Ce dernier institut prospéra également, comme en témoignent de nombreuses vocations et l'ouverture de nouvelles maisons.

Il fut ami du bienheureux Ludovico de Casoria, dont le travail apostolique était différent, mais auquel une admiration réciproque le liait.

Le P. Michel-Ange mourut le 10 juil. 1886 au couvent della Palma à Naples et il fut inhumé dans le cimetière de Miano. La translation de ses restes mortels eut lieu d'abord dans l'église de la Madone dell'Arco di Miano et ensuite dans l'église franciscaine de S. Vito à Marigliano.

Le P. Longo da Marigliano a été déclaré vénérable le 18 mars 2008 par un décret de Benoît XVI reconnaissant l'héroïcité de ses vertus.

R. Pellegrini Schipani, *Vita del servo di dio P. Michelangelo Longo da Marigliano de'Minori Riformati di S. Francesco d'Assisi*, 2ᵉ édition, Michele, 1889. – G. M. De Francesco, *Vita del servo di Dio P. Michelangelo Longo da Marigliano. Sacerdote professo dei Frati Minori della provincia di S. Giuseppe della Croce*, Roma, 1910 ; Id., *Compendio della Vita del servo di Dio P. Michelangelo Longo da Marigliano*, Napoli, 1911 ; Id., *Vita del servo di Dio P. Michelangelo Longo da Marigliano sacerdote professo dei frati minori della provincia di S. Pietro ad Aram*, 2ᵉ édition, Napoli, 1920. – G. V. Mascia, *Il servo di Dio P. Michelangelo Longo da Marigliano, francescano. Primo centenario della morte 1811-1886*, Marigliano, 1985. – Site Internet *Hagiography Circle*.

S. Vilardi

LONGUES (Notre-Dame), *Longae*, abbaye de bénédictins, diocèse et arrondissement de Bayeux (département du Calvados, canton de Ryes, commune de Longues-sur-Mer).

Fondée vers 1168 non loin de Bayeux par le seigneur de Rubercy, Hugues Wac, cette abbaye fut occupée par des moines venus de l'abbaye de Hambye (*cf. DHGE*, t. 23, col. 219-220). La même année, Henri II, roi d'Angleterre et duc de Normandie, accorda au monastère une charte de confirmation de ses biens. Un siècle plus tard, les rapports de visitation de l'archevêque de Rouen, Eudes Rigaud, brossèrent un tableau assez positif du développement de l'abbaye. En 1250, l'archevêque indiquait la présence de 22 moines, un nombre qui fluctua peu. En 1256, il y trouva 18 moines, l'année suivante 20, avec en outre deux religieux qui demeuraient au prieuré de La Chaîne, près de Carrouges. L'abbaye obtint trois autres prieurés, ceux de Bérolles, Fumichon et du Pontyouf (Thorigny). En plus, elle avait le patronage sur une vingtaine d'églises paroissiales du Bessin, autour de Bayeux. Dans ses rapports, l'archevêque déplorait pourtant les mœurs des moines, tant aux prieurés qu'à l'abbaye, surtout le fait qu'ils mangeaient de la viande sans nécessité. Déjà en 1250, il les obligeait à suivre en cette matière la Règle plus strictement, mais d'après les rapports de 1256 et 1257, les moines ne furent guère impressionnés par ses instructions. Comme tant d'abbayes françaises, Longues connut un déclin au XVIᵉ siècle, une situation qui fut aggravée par la mise en commende de l'abbaye en 1516. Suite à la décision prise par l'évêque de Bayeux en 1782 de supprimer l'abbaye, les moines invoquèrent en vain qu'ils avaient été affiliés à l'Ordre de Cluny depuis 1627. Au moment où la mense conventuelle fut

unie au Séminaire de Bayeux, l'abbaye ne comptait plus qu'une poignée de moines. Les bâtiments tombèrent en ruines avant d'être achetés en 1932 par le sénateur américain Charles Dewey. Depuis 1964, ayant traversé presque indemnes la Seconde guerre mondiale, quelques bâtiments restaurés sont transformés en gîtes touristiques.

Liste des abbés. Guillaume I, 1168-. – Foulques. – Martin I, *c.* 1190-*c.* 1216. – Pierre I, *c.* 1245-*c.* 1248. – Turstin. – Martin II. – Hamon. – Thomas I, † 1306. – Roger. – Ranulph. – Jean I, *c.* 1337-† 1361. – Guillaume II, † 1364. – Nicolas, † 1372. – Alain I, *c.* 1387-† 1419. – Alain II, † 1455. – Laurent le Clerc, † 1417. – Richard Sabine des Roches, *c.* 1472. – Thomas II du Jardin, † 1510. – Jean II Ouenne, 1504-† 1516. – Jean III d'Alloigny, 1516-† 1527 (premier abbé commendataire). – Olivier I de S. Julien, 1527-† 1541. – Jean IV de Marsillac, 1533-. – Antoine de Marsillac, *c.* 1558-1565. – Joachim Thiboût, 1565-1570, † 1596. – Louis I Houel, 1570-1610, † 1616. – Olivier II le Cocq, † 1629. – Jean V de Tulles, *c.* 1630-† 1640. – Jean-Vincent de Tulles, † 1668. – Elpidius Benedetti, -1680, † 1690. – Pierre II Huvet, 1680-1722. – Jacques Huvet, 1722-,† 1750. – Robert-Tranquille de Couvert de Coulon, 1741-. – Louis-Emmanuel de Cugnac, 1759-1781, † 1800.

Sources. *Archives départementales du Calvados*, série H (6294-6386). – T. Bonnin (éd.), *Registrum visitationum archiepiscopi Rothomagensis. Journal des visites pastorales d'Eudes Rigaud, archevêque de Rouen (1248-1269)*, Rouen, 1852, p. 93-94 (année 1250), 261 (année 1256), 576 (année 1257). – *Cartulaires de l'abbaye Notre-Dame de Longues*, dans P. Bertrand (dir.), *CartulR – Répertoire des cartulaires médiévaux et modernes* (Ædilis, Publications scientifiques, 3), Orléans, 2006 (http://www.cn-telma.fr/cartulR/entite2340/).

Travaux. *Gallia Christiana*, t. 11, Paris, 1759, col. 429-431 ; *Instrumenta*, col. 83-84, 99 (édition de 3 chartes datées de 1168, fondation et confirmation par Henri II, et 1222). – A. L. Léchaudé-d'Anisy, *Abbaye de Longues, Ordre de S. Benoit*, dans *Mémoires de la Société des Antiquaires de Normandie*, 8/2, 1834, p. 39-54 (résumé des chartes datées de 1168 à 1558). – M. De Montrond, *Dictionnaire des Abbayes et Monastères, ou histoire des établissements religieux*, Paris, 1856, col. 462. – H. Fisquet, *La France pontificale (Gallia Christiana). Histoire chronologique et biographique des archevêques et évêques de tous les diocèses de France. Métropole de Rouen : Bayeux-Lisieux*, Paris, 1866, p. 194-197. – P. de Farcy, *Études archéologiques sur l'église et l'abbaye de Longues*, dans *Bulletin de la Société des Antiquaires de Normandie*, 6, 1870-1873, p. 402-416 ; Id., *Abbayes de l'évêché de Bayeux*, t. 4, *Notre-Dame de Longues (1168-1782)*, Laval, 1887 (avec édition de chartes). – U. Chevalier, *Répertoire des sources historiques du Moyen Âge. Topo-bibliographie*, t. 2, Paris, 1894-1903, p. 1744. – A. Longnon, *Pouillés de la province de Rouen*, t. 2, Paris, 1903, p. 96, 108-124, 132, 299, 309, 329, 375, 381. – C. Beaunier et J. M. Besse, *Abbayes et prieurés de l'ancienne France. Recueil historique des archevêchés, évêchés, abbayes et prieurés de France*, t. 7, *Province ecclésiastique de Rouen*, Paris, 1914, p. 129. – L. Le Male, *L'abbaye N.-D. de Longues et ses dalles tumulaires*, dans *Bulletin de la Société des antiquaires de Normandie*, 41, 1934, p. 340-345. – L.-H. Cottineau, *Répertoire topo-bibliographique des abbayes et prieurés*, t. 1, Mâcon, 1935, p. 1648-1649. – P. Daon, *L'abbaye de Longues au diocèse de Bayeux. Étude suivie de l'édition du cartulaire*, dans *École nationale des chartes. Positions des thèses*, 1945, p. 83-86. – M. Baudot, *Normandie bénédictine*, Le Bec-Hellouin, 1979, p. 133. – G. Charvin, *Statuts, Chapitres généraux et visites de l'Ordre de Cluny*, t. 9/2, Paris, 1982, p. 48-49. – M. et W. Stephan, *Benediktinische Stätten in Frankreich*, t. 1, Sankt Ottilien, 2002, p. 554. – V. Gazeau, *Normannia monastica. Volume 1 : Princes normands et abbés bénédictins (X^e-XIIe siècle)*, Caen, 2007, p. 319, 354. – V. Fallan et J. Everard, *Master Wace : A Cross-Channel Prosopographer for the Twelfth Century ?*, dans D. Roffe (dir.), *The English and Their Legacy, 900-1200 : Essays in Honour of Ann Williams*, Woodbridge et Rochester, 2012, p. 61-77 (69-74). – G. d'Anglejan et M.-N. de Gary, *Abbaye de Sainte-Marie de Longues 1168-1782*, Évreux, 2014.

F. KEYGNAERT

LONGUEVILLE (Ste Foy), *Longavilla, Longavilla Guissardi*, prieuré clunisien dépendant de La Charité-sur-Loire, diocèse de Rouen, département de Seine Maritime, arrondissement de Dieppe (province clunisienne de France).

Fondé en 1093 par Gautier II Giffard, châtelain de Longueville et comte de Buckingham, ce prieuré est rattaché dès le début au monastère clunisien de La Charité-sur-Loire. Le fondateur, mort en Angleterre en 1102, est inhumé avec sa femme dans l'église priorale, selon la chronique de Fécamp. Avec plus d'une trentaine de moines à la fin du XIIIe siècle, c'est le prieuré clunisien le plus important de Normandie et même l'un des seuls dans une région dominée, au XIe siècle, par la réforme de Guillaume de Volpiano et les efforts des ducs pour contrôler les établissements religieux. Il assure la liaison entre le prieuré-père de La Charité et ses établissements anglais. Dans ce sens, le cellérier de Longueville est chargé d'un véritable service de courrier. Le prieuré normand est, du reste, largement possessionné Outre-Manche. En revanche, il ne dispose que d'un seul prieuré, celui de Beaumont-le-Perreux, au même diocèse.

La constitution du patrimoine de ce monastère a été jalonnée, entre 1130 et 1202, d'une série de confirmations émanant des autorités laïques et ecclésiastiques. Le rayonnement de Longueville repose sur une série d'églises et de chapelles (une trentaine) disposant de dépendances parfois très importantes. Sa richesse est procurée par un ensemble très conséquent de terres réparti en « masures », avec prés, bois, moulins et salines ; le tout concentré au nord du Pays de Caux, dans un rayon d'une vingtaine de kilomètres autour de l'établissement, avec un groupe isolé de possessions implantées dans la pointe occidentale. La persistance du rayonnement de Longueville est confirmée par le caractère tardif des dons d'église, qui se poursuivent jusqu'au début du XIIIe siècle. La présence de reliques de Ste Foy a dû jouer un rôle dans ce domaine ; en tout cas, elle explique le changement de vocable qui était anciennement Notre-Dame. Ces reliques sont le but d'un pèlerinage régional dès le début du XIIe siècle.

Au XIVe siècle, le prieuré souffre particulièrement du conflit franco-anglais à cause de ses possessions insulaires qui, dès le début de la guerre, sont confisquées au profit de la couronne anglaise. Toutefois, les moines savent profiter des répits guerriers. Le nécrologe, rédigé vers 1385, montre que la stabilité règne à cette époque. Cet obituaire tardif permet au prieur Hélie Jacob de renouer avec son environnement actuel et passé, après une période difficile. De nouveau confronté aux troubles dans la première moitié du XVe siècle, le monastère

n'abrite que 9 religieux en 1455 mais les visiteurs de Cluny n'indiquent pas de grandes défaillances. Du reste, la reprise s'amorce car l'effectif passe à 13 moines en 1458.

La réforme mauriste est introduite au début du XVIIIe siècle, ce qui permet de nombreuses restaurations dans le monastère et le maintien d'une communauté jusqu'à la Révolution française.

Installé au fond d'une vallée encaissée, au pied du château comtal, les bâtiments monastiques n'ont pas survécu à la Révolution française. Il ne subsiste que deux édifices d'époque moderne en briques mais des fouilles sont possibles car le terrain est libre de constructions.

SOURCES. Archives nationales de Paris, *S 5206*, n° 12 ; Cartes et Plans, NIII Seine-Maritime, 21(1-2). – Bibliothèque nationale de France, *Lat. 5198* (extrait de l'obituaire) et *10059* (XVIe siècle, 14 f^{os}) ; Coll. Baluze, LXXIV, f°s 56-57 (extrait de l'obituaire). – Archives départementales de Seine-Maritime, *24 H* (fonds très important de 73 articles non classés, XIIe-XVIIIe siècle). – Bibliothèque municipale de Dieppe, ms. *46* (copie du XVIIIe siècle de déclarations de biens, 1419-1694, 316 p.). – M. Marrier, *Bibliotheca Cluniacensis*, Paris, 1614, col. 1717. – J. Mabillon, *Annales Ordinis Sancti Benedicti…*, Lucques, 1739-1745, t. V, p. 215. – L.-Cl. Douet d'Arcq, *Collection des sceaux* (France. Archives de l'Empire. Inventaires et documents), 3 vol., Paris, 1863-1868, n°s 9411 et 9538. – A. Lecestre, *Abbayes, prieurés et couvents d'hommes en France. Liste générale d'après les papiers de la Commission des Réguliers en 1768*, Paris, 1902. – A. Longnon, *Pouillés de la province de Rouen*, Paris, 1903 (voir index). – P. Le Cacheux, *Chartes du prieuré de Longueville, de l'ordre de Cluny, au diocèse de Rouen, antérieures à 1204*, Rouen, 1934 ; Id., *Une charte de Gautier Giffard pour le prieuré de Longueville*, dans *Société Historique de Normandie. Bulletin*, 15, 1933-1934, p. 155. – E. Baussmann, *Ste Foy de Longueville : Untersuchung zum Anniversarienbuch eines cluniacensischen Priorates in der Normandie*, Herne, 1999.

TRAVAUX. T. Duplessis, *Description géographique et historique de la Haute-Normandie*, t. II, Paris, 1740, p. 123. – J.-M. Besse, *Abbayes et prieurés de l'ancienne France*, t. VII, p. 70. – P. Le Verdier, *Le prieuré de Longueville*, Caen, 1893 ; Id., *Notes sur le dernier état et les derniers jours du prieuré de Longueville*, Evreux, 1893. – C. de Beaurepaire, *État des églises dépendantes du prieuré de Longueville (1738)*, Rouen, 1906. – H. Stein, *Bibliographie générale des cartulaires français ou relatifs à la France*, Paris, 1907, n° 2224-2225. – L. H. Cottineau, *Répertoire topo-bibliographique des abbayes et prieurés*, t. 1, Mâcon, 1935, col. 1649. – Ph. Racinet, *Le prieuré de Sainte-Foy de Longueville : aspects de la constitution et du développement d'un temporel monastique au XIIe siècle en Normandie*, dans *Commerce, Finances et Société (XIe-XVIe siècle). Recueil de travaux d'Histoire médiévale offert à M. le Professeur Henri Dubois*, Paris, 1993, p. 417-441 ; Id., *Crises et renouveaux. Les monastères clunisiens à la fin du Moyen-Âge*, Arras, 1997.

PH. RACINET

LÓPEZ DE BELORADO (Fray Juan), bénédictin, premier abbé observant du monastère de San Pedro de Cardeña, Belorado (Burgos) *c.* 1450-San Pedro de Cardeña (Burgos), décembre 1523.

Ses parents lui firent étudier la grammaire et la littérature. Ensuite il prit l'habit bénédictin dans le monastère de San Pedro de Cardeña (Burgos), qui appartenait à la Congrégation bénédictine claustrale de Tolède, où il fut maître des enfants et éducateur des fils du comte de Salinas, et de D. Pedro Sarmiento, futur archevêque de Santiago de Compostela et cardinal. Il alla à Salamanque pour compléter ses études, mais en 1495 il fut réclamé par l'évêque de Burgos, le dominicain Pascual de Ampudia, réformateur des monastères de son évêché, comme prieur de Cardeña. Il refusa, alléguant qu'il devait achever ses études, mais l'année suivante, il dut retourner à Cardeña sur ordre des Rois catholiques et ensuite faire son noviciat chez les observants au monastère San Benito de Valladolid (1502), noviciat qu'il interrompit parce que la bulle d'instauration du triennat (de la charge) des abbés et l'union de Cardeña à la Congrégation ayant respectivement été obtenus les 8 et 15 mai 1502, l'abbé général Pedro de Nájera l'emmena pour réformer Cardeña, avec vingt autres moines le 24 juin de la même année, l'établissant prieur du monastère. Le 11 juillet suivant, il fut nommé premier abbé triennal et fut réélu jusqu'en 1512. Il imprima une ancienne chronique du Cid campeador. Il redevint abbé en 1513 et fut réélu tous les trois ans jusqu'en 1523, où il mourut de la goutte, qui l'affligeait depuis quatorze ans. Le chroniqueur du monastère fit son éloge comme « homme apostolique dans le désintéressement des choses du monde ». Durant son abbatiat, on célébra à Cardeña trois chapitres privés ou intermédiaires entre les chapitres généraux (26 juil. 1515, 17 juin 1517 et 17 févr. 1523). Il était l'ami de D. Antonio de Guevara, évêque de Mondoñedo, qui lui écrivit une lettre élogieuse, qui se trouve dans le livre de ses *Epistolas*. Il fit des œuvres dans l'église, acheta des ornements, fit construire les hauts cloîtres, la salle capitulaire, la bibliothèque, la clôture du jardin ; il délimita la ferme et poursuivit les litiges en défense des droits du monastère. Il fut véritablement le premier abbé réformé et réformateur.

L. De Frías, *Summa de la fundación, dotación, prelados y monges del monasterio de S. Pedro de Cardeña, olim Caradigna*, Bibliothèque F. De Zabálburu, Madrid, Ms. IV-253, f° 94v-115r, inédit. – *Monasticon hispanicum*, Bibliothèque Nationale de France, Section des Manuscrits espagnols, n° 321, 1723, f° 302v, inédit. – F. De Berganza, *Antigüedades de España*, t. II, Madrid, 1721, p. 276-288. – J. Jalvarez, *Cardeña y sus hijos*, Burgos, 1951, p. 103-106. – E. Zaragoza, *Los Generales de la Congregación de San Benito de Valladolid*, t. II, Silos, 1976, p. 488-489, 504 ; Id., *Abadologio del monasterio de San Pedro de Cardeña (Siglos X-XX)*, dans *Boletín de la Institución Fernán González*, n° 207, 1993, p. 378-379.

E. ZARAGOZA PASCUAL

LORAS (Pierre Jean Mathias), premier évêque de Dubuque (Iowa), États-Unis, né le 30 août 1792 à Lyon et décédé le 19 févr. 1858 à Dubuque.

Il était le dixième des onze enfants de Jean Mathias Loras et Étiennette Michaelet, un couple de pieux et riches catholiques. À l'âge de dix semaines, il devint orphelin de son père, un conseiller municipal de Lyon, qui fut guillotiné pendant la Terreur de 1793 pour avoir soutenu la révolte contre le régime jacobin de Paris. Ordonné prêtre de l'archidiocèse de Lyon le 12 nov. 1815, Loras fut recteur de deux petits séminaires et œuvra comme missionnaire dans son diocèse d'origine pendant quatorze ans. En 1829, il répondit à un appel aux prêtres lancé par l'évêque Michel Portier, de Mobile en Alabama, natif de Lyon, en visite dans sa ville natale. À Mobile, Loras travailla comme curé, vicaire général,

Mgr Loras, évêque de Dubuque, tiré de J. Gilmary Shea, *History of the Catholic Church in the United States*, vol. IV, New York-Chicago, 1892, p. 243.

et professeur puis recteur du Collège de Spring Hill, nouvellement fondé.

Loras fut nommé premier évêque de Dubuque le 28 juil. 1837, sur les recommandations de l'évêque de Saint-Louis, Joseph Rosati, et sacré par l'évêque Portier dans la cathédrale de Mobile le 10 déc. 1837. Il passa alors plus de quatorze mois en France, à la recherche de prêtres et de fonds pour son nouveau diocèse. Il rentra à Dubuque le 18 avr. 1839, en compagnie de son compatriote lyonnais, le P. Joseph Cretin. Il avait laissé derrière lui, à Baltimore, un autre prêtre français, le P. Anthony Pelamourgues, qui avait besoin de perfectionner son anglais, et quatre séminaristes, qui furent envoyés au séminaire Sainte-Marie pour terminer leurs études.

Les frontières du diocèse de Dubuque étaient d'environ 1600 km de long, depuis la frontière nord du Missouri jusqu'à la frontière canadienne, et de 500 km environ de large à partir du Missouri jusqu'au Mississipi. Il comprenait les futurs États de l'Iowa, ainsi qu'une bonne partie du Minnesota et les parties orientales du Dakota du Nord et du Sud. Jusqu'en 1843, Loras fut également responsable de l'ouest du Wisconsin et du nord de l'Illinois.

La population catholique de l'Iowa était inférieure à 500 habitants en 1839, pour la plupart des Canadiens-Français, disposant de trois églises et d'un prêtre, le dominicain Italien Samuel Mazzuchelli, qui construisit la première église à Dubuque, la future cathédrale Saint-Raphaël. En 1843, Loras fit venir des sœurs de la Charité du diocèse de Philadelphie et, en 1849, des moines trappistes venus d'Irlande et qui y fondèrent un prieuré, devenu plus tard l'abbaye de New Melleray. Le prieur, Clément Smyth, devint alors son coadjuteur et lui succéda plus tard comme second évêque de Dubuque.

La création en 1850 du diocèse de Saint-Paul, dans le Minnesota (avec Joseph Cretin comme premier évêque), réduisit le diocèse à moins d'un tiers de sa taille initiale, faisant alors coïncider les limites du diocèse de Dubuque avec celles de l'État de l'Iowa.

Dans ses premières années d'épiscopat, Loras dépensa beaucoup d'énergie en faveur des missions indiennes, puis, dans les années ultérieures, il se concentra davantage sur l'encadrement pastoral des nombreux Irlandais et immigrés catholiques allemands. À sa mort, en 1858, il y avait 48 prêtres et 60 églises qui s'occupaient de 54 000 catholiques. Loras a laissé le souvenir d'un évêque cultivé, pieux et consciencieux, bien que n'étant pas un administrateur particulièrement talentueux. Il fut cependant très avisé en achetant, à des prix défiant toute concurrence, de grandes étendues de terres publiques dans tout l'État pour assurer la croissance future de l'Église.

S. Fleming, *Life of the Right Reverend Mathias Loras*, New York, 1933. – M. Hoffmann, *Church Founders of the Northwest. Loras and Cretin, and Other Captains of Christ*, Milwaukee, 1937. – M. Schmidt, *Seasons of Growth. History of the Diocese of Davenport. 1881-1918*, Davenport, 1981, p. 19-88. – T. Auge, « *His Savage Land* », dans M. K. Gallagher (éd.), *Seed/Harvest. A History of the Archdiocese of Dubuque*, Dubuque, 1987, p. 1-23. – W. E. Wilkie, *Loras, Mathias, 1792-1858*, dans M. Glazier et Th. J. Shelley (dir.), *The encyclopedia of American catholic history*, Collegeville (Minn.), 1997, p. 813-814. – T. Villerbu, *La religion des bûcherons : Lucien Galtier dans la vallée de la Chippewa, juin 1842*, dans *Histoire & Missions chrétiennes*, 17, 2011, p. 83-105. – *New Catholic Encyclopedia*, 2e édition, t. VIII, p. 778-779. – *American National Biography*, t. XIII, p. 910-911.

TH. J. SHELLEY

LORD (Daniel Aloysius), jésuite américain, écrivain et éditeur, né à Chicago (Illinois), le 23 avr. 1888 et décédé à Saint-Louis (Missouri), le 15 janv. 1955.

L'un des deux fils de George Douglas Lord et d'Iva Jane Langdon, il suivit les cours de l'école secondaire et du collège jésuites de Chicago, entra dans la Compagnie en 1909 et y fut ordonné prêtre le 24 juin 1924. Il fut l'écrivain le plus prolifique de sa génération : il a écrit pas moins de 90 livres à caractère populaire, près de 300 brochures, 45 pièces de théâtre et 13 comédies musicales, dont certaines faisant intervenir une troupe de 1000 personnes !

Comme professeur d'anglais et de théâtre, Lord était une personne dynamique et sociable, un « *showman* » dont la personnalité et l'énergie débordante troublaient parfois certains confrères jésuites plus guindés. Une de ses principales préoccupations était la formation morale de la jeunesse catholique américaine qu'il chercha à promouvoir à travers ses écrits et à travers la Congrégation de la Sainte Vierge, une organisation nationale jésuite destinée aux écoles secondaires et aux collèges. En 1913, il participa à la création du magazine de la Congrégation, *The Queen's Work*, et en fut le rédacteur en chef et directeur national de 1925 à 1948.

Une autre des préoccupations importantes de Lord était la diffusion de la doctrine sociale de l'Église qui le conduisit à organiser l'université d'été annuelle de l'Action catholique, à partir de 1931. De 1943 à 1947,

Lord a également occupé le poste de directeur de l'*Institute of Social Order* de la Compagnie de Jésus.

Daniel Lord a eu un impact majeur sur l'industrie cinématographique naissante aux États-Unis. En collaboration avec un laïc catholique, Martin Quigley, il fut le co-auteur en 1930 du Code de la production de l'industrie cinématographique, qui réglementa le contenu moral de la plupart des films américains pendant près de trente ans. En 1934, il a également contribué à la fondation de la Légion de décence (« *Légion of Decency* »), le groupe de pression le plus efficace jamais organisé par les catholiques américains, et qui fut très influent dans le domaine de la lutte contre la violence et l'immoralité dans les films américains jusqu'au milieu des années 1960.

Played By Ear. The Autobiography of Daniel A. Lord, S.J., Chicago, 1956. – J. McGloin, *Backstage Missionary. Father Dan Lord, S.J.*, New York, 1958. – W. Faherty, *A Half-Century with the Queen's Work*, dans *Woodstock Papers*, 92, 1963, p. 99-114. – S. Vaughan, *Morality and Entertainment. The Origins of the Motion Picture Production Code*, dans *Journal of American History*, 77, 1990, p. 39-65. – P. McDonough, *Men Astutely Trained. A History of the Jesuits in the American Century*, New York, 1992. – F. Walsh, *Sin and Censorship. The Catholic Church and the Motion Picture Industry*, New Haven, 1996. – D. J. Endres, *The Global Missionary Zeal of an American Apostle. The Early Works of Daniel A. Lord, S.J., 1922-1929*, dans *U.S. Catholic Historian*, 24/3, 2006, p. 39-54. – R. Schroth, *The American Jesuits. A History*, New York, 2007, p. 124-126. – *New Catholic Encyclopedia*, 2e édition, t. VIII, p. 779.

TH. J. SHELLEY

LORENZANA Y BUTRÓN (Francisco Antonio de), cardinal espagnol, évêque de Plasencia et archevêque de Mexico et de Tolède (León, 22 sept. 1722-Rome, 17 avr. 1804).

Nous savons qu'il fit ses humanités dans le monastère de San Andrés de Espinareda (León), où les bénédictins avaient une école de philosophie destinée à leurs moines, mais ouverte aux laïcs. Il étudia ensuite la théologie thomiste, le droit civil et le droit canon aux universités de Valladolid, d'Avila et de Salamanque, tout en alimentant sa piété par la lecture assidue des œuvres des saints Pères et ascètes espagnols Juan de Jesús María et Juan de Palafox. En 1751, il obtint une charge de chanoine à la cathédrale de Sigüenza et fut ordonné prêtre. Et il prit en charge la bibliothèque capitulaire et un poste d'aumônier jusqu'à ce que, grâce à l'influence du Père jésuite Francisco Rávago, confesseur royal, il occupe, dès 1754, la charge de chanoine à la cathédrale de Tolède, où il fut également doyen du chapitre. Et lorsque Fabián y Fuero fut nommé évêque de Puebla, Lorenzana lui succéda comme titulaire de l'abbaye de Saint-Vincent, avec une belle dotation. Le 5 juin 1765, il fut consacré évêque de Plasencia où, à la demande du gouvernement, il créa un hospice. Le franciscain Joaquin Eleta, confesseur royal, le proposa comme archevêque de Mexico, siège où il fut préconisé le 14 avr. 1766. Ayant pris possession de son siège archiépiscopal le 22 août 1766, il travailla sans relâche pour les prêtres et la catéchèse, et édicta plusieurs pastorales en faveur des Indiens ; il se chargea de la redistribution des missions laissées par les jésuites, sur ordre du roi, et promut l'évangélisation des zones marginales, fondant notamment les missions de Sonora et de la Californie.

En plus de visiter personnellement son diocèse, il encouragea la liturgie, construisit des églises et un hôpital, une maison de retraite et un foyer pour enfants abandonnés (1771) à Mexico et, enfin, il assura les droits des Indiens contre les abus des « encomenderos » et il réprima l'esclavage. Il a également réformé les monastères de moniales de la congrégation hospitalière de los Betlemitas.

Lorenzana s'illustra par ses projets urbanistiques, en particulier dans le domaine de l'assainissement ; il assura la protection des antiquités mexicaines, recueillit les vestiges de la culture aztèque et mit sur pied un musée ethnographique ; il renouvela le programme des études du séminaire, même si, dans ce domaine, il imposa des auteurs de tendance conservatrice ; en 1768, il fit établir à Querétaro une école pour filles ; il encouragea la rédaction de grammaires indigènes ; il fit publier un atlas ecclésiastique de l'archidiocèse ; il rédigea une histoire de la Nouvelle-Espagne, écrite pour éclairer l'histoire du vainqueur, Hernan Cortes, qu'il enrichit par de nouveaux documents et notes ; il rassembla des sources pour écrire la biographie de l'évêque Juan de Palafox ; en plus d'éditer les décrets des trois premières conciles provinciaux du Mexique, il présida le quatrième (commencé le 1er sept. 1771) qui, au cours de ses 126 séances, s'intéressa à des problèmes importants comme la réforme des couvents, la réorganisation des séminaires et des paroisses, la catéchèse et les missions (dont il avait hérité à la suppression de la Compagnie de Jésus). Mais les décrets ne furent pas approuvés par Rome en raison des tendances régaliennes de l'époque : le concile avait été convoqué par le roi Charles III et avait charrié beaucoup de concepts et de propositions régaliens, concepts dont était imbu l'archevêque Lorenzana, ce qui le faisait taxer de « janséniste ».

Le 27 janv. 1772, il fut préconisé archevêque de Tolède et la même année, le roi le fit entrer dans l'Ordre de Charles III, ce qui lui valut d'être envoyé à Rome à plusieurs reprises par le monarque et son successeur, Charles IV, en tant qu'ambassadeur auprès des papes Clément XIV et Pie VI pour discuter de questions importantes. Il dut lutter contre l'inertie d'Ancien Régime de son chapitre et modérer l'impatience réformiste des ministres de Charles III. Il distribua beaucoup de rentes parmi les pauvres de son diocèse et au-delà. Il réforma la chapelle musicale et encouragea la liturgie mozarabe, republiant l'Office et la Messe mozarabe du cardinal franciscain Jiménez de Cisneros. Il acheta aux anciens jésuites 9000 livres qui constituèrent la collection Infante Luis A. J. Bourbon, et enrichit la bibliothèque de la cathédrale. Il entreprit la publication des écrits des saints évêques de Tolède, avec ceux de S. Isidore et de S. Martin de León, ainsi que les trois chroniques de l'archevêque Rodrigo Jiménez de Rada, et il encouragea Francisco Javier Santiago Palomares et d'autres dans leur projet de constituer un traité de paléographie et de diplomatique espagnoles, en utilisant les enseignements des augustins Enrique Flórez et Manuel Risco, des bénédictins Miguel de Ruete, Pablo Rodríguez et Domingo Ibarreta, de son bibliothécaire Manuel Hernandez, des érudits Espinós, Casiri, Pérez Bayer, Pedro Rodríguez Campomanes, du jésuite Faustino Arevalo, etc. Il édita également divers poètes chrétiens anciens, et contribua à une

Le card. Francisco Lorenzana y Butrón, par Agustín Esteve (1753-c.1820) et Manuel Salvador Carmona (1734-1820), XVIIIe siècle, © Biblioteca Nacional de España.

traduction de l'agronome latin de Bétique Columelle ainsi qu'à l'édition de la collection des canons de l'Église espagnole.

À Tolède, il érigea une maison de charité à Alcazar de San Juan, ainsi que le nouvel asile d'aliénés du quartier de Nuncio Viejo, et il agrandit le palais épiscopal, le dotant d'un nouveau toit. En 1793, il édifia un nouveau bâtiment pour l'Université et contribua à la restauration de l'église collégiale de Saint-Isidore de León. En 1786, il effectua une visite pastorale du territoire d'Orán, qui dépendait du diocèse de Tolède. Avec l'aide du géographe Tomás López, il fit procéder à une enquête sur la situation géographique, économique et sociale de son diocèse, assura de sa protection la Société des amis du pays et favorisa le progrès par ses pastorales sur des sujets très divers, tels que le reboisement, la libre circulation des grains, la protection de l'industrie textile, etc. Il promut la béatification de l'évêque Palafox, malgré les réserves pontificales sur ses tendances régaliennes, en mettant en avant sa défense de l'immunité du territoire ecclésiastique contre les ingérences du patriarche et aumônier royal ainsi que celles des ordres militaires.

Grâce à l'influence du roi Charles IV, il fut créé cardinal le 30 mars 1789 par Pie VI, et il fut chargé d'accueillir en Espagne les ecclésiastiques exilés de France après la Révolution française, en recevant environ 800 à Tolède. En 1795, il fut nommé inquisiteur général, ce qui l'aida, financièrement, à lutter contre la Convention. Il fut censuré pour avoir défendu les principes de la paix et envoyé à Rome pour aider le pape Pie VI dans les circonstances difficiles où se trouvait le pontife, lequel le transféra le 24 juil. 1797, en tant que cardinal, au titre de la basilique des douze apôtres.

Charles IV le présenta – également, pensons-nous, pour l'éloigner de Tolède –, comme son candidat à la papauté au conclave de 1799. Mais il ne fut pas élu et le ministre Godoy, un régaliste radical, ainsi que l'ambitieuse Reine Maria Luisa, convainquirent le roi qu'il n'était pas opportun qu'il revienne en Espagne, ceci afin de placer à Tolède son neveu, l'infant Louis de Bourbon, à l'époque archevêque de Séville. Lorenzana renonça à son siège de Tolède le 15 déc. 1800, et à Rome, où il avait été élu trésorier du collège des cardinaux, le pape Pie VII l'employa à la Congrégation De Propaganda Fide (1801-1804). De Rome, il fit transférer à la bibliothèque de la cathédrale de Tolède la collection de manuscrits paléochrétiens que lui avait léguée le cardinal Francesco de Zelada et il enrichit également la bibliothèque de 29 autres œuvres originales. À sa mort, ses restes furent déposés dans l'église de la Sainte-Croix-de-Jérusalem avec l'épitaphe « Ci-gît le père des pauvres », jusqu'à ce qu'en 1956, ils soient transférés à la cathédrale de Mexico. Bien que qualifié à juste titre d'ambitieux, ennemi des jésuites, « janséniste », régaliste avant l'heure, et enfin, désabusé et taxé de servilité, il fut sans doute l'un des plus brillants archevêques de Mexico et de Tolède au XVIIIe siècle.

Son frère Tomás (León 1728-Gérone 21 janv. 1796) fut chanoine de la cathédrale de Tuy, Salamanque et Saragosse, et l'évêque de Gérone à partir de 1775, où il construisit un hospice – aujourd'hui une maison de la culture qui porte son nom – où s'est installée la première usine textile de la ville ; il a fondé la bibliothèque du séminaire et fait construire une nouvelle cathédrale ; c'est lui qui a mandaté Ventura Rodríguez pour construire sur ses deniers la chapelle néoclassique Saint-Narcisse dans l'église de Saint-Félix de Gérone ; et il fonda aussi une académie de dessin à Olot.

ÉCRITS (réédités). *Concilios Provinciales primero y segundo celebrados en… México*, México, 1769. – *Concilium Mexicanum Provinciale III. Celebratum Mexico anno 1585, y Statuta Ordinata a sancto Concilio Provinciali Mexicano III. Anno 1575, México 1587*, México, 1859 et Barcelona, 1870. – *Exhortación al uso del castellano en la enseñanza catequética y en el trato social*, México, 1769. – *Historia de la Nueva España, escrita por su esclarecido conquistador Hernán Cortés, aumentada con otros documentos y notas*, México, 1770 ; 2e édition, New York, 1828. – *Cartas pastorales y edictos del Ilmo. Sr. D. Francisco Antonio de y Butrón, arzobispo de México*, México, 1770. – *Missa Gothica seu Mozarabica et Officium ibidem Gothicum diligenter ac dilucide explanata, as usum percelebris Mozarabum Sacelli Toleti a munificentissimo Cardinali Ximenio erecti*, Puebla, 1770. – *Breviarium gothicum secundum regulam Beatissimi Isidori Archiepiscopi Hispalensis iussu Cardinalis Francisco Ximenii de Cisneros prius editum ; nunc opera Excmi. D. Francisci Antonii Lorenzana Sanctae Ecclesiae Toletanae Hispaniarum Primatis Archiepiscopi recognitum ad usum sacelli mozarabum*, Madrid, 1774. – *Colección de las pastorales y cartas del Excmo. Sr. D. Francisco Antonio Lorenzana, Arzobispo de Toledo, Primado de las Españas*, Madrid, 1779. – *Demostración jurídica por el M. Rvdo. Arzobispo de Toledo y su dignidad arzobispal contra el Concejo, Justicia y Regimiento de la Villa de Arganda, el de Campo Real y Loeches y con el Procurador del común de las veinte y cinco villas eximidas de la jurisdicción de Alcalá de Henares…*, Madrid, 1781. – *Cartas, edictos y obras sueltas del Excmo. Sr. D. Francisco Antonio Lorenzana, Arzobispo de Toledo, Primado de las Españas*, Toledo, 1786.

TRAVAUX. *Biografía eclesiástica completa*, t. XII, Madrid-Barcelona, 1848. – G. Moroni, *Dizionario di erudizione storico-ecclesiastica*, Venezia, 1846, p. 39-40, 192-95. – R. Rui Cabanas, *Piezas inéditas del Concilio IV provincial mexicano*, Toledo, 1858. – V. de La Fuente, *Historia Eclesiástica de España*, t. VI, Madrid, 1875, p. 145-146. – P. Mingote, *Varones ilustres de la Provincia de León*, León, 1880, p. 219-226. – B. Checa, *El fuero de Plasencia*, Roma, 1896. – N. León, *Apuntamientos bibliográficos sobre el IV Concilio Provincial Mexicano*, México, 1903. – R. Sancho de San Román, *El Cardenal Lorenzana y la medicina de su tiempo*, dans *Revista médica*, Lisboa, 1940. – L. A. Getino, *Artículos sobre los emigrados eclesiásticos franceses fugitivos de la Revolución Francesa*, dans *El Alcázar*, 1937, et réédité dans le *Boletín de la Real Academia Española*, 57, 1944, p. 258-280. – C. Palencia, *El cardenal Lorenzana, protector de la cultura en el siglo XVIII*, Toledo, 1946. – F. Esteve Barba, *Biblioteca Pública de Toledo. Catálogo de la colección de manuscritos Borbón-Lorenzana*, Madrid, 1942 ; Id., *Los papeles varios de interés mejicano en la colección Borbón-Lorenzana de la Biblioteca Pública de Toledo*, dans *Revista de Indias*, 19, 1959, p. 77-78, 321-371. – V. Rodríguez Casado, *Notas sobre las relaciones de la Iglesia y el Estado en el reinado de Carlos III*, dans *Ibid.*, 11, 1951, p. 80-109. – G. Sánchez Dolcel, *Visita pastoral del Cardenal Lorenzana a la plaza de Orán*, dans *Hispania Sacra*, 4, 1951, p. 391-400 ; Id., *Francisco Antonio de Lorenzana, canónigo doctoral de Sigüenza*, dans *Ibid.*, 114, 1961, p. 323-336. – F. Jiménez de Gregorio, *Los pueblos de la provincia de Toledo al finalizar el siglo XVIII*, vol. 1, Toledo, 1962. – A. De La Hera, *El regalismo borbónico en su proyección indiana*, Madrid, 1963. – M. Giménez Fernández, *El concilio cuarto provincial mexicano*, Sevilla, 1964. – L. Lopetegui et F. Zubillaga, *Historia de la Iglesia en la América Española. México*, Madrid, 1965, p. 898. – L. Sierra Nava Lasa, *El Arzobispo Lorenzana ante la expulsión de los jesuitas (1767)*, dans *Estudios de Deusto*, 15, 1967, p. 227-253 ; Id., *L'immigration du clergé français en Espagne (1791-1800). État de la question et documentation récente*, dans *Annales des sociétés savantes de France*, Paris, 1968 ; Id., *Mil abates franceses fugitivos de la Revolución, refugiados en Vizcaya (1791-1798)*, dans *Cuadernos Vizcaínos de Historia*, 1, Bilbao, 1970 ; Id., *Lorenzana, Francisco Antonio de*, dans Q. Aldea Vaquero, T. Marin Martinez et al. (dir.), *Diccionario de historia eclesiástica de España*, t. II, p. 1346-1348 ; Id., *El Cardenal Lorenzana y la Ilustración*, Madrid, 1975. – J. López de Toro, *Cartas de J. N. de Azara al Cardenal Lorenzana*, dans *Boletín de la Real Academia de la Historia*, 161, 1967, p. 7-28. – N. M. Farriss, *Crown and Clergy in colonial México (1759-1821). The Crisis of Ecclesiastical Privilege*, London, 1968. – A. Mestre, *Ilustración y reforma de la Iglesia. Pensamiento político-religioso de D. Gregorio Mayáns y Siscar (1699-1781)*, Valencia, 1968, p. 260. – R. Olaechea, *La correspondencia entre José Nicolás de Azara y el Cardenal Lorenzana*, Zaragoza, 1969 ; Id., *El Cardenal Lorenzana en el cónclave de Venecia*, en IV Simposium, *Toledo Ilustrado*, Toledo, 1975. – F. Morales, *Clero y política en México (1767-1834)*, México, 1975. – R. García Villoslada, *Historia de la Iglesia en España*, t. IV, Madrid, 1979, p. 217, 247, 621, 631, 719, 775. – P. Borges, *Historia de la Iglesia en Hispanoamérica y Filipinas*, t. I, Madrid, 1992, p. 93, 189, 269, 721, 766, 800, 801 ; t. II, p. 99, 122. – J. M. Marqués, *L'episcopat gironí de Tomàs de Lorenzana (1775-1796)*, dans *Episcopat i Il.lustració a la Catalunya del Set-cents*, Girona, 1997 ; Id., dans R. Corts i Blay, J. Galtés et A. Manent (dir.), *Diccionari d'Història Eclesiàstica de Catalunya*, t. II, Barcelona, 2000, p. 519.

E. ZARAGOZA

LORENZI (Philipp de), ecclésiastique allemand, né le 3 juil. 1818 à Kreuznach (aujourd'hui Bad Kreuznach), décédé le 3 janv. 1898 à Trèves.

Issu d'une famille aisée et considérée de souche italienne, de Lorenzi fréquenta dès 1839 le séminaire diocésain de Trèves. Ordonné prêtre dans cette ville le 19 févr. 1842, il fut d'abord affecté comme vicaire à la paroisse Saint-Castor à Coblence où il fut le confrère de Philipp Krementz, futur évêque d'Ermland et archevêque de Cologne. Nommé en 1847 curé à Bacharach sur le Rhin, il se vit attribuer seulement deux ans plus tard l'importante paroisse Notre-Dame (Liebfrauen) à Coblence. Il y succéda à Karl Josef Holzer, ecclésiastique connu pour ses opinions libérales et ses sympathies pour les idées de Georg Ludwig Hermes. Ultramontain déclaré, de Lorenzi était censé corriger, selon le vœu de son évêque, Mgr Wilhelm Arnoldi (1798-1864), en collaboration avec Krementz, nommé en 1846 curé à Saint-Castor, certaines dérives doctrinales imputées à son prédécesseur. De ses nombreuses initiatives à Coblence, on retiendra surtout son implication dans la fondation de deux congrégations hospitalières : les Frères de la Miséricorde de Maria Hilf en 1851 et les Sœurs du Saint-Esprit en 1857.

Le 20 janv. 1868, Mgr Matthias Eberhard, évêque de Trèves depuis 1867, nomma de Lorenzi vicaire général. La même année, il devint membre du chapitre cathédral et en 1870, l'Université de Fribourg en Brisgau le promut docteur en théologie. Après le décès de Mgr Eberhard, le 30 mai 1876, le *Kulturkampf* entre le gouvernement prussien et l'Église catholique empêcha la désignation d'un nouvel évêque. De Lorenzi fut appelé à siéger dans un triumvirat qui administra le diocèse de Trèves dans la clandestinité. Bismarck le considérait alors comme l'âme de la résistance de l'Église tréviroise face à sa politique religieuse. Aussi, à la fin du conflit, en 1881, les autorités gouvernementales refusèrent-elles d'entériner l'élection de de Lorenzi à la fonction de vicaire capitulaire. Elles s'opposèrent également à sa désignation comme vicaire général par le nouvel évêque de Trèves, Mgr Michael Felix Korum (1840-1921). En tant que doyen de la cathédrale (depuis 1884), official (depuis 1887) et membre honoraire du conseil épiscopal, il garda toutefois une grande influence. Prélat domestique de Sa Sainteté depuis 1892, de Lorenzi déploya par ailleurs tout au long de sa vie de prêtre une impressionnante activité littéraire dont les points forts furent les publications à caractère liturgique (tels deux livres de chant dont le dernier fut utilisé jusqu'en 1955) et historique (telles ses contributions à l'histoire des paroisses du diocèse de Trèves en deux volumes).

C. Weber (dir.), *Briefe und Akten zur Trierer Bistumsbesetzung im Jahre 1881*, dans *Römische Quartalschrift für christliche Altertumskunde und Kirchengeschichte*, 69, 1974, p. 68-116. – E. Gatz (dir.), *Die Bischöfe der deutschsprachigen Länder, 1785/1803 bis 1945*, Berlin, 1983, p. 460. – M. Persch, *Das Trierer Diözesangesangbuch von 1846-1975. Ein Beitrag zur Geschichte der Trierer Bistumsliturgie*, Trier, 1987. – M. Persch et B. Schneider, *Geschichte des Bistums Trier*, t. IV, *Auf dem Weg in die Moderne. 1802-1880*, Trier, 2000, p. 121-132. – *Biographisch-bibliographisches Kirchenlexikon*, t. V, col. 227-230.

A. MINKE

LORENZO DA RIPAFRATTA, *Laurentius Tutii de Ripafracta, de Pisis*, dominicain italien (*c.* 1374-1456), bienheureux. Voir 76. LAURENT DE RIPAFRATTA, *DHGE*, *supra*, t. 30, col. 1063.

LORIDON (Gabriel), Saint-Pierre-de-Genebroz (Savoie), 9 mai 1885-Les Marches (Savoie), 13 sept. 1954.

Élève du petit séminaire de Pont-de-Beauvoisin (1896-1903) et du grand séminaire de Chambéry (1903-1909), Gabriel Loridon est ordonné prêtre le 4 juil. 1909 et commence sa carrière comme surveillant (1909), professeur (1911) et préfet de discipline (1912) au collège Notre-Dame de la Villette à La Ravoire, près de Chambéry. Il est mobilisé comme brancardier en 1914 et reste sous les drapeaux jusqu'en mars 1919. De retour en Savoie, il est vicaire à la cathédrale de Chambéry (1919) puis curé de Saint-Cassin (1931), Challes-les-Eaux (1938) et Saint-Pierre de Lémenc à Chambéry (1942) et se révèle un pasteur actif et dévoué, mais autoritaire et rigoriste.

Dans le même temps, Gabriel Loridon occupe une place importante dans les sociétés savantes fragilisées par la guerre, responsable de la crise de la rente et de l'effacement de l'élite locale. Érudit passionné par l'histoire, la généalogie et l'héraldique (il crée des blasons), il préside la Société savoisienne d'histoire et d'archéologie à partir de 1935 et devient en 1939 secrétaire perpétuel de l'Académie de Savoie, dont il est membre effectif depuis 1926. Il présente de nombreuses communications, mais ses publications sont ponctuelles et dispersées. Au croisement de l'érudition et du ministère sacerdotal, il s'intéresse à la restauration des sanctuaires des paroisses qu'il dessert et notamment à la pose de vitraux dont il trace le programme iconographique, aussi bien à la cathédrale de Chambéry (chapelle dédiée aux bienheureux de la Maison de Savoie en 1924) que dans l'église de Saint-Cassin.

L'attachement de Loridon au passé savoyard n'est pas sans rapport avec ses engagements politiques qu'il affiche jusqu'en chaire. Partisan de l'Action française, il accepte de mauvais gré la condamnation romaine de 1926 et reste un royaliste convaincu qui poursuit d'une haine viscérale le Parti démocrate populaire, « parti de coucous ». En 1940, il accueille avec ferveur le maréchal Pétain et en 1944 encore, il fait prier pour lui lors de la messe dominicale. En mai 1943, il adhère à la Milice à la demande de Paul Touvier dont il connaît bien la famille, mais sollicite rapidement sa radiation. Cela ne l'empêche pas d'aider un prêtre résistant en 1942, des officiers italiens antifascistes en septembre 1943 et des juifs, tout en refusant d'établir de faux certificats de baptême au nom des principes théologiques. Il n'en est pas moins arrêté le 27 août 1944 et condamné le 13 novembre à un an de prison et cinq ans d'indignité nationale pour avoir exposé des Français à subir des représailles, même si la cour martiale lui reconnaît des circonstances atténuantes.

Loridon est détenu à la prison Saint-Joseph de Lyon jusqu'à sa libération en avril 1945 à la suite d'un décret de remise de peine pris par le général de Gaulle. Il gagne la Suisse après un passage à la trappe Notre-Dame des Dombes (Ain). Il séjourne à Satigny et Bourdigny puis dessert, sous un pseudonyme, la paroisse d'Hermance avant d'être aumônier à Versoix (1947). Il bénéficie en février 1950 de la remise de la dégradation nationale et rentre deux mois plus tard en Savoie, où il est nommé aumônier de l'orphelinat des Marches, tenu par les Filles de la Charité. Le 17 nov. 1951, il obtient un décret d'amnistie conforme à la loi du 2 janvier, mais son amertume est grande : si l'Académie de Savoie l'a maintenu dans ses fonctions de secrétaire perpétuel, la Société savoisienne d'histoire et d'archéologie a choisi dès 1945 un nouveau président pour faire oublier son passé vichyste.

Archives départementales de la Savoie, dossier judiciaire. – *La Vie nouvelle*, 26 sept. 1954. – *Le Pont-La Villette*, n° 23, décembre 1954. – F. Loridon, *L'abbé Gabriel Loridon*, Chambéry, 1980. – R. Rémond et al., *Paul Touvier et l'Église*, Paris, 1992. – Ch. Sorrel (dir.), *Dictionnaire du monde religieux dans la France contemporaine*, 8, *La Savoie*, Paris, 1996, p. 271-272.

Ch. Sorrel

LORTIE (Stanislas), Alfred, abbé social canadien (1869-1912).

Né le 12 nov. 1869 dans la paroisse Saint-Jean Baptiste de Québec, Stanislas Lortie est élève externe au petit séminaire. C'est là qu'il rencontre Jules Dorion et Adjutor Rivard avec qui il fondera diverses œuvres sociales au XXᵉ siècle. Après ses études classiques, en 1889, il entre au Grand Séminaire. Il y est initié au thomisme par l'abbé Louis-Adolphe Pâquet qui sera le théologien canadien le plus réputé de cette période et un fervent nationaliste canadien-français. À 22 ans, il est envoyé à Rome pour poursuivre des études doctorales en théologie. Il suit les cours de Satolli et Lépicier, grands responsables du renouveau thomiste. Il y est ordonné prêtre en 1892. À son retour à Québec, il enseigne la philosophie au petit séminaire.

En 1900, il commence sa carrière de professeur à la Faculté de théologie de l'Université Laval. Il rédige des *Thesis philosophiae* destinées aux étudiants du baccalauréat en sciences. En 1909 et 1910, il publie trois volumes sous le titre d'*Elementa philosophiae christianae ad mentem s. Thomae Aquinatis exposita*. L'ouvrage fut très bien reçu au Québec et dans les milieux romains. Réimprimé à cinq reprises, il devint le manuel officiel de presque tous les collèges classiques québécois jusqu'à la fin des années trente. Si l'ordre de présentation des thèses et le contenu des deux premiers volumes ne différaient pas tellement de ceux de ses prédécesseurs, dans le troisième tome, Lortie traitait de divers problèmes contemporains à la lumière de l'enseignement social de l'Église : le socialisme, l'association professionnelle, le syndicat, le juste salaire, les monopoles, le droit de grève et de lock-out, l'intervention légitime du pouvoir public. Dans l'étude de ces problèmes contemporains, Lortie s'inspire de Léon XIII, de Mᵍʳ Louis Adolphe Pâquet en droit public, de Charles Antoine en économie sociale, de Louis Garriguet pour le droit d'association ouvrière et de Paul Leroy-Beaulieu pour le rôle de l'État.

Lortie avait été éveillé au problème ouvrier au moment de la grève des débardeurs du port de Québec en 1887 et, surtout, l'année suivante, lors de la grève des typographes dont la plupart habitaient le quartier de sa résidence familiale. Il trouve dans l'encyclique *Rerum novarum*, publiée l'année même de son arrivée à Rome, un appui et un éclairage qui marquera sa vie. Il profite de ses périodes de vacances pendant ses années d'études en Europe pour voyager et prendre contact avec les catholiques sociaux qu'il retrouvait en Allemagne, en France, en Italie, en Belgique, en Hollande et en Angleterre. Il souhaite trouver au cœur de ces expériences, les éléments qui lui permettraient de susciter un vaste mouvement de réforme sociale parmi les élites catholiques de Québec. Il se montre particulièrement intéressé par l'expérience des catholiques sociaux allemands qui favorisent une réforme des institutions et la mise en place de syndicats chrétiens.

S'inspirant de cette expérience, Lortie conseille l'archevêque de Québec, Mᵍʳ Louis-Nazaire Bégin, au moment de son arbitrage du conflit ouvrier dans l'industrie de la chaussure à Québec en 1901. L'intervention de ce dernier ouvre la voie au syndicalisme catholique. En 1907, avec ses collègues Dorion, Rivard et l'abbé P. E. Roy, il convainc Mᵍʳ Bégin de fonder l'Action sociale catholique qui a pour « objet d'unir dans un effort commun les esprits et les volontés pour les faire travailler ensemble à la réalisation du progrès social catholique, de grouper toutes les œuvres existantes et d'encourager les œuvres de propagande et d'éducation ». Il s'agit d'un vaste programme d'étude, d'enseignement, de diffusion et d'action sociale et qui aura une influence significative dans le diocèse jusqu'aux années vingt. Lortie avait déposé en 1906 un long mémoire sur la situation de la presse catholique en Europe et avait fait pression sur l'archevêque afin de l'inciter à publier un quotidien catholique au pays. Le 21 déc. 1907 paraissait le premier numéro du quotidien *L'action sociale* qui sera rebaptisé *L'action catholique* en 1915.

Mais Lortie ne s'intéresse pas seulement à la philosophie, à la théologie et à la présence organisée de l'Église dans la vie socio-économique. Disciple de Frédéric Leplay depuis la fin des années quatre-vingt, il adhère à sa méthodologie et à sa doctrine. Il devient membre de la Société d'économie sociale de Paris avec, entre autres, Alphonse Desjardins, fondateur des Caisses populaires. En 1904, il fait paraître une étude sur la situation économique de la famille canadienne-française dans la collection *les Ouvriers des deux mondes* inaugurée par Leplay. Sa monographie s'intitule *Compositeur typographe de Québec*. Elle a été rééditée, il y a quelques années, car elle constitue un document inestimable sur la condition du travailleur et de sa famille au tout début du XXᵉ siècle. En 1905, il fonde une section canadienne de la Société d'économie politique et sociale à l'Université Laval. Son objectif est de regrouper des membres des professions libérales, des journalistes, des ecclésiastiques et des représentants syndicaux afin de favoriser une meilleure compréhension de la société québécoise et de former une coalition pour l'action sociale. Il conduit lui-même une enquête sur l'épargne populaire. Son rapport établit les liens entre tempérance et épargne et vient appuyer le mouvement des caisses populaires et les campagnes de tempérance.

Encore jeune étudiant, Lortie avait prononcé un vibrant plaidoyer sur l'indépendance de la nation qui pour lui commandait le regroupement de l'espace français de la Province de Québec et des États frontaliers du Maine, du Vermont, du New Hampshire « vaincus par la fécondité de notre race » qui y a émigré en grand nombre. Son entrée au Grand Séminaire mit sans doute une fin définitive à ce rêve politique et il mit par la suite son énergie au service du développement socio-économique des Canadiens français, mais il continua son engagement pour la promotion de la langue française. Avec son ami Adjutor Rivard, il fonda en 1902 la Société du parler français au Canada. Ils publièrent comme co-auteurs, dès 1903, des études sur l'émigration française de 1608 à 1700, sur l'état du parler-franco canadien, son histoire et son évolution. Ils furent des rédacteurs du *Bulletin du parler français au Canada* et contribuèrent à établir sur des bases scientifiques l'étude de la langue franco-québécoise.

Homme d'étude et d'action, prophète et entrepreneur, Lortie est mort à 42 ans, le 19 août 1912, l'année même du premier grand congrès sur le thème de la langue française auquel il avait tant travaillé et qui réunissait des milliers de participants de toutes les communautés francophones canadiennes et américaines. En présence du card. Bégin, dans l'éloge funèbre qu'il lui rendait à la cathédrale de Québec, Mgr Pâquet saluait l'unité de vie « du prêtre, du professeur, de l'écrivain, de l'orateur, du sociologue et du patriote ».

ÉCRITS. *L'origine et le parler des Canadiens français : études sur l'émigration française au Canada de 1608 à 1700, sur l'État actuel du parler franco-canadien, son histoire et les causes de son évolution*, Paris, 1903. – *Compositeur typographe de Québec. Canada (Amérique du Nord), salarié à la semaine dans le système des engagements volontaires permanents d'après les renseignements recueillis sur les lieux en 1903*, dans *Les ouvriers des deux mondes*, Paris, 1904 (réimpr. dans P. Savard, *Paysans et ouvriers d'autrefois. Introduction*, Québec, 1968). – *Elementa philosophiae christianae ad mentem s. Thomae Acquinatis exposita*, 3 vol., Québec, 1909-1910. – Nombreux documents inédits aux archives du Séminaire de Québec.

TRAVAUX. E. J. Auclair, *L'Abbé Stanislas Lortie*, dans *La semaine religieuse de Montréal*, 16 sept. 1912, et dans *L'Action catholique Québec*, 18 juin 1937. – *La semaine religieuse de Québec*, 1912-1913. – L. A. Pâquet, *Discours et Allocutions*. Québec, 1915. – P. E. Roy, *Almanach de l'Action sociale catholique* (Québec), 1918, p. 17 et sv. ; 1928, p. 12, 79. – H. Provost, *Le Séminaire de Québec. Documents et biographies*, Québec, 1964. – P. Savard, *Paysans et ouvriers d'autrefois. Introduction*, Québec, 1968. – Y. Lamonde, *La philosophie et son enseignement au Québec (1665-1920)*, Montréal, 1980. – J. Racine, *Citoyen de Québec, citoyen du monde : Stanislas Lortie (1869-1912)*, dans G. Routhier et J.-Ph. Warren (dir.), *Les visages de la foi. Figures marquantes du catholicisme québécois*, Montréal, 2003, p. 147-159. – C. Verreault, L. Mercier et T. Lavoie (dir.), *1902-2002. La Société du parler français au Canada cent ans après sa fondation : mise en valeur d'un patrimoine culturel*, Québec, 2006. – *Dictionnaire biographique du Canada*, t. XIV, *1911-1920*, Toronto-Québec, 1998, p. 720-722 (P. Savard).

J. RACINE

LOSERTH (Johann), historien sudète, né à Fulnek (Moravie) le 1er sept. 1846 et décédé à Graz le 30 août 1936.

Issu d'une famille de fabricants en textile de la classe moyenne, Loserth avait épousé le 27 juil. 1872 Flora Heinz, une fille d'industriel. Après des études secondaires à Troppau (Opava) et Kremsier (Kroměříž), il étudia à partir de 1866 l'histoire, la géographie et l'allemand à l'Université de Vienne, matières dont il sortit diplômé en vue de l'enseignement secondaire en 1870. Grâce à l'appui de ses professeurs Theodor von Sickel et Ottokar Lorenz, Loserth fut nommé

en 1869-1871 membre de l'Institut autrichien de recherche historique (Instituts für Österreichische Geschichtsforschung). Tout en enseignant à partir de 1870 en tant professeur de lycée à Vienne, il se consacra à la recherche historique. En 1871, il conquit son doctorat à l'Université de Tübingen avec une thèse sur les « *Geschichtsquellen von Kremsmünster im 13. und 14. Jahrhundert* ». En 1874, il présenta l'épreuve du doctorat de Vienne. Par la suite, Loserth a publié en 1873 une édition des *Königsaaler Geschichtsquellen*. En 1875, il est nommé en tant que professeur associé, et en 1877, en tant que professeur d'histoire générale et de sciences auxiliaires à l'université nouvellement fondée de Tchernivtsi (Czernowitz). À cette époque, son activité scientifique était centrée sur l'histoire de la Bohême et la réception des doctrines de Wyclif en Bohême dans le contexte du mouvement hussite. Son travail *Hus und Wiclif. Zur Genesis der husitischen Lehre* (*Hus et Wyclif. Sur la genèse de la doctrine hussite* [1884]) lui a apporté la reconnaissance et a permis sa participation à l'édition internationale des œuvres de Wyclif. En 1893, il fut nommé professeur d'histoire à l'Université de Graz, où il a enseigna jusqu'à sa retraite en 1917.

La bibliographie des travaux d'érudition de Loserth compte environ 300 titres et comprend des éditions de sources et de représentations du bas Moyen-Âge et des temps de la Réforme. Ses œuvres peuvent être regroupées en deux catégories correspondant à ses deux grands domaines de compétences : l'histoire de la Bohême et le mouvement hussite, où il mit en évidence la dépendance et la proximité spirituelle de la doctrine hussite avec celle du théologien anglais John Wyclif, et l'histoire de la Réforme et de la Contre-Réforme en Autriche, notamment en Styrie, sur laquelle il publia une recherche fondamentale intitulée *La Réforme et la Contre-Réforme dans l'Autriche centrale du XVIe siècle*. La vision du monde de Loserth était « germanophile » et il appartenait au groupe des historiens dévoués à l'historicisme. Comme tel, il s'est toujours efforcé de fournir une interprétation rigoureuse des sources et de s'en tenir à une stricte objectivité. Ses travaux furent récompensés en 1908 avec l'attribution du titre de « conseiller », et par son élection comme membre correspondant (1896), puis comme membre effectif (1933), de l'Académie autrichienne des sciences de Vienne.

ÉCRITS (sélection). On trouvera sa bibliographie dans *Zeitschrift des Historischen Vereines für Steiermark* (Graz), 22, 1926, p. 15-30, et suppléments : *Ibid.*, 32, 1938, p. 148-153. – *Die Geschichtsquellen von Kremsmünster im XIII. und XIV. Jahrhundert*, Wien, 1872. – *Die Königsaaler Geschichtsquellen. Kritische Untersuchung über die Entstehung des Chronicon Aulae Regiae*, Wien, 1875 (rééd. New York, 1970). – *Hus und Wiclif. Zur Genesis der hussitischen Lehre*, Praha-Leipzig, 1884 (2e édition, 1925 ; traduction anglaise, London, 1884). – *Akten und Korrespondenzen zur Geschichte der Gegenreformation in Innerösterreich unter Erzherzog Karl II. (1578-1590)*, Wien, 1898. – *Die Reformation und Gegenreformation in den innerösterreichischen Ländern im XVI. Jahrhundert*, Stuttgart, 1898 (réimpr. anastatique : Nieuwkoop, 1970). – *Geschichte des späteren Mittelalters von 1197 bis 1492* (Handbuch der mittelalterlichen und neueren Geschichte, II/4), München-Berlin, 1903. – *Johann von Wiclif und Robert Grosseteste, Bischof von Lincoln* (Sitzungsberichte der kaiserlichen Akademie der Wissenschaften Wien. Phil.-hist. Klasse, 186),

Wien, 1918. – *Die steirische Religionspazifikation und die Fälschung des Vizekanzlers Dr. Wolfgang Schranz*, Graz, 1927. – *Innerösterreich und die militärischen Maßnahmen gegen die Türken im 16. Jahrhundert*, Graz, 1934.

Travaux. W. Erben et A. Kern, *Johann Loserth als Geschichtsforscher*, dans *Zeitschrift des Historischen Vereines für Steiermark*, 22, 1926, p. 5-36. – M. Uhlirz, *Johann Loserth zum achtzigsten Geburtstag (1. September 1926)*, dans *Zeitschrift des deutschen Vereines für die Geschichte Mährens und Schlesiens*, 28, 1926, p. 1-8. – H. von Srbik, *Zu Johann Loserths 80. Geburtstag*, dans *Neues Grazer Tagblatt*, 1er sept. 1926 ; Id., *Johann Loserth,* dans *Almanach der Akademie der Wissenschaften in Wien*, 87, 1937, p. 281-290. – K. Völker, *Der Historiker des innerösterreichischen Protestantismus*, dans *Die christliche Welt*, 50, 1936, p. 725-728 ; Id., *Johann Loserth*, dans *Zeitschrift des deutschen Vereines für die Geschichte Mährens und Schlesiens*, 38, 1936, p. 159-160. – K. Hafner, *Johann Loserth*, dans *Grazer Tagespost*, 31 août 1936. – *Mennonitisches Lexikon*, t. II, 1937, p. 692-694. – I. Pettin, *Johann Loserth*, Graz, 1950. – *Oesterreichisches Biographisches Lexikon*, t. V, 1972, col. 328-329. – N. von Preradovich, *Sudetendeutsche Gelehrte an der Universität Graz*, dans *Bohemia. Jahrbuch des Collegium Carolinum*, 3, 1962, p. 383-401, 395-396. – H. Sturm (dir.), *Biographisches Lexikon zur Geschichte der böhmischen Länder*, t. II, München, 1984, p. 501-502. – *Biographisch-Bibliographisches Kirchenlexikon*, t. V, 1993, p. 244-246. – *Deutsche biographische enzyklopädie*, t. VI, 1997, p. 478. – M. Macková, *Johann Loserth 1846-1936*, dans I. Barteček (dir.), *Historiografie Moravy a Slezska*, t. I, Olomouc, 2001, p. 109-117. – P. Soukup, *Johann Loserth a český středověk*, dans P. Soukup et F. Šmahel (dir.), *Německá medievistika českých zemích do roku 1945*, Praha, 2004, p. 251-272 ; Id., *Počátky vědecké dráhy Johanna Losertha a pražská univerzita*, dans *Acta Universitatis Carolinae. Historia Universitatis Carolinae Pragensis*, t. XXII, 2004-2006, p. 19-44 ; Id., *Johann Loserth (1846-1936). Ein « Gelehrter von Weltruf » in Cernowitz und Gratz*, dans K. J. Hruza (dir.), *Österreichische Historiker 1900-1945. Lebensläufe und Karrieren in Österreich, Deutschland und der Tschechoslowakei in wissenschaftlichen Porträts*, Wien-Köln-Weimar, 2008, p. 39-71. – F. Fellner et D. A. Corradini, *Österreichische Geschichtswissenschaft im 20. Jahrhundert. Ein biographisch-bibliographisches Lexikon* (Veröffentlichungen der Kommission für Neuere Geschichte Österreichs, 99), Wien, 2006, p. 262.

F.-X. Bischof

ŁOSOWICZ (Jan), né vers 1420 et mort en 1481, évêque de Łuck [Luts'k] (1463-1468) et de Vilnius (1468-1481).

Issu d'une famille bourgeoise de Vilnius (l'historiographie polonaise lui attribue parfois une origine chevaleresque), il aurait fait ses études à l'Université de Cracovie : c'est lui qu'il est légitime de reconnaître sous le nom de Jan (fils de Jan de Vilnius) inscrit à la faculté au premier semestre de 1442, et qui reçut le titre de bachelier en 1446. Il est attesté qu'il fut chanoine au chapitre de la cathédrale de Vilnius en 1449 et de 1458 à 1460. En 1462, il se vit assigner par le roi Casimir Jagellon l'évêché de Luts'k, et il fut préconisé par le pape le 24 janv. 1463. À la suite de la dévastation par les Tartares du chef-lieu de son diocèse, Luts'k, il établit le siège épiscopal dans le village de Porchów, pour lequel il obtint du roi Casimir Jagellon le privilège des droits municipaux. Il changea aussi le nom de la ville, appelée désormais Janów Biskupi (depuis le XIXe siècle, Janów Podlaski). Le 29 sept. 1467, Łosowicz

fut proclamé évêque de Vilnius, la bulle de translation lui étant communiquée le 4 mai 1468 ; il fut le premier Lituanien à occuper ce poste. Il géra d'abord son diocèse par l'intermédiaire d'un administrateur, puis, à partir de 1470, personnellement. Il s'employa notamment à en développer les structures, si bien que son nom revient souvent dans les documents concernant les rétributions destinées aux nouvelles églises paroissiales (fondées en général par des nobles) qu'il prenait lui-même le soin de consacrer. Durant son épiscopat à Vilnius furent érigées les paroisses de Zalew (vers 1470), Dziewieniszki (avant 1471), Wołm (avant 1472), Lebiedziewo (avant 1476), Wołp (avant 1478), Bijuciszki (1478) et Widze (1481). Par l'achat de propriétés nobiliaires (1471, 1474), Łosowicz agrandit les biens concourant à l'entretien de l'évêché. En 1469, il fit venir à Vilnius les Pères franciscains-réformés (bernardins). En 1474, le Pape Sixte V lui confia la charge d'exécuteur des verdicts pontificaux dans le conflit entre l'ordre teutonique et l'évêque de Riga. En 1477 et 1478, on relève des traces de son activité politique dans les relations avec l'ordre : répondant à une ambassade teutonique, il assura que les seigneurs lituaniens n'entreprendraient pas de guerre contre l'ordre, même dans le cas où les Polonais l'eussent fait. Il mourut entre le 6 févr. et le 27 août 1481 et fut enseveli probablement dans la cathédrale de Vilnius.

J. Kurczewski, *Biskupstwo wileńskie od jego założenia aż do dni obecnych, zawierające dzieje i prace biskupów i duchowieństwa diecezji wileńskiej, oraz wykaz kościołów, klasztorów, szkół i zakładów dobroczynnych i społecznych* [L'évêché de Vilnius depuis sa fondation jusqu'à nos jours. Histoire, activités des évêques, des ecclésiastiques du diocèse, listes des églises, des couvents, des écoles. des institutions sociales et de bienfaisance], Vilnius, 1912, p. 29-30. – J. Ochmański, *Biskupstwo wileńskie w średniowieczu. Ustrój i uposażenie* [L'évêché de Vilnius au Moyen-Âge. Son organisation et ses biens], Poznań, 1972 ; Id., *Powstanie, rozwój i kryzys sieci parafialnej w diecezji wileńskiej od chrystianizacji Litwy w roku 1387 do przełomu XVI/XVII wieku* [La création, le développement et la crise du réseau des paroisses dans le diocèse de Vilnius depuis la christianisation de la Lituanie en 1387 jusqu'à la fin du XVIe siècle], Lublin, 1990, cahier 2, p. 23-60. – J. Kłoczowski, *Łosowicz Jan (zm. 1481)*, dans *Polski Słownik Biograficzny* [Dictionnaire biographique polonais], t. XVIII, Wrocław, 1978, p. 427-428. – A. Gąsiorowski, T. Jurek, I. Skierska et W. Swoboda (dir.), *Księga promocji Wydziału Sztuk Uniwersytetu Krakowskiego z XV wieku* [Le livre des diplômés du Département des Arts de l'Université de Cracovie au XVe siècle], Kraków, 2000, p. 37, 213. – K. R. Prokop, *Sylwetki biskupów łuckich* [Les portraits des évêques de Luts'k], Biały Dunajec-Ostróg, 2001, p. 34-35. – P. Nitecki, *Biskupi Kościoła w Polsce 965-1999. Słownik biograficzny* [Les évêques de l'Église en Pologne 965-1999. Dictionnaire biographique], Warszawa, 2002, col. 265. – A. Gąsiorowski, T. Jurek, I. Skierska et R. Grzesik (dir.), *Metryka Uniwersytetu Krakowskiego z lat 1400-1508. Biblioteka Jagiellońska rkp. 258* [L'Université de Cracovie dans les années 1400-1508. Manuscrit de la Bibliothèque Jagellonne 258], 2 vol., Kraków, 2004, p. 545, 643. – T. Nowicki, *Łosowicz Jan bp*, dans *Encyklopedia Katolicka* [Encyclopédie catholique], t. XI, Lublin, 2006, col. 517.

A. Januszek-Sieradzka

LOUIS DE SAINT-CHARLES JACOB, carme français, 1608-1670.

Né le 20 août 1608 à Chalon-sur-Saône, il entre en 1625 au couvent des carmes de sa ville natale, y reçoit le nom de Louis de Saint-Charles et prononce ses vœux religieux le 11 juin de l'année suivante. Ses études philosophiques et théologiques achevées, il se consacre entièrement à la recherche bibliographique et devint un fervent bibliophile, très apprécié de son temps. Pour étudier les richesses des bibliothèques célèbres, il entreprend de nombreux voyages en Italie (avec un séjour à Rome en 1639) et en France. En 1642, il est à Lyon. Peu après, il s'installe à Paris, où il est bibliothécaire de l'archevêque coadjuteur Jean-Paul-François de Gondi (futur card. de Retz) et vit dans la maison d'Achille de Harlay, jusqu'à sa mort, survenue le 10 mars 1670, à 61 ans. Son corps a été déplacé et enterré dans l'église des carmes « des Billettes ».

Parmi les résultats de ses travaux, il faut retenir la *Bibliotheca Pontificia* (Lyon, 1643), compilée à la suggestion de Gabriel Naudé et dédiée au card. Mazarin, et le *Traité des plus belles bibliothèques dans le monde* (Paris, 1644). Parmi ses nombreux autres écrits, on signalera des listes bibliographiques annuelles des livres les plus importants publiés à Paris et en France, à savoir la *Bibliographia Parisina* et la *Bibliographia gallica universalis*, précurseurs de la bibliographie nationale de France. Il a également publié des éloges funèbres de personnalités ecclésiastiques et civiles, et assuré l'édition d'œuvres d'autres écrivains. Parmi ses nombreux manuscrits, aujourd'hui en grande partie dispersés, l'un des plus remarquables dans le domaine bibliographique est sans aucun doute la *Bibliotheca carmelitana*, qui fut sans doute la contribution bio-bibliographique la plus importante de l'ensemble de l'historiographie de l'Ordre du Carmel jusqu'à la fin du XVIIᵉ siècle ; malheureusement, cette dernière œuvre est également dispersée ou détruite.

C. de Villiers, *Bibliotheca Carmelitana*, t. II, Orléans, 1752, col. 274-288 (avec la bibliographie de tous ses écrits, publiés et inédits). – G. de la Anunciación, *Las bibliografías carmelitanas*, dans *Analecta Ordinis Carmelitarum Discalceatorum*, 14, 1939, p. 188-190. – L.-N. Malclès, *Le fondateur de la bibliographie nationale en France*, dans *Mélanges d'histoire du livre et des bibliothèques offerts à M. Frantz Calot*, Paris, 1960, p. 243-255. – J. Smet, *The Carmelites. A History of the Brothers of Our Lady of Mount Carmel*, t. III, Darien (Ill.), 1982, p. 466, 556, 620, 622.

E. Boaga†

LOUIS DE SAINT-ÉTIENNE, capucin français († 1890).

Louis Chauvin de Saint-Étienne appartenait à la province des capucins de Paris, dont il fut supérieur. En 1862, il collabora à la fondation du Tiers-ordre des Petites Sœurs de S. François, gardes-malades à Angers. En 1889, il fut envoyé à la mission de Lahore, en Inde (aujourd'hui au Pakistan), où il mourut l'année suivante.

Lexicon capuccinum, Roma, 1951, col. 1000. – Ch. Betin, *Histoire de la congrégation des Petites-Sœurs de S.-François d'Assise, gardes-malades à Angers*, Angers, 1923. – *Annales franciscaines*, 1878-1880, p. 468-470.

G. Ingegneri

LÖW (Joseph), rédemptoriste autrichien, historien et liturgiste (1893-1962).

Né à Vienne le 23 juil. 1893 et décédé à Rome le 22 sept. 1962, J. Löw entre au noviciat des rédemptoristes à Eggenburg en 1911 et reçoit sa formation philosophique et théologique à Mautern. Il sera ordonné prêtre par l'évêque de Seckau (Graz), Leopold Schuster, le 31 juil. 1919. Ensuite, il enseignera la liturgie, l'homilétique, l'archéologie chrétienne et l'histoire de l'art à ses jeunes confrères, successivement à Mautern (1920-1922), puis à Gurk (1923-1932) et enfin derechef à Mautern (1932-1935). Trois séjours d'études à Rome (1924-1934) lui permirent de se familiariser avec l'antiquité chrétienne sous la direction de Mgr Johann Peter Kirsch (1861-1941, *cf. DHGE*, t. 29, col. 180-182), fondateur en 1925 de l'Institut Pontifical d'Archéologie chrétienne de Rome. Sur les conseils de celui-ci, il se mit aussi à étudier d'anciens sermonnaires romains qui donneront lieu à quelques publications, mais il ne pourra guère poursuivre ces travaux après 1936. En 1935, il est appelé à Rome à la Section historique de la Congrégation des Rites dont il est nommé *Vice relator* général (1936) et *Relator* adjoint, le 21 janv. 1959. Ses travaux hagiographiques concernent la confirmation du culte et la béatification de plusieurs personnages tels que Hemma de Gurk, Louis Grignion de Montfort, Pie X, etc. En 1948, Pie XII, soucieux de mettre en œuvre un programme général de réforme liturgique, crée la *Commissione per la riforma liturgica*, souvent appelée par la suite *Commissione Piana*, dont les présidents successifs seront le card. Clemente Micara (1948) et le card. Amleto Cicognani (1953) et le secrétaire le P. Annibale Bugnini qui 25 ans plus tard conduira la mise en œuvre de la réforme liturgique de Vatican II ; parmi les 10 membres de la Commission de 1948, on trouve J. Löw, cheville ouvrière (depuis 1946) de la *Memoria sulla riforma liturgica* (1948) dont les fruits les plus importants seront la réforme de la Vigile pascale (1951), la réforme de la Semaine Sainte (1955) et le nouveau Code des rubriques (1960). Le 8 juil. 1960, à la suite de l'annonce du Concile œcuménique (1959), la *Commissione Piana* disparaît et fait place à la Commission liturgique préconciliaire ; le P. Löw, fatigué, n'en fera pas partie. Selon A. Bugnini (*La riforma liturgica*, p. 22), Löw fit preuve de sérieux et de sens pastoral dans la préparation de la réforme liturgique des années 1950 ; il fut capable de présenter un éventail de propositions de réformes et d'en élaborer le modèle optimal. Il sera également co-fondateur du *Spicilegium historicum Congregationis SSmi Redemptoris* en 1953.

Écrits. Trois études scientifiques (présentées sous le prénom soit de J(oseph) soit de G(iuseppe) consacrées à d'anciens livres liturgiques romains sont à mentionner : *Ein stadtrömischer Lectionar des VIII. Jh*, dans *Römische Quartalschrift*, 37, 1929, p. 15-39 ; *Il più antico sermonario di San Pietro in Vaticano*, dans *Rivista di Archeologia Cristiana*, 19, 1942, p. 143-183 ; *Il codice Ms A 14 della Biblioteca Vallicelliana (del sec. IX) et il suo contributo alla liturgia romana*, dans *Miscellanea L. C. Mohlberg*, t. II, p. 245-266 (voir l'appréciation élogieuse de ses travaux qu'en fait A. Chavasse, dans *Le sermonnaire des Saints Philippe et Jacques et le sermonnaire de Saint-Pierre*, dans *Ephemerides Liturgicae*, 69, 1955, p. 17-24). – De nombreux articles concernant la réforme liturgique de Pie XII ont été édités par lui dans bien des revues liturgiques européennes. Dans l'*Enciclopedia Cattolica*, il y aurait 140 notices de J. Löw consacrées soit aux béatifications et canonisations, soit à la réforme liturgique ; parmi celles-ci, on retiendra notamment *Calendario della Chiesa universale*, t. III, 1949, col. 364-372. – La bibliographie la plus complète est proposée dans *Spicilegium*,

10, 1962, n° 1, p. 312-322 et dans *Ephemerides Liturgicae*, 77, 1963, p. 41-45.

TRAVAUX. Les notices biographiques principales concernant J. Löw se trouvent dans *Spicilegium historicum Congregationis SSmi Redemptoris*, 10, 1962, n° 1, p. 305-322 (F. Antonelli et A. Sampers) et dans *Ephemerides Liturgicae*, 77, 1963, p. 39-45. – Consulter également L. Brinkhoff et al. (éd.), *Liturgisch Woordenboek*, vol. 2, Roermond, 1968, col. 1620-1621 (ainsi que l'art. *Homiliarium*, vol. 1, Roermond, 1962, col. 998-999). – S. J. Boland, *A Dictionary of the Redemptorists*, Roma, 1987, p. 209-210. – *New Catholic Encyclopedia*, t. 8, 2003, p. 836. – Concernant la réforme liturgique de Pie XII et la participation de J. Löw, voir : A. Bugnini, *La riforma liturgica (1948-1975)*, Roma, 1983, p. 20-24. – N. Giampietro, *Il Card. Ferdinando Antonelli e gli sviluppi della riforma liturgica dal 1948 al 1970*, Roma, 1998. – Th. Maas-Ewerd, *Papst Pius XII. und die Reform der Liturgie im 20. Jahrhundert*, dans M. Klöckener et B. Kranemann (dir.), *Liturgiereformen. Historische Studien zu einem bleibenden Grundzug des christlichen Gottesdienstes*, t. 1, *Liturgiereformen seit der Mitte des 19. Jahrhunderts bis zur Gegenwart* (coll. Liturgische Quellen und Forschungen, 88), Münster, 2002, p. 606-628. – C. Braga, *La riforma liturgica di Pio XII. Documenti*, 1, *La « Memoria sulla riforma liturgica »*, Roma, 2003.

A. HAQUIN

LÖWENSTEIN-WERTHEIM-ROSENBERG (Alois Fürst zu), homme politique allemand, né le 15 sept. 1871 à Kleinheubach (Basse-Franconie), décédé le 25 janv. 1952 à Bronnbach/Tauber.

Après ses humanités au collège des Jésuites à Feldkirch (Autriche), Löwenstein étudia le droit à Prague d'abord (1889), puis à Fribourg en Suisse (à partir de 1890). C'est dans cette dernière université qu'il fut promu en 1895 docteur en droit. Il entreprit encore un voyage en Angleterre et se consacra ensuite aux tâches inhérentes à son statut de grand propriétaire foncier. À ce titre, il siégea notamment à la première chambre des diètes de Wurtemberg (1895), de la Hesse-Darmstadt (1897), de Bavière (1909) et de Bade (1910). De 1907 à 1918, il fut également membre de la diète impériale. Il y avait été élu sur les listes du parti catholique (« *Zentrum* ») et représentait la première circonscription électorale de Trêves. À la diète impériale, il se fit remarquer comme défenseur décidé des intérêts de l'Église catholique.

Son implication active au sein des organisations regroupant les catholiques laïcs d'Allemagne remontait à 1898, année où il succéda à son père Karl (1834-1921) comme membre du comité central des « *Katholikentage* », les grandes assises du catholicisme allemand. En 1905, Löwenstein présida le « *Katholikentag* » de Strasbourg qui devait notamment favoriser l'intégration de la population catholique d'Alsace-Lorraine à l'Empire allemand.

Un centre d'intérêt majeur de Löwenstein fut l'activité missionnaire. Il encouragea la création en 1911 de l'Institut de recherche international sur les missions à Münster et en assuma la présidence jusqu'en 1948.

Bien qu'ayant critiqué très tôt déjà la politique étrangère de l'Empire, Löwenstein s'enrôla dès le début des hostilités en 1914 comme volontaire dans l'armée allemande. Après la défaite de 1918, il s'efforça de rassembler les catholiques allemands autour de valeurs religieuses et tenta de préserver leur action des querelles politiques agitant la République de Weimar. Cependant,

après l'avènement d'Hitler en 1933, le comité central des « *Katholikentage* », que Löwenstein présidait depuis 1920, dut suspendre ses activités. En 1936, Löwenstein se retira sur ses terres en Bohême, d'où il fut expulsé en 1945. En 1948, le premier « *Katholikentag* » depuis l'arrivée des national-socialistes au pouvoir fut aussi le dernier présidé par Löwenstein qui céda le flambeau à son fils Karl (1904-1990).

Généralement on s'accorde à louer le sens du devoir très aigu, la générosité et l'abnégation de Löwenstein, qui sut éviter, dans une conjoncture politique d'exception, le fractionnement voire l'éclatement du monde catholique laïc d'Allemagne.

V. Rödel, *Löwenstein-Wertheim-Rosenberg, Alois Fürst zu*, dans *Biographisch-bibliographisches Kirchenlexikon*, t. V, 1993, col. 177-178. – M-E. Reytier, *Die Fürsten Löwenstein an der Spitze der deutschen Katholikentage : Aufstieg und Untergang einer Dynastie (1868-1968)*, dans G. Schulz-M. A. Denzel (dir.), *Deutscher Adel im 19. und 20. Jahrhundert. Büdinger Forschungen zur Sozialgeschichte 2002 und 2003*, Saint Katharinen, 2004, p. 461-502.

A. MINKE

LOZANO BURZURI (Arturo), prêtre espagnol, archiviste (Calomarde, province de Teruel, 6 nov. 1930-Saragosse, 21 janv. 2006).

Après ses études au séminaire diocésain, il fut ordonné le 30 mai 1954. Il s'adonne ensuite au travail pastoral dans les paroisses rurales de Peñas Royas, Torre de las Arcas (Teruel) et de Rueda de Jalón (Saragosse), puis de San José Artesano (1961-1969) et de Santa Engracia (1969 et sv.) de Saragosse, où il s'est principalement occupé de la pastorale du mariage et de la famille, tout en consacrant beaucoup de temps à la confession et à la visite des malades. Il est élu archiprêtre à plusieurs reprises.

Il était diplômé en philosophie et lettres de l'Université de Saragosse, membre de la Commission diocésaine des archives et des bibliothèques, professeur d'histoire de l'Église au séminaire métropolitain et directeur des Archives diocésaines de Saragosse. Il a publié plusieurs ouvrages sur les archives diocésaines, sur la commune d'Alcañiz (province de Teruel) et sur la paroisse de Santa Engracia, où il fait preuve de ses connaissances en matière de spiritualité et d'histoire, ouvrage qui a reçu en 2002 la médaille d'argent de l'Association des archivistes de l'Église d'Espagne.

Boletín oficial del Arzobispado de Zaragoza, février 2006. – *Communicatio. Boletín de la Asociación de Archiveros de la Iglesia en España*, 23, mars-avril 2006, p. 4.

E. ZARAGOZA

LUCA DE LATERZA, capucin italien († 1598).

Né dans les Pouilles aux alentours de 1554, il entra chez les capucins de la province d'Otrante, où il exerça le rôle de lecteur et supérieur et où il fut élu provincial en 1583. Lors du chapitre général de 1584, il fut envoyé en France comme commissaire et travailla beaucoup à la diffusion de l'ordre. Il laissa une réputation de vertu et mourut à Avignon en 1598.

Zaccaria Boverio, *Annalium seu sacrarum historiarum Ordinis Minorum S. Francisci qui capuccini nuncupantur tomus secundus, in quo universa, quae ad eiusdem ordinis progressum usque ad annum 1612 spectant, fidelissime traduntur*, Lyon,

1639, p. 601-604. – Charles d'Arenberg, *Flores seraphici*, Köln, 1642, p. 97-99 (avec illustrations). – Godefroy de Paris, *Les frères mineurs capucins en France*, Paris, 1937-1950 (voir l'index). – *Lexicon capuccinum*, Roma, 1951, col. 988. – Cl. Cheres Billot, *Les capucins*, Blois, 2001 (voir l'index).

G. INGEGNERI

LUCA DE MARING, capucin rhénan († 1672).

Capucin de la province de Cologne, il fut un prédicateur réputé, maître des novices, puis supérieur. Au chapitre général tenu à Rome en 1667, il fut élu définiteur de l'ordre. Il laissa une réputation de sainteté et de doctrine.

R. Linden, *Die Regelobservanz in der rheinischen Kapuzinerprovinz*, Münster, 1936, p. 115-136. – F. da Mareto, *Tavole dei capitoli generali dell'ordine dei Frati Minori Cappuccini*, Parma, 1940, p. 156. – B. von Mehr, *Das Predigtwesen in der kolnischen und rheinischen Kapuzinerprovinz im 17. und 18. Jahrhundert* (Bibliotheca Seraphico-Capuccina, Sectio Historica, 6), Roma, 1945 (voir l'index). – *Lexicon capuccinum*, Roma, 1951, col. 989.

G. INGEGNERI

LYNCH (John), prêtre irlandais, écrivain et défenseur de la cause irlandaise (*c.* 1599-1677).

Né dans la région de Galway, vraisemblablement en 1599, il appartenait à une nombreuse parentèle d'extraction *Old English*, c'est-à-dire installée en Irlande à la suite de la conquête, dont les liens généalogiques précis nous sont mal connus, mais qui ne fournira pas moins de trois évêques au XVIIe siècle. Comme de nombreux ecclésiastiques irlandais, il partit faire ses études dans les collèges et les séminaires du continent. Il acquit ainsi une excellente maitrise du latin, qu'il maniait aisément et abondamment avec un style écrit plutôt recherché, et si sa langue maternelle était l'anglais, il utilisait régulièrement et facilement le gaélique. Ordonné prêtre en 1625, il obtint quelques années après la dignité d'archidiacre de Tuam. Jusqu'à la révolte de 1640 contre l'occupation anglaise, il consacra une grande partie de son temps à des activités historiques. Pendant toute cette période de semi-indépendance, qui s'achèvera en 1652 par la victoire finale de Cromwell, il joua un rôle discret et de second plan en exprimant toujours des positions modérées. Témoin en 1652 du siège de Galway (cf. la notice Galway, *supra, t. 19, col. 925-953*) et de sa reddition, il fut contraint, après l'occupation de la ville par les troupes de Cromwell, de se réfugier en France comme une très grande partie du clergé catholique.

C'est à partir de cette époque que Lynch commença à jouer dans sa communauté un rôle intellectuel majeur pour la défense de la cause irlandaise. Son réseau relationnel, tant du fait de sa famille que de sa position personnelle, s'étendait à l'ensemble du clergé en exil et à tous ses prélats. Son premier ouvrage, le *Cambrensis eversus*, s'attachait à rétablir la vérité sur l'histoire de l'Irlande contre les affirmations de la *Topographia Hibernica* de Gérald Barry rédigée dans la décennie qui suivit la conquête d'Henri II. Ce prêtre gallois, pour cette raison qualifié de *Cambrensis*, avait dénigré l'état de civilisation des Irlandais, qu'il décrivait comme des barbares. L'œuvre de Barry fut largement diffusée au début du XVIIe siècle et Lynch, en s'appuyant sur

Le capucin Luca de Laterza, gravure tirée de Ch. d'Arembergh, *Flores seraphici sive icones vitae et gesta virorum illustrium ordinis fratrum minorum S. Francisci capucinorum*, Köln, 1642, p. 96.

les recherches historiques qu'il avait entreprises dans les sources gaéliques avant son exil, réfuta ces thèses, donnant ainsi un corpus historique et intellectuel à la conscience nationale irlandaise. Le P. Matthew Kelly, historien qui réalisa en 1848 l'édition et la traduction la plus moderne du *Cambrensis eversus* considérait cette œuvre, en dépit de ce contexte polémique, comme « *one of the most valuable works on the history of Ireland* ».

Après cet ouvrage de référence, seul de son espèce dans la littérature de l'époque, il publia deux recueils plus polémiques contredisant les opinions jusqu'au-boutistes du conseiller du nonce Rinucinni, le capucin O'Ferrall qui, opposé à tout compromis avec les anglais, suggérait même à la Congrégation de la Foi de ne plus nommer d'évêques irlandais issus des familles *Old English*.

Cette première partie de son œuvre fut publiée sous des pseudonymes surprenants, Gratianus Lucius d'abord, puis Eudoxus Alithinologus, ce qui signifie celui qui professe la juste doctrine et celui qui dit la vérité. Si le second pseudonyme, ces vocables précieux mis à part, est compréhensible, le premier l'est moins sauf à se rappeler la destinée tragique de l'Empereur

Gratien, qui présente des analogies avec celles des rois Charles Iᵉʳ et Charles II réunis.

Enfin il prépara, et cette fois-ci sous son propre nom, deux ouvrages purement historiques. Le premier fut la biographie de Mᵍʳ Francis Kirwan, évêque de Killala exilé, dont il était vraisemblablement le neveu. Mᵍʳ Kirwan mourut dans une grande sainteté en 1661 à Rennes pendant son exil. Puis jusqu'à la fin de sa vie, Lynch rédigea l'histoire du gouvernement de chacun des diocèses irlandais jusqu'à l'époque qui lui était contemporaine. Dans ce but, il coopéra avec le P. Abel de Sainte Marthe, futur supérieur général de l'Oratoire, qui projetait alors un *Orbis Christianus*, qui devait détailler toutes les successions épiscopales et abbatiales de la chrétienté. L'ouvrage de Lynch visait à présenter une version catholique et romaine des successions épiscopales irlandaises en différenciation avec l'ouvrage publié en 1665 sur le même sujet par Sir James Ware sous le même titre *de praesulibus hiberniae*, et qui après la réforme ne relatait plus que les successions anglicanes. Le livre de Lynch resté manuscrit ne fut publié qu'en 1944 par le P. John Francis O'Doherty.

John Lynch, en dépit d'une nostalgie qu'il garda toujours à l'égard de son pays, mais prenant aussi son âge en considération, décida de finir ses jours dans son exil breton, et ce, bien qu'il eût été pressenti pour l'épiscopat s'il retournait dans son pays. Il mourut à Saint Lormel (Côtes d'Armor) le 30 sept. 1677. Tous les témoignages sur la fin de sa vie s'accordent sur sa grande piété et sa sainteté.

ÉCRITS. Gratianus Lucius, *Cambrensis eversus, seu potius historica fides, in rebus Hibernicis, Giraldo Cambrensi abrogata*, s.l., 1662. – Eudoxus Alithinologus, *Alithinologia sive veridica reponsio ad invectivam mendaciis, falaciis, calumniis, & imposturis fœtam in plurimos Antistites, Proceres, & omnis ordinis Hibernos a R.P.R... F...C...[Richardus Ferallus Capucinus] Congregationi de propaganda fide, Anno Domini 1659 exhibitam*, s.l., 1664. – Eudoxus Alithinologus, *Supplementum alithinologiæ quod partes invectivæ in hibernos cusæ in alithinologia non oppugnatas evertit*, s.l., 1667. – Johannes Lyncheaus, *Pii antististis icon sive de vita et morte Rᵐⁱ D.Francisci Kirovani alladendis episcopi*, Saint-Malo, 1669. – Johannes Lyncheaus, *De praesulibus Hiberniae potissimis Catholicae Religionis in Hierniae serendae, propagandae et conservandae authoribus*, Dublin, 1944.

TRAVAUX. W. Nicolson, *The Irish Historical Library*, Dublin, 1724, p. XXXVII, 40-42, 244. – L. Moreri, *Le grand dictionnaire historique*, Paris, 1759, p. 532. – J. Hardiman, *The History of the town and the county of Galway*, Dublin, 1820, p. 307. – T. Macgee, *Gallery of Irish Writers. The Irish Writers of the seventeenth century*, Dublin, 1845, p. 83. – L. Michaud, *Biographie Universelle*, vol. XXV, Paris, 1855, p 528-530. – J. Brenan, *An Ecclesiastical History of Ireland*, Dublin, 1864, p. 532-534. – *Dictionary of National Biography*, t. XII, London, 1893, p. 335-336. – *Catholic Encyclopedia*, vol. IX, New York, 1907-1914, p. 471. – J. Brady, *John Lynch's history of the Irish bishops*, dans *The Irish Ecclesiastical Record*, 65, 1945, p. 227-234. – A. Gwynn, *John Lynch's « de praesulibus hiberniae »*, dans *Studies*, 34, 1945, p 37-52. – P. Corish, *Two comtemporary historians of the Confederation of Kilkenny : John Lynch and Richard O'Ferrall*, dans *Irish Historical studies*, 8, 1952/33, p. 217-236. – M. Walsh, *Dictionary of Christian Biography*, London, 2001, p. 799. – R. d'Ambrières et É. Ó Ciosáin, *John Lynch of Galway : his carreer, exile and writing*, dans *Journal of the Galway archeological and historical society*, 55, 2003, p. 50-63. – *Oxford Dictionary of National Biography*, vol. 34, Oxford,

2004, p 879-880. – I. W. S. Campbell, *Alithinologia : John Lynch and seventeenth-century Irish political thought*, Dublin, 2009. – *Dictionary of Irish Biography*, vol. 5, Cambridge, 2009, p. 627-629.

R. D'AMBRIÈRES

LYOUS (Jean de), *Lious, Lions, Lyons, Lioux*, évêque de Poitiers († août 1362).

Originaire du diocèse de Limoges (sans précision), Jean de Lyous est assez mal connu. En fait, il ne fut identifié comme évêque de Poitiers qu'au XIXᵉ siècle par H. Beauchet-Filleau. Jean fut le neveu de Pierre de Lyous, lui-même attesté en 1360 comme chanoine à la cathédrale de Poitiers. Il profita de plusieurs bénéfices dans une carrière ecclésiastique qui semble avoir commencé dans les années 1330. Avant de représenter l'évêque Fort d'Aux comme official en 1135, il était déjà en charge de la chapelle de Saint-Barthélemy à la cathédrale de Poitiers. Cette chapelle, il l'abandonna en 1342 au moment où il obtint une prébende canonique à la cathédrale. Licencié en droit canonique et civil depuis 1336, Jean continua à monter dans la hiérarchie ecclésiastique en se rapprochant de la papauté. Il devint chapelain de Benoît XII, et il compta le card. Étienne Aubert, évêque de Clermont et futur pape Innocent VI, parmi ses amis. C'était à Aubert que Jean dut le droit de cumuler ses bénéfices. Cela lui permit d'ajouter à ses responsabilités celle d'abbé séculier de la collégiale Notre-Dame la Grande de Poitiers, puis, en 1350, celles de vicaire général et official auprès de l'évêque de Paris, Audoin Aubert, le neveu d'Étienne Aubert. Le sommet de sa carrière survint le 27 nov. 1357, quand Jean fut élevé au siège épiscopal de Poitiers, succédant à Fort d'Aux. À ce moment, il était déjà chapelain du Siège Apostolique, ce qui suggère que cette arrivée à l'épiscopat se déroula avec le soutien du pape Innocent VI. D'après un registre de la cathédrale, Jean fut aussi légat apostolique d'Innocent VI. Sa carrière épiscopale tourna court en août 1362, mois de sa mort.

Gallia Christiana in provincias ecclesiasticas distributa, t. 2, Paris, 1720, col. 1229. – H. Beauchet-Filleau, *Analyse d'une charte qui fait connaître le nom de famille, ignoré jusqu'à ce jour, de Jean V, évêque de Poitiers au XIVᵉ siècle*, dans *Bulletin de la Société des Antiquaires de l'Ouest*, 1ᵉʳᵉ série, 4, 1844, p. 84-86. – C. Eubel, *Hierarchia Catholica Medii Aevi*, t. 1, Regensburg, 1913, p. 399. – L. Vallière et al., *Fasti Ecclesiae Gallicanae. Répertoire prosopographique des évêques, dignitaires et chanoines des diocèses de France de 1200-1500. Tome 10, Diocèse de Poitiers*, Turnhout, 2008, p. 289, 376-378.

F. KEYGNAERT

MACABIAU (Cyprien), jésuite français (1846-1915).

Il naquit le 26 sept. 1846 et entra dans la Compagnie le 13 sept. 1862. Membre de la Province de Toulouse, il partit étudier la rhétorique à Laudun en 1865 et commença ses études au petit séminaire de Montauban en 1867. À partir de 1869, il étudia la philosophie à Vals. Il fut ensuite préfet des études au collège de Bourges en 1871, puis au petit séminaire de Sarlat à partir de 1874. Dès 1875, il étudia la théologie au séminaire de Vals. En 1879, il fut nommé préfet au collège de l'immaculée conception de Toulouse, puis ordonné prêtre la même année. En 1881, il fit son troisième an de probation en Espagne, puis devint professe des quatre vœux le

15 août 1881. Il fut ensuite professeur de philosophie au collège d'Uclès (1882), puis professeur de théologie dogmatique au collège de Vals (1898). En 1902, il fut nommé à la Direction générale de l'Apostolat de la prière à Tournai. Il participa au renouveau du culte de S. Joseph en appuyant *le mouvement de pétitions* aux évêques de 1887 à 1908 sous le pseudonyme de C. M. ou C. Mariani. Sa dernière résidence fut la maison de probation de Saint-Ignace en Belgique, où il mourut à l'âge de 70 ans, le 19 sept. 1915.

Catalogues de la Province de Toulouse 1862-1915. – « Saint Joseph », dans M. Viller et Ch. Baumgartner (éd.), *Dictionnaire de spiritualité*, t. 8, col. 1313. – R. Gauthier, *Le P. Cyprien Macabiau et le développement du culte de S. Joseph au 20e siècle*, dans *Cahiers de Joséphologie*, 8, 1960, p. 75-93.

B. BAUDRY

MACHAULT (Jacques de), jésuite français (1599-1676).

Né à Paris le 23 avr. 1599 d'une famille connue de magistrats, il y fait ses études au sein du collège jésuite de Clermont. Il entre ensuite au noviciat de Paris le 2 sept. 1617 et y restera jusqu'en 1619. Il étudie les humanités au collège d'Amiens jusqu'en 1620, puis la grammaire et les humanités au collège d'Orléans jusqu'en 1624. Après ses 4 ans de théologie et son 3e an, il devient en 1629 professeur de philosophie au collège de Rouen, puis en 1633 au collège de Nevers et en 1634 au collège de Paris. Il prend ensuite la direction de divers collèges en en devenant le Recteur : Alençon de 1637 à 1642, Orléans de 1645 à 1648 puis Caen de 1650 à 1655. Entre temps, il est nommé *Socius* du Provincial à Paris, de 1642 à 1644. À partir de 1655, il est appelé à être Père spirituel pour la communauté du Collège de Clermont. Il y décède le 1er juin 1676. Ses nombreux ouvrages sur l'apostolat missionnaire, mais aussi sur la dévotion à l'Eucharistie attestent d'une importante connaissance des Écritures et de la patristique.

SOURCES. AFSI (Archives jésuites de la province de France), *Fonds personnel du Père Jacques de Machault.* – *Notices nécrologiques et biographiques VII*, p. 62 (SB 43).

TRAVAUX. C. Sommervogel, *Bibliothèque de la Compagnie de Jésus*, t. 5, Bruxelles, Paris, 1890-1900, col. 253-256. – M. Viller et Ch. Baumgartner (éd.), *Dictionnaire de spiritualité*, t. 10, col. 50-51.

B. BAUDRY

MADRIGAL (Fray Juan de), OSB, Madrigal de las Altas Torres (Valladolid) *c.* 1350-Valladolid, mai 1421, second prieur observant de Valladolid. Voir JEAN DE MADRIGAL, *DHGE, supra*, t. 27, col. 246-247.

Ajouter à la bibliographie. V. Beltrán De Heredia, *Bulario de la Universidad de Salamanca*, vol. III, Salamanca, 1967, document 1445. – E. Zaragoza Pascual, *Abadologio del monasterio de San Benito el Real de Valladolid*, dans *Investigaciones históricas*, Université de Valladolid, vol. 23, Valladolid, 2003, p. 208.

MAGAROLA Y DE GRAU (José de), OSB, Barcelona, 1612-Barcelona, 13 nov. 1676, abbé et homme politique.

Il est le fils du noble Don Jerónimo de Magarola, président du Conseil suprême d'Aragon, l'oncle de Don Jaime de Magarola, abbé de Galligants, et le neveu de l'évêque de Vic, Don Pedro de Magarola. Après ses études à l'Université de Salamanque, il prit l'habit dans le célèbre monastère et sanctuaire de Nuestra Señora de Montserrat (Barcelone) le 26 juil. 1628. Expulsé de Montserrat et de Catalogne le 23 févr. 1641 avec les moines de la Couronne de Castille, il partit avec eux à Madrid. En 1645, il fut présenté par le Real Patronato et nommé par le pape, abbé de Sant Pere de Camprodón (Gérone) (1655-1676), mais à cause de la guerre de Sécession, il ne put prendre possession de ce monastère avant d'être de nouveau présenté à Rome le 8 avr. 1653, étant prieur de Sant Benet de Bages (Barcelone) ; les bulles lui parvinrent en 1655. Il dut reconstruire la partie du monastère affectée par la guerre en 1657 et 1658 et défendre avec force les droits et les prééminences du monastère contre l'évêque de Gérone, qui disait détenir sur celui-ci un droit de visite pastorale. Il assista au chapitre général de 1661 pour la Congrégation bénédictine claustrale tarraconaise, à laquelle appartenait le monastère de Camprodón, mais à celui de 1664, il envoya comme procurateur le frère Jaime de Magarola – peut-être son neveu –, étant alors occupé par sa charge de député de la Généralité de Catalogne (1664-1668).

SOURCES. Archivo del Ministerio de Asuntos Exteriores de Madrid, Fondo Santa Sede, Leg. 110. – G. de Argaiz, *La Perla de Cataluña. Historia de Ntra. Sra. de Monserrate*, Madrid, 1677, p. 308.

TRAVAUX. F. Monsalvatge, *Monasterios del antiguo condado de Besalú. Camprodón, Noticias históricas*, vol. VI, Olot, 1895, p. 77-78. – R. Bozzo, *Obituari de la Congregació Benedictina Claustral des del 1673 a l'any 1749*, dans *Catalònia monàstica*, vol. I, Montserrat, 1927, p. 103. – A. M. Mundó, *Monjos amb càrrecs a la Diputació del General de Catalunya. Segles XIV-XVIII*, dans *Santes Creus. Butlletí de l'Arxiu Bibliogràfic*, 51, 1980, p. 154. – E. Zaragoza Pascual, *Los generales de la Congregación de San Benito de Valladolid*, vol. IV, Silos, 1982, p. 153-154 ; Id., *Monjes profesos de Montserrat (1493-1833)*, dans *Studia monastica*, 3, 1991, p. 349 ; Id., *Historia del Real Monasterio de Montserrat del Madrid* (coll. Scripta et Documenta, 51), Montserrat, 1996, p. 32 ; Id., *Magarola y de Grau, Josep*, dans *Diccionari d'Història Eclesiàstica de Catalunya*, vol. II, Barcelona, 2000, p. 527 ; Id., *Abaciologi Benedictí de la Tarraconense*, Barcelona, 2002, p. 115, 192 ; Id., *Història de la Congregació Benedictina Claustral Tarraconense i Cesaraugustana* (coll. Scripta et Documenta, 67), Montserrat, 2004 ; Id., *Magarola y de Grau, José de*, dans *Diccionario Biográfico Español*, t. XXXI, Madrid, 2009, p. 663-664.

E. ZARAGOZA PASCUAL

MAIGNART (Père Charles), oratorien (*c.* 1584-1650).

Né à Vernon (département de l'Eure) vers 1584, fils de Jean Maignart, sieur de La Gravelle, avocat au Parlement de Rouen et de Marguerite Cottin, il était déjà prêtre lorsqu'il entra à l'Oratoire en 1613, deux ans après sa fondation. Il participa à la création de la maison de Rouen, dont il fut à partir de 1618 le second supérieur à la suite du P. Bourgoing et ce sans discontinuer jusqu'en 1631. En outre il fut nommé en 1620 curé de la paroisse Sainte-Croix-Saint Ouen de cette ville.

En 1627, il publia un petit ouvrage, aujourd'hui disparu, d'une quarantaine de pages destiné à la formation religieuse des enfants : *Les premières prières et instructions pour les enfants, avec les autres instructions sur l'oraison dominicale, le symbole des apôtres, les commandements de Dieu et de l'Église et les sept sacrements.* À partir de 1629, il correspondit avec l'abbé de Saint-Cyran, son contemporain, qu'il consulta sur de multiples sujets, mais l'abbé fut emprisonné à Vincennes par ordre de Richelieu de 1638 à 1643. En 1636, le P. Maignart fut attaqué devant l'évêque Mgr François de Harlay et son officialité par les capucins de Rouen, qui suspectaient la doctrine de certaines de ses prédications sur la grâce, comme lorsqu'il invitait ses auditeurs à demander avant chaque aumône une grâce spéciale de Dieu, car tout ce qui ne procède point de la grâce vient de la concupiscence. Heureusement Harlay protégeait l'Oratoire et l'affaire se termina. Mais Saint-Cyran lui-même lui reprocha des positions aussi extrêmes. En 1638, il publia une autre brochure en vers : *Les stances chrétiennes pour louer Dieu, nous humilier devant lui et le rabaisser par son amour ceux qui enseignent que l'œuvre de la nature n'est point péché.* Mais en dépit de sa présentation poétique, ce court ouvrage restait polémique et critiquable. Il voisina avec les membres de la famille Pascal à partir de 1640, date à laquelle le père de Blaise Pascal s'installa à Rouen dans la paroisse du P. Maignart. Blaise, déjà prodige en mathématiques, avait alors dix-sept ans.

En 1643, il fit un important choix de vie en décidant de se retirer de la vie publique afin de mieux assurer son propre salut. Il transmit la cure de Saint-Ouen à son confrère le P. de Saint Pé. Dans un premier temps, certains lui reprochèrent cette décision jugée trop personnelle. Il passa d'abord cinq années dans l'abbaye de Saint-Cyran, dans la Brenne, dont Martin de Barcos devint l'abbé après la mort de Saint-Cyran en octobre 1643. Puis à partir de 1649, il s'installa à demeure dans l'abbaye de Port Royal des Champs comme solitaire. Il y mourut le 15 janv. 1650 après de vives souffrances car on l'amputa quelques heures avant sa mort d'une jambe gangrénée et il dit en souriant dans le fort de la douleur : « voilà le chemin du ciel ». Les nécrologes jansénistes font état de sa bonté, de sa douceur, et de sa continuelle application aux choses de Dieu. Et c'est au travers des sources jansénistes que sa mémoire a été perpétuée.

A. Rivet de La Grange, *Nécrologe de l'abbaye de Port Royal*, Amsterdam, 1723, p. 26-27. – R. Cerveau, *Nécrologe des plus célèbres défenseurs et confesseurs de la Vérité au XVIIème et XVIIIème siècle*, t. 1, 1760, p. 45. – J. Lange, *Éphémérides normandes*, t 1, Caen, 1833, p. 52. – J. Orcibal, *Les origines du jansénisme*, t. 3, Paris, 1948, p. 100-107. – L. Batterel, *Mémoires domestiques pour servir à l'histoire de l'Oratoire*, t. 1, Genève, 1971, p. 309-321. – B. Delahaye, *Les relations épistolaires du cardinal Pierre de Bérulle avec les amis de Port-Royal : le P. Charles Maignart*, dans *Chroniques de Port-Royal*, 50, 2001, p. 63-80. – J. Lesaulnier et A. McKenna (dir.), *Dictionnaire de Port Royal*, Paris, 2004, p. 705-706. – Y. Chiron, *Pascal le savant, le croyant*, Paris, 2009, p. 40.

R. D'AMBRIÈRES

MAILLARD (Jean), jésuite (1618-1704).

Il naquit le 14 août 1618, la plupart des auteurs situant sa naissance à Nevers. Il fit vraisemblablement ses humanités au collège des jésuites de cette ville et entra au noviciat de Paris le 7 oct. 1639. Il suivit le parcours de régent dans les collèges de la Compagnie et fut ordonné prêtre à Bourges en 1650. Il fut

recteur du collège d'Arras de 1661 à 1665. Puis il quitta l'enseignement pour se consacrer à la direction spirituelle et à la prédication. Il résida à Nantes de 1668 à 1678 en compagnie du P. François Guilloré (1615-1684) qui, selon le ménologe de la Compagnie de Jésus, fut « un des maîtres les plus éminents de la vie spirituelle au XVIIe ». Enfin après un bref séjour à La Flèche et à Rouen, il passa le reste de sa vie dans le Collège Louis Le Grand de Paris en s'attelant à la rédaction de son œuvre sur la vie consacrée et mystique. Il mourut là le 7 juin 1704 (et non pas en 1702 comme l'indiquent plusieurs auteurs). Selon le ménologe : « ce saint homme était parvenu lui-même, par une prière continuelle du jour et de la nuit, au plus haut degré de la contemplation, et l'habitude de la présence de Dieu répandait sur son visage et sur ses moindres mouvements, comme un reflet de la vie et de la contemplation des bienheureux ». Et selon Bremond ce fut « l'un des mystiques les plus convaincus de la compagnie ».

Son œuvre s'articule d'abord autour d'une série d'ouvrages de spiritualité publiés à partir de 1683 durant la dernière partie de sa vie : *Les occupations intérieures de l'âme, La direction des âmes qui aspirent dans le monde à la perfection, Retraite pour les religieux et les religieuses, Méditations sur chaque verset des évangiles de l'année.* Ces ouvrages bénéficiaient de son expérience de direction spirituelle.

Le second volet de son œuvre est consacré à des biographies mystiques : *Le triomphe de la Miséricorde de Dieu sur un cœur endurci ou les confessions de l'Augustin de France converti, écrites par lui-même.* Il s'agit du récit autobiographique de la conversion d'un gentilhomme devenu Père augustin, mais on ne sait si Maillard contribua à écrire cet ouvrage anonyme ou s'il veilla seulement à sa publication. *La vie de la mère Marie Bon de l'Incarnation religieuse ursuline de Saint Marcellin en Dauphiné, où l'on trouve les profonds secrets de la conduite de Jésus-Christ sur les âmes et de la vie intérieure.* Maillard ne dirigea pas cette religieuse qui vécut de 1636 à 1680 et que Bremond qualifie de « théodidacte », mais le récit de son expérience mystique personnelle parvint à sa connaissance, et Maillard en fit la matière d'un livre en 1686. Puis en 1687, il publia *La Vie de M. Litaud, prêtre, modèle des ecclésiastiques et des pauvres.* L'oratorien Étienne Litaud (1590-1684) consacra une grande partie de sa vie au service des malades et Maillard l'avait vraisemblablement croisé.

Et enfin pour compléter son œuvre biographique, on doit citer mais à part, car il ne fut publié et de manière anonyme qu'en 1732, *Le Triomphe de la pauvreté et des humiliations ou La Vie de Melle de Bellère du Tronchay, appelée communément sœur Louise.* Maillard fut le dernier directeur de cette religieuse, qui vécut de 1639 à 1693. Elle entra dans les ordres à l'abbaye bénédictine du Ronceray à Angers, suivit la direction du P. Guilloré jusqu'à sa mort. Bremond l'a immortalisée sous le nom de Louise du Néant en privilégiant un pseudo-nom de religion assez peu orthodoxe, car elle se qualifiait plutôt de Louise servante des pauvres. Sa vie religieuse initialement extrêmement tourmentée la conduisit in fine à l'expérience mystique.

Son œuvre comprend un dernier volet, qui perdura : la traduction des œuvres spirituelles du bienheureux Jean de la Croix, qui sera canonisé en 1726. Cette troisième traduction française publiée en 1694 était de qualité et fit autorité jusqu'au XIXᵉ siècle ; elle fut reprise par l'abbé Migne entre 1840 et 1845 avec les œuvres de Ste Thérèse d'Avila.

E. de Guilhermy, *Ménologe de la Compagnie de Jésus, assistance de France*, Paris, 1892, p. 713-714. – C. Sommervogel et al., *Bibliothèque des écrivains de la Compagnie de Jésus*, t. 5, 1894, col. 336-340. – H. Bremond, *Histoire littéraire du sentiment religieux en France*, t. 5, Paris, 1920, p. 340-393. – *Dictionnaire de théologie catholique*, t. 9, Paris, 1927, col. 1654. – P. Delattre, *Les établissements des jésuites en France*, t. 1, Enghien-Wetteren, 1949, col. 360 ; t. 3, Enghien-Wetteren, 1955, col. 828-829. – G. Jacquemet et G. Mathon (dir.), *Catholicisme. Hier-Aujourd'hui-Demain*, t. 8, Paris, 1979, col. 173-174. – *Dictionnaire de spiritualité*, t. X, Paris, 1980, col. 104-106. – Cl. Louis-Combet, *Introduction à J. Maillard, Louise du Néant ou le Triomphe de la pauvreté et des humiliations*, Paris, 1987.

R. d'Ambrières

MALEBRANCHE (Nicolas), oratorien français, Paris, 5 août 1638-13 oct. 1715.

1° Éléments biographiques : les œuvres et les polémiques. Nicolas Malebranche naît à Paris en 1638, un mois avant Louis XIV. Il est le dernier d'une famille nombreuse. Son père est conseiller du roi et trésorier général des cinq Grosses Fermes de France ; sa mère, Catherine de Lauzon, eut un frère intendant de Provence et de Guyenne, gouverneur du Canada, puis conseiller d'État. Cette famille de parlementaires est aussi une famille pieuse : sa mère était la cousine par alliance de Mᵐᵉ Acarie qui avait introduit en France l'ordre des Carmélites, sous l'impulsion de Bérulle. À seize ans, en 1654, il part faire sa philosophie au collège de la Marche, où son maître, M. Rouillard, plus tard recteur de l'Université de Paris, lit et commente Aristote. Reçu maître ès arts en 1656 et déjà décidé à recevoir les ordres, il suit, jusqu'en 1659, les cours de théologie à la Sorbonne. En 1660, Malebranche entre dans la congrégation de l'Oratoire alors gouvernée par le P. François Bourgoing (1585-1662). Il n'y sent aucun attrait particulier pour la philosophie, dont l'enseignement, comme l'a noté H. Gouhier (*La vocation de Malebranche,* 1926) était dominé par une haine du cartésianisme et un attrait pour le platonisme et l'augustinisme. Il n'est pas davantage attiré par l'histoire ecclésiastique, même renouvelée par l'exégèse critique de son confrère Richard Simon. Ordonné prêtre en 1664, il se convertit à la philosophie la même année grâce à la découverte de Descartes. Son biographe le P. André fait un récit mémorable de sa première lecture du *Traité de l'Homme* : « La joie d'apprendre un si grand nombre de nouvelles découvertes lui causa des palpitations de cœur si violentes, qu'il était obligé de quitter son livre à toute heure, et d'en interrompre la lecture pour respirer à son aise » (Y. M. André, *La vie du R. P. Malebranche*, Genève, 1970, p. 12). Après *le Traité de l'Homme,* il lit le *Discours de la méthode, les Méditations* et *les Principes*. Libéré de tout ministère, il consacre le reste de son temps à se former en mathématiques, physique, astronomie et histoire naturelle. Il découvre pendant ces années philosophiques et scientifiques, qui durent entre trois et quatre ans, que Descartes et Augustin se complètent heureusement. L'histoire de sa vie n'est plus ensuite que celle de l'élaboration progressive de sa

Nicolas Malebranche, gravure tirée de Velly & Villaret, *Recueil des portraits des hommes illustres...*, t. VII, Paris, 1786, p. 56.

doctrine, des publications et rééditions de ses ouvrages, et des polémiques où il fut entraîné.

Les trois premiers livres de la *Recherche de la vérité* réunis en un volume, furent publiés en 1674, après en avoir été empêchés à cause de leur cartésianisme. Le second volume, contenant les trois derniers livres, parut en 1675, avec une seconde édition du premier. C'est un immense succès et les libraires n'arrivent pas à satisfaire les demandes parisiennes et de province. Le livre entre à la Cour et sa réputation se répand dans toute l'Europe. Ce premier grand ouvrage reprend les règles de la méthode cartésienne pour les mettre au service d'une fin apologétique, qui sera accentuée dans les ouvrages ultérieurs. Le style est déjà imprégné de l'anthropologie malebranchiste : le péché explique l'inattention aux idées claires et la perversion du mouvement de la volonté. L'ouvrage eut six éditions du vivant de Malebranche, et il devint l'une des lectures favorites de la princesse Élisabeth, qui avait été la disciple et l'amie de Descartes.

En 1677, les *Conversations Chrétiennes* adoptent un point de vue résolument moral et théologique et accentuent le rôle central de la foi dans la recherche de la vérité. En 1678, le t. III de la *Recherche de la vérité* apporte des *Éclaircissements* qui viennent préciser la pensée de Malebranche sur les points originaux de sa doctrine : l'ordre, la simplicité des voies, l'occasionalisme, la nature des idées et la vision en Dieu.

Paru en 1680, le *Traité de la nature et de la grâce* éveille la polémique la plus longue qui occupera Malebranche, celle qu'il aura avec le P. Arnauld de Port-Royal, en plus de susciter de vives critiques de Bossuet et de Fénelon. Il donne lieu à quatre éditions en moins de quatre ans. Malebranche intègre alors au système entier des causes occasionnelles les lois de la grâce qui peuvent être connues par l'intermédiaire de l'Écriture. Le dessein principal de l'ouvrage, cependant, est d'apporter au problème de la grâce et de la prédestination une solution qui réfute l'erreur janséniste : il faut montrer contre la position janséniste que Dieu veut sauver tous les hommes, sans restriction aucune, même si tous ne sont pas effectivement sauvés. Arnauld commence à attaquer le système entier de l'oratorien en 1683 dans son traité *Des vraies et des fausses idées*, où ce dernier tourne la vision en Dieu en dérision. Des textes se succèdent de chaque côté entre 1683 et 1687, et reprennent en 1694. Mais comme le craignait Malebranche, les réponses, trop techniques, lassèrent le public.

La publication du *Système de philosophie* de Régis en 1690 qui revient sur l'étendue intelligible et la bonté intrinsèque du plaisir (en plus d'attaquer Malebranche sur le point technique du grossissement des astres à l'horizon) ravive la polémique avec Arnauld. Le cartésien empiriste conduit Malebranche à préciser sa compréhension de la façon dont nous voyons les corps et à donner aux idées elles-mêmes une efficace.

Parallèlement, Malebranche renforce et précise sa métaphysique : les *Méditations chrétiennes et métaphysiques*, en 1683, réaffirment que la conscience humaine étant obscure, le lieu de toute connaissance, métaphysique ou morale, est l'entendement divin ou le Verbe. En 1684, le *Traité de morale* intègre les vérités de morale à l'ordre intelligible ou au Verbe divin, que l'homme peut voir, ne serait-ce que confusément, en Dieu. Les *Entretiens sur la métaphysique et sur la religion* de 1688 constituent une présentation synthétique des principales thèses malebranchistes. Ils soulignent encore la différence de nature entre la clarté et l'intelligibilité des idées contenues dans l'étendue intelligible ou la Raison divine qui produisent la connaissance, et l'obscurité des modalités de l'âme ou sentiments intérieurs de l'homme qui leur correspondent. Ils rappellent les lois générales par lesquelles Dieu gouverne le monde. Leur sont ajoutés, en 1696, trois *Entretiens sur la mort* qui insistent sur l'efficacité de l'étendue intelligible sur l'âme.

Quand la polémique avec Arnauld s'atténue à la fin des années 1680, elle laisse la place au retour des préoccupations scientifiques et des débats qui les concernent : à l'occasion de la critique par Leibniz du mécanisme cartésien, Malebranche publie en 1692 un opuscule *Des lois du mouvement* dans lequel il corrige les lois cartésiennes du choc ainsi que ce que lui-même en avait écrit dans la *Recherche de la vérité*. Il s'initie aux récentes découvertes mathématiques et au calcul infinitésimal. En 1699, il devient membre honoraire de l'Académie des sciences – c'est-à-dire qu'il ne touche pas de pension – et propose alors une explication des couleurs par la fréquence des vibrations de la matière subtile, thèse dont l'exactitude ne sera reconnue qu'au XIXe siècle. Il assistera à de nombreuses séances de cette Académie qui siégeait au palais du Louvre, face à l'Oratoire. Cet intérêt pour les découvertes scientifiques de son temps se manifeste encore à l'été 1707, quand Malebranche, à la campagne, vérifie les expériences de Newton sur la lumière (l'*Optique* de Newton est publiée en anglais en 1704 et traduite en latin en 1706).

En 1696, il écrit le *Traité de l'amour de Dieu*, adjoint à une réédition du *Traité de morale* en 1697, afin de dissiper la confusion générée par le Père bénédictin François Lamy qui, dans le troisième tome de *La Connaissance de soi-même*, avait invoqué l'autorité de Malebranche en faveur du quiétisme. Contre les quiétistes et leur doctrine du pur amour, Malebranche pense qu'il ne peut y avoir d'amour désintéressé, c'est-à-dire indifférent à toute perspective de bonheur. Ce traité lui permet de regagner les faveurs de Bossuet, opposé à Fénelon et Mme Guyon dans la querelle autour du quiétisme.

En 1708, il reçoit des attaques des jésuites, après son *Entretien d'un philosophe chrétien et d'un philosophe chinois sur l'existence et la nature de Dieu*. Enfin, en 1715, il répond, par les *Réflexions sur la prémotion physique*, à l'*Action de Dieu sur les créatures ou De la prémotion physique*, ouvrage dans lequel le P. Boursier avait, en 1713, défendu la thèse thomiste de la prémotion fondée sur le caractère nécessitant de la grâce. Pour fonder la liberté du consentement à la grâce qui avait été rappelée par le Concile de Trente, Malebranche montre que même si la grâce de Jésus-Christ est toujours déjà efficace, cause d'un plaisir que l'homme sent en lui, celui-ci garde toujours le pouvoir d'y consentir.

2° Les axes principaux de la philosophie de Malebranche. a) Les deux unions. L'ontologie augustinienne demeure très présente dans la philosophie de Malebranche. Elle se manifeste dès la préface de la *Recherche de la vérité* qui affirme que l'homme est marqué par deux dépendances ou deux unions constitutives. Malgré la distance infinie qui les sépare, l'homme est uni immédiatement à Dieu par son esprit, et à son corps et par lui aux corps et à toutes les choses sensibles (dont font partie ses parents, ses amis, sa ville, sa charge et tous les biens sensibles). Cette seconde union – qui concentre généralement l'attention des philosophes – est la principale cause de toutes les erreurs de l'homme alors que la première est ce qui l'élève au-dessus de tout. En effet, le péché d'Adam a changé cette union au corps voulue par Dieu pour la conservation en dépendance, accaparant l'attention des hommes et les détournant de leur union divine. Adam avait des sentiments : les lois de l'union de l'âme et du corps existaient avant le péché de sorte qu'existait déjà un rapport entre ce qui se passait dans son cerveau et les pensées présentes dans son esprit. Mais Adam avait aussi un pouvoir sur son corps, qui lui permettait d'empêcher comme il le voulait la formation des traces dans son cerveau. Avec le péché, l'homme perd ce pouvoir de suspendre la communication des mouvements – cette perte de pouvoir s'appelle « concupiscence » – ainsi que celui de ne pas aimer les corps qui occasionnent ses plaisirs. Dieu n'est donc pas cause de la concupiscence (*Recherche de la vérité*, I, V). Les deux unions ne se rompent jamais, mais diminuent à proportion que l'une augmente. L'entreprise malebranchiste vise justement à donner les moyens de renforcer l'union à Dieu, qui seule produit la béatitude. L'attirance coupable pour les corps doit mourir. L'attention de l'esprit à la vérité non sensible est la voie pour s'unir à Dieu. La philosophie, comme discipline de la raison, conduit ainsi, pour Malebranche à la théologie, ou n'en est pas dissociable. Chercher la vérité, c'est forcément renforcer son union à Dieu. Ces deux unions vont déterminer les deux grandes orientations de la philosophie malebranchiste.

1) C'est une philosophie apologétique : la philosophie est vraiment mise au service de la religion. Il faut accorder Augustin et Descartes. La grande différence de Malebranche avec Descartes est que le premier étend la raison humaine à la raison divine et refuse que certains objets soient en droit incompréhensibles pour l'homme. *Les Conversations Chrétiennes* de 1677 insistent sur cette continuité : on peut donner des preuves métaphysiques aux vérités de la religion. L'intelligence humaine peut s'appliquer aux vérités de la foi – Malebranche refusant par là même la distinction des ordres qu'on trouve chez Pascal. Ainsi Malebranche pense que la philosophie peut se prononcer sur la nature des attributs divins, sur le projet de Dieu pour l'homme, sur l'ordre de la nature et l'ordre de la grâce. De façon générale, sa théologie et sa morale sont empreintes de l'intellectualisme qui caractérise sa philosophie. Il fait de la raison l'interlocuteur privilégié de la parole divine et explique de façon récurrente que la vérité ou la sagesse divine parle à l'homme au plus profond de sa raison, reprenant S. Augustin qu'il cite explicitement sur ce point dans la préface de la *Recherche de la vérité*. C'est par une union plus forte avec la sagesse de Dieu, son Verbe, ou son entendement, que l'homme peut accéder à la vérité et à la vertu – qui n'est autre, pour Malebranche, que l'amour de l'ordre, c'est-à-dire l'amour de la sagesse divine. Le dixième Éclaircissement précise cette union au Verbe divin présente dès les premières éditions de la *Recherche* à travers la théorie de la vision en Dieu : les vérités universelles sont vues dans une raison universelle qui éclaire toutes les intelligences. Toute connaissance – allant de la connaissance des corps en cette vie à celle de notre âme après la mort, en passant par celle des devoirs – a lieu en Dieu, où se trouvent les idées archétypes de toutes les créatures ainsi que les rapports de grandeur et de perfection existant entre les êtres. Ces derniers rapports constituent l'Ordre, lequel n'est autre que l'ensemble des lois immuables qui règle la volonté de Dieu aussi bien que la volonté de l'homme vertueux. En principe, la connaissance morale doit se réaliser en union avec l'entendement divin et relève, au même titre que la connaissance mathématique, de la connaissance par idées.

2) En même temps, Malebranche donne une grande attention au règne du corps et prend son empire très au sérieux. Il est très impressionné par la « machine corporelle » qui exprime en même temps la gloire de Dieu ; le livre II de la *Recherche*, sur l'imagination, laisse une grande place aux explications physiologistes des opérations humaines qui manifestent une connaissance précise des découvertes médicales les plus récentes. Malebranche y mobilise une définition physiologique de l'idée, à partir des fibres du cerveau, bien différente de celle de l'entendement pur ; il y donne une explication physiologique du préjugé – celui-ci s'enracine avant tout dans une mémoire corporelle. Tout au long de son œuvre, l'oratorien déplore cette emprise du corps : l'âme se trouve détournée de la vérité par la vivacité des sensations et l'attrait des sentiments de plaisir. Le règne des passions témoigne de l'union que les hommes ont avec les corps extérieurs. Ainsi, la recherche constante de la gloire, dénoncée dès le début de la *Recherche* est une soumission aux imaginations des autres hommes. Malebranche, cependant, tire profit de cette condition, ne serait-ce que d'un point de vue littéraire : ainsi consacre-t-il de longs passages dignes des plus grands moralistes de son temps à la description des différentes formes de dépravation des caractères humains (*Recherche*, II). Il y a chez lui un intérêt anthropologique indéniable, qui était absent des pages de Descartes. Mais même d'un point de vue apologétique, il se sert de l'emprise des corps pour la conversion de l'homme, ce qui explique qu'il place le plaisir et l'attrait sensible au cœur de sa métaphysique et de sa théorie de la connaissance. Parmi ses grands adversaires se trouvent les stoïciens, qui n'ont pas du tout, selon lui, compris la nécessité et l'empire des plaisirs, et se trouvent ainsi incapables de répondre aux épicuriens. C'est aussi sa conception du plaisir qui distingue Malebranche des jansénistes. Le plaisir est toujours un bien en lui-même car Dieu en est l'auteur (*Recherche*, IV, X). Celui-ci rend toujours actuellement heureux celui qui le goûte même s'il n'est pas toujours bien d'en user. La volonté est le mouvement que Dieu imprime en nous vers le bien : elle se définit comme le désir du plaisir ou du bonheur. C'est une inclination naturelle vers le bien. S'unir à Dieu, c'est désirer s'unir à la source du désir de bonheur. En retour, cette union doit rendre l'homme heureux, comme le signalent les joies intellectuelles que Dieu donne à l'homme pour le récompenser et lui apprendre qu'il est sur la bonne voie. L'amour désintéressé ou indépendant du désir d'être heureux est impossible : le mouvement vers Dieu est intéressé, contre les quiétistes qui pensent qu'un amour pur, digne de Dieu, doit être indépendant du désir d'être heureux. Même l'amour pur qui prend Dieu pour fin et objet doit avoir un motif, donc un certain plaisir. Jésus offre justement la « grâce de sentiment » ou délectation prévenante qui fait goûter du plaisir aux biens spirituels. Ce saint plaisir relève de l'ordre de la grâce, et est donné après le péché pour faire goûter du plaisir aux hommes dans les choses divines, afin de compenser les plaisirs qu'ils tirent des objets des sens. Pour Malebranche, on ne peut pas chercher Dieu et l'aimer si l'on n'y trouve aucun plaisir. L'incarnation doit justement rendre cette vérité sensible et aimable (*Éclaircissement*, V). L'importance que donne Malebranche à la grâce de Jésus-Christ l'éloigne de la position des pélagiens – contre ce qu'en disent ses adversaires. Cette dernière secte, en faisant dépendre le salut du seul usage du libre-arbitre se méprend sur la véritable nature de l'homme, et, surtout, place en l'homme, plutôt qu'en Dieu, la raison de son salut. Si Malebranche, à la différence des protestants et des jansénistes, défend le salut de tous, il ne pense pas que l'homme puisse comprendre les raisons de ce salut. Avec S. Augustin, il considère que la grâce ne dépend pas de nos mérites mais qu'elle est entièrement gratuite. Toutefois, il refuse la lecture janséniste d'Augustin, qui, méprisant le contexte de la polémique avec Pélage, néglige la place donnée au libre-arbitre dans l'acceptation d'une grâce toujours déjà donnée. Que l'homme n'ait pas à faire usage de sa liberté pour recevoir la grâce n'implique pas qu'il ne puisse, la grâce étant donnée, refuser d'y consentir. La grâce est donnée à tous, mais tous n'y consentent pas. Le plaisir goûté dans la grâce de sentiment doit justement inciter l'homme à consentir à l'union à Dieu. Malebranche accorde donc une place centrale à l'impression sensible dans sa réflexion théologique. C'est aussi le cas dans sa théorie de la connaissance :

l'esprit éprouve peu d'attrait pour les idées claires et distinctes, si elles n'ont rien de sensible (*Recherche*, IV, II, V). L'attention de l'esprit est suspendue à la vue sensible des objets. Enfin, il prend acte de l'emprise du corps sur l'âme dans la connaissance morale en reconnaissant aux sentiments intérieurs de remords le pouvoir de maintenir les hommes dans un rapport avec l'Ordre immuable, rapport qui est certes confus mais qui leur laisse au moins une chance de devenir vertueux.

b) *L'occasionalisme.* Ce terme ayant servi à désigner la pensée de Malebranche et de ses disciples tout au long du XVIIIe siècle est intimement lié à la vision ontologique que nous venons d'aborder. Il décrit les modalités de la communication entre les différentes substances, dans un monde où toute puissance est reportée en Dieu. D'après ce système, les deux substances communiquent mais sans aucune interaction réelle, sans qu'aucune ne soit jamais à l'initiative de son mouvement. C'est seulement « à l'occasion » des changements de l'une que l'autre est modifiée par l'efficace divine. Cette explication vient avant tout d'un principe théologique qui reconnaît la toute-puissance de Dieu : Dieu seul est moteur, Dieu seul est auteur (*Éclaircissement*, I). La plus grosse erreur des philosophes anciens est d'avoir fait des corps les véritables causes du mouvement (*Recherche*, VI, II, III) : les corps ne peuvent agir, l'occasionalisme incluant dès lors le rapport des corps entre eux. Malebranche accorde ainsi la physique nouvelle (les lois du mouvement de Descartes supposant que les corps n'ont pas de « force » en eux-mêmes mais sont mus par les lois du choc) avec le théocentrisme radical propre à la théologie oratorienne. C'est Dieu qui produit tous les mouvements dans les âmes et dans les corps, de façon régulière, *id est* selon les lois générales de l'union de l'âme et du corps. Sa perfection préfère que sa volonté obéisse à des lois générales immuables plutôt qu'il en change. Pour cette raison, que tel bien sensible procure tel plaisir demeure, même après le péché. L'homme en abuse, forçant Dieu à produire en lui un plaisir qu'il n'a pas mérité (*Recherche*, IV, X), mais que Dieu doit lui procurer en vertu des lois établies. Loin de recourir à l'hypothèse d'un miracle perpétuel, le système de l'occasionalisme suppose que Dieu n'agit pas individuellement et suivant des circonstances singulières, mais selon des lois générales préétablies que détermine en chaque occurrence la cause dite occasionnelle. Les causes occasionnelles désignent ainsi les étants finis et créés, qui déterminent Dieu à produire telle idée en l'âme ou tel mouvement dans les corps (*Recherche*, III, II, IV). Ce système vise aussi à résoudre les apories de la conception innéiste qui ne permet ni de comprendre comment l'esprit pourrait avoir en lui les idées qui sont en nombre infini et comment Dieu aurait pu les créer en même temps dans tous les esprits, ni comment l'esprit pourrait choisir à chaque fois parmi elles, quand bien même il les aurait.

3° Le rayonnement de l'œuvre. Malebranche a connu un vrai succès de son vivant en France et en Europe (la *Recherche de la vérité* est traduite en néerlandais dès 1680, en latin entre 1682 et 1683, et en anglais en 1694). Il a été considéré comme le représentant majeur de la pensée cartésienne entre 1680 et 1720 (Denis Moreau, *Malebranche*, 2004). Ainsi, sa philosophie est utilisée comme un rempart contre l'empirisme et le sensualisme

triomphant pour ses partisans et les cartésiens du XVIIIe siècle et représente pour ses sectateurs empiristes le symbole d'une philosophie systématique et abstruse (ainsi en est-il pour Locke, Diderot, d'Alembert, ou Condillac). Toutefois, même si les conclusions de l'oratorien sont rejetées par les empiristes, certains de ses principes sont repris et adaptés. Ainsi, l'occasionalisme selon lequel Dieu n'agit que par des volontés générales n'est pas si éloigné de la conception déiste d'un Dieu horloger qu'on trouve chez Voltaire ou de la conception de la loi comme volonté générale qu'on trouve chez Montesquieu. L'idée que les modifications de l'âme n'ont qu'un rapport indirect avec les corps qui les occasionnent trouve un écho radical chez les philosophes anglais idéalistes, que ce soit Berkeley ou Hume, une fois la théorie métaphysique de la vision en Dieu mise à part. Le caractère expérimental de la connaissance de soi reçoit une place centrale chez les empiristes pour qui la nouvelle métaphysique est avant tout une psychologie (Condillac, Hume, Lelarge de Lignac) et l'évidence du sentiment intérieur affirmée par Malebranche en dépit du caractère ténébreux de l'âme pour elle-même devient une véritable pierre de touche de la vérité pour tous ceux qui ont renoncé à se prononcer sur des objets qui dépassent l'expérience (Hutcheson, Rousseau). Finalement, c'est surtout en philosophie morale que s'opère la réception la plus nette de la pensée de Malebranche chez les philosophes des Lumières. Premièrement, l'exigence de bonheur, fondée chez Malebranche sur l'impulsion continuelle de la volonté vers le bien donnée par Dieu, est un trait marquant des morales du XVIIIe siècle qui y trouvent un principe pour légitimer l'amour de soi. Leur préoccupation revient toujours à trouver les principes de la vertu dans la seule recherche intéressée du bonheur qui caractérise l'homme, que ce soit en considérant que la vertu procure le plus grand bonheur de l'âme (Hutcheson, Rousseau), ou en montrant de quelle façon la poursuite de l'intérêt personnel peut s'harmoniser avec le bien de tous (Diderot et d'Alembert). Deuxièmement, l'idée que la vue rationnelle de l'ordre ne suffit pas à bien agir, fortement affirmée dans le *Traité de morale*, et celle, corrélative, qu'il faut sentir le bien moral pour le réaliser semble faire l'unanimité, que ce soit dans l'école écossaise du sens moral, puis chez ses héritiers continentaux, de Diderot à Rousseau, jusqu'à Kant – où cette idée s'affirme dans la nécessité d'une raison pratique. Enfin, les théoriciens de l'art eux-mêmes semblent retenir les leçons de Malebranche lorsqu'ils insistent sur le pouvoir de persuasion des œuvres de sentiment pour éduquer les cœurs à la vertu (Marivaux, l'abbé Prévost, Diderot, Rousseau).

Œuvres. Pour les œuvres de Malebranche, on peut consulter les *Œuvres complètes* (OC) dirigées par A. Robinet, Paris, Vrin, 20 t., 1958-1970 (rééd.), et les *Œuvres* éditées par G. Rodis-Lewis, 2 vol., Paris, 1979-1992 (Bibliothèque de la Pléiade, 277, 390).

BIBLIOGRAPHIE INDICATIVE. Y. M. André, *La Vie du R. P. Malebranche, prêtre de l'Oratoire, avec l'histoire de ses ouvrages, publiée par le P. Ingold*, Paris, 1886 (réimpr. Genève, 1970). – H. Gouhier, *La vocation de Malebranche*, Paris, 1926 ; Id., *La philosophie de Malebranche et son expérience religieuse*, Paris, 1926. – Y. de Montcheuil, *Malebranche et le quiétisme*, Paris, 1946. – G. Dreyfus, *La volonté selon Malebranche*, Paris, 1958 ; Id., article « Malebranche » de l'*Encyclopaedia*

Universalis, Paris, édition 1968-1975. – G. Rodis-Lewis, *Nicolas Malebranche*, Paris, 1963 ; Id., « Malebranche (Nicolas) », dans M. Viller et Ch. Baumgartner (éd.), *Dictionnaire de spiritualité*, t. 10, Paris, 1977, col. 167-173. – A. Robinet, *Système et existence dans l'œuvre de Malebranche*, Paris, 1965. – F. Alquié, *Le cartésianisme de Malebranche*, Paris, 1974. – Ch. J. McCracken, *Malebranche and British philosophy*, Oxford, 1983. – M. Gueroult, *Étendue et psychologie chez Malebranche*, Paris, 1987. – F. de Buzon, article « Malebranche », dans M. Canto-Sperber (dir.), *Dictionnaire d'éthique et de philosophie morale*, Paris, 1996, p. 911-918. – T. M. Schmaltz, *Malebranche's Theory of the Soul : A Cartesian Interpretation*, New York-Oxford, 1996 ; Id., *Nicolas Malebranche*, dans *Stanford Encyclopedia of Philosophy* en ligne, 2002, version révisée en 2013. – J.-Chr. Bardout, *Malebranche et la métaphysique*, Paris, 1999. – S. Nadler (éd.), *The Cambridge Companion to Malebranche*, University of Wisconsin, Madison (Wis.), 2000. – A. Pyle, *Malebranche*, London-New York, 2002. – D. Moreau, *Deux cartésiens. La polémique entre Antoine Arnauld et Nicolas Malebranche*, Paris, 1999 ; Id., *Malebranche*, Paris, 2004. – D. Antoine (dir.), *Les Malebranchismes des Lumières. Études sur les réceptions contrastées de la philosophie de Malebranche, fin XVIIᵉ, et XVIIIᵉ siècle*, Paris, 2014.

L. SIMONETTA

MALO DE ANDUEZA (Fray Diego), OSB, Logroño, *c.* 1615-San Millán de la Cogolla (La Rioja), 1ᵉʳ sept. 1673, abbé et prédicateur.

Sans doute de famille noble riojane, il prit l'habit bénédictin observant dans le célèbre monastère riojan de San Millán de la Cogolla le 1ᵉʳ févr. 1632. Il fit profession l'année suivante et fut envoyé étudier la philosophie et la théologie aux collèges de la Congrégation de San Benito de Valladolid, à laquelle appartenait San Millán. Il fut lecteur en théologie (1641-1645), prédicateur (1649-1657) et prédicateur général. Il devint maître en philosophie, théologie et droit canon de l'Université de Irache (Navarre) le 10 juin 1649 et abbé du collège de « pasantes » – dans certains ordres, ce terme désigne un religieux étudiant qui, après ses années d'études, s'impose des exercices scolastiques dans l'espoir d'obtenir des lectures ou des chaires – à San Pedro de Eslonza (León) (1657-1661), à la place du frère Rosendo Álvarez, profès de Celanova, qui n'accepta pas la charge d'abbé pour pouvoir continuer dans sa chaire à Salamanque. Il fut également abbé de San Millán (1665-1669), où il construisit l'ermitage de Santa Potamia, répara la bibliothèque et la galerie contiguë, ordonna et accrut la pharmacie. Il y rendit l'âme le 1ᵉʳ sept. 1673. Malo de Andueza écrivit plusieurs tomes de sermons pour l'avent, le carême et pour différentes fêtes de saints ; il commenta la Sainte Écriture, en particulier le premier livre des Rois. Mais l'ouvrage qui établit sa popularité fut l'*Arte de merecer mucho con pocas obras, mediante la divina gracia*, publié en 1666. Quelques sermons et écrits ascétiques restèrent manuscrits et disparurent après sa mort. Il fut sans aucun doute un des prédicateurs les plus éloquents de la Congrégation de Valladolid et du monastère de San Millán de son époque, bien que d'un style cultéraniste pesant, avec les mêmes titres qu'en étant abbé.

ÉCRITS. *Arte de merecer mucho con pocas obras, mediante la divina gracia*, Madrid, Melchor Alegre, 1666. – *Historia Sagrada Perifraseada. Políticas de David. Academia literal y moral, Madrid*, Domingo García y Morrás, 1666 ; 2ᵉ édition :

Libro primero de los Reyes. Saúl coronado y David ungido. Fin de la autocracia de Israel. Principio de la monarquía. Políticas de David. Academia literal y moral. Historia Sagrada Perifraseada, Madrid, Melchor Alegre, 1671. – *Oraciones evangélicas. Domingos y ferias principales de Quaresma*, Madrid, Gregorio Rodríguez, 1661 ; 2ᵉ édition en 2 vol., Madrid, Julián de Paredes, 1664, et Madrid, Mateo de Espinosa y Arteaga, 1670. – *Oraciones panegíricas en las festividades de varios santos*, Madrid, Domingo García y Morrás, 1663. – *Oraciones panegíricas en las festividades de Nuestra Señora*, Madrid, Melchor Sánchez, 1665. – *Oraciones evangélicas de Adviento y Quaresma*, Madrid, Melchor Alegre, 1666. – *Panegíricos varios para diversas festividades del año*, Madrid, Andrés García de la Iglesia, 1668. et Demeurés manuscrits, s.l., s.d. : *Anotaciones cuadragesimales* ; *Anotaciones de santos* ; *Escuela de Príncipes* ; *Obras ascéticas* ; *Sermones de Adviento* ; *Theatro Sacro Profano*.

SOURCES. Archivo de la Congregación de San Benito de Valladolid, en la abadía de Silos (Burgos), *Actas de los capítulos generales*, vol. II, fᵒ 207vᵒ, 264vᵒ, 280vᵒ, 337rᵒ. – G. de Argaiz, *La Perla de Cataluña. Historia de Ntra. Sra. de Monserrate*, Madrid, 1677, p. 94-95.

TRAVAUX. J. Pérez de Úrbel, *Varones insignes de la Congregación de Valladolid*, Madrid, 1967, p. 157-158. – M. del Álamo, *Valladolid, Congregación de San Benito de*, dans *Enciclopedia universal illustrada europeo-americana*, vol. 66, Barcelona, 1929, p. 964. – J. Ibarra, *Historia del monasterio benedictino y de la Universidad literaria de Irache*, Pamplona, 1940, p. 401. – J. Peña, *Páginas emilianenses*, San Millán de la Cogolla, 1980, p. 94-95, 222. – E. Zaragoza Pascual, *Los generales de la Congregación de San Benito de Valladolid*, vol. IV, Silos, 1982, p. 18, 215, 224, 234, 242, 246, 248, 253, 272, 278, 282, 430 ; Id., *Monacologio emilianense (1500-1833)*, dans *Studia monastica*, 29, 1987, p. 299 ; Id., *Abadologio del monasterio de San Millán de la Cogolla (Siglos VI-XIX)*, dans *Ibid.*, 42, 2000, p. 209-210 ; Id., *Malo de Andueza, Diego*, dans *Diccionario Biográfico Español*, t. XXXI, Madrid, 2009, p. 789.

E. ZARAGOZA PASCUAL

MALUENDA Y GARCÍA (Fray Antonio de), OSB, Burgos, 1492-Salamanque, 8 mai 1580, théologien.

Fils des nobles Martín de Maluenda y Álvarez de Castro († 1530) et Juana García de Castro († 1529), enterrés dans l'église de San Gil de Burgos, il est apparenté à Lope Pérez de Maluenda, Andrés et Luis de Maluenda et Gonzalo Rodríguez de Maluenda, gouverneur de Burgos. Il eut cinq frères, le plus célèbre d'entre eux étant le docteur Pedro de Maluenda, disciple de Juan Luis Vives à Louvain, lecteur en arts et docteur en Sorbonne, chapelain du roi, qui intervint dans la polémique suscitée par les affirmations théologiques du card. Mendoza, prit part aux colloques de Worms et de Ratisbonne (1540-1541), disputa avec Martin Butzer (1546), assista au concile de Trente (1551) et à la Diète d'Augsbourg (1555) ; Un demi-frère, appelé frère Francisco de Maluenda, avait pris l'habit bénédictin dans le monastère de San Juan de Burgos en 1523. Pour sa part, Antonio prit l'habit dans le monastère de Montserrat (Barcelone), appartenant à la Congrégation observante de San Benito el Real de Valladolid, le 27 mars 1524. L'occasion de son entrée dans ce monastère nous est donnée dans le cartulaire du monastère de San Juan de Burgos : « Il était d'une rare habileté et d'une grande intelligence en diverses affaires. Jeune homme, il étudia les lettres puis se rendit à la cour de l'empereur Charles Quint, où il fut page de Monsieur Grambella, grand chancelier de sa majesté impériale. Au nom de Grambella, il exerça le secrétariat de tout ce qui concernait l'Espagne, en tant que grand secrétaire et arithméticien. Une nuit, jouant avec d'autres compagnons, il misa et perdit 17 000 ducats, que lui avait donnés l'empereur pour payer un régiment de huit mille Allemands. Et le supposant à juste titre en colère, il décida de s'enfuir pour échapper à l'ire de l'empereur. Il entra à Montserrat, parce que ce monastère jouissait du droit d'asile pour les débiteurs. Il y prit l'habit et « ensuite il paya avec sa part légitime d'héritage et celle de ses (deux) sœurs (Béatrice et Isabelle) quasi toute la dette ». Il étudia les arts et la théologie à Montserrat et alla également à Salamanque, faits qu'il faut situer entre 1527 et 1532, où nous supposons qu'il devint maître en théologie. Il se montra dévot et zélé de l'autorité de l'Église romaine, lorsqu'à l'une des deux fois où il fut procurateur général de la Congrégation de Valladolid à Rome, il disputa devant le pape Paul III, qui ensuite réclama par la lettre du 22 oct. 1545 sa présence au concile de Trente, auquel il ne put cependant assister, étant âgé et par manque des moyens économiques correspondants, dit un chroniqueur de son monastère. Mais en fait, il n'avait que 53 ans. En 1552, il se retrouva régent des études de San Vicente de Salamanque, et comme tel assista au chapitre privé de Sahagun (16 sept. 1552). Dans cette ville de Salamanque, la même année, il soutint l'essai de réforme du monastère des bénédictines de Santa Ana. Il fut l'un des visiteurs apostoliques chargés de l'implantation des nouvelles constitutions de la Congrégation de 1563, dites de Madrid, dans les monastères de Burgos, La Rioja et Irache, en Navarre. De même, il fut procurateur du monastère de San Juan de Burgos aux chapitres généraux de 1559 et 1571, définiteur général de la Congrégation (1559-1562), suppléant de visiteur (1571-1574), visiteur général (1577-1580) et deux fois abbé de San Juan de Burgos (1559-1562, 1565-1568). Il disputa publiquement avec le card. Mendoza, archevêque de Burgos, lequel demanda sa déposition comme abbé à l'abbé général de la Congrégation, après lui avoir retiré les licences de prêcher et de confesser dans son diocèse. Mais l'Inquisition donna raison au P. Maluenda. Cette dispute survint à la suite de l'affirmation par le cardinal, dans un sermon, que le corps du Christ s'unit à la chair de celui qui le reçoit, de manière réelle, naturelle et substantiellement, et ainsi « la chair du Christ devînt une chair avec celle de celui qui la reçoit dignement ». Notre abbé disait que c'était une erreur théologique, parce que si l'eucharistie se convertissait en corps de celui qui la reçoit, « il cesserait d'être ce qu'il était, comme dans la transsubstantiation, le pain cesse d'être du pain, restant seuls les accidents ».

Dans le cartulaire du monastère de San Juan de Burgos, un chroniqueur anonyme fait son éloge, en disant : « La conversation du maître Maluenda était pleine d'une variété de choses et de faits qu'il avait vus, expérimentés et observés en Allemagne, France, Flandres et Italie, dont il comprenait et parlait les langues avec une perfection similaire à celle de sa langue native espagnole, qu'avec ses beaux vêtements, ses cheveux vénérables, sa prestance et son visage calme, il attirait les gens et se faisait respecter de tous ; et il les

gardait à l'écoute admirative de sa conversation paisible, pleine de gravité religieuse et de doctrine salutaire ». Il fut très amoureux de la chasteté, une vertu qu'il conserva toujours à partir de son entrée en religion, comme il le dit à des personnes de confiance. Il s'avéra également très zélé pour la prédication et la doctrine évangéliques, au point que pour elles, il « souffrit de grands travaux, des rencontres et des dangers de la vie ». Il mourut en grande renommée de théologien et de prédicateur, sans laisser toutefois des manuscrits de théologie ou des sermons, du moins ne sont-ils pas parvenus jusqu'à nous, peut-être parce qu'ils ont été perdus.

Sources. Archivo Histórico Nacional, Madrid, Sección de la Inquisición, Leg. 2130.

Travaux. M. Martínez Añíbarro, *Intento de diccionario biográfico y bibliográfico de autores de la Provincia de Burgos*, Madrid, 1890, p. 328-329. – L. Ruiz-García Sáinz de Baranda, *Escritores burgaleses*, Alcalá de Henares, 1930, p. 288. – M. Muñoz, *El P. Maestro fray Antonio de Maluenda*, dans *Boletín de la Comisión provincial de Monumentos de Burgos*, 5, 1941, p. 558-568. – J. Blázquez, *Teólogos españoles del siglo XVI. D. Francisco de Mendoza (1508-1566). Su doctrina acerca del cuerpo místico*, dans *Revista de Teología Española*, 4, 1944, p. 257-273. – A. Piolanti, *De naturali cum Christo unitate libri quinque del Cardenal Mendoza*, dans *Lateranum*, Nova Series, 13, n° 1-4, Roma, 1947. – A. De Yepes, *Libro Becerro del monasterio de San Juan de Burgos*, édité par M. Muñoz, Burgos, 1950, p. 144-147 ; Id., *Crónica general de la Orden de San Benito*, t. III, édition de J. Pérez de Úrbel, Madrid, 1960, p. 251-252. – N. López Martínez, *El Cardenal Mendoza y la reforma tridentina en Burgos*, dans *Hispania Sacra*, 16, 1963, p. 61-77. – I. Tellechea Idígoras, *La polémica entre el cardenal Mendoza y el abad Maluenda*, Madrid, 1980. – E. Zaragoza Pascual, *El libro de bienhechores del monasterio de San Juan de Burgos*, dans *Studia Silensia*, II, Silos, 1977, p. 684 ; Id., *Los generales de la Congregación de San Benito de Valladolid*, t. III, Silos, 1980, p. 375, 379 ; Id., *Monjes profesos de Montserrat (1493-1833)*, dans *Studia monastica*, 33, 1991, p. 336 ; Id., *Abadologio del monasterio de San Juan Bautista de Burgos (siglos XI-XIX)*, dans *San Lesmes en su tiempo*, Burgos, 1997, p. 359-363 ; Id., *Documentación inédita sobre la reforma de la Congregación de Valladolid (1560-1567)*, dans *Studia monastica*, 43, 2001, p. 161 ; Id., *Maluenda y García, Antonio de*, dans *Diccionario biográfico Español*, t. XXXI, Madrid, 2009, p. 800-801.

E. Zaragoza Pascual

MANDAR (Père Jean-François), oratorien (1732-1803).

Né en 1733 à Marines dans le Vexin français, il est issu d'une famille de notables locaux, qui donna un homme politique, Théophile (1759-1823), et un architecte, Charles-François (1757-1844), chacun d'eux acquis dès 1789 à toutes les idées de la Révolution. Jean-François entra à l'Oratoire en 1750. Après le classique cursus de régent dans les collèges et en particulier à Juilly, il fut en 1759 désigné pour la maison oratorienne de Montmorency et y resta jusqu'à la mi-1762.

Il rencontrait là Jean-Jacques Rousseau, son aîné de vingt ans, qui, hébergé sur place depuis 1757 par le maréchal de Montmorency, fréquentait la société des oratoriens : « les Oratoriens que j'aimais, que j'estimais et que je n'offensais jamais… », même si plus tard il leur reprocha de mauvais traitements. Le P. Mandar et un de ses confrères passèrent en particulier une journée de promenade avec Rousseau, le 8 juin 1762, veille de la condamnation de *l'Émile* par le Parlement. Selon le polygraphe Antoine-Vincent Arnault (1766-1834), élève à Juilly entre 1776 et 1783, le P. Mandar lui aurait donné à cette occasion l'idée d'écrire *Le lévite d'Ephraïm*, conte inspiré par un récit du *Livre des juges*. Rousseau a confirmé que ce morceau avait été projeté le soir de cette journée et rédigé du 10 au 12 juin lors de son départ vers la Suisse pour éviter l'emprisonnement. Bien que ce récit tombé dans l'oubli ne compte à peine qu'une vingtaine de pages, Rousseau n'en disait pas moins à son propos : « s'il n'est pas le meilleur de mes ouvrages, il en sera toujours le plus chéri », ce qui peut surprendre car ce texte, édité après la mort du philosophe en 1781, est l'histoire macabre de la compagne d'un lévite qui fut assassinée dans des conditions atroces, dont le corps fut dépecé, et que l'ensemble des tribus d'Israël décida de venger. Le P. Mandar, qui disait de Rousseau : « Voilà un homme qui, si on lui en avait rendu justice, aurait été brûlé vif avec ses écrits » conciliait ainsi fidélité à l'Église et ouverture à l'esprit des lumières.

À la mi-1762, il fut nommé à Saint Magloire directeur des séminaristes et revint à Juilly vers 1767, établissement dont il devint supérieur en 1785.

Le 25 août 1774, fête de la S. Louis, il prononça, dans l'église des Pères de l'Oratoire et devant les membres de l'académie des Inscriptions et Belles Lettres, le panégyrique du saint roi. Encore selon Arnault : « appelé à Versailles en 1782 pour prêcher devant la Cour, il toucha moins son auditoire qu'il ne l'effaroucha… Il n'y parut qu'une fois ».

Il publia en 1783 dans le style champêtre de l'époque une brève *Description de la Grande Chartreuse* en vers français et traduite en vers latins par son confrère de Juilly le P. Viel (1736-1821). Cet ouvrage fut assez largement diffusé en particulier avec d'autres récits de voyages.

Les auteurs s'accordent pour reconnaître son talent littéraire, sa maîtrise de l'éloquence sacrée, sa bienveillance et sa vertu. C'est sous son supériorat, que l'effectif des élèves de Juilly atteint le maximum de 375, chiffre considérable pour l'époque, même si le même Arnault critiqua a posteriori sa gestion matérielle trop dépensière à son sens ; mais comment faire croître une institution sans dépenser ? Le rayonnement du collège fut très large et constant jusqu'à la Révolution. Il donna une solennité accrue aux présentations académiques et aux exercices publics. Il eut durant l'année scolaire 1787-1788 comme professeur de sciences Joseph Fouché, alors confrère de l'Oratoire et futur ministre de l'Empire.

La Révolution venue, ferme sur ses convictions, le P. Mandar s'interdit de prêter le serment exigé des prêtres, ce qui l'obligea à quitter le collège à l'été 1791. Sa détermination incita la plupart de ses confrères à refuser de jurer, mais en même temps, il fit en sorte d'éviter la fermeture de l'établissement et de permettre la poursuite des cours au moins à une échelle réduite.

Après être revenu à la maison Saint-Honoré, il vécut la fin de l'Ancien Oratoire de France supprimé en 1792, puis il prit le chemin de l'exil anglais et trouva un accueil dans la famille du duc de Norfolk dont les deux fils catholiques avaient étudié à Juilly. Revenu en France, il mourut en 1803 à Paris, demeuré toujours

fidèle à son engagement vis-à-vis de l'Église catholique romaine. Il aurait refusé l'épiscopat, pour lequel on l'aurait sollicité à la suite du Concordat.

A. V. Arnault et al. (dir.), *Biographie nouvelle des contemporains…*, t. 12, Paris, 1823, p. 348-349 ; Id., *Souvenirs d'un sexagénaire*, Paris, 1833, p. 60-61 et 450. – Ch. Hamel, *Histoire du collège et de l'abbaye de Juilly*, Paris, 1888, p. 306-339. – J.-J. Rousseau, *Œuvres, Confessions*, Paris, 1959, p. 579-587. – J. de Givry, *Juilly 1177-1977. Huit siècles d'histoire*, Juilly, 1976, p. 68. – *Correspondance complète de Jean-Jacques Rousseau*, t. 52, *Index*, Oxford, 1998.

R. D'AMBRIÈRES

MANRIQUE DE ZÚÑIGA (Pedro), augustin, missionnaire, martyr au Japon et bienheureux (1580-1622).

Né en 1580 à Séville, fils d'Álvaro Manrique de Zúñiga (1525-1604), premier marquis de Villamanrique et septième vice-roi de Nouvelle-Espagne († 1590), et de Blanca de Velasco y Enríquez de Almansa. Durant l'absence de ses parents au Mexique (1585-1590), son éducation et sa formation académique furent prises en charge par ses oncles, les ducs de Medina Sidonia, qui résidaient habituellement à Sanlúcar de Barrameda (Cadix). À la fin de ses études suivies au Collège-Université de Sainte-Marie de Jésus, à Séville, dit Maese Rodrigo, il manifesta le désir d'entrer au couvent Saint-Augustin, de Séville, et bien qu'il n'ait pas l'accord de sa famille, il revêtit à 23 ans l'habit augustinien. Après le noviciat, il fit profession le 24 oct. 1604, sous le priorat de Jerónimo de Añasco. Dans ce même couvent sévillan, il acheva les études de théologie avant d'être ordonné prêtre et de commencer son activité apostolique. L'arrivée à Séville de l'augustin Diego de Guevara (1568-1621, sur ce dernier, *cf. DHGE*, t. 22, col. 747-749), futur évêque de Nueva Cáceres (Philippines), éveilla en Pedro la vocation missionnaire et il n'hésita pas à se préparer pour les missions du Japon. Le 22 févr. 1609, il embarqua, en compagnie d'autres augustins, au port de Sanlucar de Barrameda pour le Mexique, transita par le port d'Acapulco et de là, prit le chemin des Philippines, faisant son entrée au couvent de San Pablo, à Manille le 6 – et non le 4 – juin 1610. Le chapitre provincial, célébré à Manille, le 23 avr. 1611, l'admit à l'examen de confesseur tout en lui octroyant le titre de prédicateur des Espagnols. Dans la province de Pampanga, il fut vicaire d'abord de Porac (17 mai 1614) puis de Sexmóan (1615-1618). Durant ces années, il apprit la langue japonaise, gardant l'espoir de prêcher l'évangile au Japon, bien que l'entrée de missionnaires catholiques en terre nippone soit rigoureusement interdite. En 1618, il parvint sur les côtes japonaises, accompagné de Bartolomé Gutiérrez (1580-1632), s'établissant le 12 août de cette même année à Nagasaki. L'activité missionnaire qu'il effectuait parvint à la connaissance des autorités et, après avoir appris qu'il appartenait à l'illustre famille noble des Zúñiga, ils préférèrent l'expulser plutôt que de répandre son sang. En effet, le commissaire qui l'avait arrêté fut celui-là même qui facilita sa fuite vers les Philippines. Cependant, devant les clameurs insistantes et les suppliques des chrétiens japonais adressées au provincial des Philippins et une fois obtenues les licences nécessaires, l'intrépide missionnaire Pedro de Zúñiga mit le cap sur le Japon depuis Manille le 4 juin – et non août – 1620, en compagnie du dominicain Luis Flores (1598-1622), sur une frégate de chrétiens japonais, dirigée par Joaquín Hirayama ou Firayama († 1622). Quand ledit bateau eut passé l'île de Formose, sur la route du Japon, le navire anglais *Elisabeth* l'aborda, bien qu'il eût toutes les permissions – sceau rouge – des autorités japonaises. Le capitaine du navire, Firayama, arrivé à Nagasaki, se plaignit aux autorités anglaises, et plus tard aux hollandaises, qu'on lui avait volé son embarcation et emprisonné l'équipage. Les Hollandais justifièrent la détention par le soupçon de la présence à bord de la frégate de missionnaires catholiques, qu'ils pensaient livrer aux autorités locales, comme cela était déjà arrivé. Les deux missionnaires catholiques, Flores et Zúñiga, furent conduits le 4 août 1620 au comptoir des Hollandais et ils y demeurèrent jusqu'à leur transfert par les Japonais sur l'île déserte d'Okinoshima. Immédiatement, ils commencèrent à être torturés et interrogés, sans confesser leur véritable condition afin de ne pas porter préjudice à l'équipage du navire. En novembre 1621, le *bugyô* (gouverneur) de Nagasaki choisit de résoudre ce problème encombrant et, pour cela, réunit divers témoins japonais, espagnols et portugais, incarcérés dans la prison de Suzuta, comme le dominicain Francisco de Morales (1567-1622), le jésuite Carlos Spínola (1564-1622), le franciscain Pedro de Ávila (1592-1622) et le prêtre Tomás Araki († 1622). Au cours du procès, Pedro de Zúñiga fut reconnu en tant que chrétien, les juges l'obligeant à se déclarer « père » – prêtre catholique – devant les Portugais, les Hollandais et les Japonais. Cette confession se produisit le 30 nov. 1621. À la suite de quoi tous les membres de l'équipage furent incarcérés par les Japonais, tandis qu'ils transférèrent l'augustin Zúñiga à Okinoshima le 23 déc. 1621. Le dominicain Flores demeura avec les Hollandais jusqu'à ce qu'ils découvrent sa condition de religieux catholique et qu'il passe aux mains des Japonais, qui le conduisirent à son tour le 5 ou le 6 mai 1622 dans l'île d'Okinoshima, où il retrouva Pedro de Zúñiga, avec peu de nourriture et de vêtements. Le 29 juil. 1622, le gouverneur de Nagasaki – Hasegawa Gonrocu – se rendit à la cour pour informer l'empereur à propos des prisonniers. Le 17 août, Pedro de Zúñiga et Luis Flores, quittant l'île, furent conduits à Nagasaki, où leur procès devait avoir lieu lors de l'audience ; voyant que les prisonniers avaient mis leur confiance en Dieu et étaient prêts à mourir pour la foi, le gouverneur rendit le jugement final en les envoyant à l'endroit de leur futur martyre, où s'étaient rassemblées plusieurs centaines de personnes. Les douze marins de l'embarcation – León Sukeyemón, Miguel Díaz, Juan Sokemon, Antonio Yamada ou Yamanda, Marcos Takenoshima ou Takeyinika, Tomás Kanayagi ou Coyanghi, Santiago Matsuo Denshi, Lorenzo Rokuyemon ou Bokeyamon, Pablo Sankichi, Juan Yago ou Yano, Juan Nagata Matakichi et Bartolomé Mohioye ou Monfiore – furent décapités pour avoir refusé de renier leur foi chrétienne. Le capitaine du bateau – Joaquín Hirayama –, le dominicain Luis Flores et l'augustin Pedro Manrique de Zúñiga furent brûlés vifs à feu lent sur une colline de Nagasaki le matin du vendredi 19 août 1622. Le dominicain et martyr Domingo Castellet (1592-1628), témoin oculaire des événements, rédigea un récit de l'emprisonnement et

du martyre, à Nagasaki le 25 août 1622. De même, l'augustin Bartolomé Gutiérrez, également témoin des événements, rédigea un autre mémoire du martyre, au Japon, le 24 févr. 1623, qui fut reproduit par J. Sicardo dans son ouvrage *Cristiandad del Japón* (Madrid, 1698).

Les restes mortels de Pedro Manrique de Zúñiga, recueillis par le Portugais Martín de Govea, marié et résident de Nagasaki, reposent depuis le 9 juil. 1651 dans l'église San Agustín de Manille, reliques d'abord placées dans une boîte en or sous l'autel principal et, après l'invasion anglaise de 1762, conservées dans la chapelle dédiée à Miguel López de Legazpi († 1572). Le 7 juil. 1867, en la célébration des 1800 ans du martyre des SS. Pierre et Paul, eut lieu la cérémonie de béatification des martyrs du Japon en la basilique Saint-Pierre de Rome, présidée par le capucin Luigi Puecher Passavalli (1821-1897), archevêque titulaire d'Iconium [*Iconiensis*] et vicaire de la basilique Saint-Pierre. Le groupe de martyrs fut uni à la cause du bienheureux Alfonso de Navarrete (1571-1617) et ses 204 compagnons, parmi lesquels figuraient des missionnaires de la famille augustinienne : Fernando ou Hernando de San José Ayala († 1617) et son catéchiste, Andrés Yoshida († 1617) ; Juan Shozaburo († 1630), et les oblats Miguel Kiuchi († 1630), Pedro Kuhieye († 1630) et Tomás Terai Kahioye († 1630) ; Bartolomé Gutiérrez († 1632) ; les tertiaires séculiers Mancio Seiza-yemon († 1630) et Lorenzo Hachizo († 1630) ; les augustins récollets Vicente Carvalho San Antonio († 1632) ; et Francisco Terrero de Jesús († 1632).

ÉCRITS. – *Carta al Provincial de Manila* [Prisión de Firando, 10 de septiembre de 1620], dans G. de San Agustín, *Conquistas de las Islas Filipinas : la temporal por las armas de nuestros católicos reyes de España, y la espiritual por los religiosos de la Orden de San Agustín. Parte Segunda que a beneficio de los materiales que dejó recopilados el M. R. P. Fr. Gaspar de San Agustín, autor de la primera parte, compuso el padre Fr. Casimiro Díaz*, Imprenta, Librería, Heliografía y Taller de Grabados de Luis N. de Gaviria, Valladolid, 1890, p. 149-150 (extrait).

SOURCES. – Archives vaticanes, *Congr. SS. Rituum Processus*, liasse 1197 : *Procesos. II. Proceso de Macao* (1630) ; liasse 1209 : *Procesos. II. Proceso de Manila* (1630) [trad. italienne, liasse 1211 : *Procesos. II. Proceso de Manila* (1630)] ; liasse 1201 : *Procesos. III. Proceso de Macao* (1632) [trad. italienne, liasse 1208 : *Procesos. III. Proceso de Macao* (1632)] ; liasse 1207 : *Proceso de Roma* (1654). – Sacra Rituum Congregatio, *Congregatione Sacrorum Rituum sive Eminentissimo, ac Reverendissimo D. Card. Azzolino Japonensis Canonizationis, seu declarations Martyrii Vener. Servorum Dei Fr. Alphonsi Navarette Ordinis Praedicatorum, Petri de Avila Ordinis Minorum S. Francisci, Petri de Zuniga Ordinis Eremitarum S. Augustini, Caroli Spinulae Societatis Jesu, ac Sociorum respective tam eorumdem Ordinum quam etiam saecularium pro Fide Catholica in Japponia interemptorum. Positio super dubio An constet de martyrio, et causa martyrii in casu etc.*, Roma, 1675 ; *Sacra Rituum Congregatione Emin, et Reverendissimo Domino card. Colloredo Jappon. beatificationis et canonisationis, seu declarationis martyrii Ven. servorum Dei Alphonsi Navarette ord. praedic. ; Petri de Avila ord. minorum S. Francisci ; Petri de Zunica ordinis Eremit Sancti Aug. ; Caroli Spinulae Soc. Jesu, ac sociorum respective, tam eorumdem ordinum, quam etiam secularium pro fide catholica diversis temporibus in Japponia interemptorum. Positio super dubio an constet de martyrio et causa martyrii in casu, etc.*, Roma, 1690 ; *Japonen. Beatificationis, seu Declarationis Martyrii*

Ven. Servi Dei Bartholomaei Gutierrez Sacerdotis Professi Ordinis Eremitarum S. Augustini. Summarium Super Dubio An constet de validitate Processus auctoritate Ordinaria in Civitate Nominis Dei, vulgo dicta Macao anno 1640. constructi : necnon Testes sin ritè, ac recte in eodem examinati, in casu etc. Japonen. Beatificationis, & Canonizationis, seu Declarationis Martyrii Servorum Dei Fr. Alphonsi Navarrete Ordinis Praedicatorum, Petri de Avila Ordinis Minorum S. Francisci, Petri de Zuñiga Ordinis Eremitarum Sancti Augustini, &. Caroli Spinulae Soc. Jesu, &c Sociorum respective tam eorumdem Ordinum, quàm etiam Saecularium pro Fide Catholicae in Japonia interemptorum, Roma, 1752 ; *Sacra Rituum Congregatione particulari Emorum ac Rmorum DD. Card. Patrizi praefecti Ac relatoris Clarelli, Reisach, Panebianco, et Bizzarri A Sanctissimo D. N. Pio Papa IX. Deputata Japonen. Beatificationis seu declarationis martyrii ac miraculorum vel signorum Ven. Servorum Dei Alphonsi Navarrete Ordinis Praedicatorum, Petri de Avila Ordinis Minor. S. Francisci, Petri de Zuniga Ordinis Erem. S. Augustini, Caroli Spinulae Societatis Jesu, Joachimi Firayama seu Diaz, Luciae Fleites et sociorum tam eorumdem ordinum quam etiam secularium super dubio an, stante approbatione Martyrii ex parte tyranni, ita constet de Martyrio ex parte passorum, confirmato pluribus signis, seu miraculis, ut procedi possit ad ulteriora*, Roma, 1866 ; *Sacra Rituum Congregatione Eminentissimo et Reverendissimo Domino Card. Constantino Patrizi Praefecto et Relatore Japonen. Beatificationis seu declarationis Martyrii Venerabilium Servorum Dei Alphonsi Navarrete Ordinis Praedicatorum, Petri de Avila Ordinis Minor. S. Francisci, Petri de Zuniga Ordinis Erem. S. Augustini, Caroli Spinulae Societatis Jesu, Joachimi Firayama seu Diaz, Luciae Fleites et sociorum tam eorumdem ordinum quam etiam secularium super dubio an, stante Decreto ab Innocentio XI die 3 Februarii anni 1867 confirmato ; alioque Decreto Noivissime a Sanctissimo D. N. Pio PP. IX die 26 Februarii currentis anni edito. Tuto procedi possit ad solemnem VV. servorum Dei Beatificationum*, Roma, 1867 ; *Sacra Rituum Congregatione Eminentissimo et Reverendissimo Domino Card. Constantino Patrizi Praefecto ac Relatore Japonen. seu Ordinis Eremitarum S. Augustini Concessionis et Approbationis Lectionum II. Nocturni et Orationum Recitand. in Festo BB. Martyrum Japonensium Vicentii a S. Antonio, Francisci a Jesus, Petri de Zuniga, Ferdinandi a S. Josepho, Bartholomaei Gutierrez et Sociorum ex Ordini Eremitarum S. Augustini necnon Elogii in Martyrologio Ordinis inserendi*, Roma, 1867.

TRAVAUX. – F. Becerra, *Relacion de el Martirio de el S. F. Hernando de S. Ioseph. En Iapon, y de el Santo F. Nicolas Melo en Moscovia, de la Orden nro P. S. Augustin. 1618*, Bacolor, 1618 ; *Relacion del martyrio del S. F. Hernando de S. Ioseph, en Iapon, y del S. F. Nicolas Melo en Moscovia, de la Orden de nuestro P. S. Augustin. Ordenada por el P. F. Hernãdo Prior del Convento de Bulacan, por mandado de nuestro P. F. Alonso Barona Provincial de la dicha Provincia. Dirigida al Illustrissimo señor D. Iuan de Cuenca Obispo de Cadiz, del Consejo de su Magestad, etc.*, Cadiz, [1620]. – A. Román, *Nuevas de la Provi.ª de Filipinas. Manila, [julio] de 1621*, dans F. Colin et P. Pastells, *Labor evangélica, ministros apostólicos de los obreros de la Compañía de Jesús, fundación y progresos de su Provincia en las Islas Filipinas*, Barcelona, 1900-1902, p. 223-226 ; trad. anglaise, dans E. H. Blair et J. A. Robertson, *The Philippine Islands 1493-1898. Explorations by Early Navigators, Descriptions of Catholic Missions, as related in contemporaneous Books and Manuscripts, showing the Political, Economic, Commercial and Religious Conditions of those Islands of the Nineteenth Century*, vol. 20, Cleveland, 1903-1909, p. 25-39. – L. Flores, *Relación de los sucesos de la cristiandad en el Japón hasta el 24 de Mayo de 1622*, dans J. Orfanel, *Historia Ecclesiastica*, Madrid, 1673, p. 142-152 ; éd. de L. Pagés, *Histoire de la Religion Chrétienne au Japon*

depuis 1598 jusqu'à 1651 comprenant les faits relatifs aux deux cent cinq Martyrs, béatifiés le 7 Juillet 1867, vol. 2, Paris, 1869-1870, p. 204-213. – D. Castellet, *Relaçion verdadera del sucesso de la prision y de el dichoso [tránsito de los] Bienaventurados Mártires los Padres Fr. Luis Flores, de la Orden de Predicadores, y Fr. Pedro de Çúñiga, de la Orden de San Agustín. Nagasaki, 29 de agosto de 1622 ;* édición de Isacio Rodríguez, dans I. R. Rodríguez, *Historia de la Provincia Agustiniana del Santísimo Nombre de Jesús de Filipinas*, vol. 18, Valladolid, 1986, p. 177-202. – D. de San Francisco, *Relaçion de los martirios que hubo en el Japón en el año de 1622. A 27 de Octubre, 1622*, dans *Archivo Ibero-Americano*, 17, 1922, p. 144-173. – B. Gutiérrez, *Laus Santissimo Sacramento [sic]. Relacion del P. Bartolome Gutierrez, OSA, al Provincial de Filipinas del sucesso de la prision, y del dichoso fin de los bienaventurados Martyres los Padres Fray Pedro de Zúñiga, de la Orden de N. P. S. Augustin, y Fray Luis Flores, de la de Santo Domingo, y de otros Japonenses, en el Reyno de Japon, que padecieron en el mes de Agosto de 1622. Japón, 24 de febrero de 1623*, dans J. Sicardo, *Christiandad del Japón, y dilatada persecucion que padecio. Memorias sacras, de los martyres de las ilustres religiones de Santo Domingo, San Francisco, Compañía de Iesus, y crecido numero de seglares ; y con especialidad de los religiosos del Orden de N. P. S. Augustin*, Madrid, 1698, p. 209-219 ; éditions dans : *Conquistas de las Islas Filipinas : la temporal por las armas de nuestros católicos reyes de España, y la espiritual por los religiosos de la Orden de San Agustín. Parte Segunda que a beneficio de los materiales que dejó recopilados el M. R. P. Fr. Gaspar de San Agustín, autor de la primera parte, compuso el padre Fr. Casimiro Díaz*, Valladolid, 1890, p. 211-221 ; *Relación del martirio de Fr. Pedro de Zúñiga [Nagasaki, 19 de agosto de 1622]. Japón, 24 de febrero de 1623*, dans M. Jiménez, *Mártires agustinos del Japón, ó sea Vida y Martirio de los Beatos Fr. Fernando de San José, Fr. Pedro de Zúñiga y demás compañeros Mártires, beatificados en 7 de Julio del presente año por N. santísimo Padre Pio IX*, Valladolid, 1867, p. 119-140 ; I. Rodríguez, *Historia de la Provincia Agustiniana del Santísimo Nombre de Jesús de Filipinas*, vol. 18, Valladolid, 1986, p. 210-227. – B. Gutiérrez, *Laus Santissimo Sacramento [sic]. Relación histórica del martyrio de algunos Religiosos, y de otros muchos Japoneses en el Reyno del Japon, que padecieron en el mes de septiembre, año de 1622. Japón, 14 de marzo de 1623*, dans J. Sicardo, *Christiandad del Japón, y dilatada persecucion que padecio. Memorias sacras, de los martyres de las ilustres religiones de Santo Domingo, San Francisco, Compañía de Iesus, y crecido numero de seglares ; y con especialidad de los religiosos del Orden de N. P. S. Augustin*, Madrid, 1698, p. 220-229 ; éditions dans : *Conquistas de las Islas Filipinas : la temporal por las armas de nuestros católicos reyes de España, y la espiritual por los religiosos de la Orden de San Agustín. Parte Segunda que a beneficio de los materiales que dejó recopilados el M. R. P. Fr. Gaspar de San Agustín, autor de la primera parte, compuso el padre Fr. Casimiro Díaz*, Valladolid, 1890, p. 290-298 ; I. Rodríguez, *Historia de la Provincia Agustiniana del Santísimo Nombre de Jesús de Filipinas*, vol. 18, Valladolid, 1986, p. 237-254. – M. Manzano, *Relacion Verdadera Del Insigne, Y excelente Martyrio, que diez Religiosos de la sagrada Orden de Predicadores, padecieron en el populoso Imperio del Iapon, por Christo nuestro Señor, el año passado de 1622 ; i de otro Religioso de la mesma Orden que padecio el año 1618, en el dicho Reino. Por el Padre Fr. Melchor Mançano, Prior del Convento de Santo Domingo de Manila ; colegido de Relaciones fidedignas enviadas del dicho Reino de Iapon, como de testigos oculares que asistieron al dicho Martyrio*, Hospital de S. Gabriel, [Manila], 1623. – G. Garcés, *Relacion de la persecucion que huvo [sic] en la Iglesia de Iapon, y de los insignes martyres que gloriosamente dieron sus vidas en defensa de nuestra Santa Fe, el año de 1622. Por el Padre Garcia Garces, de la Compañia de Iesus, antiguo ministro del Santo Evangelio en aquella Christiandad,* México, 1624 ; Madrid, 1625 ; G. Maigretio Bullionaeo, *Martyrographia Augustiniana,* Antwerpen, 1625, p. 189-191 (erreurs dans la pagination). – M. Manzano, *Historia del insigne, y excelente martyrio que diez y siete religiosos de la Provincia del Santo Rosario de Filipinas, de la Orden de Santo Domingo, padecieron en el populoso Imperio del Iapon por la predicacion del santo Evangelio de Iesu Christo nuestro Dios. Por el R. P. Fr. Melchor Mançano de Haro, Comissario del Santo Oficio en dichas Islas, Provincial que fue de la misma Provincia, y Vicario general de la de Santa Catalina Martyr de Quito. Colegida de relaciones fidedignas embiadas del dicho Imperio de Iapon y de testigos oculares que assistieron al dicho martyrio,* Madrid, 1629. – T. de Herrera, *Alphabetum Augustinianum : in quo praeclara Eremitici Ordinis germina, virorum[que], [et] feminarum domicilia recensentur,* t. I[-II], Madrid, 1644, vol. 1, p. 110 ; vol. 2, p. 525. – Ph. Elssio, *Encomiasticon Augustinianum,* Bruxelles, 1654, p. 573. – S. Portillo y Aguilar, *Chronica Espiritual Augustiniana. Vidas de Santos, Beatos, y Venerables Religiosos, y Religiosas de su Gran Padre San Agustín, para todos los dias del año,* vol. 3, Madrid, 1732, p. 315-318. – M. Figueiredo, *Flos Sanctorum Augustiniano,* vol. 4, Lisboa Occidental, 1737, p. 748-771. – J. M. Montero de Espinosa, *Antigüedades del convento casa grande de San Agustín de Sevilla, y noticias del Santo Crucifixo que en él se venera,* Sevilla, 1817, p. 191-192. – J. Lanteri, *Postrema Saecula sex religionis augustinianae in quibus breviter recensentur illustriores viri augustinenses qui sanctitate et doctrina floruerunt post magnam Ordinis unionem peractam anno MCCLVI ab Alexandro IV usque ad haec tempora,* Tolentino, 1859, p. 363-364. – M. Jiménez, *Vida y martirio del beato P. Fr. Pedro de Zúñiga,* dans Id., *Mártires agustinos del Japón, ó sea Vida y Martirio de los Beatos Fr. Fernando de San José, Fr. Pedro de Zúñiga y demás compañeros Mártires, beatificados en 7 de Julio del presente año por N. santísimo Padre Pio IX,* Valladolid, 1867, p. 68-140. – E. Jorde, *Catálogo Bio-Bibliográfico de los religiosos Agustinos de la Provincia Agustiniana del Santísimo Nombre de Jesús de las Islas Filipinas desde su fundación hasta nuestros días,* Manila, 1901, p. 82-83. – G. de San Agustín, *Conquistas de las Islas Filipinas (1565-1615),* Madrid, 1698 ; édition par M. Merino, Madrid, 1975, p. 27, 738. – J. Sicardo, *Christiandad del Japón, y dilatada persecucion que padecio. Memorias sacras, de los martyres de las ilustres religiones de Santo Domingo, San Francisco, Compañía de Iesus, y crecido numero de seglares ; y con especialidad de los religiosos del Orden de N. P. S. Augustin,* Madrid, 1698, p. 164-219. – J. de la Asunción, *Martyrologium Augustinianum,* vol. 2, Lisboa, 1749, p. 494-495. – A. M. de Castro, *Misioneros agustinos en el Extremo Oriente, 1565-1780. (Osario Venerable),* [1780], éd. par M. Merino, Madrid, 1954, p. 261-264. – P. F. X. Charlevoix, *Historia del Japón y sus misiones. Escrita en francés por el P. Charlevoix, traducida al Español [por Manuel Jiménez], y aumentada con notas geográficas e históricas de Cochinchina, Filipinas y otras muchas poblaciones, lista de los Mártires y pais natal de cada uno,* Valladolid, 1860, p. 232-235. – G. Cano, *Catálogo de los Religiosos de N.P. S. Agustín de la Provincia del Smo. Nombre de Jesús de Filipinas, desde su establecimiento en estas islas hasta nuestros días,* Manila, 1864, p. 51. – G. Boero, *Relazione della Gloriosa morte di ducento e cinque Beati Martiri nel Giappone compilata dal P. Giuseppe Boero della Compagnia di Gesù,* Roma, 1867, p. 43-48 ; trad. néerlandaise, Den Haag, 1867 ; trad. française, Paris, 1868 ; trad. espagnole, *Los doscientos cinco Mártires del Japón. Relación de la gloriosa muerte de los beatificados por el Sumo Pontífice Pontífice Pío IX, el día 7 de julio de 1867.*

Escrita por el P. Boero de la Compañia de Jesús, y traducida del francés al español, por el R. P. Pablo Antonio del Niño Jesús, Carmelita, México, 1867. – T. López Bardón, *Monastici Augustiniani R. P. Fr. Nicolai Crusenii continuatio atque ad illud additamenta sive Bibliotheca Manualis Augustiniana in qua breviter recensentur Augustinenses utriusque sexus virtute, litteris, dignitate ac meritis insignes ab anno 1620 usque ad 1700,* Valladolid, 1903, p. 73-75. – A. Rodríguez Prada, *La Orden Agustiniana durante quince siglos. Flores y frutos espirituales cultivados en el jardín eremítico,* Pamplona, 1927, p. 215-224. – G. de Santiago, *Ensayo de una Biblioteca Ibero-Americana de la Orden de San Agustín. Obra basada en el Catálogo bio-bibliográfico agustiniano de Bonifacio Moral,* vol. 8, El Escorial, 1931, p. 384-385. – C. Solís, *Apóstol mártir [Pedro de Zúñiga],* dans *Casiciaco,* 5, 1951, p. 150-152. – J. M. Echevarría, *Orígenes de las misiones de la Provincia de San Nicolás de Tolentino de Agustinos Recoletos en el Extremo Oriente,* Madrid, 1953. – A. Hartmann, *The Martyrdom of Blessed Peter Zuñiga,* dans *The Tagastan,* 19-2, 1956, p. 5-17 ; Id., *The Augustinian in Seventeenth Century Japan,* New York, 1965, p. 75-102. – M. Merino, *Agustinos evangelizadores de Filipinas, 1565-1965,* Madrid, 1965, p. 356. – I. Rodríguez, *Historia de la Provincia Agustiniana del Santísimo Nombre de Jesús de Filipinas,* Manila-Valladolid, 1965-1994, vol. 2, p. 21, 104, 173, 192, 406 ; vol. 3, p. 13 ; vol. 4, p. 439 ; vol. 5, p. 35, 70, 82-83, 104, 128-129, 142-153, 155-156, 163-164, 168-181, 197-207, 211, 216-218, 222-224, 228-229, 231, 235-237, 239, 243, 303, 308, 312, 314, 316, 318-326 ; vol. 7, p. 127, 184-185, 267 ; vol. 9, p. 239-240, 243, 430-437, 441-442, 445, 490 ; vol. 10, p. 181 ; vol. 17, p. 447 ; vol. 18, p. 177-179, 182-189, 194-200, 210-218, 220-227, 238-240, 316 ; vol. 19, p. 292, 294, 381. – D. Pacheco, *El proceso del beato Pedro de Zúñiga en Hirado (1621), según una relación del beato Carlos de Spínola,* dans *Boletín de la Asociación Española de Orientalistas,* 3, 1967, p. 23-43. – G. D. Gordini, *Zúñiga, Pietro,* dans *Bibliotheca Sanctorum,* vol. 12, Roma, 1969, p. 1510. – Q. Aldea, T. Martín et J. Vives (dir.), *Diccionario de Historia Eclesiástica de España,* vol. 4, Madrid, 1972-1975, p. 2818. – J. Delgado, *El beato Francisco Morales, O.P., mártir del Japón (1567-1622). Su personalidad históricas y misionera,* Madrid, 1985. – J. Treviño, *Clamor de Sangre,* México, 1986, p. 108-110. – A. Hartmann, *Sources to martyrs of the Order St. Augustine. Since the Great Union (1256),* dans *Augustiniana,* 46, 1996, p. 142, n. 465. – J. L. Repetto Betes, *Pedro de Zúñiga,* dans C. Leonardi, A. Riccardi et G. Zarri, (dir.), *Diccionario de los santos,* vol. 2, Madrid, 2000, p. 1887-1889. – *Año Cristiano. VIII. Agosto,* Madrid, 2005, 703-707. – I. Rodríguez, *Zúñiga, Pedro de,* dans L. Cabrero Fernández, M. Luque Talaván et F. Palanco Aguado (dir.), *Diccionario histórico, geográfico y cultural de Filipinas y el Pacífico,* vol. 2, Madrid, 2008, p. 918-919 ; Id., *Manrique de Zúñiga, Pedro,* dans *Diccionario Biográfico Español,* vol. 32, Madrid, 2009-2013, p. 119-120. – *Santos y beatos de la familia agustiniana. Subsidio litúrgico para el misal agustiniano,* Madrid, 2008, p. 104-105. – J. Delgado, *Los 205 beatos mártires de Japón,* dans *Studium,* 50, 2010, p. 40-42. – R. M. Alabrús Iglesias, *Misiones en Japón. Las órdenes religiosas ante los siglos XVI y XVII,* dans R. M. Alabrús Iglesias (éd.), *La vida cotidiana y la sociabilidad de los dominicos,* Sant Cugat (Barcelona), 2013, p. 237-261.

R. LAZCANO

MANTILLA (Fray Antonio), OSB, Barcelone, *c.* 1582-Banyoles (Gérone), 25 déc. 1640, abbé-président.

Bien qu'il naquît à Barcelone, ses parents, de sang noble, étaient originaires des environs de Reinosa

(Cantabrie). Il prit l'habit bénédictin observant dans le célèbre monastère et sanctuaire de Montserrat (Barcelone) le 5 mars 1600. Après avoir prononcé ses vœux et étudié les matières ecclésiastiques dans les collèges de la Congrégation de San Benito de Valladolid, à laquelle appartenait son monastère de Montserrat, il fut prédicateur du monastère de San Salvador de Oña (Burgos) (1613-1617) et abbé de San Pedro de Montes (León) (1617-1621). Philippe II le présenta comme abbé perpétuel de Sant Esteve de Banyoles (Gérone) le 27 août 1622 ; il fut nommé le 17 novembre suivant ; il prit possession le 29 avr. 1623 et en demeura abbé jusqu'à sa mort. De même, il fut abbé-président de la Congrégation bénédictine claustrale tarraconaise, à laquelle appartenait son monastère de Banyoles (1627-1630) et, l'étant, il fut chargé en 1629 de faire une enquête parmi les moines du monastère de Ripoll, six d'entre eux ayant donné la mort à leur frère abbé Pedro Sancho, en faisant exploser des barils de poudre en dessous de sa chambre, parce qu'il voulait implanter l'observance primitive de la règle bénédictine dans le monastère. Le P. Gregorio de Argaiz, qui le connaissait, le qualifia d'« homme docte et prudent ».

Sources. Archivo del monasterio de Montserrat (Barcelona), *Catálogos de monjes* A y B. – Archivo de la Congregación de San Benito de Valladolid, en la abadía de Silos (Burgos), *Actas de los capítulos geenrales*, vol. II, f° 52r°. – G. de Argaiz, *La Perla de Cataluña. Historia de Ntra. Sra. de Monserrate*, Madrid, 1677, p. 239, 333, 405.

Travaux. A. Merino, *España Sagrada*, vol. XLIII, Madrid, 1819, p. 339. – A. M. Tobella, *Cronologia dels capítols de la Congregació Claustral Tarraconense i Cesaraugustana (1219-1661)*, dans *Analecta Montserratensia*, 10, Montserrat, 1964, p. 357-358. – E. Zaragoza Pascual, *Monjes profesos de Montserrat (1493-1833)*, dans *Studia monastica*, 33, 1991, p. 345 ; Id., *Catàleg dels monestirs catalans* (coll. Scripta et Documenta, 55), Montserrat, 1997, p. 32 ; Id., *Abaciologi Benedictí de la Tarraconense*, Barcelona, 2002, p. 71 ; Id., *Història de la Congregació Benedictina Claustral Tarraconense i Cesaraugustana (1215-1835)* (coll. Scripta et documenta, 67), Montserrat, 2004, p. 167, 169, 173-174, 177, 406 ; Id., *Mantilla, Antonio*, dans *Diccionario biográfico Español*, t. XXXII, Madrid, 2009, p. 167-168.

E. Zaragoza Pascual

MARIETTE (François), confrère de l'Oratoire (1684-1767).

François Mariette est issu d'une famille notable d'Orléans, où il naquit le 31 mai 1684. Son arrière-grand-père fut échevin de cette ville, un cousin germain de son père maire d'Orléans en 1693-1694, et son père Jean Mariette, époux de Marguerite Michau, fut assesseur en la prévôté d'Orléans, mais mourut dès 1685. Les auteurs, même récents, ont confondu la naissance de François Mariette avec celle d'un de ses cousins baptisé aussi à Orléans le 1er févr. 1688 sous le nom François de Paule, de ce fait on le dénomme presque toujours comme son cousin. Cette erreur s'explique sans doute par le fait que son prénom n'apparaît sur aucun livre ou document imprimé au XVIIIe siècle, et aussi parce que comme l'écrit Michel Picot : « le nom de Mariette ne se trouve dans aucun dictionnaire historique [comprendre du XVIIIe] ». Et c'est probablement grâce à ce littérateur, né en 1770 dans l'Orléanais, que sa mémoire resurgit au début du XIXe siècle, car les grands biographes de ce

siècle Michaud et Hoefer lui consacrèrent chacun une notice rédigée ou inspirée par Michel Picot.

Il est attesté que François Mariette entra à l'institution de Paris de l'Oratoire en 1706, trois ans après son frère aîné, après avoir fait sa philosophie et trois années de droit à Orléans. Il n'accéda jamais à la prêtrise, qualifié de « confrère Mariette » en 1740 dans *les Nouvelles Ecclésiastiques*, il resta laïc. Il résidait à la maison de l'Oratoire d'Orléans mais en 1763, quelques années avant sa mort, il dut mettre fin à ses liens avec la Congrégation.

Il fut appelant contre la bulle *Unigenitus*. Il est l'auteur de nombreux opuscules de polémique religieuse qui lui sont attribués mais qui sont tous totalement anonymes.

En particulier, il participa à une polémique à répétition sur la confiance chrétienne à propos du *traité de la confiance*, publié en 1731 par l'abbé de Fourquevaux (1693-1768), auteur janséniste. Créant un certain trouble dans le milieu janséniste, il prit une position non orthodoxe même du point de vue des jansénistes, à savoir que l'on ne peut « espérer en Dieu qu'à proportion de ce que l'on a reçu » alors que l'Église considère au contraire que pour recevoir beaucoup il faut beaucoup espérer. *Les Nouvelles Ecclésiastiques* se firent l'écho de ces polémiques vers 1740 avec un regard critique sur le « système » de Mariette.

En 1763, dans une autre controverse sur l'absolution, il prétendit que « l'absolution ne remet pas devant Dieu les péchés et insinuait que la confession était d'institution récente ». Il jugeait en effet que la confession se limitait à une déclaration des péchés devant l'Église. Cet ouvrage, en cours d'impression à Orléans, fut saisi chez l'imprimeur et brûlé par décision de justice du 12 janv. 1763. Refusant de se rétracter, Mariette dut quitter Orléans et vint habiter Paris où il mourut le 15 mars 1767.

J. M. Quérard, *La France littéraire*, t. 5, Paris, 1833, p. 536. – L. G. Michaud, *Biographie Universelle*, t. 26, Paris, 1843, p. 650-651. – Ch. Brainne, *Les hommes illustres de l'Orléanais*, t. 2, Orléans, 1852, p. 43-44. – M. Picot, *Mémoires pour servir à l'histoire ecclésiastique pendant le XVIIIème siècle*, t. 4, Paris, 1855, p. 455-456 (3e édition, la première en 1806, la seconde en 1815-1816). – Dr Hoefer, *Nouvelle Biographie Générale*, t. 33, Paris, 1858, p. 746-747. – *Dictionnaire de théologie catholique*, t. 9, Paris, 1927, col. 2474-2476.

R. d'Ambrières

MARTÍ (Don José), OPRAEM, historien, Barcelone, 19 sept. 1732-Bellpuig de les Avellanes (Lérida), 2 août 1806.

Il commença ses études ecclésiastiques au séminaire de Barcelone. Il entra dans le monastère prémontré de Santa María de Bellpuig de les Avellanes le 6 sept. 1755 et y fit profession en 1756. Il fut deux fois abbé de Bellpuig (1795-1798, 1801-1804) et mourut prieur de ce monastère en 1806, avec une renommée d'érudit parmi ses contemporains. Il fut disciple du P. Caresmar et du P. Jaume Pascual, mais à la différence de ceux-ci, il ne sortit guère du monastère. Il essaya de recueillir et de cataloguer une grande quantité de documents afin d'écrire l'histoire ecclésiastique de la Catalogne. Il mit en ordre les archives de la collégiale de Santa Ana, de Barcelone, et celles de la « pavordia » de Mur, à partir desquelles il rédigea quelques Mémoires sur celles-là (1788) et un extrait de celles-ci en sept volumes (1767), en plus d'autres nombreux écrits sur l'histoire ecclésiastique de la Catalogne.

ÉCRITS. *Extracto del archivo de Mur*, 7 vol. en folio, Barcelona, 1787. – *Memorias sacadas de documentos del archivo de Santa Ana*, Barcelona, 1788. – *Tabla de instrumentos comprendidos en la colección sacada de la iglesia colegiata de Mur.* – *Índice de los escritos del P. Caresmar*, s.l., s.d. – Il a écrit : *Estado de la vida canónica de las catedrales y colegiatas de Cataluña.* – *Discurso sobre los errores de Félix de Urgel.* – *Bibliotheca scriptorum Cathalauniae.* – *Sermones panegíricos y morales.* – *Prólogo a unas constituciones sinodales antiguas de Ager.* – Il a composé : *Diccionario de termes bàrbars o antiquats de la llengua catalana.* – *Observaciones sobre varios escritos del jesuita Masdeu en su obra Historia crítica de España.* – *De morte assumptione argumentum.* – *Entretenimientos de verano.* – *Carta erudita sobre un monumento antiguo que se halla en el convento de monjas capuchinas de Gerona.* – *Observaciones sobre el vaso de plata que se halló a los cimientos de la iglesia de Ntra. Sra. de Aguiar, término de Or.* – *Reflexiones sobre una carta del vicario de Guils.* – *Observaciones sobre los instrumentos del archivo de Ripoll.* – *Juicio sobre Ermengol de Urgel en pleito con el abad de Ripoll.* – *Colección de documentos para la historia de la iglesia de Santa Ana, de Barcelona.* – *Materiales para una apología de los templarios en Cataluña*, etc., la majorité de ses œuvres est perdue.

SOURCES. Archivo del monasterio de Sta. María de les Avellanes, *Memorias del Monasterio de Bellpuig de les Avellanes*, Ms. IV, f⁰ 68 et sv.

TRAVAUX. E. Flórez, *España Sagrada*, vol. 42. – F. Torres Amat, *Diccionario de los escritores catalanes*, Barcelona, 1806. – J. De Villanueva, *Viage literario a las Iglesias de España*, XII, Madrid, 1850, p. 96. – L. Goovaerts, *Écrivains, artistes et savants de l'Ordre de Prémontré : dictionnaire bio-bibliographique*, vol. 1, Bruxelles, 1899, p. 567-568 ; vol. 3, Bruxelles, 1907, p. 158. – F. Martorell, *Manuscrits del P. Caresmar, Pascual i Martí*, dans *Estudis Universataris Catalans*, 1927. – *Enciclopedia Universal Illustrada europeo-americana*, vol. 33, p. 449. – E. Corredera, *La escuela histórica avellanense*, Barcelona, 1962, p. 99-108 ; Id., *Martí, José*, dans Q. Aldea Vaquero, T. Marín Martínez et al. (dir.), *Diccionario de Historia Eclesiástica de España*, t. III, Madrid, 1973, p. 1428. – *Gran enciclopèdia catalana*, t. 14, Barcelona, 1987, p. 434. – E. Zaragoza, *Martí, Josep*, dans *Diccionari d'Història Eclesiàstica de Catalunya*, t. II, Barcelona, 2000, p. 562 ; Id., *Martí, José*, dans *Diccionario Biográfico Español*, t. XXXII, Madrid, 2009, p. 734-735.

E. ZARAGOZA PASCUAL

MARTÍ Y MARVÁ (Fray Jaime), OSB, Vallmanya (Lérida), *c.* 1603-Montserrat, 3 mai 1678, abbé et musicien.

Il fut « Escolan » [élève choriste] du célèbre monastère et sanctuaire de Montserrat (Barcelone), où il prit l'habit bénédictin observant le 26 oct. 1619. Prieur du prieuré de Santa Maria de Castellfollit de Riubregós (Barcelone), il fut élu abbé de Montserrat le 31 oct. 1645, selon le bref d'Innocent X (4 sept. 1645) qui permit à la communauté de procéder à l'élection de son abbé, en l'absence de l'abbé général de la Congrégation de San Benito de Valladolid, à laquelle appartenait le monastère de Montserrat, et sans s'en tenir à l'alternative entre les Couronnes de Castille et d'Aragon. Il fut confirmé par le même pape le 30 décembre suivant. Durant son abbatiat (1645-1649), il assainit l'économie, dalla l'église abbatiale,

peignit la chapelle de San José, construisit la chapelle de l'ermitage de la Santísima Trinidad, fit les retables de celles de la Santa Cruz et de Santa Ana, construisit la chapelle du Santo Cristo dans la paroisse de Olesa de Montserrat, acheta une oliveraie à Pierola et fondit trois nouvelles cloches. Excellent homme de lettres, il était de surcroît un musicien compositeur de chant choral. De même, il fut maître de manécanterie du monastère, pour la défense de laquelle il publia un livre. Le 26 sept. 1654, par ordre du vice-roi de Catalogne, Juan de Austria, il fut exilé en Castille, avec d'autres moines catalans de Montserrat, mais il revint par la suite et mourut à Montserrat.

ÉCRITS. *Memorial o tratado a favor de los niños escolanes y seminario de Nuestra Señora de Montserrat*, Tolosa de Languedoc, Jean Boudre, 1650. L'ouvrage fut édité pour la seconde fois au XIXᵉ siècle, à Manresa, chez Pablo Roca.

SOURCES. Archivo de la Congregación de San Benito de Valladolid, abadía de Silos (Burgos), *Documentación varia*, vol. XVI, fᵒˢ 175rᵒ, 176rᵒ, 211rᵒ-213rᵒ. – Biblioteca Tomás de Lorenzana (Gerona), Ms. 44. – G. de Argaiz, *La Perla de Cataluña. Historia de Ntra. Sra. de Monserrate*, Madrid, 1677, p. 259.

TRAVAUX. B. Saldoni, *Diccionario biográfico-bibliográfico de efemérides de músicos españoles*, vol. II, Madrid, 1881, p. 360-363. – B. Plaine, *Series cronológica scriptorum O. S. Benedicti Hispanorum*, Brünn, 1884, p. 11. – F. de P. Crusellas, *Nueva Historia de Montserrat*, Barcelona, 1896, p. 420. – A. Caralt, *L'escolania de Montserrat*, Montserrat, 1955, p. 87, 136. – I. Segarra, *Guia musical*, supplément au nᵒ 2, 15 avr. 1959, p. 16-17. – J. Pérez Úrbel, *Varones insignes de la Congregación de Valladolid*, Madrid, 1967, p. 160. – E. Zaragoza Pascual, *Músicos benedictinos españoles (Siglos XV-XVIII)*, dans *Tesoro Sacro Musical*, 3, 1978, p. 86 ; Id., *Los generales de la Congregación de San Benito de Valladolid*, vol. IV, Silos, 1982, p. 199, 233, 432 ; Id., *Monjes profesos de Montserrat (1493-1833)*, dans *Studia monastica*, 33, 1991, p. 348 ; Id., *Abaciologi Benedictí de la Tarraconense*, Barcelona, 2002, p. 280, 282 ; Id., *Músicos benedictinos españoles (Siglos XV-XX)*, dans *Analecta Sacra Tarraconensia*, 76, 2003, p. 35 ; Id., *Martí y Marvá, Jaime*, dans *Diccionario Biográfico Español*, t. XXXII, Madrid, 2009, p. 754-755.

E. ZARAGOZA PASCUAL

MARTIN (Père André), oratorien et théologien augustinien (1621-1695).

Né en 1621 à Bressuire (département des Deux-Sèvres) dans une famille aisée, il eut deux sœurs religieuses de la Visitation. Déjà clerc, il entra en 1641 dans la maison d'institution de l'Oratoire de Paris. Il suivit le cursus classique de régent dans plusieurs collèges et enseigna la philosophie. Il reçut la prêtrise en 1646. Le parcours intellectuel et doctrinal du P. Martin, adepte de S. Augustin, fut particulièrement chaotique dans la mesure où il fut à de successives reprises l'objet d'interdictions du fait de son enseignement, mais en dépit de ces sanctions, la Congrégation lui confia régulièrement de nouvelles missions. Probablement qu'« un si rare sujet ne pouvait être si longtemps inutile », comme l'a écrit Batterel, qui introduisit sa notice par ces mots : « ce Père possédait éminemment Saint Augustin ». Constat déjà formulé par l'abbé Faydit en 1695 : « le P. André Martin de l'Oratoire… le plus grand augustinien de son siècle ». Martin suivit

S. Augustin tout en restant lucide et critique face à ses limites ou contradictions.

En janvier 1652, décision très rare, un ordre du Père Général, le P. François Bourgoing, lui intima d'arrêter sur le champ son enseignement de philosophie à Marseille, car il exposait la Congrégation à des « dangers... envers les Mrs de Marseille [autorités religieuses de cette ville] ». Envoyé à Angers dès octobre de la même année toujours pour enseigner la philosophie, il succéda à son confrère Jean-Baptiste Duhamel, commença son œuvre sur S. Augustin et choisit pour publier le pseudonyme d'Ambrosius Victor, qui évoquait le rôle de S. Ambroise, évêque de Milan, dans la conversion d'Augustin. On pense que ces publication faites dans la ville d'Angers mais non formellement autorisées ne pouvaient que bénéficier de l'accord au moins tacite de l'évêque de la ville, Henri Arnauld, frère du grand Arnauld. Les ouvrages édités s'intitulaient : *Sanctus Augustinus, De Existencia et Veritate Dei* (1653) puis *Sanctus Augustinus, De Anima* (1656) et *Sanctus Augustinus, De Philosophia Morali* (1658). Ces livres furent les prémisses de son principal ouvrage publié en 1667 en cinq tomes, *Philosophia Christiana*, toujours sous le même pseudonyme. Ambrosius Victor [Martin] se dénommait « theologus collector » parce qu'il reprenait in extenso une suite d'extraits d'Augustin. Son séjour angevin fut interrompu par le conseil de la Congrégation en 1656.

De 1656 à 1669, il résida dans diverses maisons oratoriennes de l'ouest, participant à des missions de conversion des protestants et mettant ce temps à profit pour poursuivre la publication de ses ouvrages avec cette fois les approbations requises, ceci entremêlé de quelques difficultés hiérarchiques avec la Congrégation au moment de la signature du formulaire condamnant le jansénisme. En 1662, le Père Général, Jean-François Senault, lui écrivit à ce propos : « si votre conscience ne vous permet pas d'obéir, la nôtre ne nous permet pas de vous retenir ».

En octobre 1669, il fut envoyé à Saumur pour enseigner la théologie, et c'est là que se noua « l'affaire du Père Martin » ou « affaire de Saumur ». Il ne put en effet rester à Saumur qu'à peine cinq ans. C'est à cette époque qu'il publia à Paris une nouvelle édition de la *Philosophia Christiana* et à Saumur un nouvel ouvrage, *De anima bestiarum*, sujet mis à la mode par Descartes avec sa théorie controversée des animaux-machines.

La situation religieuse de Saumur était alors bi-confessionnelle, puisque conformément à l'édit de Nantes, les protestants y enseignaient dans leur Académie qui connut un large rayonnement et subsista jusqu'à sa révocation. Les deux communautés y cohabitaient avec parfois des confrontations doctrinales.

Le P. Martin se partageait alors entre Paris et Saumur. Il fréquentait l'hôtel de Liancourt, où des amis de Port-Royal étaient reçus. Le Grand Arnauld s'y montra sévère vis-à-vis des travaux du P. Martin : « M. Arnauld n'estime pas ces recueils du Père Martin. Il ne ramasse que le fatras de Saint Augustin et laisse les plus beaux endroits ».

Dès sa première année à Saumur, des objections sur les thèses sur la grâce soutenues pendant son enseignement furent exprimées. En 1674, l'évêque d'Angers, Henri Arnauld, fit procéder à une enquête publique en suscitant une vingtaine de témoignages. Cette enquête disculpait le P. Martin, mais le sujet était remonté au Conseil du Roy, où l'on accusa les professeurs de théologie de Saumur d'enseigner des thèses jansénistes condamnées par l'Église. Celles du P. Martin furent mises à l'index, une lettre de cachet lui imposa de quitter Saumur. Il fut « exilé » dans la petite maison d'étude oratorienne de Raroy, dans le diocèse de Meaux (près de Pont-Sainte-Maxence). Mais, le temps ayant passé, on put cependant lire dans le Moreri de 1732 : « les thèses qu'il fit imprimer à Saumur lorsqu'il y enseignait la théologie ont été fort recherchées ». Il est surprenant que cette affaire somme toute limitée ait pris une telle ampleur ; ceci ne peut s'expliquer que par une intervention extérieure « malintentionnée », qui est attribuée aux sulpiciens d'Angers. Le Père Général, Abel-Louis de Sainte Marthe, tenta de le faire revenir à Saumur mais il ne put faire fléchir le pouvoir royal.

À Raroy, le P. Martin fut encore l'objet d'une suspicion doctrinale en 1679, dont il dut se justifier. À la fin de sa vie, il est probable qu'il résida dans la région de Poitiers où il avait de la famille et il mourut le 26 sept. 1695 dans cette ville. Même si Batterel indique qu'il quitta l'Oratoire en 1681, il resta cependant très proche de la congrégation, car il figure dans la liste triennale des décès survenus dans la Congrégation.

L. E. Dupin, *Bibliothèque des auteurs ecclésiastiques du XVIIᵉᵐᵉ siècle*, t. 3, Paris, 1708, p. 329. – L. Moreri, *Dictionnaire historique*, t. 4, Paris, 1732, p. 929. – J.-F. Dreux du Radier, *Bibliothèque historique et critique du Poitou*, t. 4, Paris, 1754, p. 295-298. – G. Letourneau (éd.), *Mémoires de Joseph Grandet, prêtre de Saint Sulpice. Histoire du séminaire d'Angers depuis sa fondation en 1659 jusqu'à son union à Saint Sulpice en 1695*, Angers, 1893, t. 1, p. 378-400 et t. 2, p. 157-158. – *Dictionnaire de théologie catholique*, t. 10, Paris, 1928, col. 214-215. – C. Port, *Dictionnaire historique, géographique et biographique de Maine-et-Loire*, t. 2, Angers, 1965, p. 418. – L. Batterel, *Mémoires domestiques pour servir à l'histoire de l'Oratoire*, t. 3, Genève, 1971, p. 518-529. – H. Gouhier, *Cartésianisme et augustinisme au XVIIᵉᵐᵉ siècle*, Paris, 1978, p. 89-98. – F. Girbal, *L'affaire du P. André Martin à Saumur, 1669-1675, un augustinien de l'Oratoire*, Paris, 1988. – J. Lesaulnier et A. McKenna (dir.), *Dictionnaire de Port-Royal*, Paris, 2004, p. 722-724. – M.-F. Pellegrin, *L'Oratoire et la philosophie : innovation et hétérodoxie dans la seconde moitié du XVIIᵉ siècle*, dans Y. Krumenacker, M.-F. Pellegrin et J.-L. Quantin (dir.), *L'Oratoire de Jésus. 400 ans d'histoire en France (11 novembre 1611-11 novembre 2011)*, Paris, 2013, p. 91-107.

R. D'AMBRIÈRES

MARTÍNEZ (Don Juan), OPRAEM, réformateur († *c.* 1596).

Né dans la première moitié du XVIᵉ siècle dans un lieu qui ne nous est pas connu, il travailla inlassablement à la réforme de son Ordre prémontré en Espagne, étant procureur général de celui-ci à Rome, où il parvint à faire supprimer les abbés commendataires pour les monastères de son Ordre et à ce que soit élu comme abbé général Don Juan Despruets. De même, il obtint que son fondateur, S. Norbert, fût inscrit au catalogue des saints. Il fut abbé du monastère de S. Saturnin à Medina del Campo (Valladolid) (1582-1591) et ensuite élu réformateur général – charge équivalente à celle de provincial – d'Espagne (1591-1594) et, de nouveau, abbé de Medina del Campo (1594), fonction pendant laquelle il mourut, laissant à ceux qui le connaissaient un souvenir ineffaçable de sa vertu et de son talent.

D. de Vergara, *Historia de la Religión Cándida*, à la Bibliothèque de l'Université de Valladolid, Ms. 336. – Ch. L. Hugo, *Annales Sacri Ordinis Praemonstratensis*, Nancy, 1738. – J. B. Valvekens, *Joannes Praemonstratensis*, dans *Analecta Praemonstratensia*, 30, 1954, p. 129-132. – E. Corredera, *Martínez, Juan*, dans Q. Aldea Vaquero, T. Marín Martínez et al. (dir.), *Diccionario de Historia Eclesiástica de España*, t. III, Madrid, 1973, p. 1432, 1596. – E. Zaragoza, *Martínez, Juan*, dans *Diccionario Biográfico Español*, t. XXXIII, Madrid, 2009, p. 153.

E. Zaragoza Pascual

MARTÍNEZ (Fray Martín), OSB, Alesón (la Rioja), *c.* 1585-Valladolid, 1635, historien.

Il prit l'habit bénédictin observant dans le célèbre monastère riojan de San Millán de la Cogolla le 1er févr. 1602 et fit profession le 10 févr. 1603. Après ses études de philosophie et de théologie dans les collèges de la Congrégation de San Benito de Valladolid, à laquelle appartenait son monastère de profession, il fut lecteur de quelques-uns de ceux-ci, après avoir été nommé qualificateur de l'Inquisition (théologien du Saint-Office chargé de déterminer la nature, la qualité, le genre et le degré d'un crime déféré à un tribunal ecclésiastique, et d'examiner les livres mis à l'Index et les propositions dénoncées). Le frère Jerónimo Martón (*cf. infra*, col. 1186-1187), chroniqueur général de la Congrégation, étant mort, il fut nommé par le chapitre général de 1633 pour lui succéder, avec la charge de publier d'autres volumes de la *Corónica General de la Orden de San Benito*, du frère Antonio de Yepes. Avant d'entamer sa tâche, il fut reçu en philosophie, théologie et droit canon à l'Université navarraise d'Irache le 21 juin 1633 et se fixa à Valladolid. Mais selon le frère Gregorio de Argaiz : « il se mit au travail avec une telle ardeur, ses efforts excédant ses forces, qu'il quitta ce monde ». Effectivement, il réunit de la documentation pour le volume VIII de ladite *Corónica* du P. Yepes, que frère Antonio de Cantabrana achèverait et préparerait pour l'impression en 1657, mais sa mort empêcha qu'il fût imprimé. Le volume demeura manuscrit et, en 1880, il passa au monastère de Samos, où il brûla dans l'incendie qui ravagea ce monastère en 1951. À sa mort, d'autres de ses travaux restèrent manuscrits, parmi lesquels quelques-uns furent publiés de manière posthume, comme la *Vida de San Millán* en version castillane, écrite en latin par S. Braulio, et l'*Apología por San Millán*, sur laquelle se fonde le patronat de S. Millán sur l'Espagne – si l'on excepte celui de l'apôtre Jacques –, le privilège du comte Fernán González et d'autres rois, et le paiement traditionnel annuel que beaucoup de villages riojans effectuent au monastère de San Millán pour accomplir le « vœu de S. Millán », le tout avec suffisamment de sens critique et sans tribut excessif au cultéranisme régnant alors.

Écrits. La traduction du latin au castillan et en vers de la *Vida de San Millán*, écrite par S. Braulio de Zaragoza (imprimé, s.l., s.d.). – *Apología por San Millán, Patrón de las Españas, monge de la Orden del Patriarca de las Religiones, S. Benito*, 1ª Parte, Haro, Juan de Mongaston, 1632 ; 2ª Parte, Madrid, San Braulio, 1643. – Matériaux pour le vol. VIII de la *Corónica General de la Orden de San Benito*, du P. Yepes.

Sources. Archivo de la Congregación de San Benito de Valladolid, à l'abbaye de Silos (Burgos), *Actas de los capítulos generales*, vol. II, fº 156rº ; G. de Argaiz, *La Perla de Cataluña. Historia de Ntra. Sra. de Monserrate*, Madrid, 1677, p. 455.

Travaux. [M. del Álamo], *Valladolid, Congregación de San Benito de*, dans *Enciclopedia Universal Illustrada europeo-americana*, vol. 66, Barcelona, 1929, p. 355. – J. Ibarra, *Historia del monasterio benedictino y de la Universidad literaria de Irache*, Pamplona, 1940, p. 233. – J. Pérez Úrbel, *Varones insignes de la Congregación de Valladolid*, Madrid, 1967, p. 164-165. – J. Peña, *Páginas emilianenses*, San Millán de la Cogolla, 1980, p. 96. – E. Zaragoza Pascual, *Los generales de la Congregación de San Benito de Valladolid*, vol. IV, Silos, 1982, p. 432, 501 ; Id., *Monacologio emilianense (1500-1833)*, dans *Studia monastica*, 29, 1987, p. 296 ; Id., *Cronistas generales de la Congregación de San Benito de Valladolid*, dans *Boletín de la Real Academia de la Historia*, 189, 1992, p. 109-110 ; Id., *Martínez, Martín*, dans *Diccionario Biográfico Español*, t. XXXIII, Madrid, 2009, p. 163.

E. Zaragoza Pascual

MARTÍNEZ NÚÑEZ (Zacarías), agustino, obispo de Huesca, de Vitoria, y arzobispo de Santiago de Compostela (1864-1933).

Abrió los ojos a la vida el 5 de noviembre de 1864 en Baños de Valdearados (Burgos, España). Fue el único varón de cinco hermanos. Sus padres, Pedro Martínez Gómez y María de la Cruz Núñez Sanz, ofrecieron a Zacarías una educación coherente con la vida cristiana y le proporcionaron los estudios elementales, que recibió primero en la escuela de Baños, y desde septiembre de 1875 a 1880 en Caleruega, donde aprendió latín y humanidades en el convento de los dominicos. En sintonía con la costumbre de la época, Zacarías recibió la confirmación a los cinco años de edad, el 20 de junio de 1869, cuando cursaba la visita pastoral a Baños el obispo de Osma.

Cuando estaba próximo a cumplir los dieciséis años ingresó en la Orden de San Agustín. Vistió el hábito agustiniano el 15 de octubre de 1880 en el Colegio de Filipinos (Valladolid). Ejercía por entonces de maestro de novicios Tirso López Bardón (1838-1918). Superado el año de noviciado emitió la profesión religiosa el 16 de octubre de 1881. A partir de esta fecha comenzó los estudios eclesiásticos en dicho Colegio de Filipinos, que continuó en el Monasterio de La Vid (Burgos), curso 1884-1885 ; y en el Real Monasterio de El Escorial (Madrid) desde el curso 1885-1886. En septiembre de 1885 fue nombrado Inspector y profesor de Psicología, Retórica y Poética del Real Colegio Alfonso XII de El Escorial, simultaneando los estudios de teología y de bachillerato con el objetivo de proseguir con una carrera civil. Por entonces ya despuntó como orador sagrado y escritor culto y ameno.

Una vez ordenado sacerdote el 26 de agosto de 1888 en la iglesia del Colegio de Filipinos de Valladolid por el arzobispo Benito Sanz y Forés (1828-1895), regresó al monasterio de La Vid para hacerse cargo de la cátedra de Filosofía fundamental. Dos años más tarde fue destinado a estudiar Ciencias Físico-Naturales en la Universidad Central de Madrid, donde fue alumno aventajado del doctor Santiago Ramón y Cajal (1852-1934), como recuerda el premio Nobel en el prólogo que preparó a la segunda parte de *Estudios biológicos*, de Zacarías

Martínez. Por la Universidad de Madrid obtuvo el grado de doctor en 1893. Durante el tiempo que duraron los estudios universitarios residió en Madrid, prestando servicios de capellán a las agustinas de San Alonso de Orozco, ubicadas entonces en la calle de Goya, nº 65. A su vez, desempeñó también el oficio de capellán del Asilo que las Hermanas de la Doctrina Cristiana tenían en Vallecas, y de predicador en la iglesia madrileña de San Manuel y San Benito.

Concluida la carrera científica se incorporó al claustro docente de El Escorial, en cuyo centro pronunció el discurso inaugural del curso 1893-1894 sobre la providencia de Dios en el mundo microscópico. Además de profesor de filosofía, cultivó durante seis años en El Escorial la investigación científica, la actividad oratoria, la crítica y el ensayo filosófico-científico desarrollado con espíritu apologista. La Orden Agustiniana le distinguió con el título de doctor en teología el 25 de enero de 1903. Sus trabajos científicos fueron apareciendo en la revista *La Ciudad de Dios*. Cuando en 1895 fue creada la Provincia Agustiniana Matritense con religiosos de la de Filipinas, Zacarías Martínez quedó afiliado a aquélla, en la que desempeñó varios cargos : Definidor provincial (1899-1903), director del Real Colegio Alfonso XII de El Escorial (1903-1908), prior provincial (1908-1912), director del Colegio San Agustín de Madrid (1912-1916) y prior de la Residencia de Madrid (1912-1916).

En el verano de 1916 regresó de nuevo al Colegio Alfonso XII de El Escorial. Durante dos cursos se ocupará de la enseñanza de las materias científicas. A su vez, ejercerá de predicador real y también de pedagogo de la familia real cuando el mismo Alfonso XIII le pidió colaborar en la formación de su sobrino, el infante Alfonso de Borbón, durante el primer semestre de 1917. Entre las más aplaudidas intervenciones orales cabe destacar las oraciones fúnebres de Felipe II (El Escorial, 1898), Isabel la Católica (Medina del Campo, 1904) y Fray Luis de León (conferencia pronunciada en la catedral de Salamanca delante del rey y del general Miguel Primo de Rivera en mayo de 1928) ; las conferencias científicas tenidas en la iglesia San Ginés, de Madrid, en la cuaresma de 1910, dado el amplio eco que tuvieron en el mundo universitario e intelectual ; los discursos sobre la ciencia moderna (Madrid, 1906), sobre la mujer, en el Teatro la Princesa, dentro del homenaje a Marcelino Menéndez Pelayo (Madrid, junio de 1912), sobre la juventud, en la Academia de Jurisprudencia, ante los miembros de la familia real, gobierno y varios políticos (Madrid, mayo de 1918). La prensa de la época, principalmente *El Universo, ABC*, y *El Debate*, difundieron en crónicas y comentarios las noticias y contenidos de los sermones y conferencias de Zacarías Martínez. Fue miembro correspondiente de las Academias de Ciencias (Madrid), de Historia Natural (Madrid), de Ciencias Morales y Políticas (Madrid), y de Buenas Letras de Barcelona. Perteneció a numerosas sociedades científicas : Sociedad Ibérica de Zaragoza, Sociedad Astronómica de Francia, y a propuesta del jesuita Longinos Navás Ferrer (1858-1938), en la sesión celebrada el 18 de diciembre de 1921, el obispo Martínez Núñez fue nombrado socio correspondiente extranjero de la Academia Pontificia Romana de los Nuevos Liceos. En 1924 le concedieron la Gran Cruz de la Orden Civil de Alfonso XII.

Su labor científica y literaria, de grandes resultados como hombre de mentalidad científica, está cimentada en la filosofía escolástica y en la apologética católica tradicionalista. La trilogía *Estudios Biológicos* (Madrid, 1898-1907) ejemplariza el esfuerzo constante para comprender e interpretar a la luz de la tradición el alcance de las conclusiones científicas. Aunque identifica los errores del positivismo y reconoce sus grandezas y sus méritos desde la cultura apologética cristiana, a Zacarías Martínez le faltó, según Leandro Soto, la lectura y estudio del trabajo realizado por su hermano de hábito Gregorio Mendel (1822-1884). No obstante, con todas sus fuerzas intentó combinar la rectitud dogmática con las teorías biológicas, mostrándose inflexible a las nuevas tendencias científicas. Quizá por ello ocupó en el ámbito de la ciencia un espacio nada desdeñable para los católicos de su tiempo como abiertamente reconocieron los jesuitas en su revista *Razón y Fe*, número de octubre de 1907.

Aunque llegó a ser propuesto en varias ocasiones para obispo, ninguna prosperó por negativa del propio Zacarías Martínez. Sin embargo, por intervención directa, al parecer, del mismo Alfonso XIII fue designado para el obispado de Huesca por Real Decreto de 22 de julio de 1918, dando paso al proceso consistorial, publicándose en *La Gaceta* el 10 de agosto del citado año, página 429. El papa Benedicto XV firmó el correspondiente decreto en el consistorio de fecha 4 de diciembre de 1918 por el que salió preconizado obispo de Huesca. En la Basílica del Real Monasterio de San Lorenzo de El Escorial recibió la consagración el 15 de junio de 1919 de manos de Francisco Ragonesi (1850-1931), arzobispo titular de Mira y nuncio apostólico, asistido por los obispos José López Mendoza (1848-1923), obispo de Pamplona ; y Mateo Múgica Urrestarazu (1870-1968), obispo de Osma. Al acto religioso asistió el infante don Carlos de Borbón (1870-1949) en representación del rey Alfonso XIII. Su lema episcopal fue "Non tam praesse quam prodesse", es decir, "no tanto mandar cuanto servir" (cfr. San Agustín, *Carta* 134, 1). El día 13 de julio del mismo año realizó su entrada en la capital oscense, iniciando de este modo el ministerio episcopal. Entregado a las tareas episcopales cursó la visita pastoral a las parroquias e instituciones de la diócesis y favoreció el desarrollo espiritual de los fieles. En la diócesis de Huesca estableció la Acción Social de la Mujer, y gestionó ante el rey la concesión de una reliquia de San Lorenzo para la Basílica de Huesca dedicada al santo. La insigne reliquia fue entregada en relicario de plata el 20 de mayo de 1920. En el *Boletín Oficial* de la diócesis publicó varias cartas pastorales sobre diferentes temas religiosos y sociales.

El Real Decreto de 20 de septiembre de 1922, publicado en *La Gaceta de Madrid* el sábado 28 de octubre, página 318, nombra al obispo Zacarías Martínez Núñez para la sede de Vitoria. El proceso consistorial desembocó en el consistorio de 14 de diciembre de 1922, en el que Pío XI firmó el traslado del obispo agustino a la iglesia de Vitoria. Tomó posesión de la nueva sede el 29 de junio de 1923 por poder concedido al arcediano de aquella catedral, José María Gómez. Su entrada en Vitoria tuvo lugar el 8 de julio del mismo año. En 1927 lanzó una campaña en pro de un nuevo seminario diocesano, inaugurado por su sucesor en el episcopado, Mateo Múgica Urrestarazu. Promovió la devoción al Sagrado Corazón de Jesús y a la Virgen María, la Adoración Nocturna y las peregrinaciones a Tierra Santa, Lourdes y Roma en el Año Santo de 1925. Durante la etapa episcopal en Vitoria publicó seis cartas pastorales.

Cuando todavía no había cumplido los sesenta y tres años de edad, vacante la diócesis compostelana, fue designado Zacarías Martínez arzobispo de Santiago de Compostela, también por Real Decreto de 30 de mayo de 1927. Hechas las informaciones y diligencias para su presentación, Pío XI le preconizó arzobispo compostelano en el consistorio de 19 de diciembre de 1927. La imposición del palio arzobispal al nuevo prelado se produjo el 19 de marzo de 1928, en un acto celebrado en la Nunciatura y presidido por Federico Tedeschini (1873-1959), nuncio apostólico en España. Del arzobispado de Santiago tomó posesión el 30 de abril de 1928, mediante poder otorgado al deán de la catedral, Ramón Prieto Albuerne. Desde su entrada en la diócesis, el domingo 13 de mayo de 1928, estuvo dedicado a la organización de la curia, de la pastoral diocesana, las vocaciones y los estudios eclesiásticos. Aunque la salud comenzaba a resquebrajarse, una vez recobradas las fuerzas perdidas, proseguía con su intensa actividad apostólica. No contento con la difusión de una carta pastoral realizó la visita de las parroquias e instituciones eclesiásticas de la diócesis inculcando la vida cristiana y la piedad popular. Tras la proclamación de la II República en abril de 1931, la situación sociopolítica comenzó a agravarse con crecientes dificultades para la vida eclesial y religiosa. La preocupación del arzobispo está patente en sus pastorales de 1932 y las pastorales colectivas del episcopado (1932 y 1933), denunciando la situación anticatólica de España. El arzobispo Zacarías Martínez padeció en su sede episcopal la quema de iglesias producida la noche del 9 de mayo de 1933.

El ministerio episcopal de Zacarías Martínez se sitúa en la promoción de la vida cristiana en sus dimensiones más fundamentales : oración, sacramentos, devociones eucarísticas y marianas, y catequesis. Promovió el apostolado seglar, trabajó a favor del clero y del seminario diocesano. De todas sus pastorales destacan la dedicada a la paz (Huesca, 1920), la caridad (Vitoria, 1924), las misiones (Vitoria, 1926), San Agustín (Santiago, 1931), y Jesucristo y la redención (Santiago, 1933).

Acabó su vida en el palacio arzobispal de Santiago de Compostela el día 6 de septiembre de 1933. En la mañana del día 10 de septiembre se celebraron en la catedral compostelana los oficios fúnebres, presididos por el arzobispo de Burgos Manuel Castro Alonso. Los restos del arzobispo Martínez Núñez, "de cuerpo pequeño, pero de corazón grande y sublime palabra", según reza su epitafio, reposan en la capilla de Carrillo o del Santo Cristo de Burgos de la Catedral de Santiago de Compostela.

OBRAS. – *Oda acerca del racionalismo*, El Escorial, 1886, ms. – *A Nuestra Señora de la Consolación*, en V. Iglesias, *Manual del Cofrade de Nuestra Señora de la Consolación y Correa de San Agustín*, Barcelona, 1886 ; Barcelona, 1890 ;

Quito, 1895 ; Quito, 1910. – *Al Ilmo. Padre Cámara por sus conferencias acerca del racionalismo*, El Escorial, 1886, ms. – *Las dos filosofías*, en *Revista Agustiniana*, 13, 1887, p. 472-490. – *Una teoría de San Agustín*, en *La Ciudad de Dios*, 16, 1888, p. 6-14, 78-87, 171-182, 217-224, 289-298. – *La ciudad anticristiana en el siglo XIX, por D. P. Benoit*, en *Ibid.*, p. 476-479. – *Poesía*, en *Ibid.*, p. 548-553 ; reed., en *Historia de un alma. Álbum del XV centenario de la conversión de San Agustín, 387-1887*, Madrid, 1887, p. 261-267. – *A la memoria de mi madre*, en *La Ciudad de Dios*, 19, 1889, p. 264-265. – *El parentesco del hombre. La inteligencia del bruto*, en *Ibid.*, 18, 1889, p. 523-535 ; 19, 1889, p. 9-16, 93-104, 145-161, 217-230, 299-308, 368-380, 433-445, 505-520 ; Barcelona, 1889. – *El moderno anticristiano, Ernesto Renán*, Madrid, 1890 ; reed. en *La España Moderna*, 16, 1890, p. 79-100 ; 17, 1890, p. 125-142 ; 18, 1890, p. 68-96. – *La penúltima lamentación de Renán*, en *La Ciudad de Dios*, 22, 1890, p. 582-600. – *La fisiología de la célula. Discurso pronunciado en la solemne apertura del curso académico de 1893-1894 en el Real Colegio de El Escorial*, Madrid, 1893, p. 5-50 ; reed., en *La Ciudad de Dios*, 32, 1893, p. 421-436, 495-505, 593-607 ; *Estudios biológicos*, Madrid, 1898. – *La Providencia de Dios en el mundo microscópico. (Estudio de fisiología celular)*, en *Discurso y oraciones sagradas*, Madrid, 1907. – *El congreso científico internacional de los católicos*, en *La Ciudad de Dios*, 34, 1894, p. 417-424. – *Antropología moderna*, en *Ibid.*, p. 367-375 ; 35, 1894, p. 27-36, 255-266 ; 36, 1895, p. 27-36, 161-172, 340-348, 522-530 ; 37, 1895, p. 417-424 ; 38, 1895, p. 5-14, 334-341, 491-500 ; 39, 1896, p. 241-250, 503-513 ; 40, 1896, p. 331-340 ; 41, 1896, p. 172-181, 481-489 ; 42, 1897, p. 35-43, 177-187, 349-358 ; 43, 1897, p. 7-14, 251-262 ; 44, 1897, p. 503-513 ; 45, 1898, p. 173-182, 321-331 ; 46, 1898, p. 81-91, 241-251, 417-428 ; 47, 1898, p. 487-497, 633-643 ; 48, 1899, p. 81-90, 431-439 ; 49, 1899, p. 161-170, 321-332, 481-492 ; reed. : *Ciencia y Filosofía. Estudios biológicos. Primera Serie*, Madrid, 1898 ; *Estudios biológicos. Ciencia y libre pensamiento. Fisiología celular. Antropología y transformismo*, 3ª edición, Madrid, 1910. – *Ciencia y librepensamiento*, en *La Ciudad de Dios*, 37, 1895, p. 81-95. – *Año Nuevo*, en *Ibid.*, 39, 1896, p. 5-14 ; reed. en *Sermones y discursos. Conferencias y pastorales. Segunda Serie*, Madrid, 1921, p. 74-83. – *Prólogo*, en F. Faulín, *Historia natural (elementos) con nociones de anatomía y fisiología humanas*, Madrid, 1898. – *Revista científica. Nueva hipótesis acerca del sueño*, en *La Ciudad de Dios*, 45, 1898, p. 600-610. – *La antropología moderna*, en *Ibid.*, 47, 1898, p. 487-497, 633-643 ; 48, 1898, p. 81-90, 431-439 ; 49, 1899, p. 161-170, 321-332, 481-492. – *Oración fúnebre con motivo del III Centenario de la muerte de Felipe II pronunciado en la Real Basílica de El Escorial, 13 de septiembre de 1898*, Madrid, 1898 ; reed., Madrid, 1898 ; *La Ciudad de Dios*, 47, 1898, p. 7-39 ; *Discursos y oraciones sagradas*, Madrid, 1907. – *La fe y las ciencias médicas. Discurso pronunciado con motivo de la fiesta dedicada a los médicos de Bilbao a sus Patronos San Cosme y San Damián, Iglesia de San Antón (Bilbao), 27 de septiembre de 1900*, Bilbao, 1900 ; reed., en *La Ciudad de Dios*, 53, 1900, p. 190-213, 341-352, 414-429 ; Madrid, 1900. – *Carta abierta replicando a algunos artículos del Padre Luis G. Alonso Getino sobre 'La evolución' del Padre Arintero*, en *Revista Eclesiástica*, 15 de abril de 1900. – *La cruz y el siglo XIX. Homenaje al Redentor del mundo. Discurso pronunciado en la Iglesia de San José de Madrid, el día 30 de diciembre de 1900, ante la Real e Ilustre Archicofradía del Santísimo Cristo del Desamparo*, Madrid, 1901 ; reed., en *La Ciudad de Dios*, 54, 1901, p. 5-15, 93-103. – *A la Virgen de Castro*, en *El Buen Consejo*, 1, 1903, p. 298-299. – *La fagocitosis*, en *La Ciudad de Dios*, 60, 1903, p. 565-574 ; reed., en *Revista de la Real Academia de Ciencias Exactas, Físicas y Naturales de Madrid*, 4, nº 5, 1906 ; Madrid, 1906. –

Optimismo científico, en *La Ciudad de Dios*, 61, 1903, p. 29-39, 89-108 ; trad. francés : *Erreurs de l'optimisme scientifique*, Paris, [1903]. – *Tu es Petrus*, en *La Ciudad de Dios*, 50, 1903, p. 362-372. – *¡Ecce Homo !*, en *El Buen Consejo*, 1, 1903, p. 433-435 ; reed., en *Vergel Agustiniano*, 75, 1934, p. 126-128. – *¡Quédate, Señor, con nosotros !*, en *El Buen Consejo*, 1, 1903, p. 457-458 ; reed., en *Vergel Agustiniano*, 15, 1929, p. 124-125. – *La palabra del Apóstol*, en *El Buen Consejo*, 1, 1903, p. 713-714 ; reed., en *Vergel Agustiniano*, 2, 1929, p. 713-714. – *Oración fúnebre con motivo del cuarto centenario de la muerte de Isabel la Católica pronunciada en la villa de Medina del Campo*, Madrid, 1904 ; reed., en *La Ciudad de Dios*, 65, 1904, p. 559-575, 641-657 ; *Discursos y oraciones sagradas*, Madrid, 1907. – *Isabel la Católica. Recuerdos gloriosos*, en *La Unión Iberoamericana*, 31 de diciembre de 1904. – *¡Paso a la libertad !*, en *El Buen Consejo*, 2, 1904, p. 18-19. – *Caridad*, en *Ibid.*, p. 520 ; 8, 1906, p. 211. – *Apóstrofe de un español pesimista a su Patria*, en *Ibid.*, 2, 1904, p. 569. – *Pilatos y su raza*, en *Ibid.*, 3, 1904, p. 398-403 ; reed., en *Guernica*, 1, 1924-1925, p. 113-114. – *Prólogo*, en F. Juárez, *Sermones panegíricos sobre los misterios de la Santísima Virgen María y sobre algunas de sus advocaciones*, Madrid, 1905. – *El culto a la Inmaculada en los tiempos actuales*, en *El Buen Consejo*, 6, 1905, p. 807-808. – *¡Veni cito, Domine Jesu !*, en *El Buen Consejo*, 7, 1906, p. 225. – *Estudios biológicos. Segunda Serie. La Herencia. Hipótesis acerca del sueño. Optimismo científico. Prólogo del Dr. Cajal*, Madrid, 1907. – *Estudios biológicos. Tercera Serie. La finalidad en la ciencia*, Madrid, 1907 ; *La Ciudad de Dios*, 51, 1898, p. 81-93, 161-175, 241-253, 321-333, 412-422, 484-494, 561-579 ; 55, 1901, p. 412-421 ; 56, 1901, p. 561-572 ; 57, 1902, p. 41-52, 97-106, 185-196, 273-283, 363-373, 466-476 ; 58, 1902, p. 25-33, 120-129 ; 73, 1907, p. 274-278. – *Discursos y oraciones sagradas. Primera serie*, Madrid, 1907 ; reed., El Escorial, 1929. – *Dios Creador. Dios Redentor. Discurso con motivo de la fiesta que los Ingenieros de Minas dedican a su patrona Santa Bárbara, pronunciado en la Iglesia de San José, de Madrid, 4 de diciembre de 1906*, Madrid, 1907 ; reed., en *La Ciudad de Dios*, 72, 1907, p. 41-51, 102-110, 196-205. – *El templo católico y el amor de una madre. Inauguración del Oratorio de San José y San Luis, Madrid, 16 de febrero de 1907*, Madrid, 1907. – *El amor de una madre y el templo católico*, en *La Ciudad de Dios*, 72, 1907, p. 265-281. – *La fiesta de las espigas*, El Escorial, 1907 ; reed., en *Boletín Oficial del Arzobispado de Santiago de Compostela*, 72, 1933, p. 376. – *Panegírico a la Virgen del Consuelo*, en L. Calpena, *Antología de Oratoria Sagrada*, vol. IV, Madrid, 1907, p. 699-710. – *Al lector*, en R. del Valle, *Mis canciones. Obras poéticas*, Barcelona, 1908, p. 1-16. – *Prólogo*, en P. Rodríguez, *Estudios psiquiátricos. La Monoidea, teoría aplicada a la clínica de las enfermedades mentales*, Madrid, 1909 ; reed., *La psiquiatría*, en *La Ciudad de Dios*, 79, 1909, p. 35-43 ; *Sermones y discursos. Conferencias y pastorales. Segunda Serie*, Madrid, 1921, p. 39-43. – *Carta al Marqués de Borja, Intendente de la Real Casa y Palacio (El Escorial, 19 de febrero de 1908)*, en F. Castaño, *Historia del Real Colegio de Alfonso XII (San Lorenzo del Escorial)*, vol. II, San Lorenzo de El Escorial, 1996, p. 795. – *Oración fúnebre por el Dr. Mariani, en la capilla del hospital de la Princesa, de Madrid*, en *El Buen Consejo*, 14, 1909, p. 383. – *La llaga social y sus remedios*, en *Ibid.*, p. 198-201. – *Conferencias científicas acerca de la evolución materialista y atea, dadas en la Iglesia de San Ginés, de Madrid*, Madrid, 1910 ; reed., en *La Ciudad de Dios*, 81, 1910, p. 353-363, 441-452, 529-543, 609-622 ; 82, 1910, p. 7-22. – *Plática pronunciada para conmemorar el primer centenario de la fundación de la Adoración Nocturna de Madrid*, Madrid, 1910 ; reed., en *La Ciudad de Dios*, 84, 1911, p. 32-39 ; *Sermones y discursos. Conferencias y pastorales. Segunda Serie*, Madrid, 1921, p. 64-

73. – *Carta abierta, dirigida al señor don Tomás Maestre, senador del reino y catedrático de medicina legal, que pide que las órdenes religiosas no intervengan para nada en la enseñanza española*, en *El Universo*, 3436, 4 de diciembre de 1910. – *Polémica con el Doctor Maestre*, en *ABC*, diciembre 1910 y enero 1911. – *Advertencia*, en F. Blanco, *La literatura española en el siglo XIX, 2ª parte*, Madrid, 1910. – *Colegio de San Agustín, dirigido por los Padres Agustinos [Reglamento]*, Madrid, 1912. – *La bandera de Cristo. Oración sagrada, tenida en la noche del día 29 de junio de 1912, con motivo de la peregrinación efectuada por Adoración Nocturna de Madrid*, en *La Lámpara del Santuario*, 43, n° 8, 1912, p. 254-263 ; reed., *Sermones y discursos. Conferencias y pastorales. Segunda Serie*, Madrid, 1921, p. 118-128. – *Sermón Cristo Rey pronunciado el 29 de junio de 1911, con motivo del Congreso Eucarístico en la Basílica de San Lorenzo de El Escorial*, en *Actas del Congreso*, vol. I, Madrid, 1912, p. 480-482 ; reed., en *Reseña histórica del XXII Congreso Eucarístico Internacional*, Madrid, 1912, p. 311-318. – *En la muerte de Marcelino Menéndez y Pelayo*, en *La Ciudad de Dios*, 89, 1912, p. 342-344. – *Semblanza de don Marcelino Menéndez y Pelayo*, en *El Debate*, 10 de junio de 1912 ; reed. : *Discursos pronunciados en la velada necrológica celebrada en el teatro de la Princesa el 9 de junio de 1912, en honor de don Marcelino Menéndez y Pelayo, organizada por 'El Debate'*, Madrid, 1912, p. 35-52 ; *Sermones y discursos. Conferencias y pastorales. Segunda Serie*, Madrid, 1921, p. 84-98. – *Sermón pronunciado en la noche de 16 de mayo de 1915, en la fiesta organizada por la Adoración Nocturna, en la Catedral de Madrid*, en *La Ciudad de Dios*, 108, 1917, p. 369-378 ; reed. : *Reseña Histórica de la Custodia de la Sección Adoración Nocturna de Madrid*, Madrid, 1917, p. 21-27 ; *Sermones y discursos. Conferencias y pastorales. Segunda Serie*, Madrid, 1921, p. 161-172. – *La Juventud. Conferencia en la Real Academia de Jurisprudencia y Legislación*, Madrid, 1918 ; reed., en *La Ciudad de Dios*, 113, 1918, p. 395-415 ; *Sermones y discursos. Conferencias y pastorales. Segunda Serie*, Madrid, 1921, p. 9-38. – *Primera carta pastoral que dirige a los fieles de su diócesis (Huesca, 25 de julio de 1919)*, Huesca, 1919 ; reed. : *Sermones y discursos. Conferencias y pastorales. Segunda Serie*, Madrid, 1921, p. 44-63. – *Plática pronunciada en la boda de la Srta. Ana María Rodríguez Beraza y Roa y D. Enrique de Aristegui Sarría, en la fiesta del Sagrado Corazón de Jesús y de Nuestra Señora del Perpetuo Socorro, iglesia parroquial de San José de Madrid, 27 de junio de 1919*, Madrid, 1919. – *Ecce homo, ecce Christus*, en *Iris del Consuelo*, 38, 1919, p. 263. – *Oración que en la fiesta de Santo Tomás de Aquino predicó a los profesores de la Universidad Central y de los Institutos del cardenal Cisneros y San Isidro, en la Iglesia San José de Madrid el 14 de marzo de 1920*, Madrid, 1920 ; reed., en *La Ciudad de Dios*, 121, 1920, p. 188-217 ; *El Universo*, 16 y 17 marzo de 1920 ; *Sermones y discursos. Conferencias y pastorales. Segunda Serie*, Madrid, 1921, p. 129-160. – *Pastoral que con motivo de la Santa Cuaresma de 1920 dirige a los fieles de su diócesis, acerca de la paz. Huesca, 19 de marzo de 1920*, Huesca, 1920 ; reed., *Sermones y discursos. Conferencias y pastorales. Segunda Serie*, Madrid, 1921, p. 99-117. – *Oración fúnebre pronunciada en la Santa Iglesia Catedral de Huesca el día 28 de abril de 1920, en las solemnes exequias del rey Alfonso I de Aragón, dicho el Batallador y ante los reales restos. Segundo Congreso de historia de la Corona de Aragón. Huesca, 26 a 29 de abril de 1920*, Huesca, 1920 ; reed., *Sermones y discursos. Conferencias y pastorales. Segunda Serie*, Madrid, 1921, p. 173-192. – *Una rápida excursión por el mundo de la ciencia y de la vida. ¿Dios o el acaso ? Conferencia precedida del discurso de presentación por el Vicepresidente de la Academia Dr. D. Antonio Gregorio y Rocasolano. Zaragoza, 8 de abril de 1921*, Zaragoza, 1921, p. 11-52 ; reed.,

¿Dios o el Acaso ? Una rápida excursión por el mundo de la ciencia, en *La Ciudad de Dios*, 125, 1921, p. 335-353, 414-438 ; *Sermones y discursos. Conferencias y pastorales. Segunda Serie*, Madrid, 1921, p. 205-250 ; *¿Dios o el acaso ?*, Pamplona, 1988. – *Carta pastoral que dirige a sus diocesanos con motivo del cumplimiento con la Iglesia, acerca de la adoración a Dios. Huesca, abril de 1921*, Huesca, 1921 ; reed., *Sermones y discursos. Conferencias y pastorales. Segunda Serie*, Madrid, 1921, p. 193-204. – *Panegírico de San Francisco. Pronunciado por el Ilmo. P. Zacarías Martínez Núñez, obispo de Huesca, en la fiesta militar que se celebró con motivo del centenario de la catedral de Burgos y la traslación de la reliquia del Santo Conquistador de Sevilla, 19 de julio de 1921*, en *España y América*, 73, 1922, p. 81-92. – *Sermones y discursos. Conferencias y pastorales. Segunda Serie*, Madrid, 1921 ; 2ª edición, El Escorial, 1929. – *Carta pastoral con motivo de nuestra próxima visita ad limina Apostolorum*, en *Boletín Eclesiástico del Obispado de Huesca*, 7, 1922, p. 73-82 ; reed. : *Discursos y pastorales. Tercera serie*, El Escorial, 1929, p. 47-57. – *Circular a su vuelta de Roma*, en *Boletín Eclesiástico del Obispado de Huesca*, 10, 1922, p. 147-154 ; reed. : *Discursos y pastorales. Tercera serie*, El Escorial, 1929, p. 58-66. – *San Fernando. Panegírico pronunciado en la fiesta militar que se celebró con motivo del centenario de la catedral de Burgos, y la traslación de la reliquia del Santo Conquistador de Sevilla. 19 de julio de 1921*, Madrid, 1922 ; reed., en *La Ciudad de Dios*, 128, 1922, p. 112-124 ; reed., en *España y América*, 73, 1922, p. 81-92 ; *Discursos y pastorales. Tercera serie*, El Escorial, 1929, p. 67-82. – *San Francisco Javier. Conferencia pronunciada en el teatro Gayarre de Pamplona, el día 23 de abril de 1922*, en *Homenaje a D. Carmelo de Echegaray*, San Sebastián, 1928, p. 235-244 ; reed., en *Revista de la Exposición Misional Española*, 15, 1929, p. 707-713 ; *Discursos y pastorales. Tercera serie*, El Escorial, 1929, p. 7-46. – *Carta pastoral de despedida que dirige a sus fieles [23 de abril de 1923]*, Huesca, 1923 ; reed., en *Boletín Eclesiástico del Obispado de Huesca*, 5, 1923, p. 84-94 ; *Discursos y pastorales. Tercera serie*, El Escorial, 1929, p. 83-94. – *Primera carta pastoral con ocasión de su entrada en la diócesis. Vitoria, 10 de julio de 1923*, Vitoria, 1923 ; reed., en *Boletín Eclesiástico del Obispado de Vitoria*, 10 de julio de 1923 ; *Discursos y pastorales. Tercera serie*, El Escorial, 1929, p. 95-115. – *El ritmo de los tiempos*, en J. P. Martínez, (ed.), *Viacrucis. Idearium de Semana Santa*, Huelva, 1923, p. 19-20. – *Carta pastoral acerca de la Unión. Vitoria, 20 de abril de 1924*, Vitoria, 1924 ; reed. : *Discursos y pastorales. Tercera serie*, El Escorial, 1929, p. 117-133. – *Circular acerca de la modestia cristiana*, en *Boletín del Obispado de Vitoria*, 17, 1924, p. 397-401 ; reed. : *Discursos y pastorales. Tercera serie*, El Escorial, 1929, p. 221-226. – *Al regreso de la peregrinación diocesana a Roma. 29 de mayo de 1925*, en *Boletín del Obispado de Vitoria*, 17, 1925, p. 215-218 ; reed. : *Discursos y pastorales. Tercera serie*, El Escorial, 1929, p. 153-156. – *Carta pastoral acerca de la piedad*, Vitoria, 1925 ; reed., *Discursos y pastorales. Tercera serie*, El Escorial, 1929, p. 135-152. – *Carta pastoral que dirige al clero y a los fieles de su diócesis acerca de la unión de la Obra de las Misiones Católicas*, Vitoria, 1926 ; reed. : *Discursos y pastorales. Tercera serie*, El Escorial, 1929, p. 157-176. – *Reglamento de la Organización Misional Diocesana de Vitoria [1926]*, en *Ibid.*, p. 233-243. – *El Padre Zacarías Martínez, filósofo cristiano*, en R. Martínez, *La España de hoy. Conversaciones con grandes españoles*, Madrid, 1926, p. 277-283. – *Semblanza del doctor Areilza. Conferencia pronunciada en el Paraninfo del Instituto Alfonso XII, de Bilbao, el día 20 de diciembre de 1927, en la velada necrológica que, como homenaje al benemérito doctor Areilza, organizó la Excma. Diputación de Vizcaya*, en *Discursos y pastorales. Tercera serie*, El Escorial, 1929, p. 177-190. – *Carta pastoral que con motivo*

del nuevo Seminario dirige a los fieles de su diócesis. Vitoria, 19 de marzo de 1927, Vitoria, 1927 ; reed. : *Discursos y pastorales. Tercera serie*, El Escorial, 1929, p. 191-202. – *Oración fúnebre que con motivo del cuarto centenario de Fray Luis de León pronunció en la catedral de Salamanca, 26 de mayo de 1928*, El Escorial, 1928 ; reed., en *Religión y Cultura*, 1, nº 2, 1928, p. 559-571 ; *Revista de Española de Estudios Bíblicos*, 3, 1928, p. 11-23 ; *Boletín Oficial del Arzobispado de Santiago de Compostela*, 67, 1928, p. 283-288, 298-304, 315-318 ; *Discursos y pastorales. Tercera serie*, El Escorial, 1929, p. 203-220. – *Cuatro palabras de introducción*, en P. M. Sulamitis, *A los sacerdotes. Primera parte*, Bilbao, 1928. – *Preconización para la Sede Compostelana*, dans *Boletín Oficial del Arzobispado de Santiago de Compostela*, 67, 1928, p. 7. – *Peregrinación a Tierra Santa y Roma*, en *Ibid.*, p. 85-87. – *Discurso de entrada en la Archidiócesis de Santiago. 31 de mayo de 1928*, en *Ibid.*, p. 132-135. – *Decreto de nombramientos*, en *Ibid.*, p. 145-146. – *Circular sobre el 70º aniversario del nacimiento de S. M. la Reina Madre. 30 de junio de 1928*, en *Ibid.*, p. 193-194. – *Circular sobre la asistencia de los sacerdotes a las celebraciones fúnebres. 10 de julio de 1928*, en *Ibid.*, p. 209-210. – *Circular sobre algunos centros de conferencias de teología moral. 30 de julio de 1928*, en *Ibid.*, p. 225-226. – *Circular jóvenes emigrantes, por sugerencia de la Acción Católica*, en *Ibid.*, p. 227. – *Discurso de contestación al Delegado Regio al hacer la Ofrenda al Apóstol. 25 de julio de 1928*, en *Ibid.*, p. 233-234. – *Normas de buen gobierno con motivo de la apertura del curso del Seminario Conciliar de Santiago. 13 de agosto*, en *Ibid.*, p. 245-249. – *Circular sobre las devociones a Santa María Virgen en el mes de octubre. 14 de septiembre de 1928*, en *Ibid.*, p. 273-274. – *Circular sobre la aportación de limosnas de la Bula de Santa Cruzada. 6 de octubre de 1928*, en *Ibid.*, p. 307-309 ; reed., en *Ibid.*, 68, 1928, p. 431-434. – *Circular al clero sobre la renovación de la Consagración del género humano al Sagrado Corazón de Jesús. 10 de octubre de 1928*, en *Ibid.*, 67, 1928, p. 309. – *Circular sobre la elección de Administrador-Habilitado de la Archidiócesis. 10 de noviembre de 1928*, en *Ibid.*, p. 340-341. – *Circular sobre la reorganización de la Acción Católica en la Archidiócesis. 30 de noviembre de 1928*, en *Ibid.*, p. 354-356. – *Documentos firmados por los nueve metropolitanos de España dirigidos al Sr. Presidente del Consejo de Ministros*, en *Ibid.*, p. 357-364. – *Circular sobre robos sacrílegos ocurridos en la Archidiócesis. 29 de diciembre de 1928*, en *Ibid.*, p. 386-387. – *Circular sobre la celebración de sínodos. 31 de diciembre de 1928*, en *Ibid.*, p. 387. – *Carta pastoral que dirige a sus fieles con motivo de la reforma del Seminario de Santiago de Compostela*, Santiago, 1929 ; reed., en *Boletín Oficial del Arzobispado de Santiago de Compostela*, 68, 1929, p. 369-381. – *Discursos y pastorales. Tercera serie*, El Escorial, 1929. – *Circular sobre el santo tiempo de Cuaresma. 20 de enero*, en *Boletín Oficial del Arzobispado de Santiago de Compostela*, 68, 1929, p. 3-5. – *Carta al director Arturo Aparicio, de Catecismos de San Martín*, en *Ibid.*, p. 36-37. – *Circular con motivo del 50 aniversario de la ordenación sacerdotal del papa Pío XI. 30 de marzo de 1929*, en *Ibid.*, p. 94-96. – *Circular sobre el día de retiro espiritual. 23 de marzo de 1929*, en *Ibid.*, p. 111-114. – *Edicto sobre la santa visita pastoral al arzobispado. 15 de abril de 1929*, en *Ibid.*, p. 121-122. – *Circular sobre el jubileo sacerdotal del papa Pío XI. 15 de abril de 1929*, en *Ibid.*, p. 122-123. – *Circular sobre el mes de mayo dedicado a Santa María. 15 de abril de 1929*, en *Ibid.*, p. 124. – *Circular sobre los robos sacrílegos en iglesias y santuarios. 15 de abril de 1929*, en *Ibid.*, p. 124. – *Circular sobre el modo de ganar el jubileo las religiosas de clausura. 13 de mayo de 1929*, en *Ibid.*, p. 155. – *Circular sobre la asistencia de los sacerdotes a las conferencias morales y litúrgicas. 15 de mayo de 1929*, en *Ibid.*, p. 153-154. – *Circular sobre el Año Jubilar de Su*

Santidad. 5 de julio de 1929, en *Ibid.*, p. 223. – *Circular sobre la formación de los aspirantes al sacerdocio. 5 de julio de 1929*, en *Ibid.*, p. 224. – *Circular sobre las letras transitoriales que deben presentar los sacerdotes. 5 de julio de 1929*, en *Ibid.*, p. 225. – *Constatación al discurso de la ofrenda al Apóstol, hecha por el ministro de Justicia y Culto, Galo Ponte, Delegado regio. 25 de julio de 1929*, en *Ibid.*, p. 236-238. – *Edicto para la provisión de becas sostenidas por la caridad de personas piadosas. 13 de agosto de 1929*, en *Ibid.*, p. 257-262. – *Circular sobre la apertura de curso en el Seminario Conciliar. 17 de agosto de 1929*, en *Ibid.*, p. 262-265. – *Alocución en la Plaza de María Pita de La Coruña, con motivo de la coronación de la Santísima Virgen de los Dolores*, en *Ibid.*, p. 281-285 ; reed., en *Religión y Cultura*, 8, 1928, p. 142-146. – *Circular sobre la rendición de cuentas de Culto y Fábrica. 13 de septiembre de 1929*, dans *Boletín Oficial del Arzobispado de Santiago de Compostela*, 68, 1929, p. 305. – *Sobre el mes del Santo Rosario. 13 de septiembre de 1929*, en *Ibid.*, p. 306. – *Carta pastoral que dirige a los fieles de su diócesis con motivo de la reforma del Seminario*, Santiago de Compostela, 1929 ; reed., en *Boletín Oficial del Arzobispado de Santiago de Compostela*, 68, 1929, p. 369-381. – *Carta circular dirigida a los arciprestes de la diócesis, dándoles algunas normas. 10 de noviembre de 1929*, en *Ibid.*, p. 382-383. – *Sobre la bula de la Santa Cruzada. 30 de noviembre de 1929*, en *Ibid.*, p. 391. – *Exhortación pastoral con motivo del 75 aniversario del dogma de la Inmaculada Concepción. 20 de noviembre de 1929*, en *Ibid.*, p. 396-398. – *Declaración de los cardenales, arzobispos y obispos de España al clero y fieles de sus diócesis sobre la propiedad artística de la Iglesia española. 28 de noviembre de 1929*, en *Ibid.*, p. 405-411. – *Circular sobre estipendio de misas. 14 de diciembre de 1929*, en *Ibid.*, p. 411-413. – *Reglamento del Hospital-Asilo de Nuestra Señora de la Piedad, vulgo 'Carretas'*, Santiago, 1929. – *Guía Eclesiástica de la Archidiócesis de Santiago de Compostela. Arreglada y publicada por orden del Excmo. E Ilmo. Dr. D. Zacarías Martínez Núñez*, Santiago, 1929 ; reed., en *Boletín Oficial del Arzobispado de Santiago*, nº extraordinario, 1929. – *Contestación al Excmo. Sr. Delegado Regio, Rafael Muñoz Garde, gobernador civil de La Coruña al presentar la ofrenda al Patrón de España. 30 de diciembre de 1929 por delegación del rey*, en *Ibid.*, 69, 1930, p. 28-29. – *Circular sobre la música sagrada. 15 de enero de 1930*, en *Ibid.*, p. 17-22. – *Circular dirigida a sacerdotes pidiéndoles información sobre los protestantes en la propia parroquia. 30 de marzo de 1930*, en *Ibid.*, p. 123-124. – *Carta pastoral que dirige a los fieles de su diócesis con motivo de la Santa Cuaresma de 1930, Santiago, 6 de abril de 1930*, Santiago, 1930 ; reed., en dans *Boletín Oficial del Arzobispado de Santiago de Compostela*, 69, 1930, p. 129-145. – *Sobre los ejercicios de las flores. 25 de abril de 1930"*, en *Ibid.*, p. 171. – *Día de la buena prensa. 10 de junio de 1930*, en *Ibid.*, p. 213-214. – *Circular sobre asistencia a la procesión del Patrono. 15 de julio de 1930*, en *Ibid.*, p. 237-239. – *Circular sobre curatos vacantes. 25 de julio de 1930*, en *Ibid.*, p. 229-230. – *Circular sobre prórroga de licencias. 25 de julio de 1930*, en *Ibid.*, p. 232-233. – *Circular sobre vacaciones de seminaristas. 25 de julio de 1930*, en *Ibid.*, p. 229-230. – *Contestación a la Invocación del Sr. Ministro de Gracia y Justicia, José Estrada, pronunciada en la Santa Iglesia Metropolitana. 25 de julio de 1930*, en *Ibid.*, p. 261-263. – *Edicto sobre becas para el Seminario Conciliar. 29 de julio de 1930*, en *Ibid.*, p. 255-259. – *Acción católica social. Una nueva institución. 14 de agosto de 1930*, en *Ibid.*, p. 269-270. – *Edicto de apertura del curso 1930-1931 en el Seminario Conciliar Central. 14 de agosto de 1930*, en *Ibid.*, p. 271-274. – *Circular dirigida a los sacerdotes sobre la asistencia a teatros y otros actos. 31 de agosto de 1930*, en *Ibid.*, p. 253-254. – *Sobre el mes del Santo Rosario. 30 de septiembre de 1930*, en *Ibid.*, p. 333-334. – *Día mundial*

universal de la Propagación de la fe. 15 de octubre de 1930, en *Ibid.*, p. 349-350. – *Circular sobre la exposición del Santísimo en sufragio de los difuntos y en las misas de la cofradía de la Minerva. 31 de enero de 1931*, en *Ibid.*, 70, 1931, p. 24-27. – *Circular sobre el santo tiempo de cuaresma. 14 de febrero de 1931*, en *Ibid.*, p. 34-35. – *Carta pastoral que dirige a los fieles de su diócesis con motivo de la Santa Cuaresma de 1931 y del Centenario de San Agustín. Santiago, 15 de febrero de 1931*, Compostela, 1931 ; reed., en *Boletín Oficial del Arzobispado de Santiago de Compostela*, 70, 1931, p. 49-141. – *Las profundas doctrinas de San Agustín sobre la gracia y las grandes necesidades espirituales de la sociedad contemporánea*, en *Religión y Cultura*, 4/3, nº 15, 1931, p. 11-88. – *Carta circular sobre la Fundación Pro-Jerusalén. 25 de marzo de 1931*, en *Boletín Oficial del Arzobispado de Santiago de Compostela*, 70, 1931, p. 161-162. – *Circular a los arciprestes, párrocos y superiores religiosos de colegios sobre la Instrucción catequética. 31 de marzo de 1931*, en *Ibid.*, p. 163-164. – *Circular sobre la Hora Oficial. 10 de abril de 1931*, en *Ibid.*, p. 176-177. – *Circular sobre los ejercicios de las flores. 10 de abril de 1931*, en *Ibid.*, p. 177. – *Circular sobre las circunstancias de cambio de gobierno por la venida de la República y el acatamiento de los poderes constituidos. 25 de abril de 1931*, en *Ibid.*, p. 247-249. – *Circular sobre el XV centenario del concilio de Éfeso. 25 de abril de 1931*, en *Ibid.*, p. 249-252. – *Circular sobre el día de la buena prensa. 10 de junio de 1931*, en *Ibid.*, p. 273-274. – *Documento de los metropolitanos españoles sobre las circunstancias creadas a la Iglesia por los cambios políticos. 9 de mayo de 1931*, en *Ibid.*, p. 289-292. – *Exposición de los metropolitanos españoles al Presidente del Gobierno de la República. 3 de junio de 1931*, en *Ibid.*, p. 292-294. – *Contestación a la Invocación del Sr. Delegado del Gobierno de la República. 3 de junio de 1931*, en *Ibid.*, p. 352-353. – *Carta pastoral del episcopado sobre la situación religiosa presente y sobre los deberes que impone a los católicos. 15 de agosto de 1931*, en *Ibid.*, p. 361-380. – *Edicto de apertura de curso 1931-1932 en el Seminario Conciliar Central. 20 de agosto de 1931*, en *Ibid.*, p. 380-381. – *Circular sobre el Santo Rosario. 30 de septiembre de 1931*, en *Ibid.*, p. 409-410. – *Circular sobre el rezo del Santo Rosario. 16 de noviembre de 1931*, en *Ibid.*, p. 458-461. – *Circular sobre la aceptación de los sacerdotes en las parroquias. 25 de noviembre de 1931*, en *Ibid.*, p. 474-475. – *Circular sobre el suprimido presupuesto eclesiástico por la Constitución, y la reorganización económica diocesana. 15 de diciembre de 1931*, en *Ibid.*, p. 485-489. – *Declaración colectiva del episcopado. 20 de diciembre de 1931*, en *Ibid.*, p. 501-526. – *Circular sobre el santo tiempo de cuaresma. 15 de febrero de 1932*, en *Ibid.*, 71, 1932, p. 20-21. – *Circular sobre la intensificación de la catequesis. 15 de febrero de 1932*, en *Ibid.*, p. 33-36. – *Circular sobre la relación del estado de la diócesis para presentarla a la Santa Sede. 29 de febrero de 1932*, en *Ibid.*, p. 65-66. – *Carta pastoral que dirige a sus fieles con motivo de la Cuaresma de 1932 acerca de la guerra declarada a Cristo y a su Iglesia Católica. Compostela, 12 de marzo de 1932*, Santiago, 1932 ; reed., en *Boletín Oficial del Arzobispado de Santiago de Compostela*, 71, 1932, p. 81-124. – *Circular sobre los ejercicios de las flores. 14 de abril de 1932*, en *Ibid.*, p. 129-130. – *Circular sobre el mes del Sagrado Corazón de Jesús. 12 de mayo de 1932*, en *Ibid.*, p. 161-162. – *Circular sobre la fiesta del Sagrado Corazón de Jesús. 24 de mayo de 1932*, en *Ibid.*, p. 177-181. – *Circular sobre la Asamblea de Juventudes Católicas de Vigo. 15 de julio de 1932*, en *Ibid.*, p. 233-234. – *Constatación a la Invocación que el Sr. Delegado de la Archicofradía del glorioso Apóstol pronunció. 25 de julio de 1932*, en *Ibid.*, p. 253-255. – *Edicto de apertura de curso de 1932-1933 en el Seminario. 20 de agosto de 1932*, en *Ibid.*, p. 291-294. – *Circular sobre el mes del Santo Rosario. 15 de septiembre de 1932*, en *Ibid.*, p. 297-*

299. – *Circular sobre el día misional. 10 de octubre de 1932*, en *Ibid.*, p. 313-316. – *Circular sobre la obra diocesana de Culto y Clero. 31 de octubre de 1932*, en *Ibid.*, p. 330-333. – *Exportación pastoral al venerable clero y amados fieles del arzobispo con motivo del adviento. 25 de noviembre de 1932*, en *Ibid.*, p. 355-362. – *Circular sobre la actuación política de los clérigos y sacerdotes. 14 de diciembre de 1932*, en *Ibid.*, p. 369-371. – *Contestación a las palabras que pronunció el Delegado de Archicofradía del Apóstol Santiago al hacer la ofrenda el día 30 de diciembre de 1932*, en *Ibid.*, 72, 1933, p. 13-15. – *Prefacio*, en J. Vázquez de Mella y Fanjul, *Selección de elocuencia e historia*, 2ª edición, Barcelona, 1932. – *Circular a los directores de colegios y escuelas católicas de la diócesis. 15 de enero de 1933*, en *Boletín Oficial del Arzobispado de Santiago de Compostela*, 72, 1933, p. 6-9. – *Exhortación pastoral de los prelados de la provincia eclesiástica de Santiago. 30 de enero de 1933*, en *Ibid.*, p. 17-23. – *Circular sobre el santo tiempo de cuaresma. 10 de febrero de 1933*, en *Ibid.*, p. 33-34. – *Circular sobre la celebración de la Hora Santa el 6 de abril. 30 de marzo de 1933*, en *Ibid.*, p. 74-76. – *Carta pastoral que dirige a sus fieles con motivo del décimo nono centenario de la muerte del Salvador, en la Cuaresma de 1933 acerca de Jesucristo y la Redención humana según San Pablo y San Agustín. Santiago de Compostela, 25 de marzo de 1933*, Santiago, 1933 ; reed., en *Boletín Oficial del Arzobispado de Santiago de Compostela*, 72, 1933, p. 81-166. – *Cruzada a Tierra Santa*, en *Ibid.*, p. 168-169. – *Circular sobre la gran promesa del Corazón de Jesús a España. 23 de abril de 1933*, en *Ibid.*, p. 178-179. – *Circular sobre la intensificación de la catequesis. 15 de abril de 1933*, en *Ibid.*, p. 180-182. – *Circular sobre el mes del Sagrado Corazón. 26 de mayo de 1933*, en *Ibid.*, p. 209-210. – *Circular con motivo de los sacrílegos incendios de iglesias de esta archidiócesis, en la noche del 9 del mes actual. 23 de mayo de 1933*, dans *Idem*, 72 (1933), p. 210-212. – *Declaración del episcopado con motivo de la Ley de Confesiones y Congregaciones Religiosas. 25 de mayo de 1933*, en *Ibid.*, p. 225-259. – *Circular sobre el Año Santo. 26 de mayo de 1933*, en *Ibid.*, p. 213-215. – *Circular sobre la Asamblea Regional Gallega de Juventudes Católicas. 27 de julio de 1933*, en *Ibid.*, p. 305-306. – *Edicto de apertura del curso de 1933-1934 en el Seminario. 20 de agosto de 1933*, en *Ibid.*, p. 341-344. – *Reglas para aplicación del arancel. 25 de agosto de 1933*, en *Ibid.*, p. 451-452.

FUENTES. – Archivo Vaticano, *Archivum Congregationis pro Episcopis*, Huesca, nº 907/18. – *Cancelleria Apostolica. Regesta Litterarum Apostolicarum*, 17, nº 42. – Madrid, *Archivo de la Nunciatura*, nº 760, fasc. 1, fº 129-154.

TRABAJOS. – E. Jorde, *Catálogo Bio-Bibliográfico de los religiosos Agustinos de la Provincia Agustiniana del Santísimo Nombre de Jesús de las Islas Filipinas desde su fundación hasta nuestros días*, Manila, 1901, p. 791-793. – F. Marcos, *Las 'Conferencias científicas' del P. Zacarías*, en *La Ciudad de Dios*, 81, 1910, p. 644-660. – J. Zarco, *Escritores agustinos de El Escorial, 1885-1916. Catálogo bio-bibliográfico*, Madrid, 1917, p. 167-181. – *Acta Apostolicae Sedis*, 11, 1919, p. 7, 107 ; 14, 1922, p. 621 ; 19, 1927, p. 441 ; 25, 1933, p. 448. – B.R., *La primera pastoral del Señor Obispo de Huesca*, en *La Ciudad de Dios*, 118, 1919, p. 463-470. – [*Entrada del P. Zacarías en Huesca*], en *Ibid.*, p. 167-168. – *Consagración de nuestro Ilustrísimo y reverendísimo Prelado*, en *Boletín Oficial del Arzobispado de Huesca*, 68, 1919, p. 120. – A. García, *El padre Zacarías Martínez, Obispo de Huesca*, Madrid, 1919. – E. Martínez, *El Imo. P. Zacarías y su solemne entrada en Huesca*, en *Iris del Consuelo*, 42, 1919, p. 330. – *El Ilmo. y Rvmo. P. Zacarías Martínez-Núñez, obispo de Huesca*, en *Archivo Agustiniano*, 12, 1919, p. 5-6. – J. Ortega, *El nuevo obispo de Huesca* [*Zacarías Martínez Núñez*], en *Ibid.*, p. 6-8. – *La Consagración* [*Zacarías Martínez Núñez*], en *Ibid.*, p. 8-10.

– B. Rodríguez, *El Ilmo. y Rvdmo. P. Zacarías Martínez Núñez, nuevo prelado de Huesca*, en *La Ciudad de Dios*, 117, 1919, p. 496-506 ; Id., *La fiesta de consagración* [episcopal del *P. Zacarías Martínez Núñez*], en *Ibid.*, p. 506-507 ; Id., *La primera carta pastoral del señor obispo de Huesca*, en *Ibid.*, 118, 1919, p. 463-470. – *La Ciudad de Dios*, 123, 1920, p. 234 ; 128, 1922, p. 75 ; 129, 1922, p. 231 ; 130, 1922, p. 476 ; 178, 1965, p. 668-680. – G. de Santiago Vela, *Ensayo de una Biblioteca Ibero-Americana de la Orden de San Agustín. Obra basada en el Catálogo bio-bibliográfico agustiniano de Bonifacio Moral*, vol. V, Madrid, 1920, p. 291-300. – F. Leal, *Homenaje al señor Obispo de Huesca* [*Zacarías Martínez Núñez*], en *Archivo Agustiniano*, 15, 1921, p. 261-263. – *Martínez Núñez, Zacarías, obispo de Huesca*, en *Anuario Eclesiástico*, 7, 1922, p. 208. – *Boletín Oficial del Obispado de Huesca*, 59, 1923, p. 346-349. – *Notas biográficas del Rvdmo. Prelado*, en *Boletín Oficial del Obispado de Vitoria*, 59, 1923, p. 344-349. – R. Martínez de la Riva, *El Padre Zacarías Martínez, filósofo cristiano*, en *La España de hoy. Conversaciones con grandes españoles*, Madrid, 1926, p. 277-283. – *Annuaire Pontifical Catholique*, Paris, 1927, p. 354. – *El nuevo Arzobispo de Compostela, Excmo. y Rvmo. Señor Dr. D. Fr. Zacarías Martínez Núñez. Datos biográficos*, en *Boletín Oficial del Arzobispado de Santiago de Compostela*, 66, 1927, p. 403-406. – *Martínez Núñez, Zacarías, obispo de Vitoria*, en *Anuario Eclesiástico*, 14, 1928, p. 548-549. – A. Pérez de Toledo, *El P. Zacarías*, en *Almas Nuevas*, 1928, p. 65-66. – *Resumen de un pontificado*, en *Boletín oficial del Obispado de Vitoria*, 64, 1928, p. 204-210. – B. de los Ríos, *Breve semblanza del Rvdmo. Sr. D. Fray Zacarías Martínez Núñez, Arzobispo de Santiago*, en *Raza Española*, 113-114, 1928, p. 5. – *Martínez Núñez, Zacarías, arzobispo de Santiago*, en *Anuario Eclesiástico*, 15, 1929, p. 386. – M. Núñez de Cepeda, *Dos libros del Exmo. Sr. Arzobispo de Santiago* [*Discursos y oraciones sagradas, y Discurso y Pastorales*], en *Religión y Cultura*, 8, 1929, p. 115-118. – J. García, *Escritores burgaleses. Continuación la obra de Manuel Martínez Añibarro y Rives*, Alcalá de Henares, 1930, p. 322-332. – M. Capón Fernández, *Oración fúnebre del Excmo. y Revmo. Señor D. Fr. Zacarías Martínez Núñez*, en *Boletín Oficial del Arzobispado de Santiago de Compostela*, 72, 1933, p. 369-388. – *Del fallecimiento del Excmo. Sr. Doctor Fr. Zacarías Martínez Núñez, Arzobispo de esta Diócesis*, en *Ibid.*, p. 360-391. – *El Excmo. y Rvdmo. Sr. Dr. D. Fr. Zacarías Martínez-Núñez, OSA*, en *Religión y Cultura*, 24, 1933, p. 109-111. – † *El Excmo. y Rvdmo. Sr. Dr. D. Fr. Zacarías Martínez Núñez, OSA*, en *Vergel Agustiniano*, 6, 1933, p. 443-445. – E. Martínez, *La muerte del P. Zacarías Martínez, arzobispo de Santiago. Pormenores necrológicos*, en *Ibid.*, 40, 1933, p. 378-390. – *Na morte do noso Arcebispo*, en *Logos*, 33, 1933, p. 145-146. – R. García, *Los apologistas españoles, 1830-1930*, Madrid, 1935, p. 220. – D. Pérez, *Honremos su memoria*, El Escorial, 1943, p. 138-141 ; Id., *El P. Cámara y el renacimiento literario y científico de la Orden en España*, en *La Ciudad de Dios*, 159, 1947, p. 205-254 (reed. : *El Centenario del nacimiento del Rmo. P. Tomás Cámara, obispo de Salamanca, 1847-1947*, El Escorial, 1947) ; Id., *El P. Zacarías Martínez y el seminario de Vitoria*, en *El Buen Consejo*, 1957, p. 156-158 ; Id., *La Provincia Agustiniana Matritense del Sagrado Corazón de Jesús. Reseña histórica desde 1895 hasta 1933*, Madrid, 1973, p. 134, 142, 147, 161, 167-185, 255-259. – S. Folgado, *Las ciencias eclesiásticas y los agustinos de El Escorial*, en *La Comunidad Agustiniana en el Monasterio de El Escorial. Obra cultural (1885-1963). En el IV Centenario de la fundación del Monasterio, 1563-1963*, San Lorenzo de El Escorial, 1964, p. 49-50. – A. Llordén, *Biobibliografía agustiniana escurialense*, en *Ibid.*, p. 455-466. – L. Soto, *Agustinos científicos contemporáneos*, en *La Ciudad de Dios*, 178, 1965, p. 673-674. – M. Alonso, *Nuestro Colegio. Estudio histórico-descriptivo* [*del Real Colegio Alfonso XII de San Lorenzo de El Escorial*], por el *P. Maurino Alonso Cantarino. Agustinos*, San Lorenzo de El Escorial, 1945 (2ª edición, Madrid, 1975, p. 80, 98-101. – V. Cárcel (dir.), *Historia de la Iglesia en España. V. La Iglesia en la España contemporánea (1808-1975)*, Madrid, 1975, p. 345, 388, 444 ; Id., *Benedicto XV y los obispos españoles. Los nombramientos episcopales en España desde 1914 hasta 1922*, en *Archivum Historiae Pontificiae*, 29, 1991, p. 198-254, esp. p. 200 – L. Hernández (ed.), *Los Agustinos en El Monasterio del Escorial, 1885-1985*, San Lorenzo de El Escorial, 1985, p. 136, 142-143, 150-151. – L. Echeverría, *Episcopologio Español Contemporáneo (1868-1985). Datos biográficos y genealogía espiritual de los 585 obispos nacidos o consagrados en España entre el 1 de enero de 1868 y el 31 de diciembre de 1985*, Salamanca, 1986, p. 81, nº 227 ; p. 83, nº 239. – J. M. Cuenca, *Sociología del episcopado español e Hispanoamericano (1789-1985)*, Madrid, 1986, p. 293-294, 305, 550-551. – T. Aparicio, *Agustinos españoles en la vanguardia de la ciencia y la cultura*, vol. I, Valladolid, 1988, p. 325-340. – P. Muñoz, *Pensamiento de fray Zacarías Martínez Núñez, OSA*, en *Cor Unum*, 45, nº 212, 1990, p. 286-303. – R. Moreno, *Sobre una carta del profesor Jiménez Rueda al Arzobispo Don Zacarías Martínez Núñez y que trata sobre la teoría de la relatividad*, en *Compostellanum*, 37, 1992, p. 651-656. – G. Díaz, *Hombres y Documentos de la Filosofía Española*, vol. V, Madrid, 1995, p. 303-306. – C. García, *Fr. Zacarías Martínez Núñez, OSA (1864-1933), Obispo de Huesca y Vitoria y Arzobispo de Compostela. Notas bio-bibliográficas*, en *Archivo Agustiniano*, 79, 1995, p. 391-412 ; Id., *Fray Zacarías Martínez Núñez (1927-1933)*, en *Historia de las diócesis españolas*, vol. XIV, Madrid, 2002, p. 431-433 ; Id., *Zacarías Martínez Núñez (1864-1933). Agustino, orador, apologista, obispo*, Guadarrama (Madrid), 2009 ; Id., *Episcopologio moderno de la Iglesia Compostelana. Arzobispos de Santiago, 1751-2011*, Aranjuez (Madrid), 2012, p. 301-317. – F. Castaño, *Historia del Real Colegio de Alfonso XII (San Lorenzo del Escorial)*, San Lorenzo de El Escorial, 1996, vol. I, p. 828-835, 1022 ; vol. II, p. 589-590, 794-795 ; vol. III, p. 363. – J. J. Cebrián, *Obispos de Iria Flavia y Arzobispos de Santiago de Compostela : una historia bimilenaria*, Santiago de Compostela, 1997, p. 325-331. – J. M. Martínez, *El canto de las sirenas (páginas de investigación crítica)*, Oviedo, 2000, p. 405-407. – D. Peñart, *Episcopologio de Huesca*, en *Aragonia Sacra*, 16-17, 2001-2003, p. 59-87, spec. p. 81-82. – L. Asorey, *Antropología y transformismo. El pensamiento biológico y la posición crítica del P. Agustino Zacarías Martínez Núñez, arzobispo que fue de Santiago de Compostela (1928-1933). Discurso leído en el acto de su ingreso y contestación del académico numerario Dr. D. Manuel Pereiro Miguens*, Santiago de Compostela, 2002. – *Martínez Núñez, Zacarías*, en *Enciclopedia Galega Universal*, vol. XI, Vigo, 2002, p. 449. – T. Calvo, *El apóstol del Amazonas. Por entre ríos y selvas. El siervo de Dios Monseñor Ignacio Martínez, 1902-1942, agustino recoleto*, Monachil (Granada), 2005, p. 42-44, 47, 50, 71, 150. – V. Ibarz, *La correspondencia entre Ramón y Cajal y fray Zacarías Martínez, obispo de Huesca*, San Lorenzo (Huesca, 20-VIII-2006), p. 22-23. – R. Lazcano, *Martín Núñez, Zacarías*, en *Diccionario Biográfico Español*, vol. XXXIII, Madrid, 2009-2013, p. 460-463 ; Id., *Episcopologio agustiniano. Vida, obra, fuentes, bibliografía y webgrafía de cardenales, patriarcas, nuncios, primados, arzobispos, obispos, sacristas pontificias, prelados, vicarios y prefectos apostólicos de la Familia Agustiniana : Agustinos, Agustinos Recoletos, Agustinos Descalzos de Portugal, Agustinos Descalzos de Italia, y Agustinos Asuncionistas*, vol. II, Guadarrama (Madrid), 2014, p. 1418-1441. – S. L. Pérez, *Un nuevo hito en la historia de Galicia : el episcopologio compostelano de los últimos siglos*, en *Estudios Mindonienses*, 28, 2012, p. 649-670, esp. p. 660.

– J. Mirena, *Más sobre obispos alaveses*, en *Scriptorium Victoriense*, 60, 2013, p. 230-231.

R. LAZCANO

MARTÓN (Fray Jerónimo), OSB, Valladolid, *c.* 1550-Valladolid, 25 avr. 1631, prédicateur.

Il était l'oncle du Frère Juan Martón, abbé de San Pedro de Tenorio et de San Juan de Poyo, et le neveu du Frère Álvaro de Salazar, abbé de San Millán de la Cogolla. Il prit l'habit bénédictin observant dans le monastère de San Benito el Real de Valladolid, le 14 ou le 19 sept. 1566. Après sa profession religieuse, avoir étudié les matières ecclésiastiques dans les collèges de la Congrégation de San Benito de Valladolid et avoir été ordonné prêtre, il fit carrière comme prédicateur. Il fut abbé de San Pedro de Villanueva (Asturies, 1594-1595), deux fois abbé de San Vicente del Pino de Monforte de Lemos (Lugo, 1595-1598, 1607-1610) et une fois de San Benito de Sevilla (1601-1604) et de San Benito de Valladolid (1618-1621). Il intervint à de nombreuses reprises dans les chapitres généraux, faisant partie de diverses commissions chargées de résoudre les conflits et d'examiner les documents. Étant abbé de Monforte, il fournit des notices historiques au P. Yepes. Le chapitre général de 1621 le nomma chroniqueur général de la Congrégation et le chargea de l'édition du septième volume de sa *Crónica general de la Orden de San Benito*, et lui donna pour cela 200 ducats. Il devait continuer cette grande œuvre mais il ne fit paraître aucun autre volume. Il se distingua surtout comme prédicateur, l'ayant été dix ans durant dans son monastère de Valladolid (1604-1607, 1610-1613, 1621-1625), et le chapitre général de 1607 lui donna d'ailleurs le titre de prédicateur général de la Congrégation, bien que son style était si précieux et alambiqué que le comte de Villamediana commençait son sonnet qui caractérisait les plus fameux prédicateurs de son temps par ces mots : « dans ses martres Martón peut s'envelopper ». Il écrivit trois tomes de sermons dont, « par manque de moyens », on n'imprima que le premier, correspondant aux dimanches et aux saints du temps de l'Avent et de Noël. Le chapitre général de 1629 le chargea de compiler, ordonner et imprimer le cérémonial et la réforme des statuts des collèges de la Congrégation et de la méthode d'interroger dans les collèges. Il fut un défenseur fervent du droit de son monastère à l'élection de l'abbé général, à propos duquel il écrivit divers mémoires. Il acheva l'édifice et le cloître de style herrérien du monastère de Valladolid, qu'il avait vu à San Agustin. En tant que maître de théologie, il intervint dans la controverse *De Auxiliis*, sur laquelle il écrivit une lettre au procureur général de la Congrégation à Rome, l'assurant que les bénédictins défendaient la doctrine de Molina et étaient favorables à la science moyenne. Il mourut avec la réputation d'un homme savant, pieux et affable.

ÉCRITS. *Primera parte de discvrsos o sermones evangélicos, dominicales y santorales desde el domingo primero de adviento hasta las fiestas del Nacimiento de Nuestro Redemptor*, Valladolid, 1614 (deux autres volumes étaient prévus, dont un déjà prêt pour l'imprimerie mais ils ne furent finalement jamais imprimés). – Avec le Frère Alonso de Xuara, il rédigea : *Los quince agravios que pretendió la casa de Valladolid averle hecho la Congregación en el Capítulo General de 1598*, ainsi qu'une réponse au P. Jerónimo de Gante, et dont les originaux

Jules Mascaron, portrait par Van Schuppen et Edelinck,
coll. KU Leuven.

sont conservés à l'Archivo de la Congregación de Valladolid, à l'abbaye de Silos (Burgos), dans *Documentación varia*, vol. XI, f° 328-363, 386-393.

Sources. Archivo de la Congregación de Valladolid, à l'abbaye de Silos, *Actas de los capítulos generales*, vol. I, f° 452r°, 473r°, 506v° ; vol. II, f° 5r°, 10v°, 33v°, 43v°, 53r°, 55r°, 62v°, 66r°, 88r°, 89r°, 134v°, 137v°, 144r°, 148r°. – *Hijos ilustres del monasterio de S. Benito de Valladolid*, dans *Documentación varia*, vol. XXXVI, f° 660v°-661r°. – A. de Yepes, *Corónica general de la Orden de San Benito*, vol. IV, Valladolid, 1615, f° 288v°-290v°. – G. de Argaiz, *La Perla de Cataluña. Historia de Ntra. Sra. de Monserrate*, Madrid, 1677, p. 456, 479. – Bibliothèque Nationale de France, *Section des Manuscrits Espagnols*, Ms. 321, 1723, f° 362r°.

Travaux. B. Gallardo, *Ensayo de una bibliografía española*, IV, Madrid, 1889, p. 689. – J. Pérez de Úrbel, *Varones insignes de la Congregación de Valladolid*, Madrid, 1967, p. 165. – E. Zaragoza Pascual, *Los Generales de la Congregación de San Benito de Valladolid*, vol. IV, Silos, 1982, p. 37, 63, 73, 119, 147, 432 ; Id., *Abadologio del monasterio de San Pedro de Villanueva (siglos XII-XIX)*, dans *Boletín del Instituto de Estudios Asturianos*, 116, 1985, p. 912 ; Id., *Cronistas generales de la Congregación de San Benito de Valladolid*, dans *Boletín de la Real Academia de la Historia*, 189, 1992, p. 107-109 ; Id., *Abadologio (1503-1835) y Libro de gradas (s. XVII-XIX) del monasterio de San Benito de Sevilla*, dans *Studia monastica*, 39, 1997, p. 387 ; Id., *Abadologio del monasterio de San Benito el Real de Valladolid (1390-1835)*, dans *Investigaciones históricas*, 23, Valladolid, 2003, p. 233 ; Id., *Abadologio del monasterio*

de San Vicente del Pino de Monforte de Lemos (siglos XV-XIX), dans *Estudios mindonienses : Anuario de estudios histórico-teológicos de la diócesis de Mondoñedo-Ferrol*, 24, 2008, p. 487-512 ; Id., *Martón, Jerónimo*, dans *Diccionario Biográfico Español*, t. XXXIII, Madrid, 2009, p. 627.

E. Zaragoza Pascual

MASCARON (Mgr Jules), oratorien, prédicateur, évêque (1634-1703).

Né à Marseille en mars 1634 et fils unique de Pierre-Antoine Mascaron, célèbre avocat au Parlement d'Aix, rien ne le destinait aux ordres sacrés. Mais il fit ce choix après la mort de son père, survenue lorsqu'il était élève de rhétorique au collège de l'Oratoire de Marseille. Entré jeune à l'Oratoire, il suivit le cursus traditionnel des régents et fut ordonné prêtre en 1658. Ayant sans doute là hérité du talent de son père, il fut reconnu pour son sens de l'éloquence sacrée, par Mgr François de Harlay alors archevêque de Rouen, qui l'introduisit à la Cour. Il prononça le 4 mars 1666 dans l'église des Pères de l'Oratoire de la rue Saint Honoré une oraison funèbre pour Anne d'Autriche décédée le 20 janvier et devint un prédicateur ordinaire du roi, à qui il prêcha carêmes et avents. Mme de Sévigné le tenait en grande estime. En 1670, ce furent des oraisons funèbres à la mémoire d'Henriette d'Angleterre, duchesse d'Orléans, et du duc de Beaufort, le célèbre « roi des halles » descendant d'Henri IV. La même année, le précepteur du Dauphin mourut, le nom de Mascaron fut considéré pour lui succéder mais finalement Bossuet fut choisi.

Nommé évêque de Tulle en 1671 et consacré l'année suivante à Saint Magloire par Mgr de Harlay, qui avait été transféré au siège épiscopal de Paris, il n'en continua pas moins à prêcher des carêmes devant le roi. Le 30 oct. 1675, il prononça pour le Maréchal de Turenne, mortellement frappé par un boulet de canon le 28 juillet, une oraison funèbre dans le grand couvent des carmélites et devant une assemblée très nombreuse composée de toutes les personnes de qualité de la Cour. Ce morceau d'éloquence, qui fut fort applaudi, enthousiasma la marquise de Sévigné : « Monsieur de Tulle a surpassé tout ce que l'on espérait de lui… c'est une action pour l'immortalité ». Comme les autres oratoriens devenus évêques, il se considéra toujours membre de cette Congrégation, ce qui lui permit d'écrire à un Père en 1678 : « en devenant évêque, je n'ai point cessé d'être prêtre de l'Oratoire, je me glorifierai toute ma vie de cette qualité ; et… il suffirait, mon Très Révérend Père, de la reconnaissance que je dois à la Congrégation pour m'engager à me regarder comme un de ses membres ».

En 1679, il fut transféré à l'évêché d'Agen. Plusieurs dizaines de milliers de protestants habitaient ce diocèse, et en 1685, lors de la révocation de l'édit de Nantes, vingt-huit mille d'entre eux, si l'on en croit les récits de l'époque, optèrent pour la religion catholique. Mgr Mascaron sut de manière douce et habile assurer l'accueil nécessaire à ces nouveaux convertis. En 1694 et pour la dernière fois, il prêcha encore l'avent devant le Roi. En 1695, il prononça le sermon de la messe d'ouverture de l'Assemblée générale du clergé, ce qui lui valut admiration et applaudissements.

Il mourut le 16 nov. 1703 dans son diocèse et fut regretté des pauvres, qu'il institua comme héritiers.

Son talent d'orateur fut rappelé dans l'oraison funèbre prononcée à sa mémoire : « M. Mascaron eut toutes les qualités d'un orateur chrétien et consommé. Il avait une érudition profonde pour instruire, un style doux et poli pour plaire, un zèle apostolique pour toucher… son éloquence était naturelle et cultivée sans affectation : il a prêché dans les meilleures chaires du royaume, et partout avec applaudissement général ». Pour sa part, Mme de Sévigné distinguait les quatre plus grands prédicateurs de son temps tous contemporains : Mascaron, Bossuet (1627-1704), Bourdaloue (1632-1704) et Fléchier (1632-1710).

Son confrère, le P. Bordes (*c.* 1638-1706) assura dès 1704 la publication de ses oraisons funèbres, qu'il compléta de sa biographie.

Un quatrain, contemporain de sa mort et relevé par Batterel, résume sa vie : « Mascaron, grand prédicateur / Sur qui se sont formés tant d'autres / Joignit tout l'art de l'orateur / À tout le zèle des apôtres ».

B. Labénazie, *Oraison funèbre de messire Jules Mascaron, évêque comte d'Agen, prononcée le 20 novembre 1703*, Agen, 1703. – J. Mascaron, *Recueil des oraisons funèbres par messire Jules Mascaron,* Paris, 1704, p. I-XX. – L. Moreri, *Dictionnaire historique*, t. 4, Paris, 1732, p. 936. – Ph.Tamizey de Larroque, *Notes pour servir à la biographie de Mascaron, évêque d'Agen, écrites par lui-même*, Paris, 1863. – L. H. V. Lehanneur, *Mascaron d'après des documents inédits*, La Rochelle, 1878. – *Dictionnaire de théologie catholique*, t. 10, Paris, 1928, col. 255-256. – E. Barthès, *Jules Mascaron*, Tulle, 1935. – *Enciclopedia Cattolica*, t. 8, Roma, 1952, col. 274. – L. Batterel, *Mémoires domestiques pour servir à l'histoire de l'Oratoire*, t. 3, Genève, 1971, p. 282-307. – A. Chapeau, *Épiscopologe français des temps modernes*, Paris, 1977. – J. Vinatier, *Histoire religieuse du Bas-Limousin et du diocèse de Tulle*, Limoges, 1991, p. 141-147. – F. Bluche, *Dictionnaire du Grand Siècle*, Paris, 1990, p. 992.

R. D'Ambrières

MASSILLON (Mgr Jean-Baptiste), oratorien, prédicateur, puis évêque (1663-1742).

Issu de la bourgeoisie provinciale, né à Hyères, le 24 juin 1663, de François Massillon notaire et d'Anne Marin, il commença ses études au collège de l'Oratoire de cette ville et les acheva dans celui de Marseille. En 1681 et à dix-huit ans, il entra dans la maison d'Institution de l'Oratoire d'Aix. Il suivit le cursus des régents dans les collèges et fut ordonné prêtre en 1691. Il demeura jusqu'en 1695 au séminaire de Vienne confié à l'Oratoire et commença à s'adonner avec un succès rapide à la prédication. Un moment attiré par la vie monastique, Il se retira mais quelques mois seulement et avec l'intention vite passée d'y rester à l'abbaye de Sept-Fons, trappe réformée depuis 1666 selon les principes mis en œuvre par l'abbé de Rancé. En 1696, le P. de La Tour, qui venait d'être élu Père Général, l'appela au séminaire parisien de Saint Magloire tenu par l'Oratoire. Il y enseigna l'éloquence sacrée. À partir de 1699, il intégra la maison Saint Honoré de l'Oratoire, siège de la Congrégation, et il y passa toute la suite de sa vie oratorienne. Devenu évêque, il disait toujours : « je dois tout à l'Oratoire et je n'oublierai jamais les obligations que j'ai à la congrégation ». Pendant ces vingt ans de séjour parisien, il ne prêcha pas moins de dix-neuf carêmes et onze avents. Il le fit à plusieurs reprises devant le Roi et la Cour, et la dernière fois en 1704 ; après il semble avoir subi une sorte de disgrâce non avouée, que l'on attribue généralement au soupçon de jansénisme pesant sur les oratoriens. Ceci ne l'empêcha

Jean-Baptiste Massillon, lithographie chez Lordereau (Paris), coll. KU Leuven.

pas de prononcer trois oraisons funèbres pour la famille royale, une pour le prince de Conti en 1709, une autre pour le Grand Dauphin à la Sainte Chapelle en 1711 et enfin une pour le Roi Louis XIV lui-même, à la Sainte Chapelle le 17 déc. 1715, pour laquelle la chambre des comptes vint en corps. Cette oraison prononcée trois mois après la mort du Roi lors d'une messe de mémoire et devenue un très célèbre morceau d'éloquence sacrée commençait par ces mots « Dieu seul est grand, mes frères… »

La Régence fut l'occasion du retour en grâce du P. Massillon : il fut de nouveau appelé à prêcher devant le jeune Roi et Saint Simon écrivit : « il avait fort plu à la Cour par des sermons à la portée de l'âge et de l'état du Roi. ». Il fut proposé pour le siège épiscopal de Clermont. Consacré le 21 déc. 1718 dans la chapelle des Tuileries par Mgr de Fleury, évêque de Fréjus précepteur du Roi, ce lieu fut très exceptionnellement choisi pour ce sacre épiscopal car le jeune roi avait exprimé le désir d'y assister.

Devenu évêque, il se consacra totalement et exclusivement à son diocèse. Juste avant d'arriver dans son diocèse en mai 1719, il fut reçu le 23 févr. 1719 à l'Académie Française en remplacement de l'abbé de Louvois, et là encore par l'évêque de Fréjus. Dans son discours de réception, Massillon évoqua tous les progrès que l'académie fit faire à l'éloquence française : « la chaire elle-même rougit de ce comique indécent, ou de ces ornements bizarres et pompeux, dont elle s'était parée, et substitua l'instruction à une pompe vide et déplacée, la raison aux fausses lueurs et l'évangile à l'imagination ».

Il tenta mais sans succès de faire rompre le card. de Noailles avec le parti janséniste en l'invitant à accepter l'accommodement sur la bulle Unigenitus.

Suivit un épisode plus politique de sa vie religieuse : il fut l'un des évêques avec le card. de Rohan et Mgr de La Vergne, évêque de Nantes, qui consacrèrent l'abbé Dubois, ministre du Régent le 9 juin 1720. Saint Simon nota : « il[Dubois]voulut Massillon, prêtre de l'Oratoire, que sa vertu, son savoir, ses grands talents pour la chaire avaient fait évêque de Clermont... Massillon, au pied du mur, étourdi, sans ressources étrangères, sentit l'indignité de ce qui lui était proposé, balbutia, n'osa refuser... Il fut blâmé néanmoins beaucoup dans le monde, surtout des gens de bien de tout parti, car en ce point l'excès du scandale les avaient réunis... On convint assez généralement d'une sorte d'impossibilité de s'en dispenser et de refuser ».

En 1721, il prononça l'Oraison funèbre de la Princesse Palatine, mère du Régent. Il passa le reste de sa vie dans son diocèse, qu'il administrait de manière autant charitable qu'attentive, faisant de régulières visites pastorales, étalées sur huit ans pour atteindre les 783 paroisses confiées à son autorité et réunissant des synodes diocésains chaque année. À Beauregard, où se trouvait la maison de campagne de l'évêque, il fit créer une industrie de filage du coton. L'ex-oratorien Jean Soanen, évêque suspendu de Senez, fut relégué en 1727 dans le monastère de la Chaise Dieu voisin, et Massillon fit preuve d'un amical respect à l'égard de son ancien confrère, qui décéda en 1740.

Il mourut pieusement dans son diocèse le 28 sept. 1742 et fut inhumé dans sa cathédrale.

Il écrivait tous ses sermons et les déclamait de mémoire. À partir de 1705, ses sermons firent l'objet de publications partielles principalement à Trévoux. Mais c'est son neveu, le P. Joseph Massillon, lui aussi de l'Oratoire et légataire de tous ses manuscrits, qui assura la publication complète de ses œuvres dès 1745-46. À compter du milieu du XVIIIe siècle, ses sermons furent traduits et imprimés à l'étranger : d'abord à Dresde en 1753, à Venise en 1756, puis à Lisbonne en 1774 et à Londres en 1798. Puis au XIXe, il y eut près de vingt éditions de ses œuvres complètes. D'Alembert prononça un vibrant éloge de Massillon lors d'une séance de l'Académie française le 4 août 1774 inaugurant ainsi une suite d'éloges des académiciens disparus.

Son style était simple et beau. Il excellait dans sa manière de s'adresser aux majestés royales. Attachant une grande importance à la conduite morale, il était tout autant ferme sur ces sujets que respectueux en remplissant son ministère mais sans en déborder. Son éloquence s'adressait directement à l'âme en la pénétrant sans jamais la déchirer. Devant le jeune Louis XV en 1718, en se mettant exactement à portée de cet enfant de sept ans, il dit : « sire, comme le premier penchant des peuples est d'imiter les rois, le premier des devoirs des rois est donner de saints exemples aux peuples » et encore « [le Christ] n'est pas appelé grand, parce qu'il compte des rois et des patriarches parmi ses ancêtres... Il est grand parce qu'il est le Saint ».

Caractères des RR. PP. Maure et Massillon, Liège, 1704. – J. Bougerel, *Mémoires pour servir à l'histoire de plusieurs hommes illustres de Provence*, Paris, 1752, p. 377-398. – L. Moreri, *Dictionnaire historique*, t. 7, Paris, 1759, p. 325-326. – J. B. d'Alembert, *Histoire des membres de l'Académie Française morts depuis 1700 jusqu'en 1777*, t. 1, Paris, 1787, p. 1-36 ; t. 5, p. 22-63. – A. Bayle, *Massillon. Étude historique et littéraire*, Paris, 1867. – M. de Marcey, *Massillon*, dans *Le Contemporain*, 1867-1869 et 1875-1876. – Ph. de Tamisy de Larroque, *Des récents travaux sur Massillon*, dans *Revue des questions historiques*, 11, 1871, p. 160-180. – E. A. Blampignon, *Massillon, d'après des documents inédits*, Paris, 1879 ; Id., *L'épiscopat de Massillon suivi de sa correspondance*, Paris, 1884 ; Id., *Massillon, supplément à son histoire et sa correspondance*, Paris, 1891. – B. Attaix, *Étude sur Massillon*, Toulouse, 1882. – J.-B. Vanel, *Les débuts oratoires de Massillon à Lyon d'après des documents inédits*, dans *Revue du Lyonnais*, série 5, vol. 1, 1886, p. 179-193 ; vol. 2, 1886, p. 17-38. – P. A. Sanvert, *Massillon*, Chalon-sur-Saône, 1891. – Abbé Touze, *Massillon*, Marseille, 1898. – L. Pauthe, *Massillon, sa prédication sous Louis XIV et Louis XV*, Paris, 1908. – *Dictionnaire de théologie catholique*, t. 10, Paris, 1928, p. 258-265. – J. Champomier, *Massillon*, Paris, 1942. – A. Chérel, *Massillon*, Paris, 1943. – *Enciclopedia cattolica*, t. 8, Roma, 1952, col. 293. – *Études sur Massillon* dans *Actes des journées Massillon de Clermont-Ferrand*, Aurillac, 1974. – A. Chapeau, *Épiscopologe français des temps modernes*, Paris, 1977. – J. Ehrard et J. Renwick, *Catalogue de la bibliothèque de Jean-Baptiste Massillon*, Clermont-Ferrand, 1977. – *Dictionnaire de spiritualité*, t. 10, Paris, 1980, col. 753-756. – F. Bluche, *Dictionnaire du Grand Siècle*, Paris, 1990, p. 993. – J. de Viguerie, *Histoire et dictionnaire du temps des Lumières*, Paris, 1995, p. 1168-1169. – M. Walsh (éd.), *Dictionary of Christian Biography*, London, 2001, p. 848. – A. Richardt, *Massillon (1663-1742)*, Paris, 2001. – *New Catholic Encyclopedia*, t. 9, Washington (D.C.), 2003, p. 313-314. – *Textes d'oratoriens : Jean-Baptiste Massillon (1663-1742), Nicolas Malebranche (1638-1715)*, dans Y. Krumenacker, M.-F. Pellegrin et J.-L. Quantin (dir.), *L'Oratoire de Jésus. 400 ans d'histoire en France (11 novembre 1611-11 novembre 2011)*, Paris, 2013, p. 109-117. – *Massillon* dans *[Actes du] colloque organisé à Hyères à l'occasion du 350ème anniversaire de sa naissance*, Hyères, 2014. – S. Gomis, *Les évêques d'Ancien Régime*, dans B. Dompnier et H. Simon (dir.), *Clermont. L'âme de l'Auvergne* (Coll. La grâce d'une cathédrale), Strasbourg, 2014, p. 335-338 ; Id., *Construire la biographie de Jean-Baptiste Massillon. Un bilan historiographique*, dans Id. (dir.), *Les évêques des Lumières. Administrateurs, Pasteurs, Prédicateurs. Actes de la journée d'étude de Clermont-Ferrand, 7 juin 2013*, Clermont-Ferrand, 2015, p. 113-121. – J. Fouilleron, *Une filiation épiscopale au XVIIIe siècle. Massillon et Ribeyre*, dans *Ibid.*, p. 131-150. – E. Tabet, *La représentation des passions dans les* Sermons *de Massillon*, dans *Ibid.*, p. 123-130.

R. D'AMBRIÈRES

MASSON (Père Claude), oratorien et prédicateur (1626-1693).

Claude Masson naquit à Beaune (département de la Côte-d'Or) le 15 avr. 1626 d'un père avocat. Il entra à la maison d'Institution d'Aix en 1646. Il fut ordonné prêtre en 1650.

Après avoir suivi le traditionnel cursus des régents jusque vers 1665, il se consacra à la prédication pendant plus de vingt-cinq ans dans tout le royaume.

En 1671, il prononça l'oraison funèbre d'Angélique du Toc, abbesse de l'abbaye royale Saint-Laurent de Bourges, mais il fallut la demande expresse du Père Général sollicité par la nièce de la défunte et nouvelle abbesse pour qu'il la fasse imprimer.

Il mourut à la maison de Paris de l'Oratoire le 19 oct. 1693.

À la fin de sa vie, il entreprit de publier ses sermons. La mort le surprit, mais l'édition de ses œuvres fut poursuivie à Lyon et « un libraire [Plaignard] voulut bien courir le risque de leur édition ». En 1694, on édita ses *Panégyriques des saints*, puis ses sermons en six volumes de 1695 à 1697 : les *Sermons pour l'octave du Saint Sacrement*, les *Sermons de l'avent*, et les *Sermons du carême*.

Le P. Masson prêchait une morale assez stricte à partir d'exemples tirés des évangiles. Les panégyriques portent l'empreinte bérullienne des *Grandeurs de Jésus* et sont en majorité centrés sur les mystères du Christ et de la Vierge, mais aussi sur les exemples de fondateurs d'ordre et de saints comme Philippe Néri, fondateur de l'Oratoire canonisé en 1622.

L. Batterel, *Mémoires domestiques pour servir à l'histoire de l'Oratoire*, t. 3, Genève, 1971, p. 442-445. – *Dictionnaire de spiritualité*, t. 10, Paris, 1980, col. 756-757.

R. D'AMBRIÈRES

MAUDUIT (Père Michel), oratorien (*c.* 1630-1709).

Michel Mauduit naquit à Vire, les auteurs situant sa naissance entre 1628 et 1634. 1630 paraît la date probable, compte tenu des indications du Moreri et de l'âge de vingt-quatre ans révolus requis pour accéder à la prêtrise, qu'il reçut en 1654. Entré dans la Congrégation en 1646, il suivit le traditionnel cursus des régences dans les collèges, puis il fut affecté successivement dans plusieurs maisons de l'Oratoire. De 1687 à 1696, il résida dans la maison Notre-Dame des Vertus à Aubervilliers, puis il s'établit jusqu'à la fin de sa vie dans la maison Saint-Honoré à Paris.

À partir de 1677, il publia plusieurs ouvrages de théologie. Le premier intitulé *Traité de la religion contre les athées, les déistes et les nouveaux pyrrhoniens [sceptiques]...* est un travail solide de sensibilité pascalienne et janséniste, qui fut apprécié et commenté par Pierre Nicole (édition critique par My-Ae Hyun, Clermont-Ferrand, 1996). Il correspondit avec le Grand Arnauld à qui il adressa un commentaire en forme d'épître à propos de *L'impiété de la morale des calvinistes* publiée en 1675. Ensuite il consacra ses ouvrages à l'Écriture Sainte et à ce sujet l'abbé Dupin rapporta : « le Père Mauduit s'est avisé d'une nouvelle méthode, à laquelle il a donné le nom d'analyse ». Cette approche des textes consistait en premier lieu à établir le dessein de chaque livre sacré, puis à pénétrer les vues de l'auteur pour comprendre le sens des textes. Furent publiés, l'*Analyse des Épîtres de Saint Paul et des Épîtres canoniques* (1691), l'*Analyse de l'Évangile* (1694), l'*Analyse des Actes des apôtres avec des dissertations sur les lieux [points] difficiles* (1697).

Le P. Mauduit s'intéressait aussi à la médecine et il publia en 1689, avec l'autorisation consignée du P. de Sainte Marthe, Père Général, une *Dissertation sur la goutte tant la chaude que la froide*. Il dédia cet ouvrage à Nicolas Pinette (1607-1694), bienfaiteur de la Congrégation, avec l'intention de contribuer à soulager ses souffrances. Ce travail qui attribuait les causes de la goutte, maladie fréquente, douloureuse et incurable à cette époque, à une mauvaise qualité d'air aspiré par la bouche fut aimablement mais fermement critiqué par Pierre Ozon, docteur en médecine, qui dénia toute valeur médicale à l'ouvrage du P. Mauduit dans sa *Réponse à la dissertation sur la goutte* (1690).

Le P. Mauduit mourut le 19 janv. 1709 dans la maison Saint-Honoré de l'Oratoire.

L. E. Dupin, *Bibliothèque des auteurs ecclésiastiques du XVIIème siècle*, t. 6, Paris, 1708, p. 412-417. – L. Moreri, *Dictionnaire historique*, t. 4, Paris, 1732, p. 957-958. – *Dictionnaire de théologie catholique*, t. 10, Paris, 1928, col. 394-395. – J. Lesaulnier et A. McKenna (dir.), *Dictionnaire de Port-Royal*, Paris, 2004, p. 727-728.

R. D'AMBRIÈRES

MAUNOIR (Père Julien), bienheureux, jésuite et missionnaire en Bretagne (1606-1683) (*cf. DHGE, supra*, t. 28, col. 526-527).

Le 1er oct. 1606, Julien Maunoir naquit de parents bons chrétiens, marchands en milieu rural à Saint-Georges-de-Reintembault (diocèse de Rennes) au nord de Fougères et à la limite de la Bretagne. Attiré tout jeune par le service de Dieu et de l'Église, il fit ses humanités au collège jésuite de Rennes puis en 1625 entra au noviciat parisien de la Compagnie. Au cours de cette période, il résuma admirablement son idéal chrétien en quelques pages retrouvées après sa mort, où il décrivait un chemin pour atteindre la perfection en se basant sur l'amour de Dieu et la charité. Après le cursus classique de formation, il reçut la prêtrise en 1637. En 1640, il accomplit son « troisième an » jésuite.

Très attiré par les missions et la prédication, il aurait désiré exercer un apostolat au Canada, mais sa rencontre en 1630 à Quimper avec le P. Pierre Bernard (1585-1654), confrère jésuite, le convainquit de se consacrer à l'évangélisation de la Basse-Bretagne à la suite du P. Michel Le Nobletz (1577-1652) dont il fut le successeur. Michel Le Nobletz (*cf. supra*, t. 31, col. 492), prêtre breton, pratiqua de nombreuses actions d'évangélisation avec une méthode participative en s'appuyant largement sur des laïcs engagés pour faire la pédagogie chrétienne nécessaire, en utilisant des tableaux ou cartes didactiques, « taolennou » en breton, illustrant la Bible et peintes sur des peaux, et en catéchisant par des chants « kantikou ». Michel Le Nobletz vint lui-même à la rencontre de Julien Maunoir, dont il avait été averti de l'arrivée à Quimper par le P. Bernard.

Durant son premier séjour en Cornouaille qui dura de 1630 à 1633, il fut régent, c'est-à-dire professeur, au collège jésuite de Quimper, mais il mettait à profit les dimanches et jours de fêtes pour prêcher, alors qu'il n'avait pas encore reçu le sacerdoce. Selon son journal heureusement conservé, il forma déjà 20 000 Bretons aux bases de la foi. C'est lors de ce premier séjour que se situe ce que l'on appelle « le miracle » du P. Maunoir. Convaincu qu'il fallait catéchiser les Bretons dans leur langue vernaculaire, il reçut à la Pentecôte 1631 l'autorisation du Père provincial d'apprendre le breton dans ce but et acquit la maîtrise complète de cette langue en quelques jours seulement. Son premier biographe put ainsi écrire : « il parlait l'une des plus difficiles langues du monde ». Il revint à Quimper à la fin de 1640, et il alla retrouver le P. Le Nobletz au Conquet, qui l'intronisa comme son successeur. Le P. Maunoir parcourut alors les diocèses bretons jusqu'à la fin de sa vie.

L'apport du P. Maunoir à la diffusion et à la modernisation de la langue bretonne fut important. On le considère comme le réformateur de l'orthographe bretonne, qu'il simplifia en la rendant plus phonétique, et ses dictionnaires et grammaires ont ouvert l'époque du breton moderne. Il publia en 1659 à Quimper, pour l'essentiel en langue armoricaine, *Le sacré collège de Jésus.* Collège s'entend dans ce cas au sens d'école. Il s'agissait d'un catéchisme en breton à répartir sur cinq années, mais cet ouvrage était complété pour faciliter son utilisation par un dictionnaire français-breton et une grammaire. Il est probable que le dictionnaire reposait pour l'essentiel sur l'œuvre manuscrite du P. Guillaume Thomas (*c.* 1582-1657), jésuite arrivé à Quimper en 1625.

Son activité missionnaire fut particulièrement intense, elle rencontra au départ certaines résistances hiérarchiques, qui furent rapidement dépassées. Chaque année, il visitait une douzaine de paroisses et parfois plus, dans les diocèses de Quimper, de Léon, et plus occasionnellement dans ceux de Saint-Brieuc, Tréguier, Dol, Vannes et Rennes.

Ce qui frappe dans son activité missionnaire, c'est l'élan populaire qu'elle soulevait, même si à l'époque les estimations du nombre des participants à de telles rencontres ecclésiales étaient généralement très élevées, voire excessives. Selon ses propres chiffres, il organisa en 1644 sept missions, instruisit 50 000 personnes et entendit avec son équipe de prêtres 10 000 fidèles en confession générale. En 1645, ce furent « cinquante mille personnes dépourvues de toute instruction » qui furent « éduquées » au cours de huit missions. À chaque mission, des dizaines de prêtres accouraient pour l'aider et près de mille se relayaient dans ce but en fonction des lieux. Cette foule de plus de cinq mille personnes par paroisse montre l'efficacité et le rayonnement de l'apostolat du P. Maunoir. Et cette activité se poursuivit sans relâche jusqu'à sa mort. Il s'appuyait aussi sur l'exemple de quelques chrétiennes mystiques vivant en Bretagne, comme Marie Amice Picard (1599-1652), dont le P. Maunoir qualifiait le corps de « martyrologe vivant », et comme Catherine Daniélou (1619-1667), dont l'ascèse et la piété édifiante constituaient un témoignage remarquable.

Pendant les missions, le P. Maunoir combattait toute activité démoniaque suspectée au sein de ces populations souvent mal évangélisées et il n'hésitait pas à s'en prendre aux traditions populaires sous leurs diverses formes, qu'il considérait comme empreintes de paganisme. S'inspirant du *Malleus Maleficarum* [*le marteau des sorcières*] développé au XVe siècle par les inquisiteurs dominicains allemands Heinrich Kramer et Jacob Sprenger, il pratiquait au travers de la confession la méthode dite des cinq portes pour mettre au grand jour les manifestations du démon connues des pénitents et les exorciser.

De très nombreux miracles ont été attribués au P. Maunoir, même si « le Père Bernard, disait-on, fait les miracles et le Père Maunoir les conversions, sentiment que le P. Maunoir par humilité, prenait soin de fortifier de son témoignage ». Le Père jésuite Boschet (1642-1699) recueillit moins de quinze ans après sa mort plusieurs témoignages sur ces miracles pour rédiger sa biographie.

Le P. Maunoir mourut au presbytère de Plévin, non loin de Carhaix, le 28 janv. 1683. Apprenant son décès, les paroissiens s'assemblèrent, s'opposèrent à tout transfert de son corps contrairement à ce que voulait l'évêque de Quimper, Mgr François de Coëtlogon (1631-1706), et exigèrent qu'il fût ensépulturé dans l'église paroissiale.

Dès sa mort, le P. Maunoir fut considéré comme un saint et sa tombe fit l'objet de dévotion « par le concours d'un nombre infini de pèlerins ». Le prêtre qui prononça son oraison funèbre le qualifia déjà de « Père et d'Apôtre de la Basse-Bretagne » et il conserve jusqu'à nos jours ce qualificatif d'apôtre de la Bretagne. Le P. Boschet fut son premier biographe et publia en 1697 à l'intention des États de Bretagne, *Le parfait missionnaire ou la vie du R. P. Julien Maunoir*, en vue de convaincre les États de promouvoir la reconnaissance de sa sainteté. En 1715, un autre jésuite, le P. Guillaume Le Roux, publia le *Recueil des vertus et des miracles du R. P. Julien Maunoir*. Enfin Dom Lobineau l'inclut en 1725 dans la liste des « personnes d'une éminente piété » ayant vécu en Bretagne. Sa cause de béatification fut ouverte en 1875. À l'issue de ce processus, le pape Pie XII le béatifia le 20 mai 1951.

Antoine Boschet, *Le parfait Missionnaire, ou Vie du R. P. Julien Maunoir de la Compagnie de Jésus, missionnaire en Bretagne*, Lyon, 1697. – G.-A. Lobineau, *La vie des saints de Bretagne*, Rennes, 1725, p. 507-550. – L. Moreri, *Dictionnaire historique*, t. 4, Paris, 1732, p. 958-959. – G. Le Roux, *Recueil des vertus et des miracles du R. P. Julien Maunoir*, Saint-Brieuc, 1848. – X.-A. Séjourné, *Histoire du Vénérable serviteur de Dieu Julien Maunoir de la compagnie de Jésus*, Paris, 1895. – E. de Guilhermy, *Ménologe de la Compagnie de Jésus*, vol. 1, Poitiers, 1892, p. 150-154. – M. Questel, *Le vénérable Père Julien Maunoir de la Compagnie de Jésus, 1606-1683*, Paris, 1921. – M. Le Berre, *Un grand missionnaire breton, le vénérable Père Maunoir*, Rennes, 1931. – P. d'Hérouville, *Une vocation d'apôtre, la jeunesse du vénérable Julien Maunoir*, Saint-Brieuc, 1931 ; Id., *Le Vincent Ferrier du XVIIème siècle, le vénérable Julien Maunoir*, Quimper, 1932. – *Acta Apostolicae Sedis*, Roma, 1951, p. 225-226, 428-432, 437-440. – H. Pinard de La Boullaye, *Julien Maunoir et Nicolas de Beauregard, leur vœu de tendre à la perfection*, dans *Revue d'ascétique et de mystique*, 27, 1951, p. 260-267. – R. M. de La Chevasnerie, *Le « Tad Mad » : vie du bienheureux Julien Maunoir S.J.*, Dinard, 1951. – J. Rouanet, *Le bienheureux Julien Maunoir et les équipes sacerdotales au XVIIème siècle*, dans *Nouvelle Revue Théologique*, 53, 1951, p. 603-614. – *Enciclopedia cattolica*, t. 8, Roma, 1952, col. 504-505. – J. Höfer et K. Rahner (dir.), *Lexikon für Theologie und Kirche*, t. 7, Freiburg im Breisgau, 1957, col. 186-187. – M.-T. Le Moign-Klipffel, *Le Bienheureux Maunoir, apôtre des Bretons*, Paris, 1964. – M. P. Harney, *Good Father in Brittany, the life of Bl. Julien Maunoir*, Boston, 1964. – *Dictionnaire de spiritualité*, t. VIII, Paris, 1974, col. 1593-1594. – F. Bluche, *Dictionnaire du Grand Siècle*, Paris, 1990, p. 854. – G. Le Menn (éd.), *Les dictionnaires français-breton et breton-français du R. P. Maunoir*, vol. 1, Morlaix, 1996, p. 8-74. – É. Lebec (éd.), *Miracles et sabbats : journal du Père Maunoir. Missions en Bretagne, 1631-1650* (traduit du latin), Paris, 1997. – *New Catholic Encyclopedia*, t. 9, Washington (D.C.), 2003, p. 365-366. – E. Tingle, *The sacred space of Julien Maunoir : the re-Christianising of the landscape in seventeenth-century Brittany*, dans W. Coster (éd.), *Sacred Space in Early Modern Europe*, Cambridge, 2005, p. 237-258. – F. Ars, *Les missions en Bretagne au XVIIe siècle*, dans B. Béthouart et Chr. Mengès-Le Pape (dir.), *La transmission religieuse, entre continuité et rupture. XXe Université d'été du Carrefour d'Histoire Religieuse, Montauban, 9-12 juillet 2011*, Neuilly-Saint-Front, 2012, p. 307-314.

R. d'Ambrières

MAYOR NOGUEROLES (Miguel, Fray Posidonio), OSA, Villajoyosa (Alicante), 7 juil. 1582-Valencia, 3 déc. 1633, mystique et vénérable.

Fils de paysans aisés, Miguel Mayor et Jerónima Nogueroles, il fut baptisé sous le nom de Miguel le jour de sa naissance. Il passa une jeunesse dangereuse, faisant partie de l'une des deux bandes qui divisaient sa ville natale et se haïssaient à mort, jusqu'à ce qu'un jour, en allant au champ, il eut une vision de l'enfer et de S. Augustin, qui lui tendait son bâton pour qu'il n'y tombe pas. Il changea de conduite, se confessa auprès du Père augustin Carrió et se rendit à Poblet pour consulter son oncle, moine et futur abbé de ce monastère. À son retour, il étudia quelque temps à Valence, où il prit l'habit des ermites de Saint Augustin au couvent de San Agustín le 9 août 1611, sous le nom de frère Posidonio. Il y fit profession religieuse le 10 août 1612 et plus tard, avec les seules études nécessaires de morale, il fut ordonné prêtre et nommé portier du couvent, où il répartit son temps entre la prière et l'attention aux pauvres, à qui il dispensa l'enseignement de la religion conjointement avec la nourriture. Des années plus tard, il fut envoyé au collège de San Fulgencio de Valence, où il passa le reste de sa vie comme confesseur et directeur spirituel de séculiers, tout en gardant son attention pour les pauvres et les nécessiteux, et spécialement les malades dont pour quelques-uns il obtint la guérison, les moribonds et les prisonniers, qu'il visitait et consolait fréquemment, leur administrant les sacrements et les secourant dans leurs besoins. Il répétait fréquemment : « Aimons Dieu, seul cela importe », ce qui résumait son ardent désir de sainteté. Il ne fut pas professeur à l'Université ni professeur de collège, non plus grand prédicateur et ne publia ni ne laissa de manuscrit. Sa vie fut celle d'une âme simple entièrement remise à Dieu, quasi continuellement en prière, durant laquelle il restait fréquemment en extase, comme devant la beauté de la nature. Sa vie d'ascèse, sur le modèle de l'augustin italien S. Nicolás de Tolentino, qu'il se proposait d'imiter, se manifestait dans ses repas composés seulement de légumes, de fruits et de pain, ses trois jours de jeûne par semaine, et son abstinence totale de viande, d'œufs et de produits lactés ; son esprit de mortification pour dominer les sens lui faisait utiliser quotidiennement la discipline et les cilices ; son vêtement et le mobilier de sa cellule étaient très sobres. Dans le confessionnal, il accueillait chacun avec une amabilité particulière et ses conseils sages dénotaient une connaissance profonde de la foi, avec cette sagesse chrétienne non apprise dans les livres, mais qui est fruit de la prière et de la pratique des vertus chrétiennes ; et dans la direction spirituelle, il manifestait son charisme de discernement des consciences, spécialement avec les scrupuleux, et à certaines occasions, il fit montre de don de prophétie et de clairvoyance. Profondément humble, il se croyait un grand pécheur, indigne du sacerdoce et même de l'amour de Dieu. Il eut à souffrir les affronts de ses rivaux et les attaques du démon. Il mourut en odeur de sainteté, laissant le souvenir ineffaçable de ses vertus et il fut enterré à San Fulgencio. Et quand son corps fut déplacé en 1675, il apparut non corrompu et de nouveau en 1693, quand il fut placé dans la chapelle de la Virgen del Buen Parto. Vers 1682, s'ouvrit le procès de béatification et de canonisation, qui ensuite ne se poursuivit pas, peut-être parce que toute la documentation fut perdue.

T. Herrera, *Alphabetum Augustianum*, vol. II, Madrid, 1644, p. 536. – A. Bella, *Vida del Venerable y apostólico siervo de Dios el P. M. Fr. Agustín Antonio Pascual*, Valencia, 1699, p. 354-365. – J. Jordán, *Historia de la Provincia de la Corora de Aragón, de la Sagrada Orden de los ermitaños de nuestro Padre San Agustín*, vol. I, Valencia, 1704, p. 334-358. – E. Zaragoza Pascual, *El convento de San Pedro y Santa Marta de Villajoyosa y el Venerable fray Posidonio Mayor, de Villajoyosa*, dans *Revista Agustiniana*, 109, 1995, p. 185-204 ; Id., *El convento agustiniano de Villajoyosa y el Venerable fray Posidonio Mayor* (conférence faite à Villajoyosa le 21 mars 2003) ; Id., *Venerable Fray Posidonio Mayor (1582-1633)* (Coll. Perfiles, 23), Madrid, 2004, 83 p., dans lequel est édité avec une introduction et des notes le manuscrit de l'Archivo Municipal de Villajoyosa, *Vida y virtudes del Ve. P. Fr. Posidonio Miguel Mayor, religioso agustino (siglo XVIII)* ; Id., *Mayor Nogueroles, Miguel*, dans *Diccionario Biográfico Español*, t. XXXIV, Madrid, 2009, p. 101-102.

E. ZARAGOZA PASCUAL

MEDINA (Fray Hernando de), OSB, Medina del Campo (Valladolid), *c.* 1520-Valladolid ?, *c.* 1580, abbé réformateur.

Sûrement de famille noble, il prit l'habit et fit profession dans le monastère de San Benito el Real de Valladolid, où il fut deux fois prieur (1560-1562, 1565-1568). Il fut également abbé des monastères de Notre-Dame de la Miséricorde de Frómista (1545-1550), San Vicente del Pino de Monforte de Lemos (1550-1553), du Colegio Máximo de San Vicente de Salamanque (1553-1556), du monastère et de l'Université de Santa María la Real de Irache (1556-1559), du collège de San Vicente de Oviedo (1559) et de San Martin Pinario de Santiago de Compostela (1562-1565, 1568-1574). Il fut en plus visiteur des monastères de Galice et d'Asturies pour l'application des Constitutions de 1563 et vicaire général de la Congrégation (1567-1568), en l'absence de l'abbé général, le Frère Rodrigo de Vadillo qui, désigné par Philippe II, était à Rome pour le procès de l'archevêque Bartolomé Carranza. Il fut proposé comme abbé général au chapitre général de 1571, qui l'élit définiteur général de la Congrégation de Valladolid (1571-1574). Il fut l'un des moines les plus notables en vertu, lettres et gouvernement qu'eut ladite Congrégation au XVIᵉ siècle.

E. Zaragoza Pascual, *Abadologio del monasterio de San Vicente de Salamanca (Siglos XIII-XIX)*, dans *Archivos Leoneses*, 83-84, 1988, p. 125 ; Id., *Abadologio del monasterio de Santa María la Real de Irache (958-1835)*, dans *Studia Monastica*, 35, 1993, p. 174 ; Id., *Abadologio del monasterio de San Martín Pinario (898-1835)*, dans *Compostellanum*, 39, 1994, p. 218-219 ; Id., *Abadologio del monasterio de San Vicente de Oviedo (s. VII-XIX)*, dans *Studium Ovetense*, 26, 1998, p. 144 ; Id., *Abadologio del monasterio de Ntra. Sra. de la Misericordia de Frómista (1437-1835)*, dans *Publicaciones de la Institución Tello Téllez de Meneses* (Palencia), 71, 2000, p. 142-143 ; Id., *Abadologio del monasterio de San Vicente del Pino de Monforte de Lemos*, Samos, 2005 ; Id., *Medina, Hernando de*, dans *Diccionario Biográfico Español*, t. XXXIV, Madrid, 2009, p. 172.

E. ZARAGOZA PASCUAL

MENDIETA (Don Diego de), OPRAEM, réformateur et serviteur de Dieu († Villamayor de Treviño (Burgos), 10 nov. 1615).

Nous ne savons pas où il naquit mais il était sans doute originaire de la région de Burgos ou de l'Álava. Il fit profession dans le monastère des chanoines prémontrés de San Miguel de Villamayor de Treviño (Burgos), dont il fut abbé à plusieurs reprises (1571, 1572, 1579-1582, 1585-1588), charge qu'il remplit également une fois pour le monastère de Santa María de la Caridad de Ciudad Rodrigo (1594-1597). Mendieta se distingua comme réformateur des prémontrés espagnols. Il mourut en réputation de sainteté dans son monastère de profession, où il fut enterré dans le presbytère de la chapelle majeure, et où il est vénéré par le peuple.

F. Fita, *Los premonstratenses en Ciudad Rodrigo. Datos inéditos*, dans *Boletín de la Real Academia de la Historia*, 62, 1913, p. 468-480. – N. Backmund, *Monasticon Praemonstratense*, t. III, Straubing, 1959, p. 256, 313. – J. Goñi Gaztambide, *La reforma de los premonstratenses en el siglo XVI*, dans *Hispania sacra*, 13, 1960, p. 5-96. – T. Moral, *Los premonstratenses en España*, dans *Ibid.*, 21, 1968, p. 57-85. – E. Corredera, *Mendieta, Diego de*, dans Q. Aldea Vaquero, T. Marín Martínez et al. (dir.), *Diccionario de Historia Eclesiástica de España*, t. III, Madrid, 1973, p. 1468. – E. Zaragoza Pascual, *Mendieta, Diego de*, dans *Diccionario Biográfico Español*, t. XXXIV, Madrid, 2009, p. 485.

E. Zaragoza Pascual

MERBES (Bon de), oratorien et théologien (1598-1684).

Il naquit en 1598 à Montdidier, dans la Somme. Il fit selon toute vraisemblance des études de théologie à l'Université de Paris et obtint un doctorat de théologie au collège de Navarre. Il entra à l'Oratoire le 23 juin 1630 et suivit le cursus des régences dans plusieurs collèges. Il fut ordonné prêtre à un âge déjà avancé en 1640. En 1641, il était attaché au séminaire Saint-Magloire, mais probablement en réaction vis-à-vis de sanctions à caractère doctrinal prises à l'encontre d'autres oratoriens du séminaire par le P. Bourgoing, supérieur général depuis 1641, il quitta la Congrégation fin 1642 ou début 1643.

Il fut alors admis au collège de Navarre. Il prononça une Oraison funèbre en latin pour le feu roi Louis XIII. Ses prédications étaient écoutées, mais ses discours sur la grâce devaient être teintés de jansénisme, car ils provoquèrent des plaintes.

Modeste et sans attrait pour les honneurs, il revint dans sa province d'origine et devint principal du collège de Montdidier. À la fin de sa vie et à plus de quatre-vingt ans, il rédigea à la demande de Mgr Le Tellier (1642-1710, *cf.* sur ce dernier *DHGE*, t. 31, col. 1080-1082), archevêque de Reims, son seul ouvrage, une somme de théologie morale *Summa Christiana seu orthodoxa morum disciplina ex Sacris Litteris, ex Sanctorum Patrum monumentis, Conciliorum Oraculis, Summorum denique Pontificus Decretis, fideliter excerpta. In gratiam omnium ad aedificationem corporis Christi (quod est Ecclesia) incumbentium elaborata*, publiée en 1683 en deux tomes. Le jugement des contemporains fut positif : « cet ouvrage est écrit en bon latin, les principes sont solides, les décisions justes et raisonnables ». Merbes avait voulu donner des règles certaines pour la conduite des hommes dans tous les moments de la vie chrétienne, et ce, sous forme de plusieurs centaines de questions et réponses. Cette somme a été rééditée à Turin en 1770.

Revenu à Paris, il préparait, vraisemblablement sous la même forme de questions et de réponses, un troisième tome, qui ne fut pas édité, car il mourut le 2 août 1684 au collège de Beauvais.

L. E. Dupin, *Bibliothèque des auteurs ecclésiastiques du XVIIème*, t. 4, Paris, 1708, p. 271-273. – L. Moreri, *Dictionnaire historique*, t. 4, Paris, 1718, p. 192. – A. Vacant, E. Mangenot et É. Amann (éd.), *Dictionnaire de théologie catholique*, t. 10, Paris, 1928, col. 570-571. – L. Batterel, *Mémoires domestiques pour servir à l'histoire de l'Oratoire*, t. 2, Genève, 1971, p. 279-281. – J. Lesaulnier et A. McKenna (dir.), *Dictionnaire de Port-Royal*, Paris, 2004, p. 734.

R. d'Ambrières

MÉTEZEAU (Père Paul), oratorien et théologien (c. 1583-1632).

Né vers 1583 au sein d'une célèbre famille d'architectes issue de Dreux, il était le dernier enfant de Thibault Métezeau, architecte d'Henri III, et de Jehanne Bardis. Deux de ses frères, Louis et Clément, furent aussi architectes ; Clément Métezeau commença la construction de l'église des Pères de l'Oratoire à Paris et est considéré comme l'un des principaux architectes de cette époque.

Paul Métezeau, déjà ordonné prêtre, fit partie des fondateurs de l'Oratoire avec Bérulle en 1611. En 1614, il fut établi premier supérieur de la maison de Dieppe. Après Dieppe, il fonda celle de Tours en 1616, puis il se rendit à Angers, et passa enfin deux ou trois ans comme supérieur à Lyon. Ses passages s'accompagnaient de prédications, qui contribuaient à la réputation de l'Oratoire naissant et incitaient les autorités locales à demander la création d'une maison oratorienne.

Il publia dans un style volontairement dépouillé des recueils de théologie basés sur sa prédication, soit en latin, soit en français : à Lyon en 1624, une *Theologia sacra juxta formam evangelicae praedicationis distributa*, et à Paris en 1627, un *Traité de la vie parfaite* et *l'exercice intérieur de l'homme chrétien*.

Enfin en 1631, il publia en latin à Paris *De sancto sacerdotio*. Cette somme de 1200 pages sur la grandeur et la sainteté du sacerdoce, publiée deux ans après la mort de Bérulle, dans la directe lignée de ce que l'on appelle depuis le début du XXe siècle l'École française de spiritualité, en évoque la dignité et décrit en miroir la nécessité pour le prêtre de participer pleinement à la sainteté du Christ en tant que médiateur entre Dieu et le peuple chrétien.

Le P. Métezeau mourut le 17 mars 1632 à Calais où il s'était rendu pour prêcher le carême.

L. Moreri, *Dictionnaire historique*, t. 7, Paris, 1759, p. 507. – I. Noye, *Sacerdoce et sainteté d'après le Père Métezeau (1631)*, dans R. Fourrey, *La tradition sacerdotale*, Le Puy, 1959, p. 169-189. – L. Batterel, *Mémoires domestiques pour servir à l'histoire de l'Oratoire*, t. 1, Genève, 1971, p. 74-81. – *Dictionnaire de spiritualité*, t. 10, Paris, 1980, col. 1099-1100. – F. Bluche, *Dictionnaire du Grand Siècle*, Paris, 1990, p. 1024-1025.

R. d'Ambrières

MINUCIUS FELIX, apologiste de langue latine, dont subsiste un dialogue intitulé *Octauius* (première moitié du IIIe siècle).

Cf. Supra, t. 32, col. 837-841.

Ajouter à la bibliographie, dans la partie *Éditions traduites et commentées* :

Minucius Felix Octavius, Übersetzt und erklärt von C. Schubert, Freiburg, 2014 (coll. Kommentar zu frühchristlichen Apologeten, 12) [traduction allemande – sans texte latin –, précédée d'une riche introduction, accompagnée pas à pas d'un très abondant commentaire et couronnée par de copieux *Indices* : en tout plus de 760 pages].

P. Mattei

MIR Y DE CADENA (Fray Manuel de), OSB, Puigcerdà (Gérone), *c.* 1668-Gérone, 24 avr. 1735, théologien et prédicateur.

Nous ne connaissons pas son extraction sociale, mais nous savons qu'il prit l'habit bénédictin observant dans le célèbre monastère et sanctuaire de ND de Montserrat (Barcelone) le 27 févr. 1685, où il fit profession l'année suivante. Après sa profession, il étudia la théologie au collège de San Vicente de Salamanque, et à l'Université de la ville où il obtint ses grades, et dans la « pasantia » de San Pedro de Eslonza (Léon). Durant quatorze ans, il fut le prédicateur du monastère de Montserrat de Madrid (1695-1709), où il fut également prieur des quatre ans. C'est ainsi qu'il fut connu à la cour comme théologien, prédicateur éloquent et érudit, de telle manière qu'on le fit conseiller royal. En 1708, il était déjà élu abbé perpétuel de l'ancien monastère de Sant Pere de Galligants, dans la ville de Gérone, mais à cause de la guerre de Succession, il continua à résider à Montserrat de Madrid jusqu'en 1712. En 1717, nous le voyons intervenir comme théologien au Concile de Tarracone célébré à Gérone et en 1718 assister au chapitre général de la Congrégation bénédictine claustrale tarraconaise, à laquelle appartenait son monastère de Galligants. Lors de ce chapitre, il fut élu définiteur général, charge à laquelle il fut réélu aux chapitres généraux triennaux de 1721, 1724, 1727 et 1730, auxquels il assista personnellement ; il n'en fut pas ainsi en 1734, où il envoya comme procurateur le Frère Buenaventura de Asso, prieur de Acumuer, sans doute parce que lui-même était malade, puisqu'il mourut l'année suivante. Sur sa tombe, qui porte son blason abbatial avec la légende *Elaboravi pro fidelitate*, on apposa l'épitaphe suivante : HIC JACET PERIL.LVSTRIS D.D. FRATER / EMMANVEL DE MIR ET CADE / NA A CONSILIIS CATHOLICAE MAJESTATIS / ET HVJVS IMPERIALIS MONASTERII DECANVS MAGNVS ABBAS / QVI TAM FVIT IVSTE RELIGIONE QVAM / ET ERVDITIONIS GRATIA AB ANNO / REPARATAE SALVTIS 1712 VSQVE / AD 1735 IN QVO FVIT SVI OBITVS / DIE 24 APRILIS. / NOVIT TERRAS FLETIBVS NOVIT AEQVORA / LACRIMIS, NOVIT AERA GEMITIBVS QVASSATAE. / IN PACE (FAVENTE DEO) QVIESCIT. / COELVM CADENTEM CAPIAT.

Archivo Histórico Nacional de Madrid, Sección de Consejos, Real Patronato, Leg. 17259. – J. de la Canal, *España sagrada*, vol. XLV, Madrid, 1832, p. 393. – R. Bozzo, *Obituari de la Congregació Benedictina Claustral des del 1673 a l'any 1749*, dans *Catalònia monàstica*, vol. I, Montserrat, 1927, p. 122. – J. Calzada, *Sant Pere de Galligans. La història i el monument*, Gerona, 1983, p. 120. – E. Zaragoza Pascual, *Monjes profesos de Montserrat (1493-1833)*, dans *Studia monastica*, 3, 1991, p. 358-359 ; Id., *Historia del Real Monasterio de Montserrat de Madrid* (coll. Scripta et Documenta, 51), Montserrat, 1996, p. 125 ; Id., *Abaciologi Benedictí de la Tarraconense*, Barcelona, 2002, p. 193-194 ; Id., *Mir i de Cadena, Manuel de*,

dans *Diccionari d'Història Eclesiàstica de Catalunya*, vol. II, Barcelona, 2000, p. 618 ; Id., *Història de la Congregació Benedictina Claustral Tarraconense i Cesaraugustana* (coll. Scripta et Documenta, 67), Montserrat, 2004 ; Id., *Mir y de Cadena, Manuel de*, dans *Diccionario Biográfico Español*, t. XXXV, Madrid, 2009, p. 214-215.

E. Zaragoza Pascual

MOLIEN (Louis-Auguste), oratorien (1865-1948).

Issu d'une famille de cultivateurs de Picardie, Louis-Auguste Molien est né le 25 août 1865 à Acheux (Somme). Après des études au petit séminaire diocésain, il entre au séminaire d'Amiens et est ordonné prêtre. Il rejoint l'Oratoire quatre ans plus tard, comme professeur dans les collèges de Juilly, jusqu'en 1896, puis de Saint-Lô et enfin de Massillon à Paris. À partir de 1903, la Congrégation n'est plus autorisée en France et le P. Molien retourne dans son diocèse d'origine comme professeur au petit séminaire, avant d'enseigner la morale et la liturgie au grand séminaire jusqu'en 1915. Il est ensuite nommé aumônier du couvent Notre-Dame du Bon Pasteur d'Amiens dont la vocation est de recueillir les femmes et les filles en difficulté. Jusqu'à la fin de sa vie, il reste attaché à la Congrégation de l'Oratoire et publie sous le qualificatif de « prêtre de l'Oratoire ».

En parallèle, il poursuit une carrière d'auteur religieux, déjà commencée en 1898, par l'édition avec le P. Duine, confrère de l'Oratoire, de pages choisies de Lamennais précédées de sa vie, puis continuée par une édition abrégée des *Mémoires d'outre-tombe* et enfin par celle de pages choisies du P. Gratry refondateur de l'Oratoire en 1852. Après la guerre de 1914-1918, il oriente son œuvre vers des sujets plus théologiques, comme la prière et la liturgie, et plus spirituels en abordant l'école française de spiritualité ; et sur cette trajectoire, il achève son œuvre par la publication en 1947 du *Cardinal de Bérulle*, qu'il avait écrit pendant la guerre. Cet ouvrage en deux tomes a l'immense avantage de rendre très facilement accessible l'œuvre du cardinal en classant de manière méthodique les sujets de spiritualité et les idées abordées par Bérulle et en associant les phrases essentielles de Bérulle avec les commentaires appropriés ; à ceci il a ajouté une biographie détaillée du cardinal.

En outre, il collabore à plusieurs revues religieuses, au *Dictionnaire de théologie catholique*, pour lequel il rédige une trentaine de notices très complètes et très structurées à partir de la lettre L et jusqu'à la fin de l'ouvrage (du tome 8 publié en 1925 au dernier tome en 1950), dont la notice sur l'Oratoire, et au *Dictionnaire de spiritualité*, pour lequel il livre une quinzaine d'articles là encore très approfondis pour les tomes 1 (1932 lettres A et B) et 2 (1953 lettre C), dont celle de l'Adoration, du card. de Bérulle et du P. de Condren.

Il meurt à Amiens le 29 déc. 1948

M. Calamy, *Molien (Louis-Auguste), oratorien, 1865-1948*, dans M. Viller et Ch. Baumgartner (éd.), *Dictionnaire de spiritualité*, t. 10, Paris, 1980, col. 1477-1478.

R. d'Ambrières

MONGAULT (Nicolas-Hubert), abbé et académicien (1674-1746).

Né le 6 oct. 1674 à Paris de parents inconnus, Nicolas-Hubert Mongault est réputé être le fils naturel de Gilbert

Colbert de Saint-Pouange (1642-1706), cousin issu de germain du Grand Colbert et trésorier des Ordres du Roy. L'intérêt, que lui manifesta le frère de Saint-Pouange, Mgr Colbert, archevêque de Toulouse, est un élément de nature à appuyer la véracité de cette filiation.

Vraisemblablement son père ou sa famille paternelle veillèrent à pourvoir à sa formation et à lui assurer un rang respectable dans la société en le destinant à l'Église. Mongault fit ainsi d'excellentes études au collège du Plessis à Paris. Il eut comme professeur de rhétorique le célèbre Charles Rollin, qui constata ses dons remarquables pour les traductions latines, au point de vérifier si Mongault en était bien l'auteur.

Début 1691, à l'âge de seize ans, il entra jeune à la maison d'Institution de l'Oratoire et entama le cursus traditionnel des régences, mais sa santé était si mauvaise que le P. de La Tour, supérieur général à partir de 1696, qui avait pour lui « une estime et une amitié qui se sont toujours soutenues » le fit venir à la maison de Paris, ce qui était exceptionnel à son âge. Malheureusement, sa santé ne lui permit pas de supporter une discipline communautaire relativement austère et de ce fait il quitta l'Oratoire en 1699. En même temps, il acheva et publia en 1700 une traduction de *l'histoire d'Hérodien*, auteur romain d'expression grecque, aussi cette traduction est du grec au français. En 1701, il publia une traduction latine, considérée comme excellente, des *Lettres de Cicéron à Atticus* au contenu abondamment philosophique. Duclos écrira : « on trouve dans les traductions de M. l'abbé Mongault, la pureté et l'élégance du style ; et dans les notes, une érudition choisie, la précision, la justesse et le goût ».

La date à laquelle il reçut la prêtrise n'est pas connue.

En 1708, il fut nommé membre associé à l'Académie des inscriptions et belles lettres. Enfin, preuve de sa réputation et de ses introductions à la Cour, le duc d'Orléans, futur Régent, lui confia en 1710 l'éducation de son seul fils Louis, duc de Chartres, né en 1703. Il gagna la confiance de son élève, qui utilisa régulièrement ses services.

Il fréquentait aussi le célèbre salon littéraire de Mme de Lambert (1647-1733) souvent considéré comme l'antichambre de l'Académie Française, où il fut reçu le 31 déc. 1718 en succédant à l'abbé Gaspard Abeille (1648-1718). Louis de Sacy (1654-1727), latiniste et avocat, le reçut à l'Académie avec ces mots :

« Quelle gloire pour vous que ce Prince en vous chargeant de l'éducation de son unique Héritier, vous ait confié ce qu'il a de plus cher ! Mais quel bonheur, que pour soutenir et pour remplir dignement son attente, vous ayez trouvé dans cet auguste Disciple des dispositions si favorables, qu'il semble que la nature ait pris autant de plaisir à vous épargner les travaux de cet Emploi, que la vertu a pris soin de vous en procurer, et de vous en assurer tous les honneurs » !

Cependant sa santé ne cessa de lui causer des tourments durant les deux décennies qui suivirent et il finit par mourir le 15 août 1746 après trois années de réclusion dans sa chambre entouré de ses amis et plein d'un très grand respect pour la religion.

L. Moreri, *Le Grand Dictionnaire historique*, t. 7, Paris, 1759, p. 655. – *Discours prononcés dans l'académie Française le jeudi 26 janvier 1747 à la réception de monsieur Du Clos*, Paris, 1747,

p. 3-7. – *Histoire de l'Académie Royale des Inscriptions et Belles Lettres*, t. 9, Paris, 1770, p. 735-746. – Mgr de Moucheron, *Le clergé à l'Académie*, Paris, 1909, p. 215-218. – Notice sur le site Internet de l'Académie française (où l'on trouvera notamment son discours de réception).

R. d'AMBRIÈRES

MONTEJO (Benito), Guinicio (Burgos, aujourd'hui Miranda de Ebro), c. 1720-Madrid, 28 févr. 1796, abbé bénédictin, archiviste et diplomate.

Nous ne savons rien de ses parents ni de son enfance. Il est cependant avéré qu'il prit l'habit bénédictin dans le monastère San Pedro de Arlanza (Burgos) le 6 avr. 1738. Après sa profession, des études ecclésiastiques et son ordination, il fut « pasante » (1749-1753) et lecteur en arts (1753-1757) du collège San Salvador de Lérez (Pontevedra). Il remplit également à trois reprises la charge d'abbé d'Arlanza (1757-1761, 1765-1769, 1773-1777), fut définiteur général, lecteur en théologie à San Vicente de Oviedo (1761-1775), et lecteur de tierce de théologie à l'Université de Irache (1769-1773), où il avait obtenu les grades en philosophie, théologie et droit canon le 6 déc. 1769. Il fut de nouveau définiteur général puis lecteur en théologie morale et en Écriture sainte au monastère de San Benito de Valladolid (1777-1778), en plus d'être abbé d'Oviedo (1781-1785) et chroniqueur général de la Congrégation de Valladolid de 1785 à sa mort. Il résidait au monastère de Montserrat de Madrid, où était conservée la bibliothèque de D. Luis de Salazar y Castro et qui était le centre de la diplomatique espagnole que les bénédictins essayaient de réaliser sous les auspices de la Real Academia de la Historia, institution qui, le 17 août 1770, fit de Montejo son correspondant pour enregistrer les archives des monastères de Irache, Iranzu et San Juan de la Peña, et d'autres lieux de Navarre, en étroite collaboration avec le P. Domingo Ibarreta. La même Real Academia le nomma surnuméraire (13 mars 1789) et numéraire (2 févr. 1796), peu de jours avant sa mort afin de lui procurer cette satisfaction méritée.

ÉCRITS. A édité et préfacé l'œuvre de Prudencio de Sandoval, *Historia de los Reyes de Castilla y León*, 2 vol., Madrid, Benito Cano, 1792. – *Breve noticia de la vida del P. M. Fr. Domingo González Cid, monge benedictno, profeso en el monasterio de San Pedro de Arlanza*, Valladolid, 1774. – *Sermones*, Biblioteca Nacional (Madrid), Ms. 1246, f° 117 et sv., et un exemplaire au monastère de Silos. – *Disertación sobre el principio e independencia del Condado de Castilla y soberanía de sus Condes*, Ms. de 1796. – *Relación de los prioratos, curatos y administración del monasterio de San Pedro de Arlanza*, Ms. de 1767. – Carta autógrafa (Irache, 10 mars 1771), à la Biblioteca de la Real Academia de la Historia, coll. Abad y Lasierra, II, n° 23, f° 116r^o-v^o.

SOURCES. Archivo de la Congregación de Valladolid (Silos), *Actas de los Capítulos Generales*, III, f° 145r^o, 162v^o, 211r^o, 241r^o. – Archivo Real Academia de la Historia, *Libros de actas*, V, 17 août 1770. – Anónimo, *Breve noticia de la vida del P. M. Benito Montejo*, Valladolid, 1774.

TRAVAUX. J. Pérez de Urbel, *Varones insignes de la Congregación de Valladolid*, Pontevedra, 1967, p. 320. – Marqués de Siete Iglesias, *Académicos de la Real Academia de la Historia*, dans *Boletín de la Real Academia de la Historia*, 175, 1979, n° 57. – E. Zaragoza, *Los Generales de la Congregación de San Benito de Valladolid*, V, Silos, 1984, p. 205, 495, 543, 546-547 ; Id., *Benedictinos españoles académicos de la Real de la*

Historia, dans *Boletín de la Real Academia de la Historia*, 187, 1990, p. 36-37 ; Id., *Abadologio del monasterio de San Pedro de Arlanza (siglos X-XIX)*, dans *Boletín de la Institución Fernán González* (Burgos), n° 210, 1995, p. 105-106 ; Id., *Montejo, Benito*, dans *Diccionario Biográfico Español*, t. XXXV, Madrid, 2009, p. 691-692.

E. ZARAGOZA PASCUAL

MONTERO Y ALÓS (Fray José Gregorio de), OSB, Barcelona, 1731-Sant Cugat del Vallés (Barcelona), 26 mars 1815, abbé-président.

De famille noble catalane, il prit l'habit bénédictin claustral dans le célèbre monastère de Sant Cugat del Vallès (Barcelone), pour lequel il fit profession religieuse à Sant Pau del Camp, à Barcelone, noviciat commun de la Congrégation bénédictine claustrale tarraconaise, le 12 mai 1747. Il fut aumônier (1756-1772) de Sant Pere de Besalú (Gérone) et camérier de Sant Cugat (1773-1781), professeur de philosophie et de prime de théologie au collège de Sant Pau del Camp (1761-1777), syndic de l'abbesse et des moniales du monastère de Sant Daniel de Gérone aux chapitres généraux de 1765, 1768, 1771, 1774, 1777 et 1781, secrétaire général (1774-1781), définiteur général (1762-1787), visiteur de Catalogne (1771-1774, 1790-1800) et abbé-président (1793-1797, 1800-1803) de la Congrégation claustrale. Il fut présenté pour être abbé de Sant Esteve de Banyoles en septembre 1781, préconisé à Rome le 4 oct 1781, prit possession de son abbaye le 22 févr. 1782 et entra solennellement à Banyoles le 9 juin de la même année. Il fut présenté pour être abbé de Sant Cugat del Vallés en novembre 1788, et nommé en 1789. En tant qu'abbé de Sant Cugat, il décora l'église et le monastère, embellissements qu'il poursuivit jusqu'à sa mort. Il fut enterré dans le chœur avec une épitaphe. Il était l'un des plus importants abbés de la Congrégation claustrale entre les XVIIIe et XIXe siècles.

SOURCES. Archivo Histórico Nacional (Madrid), Sección de Consejos, *Patronato Real*, vol. 282, f° 56v°, 77r°, 311v° ; vol. 283, f° 84v°. – Archivo del Ministerio de Asuntos Exteriores (Madrid), *Fondo Santa Sede*, Leg. 265, 268.

TRAVAUX. A. Merino, *España Sagrada*, vol. XLIII, Madrid, 1819, p. 340. – J. Villanueva, *Viage literario a las Iglesias de España*, vol. XIV, Madrid, 1850, p. 40. – C. Barraquer, *Las casas de religiosos en Cataluña durante el primer tercio del siglo XIX*, vol. I, Barcelona, 1906, p. 134 ; Id., *Los religiosos en Cataluña durante la primera mitad del siglo XIX*, vol. I, Barcelona, 1915, p. 91-96. – J. Peray, *Sant Cugat del Vallès*, Barcelona, 1931. – J. M. Riera, *Professions monàstiques emeses al monestir de Sant Pau del Camp (1672-1833)*, dans *Catalonia monastica*, vol. I, Montserrat, 1927, p. 274. – J. Rius, *El necrologi de Sant Cugat del Vallès*, dans *Analecta Sacra Tarraconensia*, 20, 1947, p. 14. – E. Zaragoza Pascual, *Montero i d'Alòs, Joseph Gregori de*, dans *Diccionari d'Història Eclesiàstica de Catalunya*, vol. II, Barcelona, 2000, p. 661 ; Id., *Catàleg dels monestirs catalans* (coll. Scripta et Documenta, 55), Montserrat, 1997, p. 32, 239 ; Id., *Abaciologi Benedictí de la Tarraconense*, Barcelona, 2002, p. 74, 385 ; Id., *Història de la Congregació Benedictina Claustral Tarraconense i Cesaraugustana (1215-1835)* (coll. Scripta et documenta, 67), Montserrat, 2004, p. 240, 242, 244, 247-249, 251-252, 254-256, 258, 260-261, 263, 265, 269, 270, 274, 283, 409 ; Id., *Montero y Alós, José Gregorio de*, dans *Diccionario Biográfico Español*, t. XXXV, Madrid, 2009, p. 740-741.

E. ZARAGOZA PASCUAL

MONTPALAU Y SOLANELL (Fray Francisco de), OSB, Argelaguer (Gérone), *c.* 1600-France, 7 mai 1674, abbé et diplomate.

Né dans le château de Argelaguer, issu de la famille noble dont il porte le nom, il prit l'habit bénédictin dans le célèbre monastère de Santa María de Ripoll (Gérone), appartenant à la Congrégation bénédictine claustrale tarraconaise, où il fut sacristain et syndic du monastère au chapitre général de 1636. Chargé des œuvres de Ripio, en pleine guerre de Sécession du principat, par décision du Conseil du définitoire du 1er févr. 1642, il fut envoyé en France comme ambassadeur auprès de René D'Argenson, faisant alors fonction de vice-roi de Catalogne, pour demander l'élection de moines de la Congrégation claustrale qui occuperaient les abbayes vacantes de Sant Cugat, Camprodón et Banyoles. En fait, lui-même fut élu abbé de Sant Esteve de Banyoles (Gérone) par le roi de France, Louis XIII, et en prit possession le 6 avr. 1642. De nouveau, il fut envoyé en France auprès du chancelier Pedro de Marca, pour lui demander la révocation de la nomination de l'abbé de Sant Pere de Roda (Gérone), le prêtre séculier Pere Pont, mais sa mission ne fut pas couronnée de succès. Il fut aussi envoyé à Rome comme ambassadeur de la Généralité de Catalogne pour traiter des questions ecclésiastiques du Principat avec le Saint-Siège (1644). De même, il fut abbé élu – il ne put jamais obtenir les bulles de Rome – de Sant Miquel de Cuixá (France) (1648-1660), séquestre des rentes du monastère de Saint-Martin du Canigou (1652-1674), visiteur de Catalogne (1645-1648), abbé-président de la Congrégation claustrale (1648-1651), abbé-président adjoint, par indult papal, des monastères del Rosellón, c'est-à-dire Sant Miquel de Cuixá, Saint-Martin du Canigou et Sainte-Marie d'Arles, qui, par le traité des Pyrénées, étaient restés en France (1660-1662 et sv.). Il n'assista pas au chapitre général de 1661, où il envoya comme procurateur le moine de Ripoll Hugo de Montaner. Il mourut en France, mais fut enterré dans son monastère de Banyoles, dans la même tombe que l'abbé Antonio de Cartellá.

Archivo del Ministerio de Asuntos Exteriores (Madrid), *Fondo Santa Sede*, Leg. 110. – G. de Argaiz, *La Perla de Cataluña. Historia de Nuestra Señora de Monserrate*, Madrid, 1677, p. 333. – A. Merino, *España Sagrada*, vol. XLIII, Madrid, 1819, p. 339-340. – J. Villanueva, *Viage literario a las Iglesias de España*, vol. XIV, Madrid, 1850, p. 260. – F. Monsalvatje, *Noticias históricas*, vol. IX, Olot, 1899, p. 97 ; vol. XIV, Olot, 1904, p. 158. – R. M. Bozzo, *Obituari de la Congregació Benedictina Claustral des de l'any 1672 a 1749*, dans *Catalonia monastica*, vol. I, Montserrat, 1927, p. 102. – A. M. Tobella, *Cronologia dels capítols de la Congregació Claustral Tarraconense i Cesaraugustana (1219-1661)*, dans *Analecta Montserratensia*, 10, 1964, p. 393. – Ll. G. Constans Serrats, *Francesc de Montpalau, abat de Banyoles, ambaixador del General de Catalunya* (coll. Memóries de la Sección Histórico-Arqueològica, 21), Barcelona, 1960. – E. Zaragoza Pascual, *Montpalau i Solanell, Francesc de*, dans *Diccionari d'Història Eclesiàstica de Catalunya*, vol. II, Barcelona, 2000, p. 668 ; Id., *Catàleg dels monestirs catalans* (coll. Scripta et Documenta, 55), Montserrat, 1997, p. 32, 89 ; Id., *Abaciologi Benedictí de la Tarraconense*, Barcelona, 2002, p. 71, 121, 158 ; Id., *Història de la Congregació Benedictina Claustral Tarraconense i Cesaraugustana (1215-1835)* (coll. Scripta et documenta, 67), Montserrat, 2004, p. 178, 181-183, 186-187,

Jean Morin, oratorien, tiré de Ch. Perrault, *Les hommes illustres qui ont paru en France pendant ce siècle avec leurs portraits au naturel*, t. 1, Paris, 1696, p. 21.

407 ; Id., *Montpalau y Solanell, Francisco de*, dans *Diccionario Biográfico Español*, t. XXXVI, Madrid, 2009, p. 25-26.

E. Zaragoza Pascual

MORIN (Père Jean), oratorien et exégète hébraïsant (1591-1659).

Né à Blois en 1591 au sein d'une famille calviniste de marchands, il fit des études approfondies à La Rochelle, et les poursuivit à Leyde. Il maîtrisait les trois langues anciennes (le latin, le grec et l'hébreu) ainsi que la théologie. Mais les débats au sein des Églises protestantes entre les Arminiens et leurs adversaires ébranlèrent sa foi protestante. Au contact de personnalités éminentes telles que le card. Jacques Davy du Perron et l'évêque Sébastien Zamet, il prit le chemin de l'Église catholique et entra à l'Oratoire en 1618. Il fut vraisemblablement ordonné prêtre en 1619 et « en reconnaissance de la grâce que Dieu lui avait fait de le ramener à la foi, il se fit un devoir de ne manquer jamais un seul jour de sa vie à dire la messe ». Le P. de Bérulle le nomma successivement à la direction de plusieurs maisons de l'Oratoire, Orléans en 1622, puis Angers. En 1625, il fit partie des douze prêtres qui accompagnèrent Bérulle en Angleterre après le mariage d'Henriette de France avec Charles Ier en vue de satisfaire aux conditions posées par le pape pour accorder la dispense nécessaire à ce mariage avec un roi appartenant à l'Église d'Angleterre. Au bout d'un an, il revint en France et à partir de 1628 vécut principalement à Paris dans la maison Saint-Honoré.

En 1626, il commença à publier en latin ses travaux sur l'histoire ecclésiastique. En 1630, il livra son premier et unique ouvrage en français : *Histoire de la délivrance de l'Eglise Chrétienne par l'Empereur Constantin, et de la grandeur et souveraineté temporelle donnée à l'Eglise romaine par les Roys de France*. Le choix de ce titre s'apparentait à une pétition de principe et Morin expliquait « que [selon lui] la conversion de Constantin s'est faite en France [Gaule] et par des évêques de France ». Après il indiquait que les rois de France avaient libéré l'Église du joug des empereurs en créant un pouvoir temporel autonome. Cet ouvrage à la gloire des rois de France fut bien accueilli en France mais mal à Rome, et Morin, le comprenant, ne poursuivit plus sur ce thème.

À la demande de Bérulle, il s'associa à un projet de bible polyglotte, en sept langues : hébreu, samaritain, chaldéen, grec, syriaque, latin et arabe, destinée tout particulièrement aux Églises catholiques d'Orient. Le P. Morin se chargea du Pentateuque samaritain, en se basant sur le manuscrit rapporté par Achille de Harlay après son ambassade à Constantinople et donné à la bibliothèque de la maison de Paris de la Congrégation. Pour ce faire, il confronta ce manuscrit aux autres textes disponibles. Cet exercice était l'un des principaux apports de cette polyglotte. Le P. Morin acheva cette tâche en 1631. Ce travail lui conféra à travers l'Europe une aura de savant.

Il voulait par ses ouvrages contribuer à la réunion des Églises grecques et latines et rétablir la vraie doctrine vis-à-vis des juifs. En 1639, il fut demandé à Rome pour travailler sur ces sujets mais n'y resta que neuf mois.

Pendant vingt ans, il publia et compléta ses *exercitationes biblicae*, dont le but était de convaincre les juifs et de les amener dans l'Église. Il publia également un traité des ordinations en latin confrontant la pratique des Églises d'orient et d'occident.

En parallèle, il fut appelé à des fonctions au service du gouvernement de la congrégation : la seconde assemblée générale tenue en 1634 le nomma assistant du Père Général, Charles de Condren. La cinquième assemblée générale tenue en 1643 décida de codifier la pratique pédagogique de l'Oratoire, comme l'avaient fait les jésuites dès 1583. Elle chargea donc une commission de « légiférer » en la matière en se basant sur la manière d'enseigner telle que pratiquée à Juilly. Le P. Morin fut adjoint à cette commission et prit la direction de la rédaction d'un *Ratio studiorum a magistris et professoribus Congregationis Oratorii Domine Jesu observanda* qui fut publié en 1645 et qui a aujourd'hui malheureusement disparu mais dont subsiste un résumé de la fin du XVIIIe siècle. Trois innovations distinguaient la pédagogie oratorienne : le développement maximal de l'usage du français, l'enseignement de l'histoire et celui des sciences. Après la mort du P. de Condren, il participa aux assemblées du généralat du P. François Bourgoing comme député en représentant une vision critique et déterminée à l'égard du mode de gouvernement de ce Père Général, au point qu'on s'efforça de le dissuader d'être député à l'assemblée de 1651.

Il mourut à Paris le 28 févr. 1659 à la maison Saint-Honoré.

Si aujourd'hui on ne parle plus guère de lui et si on lui a préféré Richard Simon (1638-1712) comme fondateur de l'exégèse moderne, à l'époque la renommée d'érudition du P. Morin n'attendit pas les années, puisque Charles Perrault l'inclut dans son magnifique ouvrage in folio sur les hommes illustres du XVIIe comportant pour chacun une notice de deux pages et un portrait gravé. Cet ouvrage ne comprend qu'une centaine de biographies : princes, maréchaux, écrivains, cardinaux et ecclésiastiques dont cinq Pères de l'Oratoire. Sa notice indique qu'après sa mort, le garde de la bibliothèque du Vatican, le Grec Leo Allatius (1586-1669), le désigna comme « l'homme très docte auquel l'antiquité est très obligée ». Toutefois l'opinion de ses contemporains n'était pas unanime, puisque l'abbé Dupin écrivit dans sa bibliothèque des auteurs ecclésiastiques : « quoiqu'il fût très habile dans les langues orientales, il eût été à souhaiter, et il l'a assez connu lui-même, qu'il se fût appliqué uniquement à ce qui regardait les sacrements et les rites ecclésiastiques... au lieu que dans ce qu'il a écrit touchant les textes et les versions de l'Écriture Sainte, il a suivi les sentiments des autres et les préventions dans lesquelles il était ». Enfin Simon, qui écrivit sa vie en latin, fut aussi son rival et ne l'épargna donc pas toujours.

Sciographia, vitae Johannis Morini Blesensis. Cong. Orat. D.J. Presbyteri, dans J. Morin, *Exercitationum Biblicarum de Hebraei graeciae textus...*, Paris, 1660, p. 1-4. – R. Simon, *Jo. Morini, Cong. Orat. Paris. PP. Vita*, dans *Antiquitates Ecclesiae orientalis...*, London, 1682, p. 1-117. – Ch. Perrault, *Les hommes illustres qui ont paru en France pendant ce siècle*, Paris, 1697, p. 21-22. – L. E. Dupin, *Bibliothèque des auteurs ecclésiastiques du XVIIème siècle*, t. 2, Paris, 1708, p. 250-310. – L. Moreri, *Dictionnaire historique*, t. 5, Paris, 1732, p. 142-143. – E. Cloyseault, *Recueil des vies de quelques pères de l'Oratoire*, Paris, 1887, p. 27-36. – *Dictionnaire de théologie catholique*, t. 10, Paris, 1928, col. 1486-1489. – *Enciclopedia cattolica*, t. 8, Roma, 1952, p. 1414-1415. – P. Auvray, *Jean Morin, 1591-1659*, dans *Revue Biblique*, 66, 1959, p. 397-414. – L. Batterel, *Mémoires domestiques pour servir à l'histoire de l'Oratoire*, t. 2, Genève, 1971, p. 435-468. – G. Avanzini et al. (dir.), *Dictionnaire historique de l'éducation chrétienne d'expression française*, Paris, 2001, p. 455-456. – M. Walsh (éd.), *Dictionary of Christian Biography*, London, 2001, p. 891. – *New Catholic Encyclopedia*, t. 9, Washington (D.C.), 2003, p. 896-897.

R. D'AMBRIÈRES

MUNTANER Y SACOSTA (Fray Baltasar de), OSB, Cataluña, *c.* 1645-Madrid, 7 nov. 1711, abbé-président et juriste.

Issu de la noblesse, il prit l'habit bénédictin claustral dans l'ancien monastère de Santa María de Ripoll (Gérone), puis fut supérieur de Berga (1678-1685). Il était docteur en philosophie. En 1679, il assista au chapitre général comme procurateur de l'abbé de Sant Pere de Camprodón (Gérone), et à celui de 1682, comme syndic de l'abbesse et des moniales bénédictines du monastère de Santa Clara de Barcelone. Il occupa dans la Congrégation bénédictine claustrale tarraconaise, à laquelle il appartenait, les charges de définiteur (1679-1682, 1685-1689), visiteur (1689-1692, 1699-1703), procureur général de Barcelone (1682-1685) et abbé-président (1692-1699, 1703-1711). Muntaner dut surmonter les difficultés des monastères durant la guerre de Succession, à cause de laquelle ses triennats s'allongèrent jusqu'à pouvoir célébrer un chapitre général. De même, il fut abbé du monastère de Sant Pere de Camprodón de 1685 au 24 mai 1695, date où il fut présenté par le Real Patronato pour être nommé

abbé de Sant Cugat del Vallés (Barcelone), dont il prit possession le 28 février de l'année suivante. Expert juriste, il intervint dans la troisième compilation des constitutions et des autres droits de la Congrégation claustrale. Il fut également député (1683-1686) et assesseur juridique de la Généralité de Catalogne (1695-1699). Il mourut à Madrid, où il était allé résoudre diverses questions de la Congrégation, après avoir refusé la mitre de Mexico et avant d'être consacré évêque de Vic (Barcelone). Il fut l'un des abbés importants pour la Congrégation claustrale au tournant des XVIIe et XVIIIe siècles.

SOURCES. Archivo del Ministerio de Asuntos Exteriores (Madrid), *Fondo Santa Sede*, Leg. 113. – Archivo de la Corona de Aragón (Barcelona), *Sección de Monacales de Hacienda*, vol. 1217. – G. de Argaiz, *La Perla de Cataluña. Historia de Nuestra Señora de Monserrate*, Madrid, 1677, p. 335.

TRAVAUX. J. Villanueva, *Viage literario a las Iglesias de España*, vol. VII, Madrid, 1850, p. 116 ; vol. XV, p. 119. – J. Morer et F. de A. Galí, *Historia de Camprodón*, Barcelona, 1879, p. 169-171. – F. Monsalvatje, *Noticias históricas*, vol. VI, Olot, 1895, p. 78. – C. Barraquer y Roviralta, *Las casas de religiosos en Cataluña durante el primer tercio del siglo XIX*, vol. I, Barcelona, 1906, p. 117 ; Id., *Los religiosos en Cataluña durante la primera mitad del siglo XIX*, vol. I, Barcelona, 1915, p. 91-96. – R. M. Bozzo, *Obituari de la Congregació Benedictina Claustral des de l'any 1672 a 1749*, dans *Catalonia monastica*, vol. I, Montserrat, 1927, p. 114. – J. M. Riera, *Professions monàstiques emeses al monestir de Sant Pau del Camp (1672-1833)*, dans *Ibid.*, p. 274. – J. Peray, *Sant Cugat del Vallès*, Barcelona, 1931, p. 173-174. – J. Rius, *El necrologi de Sant Cugat del Vallès*, dans *Analecta Sacra Tarraconensia*, 20, 1947, p. 34. – [M. del Álamo], *Camprodón (Saint-Pierre de)*, dans *DHGE*, t. XI, col. 665-671. – E. Zaragoza Pascual, *Catàleg dels monestirs catalans* (coll. Scripta et Documenta, 55), Montserrat, 1997, p. 63, 239 ; Id., *Muntaner i Sacosta, Baltasar de*, dans *Diccionari d'Història Eclesiàstica de Catalunya*, vol. II, Barcelona, 2000, p. 694 ; Id., *Abaciologi Benedictí de la Tarraconense*, Barcelona, 2002, p. 116, 383 ; Id., *Història de la Congregació Benedictina Claustral Tarraconense i Cesaraugustana (1215-1835)* (coll. Scripta et documenta, 67), Montserrat, 2004, p. 197, 199-200, 202-205, 207-208, 211-213, 385-386, 407-408 ; Id., *Muntaner y Sacosta, Baltasar de*, dans *Diccionario Biográfico Español*, t. XXXVI, Madrid, 2009, p. 811.

E. ZARAGOZA PASCUAL

MURGA (Fray Pedro), OSB, San Millán de la Cogolla (la Rioja), 1602-Irache (Navarre), 1686, canoniste.

Fils des nobles Pedro Murga et Maria Manzanares, il fut baptisé le 2 janv. 1602. Il prit l'habit bénédictin observant dans le monastère de Santa María la Real de Irache (Navarre), appartenant à la Congrégation de San Benito de Valladolid, le 29 sept. 1620. Il fit ses études à l'Université de Valladolid. Les chapitres généraux de 1633 et de 1637 le nommèrent prédicateur pour un quatriennat, mais un peu plus tard, il abandonna la chaire pour les études, puisque le 28 déc. 1657, il obtint à Irache le grade de maître es arts, théologie et droit canon, dans la faculté où il devint maître consommé. Il ne fut jamais abbé d'aucun monastère ni ne prit de charge quelconque dans la Congrégation. Il résida toujours à Irache, où, bien qu'on ne dise pas qu'il y fût professeur, nous le voyons agir comme témoin de grades et secrétaire de l'Université, en dehors de la période où il fut prieur de Santa María de Iarte et procureur de Irache à Pampelune. Le chapitre général de 1649 lui donna des exemptions de matines et le titre de paternité et le chapitre privé de Carrión de 1652 lui donna gracieusement les exemptions de paternité et de messe majeure à Irache. Il écrivit beaucoup en latin sur le droit canon, des œuvres très appréciées en son temps et sa renommée de canoniste était si grande qu'on le consultait d'Espagne, d'Amérique, et même de la Rote romaine. Le savant bénédictin Frère Martin Sarmiento le qualifiait de « monstre du savoir et auteur de thèse et hypothèse ». Et un chroniqueur bénédictin anonyme du XVIIIᵉ siècle dit qu'il fut homme de vie innocente, de grande âme, aimable avec les autres et sévère avec lui-même, un défenseur fervent de la morale saine, qui souffrit beaucoup pour la justice, mais qui se montra constant dans les persécutions et mourut plein de mérites.

ÉCRITS. *Alfa et Omega. Quaestiones pastorales seu de jure et potestate Parochi proprii unitarum ecclesiarum y Disquisitio duplex altera de jure et potestate Prioris conventualis annexi, altera de jure et potestate Rmi. Patris Generalis et Patrum Diffinitorum Ordinis Sancti Benedicti*, 2 vol., Lyon, Juan Couronneau, 1657 et 1658 ; Burgos, 1656 ; Burgos, 1682 ; Burgos, Juan de Viar, 1688. – *Disquisitiones morales et canonicae*, 2 vol., Lyon, F. Borde, L. Arnaud, P. Borde et G. Barbier, 1666. – *Commentaria in constitutiones apostolicas ad favorem Congregationis Sancti Benedicti Hispaniarum et illius cenobiorum editas, adjectis Sacrae Rotae Decissionibus*, Lyon, Lorenzo Arnaud et Pedro Borde, 1671. – *Opera canonica et moralia*, vol. I, *De appelationibus in communi et quo ad regulares*, vol. II, *Quaestiones practicae selectae et varias*, Luzern, Juan Böthiger, 1684. – *Tractatus de beneficiis ecclesiasticis cum additamentis... Decreta circa Indulgentias ac Librorum... prohibita*, Lyon, Juan Maffre, 1684 ; Lyon, Fratres Huguetan, 1684 ; Lyon ?, 1688. – *Privilegia Ordinis S. P. Benedicti*, 1 vol. (imprimé). – *Árbol y genealógica descendencia de las casas de Ayala y Murga... Año 1644*, dont le manuscrit, conservé par la Maison de Salcedo de Aranguren, fut publié par F. de la Cuadra (Bilbao, 1922). – *Apología del P. Maestro Murga en defensa de su libro Comentarios de Constitutiones Apostolicas, y Respuesta de algunos Maestros Theólogos*, Biblioteca Nacional de Madrid, Ms. 1916. – *Consulta sobre el breviario monástico (9 de julio de 1669)*, Archivo Histórico Nacional (Madrid), Sección de Clero, Leg. 7706 (copie). – Une partie de la correspondance qu'il a entretenue avec Martín Pérez de Segura, résidant à Burgos, à propos de l'élection des abbés de la Congrégation de Valladolid et de sa validité (1672), est conservée aux Archives de l'Abbaye de Silos (Burgos), Ms. 63. – Deux avis sur la façon de procurer les bénéfices aux églises attachées aux monastères (10-11 déc. 1680 et 11 févr. 1683), et un autre avis sur la façon de fournir le bénéfice à l'église de San Miguel de Estella (22 oct. 1682), figurent dans les Archives générales de Navarre, *Fondo Irache*, Leg. 12, nᵒ 313.

SOURCES. Archivo de la Congregación de San Benito de Valladolid, abadía de Silos (Burgos), *Actas de los capítulos generales*, vol. II, fᵒ 172vᵒ, 197rᵒ, 243rᵒ. – G. de Argaiz, *La Perla de Cataluña. Historia de Nuestra Señora de Monserrate*, Madrid, Andrés García de la Iglesia, 1677, p. 470. – P. de Murga, *Tractatus de beneficiis ecclesiasticis*, Lyon, Juan Maffre, 1684, censure de Fray Mauro de Soria. – J. Sáenz de Aguirre, *Ludi Salmantinenses*, vol. I, Salamanca, Melchor Estévez, 1668, p. CXXVIII. – Lippenio, *Bibliotheca filosófica*, vol. I, p. 144, 306, 534.

TRAVAUX. M. Zieguelbauer, *Historia rei litterariae Ordinis S. Benedicti*, vol. IV, Augsburg, 1754, p. 237, 593. – N. Antonio,

Bibliotheca Hispana Nova, vol. II, Madrid, 1788. – J. Pérez de Urbel, *Varones insignes de la Congregación de Valladolid* (Ms. S. XVIII), Madrid, 1967, p. 172-173. – [M. del Álamo], *Valladolid, Congregación de San Benito de*, dans Enciclopedia Universal Illustrada europeo-americana, vol. 66, Barcelona, 1929, p. 969. – J. Ibarra, *Historia del monasterio benedictino y de la Universidad literaria de Irache*, Pamplona, 1940, p. 350-351, 402. – J. Peña, *La villa de San Millán de la Cogolla*, Madrid, 1976, p. 148. – E. Zaragoza Pascual, *Los generales de la Congregación de San Benito de Valladolid*, vol. IV, Silos, 1982, p. 17, 187, 205, 242, 255, 259, 280, 296, 307, 434-435 ; Id., *Murga, Pedro de*, dans Diccionario Biográfico Español, t. XXXVII, Madrid, 2009, p. 154-155. – A. Simón Pérez, *El monasterio y la Universidad de Irache : Inventario del archivo (siglos XVI-XIX)*, Pamplona, 2002, p. 160-161.

E. ZARAGOZA PASCUAL

PAULIN DE NOLE (Paulinus Nolanus), 353/354-410.

Paulin, un des membres les plus illustres de l'aristocratie, ancien gouverneur de province, poète de talent « acquiert la plus riche des saintetés, en se faisant pauvre volontairement ». La pauvreté et l'humilité sont les composantes essentielles de la sainteté de celui qui a suivi la parole évangélique : « Si tu veux être parfait, vends ce que tu possèdes et donne-le aux pauvres ». En effet, ce grand propriétaire décide, en accord avec son épouse Therasia, de renoncer à ses biens et d'abandonner carrière, patrie et amis afin de mener une vie d'ascète à Nole en Campanie (non loin de Naples) auprès du tombeau de Félix son patron et son protecteur. Pour retracer les grandes étapes de sa vie, on utilise l'œuvre de Paulin, ses poèmes surtout, les *Natalicia*, qu'il compose chaque année en l'honneur de S. Félix, en particulier le poème 21 qui est une autobiographie (aux vers 365-487) et ses 51 lettres. De multiples indications proviennent également des lettres d'Ausone, de Jérôme, d'Augustin, de Sulpice Sévère, de l'empereur Honorius, etc.

Les débuts de sa vie. Meropius Pontius Paulinus né à Bordeaux en 353 ou 354 est le fils d'un Pontius Paulinus, ami du poète Ausone. Paulin, comme son père fait partie de l'ordre sénatorial ; dès son enfance, il appartient sans aucun doute à un milieu chrétien. Cette riche famille possède des biens fonciers en Aquitaine mais aussi en Campanie à Fondi et à Nole : la communauté monastique fondée à Nole l'a été très vraisemblablement sur les terres d'une villa que sa famille possédait. Il reçoit une éducation littéraire et une culture rhétorique de la part des maîtres bordelais. D'ailleurs Ausone se considère comme son *magister* et fait grand éloge d'une œuvre de Paulin versifiant le *De Regibus* de Suétone : il obtient même une couronne lors d'un concours de poésie ; il apprend aussi le grec. La protection d'Ausone fut essentielle pour la carrière de Paulin. Riche, instruit, doué d'un talent poétique qui lui donnait quelque renommée, Paulin reçoit naturellement les honneurs. Ayant laissé l'Aquitaine pour l'Italie, il exerce une magistrature qui lui ouvre le sénat et obtient vraisemblablement un consulat suffect avant 379. Il exerce ensuite la charge de consulaire en Campanie, assistant à Nole à l'anniversaire de S. Félix sans doute le 14 janv. 380. Il réside très certainement dans la métropole Capoue, mais peut se déplacer à travers sa province et séjourner à Nole. Il entreprend auprès de la tombe du saint les premiers aménagements : une enceinte, une route et un édifice pour les pèlerins.

On ne peut savoir si Paulin a quitté l'Italie dès 381 ou si c'est la mort de Gratien (25 août 383) qui l'obligea à revenir dans sa patrie. En tout cas, revenu en Gaule, sur les sollicitations de sa mère, il se rend ensuite en Espagne où il épouse une riche matrone Therasia. À nouveau établi en Aquitaine dans une de ses propriétés proche de la mer, il mène la vie de grand propriétaire, occupant ses loisirs à la poésie et à des échanges de lettres et de cadeaux avec des amis aquitains. Il se déclare mêlé aux affaires publiques, sans que l'on puisse lui prêter le rôle d'un avocat.

Sa conversion à l'ascétisme. Paulin place pendant son séjour en Aquitaine le début d'une conversion spirituelle qui l'amène à considérer comme stérile la vie mondaine qu'il menait jusque-là. Des circonstances qui ne sont pas faciles à préciser expliquent ce changement d'attitude. Il y a d'abord la rencontre avec Victrice de Rouen et Martin de Tours à Vienne. C'est peut-être à cet endroit que Martin guérit Paulin d'une maladie des yeux. Puis, Paulin subit l'influence de clercs : ses relations avec Ambroise de Milan sont mal connues. Dans une lettre à Alypius de Thagaste, Paulin parle d'Ambroise comme de son père spirituel. Mais il ne connaît pas Ambroise lorsqu'il écrit après sa conversion à l'évêque Sabinus de Plaisance. D'ailleurs il rappelle que c'est Amand le prêtre bordelais qui lui a donné dès l'enfance son instruction religieuse. Finalement, il reçoit le baptême de l'évêque Delphin à Bordeaux au plus tard en 389, avant son départ pour l'Espagne. Ce baptême n'a pas été la circonstance décisive qui l'a fait quitter le monde et se consacrer à Dieu. L'origine de sa vie nouvelle date du jour où il décide de vendre ses biens aux pauvres. Le séjour de Paulin en Espagne est essentiel pour sa conversion. En effet, arrivé dans ce pays avant l'été 389, il vit à Saragosse, à Barcelone ou Tarragone. Pendant ce séjour (entre 390 et 393), il perd son fils unique Celsus qui meurt à l'âge de huit jours. Il progresse alors dans sa conversion : il déclare à Ausone qu'ayant fait vœu de mener une vie toute spirituelle, il renonce aux Muses païennes pour s'adonner uniquement à la poésie chrétienne. Il décide, en accord avec Therasia, de changer de vie et de pratiquer la continence conjugale et cela dès 392/393. En effet, dès cette date, il met en vente ses biens et ceux de son épouse ; il reçoit une lettre de reproches d'Ausone qui emploie les arguments utilisés contre les sectateurs de Priscillien et qui, d'autre part, l'accuse de briser les liens de l'amitié. Il se trouve toujours en Espagne lorsqu'il reçoit les lettres de condoléances de Delphin et d'Amand de Bordeaux, à la suite de la mort violente de son frère ; il est menacé lors de cet événement de poursuites judiciaires et de confiscation de ses biens non pour des raisons religieuses (en aucun cas il ne fut attiré par le priscillianisme) mais très certainement pour des raisons politiques, ce qui prouve qu'il a dû jouer un rôle politique contre l'usurpateur Eugène. Il attribue plus tard sa sauvegarde à l'intervention miraculeuse de S. Félix. Contre son gré, il est ordonné prêtre à Barcelone par l'évêque Lampius sous la pression populaire le jour de Noël 393. Mais il obtient de ne pas être attaché à l'Église de cette cité. En effet, il a déjà pris la décision de se retirer en Italie à Nole, puisque dans son premier *Natalicium* composé

Paulin de Nole, illustration tirée de Th. Herberger, *Sct. Paulinus. Der Bischof als Sklave. Eine Geschichte aus dem Zeitalter der siegenden Kirche*, Augsburg, 1842 (sur le site Bayerische StaatsBibliothek Digital).

en Espagne le 14 janv. 394, il demande à Félix de le protéger pour son futur voyage. Il invite Sulpice Sévère à venir le rejoindre à Barcelone pour les fêtes de Pâques ou la période postpascale. Avant de quitter l'Espagne, il s'adresse à Delphin et Amand ainsi qu'à Jérôme pour leur demander des conseils sur l'Écriture.

Son installation à Nole. Paulin quitte au printemps 394 l'Espagne ; bien qu'il hésite, dans son premier *Natalicium*, sur l'itinéraire qui le mènera en Campanie, il a finalement dû choisir la route maritime ; en effet, l'ennemi (il s'agit de l'usurpateur Eugène) rend peu sûres les routes du nord de l'Italie. Paulin emprunte très vraisemblablement la voie de mer, le menant de Narbonne à un port italien. Il passe ensuite par Rome avant de se rendre à Nole, en suivant la *Via Appia* jusque Capoue. À Rome, Paulin se heurte à une campagne malveillante menée contre lui dans le clergé romain ; il supporte aussi avec amertume l'attitude du pape Sirice, qui ostensiblement l'ignore. Comme il le rappelle à plusieurs reprises, Paulin subit aussi les critiques de l'opinion païenne et celles de grands personnages ; le témoignage d'Ambroise de Milan est très parlant : « J'apprends que Paulin quitte sa patrie, sa maison pour se consacrer tout entier au service de Dieu. On dit qu'il a choisi pour retraite la ville de Nole pour y finir ses jours loin du tumulte du monde. (…) Quand les sénateurs apprendront ces nouvelles, que diront-ils ? ». Par contre, il reçoit à Nole un accueil favorable du clergé campanien, des moines et des représentants de l'administration. Des évêques de Campanie viennent le visiter personnellement ou lui envoient des messagers. Paulin qui a commencé à vendre ses biens a donc renoncé à cette splendeur sociale qui faisait l'éclat de l'aristocratie chrétienne : selon R. Étienne, « voici un chrétien qui est allé vivre sa foi dans une sorte de monastère faisant figure de précurseur en Occident ».

Une Fraternitas monacha ouverte. Pourtant il semble que l'installation de Paulin à Nole auprès du sanctuaire de S. Félix n'est pas conçue comme une démarche vers la solitude monastique, à la façon de Jérôme, mais comme un désir de se mettre à l'abri du saint et au service de son culte. Félix est le modèle de Paulin qui souhaite mener une vie de piété. Mais il ne le fait pas seul : l'expérience personnelle de Paulin converti allait aboutir à une forme d'ascétisme collectif. Il établit donc une communauté auprès du tombeau de S. Félix et organise une vie commune d'ascèse. Il affirme vivre dans une retraite complète avec ses frères, ce qu'il faut nuancer : car seul au départ avec sa *soror* Therasia, Paulin allait bientôt connaître la compagnie de gens en quête d'une vie semblable à la sienne. On trouve dans cette communauté les anciens esclaves de Paulin qu'il a affranchis, qualifiés de *conserui.* À ce noyau familial s'ajoutent auprès de Paulin et Therasia ceux qui sont mentionnés au détour de leur correspondance et qualifiés tantôt de *pueri,* de *filii,* de *fratres.* Parmi eux, il y a d'abord ceux qui sont moines de Nole, des hommes de l'entourage de Paulin qui deviennent ses messagers. Mais les plus nombreux sont tous ceux, clercs pour la plupart, envoyés à Paulin par ses correspondants ; Ces clercs effectuèrent des séjours plus ou moins longs à Nole, allant de quelques mois à une année. Parmi eux se trouvent ceux envoyés par ses amis gaulois : par exemple Sanemarius, ancien esclave de Paulin affranchi devant Dieu, Cardamas venu à deux reprises à Nole en 399 et 401 et Amachius le sous-diacre bordelais envoyés par Delphin et Amand, Paschasius le diacre de Victrice évêque de Rouen et du catéchumène Vrsus ; enfin le *puer* Vigilantius et un catéchumène, Sorianus Posthumianus et Theridius et Victor envoyés par Sulpice Sévère à Nole. Parmi eux, une figure se détache, celle du messager Victor qui influença cette communauté monastique naissante. Victor se rendit cinq fois à Nole entre 399-400 et 406. Notons aussi l'arrivée à Nole entre 423 et 426 des moines de *Lerinus* (Saint Honorat) Augendus Gelasius et Tigridius, rapportant une lettre d'Eucher et de Galla, etc.

La venue de ces nombreux messagers montre que Paulin après sa conversion n'a pas pour autant coupé les relations avec ses amis. Les visites d'hôtes illustres confirment cette vision d'une communauté ouverte. Paulin accueille à Nole l'évêque de *Remesiana* Nicetas, à deux reprises en 400 et 403, Mélanie l'Ancienne et sa famille dont la présence est attestée en 400, Turcius Apronianus et son épouse Avita, leurs enfants Asterius et Eunomia, Valerius Pinianus Seuerus et son épouse Mélanie la Jeune accompagnée d'Albina, sa mère, en janvier 407. Pourquoi tant de visiteurs ? La situation de Nole à proximité de la *Via Appia* qui menait de Rome à Brindes favorisait les visites de ceux qui se rendaient en pèlerinage sur la tombe de Félix ou qui venaient s'entretenir avec Paulin qui a gardé toute sa notoriété. Mais la raison essentielle est la volonté de Paulin de faire rayonner le culte de S. Félix et de nouer des contacts avec tous ceux qui à son exemple s'étaient retirés du monde.

Cette communauté est loin d'avoir à l'origine une structure bien définie ; Paulin ne fait aucune allusion à sa responsabilité par rapport à ses frères : il n'est jamais question de *praepositus* ou de maître. Mais il est évident qu'il était à la tête de cette *fraternitas monacha.* Le retrait dans la solitude implique pour ces chrétiens des signes visibles qui manifestent davantage le nouveau genre de vie choisi, ainsi une réglementation dans l'habillement s'introduit peu à peu dans cette communauté ascétique. Dès les premières années de la vie à Nole, la communauté de Paulin semble avoir adopté l'habit monastique. Celui-ci s'étonne que Marracinus, l'envoyé de Sulpice Sévère, ne porte pas le vêtement de moine. Il s'attendait donc à le voir habillé selon la coutume propre aux milieux monastiques. La discipline monastique concernant les repas est un autre aspect qui met en relief la structure et le mode de vie d'un groupe de ce genre. Durant toute l'année, on ne prenait à Nole qu'un seul repas vers le soir que Paulin appelle *cena.* Cette habitude rappelle la coutume d'un seul repas évoquée par Sulpice Sévère à propos des communautés gauloises. Il semble que les repas étaient vraisemblablement pris en commun : Paulin exprime la joie de la communauté réunie une fois par jour autour de la table préparée par Victor. La pratique du jeûne était courante en dehors du Carême. On jeûne surtout la veille de la fête de S. Félix, la plus solennelle et la plus importante pour le groupe d'ascètes et pour la population toute entière. Nous avons très peu de renseignements sur la place du travail manuel : nous savons simplement que cette première communauté déjà monastique cultive un petit jardin (*hortulus*) pour subvenir à ses besoins : il produisait légumes et fruits.

Au monastère, Paulin divise son temps entre prières, étude de livres saints, correspondance avec ses amis, composition de poèmes d'inspiration chrétienne et célébration chaque 14 janvier de la fête de S. Félix. Cette dévotion populaire envers le saint de Nole existait déjà avant l'arrivée de Paulin, puisque celui-ci avait assisté à son *natalice* lorsqu'il était gouverneur de Campanie. Mais c'est Paulin qui érige Félix en modèle de ceux qui ont renoncé aux biens terrestres et il donne un nouvel éclat à ce pèlerinage. Les poèmes *Natalicia* composés par Paulin élèvent année par année un monument à la gloire de Félix ; quinze nous sont parvenus, de 394, date du premier d'entre eux, au quinzième de 408 ou 409. Le premier (*Carmen* 12) fut composé en Espagne ; Paulin qui a pris la décision de se rendre à Nole demande à Félix de le protéger pour son voyage. Les quatorze autres qui furent écrits à Nole retracent la vie exemplaire du saint ou relatent la fête de Félix en brossant un tableau des pèlerins présents ou rappellent les miracles devant le tombeau ou permettent à Paulin de décrire les édifices religieux. Dans le quatorzième *natalicium* (*Carmen* 21) du 14 janv. 407, Paulin chante la paix retrouvée après la victoire de Fiesole ; il accueille à Nole ses amis, la famille de Mélanie la Jeune et évoque ce qu'a été Félix pour lui en esquissant son autobiographie ; il en profite pour remercier les habitants d'Abella d'avoir accepté de construire les aqueducs nécessaires à l'alimentation en eau et n'hésite pas à lancer quelques invectives contre les habitants de Nole. Félix est donc l'exemple du renoncement aux richesses, c'est-à-dire de la voie étroite de la pauvreté choisie par Paulin qui s'assimile au saint de Nole. On peut penser que ces poèmes étaient lus aux pèlerins, par Paulin lui-même, sous forme d'une *recitatio*.

Les constructions de Paulin. Paulin a été l'un des plus admirables bâtisseurs d'églises de son temps, comme l'attestent les constructions de Nole et de Fundi. L'essentiel de ces travaux fut la réfection de l'ancienne basilique de S. Félix et l'érection d'une nouvelle basilique en l'honneur du saint. Il ne faut pas négliger non plus les nombreuses constructions annexes (cours, portiques, bâtiments destinés aux pèlerins). Les sources essentielles pour tenter de présenter ces édifices sont les poèmes 27 et 28 datant respectivement de 403 et de 404 et la lettre 32 adressée à son ami Sulpice Sévère. En effet, en 403 Paulin profite de la visite de Nicetas pour lui présenter les diverses constructions. L'année suivante en 404, il reprend la description du sanctuaire de S. Félix en donnant une succession de vues ; enfin dans la lettre 32 datant de la fin de l'été 404, Paulin envoie à Sulpice Sévère des vers destinés aux constructions de *Primuliacum* ; puis il lui décrit la nouvelle basilique de S. Félix et lui fait part des *tituli* qu'il a composés pour cet édifice. C'est en 401 que Paulin commence les constructions nouvelles auprès du tombeau de Félix, puisque ces dernières (selon le témoignage de Paulin daté de 404) sont achevées en moins de trois années. Mais il n'est pas toujours facile de présenter ces constructions et de faire correspondre les données archéologiques et littéraires. Pourtant l'archéologue allemand Th. Lehmann affirme : « aucun autre complexe religieux ne fournit des descriptions de construction aussi abondantes. La confrontation des résultats des recherches archéologiques avec les sources textuelles permet d'établir une restitution assez fiable de ce complexe religieux. Il est fort probable que la *Basilica Nova* soit l'unique église paléochrétienne sur laquelle nous soyons aussi bien renseignés autant quant à son architecture qu'à ses décors d'origine ». Néanmoins des imprécisions dans les textes de Paulin tant sur le plan de la topographie que de la description des bâtiments ainsi que l'état des vestiges donnent lieu à des interprétations différentes. Il restaure l'ancienne basilique qui abritait le tombeau du saint et construit une nouvelle basilique à trois nefs, orientée vers celle de S. Félix. Il décore son abside tripartite d'une mosaïque représentant la Trinité ; sous l'autel il fait placer des reliques des Apôtres et des martyrs et un fragment de la croix du Christ ; il utilise les scènes de l'Ancien Testament pour décorer la nouvelle basilique et celles du Nouveau Testament pour l'ancienne. Il fit également ériger une basilique à Fondi décorée d'une mosaïque représentant la Trinité. Il insiste également sur le rôle édifiant de la peinture, langage accessible aux illettrés qui contient des valeurs spirituelles conduisant à la méditation ou à la prière.

Les relations de Paulin. Que l'on ne s'imagine pas Paulin enseveli dans son monastère et fermant les yeux et les oreilles à tout spectacle et à tout bruit extérieur. Il reste en contact avec le monde extérieur. Nous avons déjà évoqué les nombreuses visites reçues par Paulin parmi lesquelles celle de Mélanie l'Ancienne escortée de la suite nombreuse des parents et amis romains, celle de Mélanie la Jeune avec son mari et plusieurs membres de sa famille. Lui-même se rend à Rome chaque année

pour la fête des saints Apôtres le 29 juin. En 400, il y est même reçu avec considération par le pape Anastase, qui lui fait l'honneur de l'inviter aux cérémonies marquant l'anniversaire de son élection épiscopale, bien qu'il ne soit pas évêque. Son temps était tellement pris par les visites qu'il recevait, qu'il ne lui était pas toujours possible de lire sa correspondance envoyée. Nous n'avons pas d'autres mentions de voyages accomplis par Paulin : l'hypothèse d'un voyage de Paulin en Afrique, d'un séjour à Carthage auprès d'Augustin, ne mérite absolument pas d'être retenue. La prétendue captivité de Paulin en Afrique, rappelée par Grégoire le Grand dans ses *Dialogues*, est une légende qui évoque des incursions vandales en Campanie à l'époque de Paulin ; or celles-ci ne sont pas attestées avant 455.

Enfin et surtout Paulin a cherché à maintenir par des échanges de lettres, les relations qu'il avait déjà et à s'en créer de nouvelles. Il saisit toutes les occasions d'étendre le cercle de ses correspondants ; la cinquantaine de lettres en prose parvenues jusqu'à nous ne devait représenter qu'une partie de sa correspondance. D'ailleurs lui-même avoue son étonnement devant la liste fort longue de ses propres lettres. Deux exemples sont significatifs : avec ses amis d'Aquitaine, sa correspondance est très active puisque treize lettres sont envoyées à Sulpice Sévère entre 393 et 404, onze à Delphinus et Amandus entre 393 et 401 ; il correspond aussi avec ses nouveaux amis africains comme le prouvent ses relations épistolaires avec Augustin ; nous avons huit lettres adressées par celui-ci à Paulin qui croyait avoir encore besoin des lumières de ceux qu'il pensait plus avancés que lui dans la voie de la perfection.

Dans ses lettres, nous trouvons une série de méditations spirituelles avec de nombreuses citations ou allusions scripturaires ; désormais la Bible remplace la littérature païenne. D'Espagne, Paulin s'était adressé à Jérôme pour lui demander des conseils sur la lecture de l'Écriture ; plus tard, en 399, il lui réclame un *Commentaire sur Daniel*. En 397, dans une réponse à une lettre d'Amand, il traite de la grâce, du péché d'Adam et du plan divin de la Rédemption. À plusieurs reprises, il questionne Augustin : par exemple en 408, Paulin se garde de répondre à la question d'Augustin sur ce que sera l'occupation des bienheureux après la résurrection de la chair, ajoutant que c'est à lui d'interroger Augustin sur l'Écriture. En plus des poèmes et des lettres qui nous sont parvenues, Paulin a écrit d'autres ouvrages aujourd'hui perdus. En effet, Paulin compose, à la demande de son ami Endelechius, sûrement après la victoire de Théodose sur Eugène (6 sept. 394), peut-être après la mort de l'empereur (17 janv. 395), un Panégyrique, célébrant moins l'empereur que le *seruus Christi* et exaltant une victoire obtenue sur les tyrans, moins par les armes que par la prière. Il envoie par l'intermédiaire de Vigilantius ce Panégyrique à Jérôme et le fait parvenir à Sulpice Sévère. Paulin serait également l'auteur d'un ouvrage intitulé « *Contre les païens* », si l'on en croit les informations données par les moines de Nole Romanus et Agilis à Augustin. Nole devient sous l'impulsion de Paulin un centre de culture remarquable ; l'historienne allemande S. Mratschek a proposé une reconstitution de la bibliothèque de ce *scriptorium* où se trouvent rassemblés de nombreux ouvrages d'Augustin, d'Ambroise de Milan, etc. N'oublions pas non plus le rôle essentiel joué par Paulin dans la diffusion à Rome, en Illyricum et en Égypte de la *Vita Martini* de Sulpice Sévère, ouvrage que ce dernier avait envoyé à Nole. Cette analyse montre que les activités de Paulin étaient multiples et qu'il ne s'est pas détaché du monde. Paulin mène le type d'existence décrit précédemment jusqu'à ce qu'il soit consacré évêque de Nole.

La fin de sa vie. Celle-ci est mal connue car les documents se font plus rares ; la venue des messagers ou des amis est contrariée par les invasions barbares : en 410, il n'est pas possible à Mélanie la Jeune qui fuit les Barbares d'arriver à Nole. À cette époque, Paulin est déjà évêque de sa cité puisque dans une lettre *de* 409/410, Paulin dit être pasteur d'un petit troupeau. Ceci est confirmé par le témoignage d'Augustin qui dans le livre I de la *Cité de Dieu* composée en 413 rappelle qu'en 410, lors du sac de Nole par les Barbares d'Alaric, Paulin *episcopus Nolensis* est prisonnier de ceux-ci et leur résiste de manière héroïque : « Seigneur, que je ne sois torturé ni pour mon or ni pour mon argent car où sont mes biens, vous le savez ». Aidé par une apparition divine de S. Félix, il aurait fait face avec courage aux Barbares. On ne peut retenir la tradition hagiographique mentionnée dans la *Vita Paulini*, selon laquelle Paulin se serait livré aux Barbares pour racheter le fils d'une veuve. Il perd sa sainte sœur Therasia entre 409 et 414. Pendant les dernières années de sa vie, il poursuit ses échanges épistolaires avec Augustin et Alypius qui, en 417, le mettent en garde contre les idées de Pélage, auxquelles des gens de son entourage sont fortement attachés. Enfin Paulin reçoit en réponse à une lettre écrite avant 421 à Augustin le livre sur les devoirs à rendre aux morts (*De cura pro mortuis gerenda*), dans lequel Augustin souligne le peu d'intérêt que présente une sépulture *ad sanctos*, tout en conseillant de ne pas décourager les proches du défunt qui en font la demande, puisqu'ils sont incités à implorer le patronage du saint dont la *memoria* est voisine. En avril 419, Paulin est convoqué par la Cour impériale à une réunion d'évêques italiens qui devaient décider à Ravenne lequel des deux prétendants à la succession de Zosime, Boniface ou Eulalius, était le pape légitime. Paulin, en mauvaise santé, ne peut s'y rendre, et dans le courant de la même année, il reçoit une lettre de l'empereur Honorius, l'invitant à un nouveau concile qui devait se tenir à Spolète, au cours duquel il devrait prononcer un jugement que son absence au premier synode l'avait obligé à différer. Entre 423 et 426, il écrit à Eucher et Galla pour manifester son affection pour les solitaires installés à Lérins. Il est mentionné, une dernière fois, par Augustin, en 429/430. Vranius, dans sa lettre à Pacatus, fait le récit émouvant de la mort de Paulin. Deux jours avant sa mort, deux évêques, Symmaque de Capoue et Acyndinus, lui rendirent visite. Il célèbre avec eux la messe et rappelle dans la communion tous ceux qu'il avait écartés. Il demande où étaient ses frères Janvier de Naples et Martin de Tours, puis entonne un psaume. Recevant ensuite la visite d'un prêtre de Lucanie, il rembourse une dette de 40 sous d'or contractée pour des vêtements de pauvres. À l'aube du 22 juin, il célèbre les matines, rassemble prêtres, diacres et autres clercs pour des paroles d'adieu et de paix. Il médite toute la journée ; le soir, il prie, récite le verset d'un psaume et, vers la quatrième heure de la nuit du 22 juin 432, il mourut.

Dès son vivant, Paulin est très souvent cité comme un modèle de sainteté. Selon Martin de Tours, il est presque le seul à pratiquer les préceptes de l'Évangile. Jérôme, vers 405/406, dans son exhortation à Iulianus, cite Paulin et Pammachius comme modèles de ceux qui ont offert à Dieu non seulement leurs richesses mais aussi leurs personnes. En fait, Paulin prêtre puis évêque de Campanie jouit d'un grand prestige à la fois auprès des autorités ecclésiastiques et politiques. Cette notoriété peut s'expliquer à la fois par les liens qu'il a conservés avec l'aristocratie campanienne, en particulier avec la famille de Symmaque (en effet Paulin est lié à l'évêque Severus de Naples appartenant à la famille des Valerii Seueri et à l'évêque de Capoue Symmaque) mais aussi probablement par des liens de parenté qui l'unissent à la famille de l'empereur Théodose.

Sources. H.-L. Guérin, *Les Lettres de S. Paulin traduites en français*, Paris, 1724. – Paulin de Nole, *Epistulae*, éd. par W. von Hartel (Corpus scriptorum ecclesiasticorum latinorum, 29), Wien, 1894 (*editio altera supplementis aucta*, M. Kamptner, Wien, 1999). – Paulin de Nole, *Carmina*, éd. par W. Von Hartel (Corpus scriptorum ecclesiasticorum latinorum, 30), Wien, 1894 (*editio altera supplementis aucta*, M. Kamptner, Wien, 1999). – Ch. Pietri, *Saint Paulin de Nole, Poèmes, Lettres et sermons*, Namur, 1964. – P. G. Walsh, *Letters of St Paulinus of Nola I-II* (Ancient Christian Writers, 35-36), New-York, 1966-1967 ; Id., *The Poems of St Paulinus of Nola* (Ancient Christian Writers, 40), New York, 1975. – A. Mencucci, *S. Paolino di Nola, i Carmi*, Siena, 1970 ; Id. et S. Costanza, *Meropio Ponzio Paolino, Antologia dei carmi, Introduzione testo e traduzione I*, Messina, 1971. – T. Piscitelli Carpino, *Paolino di Nola. Epistole ad Agostino* (Strenae Nolanae, 2), Napoli-Roma, 1989. – G. Santaniello, *Paolino di Nola, Le lettere*, vol. 1-2 (Strenae Nolanae, 4-5), Roma-Napoli, 1992. – A. Ruggiero, *Paolino di Nola, I Carmi I-II* (Strenae Nolanae 6-7), Roma-Napoli, 1996. – M. Skeb, *Paulinus von Nola, Epistulae-Briefe*, 3 vol. (Fontes christiani, 25), Freiburg im Breisgau, 1998. – D. Amherdt, *Ausone et Paulin de Nole : Correspondance. Introduction, texte latin, traduction et notes* (Sapheneia, Beiträge zur Klassischen Philologie, 9), Bern-Berlin-Bruxelles-Frankfurt am Main-New York-Oxford-Wien, 2004. – A.-M. Taisne, *Paulin de Nole. La lettre au service du Verbe* (coll. « Les Pères dans la foi »), Paris, 2012. – F. Dolveck (éd.), *Pavlini Nolani Carmina* (Corpus Christianorum. Series Latina, 21), Turnhout, 2015. – Paulin de Nole, *Correspondance avec Sulpice Sévère*, édition établie et annotée par J. Desmulliez, C. Vanhems et J.-M. Vercruysse (coll. Sagesses chrétiennes), Paris, 2016.

Travaux. – F. Lagrange, *Histoire de Saint Paulin de Nole*, Paris 1877. – R. C. Goldschmidt, *Paulinus Churches at Nola, Texts, Translation and Commentary*, Amsterdam, 1940. – P. Courcelle, *Paulin de Nole et saint Jérôme*, dans *Revue des Études Latines*, 25, 1947, p. 250-280 ; Id., *Les lacunes de la correspondance entre Paulin de Nole et saint Augustin*, dans *Revue des Études Anciennes*, 53, 1951, p. 253-300. – P. Fabre, *Essai sur la chronologie de l'œuvre de Saint Paulin de Nole*, Paris, 1948 ; Id., *Saint Paulin de Nole et l'amitié chrétienne* (Bibliothèque des Écoles françaises d'Athènes et de Rome, 167), Paris, 1949. – F. X. Murphy, *Rufinus of Aquileia and Paulinus of Nola*, dans *Revue d'Études Augustiniennes*, 2, 1956, p. 79-91. – S. Prete, *Paolino di Nola e l'umanesimo cristiano. Saggio sopra il suo epistolario* (Università di Bologna, Studi e ricerche, nuova serie, 9), Bologna, 1964 ; Id., *I temi dellà proprietà e della famiglia negli scritti di Paolino di Nola*, dans *Augustinianum*, 17, 1977, p. 257-282 ; Id., *Paolino agiografo, gli atti di S. Felice a Nola (carm.15-16)*, dans *Atti del convegno*

XXXI Cinquantenario della morte di S Paolino di Nola (431-1981), Freiburg im Breisgau, 1982, p. 149-159 ; Id., *Motivi ascetici e letterari in Paolino di Nola* (Strenae Nolanae 1), Roma-Napoli, 1987. – S. Costanza, *Aspetti autobiografici nell'opera poetica di Paolino di Nola*, dans *Giornale italiano di Filologia*, 27, 1975, p. 265-277 ; Id., *I rapporti tra Ambrogio e Paolino di Nola*, dans G. Lazzati (éd.), *Ambrosius episcopus*, II, Milano, 1976, p. 220-232. – J. T. Lienhard, *Paulinus of Nola and Early Western Monasticism, with a Study of Chronology of his Works and an annoted Bibliography* (Theophaneia, Beiträge zur Religions- und Kirchengeschichte des Altertums, 28), Köln-Bonn, 1977. – P. Testini, *Cimitile, l'antichità cristiana*, dans E. Bertaux et A. Prandi (dir.), *L'art dans l'Italie méridionale*, t. IV, Roma, 1978, p. 163-176 ; Id., *Note per servire allo studio del complesso paleocristiano di S. Felice a Cimitile (Nola)* (coll. Mélanges de l'École Française de Rome. Série Antiquité, 97-1), 1985, p. 329-371 ; Id., *Paolino e le costruzioni di Cimitile (Nola) : Basiliche o tombe privilegiate ?*, dans Y. Duval et J.-Ch. Picard (éd.), *L'inhumation privilégiée du IVᵉ au VIIIᵉ siècle en Occident. Actes du colloque de Créteil, 16-18 mars 1984*, Paris, 1986, p. 213-220. – A. Ruggiero, H. Crouzel et G. Santaniello, *Paolino di Nola : Momenti della sua vita e delle sue opere*, Nola, 1983. – J. Desmulliez, *Paulin de Nole : études chronologiques*, dans *Recherches augustiniennes*, 20, 1985, p. 35-64 ; Id., article « Paulin de Nole », dans A. Mandouze (dir.), *Histoire des saints et de la sainteté chrétienne*, t. III, *Des évêques et des moines reconnus par le peuple 314-604*, Paris, 1987, p. 237-240 ; Id., *Meropius Meropius Pontius PAVLINVS*, dans Ch. et L. Pietri (dir.), *Prosopographie chrétienne du Bas-Empire 2*, vol. 2, *Italie (313-604)*, Roma, 2000, p. 1630-1654 ; Id., *Note sur Paulin de Nole dans l'œuvre de Le Nain de Tillemont*, dans S.-M. Pellistrandi (éd.), *Le Nain de Tillemont et l'historiographie de l'Antiquité Romaine. Actes du Colloque international organisé par le Centre Le Nain de Tillemont des 19-21 novembre 1998*, Paris, 2002, p. 353-359 ; Id., *Deux aristocrates*, dans D. Bertrand, J. Busquets et M. Mayer (éd.), *Pacien de Barcelone et l'Hispanie au IVᵉ siècle. Actes des colloques de Barcelone et de Lyon, mars et octobre 1996*, Paris-Barcelona, 2004, p. 197-205 ; Id., article « Paulin de Nole », dans J. Leclant (dir.), *Dictionnaire de l'Antiquité*, Paris, 2005, p. 1668-1669 ; Id., *Paulin de Nole et la paupertas*, dans P.-G. Delage (éd), *Les Pères de l'Église et la voix des pauvres. Actes du XIᵉ colloque de la Rochelle des 2-4 septembre 2005*, La Rochelle, 2006, p. 245-263 ; Id., *Paulin de Nole : gouverneur de Campanie et évêque de Nole*, dans L. Di Paola et D. Minutoli (éd.), *Poteri centrale e poteri periferici nella tarda antichità : confronti, conflitti. Atti della Giornata di Studio, Messina (5 Settembre 2006)*, Firenze, 2007, p. 83-92 ; Id., *Hommage à Roland Delmaire : Roland Delmaire et l'étude de l'administration de l'Empire à l'époque tardive : Paulin de Nole gouverneur et évêque*, dans *Cahiers du Centre Glotz*, 17, 2008, p. 267-275 ; Id. et C. Vanhems, *Paulin de Nole et ses correspondants, une même communauté spirituelle ?*, dans R. Delmaire, J. Desmulliez et P.-L. Gatier (éd.), *Correspondances. Documents pour l'Histoire de l'Antiquité Tardive. Actes du 26ᵉ colloque international de Halma, Lille, 20-22 novembre 2003* (coll. de la Maison de l'Orient et de la Méditerranée, 40. Série littéraire et philosophique, 13), Lyon, 2009, p. 393-417 ; Id., *Paulin de Nole, du gouverneur de Campanie à l'évêque de Nole*, dans *Connaissance des Pères de l'Église*, 123, 2011, p. 2-13 ; Id., *Paulin de Nole*, dans P.-G. Delage (éd.), *Paulin de Nole et l'amitié chrétienne. Quatrième petite journée de patristique, 17 mars 2012 (Saintes)*, [Royan], 2012, p. 11-45. – G. Guttilla, *Una nuova lettura del carmen 31 di S. Paolino di Nola*, dans *Koinonia*, 11, 1987, p. 69-97 ; Id., *S. Paolino e i Barbariei Natalicia*, dans *Ibid.*, 13, 1989, p. 5-29 ; Id., *La presenza di Vittricio di Rouen nell'opera di Paolino di Nola dal De Laude sanctorum al epist. 18 e ai carmm. 27 e 19*, dans

Augustinianum, 43-2, 2003, p. 453-471. – D. Korol, *Die frühchristlichen Wandmalereien aus den Grabbauten im Cimitile (Nola). Zur Enstehung und Ikonographie Alttestamenticher Darstellungen*, dans *Jahrbuch für Antike und Christentum. Ergänzungsband*, 13, 1987 ; Id., *Zu den gemalten Architekturdarstellungen des NT Zyklus und zur Mosaikausstattung der Aula über den Gräbern von Felix und Paulinus in Cimitile/Nola*, dans *Jahrbuch für Antike und Christentum*, 30, 1987, p. 156-171. – A. Mercogliano, *Le basiliche paleocristiane di Cimitile*, Roma, 1987 ; Id., *Il disegno della piana di Nola nell'antichità : la necropoli romana e le basiliche cristiane di Cimitile, Atti del convegno Didattica e territorio*, Nola, 1988. – A. Ruggiero, *Il culto dei santi e delle loro reliquie nei Carmi di Paolino di Nola*, dans *Impegno e Dialogo*, 7, 1991, p. 177-188. – M. Y. Perrin, *Ad implendum caritatis ministerium. La place des courriers dans la correspondance de Paulin de Nole*, dans *Mélanges de l'École française de Rome. Antiquité*, 104, 1992, p. 1025-1068. – C. Iannicelli, *Pubblicazioni della biblioteca S. Paoliniano*, dans *Impegno e Dialogo*, 10, 1995, p. 457-466 ; Id., *Rassegna di studi Paoliniani (1980-1997)*, dans *Impegno e Dialogo*, 11, 1997, p. 279-321. – S. Mratschek, *Einblicke in einen Postsack. Zur Struktur und Edition der «Natalicia» des Paulinus von Nola*, dans *Zeitschrift für Papyrologie und Epigraphik*, 114, 1996, p. 165-172 ; Id., *Vota et frequentationes, Heiligenkult und gesellschaftliche Kontakte des Paulinus von Nola auf dem Apostelfest in Rom*, dans *Pietro e Paolo. Il loro rapporto con Roma nelle testimonianzie antiche* (coll. Studia Ephemeridis Augustinianum, 74), Roma, 2001, p. 261-275 ; Id., *Der Briefwechsel des Paulinus von Nola, Kommunikation und soziale Kontakte zwischen christlichen Intellektuellen* (coll. Hypomnemata, 134), Göttingen, 2002 ; Id., *Zirkulierende Bibliotheken : « Medien der Wissenvermittlung und christliche Netzwerke bei Paulinus von Nola »*, dans J. Desmulliez, Chr. Hoët-Van Cauwenberghe et J.-Chr. Jolivet (éd.), *L'étude des correspondances dans le monde romain de l'Antiquité classique à l'Antiquité tardive : permanences et mutations. Actes du XXXIIᵉ Colloque international de Lille, 20-22 novembre 2008*, Villeneuve d'Ascq, 2010, p. 325-350 ; Id. et A. Kleinschmidt, *Paulinus von Nola*, dans G. Schöllgen et al. (éd.), *Reallexikon für Antike und Christentum*, 26, Stuttgart, 2014, col. 1147-1166. – B. Näf, *Paulinus von Nola und Rom*, dans *Studia Patristica*, 33, 1997, p. 448-453. – Th. Lehmann, *Zu Alarichs Beutezug in Campanien. Ein neu entdecktes Gedicht des Paulinus von Nola*, dans *Römische Quartalschrift*, 93, 1998, p. 181-199 ; Id., *Paulinus Nolanus und die Basilica Nova in Cimitile/Nola. Untersuchungen zu einem zentralen Denkmal des spätantik-frühchristlichen Architektur*, Wiesbaden, 2005 ; Id., *Il santuario di Cimitile/Nola nel reperto archeologico nelle lettere di Paolino di Nola*, dans J. Desmulliez, Chr. Hoët-Van Cauwenberghe et J.-Chr. Jolivet (éd.), *L'étude des correspondances dans le monde romain de l'Antiquité classique à l'Antiquité tardive : permanences et mutations. Actes du XXXIIᵉ Colloque international de Lille, 20-22 novembre 2008*, Villeneuve d'Ascq, 2010, p. 273-292. – A. Canellis, *Les rapports de Paulin de Nole avec Jérôme au-delà de 400 : la lettre 39 de Paulin et le commentaire sur Joël*, dans *Augustinianum*, 39, 1999, p. 311-335. – F. Navarro, *La correspondencia de Paulino de Nola con Africà durante los anos 394 y 395. Una reconstruccción*, dans *Vichiana*, 1, 1999, p. 62-81 ; Id., *La correspondancia preepiscopal de Agustin (386-395)*, thèse de doctorat, Barcelona, 2003. – D. E. Trout, *Paulinus of Nola, Life, Letters and Poems*, Berkeley-Los Angeles-London, 1999. – C. Conybeare, *Paulinus noster. Self and Symbols in the Letters of Paulinus of Nola* (coll. Early Christian Studies), Oxford, 2000. – M. Cutino, *L'epopea taumaturgica di S. Felice nei Carmi 26 e 19 di Paolino di Nola*, dans *Auctores Nostri. Studi e testi di letteratura cristiana antica*, 2, 2005, p. 47-80. – G. Herbert de la Portbarre-Viard, *Descriptions monumentales*

*et discours sur l'édification dans l'œuvre de Paulin de Nole :
Le regard et la lumière dans la lettre 32 et les carmina 27 et
28* (coll. Supplements to Vigiliae Christianae, 79), Leiden-
Boston, 2006 ; Id., *Les descriptions du complexe basilical dédié
à saint Félix dans l'œuvre de Paulin de Nole, leur rôle dans
l'évolution de l'art paléochrétien et ses représentations
littéraires*, dans *Connaissance des Pères de l'Église*, 123, 2011,
p. 39-49. – C. Ebanista, *Il complesso basilicale di Cimitile*,
Napoli, 2008. – M. Cozic, *Martin de Tours et Paulin de Nole :
une amitié « paradoxale » ?*, dans P.-G. Delage (éd.), *Martin
de Tours et l'évangélisation des campagnes de l'Ouest. Actes
de la première Petite Journée de Patristique, 21 mars 2009
(Saintes)*, Royan, 2009, p. 79-106. – K. Piepenbrink, *Christliche
Konversion in der Außenperspektive. Ausonius und die
asketische* conversio *des Paulinus von Nola*, dans E. Bons (éd.),
*Der eine Gott und die fremden Kulte. Exklusive und inklusive
Tendenzen in den biblischen Gottesvorstellungen* (coll. Biblisch-
Theologische Studien, 102), Neukirchen, 2009, p. 121-147. –
C. Vanhems, *Paulin, ou l'invention d'un style chrétien*, dans
Connaissance des Pères de l'Église, 123, 2011, p. 14-24. – J.-
M. Vercruysse, *Le chrétien face à la mort d'après Paulin de
Nole (Epistula 13 et Carmen 31)*, dans *Ibid.*, p. 50-60. –
D. Lefebvre, *Les rapports entre saint Félix et Paulin*, dans
P.-G. Delage (éd.), *Paulin de Nole et l'amitié chrétienne.
Quatrième petite journée de patristique, 17 mars 2012 (Saintes)*,
[Royan], 2012, p. 69-87. – A. V. Nazzaro, *Introduzione*, dans
G. Santaniello, *Vita di Paolino di Bordeaux, Vescovo di Nola
352-352-431* (coll. Strenae Nolanae, 12), Marigliano, 2015,
p. XI-XVIII.

J. Desmulliez

PETER LOMBARD (Petrus Lombardus), 1095/1100-
1160, was a master at the cathedral school of Notre-
Dame in Paris, bishop of the same city, and author of
the celebrated *Book of Sentences*, the most influential
textbook in the history of Christian theology. In the
schools, he was antonomastically called *Magister*, "the
Master".

Overview: I. LIFE. – II. HISTORICAL CONTEXT.
– III. WORKS. i. Gloss on the Psalms. – ii. Gloss
on the Pauline Epistles. – iii. Homilies. – iv. Other
works. – v. The *Book of Sentences*. – 1. *Title.* –
2. *Date.* – 3. *Sources.* – 4. *Structure and method.*
– 5. *Characteristic teachings.* – 6. *The* Sentences
as a transitional work. – IV. RECEPTION AND
INFLUENCE. i. Controversies up to Lateran IV. –
ii. The *Sentences* as textbook in the schools.

I. LIFE. As his name suggests, Peter Lombard
hailed from the Northern Italian region of Lombardy,
where he was born in the village of Lumellogno, just
outside of Novara, around 1095/1100. His early years
cannot be reconstructed with much detail or certainty,
but chroniclers unanimously report that he was of
humble origins. His mother is sometimes depicted
as a washerwoman, although this may be more of a
literary topos. After primary school, his studies most
likely occurred at the cathedral school of Novara. The
titles of the books that constituted the foundation of
his education have been preserved in a list *de libris
m[agistri] P. ep[iscop]i*. The list, recently studied by
P. Stirnemann, comprises 34 titles, about a third of which
represent classics of Roman literature, such as Virgil,
Horace, Ovid, Lucan, Statius, and Juvenal. In addition,
the list mentions Priscian's standard textbook of Latin
grammar, the *Institutiones grammaticae*, and several

minor authors from late antiquity and the Middle Ages.
The younger Peter also owned copies of several books
of the Bible: the Pentateuch, Ezekiel, Lamentations, the
four Gospels, the Apostolic Letters, and the Apocalypse.

After grammar school Peter Lombard moved to
Lucca, in Tuscany, where he may have made a living
as a schoolteacher. There is a controversy as to whether,
during his years in Lucca, Peter encountered Master
Otto, the author of a *Summa sententiarum* that was
to become an important source for Peter's own work.
F. Gastaldelli has defended this thesis while M. Doyle
has expressed doubts about its plausibility. There is no
doubt, however, that Peter Lombard must have come
to the attention of the bishop of Lucca, Uberto, who
was an early and influential supporter of Innocent II
against the claims of Antipope Anacletus II. In 1134,
the well-connected Uberto recommended Peter Lombard
to St Bernard of Clairvaux for further studies in France.

In 1134-1135, we therefore find Peter at Reims, which
together with Laon was an important centre for biblical
studies. Theological instruction at the cathedral school
familiarised the Lombard with the *Glossa ordinaria*, the
standard biblical commentary which Anselm of Laon and
his school compiled from the entire Western tradition
of theology. The *Glossa* became the starting point of
Peter's own writing.

Peter did not stay in Reims for long. In 1136,
St Bernard issued a letter of recommendation on his
behalf to Abbot Gilbert, of the abbey of St Victor
in Paris, asking that the abbey provide meals for the
"venerable man" Peter Lombard until the feast of the
nativity of the Blessed Virgin Mary, that is to say, 8 Sept.
Bernard's letter (no. 410 in his *Opera*) represents the
first mention of Peter Lombard in a historical document.

His move to Paris placed Peter Lombard in contact
with some of the leading theologians of his day,
including Hugh of St Victor and Peter Abelard, both
of whom deeply influenced his thought. After some
years during which he continued his own studies, the
Lombard established himself quickly as a master at the
cathedral school of Notre-Dame, which was not only
a vibrant centre of intellectual life, but also played an
important role in the ecclesiastical politics of Capetian
France. In 1144, less than a decade after his arrival in
Paris, a poem by Walter Mapes already referred to the
Lombard as *celeber theologus*. By 1145, still a cleric in
minor orders (*puer*), he had climbed to the rank of canon,
a position that was usually reserved for a member of
one of the elite families. When Pope Eugene III visited
Paris in April, 1147, he sought the well-known master's
advice on a question concerning fraternal correction. A
year later, Peter Lombard participated in the Council of
Reims, and the pope called upon him to help resolve a
dispute over the orthodoxy of the Trinitarian theology
of Gilbert of Poitiers – a dispute in which Peter sided
with the critics of Gilbert's position. In 1154, his bishop,
Theobald, selected the Lombard to accompany him on
a trip to Rome that was devoted to important diocesan
business. Always the scholar, Peter used the time in
his native country to consult Burgundio of Pisa's new
translation of St John Damascene's *De fide orthodoxa*,
a text that was not yet available in Paris. Yet Peter was
not averse to ecclesiastical administration. Either before
or after the journey to Rome, Theobald elevated him

to the rank of archdeacon, one of three in Paris. The function of the archdeacon was to oversee the parishes in a particular portion of the diocese, in particular to ensure that the priests possessed sufficient knowledge of the faith and of the sacraments and were able to preach, and that the liturgical books were in good order.

In 1159, following Theobald's death, the canons of Notre Dame elected Peter Lombard as bishop of Paris. His work as archdeacon had prepared Peter well for the administrative duties associated with the episcopal office; furthermore, contemporary canon law emphasised the need for a bishop to be well-qualified intellectually. The fact that Peter did not belong to one of the ruling families worked in his favor too, since his election allowed his fellow canons to bypass inner-French rivalries. Robert of Torigny reported in his *Chronicon* that Peter had a powerful contender for this prestigious position, namely, Philip, the brother of King Louis VII. But Philip withdrew from the election in recognition of Peter Lombard's authority and fame.

Peter Lombard died on 20 July 1160, after only one year in office. The cause of his death is not known, but it must have been unexpected, since the canons would not have elected an ailing man. He was buried in the church of St Marcel, but his grave was desecrated in 1796, and the church itself was demolished in 1806.

I. Brady, *Prolegomena*, in Magistri Petri Lombardi *Sententiae in IV libris distinctae*, 3rd ed., 2 vols (Spicilegium bonaventurianum, 4-5), Grottaferrata, 1971-1981, vol. 1, pp. 8*-45*, vol. 2, pp. 13*-19*. – F. Gastaldelli, *La "Summa sententiarum" di Ottone da Lucca. Conclusione di un dibattito secolare*, in *Salesianum*, 42, 1980, pp. 557-546. – P. Stirnemann, *Histoire tripartite : un inventaire des livres de Pierre Lombard, un exemplaire de ses* Sentences *et le destinataire du Psautier de Copenhague*, in D. Nebbiae-Dalla Guarda and J.-F. Genest (eds), *Du copiste au collectionneur. Mélanges d'histoire des textes et des bibliothèques en l'honneur d'André Vernet* (Bibliologia, 18), Turnhout, 1998, pp. 301-329. – P. W. Rosemann, *Peter Lombard* (Great Medieval Thinkers), New York, 2004, pp. 34-42. – M. Doyle, *Peter Lombard and His Students* (Mediaeval Law and Theology, 8/ Studies and Texts, 201), Toronto, 2016, pp. 13-51, 81-112.

II. HISTORICAL CONTEXT. In the development "from symbol to *summa*" (A. Grillmeier) that occurred in the patristic and scholastic periods, the twelfth century occupies a central, albeit transitional place. Until the twelfth century, there were no accounts of the Christian faith in the Latin West that could be called "systematic." The dominant literary genres were the biblical commentary, the theological treatise devoted to a particular topic, and the collection of "sentences" (*sententiae*), i.e., of doctrinal statements by authoritative writers. A theological system, by contrast, requires a logical framework in which every aspect of dogmatic belief finds its place. The narrative order of Scripture, and hence the biblical commentary, are not appropriate for the creation of such a system. Furthermore, a systematic account of the Christian faith that gathers the authoritative voices of the tradition will encounter contradictions among its source texts; sophisticated methods have to be created for their resolution.

During the patristic period and the early Middle Ages, the time was not ripe for these developments – for a number of reasons, one of which was the fact that there were no professional theologians. The authors

Pierre Lombard, tel que représenté dans A. Thevet, *Pourtraits et vies des hommes illustres...*, livre 3, Paris, 1584, p. 142.

of theological texts were typically monks and bishops, whose primary interests were contemplative and pastoral. They composed scriptural commentary, on the one hand, and treatises devoted to particular, well-defined topics, on the other. This changed in the course of the twelfth century, when the growth of towns and cities created a market for a form of higher education that would qualify young citizens for courtly and ecclesiastical employment. The intellectual goals of this education were different from the primarily contemplative aims of the monastic schools. In this urban environment, a new type of theologian arose: the master. The master could be attached to a cathedral school, as Peter Lombard was, but he could teach independently as well. Teaching was his primary vocation, and just as his social role as an intellectual came to be increasingly detached from other functions in the Church, so the theological project, too, gained a new autonomy and coherence.

It was the contribution of J. de Ghellinck to have demonstrated that the theological developments of the twelfth century were closely connected with the evolution of canon law – a field of great importance for the practical life of the medieval Church. The way in which canonists like Ivo of Chartres and Gratian dealt with the orderly arrangement of their material, as well as the problem of what Gratian called the *concordia discordantium canonum*, paralleled and inspired similar developments in theology, even as the two disciplines gradually separated.

Finally, the movement toward a more systematic form of reflection on the Christian faith required a new language. Patristic and early medieval theology was based upon an Augustinian methodology that regarded both Scripture and nature as books full of signs pointing to their Author. This form of theology lived in a symbolic world in which anything could serve as a sign indicating another reality (and ultimately God), since God created a harmonious universe full of meaningful relationships. Thus, nothing had simply one meaning, so that the polysemy of metaphor pervaded texts and nature alike. With the rise of more "scientific" forms of theology and canon law, these disciplines drew increasingly upon the resources of the liberal arts, especially grammar and logic. Words became signifiers rather than signs, i.e., they functioned precisely and univocally. Scientific knowledge favours univocity because it allows science to progress logically and methodically, rather than being led into a web of metaphors.

In the twelfth century, then, we witness a gradual transformation of theological language, which slowly becomes more scientific. At the same time, theology no longer proceeds principally through biblical commentary, but rather attempts to create comprehensive, methodically structured systems. This transformation is evidenced in Peter Lombard's own oeuvre.

J. de Ghellinck, *Le mouvement théologique du XIIe siècle. Sa préparation lointaine avant et autour de Pierre Lombard. Ses rapports avec les initiatives des canonistes*, 2nd ed. (Museum lessianum – Section historique, 10), Brugge-Bruxelles-Paris, 1948. – H. Cloes, *La systématisation théologique pendant la première moitié du XIIe siècle*, in *Ephemerides theologicae lovanienses*, 34, 1958, pp. 277-329. – A. Grillmeier, *Vom Symbolum zur Summa. Zum theologiegeschichtlichen Verständnis von Patristik und Scholastik*, in J. Betz and H. Fries (eds), *Kirche und Überlieferung*, Freiburg-Basel-Wien, 1960, pp. 119-169. – M.-D. Chenu, *The Masters of the Theological Science*, in Id., *Nature, Man, and Society in the Twelfth Century: Essays on New Theological Perspectives in the Latin West* (trans. J. Taylor and L. K. Little), Chicago, 1968, pp. 270-309. – M. L. Colish, *Systematic Theology and Theological Renewal in the Twelfth Century*, in *Journal of Medieval and Renaissance Studies*, 18, 1988, pp. 135-156. – P. W. Rosemann, *Peter Lombard, op. cit.*, pp. 3-33.

III. WORKS. – I. GLOSS ON THE PSALMS. The Gloss on the Psalms is Peter Lombard's earliest work, stemming from his year in Reims. As a revision of Gilbert de la Porée's revision of the *Glossa ordinaria*, it builds on the tradition of biblical commentary in the school of Anselm of Laon. While the original *Glossa* consisted of marginal and interlinear explanations of the biblical text that were derived from authoritative sources, Gilbert added a general prologue as well as introductions to the individual psalms, weaving the whole into a continuous text. Peter developed Gilbert's commentary further, in particular adding clarifications where the quoted extracts and his predecessors' explanations still remained obscure. He also made sure to compare and weigh up quotations appearing to contradict each other, thus moving from mere juxtaposition towards theological synthesis. He provided indications regarding the structure of the individual psalms.

Later in life, Peter's students at Notre Dame urged him to lecture on the Psalms, which gave the Master an opportunity to undertake revisions of his Gloss. These remained incomplete, however, when the Master was elected to the episcopate. Thus, even Peter's own students realised that the work was not flawless, not having been "fully cleaned up by the hoe of correction," as Herbert of Bosham wrote. Despite these shortcomings,

the Lombard's contemporaries found his Gloss on the Psalms sufficiently impressive to range it among their standard works for biblical study. As such, it came to be known as the "Great Gloss" (*Magna Glosatura*).

In the 1170s, Herbert of Bosham prepared an elaborate edition of his master's Gloss, meant to remedy some of its defects and enhance its usefulness. Thus, Herbert made sure all the authorities were clearly identified in the margins; he worked to throw the structure of the work into clearer relief by providing a table of contents and, in the body of the work, adding marginal lists of psalms devoted to similar subjects; and he commissioned illuminations that could be used as finding aids for particular topics. Herbert's edition is preserved in two parts, in Ms. Cambridge, Trinity College, B.5.4, and Ms. Oxford, Bodleian Library, Auct. E. inf. 6.

EDITION. PL [= *Patrologia latina cursus completus*, 221 vol., J.-P. Migne (ed.), Paris, 1844-1865] 191, cols 55-1296.

LITERATURE. I. Brady, *Prolegomena*, in Magistri Petri Lombardi *Sententiae in IV libris distinctae, op. cit.*, pp. 46*-61*. – C. F. R. de Hamel, *Glossed Books of the Bible and the Origins of the Paris Booktrade*, Woodbridge, 1984. – M. L. Colish, *Peter Lombard* (Brill's Studies in Intellectual History, 41), 2 vols, Leiden, 1994, pp. 170-188. – P. Stoppacci, *Le Glossae continuae in Psalmos di Pietro Lombardo. Status quaestionis : studi pregressi e prospettive di ricerca*, in *Pietro Lombardo. Atti del XLIII Convegno storico internazionale, Todi, 8-10 ottobre 2006* (Atti dei convegni del Centro Italiano di Studi sul Basso Medioevo, NS 20), Spoleto, 2007, pp. 289-324. – L. Smith, *The Glossa ordinaria: The Making of a Medieval Bible Commentary* (Commentaria, 3), Leiden, 2009, pp. 200-202. – M. Doyle, *Peter Lombard and His Students, op. cit.*, pp. 36-37, 208-225.

II. GLOSS ON THE PAULINE EPISTLES. Like his Gloss on the Psalms, Peter's revision of the *Glossa ordinaria* built upon Gilbert de la Porrée's expanded version. But it is a much more polished work, which the Lombard kept improving upon throughout his teaching career. A first edition that is preserved in four manuscripts must have been released shortly after the Council of Reims in 1148. As he continued to lecture on the Pauline Epistles, Peter kept working on the text, both adding and removing material. This process ended only when he was elected to the episcopate.

Unlike the Gloss on the Psalms, the Gloss on the Pauline Epistles draws upon a large array of sources in addition to those present in Anselm's and Gilbert's versions of the Gloss (some of them derived from a Carolingian compilation, Florus of Lyon's *Expositio epistolarum beati Pauli*). To enhance the pedagogical usefulness of his work, Peter carefully indicates the sources of his quotations in the margins, which also contain indications on the structure of the work and admonitions to the reader: *quaestio, responsio, ratio, intende!*, etc. Furthermore, he provides detailed introductions to the individual epistles. The coherence of the Gloss on the Pauline Epistles did not fail to impress his contemporaries, for just like the Gloss on the Psalter, the Lombard's work on St Paul's letters quickly became an exegetical classic known as *Magna Glosatura*.

But Peter's Gloss on the Epistles of St Paul offers more than a commentary on the biblical text. In this work, we encounter the Lombard as it were torn between the traditional mode of reflection on the faith, guided by the narrative order of Scripture, and more recent attempts to articulate the elements of the faith in a dialectical system. While Peter's Gloss does of course follow the order of the biblical text, his commentary contains a number of relatively self-contained theological treatises on particular topics, such as a discussion of the Incarnation triggered by Rom 1:3 (*Qui factus est*) or a brief theology of the Eucharist in connection with 1 Cor 11:25. These treatises exhibit a dialectical structure, in which authorities are quoted and then interpreted in a succession of questions and responses. Many of these disquisitions, however, appear only in the first edition of the Gloss, as Peter removed some of them from the text as it developed in later years and shortened others. This return to a "purer" form of biblical commentary coincided with the beginning of his work on the *Book of Sentences*, into which he transferred the more systematic material from the Gloss on the Pauline Epistles. We see here the beginning of the distinction between biblical commentary and systematic theology, although Peter Lombard still uses the same term for both (namely, *sacra pagina*).

Just as he did for the Gloss on the Psalter, Herbert of Bosham prepared an elaborate edition of the Gloss on the Pauline Epistles (preserved in Mss. Cambridge, Trinity College, B.5.6 and B.5.7).

EDITION. PL 191, cols 1297-1696 and PL 192, cols 9-520. – *Tractatus de processione Filii et Spiritus Sancti* [on Rom 11:36], in Magistri Petri Lombardi *Sententiae in IV libris distinctae*, *op. cit.*, vol. 1, pp. 90*-93*. – *Tractatus de Incarnatione* [on Rom 1:3], *ibid.*, vol. 2, pp. 54*-77*. – *De corpore Christi* [on 1 Cor 11:25], *ibid.*, vol. 2, pp. 77*-84*. – *Tractatus de coniugio* [on 1 Cor 7:1], *ibid.*, vol. 2, pp. 84*-87*.

LITERATURE. I. Brady, *Prolegomena*, in Magistri Petri Lombardi *Sententiae in IV libris distinctae*, *op. cit.*, vol. 1, pp. 62*-89*. – C. F. R. de Hamel, *Glossed Books of the Bible and the Origins of the Paris Booktrade*, *op. cit.* – M. L. Colish, *Peter Lombard*, *op. cit.*, pp. 192-225. – L. Smith, *The Glossa ordinaria*, *op. cit.*, pp. 202-204. – M. Doyle, *Peter Lombard and His Students*, *op. cit.*, pp. 90-94, 226-232.

III. HOMILIES. Peter Lombard's duties at the cathedral of Notre Dame included preaching to his fellow clerics and students. This is a task he took seriously: he carefully edited the texts of his homilies, and even included marginal notes indicating their different sections. The collections of Peter's homilies that circulated in the Middle Ages comprised between 24 and 28 sermons; I. Brady has drawn up a more complete list of 35, plus another sermon of dubious authenticity.

Peter's homiletic work is still the most neglected part of his oeuvre. Research has focused primarily on the *Book of Sentences* and, to a lesser extent, on the Glosses that paved the way for the *Sentences*. Moreover, the Lombard preached long before the Fourth Council of the Lateran (1215), whose renewed emphasis on pastoral care – and especially on preaching – spawned the *artes praedicandi* that codified the typical scholastic homily. Peter's homilies, which do not fit this pattern, can easily appear inept. Finally, since his sermons contain few references to everyday life, they cannot be mined for information on Parisian society in the mid-twelfth century.

Nevertheless, Peter Lombard's sermons are hardly the least interesting part of his oeuvre. While they are not deeply personal, they show the Master as someone not merely reflecting on the faith, but encouraging its practice. M. Doyle has found the homilies to be characterised by four distinctive features: 1) They open on a reassuring, celebratory tone, rather than with the *captatio benevolentiae* typical of later scholastic homilies; 2) the spiritual advice they dispense is either very straightforward or monastic in inspiration (with particular influence from St Bernard and from the Victorines); 3) they tend to be structured by an interplay between the scriptural text and the feast day (or liturgical season) on which a particular homily was preached; and 4) they often employ visual imagery.

Most of the sermons were preached between 1145, when Peter Lombard became canon, and 1159, before he was elected bishop. According to contemporary canon law, it was incumbent upon deacons to preach upon the New Testament, while minor clerics were to limit themselves to the Old. We may assume, therefore, that those of the Lombard's sermons which deal with the Old Testament were written and delivered before he became deacon, and those on the New Testament after he attained the diaconate. The contents of sermon no. 20 allow us to assign it to the period of the episcopate. At least two of the homilies, nos 14 and 31 in Brady's list, were delivered not at Notre-Dame, but at St Victor.

LIST. I. Brady, *Prolegomena*, in Magistri Petri Lombardi *Sententiae in IV libris distinctae*, *op. cit.*, vol. 1, pp. 99*-112* (nos 1-35), vol. 2, pp. 34*-35* (adds two sermons to the list). Brady judges no. 34 to be dubious and no. 35 to be spurious.

EDITION. Most of Peter Lombard's sermons are printed among the works of Hildebert of Lavardin in PL 171, cols 370-376 (no. 1); cols 376-381 (no. 2); cols 381-388 (no. 4); cols 715-720 (no. 5); cols 723-727 (no. 6); cols 394-401 (no. 7); cols 401-409 (no. 8); cols 615-623 (no. 9); cols 623-627 (no. 10); cols 845-853 (no. 11); cols 443-451 (no. 12); cols 451-456 (no. 13); cols 853-864 (no. 14); cols 456-463 (no. 15); cols 491-502 (no. 16); cols 605-610 (no. 18); cols 510-524 (no. 19); cols 524-530 (no. 20); cols 796-806 (no. 21); cols 685-695 (no. 22); cols 556-564 (no. 23); cols 352-363 (no. 24); cols 871-873 (no. 25 ; the last part, missing in PL, appears in B. Hauréau, *Notice sur les sermons attribués à Hildebert de Lavardin*, in *Notices et extraits des manuscrits de la Bibliothèque Nationale et autres bibliothèques*, 32, part 2, 1888, pp. 107-166, at 152-158); cols 567-572 (no. 26); cols 432-439 (no. 27; the last part, missing in PL, appears in B. Hauréau, *Notice sur les sermons attribués à Hildebert de Lavardin*, *op. cit.*, pp. 121-124); cols 368-370 (no. 34; of dubious authenticity); cols 786-792 (no. 35; spurious); cols 942-944 (no. 36); cols 921-924 (no. 37). – B. Hauréau, *Notices et extraits de quelques manuscrits latins*, in *Notices et extraits des manuscrits de la Bibliothèque Nationale et autres bibliothèques*, t. 3, Paris, 1891, pp. 44-49 (no. 31). – D. Van den Eynde, *Deux sermons inédits de Pierre Lombard*, in *Miscellanea lombardiana*, Novara, 1957, pp. 75-87 (no. 3 and no. 29). – H. M. Rochais, *Une collection de textes divers de S. Bernard dans le manuscrit Tours 343*, in *Recherches de théologie ancienne et médiévale*, 29, 1962, pp. 77-158, at 106-111 (no. 33, published without Peter Lombard's name). – No. 17, no. 28, no. 30, and no. 32 remain unedited. – A new Latin edition and English translation of all the authentic sermons, by J. St. Maddux and L. M. Fratantuono, is underway in the "Dallas Medieval Texts and Translations" series.

LITERATURE. I. Brady, *Prolegomena*, in Magistri Petri Lombardi *Sententiae in IV libris distinctae*, *op. cit.*, vol. 1, pp. 93*-98*. – F. Protois, *Pierre Lombard, évêque de Paris, dit le Maître des Sentences. Son époque, sa vie, ses écrits, son* *influence*, Paris, 1881, pp. 123-148. – L. Fantini, *I discorsi di Pier Lombardo*, in *Pier Lombardo*, 5, no. 3-4, 1961, pp. 69-80. – M. Doyle, *Peter Lombard and His Students, op. cit.*, pp. 123-164.

IV. OTHER WORKS. Over his teaching career, Peter Lombard lectured on almost the entire Bible, and in so doing prepared glosses on the various biblical books. His bequest to the cathedral chapter included, according to the records of the cathedral, "all his glossed books, namely: the entire New Testament; in the Old Testament: the Psalter, the five books of Moses, the four major Prophets, the twelve minor [Prophets], the Canticles, Job, Esther, Tobias, Judith, the book of Wisdom, Ecclesiasticus; his *Sentences*, and the *Decretals* of Gratian." According to I. Brady, this text describes glossed books which were not simply part of Peter's library, but to which he added glosses from his own pen. Internal references within Peter's known works, as well as the testimony of some of his students, confirm this interpretation. These glosses, however, were not sufficiently extensive for the Lombard to release them for publication. They must be considered lost.

I. Brady, *Prolegomena*, in Magistri Petri Lombardi *Sententiae in IV libris distinctae, op. cit.*, vol. 1, pp. 19*-20*, vol. 2, pp. 19*-52*.

V. THE *BOOK OF SENTENCES*. 1. *Title*. Medieval books carried no titles in the modern sense. In the incipits of some of the oldest manuscripts, the work is referred to as *Sententiae (Magistri) Petri (Novariensis)*. In the prologue of his chef-d'oeuvre, Peter Lombard speaks of the *Book of Sentences* as a "brief" volume, divided into four books, in which he has gathered the sentences of the Fathers: *volumen... compegimus... in quatuor libris distinctum... brevi volumine complicans Patrum sententias*. It is this remark from which the modern title is derived: *Sententiae in quatuor libris distinctae*.

The term *sententia* designates a quotation from an authoritative source. (The verb *sentire* means "to feel" or "to perceive"; so a *sententia* is a mental perception of a state of affairs, a way of thinking.) Collections of sentences were compiled since patristic times; in the Latin West the first such collection was by Prosper of Aquitaine, who gathered sentences from the works of St Augustine. The goal of these compilations was to reduce large bodies of text to a manageable size. Soon, the scope of these collections extended beyond the writings of a single author; thus, Isidore of Seville already composed *Sentences* that included quotations from Scripture, Augustine, and Gregory the Great, amongst other sources.

Despite their seemingly simple approach, collections of sentences generated a number of important methodological questions. The first of these was what to include from the growing body of theological literature; resolving this question involved judgments of authority and importance. Secondly, an order had to be found for the presentation of the excerpted material; from this task there eventually emerged a logical succession of topics in a comprehensive theological discourse. Thirdly, once extracts were assembled from a variety of texts by a number of authoritative writers, tensions became apparent; these required methods for their resolution in a doctrinal synthesis.

The collection of sentences, then, had a long history as a vehicle of theological reflection. This history, combined with the trajectory of Peter Lombard's biblical glosses as well as the dynamics of the theological movement of the twelfth century, explains why the Lombard chose to create a synthesis of the dogmas of the faith by means of *sententiae*.

2. *Date*. The *Book of Sentences* was the fruit of decades of study and teaching that came to maturation after Peter's journey to Rome. He spent the academic years 1155-1156 and 1156-1157 working on the *Sentences* as he lectured, releasing a first edition to the bookstores in 1157. The following academic year, 1157-1158, he continued using his new work as the basis for his instruction, but made revisions that were incorporated into the final text (the last academic year before his election to the episcopate, 1158-1159, was devoted to lectures on the Psalms; see *supra*, III.I).

3. *Sources*. In the opening sentence of Book I, Peter Lombard presents the *Book of Sentences* as a reflection on the content of the Old and New Law and "treatment of the sacred page" (*sacrae paginae tractatum*). Scripture, then, is the principal source of the *Sentences* – but Scripture inextricably connected with, and read through, the tradition. Among the representatives of the tradition, St Augustine's voice is heard most frequently in the quotations out of which the *Book of Sentences* is woven; but again, frequently Peter Lombard does not quote the Bishop of Hippo directly, but through another source, such as the *Glossa ordinaria* or canon law. Peter's own works also serve as a source: in particular, as we have seen (*supra*, III.II), the Lombard's Gloss on the Epistles of St Paul contained theological treatises that he later transferred into the *Sentences*. Likewise, the *Book of Sentences* shows the influence of Peter Lombard's teachers, especially Hugh of St Victor, Peter Abelard, and Otto, the author of the *Summa sententiarum*. The Lombard deepened his knowledge of St John Damascene during his stay in Rome; *De fide orthodoxa* influenced his discussion of the Trinity and the Incarnation. Another author who frequently appears in the pages of the *Sentences* is St Hilary, especially the *De Trinitate*. In his treatment of eschatology, Peter Lombard draws on Julian of Toledo's *Prognosticon futuri saeculi*.

4. *Structure and method*. In the opening pages of Book I, the Lombard explains the principle used to structure the material that he has compiled in the *Book of Sentences*. It is an Augustinian principle, based upon the famous division of reality into things and signs in Book I of the treatise *De doctrina christiana*: a "thing" (*res*) is an element of reality that does not point beyond itself, whereas a "sign" (*signum*) is characterised by its reference to another. This distinction suggests to Peter that the "realities" of the Christian faith – God, creation, and Christ – must be treated before the sacraments, which are signs of grace.

The Lombard follows Augustine further in subdividing things into those to be enjoyed (*fruendum*) and those to be used (*utendum*). Since "enjoyment" is a specific term indicating rest in an object loved for its own sake, the Trinity alone is properly to be enjoyed. The created world, by contrast, should only be an object of use. Human beings and, in particular, their virtues possess an intermediary status, as they are neither purely objects of use nor purely objects of enjoyment. Genuine virtue, in fact, is the presence of a divine element in human nature (*infra*, III.v.5).

These distinctions roughly yield the structure of the *Book of Sentences*. Books I-III are devoted to things, whereas Book IV is devoted to signs, i.e., the sacraments. Furthermore, Book I deals with the only thing that is the proper object of enjoyment, namely, God himself. Book II then turns to creation, including the human being, who stands between enjoyment and use. Since the human being is fallen (a subject also broached in Book II), Book III takes up the discussion of Christ and his work of redemption. The Lombard does not explain how Book III fits into the *frui-uti* scheme, though this is not difficult to see: in Christ, God has made himself the end who is also the means of salvation (*cf. De doct. christ.* I.21-24); put differently, in Christ, God is both enjoyed and used.

With the Augustinian distinctions of thing vs sign and use vs enjoyment, Peter Lombard has found a viable architectonic principle for his collection of sentences. However, this organisational scheme is not fully worked out. Not only does the place of Book III within the whole remain unjustified in terms of the *frui-uti* distinction; there is also no explanation as to why eschatology comes at the end of Book IV. These are indications that the *Book of Sentences* is still a systematic theology *in statu nascendi*.

Peter Lombard divides each of the four books further into chapters and paragraphs, which often carry headings in red ink, so-called rubrics, that identify the subject matter under consideration. In conjunction with the table of contents for each book, the subject headings make it possible to locate a topic quickly within the *Sentences*, which enhances its pedagogical usefulness. Another important feature of the *Sentences* is that Peter provides full references to his sources, so that the authorities on whom he relies for his theological synthesis are always clear.

In the thirteenth century, the Parisian master Alexander of Hales bundled the chapters into what he called "distinctions": larger groups of chapters devoted to a particular topic. Through the distinctions, the structure of each book was thrown into even clearer relief.

Peter Lombard learned the methods that he uses to reconcile authoritative quotations from canon law, but also from contemporary theological literature, such as the preface to Peter Abelard's treatise *Sic et non*. Most importantly, when authorities clash, the Lombard carefully distinguishes the meanings of the terms they use. To accomplish this, he replaces their words in their fuller context. Sometimes, he determines that their statements apply only to particular situations. He applies these strategies thoroughly and patiently to the vast corpus of quotations that make up the four books of his work. Yet his synthesis is not rigid, leaving room for further discussion. On occasion, he is content to let different formulations stand as equally valid. In particularly difficult contexts, he only lays out the doctrinal options while declaring himself incapable of a solution. He then states something like, *haec quaestio insolubilis est, humanum superans sensum* (I, dist. 32, chap. 1, no. 2) or, *haec quaestio inexplicabilis est,*

quoniam excellit infirmitates hominis (*ibid.*, chap. 6, no. 2). The most famous example of such doctrinal restraint is the Lombard's Christology: he sketches out three possible theories of the hypostatic union without making it clear which one he considers preferable.

5. *Characteristic teachings.* Despite its commitment to consensus and humility, the *Book of Sentences* is by no means theologically jejune. When Peter Lombard believes that the tradition supports a particular teaching, he will defend it vigorously. The best-known case in point is the *berühmte Sonderlehre* (J. Schupp, *Gnadenlehre*, p. 216) that he develops in distinction 17 of Book I: *caritas*, the love of God and neighbor, is identical with the Holy Spirit. Rejecting the possibility that charity could be mediated by a human virtue, the Lombard believes that genuine love of God and neighbor is an uncreated element within the created human person: it is the indwelling of the Holy Spirit, who is the love between the Father and the Son. The gift of the Holy Spirit therefore leads to a deification of the human person, who is taken up into the loving relationship of the divine Persons. This teaching was by no means uncontroversial, as we shall see below (*infra*, V.I), but it was never condemned.

Peter Lombard discusses the virtues in distinctions 23 to 36 of Book III of the *Sentences*, i.e., within his Christology, rather than in his treatise on man in Book II. Contemporary scholars, including M. Colish, have criticised this placement of the virtues. The Lombard, however, argues that genuine virtue flows from love of Christ: Christ's redemptive work embodies God's love for us, which in turn kindles our love of God and neighbor. From this love flow a multitude of virtues and gifts, which are nothing but expressions of *caritas*. Peter Lombard, then, is not interested in considering human nature apart from grace. There is no room in the *Book of Sentences* for a discussion of the virtuous pagan.

This emphasis on the brokenness of human nature is mirrored in the Lombard's Christology. In fact, it may be that the Master did not find a way to express Christ's humanity in sufficiently unambiguous terms. There is nothing unorthodox in the text of the *Book of Sentences* itself (as P. Glorieux has emphasised). Nevertheless, the Lombard was censured for his so-called Christological nihilianism. Pope Alexander III condemned this position twice, in 1170 and 1177 (DS 749 and 750). The question at issue arises from a subtle distinction in the metaphysics of the Incarnation: if we consider Christ precisely insofar as he is a human being (*secundum quod homo est*), and not insofar as he is God, then what is Christ qua human? Is this aspect of Christ a substance, a person, or even anything else (*aliquid*)? Peter Lombard addresses this problem in distinction 10 of Book III. After presenting the arguments in favor and against Christological nihilianism – the position according to which Christ as man is "not something" –, he sides with those who want to say that Christ qua human is a person. His answer turns on the meaning of the preposition *secundum*: if *secundum* is strictly understood as expressing the unity of the person, then we can say that Christ, insofar as he is a man, is a person.

This response, however, does not seem to have satisfied the Master, for he taught something else orally, in the classroom. Thus, Peter Comestor reports that to students familiar with his teaching, i.e., to "safe ears" (*tutis auribus*), the Lombard revealed his doubts regarding the possibility of describing Christ qua human as "something" – while defending that very position in lecturing to "external people" (*extraneis*). It seems, then, that Pope Alexander's condemnation was not simply based upon a misunderstanding, but upon reports regarding the Lombard's more personal teaching.

Another student of Peter's, John of Cornwall, likewise suggests that, in the classroom, Peter Lombard did embrace a particular theory of the hypostatic union, even though he left the matter undecided in the *Sentences*. The theory he favored was the *habitus* theory, which took its inspiration from Phil 2:7, where Christ is described as *habitu inventus ut homo*. According to the *habitus* theory, Christ as man was indeed no substance or person; rather, the second Person of the Trinity took the human form on like a closely fitting garment. John of Cornwall reports that Peter presented this view only with the greatest caution, and while strongly affirming his desire to follow the teachings of the Church: *Nec umquam Deo uolente erit assertio mea nisi que fuerit fides catholica* (Häring, *Eulogium*, p. 265).

6. *The* Sentences *as a transitional work*. As we have seen, the *Book of Sentences* is not yet a fully developed systematic theology: that is its strength as well as its weakness. It does not apply its architectonic principle consistently, and the positions it takes are sometimes hesitant. It still speaks the metaphorical language of Scripture and the Fathers, rather than the univocal language of the liberal arts. It is, in the words of J. de Ghellinck, "le point d'arrivée de toutes les tentatives précédentes : en même temps, c'est de cette œuvre que prennent leur point de départ tous les travaux ultérieurs" (*Mouvement*, p. 2). The *Book of Sentences*, coming from an earlier Christian tradition, stands at the threshold of scholastic theology.

EDITION. PL 192, cols 519-964. – [1st critical] In Doctoris Seraphici S. Bonaventurae *Commentaria in IV libros Sententiarum*, 4 vols, Opera omnia, edita studio et cura PP. Collegi S. Bonaventurae, I-IV, Quaracci, 1882-1889. – [2nd] Petri Lombardi *Libri IV Sententiarum*, studio et cura PP. Collegi S. Bonaventurae in lucem editi, 2 vols, Quaracci, 1916. – [3rd] Magistri Petri Lombardi *Sententiae in IV libris distinctae*, editio tertia, ad fidem codicum antiquiorum restituta, 2 vols (Spicilegium bonaventurianum, 4-5), Grottaferrata, 1971-1981.

WORD INDEX. J. Hamesse, *Thesaurus Librorum Sententiarum Petri Lombardi*, series A : *Formae* (Corpus Christianorum, Thesaurus Patrum Latinorum), Turnhout, 1991 [on microfiches].

TRANSLATIONS. [Italian] Tommaso d'Aquino, *Commento alle Sentenze di Pietro Lombardo e testo integrale di Pietro Lombardo*, trans. R. Coggi, L. Perotto and C. Pandolfi, 10 vols, Bologna, 1999-2002. – [English] Peter Lombard, *The Sentences*, trans. G. Silano, 4 vols (Mediaeval Sources in Translation, 42, 43, 45, and 48), Toronto, 2007-2010. – [French] Pierre Lombard, *Les Quatre Livres des Sentences*, trans. M. Ozilou, 4 vols (Sagesses chrétiennes), Paris, 2012-2015.

LITERATURE. F. Cavallera, *Saint Augustin et le* Livre des Sentences *de Pierre Lombard*, in *Archives de philosophie*, 7/2, 1930, pp. 186-199 = [438]-[451]. – J. Schupp, *Die Gnadenlehre des Petrus Lombardus* (Freiburger theologische Studien, 35), Freiburg, 1932. – J. de Ghellinck, *Pierre Lombard*, in *Dictionnaire de théologie catholique*, t. XII/2, 1935, cols 1941-2019 ; Id., *Le mouvement théologique du*

XIIe siècle, op. cit. – N. M. Häring (ed.), *The Eulogium ad Alexandrum Papam tertium of John of Cornwall*, in *Mediaeval Studies*, 13, 1951, pp. 253-300. – N. Wicki, *Das Prognosticon futuri saeculi Julians von Toledo als Quellenwerk der Sentenzen des Petrus Lombardus*, in *Divus Thomas*, 31, 1953, pp. 349-360. – A. M. Landgraf, *Schwankungen in der Lehre des Petrus Lombardus*, in *Scholastik*, 31, 1956, pp. 533-544. – P. Glorieux, *L'orthodoxie de III Sentences (d. 6, 7 et 10)*, in *Miscellanea lombardiana*, Novara, 1957, pp. 137-147. – P. Delhaye, *Pierre Lombard. Sa vie, ses œuvres, sa morale* (Conférence Albert-le-Grand 1960), Montréal/Paris, 1960. – J. Schneider, *Die Lehre vom dreieinigen Gott in der Schule des Petrus Lombardus* (Münchener theologische Studien, II. Abteilung, 22), München, 1961. – I. Brady, *Peter Manducator and the Oral Teachings of Peter Lombard*, in *Antonianum*, 41, 1966, pp. 454-490 ; Id., *Prolegomena*, in Magistri Petri Lombardi *Sententiae in IV libris distinctae*, op. cit., vol. 1, pp. 117*-148*. – H. Santiago-Otero, *El "nihilianismo" cristológico y las tres opiniones*, in *Burgense*, 10, 1969, pp. 431-443. – F. Gastaldelli, *La Summa sententiarum di Ottone da Lucca. Conclusione di un dibattito secolare*, op. cit. – L. O. Nielsen, *Theology and Philosophy in the Twelfth Century: A Study of Gilbert Porreta's Thinking and the Theological Expositions of the Doctrine of the Incarnation during the Period 1130-1180* (Acta theologica danica, 15), Leiden, 1982, pp. 243-279. – M. L. Colish, *Peter Lombard*, op. cit., pp. 227-778. – J.-G. Bougerol, *The Church Fathers and the* Sentences *of Peter Lombard*, in I. Backus (ed.), *The Reception of the Church Fathers in the West: From the Carolingians to the Maurists*, Leiden, 1997, pp. 113-164. – P. W. Rosemann, *Peter Lombard*, op. cit., pp. 54-198 ; Id., *Fraterna dilectio est Deus : Peter Lombard's Thesis on Charity as the Holy Spirit*, in T. A. F. Kelly and P. W. Rosemann (eds), *Amor amicitiae – On the Love that is Friendship: Essays in Medieval Thought and Beyond in Honor of the Rev. Professor James McEvoy* (Recherches de philosophie et théologie médiévales, 6), Leuven, 2004, pp. 409-436. – *Pietro Lombardo. Atti del XLIII Convegno storico internazionale, Todi, 8-10 ottobre 2006* (Atti dei convegni del Centro Italiano di Studi sul Basso Medioevo, NS 20), Spoleto, 2007. – P. W. Rosemann, *Sacra pagina or scientia divina ? Peter Lombard, Thomas Aquinas, and the Nature of the Theological Project*, in J. McEvoy, M. W. Dunne, and J. Hynes (eds), *Thomas Aquinas: Teacher and Scholar*, Dublin, 2012, pp. 50-70. – E. Rotundo, *Cristologia e soteriologia nelle Sentenze di Pietro Lombardo. Uno studio condotto alla luce del dibattito su incarnazione e redenzione nel XII secolo* (Studi e ricerche, Sezione teologica), Assisi, 2016. – P. W. Rosemann, *Peter Lombard*, in J. S. Holcomb and D. A. Johnson (eds), *Christian Theologies of the Sacraments: A Comparative Introduction*, New York, 2017, pp. 59-80

V. RECEPTION AND INFLUENCE. – I. CONTROVERSIES UP TO LATERAN IV. J. de Ghellinck has distinguished three phases in the controversy over Peter Lombard and the *Book of Sentences*. The first phase, which centred on the problem of Christological nihilianism (*supra*, III.v.5), came to a conclusion in Pope Alexander's second condemnation of 1177. Until the condemnation, theologians were quite divided over the matter. In 1163, the Council of Tours, which Alexander had convened to discuss the issue, ended when several cardinals walked out to forestall any declaration against a negative answer to the question *an Christus secundum quod homo est sit persona vel aliquid*. Indeed, the pope had taught this doctrine himself when he was a master. In 1170, Alexander censured the proposition, *Christus secundum quod est homo, non est aliquid*, but he stopped short of pronouncing it anathema. John of Cornwall then addressed his *Eulogium* to the pope in order to convince him of the need to eradicate this view in a definitive manner, and he succeeded: in 1177 Alexander III anathematised Christological nihilianism.

Peter Lombard's detractors were not satisfied with this outcome, seeking further action against the Master's teaching at the Third Council of the Lateran in 1179. In this second phase of the conflict, Walter of St Victor intervened with his treatise *Contra quatuor labyrinthos Franciae*. The four thinkers who, according to Walter, were at risk of dragging the faithful into labyrinths of heresy were Peter Abelard, Peter Lombard, Gilbert de la Porée, and Peter of Poitiers. He accused them of errors concerning many areas of doctrine, far beyond Christological nihilianism. But Walter's evident lack of discernment – he accused even St John Damascene of heresy – blunted his attack, so that no pronouncements against Peter Lombard occurred at Lateran III.

The final phase of the conflict, leading up to the Fourth Council of the Lateran in 1215, was dominated by the voice of Joachim of Fiore. Joachim believed that the Lombard taught a dangerous doctrine of quaternity by separating God's essence from the three Persons. The question here is whether Peter reified the divine essence by excluding it from the generations that occur in the relationships among the Persons. Certain formulations in distinction 5 of Book I suggested such an interpretation to Joachim, who composed a *libellus* or *tractatus* devoted specifically to combatting Peter Lombard's "perfidious" Trinitarian theology. The booklet is now lost, except perhaps for a set of drawings which Joachim's followers included in the *Liber figurarum*: attempting to visualise the Lombard's error, one of these drawings shows three streams of water that emanate from a centre that is closed off, constituting a separate reality.

Yet the Council decided otherwise than Joachim and other opponents of Peter Lombard had hoped: in fact, it not only solemnly declared its support of the Lombard's formulation (*Nos autem, sacro approbante Concilio, credimus et confitemur cum Petro Lombardo...* ; DS 804) ; it condemned Joachim's booklet, pronouncing it heretical. This decision effectively ended the debate over Peter Lombard's orthodoxy. Subsequent attacks, such as a late thirteenth-century *Liber contra Lombardum*, were no longer able to challenge the Master's theological stature.

Departures in his teaching from doctrines "commonly held," such his views on charity, were henceforth noted in lists that often accompanied the *Book of Sentences*; the most famous version, to be found in Bonaventure's *Sentences* commentary (Book II, *praelocutio*, and dist. 44, *dubium* 3), comprises eight points. But these lists made no suggestion of heresy.

[Pseudo-] Joachimi abbatis *Liber contra Lombardum (scuola di Gioacchino da Fiore)*, ed. C. Ottaviano (Reale Accademia d'Italia, Studi e documenti, 3), Roma, 1934. – J. de Ghellinck, *Pierre Lombard*, IV : *Luttes autour du "Livre des Sentences"*, in *Dictionnaire de théologie catholique*, t. XII/2, 1935, cols 2003-2011. – N. M. Häring (ed.), *The* Eulogium ad Alexandrum Papam tertium *of John of Cornwall*, in *Mediaeval Studies*, 13, 1951, pp. 253-300. – P. Glorieux, *Le* Contra quatuor labyrinthos Franciae *de Gauthier de Saint-Victor. Édition critique*, in *Archives d'histoire doctrinale et littéraire du Moyen Âge*, 19, 1952, pp. 187-335. – M. Reeves and B. Hirsch-Reich, *The* Figurae *of Joachim of Fiore* (Oxford-Warburg Studies),

Oxford, 1972, pp. 212-223. – F. Robb, *Intellectual Tradition and Misunderstanding: The Development of Academic Theology on the Trinity in the Twelfth and Thirteenth Centuries* (diss., University College London), London (pro manuscripto), 1993 ; Ead., *A Late Thirteenth-Century Attack on the Fourth Lateran Council: The* Liber contra Lombardum *and Contemporary Debates on the Trinity*, in *Recherches de théologie ancienne et médiévale*, 62, 1995, pp. 110-144 ; Ead., *The Fourth Lateran Council's Definition of Trinitarian Orthodoxy*, in *Journal of Ecclesiastical History*, 48, 1997, pp. 22-43. – C. Monagle, *Orthodoxy and Controversy in Twelfth-Century Religious Discourse: Peter Lombard's* Sentences *and the Development of Theology* (Europa sacra, 8), Turnhout, 2013. – C. Angotti, *Les listes des* opiniones Magistri Sententiarum quae communiter non tenentur : *forme et usage dans la* lectio *des* Sentences, in P. W. Rosemann (ed.), *Mediaeval Commentaries on the* Sentences *of Peter Lombard*, vol. 3, Leiden, 2015, pp. 79-144.

II. THE *SENTENCES* AS TEXTBOOK IN THE SCHOOLS. Peter Lombard's teaching was not without vigorous support in the controversies that were resolved at Lateran IV. His pupils formed what William of Tyre called a *chorus* of influential scholars and ecclesiastical officeholders eager to defend their master. When Herbert of Bosham prepared editions of the glosses on the Psalms and on the Pauline Epistles (*supra*, III.I and II), his objective was not least to highlight his master's orthodoxy. Other members of this group of first-generation students included Peter Comestor, the above-mentioned William of Tyre, Adam of Wales, and even John of Cornwall, whose *Eulogium* shows respect for the Master, although John argues against Christological nihilianism.

The *Book of Sentences* was received with enthusiasm in the schools, quickly becoming the object of an ever-growing body of glosses, abridgments, tables, and commentaries. In fact, there is no book in the history of Christian literature, with the sole exception of Scripture itself, which has received a larger number of commentaries. The event that is usually cited as the beginning of the *Sentences'* career in the schools is Alexander of Hales's decision, in the 1220s, to teach upon the basis of the *Sentences* in his ordinary lectures at the University of Paris. Although Alexander's move was the culmination of sixty years of reception history, his decision nevertheless marked a turning-point in the history of theology: indeed, perhaps it signaled the birth of theology as an academic discipline – a discipline with its own structure, independent of the narrative order of Scripture. Soon, every bachelor of theology would have to lecture on the *Sentences* to qualify as a master. The ordinary lectures on Scripture, however, remained the principal duty of the masters.

Two key factors explain the spectacular success that the *Book of Sentences* enjoyed as it became the standard textbook of theology. First, the *Sentences* proved to be the best response to the theological challenge of the twelfth century, which was to construct a systematic theology out of the elements of tradition. Second, the *Sentences* were able to remain a viable basis for theology lectures over several centuries – amidst sometimes virulent disputes among different schools in a continuously evolving doctrinal landscape – only because of the kind of system that Peter Lombard presented in his work. A system can be rigid and closed, claiming to offer a definitive account of the truth. Such a system forces the one contemplating it either to subscribe to it as a whole or to reject it with equal determination, in favour of an alternative account. Peter Lombard's system was not of this kind. While comprehensive, it frequently remained open, time and again inviting the reader not to consider his account to be definitive: *Verumtamen nolo... putare lectorem istam sibi nostram debere sufficere disputationem ; sed legat et alia melius forte et considerata atque tractata...* (Book III, dist. 7, chap. 3, no. 3).

In the development of the *Sentences* literature, several phases can be distinguished. Just as Peter Lombard's work arose in the margins of Scripture – if we take the *Glossa ordinaria* as the starting point of the theological movement of the twelfth century, and of the Master's own work – so the professional theology of the schools began as an attempt to understand the *Book of Sentences* through glosses. The Master was the first glossator of his own work, annotating the first edition of the *Sentences* as he lectured on the text. But students also added glosses to copies of the work. The first attempt to transform glosses on individual passages of the *Sentences* into a continuous text was the so-called Pseudo-Peter of Poitiers Gloss, which dates from the 1160s. The Pseudo-Poitiers Gloss is a keyword gloss, citing lemmata from the *Sentences* before offering commentary. It was in use until at least the 1230s, being added to by subsequent generations of theology students.

Already in the twelfth century, we see the rise of pedagogical tools for the study of the *Sentences*. Abbreviations were popular. R. Martin has distinguished several kinds: versified abbreviations, whose form helped with easy memorisation; partial abbreviations that focused only on a specific portion of the *Sentences*; complete abbreviations of all four books; and abbreviations of abbreviations. A certain Master Bandinus, about whom nothing is known except that he taught in Paris during the second half of the century, prepared an abridgment of the third, complete kind which remained in use for centuries. It even survives in early prints. Another well-known, though later abbreviation that enjoyed widespread use was *Filia Magistri*. *Filia Magistri*, which was likely composed in the 1230s, brought the *Book of Sentences* to a readership outside of the universities, making the text accessible to students in religious schools and houses all over Europe. Unlike the abridgment by Master Bandinus, *Filia Magistri* was not a static text, but kept being reworked in light of the changing theological landscape and the educational needs of its readers. In a recent article, F. Harkins has therefore preferred to speak of *Filiae Magistri*, in the plural. *Filia Magistri* was in use as late as the fifteenth century, but it was never printed.

The thirteenth century was the age of the "classic" *Sentences* commentaries by authors like St Albert the Great, St Bonaventure, and St Thomas Aquinas. In these commentaries, the *Book of Sentences* provides the overall structure of the theological project, as its commentators carefully treat each distinction. However, the original text of the Master is no longer at the centre of attention, being addressed in brief *divisiones textus* at the beginning of each distinction, and then again in *dubia circa litteram Magistri* (Bonaventure) or *expositiones textus* (Aquinas) at the end. At the centre, we find detailed treatments, in the scholastic

quaestio style, of the theological topics that arose in each author's lectures on the *Sentences*. These treatments do not limit themselves to the sources that Peter Lombard employed, but reflect the *status quaestionis* of the day. In this manner, the *Sentences* commentaries become vehicles for large-scale theological syntheses still tied to the structure of the original work, but no longer dependent on it doctrinally. None of the great thirteenth-century commentators could be said in any strong sense to belong to Peter Lombard's "school."

Thomas Aquinas saw clearly that the organisational scheme of the *Book of Sentences* was not theologically neutral. After being called to Rome in 1265 to found a new Dominican *studium* there, he began lecturing again on the *Sentences*, after having composed his first *Sentences* commentary during his years in Paris. In this context, Thomas undertook a second *Sentences* commentary, of which only fragments remain under the title, *Alia lectura fratris Thomae* or simply, *Lectura romana*. But the Angelic Doctor abandoned the project, being dissatisfied with the structure of the *Sentences*. The *Summa theologiae*, on which he embarked at that point, is still structurally indebted to Peter Lombard, but with telling departures from the Master's organisation of the material.

This movement away from the *Sentences* continued in the fourteenth century, and this while – paradoxically – the *Sentences* commentary remained the most important genre of theological composition, at least during the first half of the century. The great Christian thinkers of the time (theologians like Duns Scotus, William of Ockham, and Gregory of Rimini) all composed *Sentences* "commentaries" – except that these works were no longer commentaries on Peter Lombard at all. Not only did these authors not see any need to explain the Lombard's text, even in short *dubia* or *expositiones textus*; their discussions also focused on those distinctions that were of greatest contemporary interest, ignoring others. This development was inevitable, since questions that were of burning theological interest in the twelfth century (such as the nature of charity) were now considered resolved while other problems had arisen of which the author of the *Sentences* could not have had any inkling. In particular, the nominalist focus on matters of logic meant that the *Sentences* commentaries concentrated on issues lending themselves to such a treatment, like God's knowledge of future contingents (in connection with Book I, dist. 38).

The fragmentation of the field of theology and the deterioration of theological discourse into logical subtleties, especially in lesser minds, brought about a certain disillusionment with academic theology toward the end of the fourteenth century. In England, in particular, the composition of *Sentences* commentaries all but ceased. On the Continent, commentaries during this period were often composed *secundum alium*, i.e., following the text of an already existing commentary (or commentaries). Recent scholarship has, however, emphasised that these works were not necessarily pieces of plagiarism emanating from tired minds. Nicholas of Dinkelsbühl, a Viennese master writing around 1400, composed a massive *Sentences* commentary *secundum alium* in which he compiled material from the leading theologians of the thirteenth and fourteenth centuries. While his choice of sources expressed his theological leanings in specific areas of doctrine, the breadth of his selections manifested his desire to re-establish a foundation of commonly accepted doctrine. Nicholas's commentary became one of the most widely disseminated, ranking fourth in the number of manuscripts after only Aquinas's, Bonaventure's, and Scotus's works on the *Sentences*.

The tendencies already in evidence in Nicholas of Dinkelsbühl's work continued to strengthen throughout the fifteenth century. This was a time characterised by a return to the sources, albeit with different emphases. John Capreolus offered a synthetic reading of the entire Thomistic corpus, combined with the goal to refute those parts of the tradition that he considered incompatible with the teachings of the Angelic Doctor – nominalism, in particular. This is why he entitled his *Sentences* commentary, *Defensiones theologiae divi Thomae Aquinatis*. Denys the Carthusian in his own monumental *Sentences* commentary set out to combine the "old way" of the thirteenth century with elements of Dionysian mysticism. He even resumed the practice of explaining Peter Lombard's original text – though only at the very beginning of his commentary. Gabriel Biel's *Collectorium* represented a similar attempt to accomplish a synthetic reading of the scholastic tradition, but from a nominalist perspective. He even tried to combine an emphasis on Ockham and his followers in Books I and II with a much more traditionally-inspired theology in Books III and IV, where Alexander of Hales, Bonaventure, and Aquinas prevail. All these theologians composed complete commentaries covering the entirety of the *Sentences*.

Older scholarship used to claim that the tradition of the *Sentences* came to an end after the Reformation and the Council of Trent. More recently, a much more nuanced picture has begun to emerge. In the Iberian peninsula and its American colonies, for example, *Sentences* commentaries continued to be composed in the sixteenth century and beyond. As late as 1668, the statutes of the *Imperial y Regia Universidad de México* stipulated that certain theology chairs had to treat the *Sentences* of Peter Lombard in their lectures – albeit, in an interesting twist in the history of theology, according to the order of the *Summa theologiae*.

REPERTORY OF *SENTENCES* COMMENTARIES WITH UPDATES. F. Stegmüller, *Repertorium commentariorum in Sententias Petri Lombardi*, 2 vols, Würzburg, 1947 [1,407 entries]. – E. Buytaert, *Damascenus latinus. On Item 417 of Stegmüller's Repertorium Commentariorum*, in *Franciscan Studies*, 13, 1953, pp. 37-70. – V. Doucet, *Commentaires sur les Sentences. Supplément au Répertoire de M. Frédéric Stegmueller*, Quaracchi, 1954. – J. B. Korolec, A. Półtawski, and Z. Włodek, *Commentaires sur les Sentences. Supplément au Répertoire de F. Stegmüller*, in *Mediaevalia Philosophica Polonorum*, 1, 1958, pp. 28-30. – M. Golaszewska, J. B. Korolec, A. Półtawski, Z. K. Siemiatkowska, I. Tarnowska, and Z. Włodek, *Commentaires sur les Sentences. Supplément au Répertoire de F. Stegmüller*, ibid., 2, 1958, pp. 22-27. – Z. Kuksewicz, *Commentaires sur les Sentences. Supplément au Répertoire de F. Stegmüller*, ibid., 5, 1960, pp. 45-49. – Z. Włodek, *Commentaires sur les Sentences. Supplément au Répertoire de F. Stegmüller*, ibid., pp. 144-146 ; Ead., *Commentaires sur les Sentences. Supplément au Répertoire de F. Stegmüller d'après les Mss. de la bibliothèque du Grand Séminaire de Pelplin*, ibid., 8, 1961, pp. 33-38. –

R. Palacz, *Supplément au Répertoire de F. Stegmüller*, ibid., 9, 1961, pp. 46-47 ; Id. and J. B. Korolec, *Commentaires sur les Sentences. Supplément au Répertoire de F. Stegmüller*, ibid., 11, 1963, pp. 140-145. – S. Włodek, *Commentaires sur les Sentences. Supplément au Répertoire de F. Stegmüller d'après les MSS. de la bibliothèque de l'Université de Wrocław*, in *Bulletin de philosophie médiévale*, 6, 1964, pp. 100-104 ; Ead., *Commentaires sur les Sentences. Supplément au Répertoire de F. Stegmüller d'après les Mss. des bibliothèques de Prague*, ibid., 7, 1965, pp. 91-95. – J. Rebeta, *Commentaires sur les Sentences. Supplément au Répertoire de F. Stegmüller*, in *Mediaevalia Philosophica Polonorum*, 12, 1967, pp. 135-137. – J. Tříška, *Sententiarii Pragensis*, ibid., 13, 1968, pp. 100-110. – K. Wójcik, *Commentaires sur les Sentences. Supplément au Répertoire de F. Stegmüller*, ibid., pp. 111-114. – J. Van Dyk, *Thirty Years since Stegmüller: A Bibliographical Guide to the Study of the Medieval Sentence Commentaries since the Publication of Stegmüller's* Repertorium commentariorum in Sententias Petri Lombardi *(1947)*, in *Franciscan Studies*, 39, 1979, pp. 255-315. – S. J. Livesey, *Lombardus Electronicus: A Biographical Database of Medieval Commentators on Peter Lombard's Sentences*, in G. R. Evans (ed.), *Mediaeval Commentaries on the Sentences of Peter Lombard: Current Research*, vol. 1, Leiden, 2002, pp. 1-23. – W. J. Courtenay, *SIEPM Project: Report on the Repertory of Commentaries on Peter Lombard's* Sentences *(2011-2012)*, in *Bulletin de philosophie médiévale*, 54, 2012, pp. 54-57.

LITERATURE. J. de Ghellinck, *Les notes marginales du* Liber Sententiarum, in *Revue d'Histoire Ecclésiastique*, 14, 1913, pp. 511-536, pp. 705-719. – R. M. Martin, *Filia Magistri : un abrégé des Sentences de Pierre Lombard. Notes sur un manuscrit conservé à la bibliothèque du John Rylands à Manchester*, in *Bulletin of the John Rylands Library*, 2, 1915, pp. 370-379. – A. M. Landgraf, *Notes de critique textuelle sur les Sentences de Pierre Lombard*, in *Recherches de théologie ancienne et médiévale*, 2, 1930, pp. 80-99; Id., *Problèmes relatifs aux premières Gloses des Sentences*, ibid., 3, 1931, pp. 140-157; Id., *Recherches sur les écrits de Pierre le Mangeur*, ibid., pp. 292-306, 341-372; Id., *Zwei Gelehrte aus der Umgebung des Petrus Lombardus*, in *Divus Thomas*, 11, 1933, pp. 157-182; Id., *Mitteilungen zum Sentenzenkommentar Hugos a S. Charo*, in *Zeitschrift für katholische Theologie*, 58, 1934, pp. 391-400; Id., *Die Stellungnahme der Frühscholastik zur wissenschaftlichen Methode des Petrus Lombardus*, in *Collectanea franciscana*, 4, 1934, pp. 513-521; Id., *Die Sentenzen des "magister ignotus"*, in A. Lang, J. Lechner and M. Schmaus (eds) *Aus der Geisteswelt des Mittelalters. Studien und Texte Martin Grabmann zur Vollendung des 60. Lebensjahres von Freunden und Schülern gewidmet* (Beiträge zur Geschichte der Philosophie und Theologie des Mittelalters, Supplementband, III/1), Münster, 1935, pp. 332-359; Id., *Drei Zweige der Pseudo-Poitiers-Glosse zu den Sentenzen des Lombarden*, in *Recherches de théologie ancienne et médiévale*, 9, 1937, pp. 167-204; Id., *Sentenzenglossen des beginnenden 13. Jahrhunderts*, ibid., 10, 1938, pp. 36-55; Id., *The First Sentence Commentary of Early Scholasticism*, in *The New Scholasticism*, 13, 1939, pp. 101-132; Id., *Bearbeitungen von Werken des Petrus Lombardus*, in *Collectanea Franciscana*, 10, 1940, pp. 321-337; Id., *Abaelard und die Sentenzen des "magister ignotus"*, in *Divus Thomas*, 19, 1941, pp. 75-80; Id., *Frühscholastische Abkürzungen der Sentenzen des Lombarden*, in *Studia mediaevalia in honorem admodum Reverendi Patris Raymundi Josephi Martin*, Brugge, 1948, pp. 171-199; Id. (ed.), *Der Sentenzenkommentar des Kardinals Stephan Langton* (Beiträge zur Geschichte der Philosophie und Theologie des Mittelalters, 37/1), Münster, 1952; Id., *Introduction à l'histoire de la littérature théologique de la scolastique naissante*, ed. A.-M. Landry, trans. L.-B. Geiger (Publications de l'Institut d'Études Médiévales, 22), Montréal-Paris, 1973. – G. R. Evans and P. W. Rosemann (eds), *Mediaeval Commentaries on the Sentences of Peter Lombard*, 3 vols, Leiden, 2002-2015. – Thomas Aquinas, *Lectura romana in primum Sententiarum Petri Lombardi*, ed. L. E. Boyle and J. F. Boyle (Studies and Texts, 152), Toronto, 2006. – P. W. Rosemann, *The Story of a Great Medieval Book: Peter Lombard's* Sentences (Rethinking the Middle Ages, 2), Toronto, 2007. – M. Colish, *The Pseudo-Peter of Poitiers Gloss*, in P. W. Rosemann (ed.), *Mediaeval Commentaries on the* Sentences *of Peter Lombard*, vol. 2, Leiden, 2010, pp. 1-33. – M. Brînzei (ed.), *Nicholas of Dinkelsbühl and the* Sentences *at Vienna in the Early Fifteenth Century* (Studia Sententiarum, 1), Turnhout, 2015. – F. T. Harkins, Filiae Magistri : *Peter Lombard's* Sentences *and Medieval Theological Education "On the Ground"*, in P. W. Rosemann (ed.), *Mediaeval Commentaries…, op. cit.*, vol. 3, Leiden, 2015, pp. 26-78. – L. Lanza and M. Toste, *The* Sentences *in Sixteenth-Century Iberian Scholasticism, ibid.*, pp. 416-503. – M. Doyle, *Peter Lombard and His Students, op. cit.*

P. W. ROSEMANN

PORTILLO DIEZ DE SOLLANO (Álvaro del), évêque espagnol, Prélat de l'Opus Dei (Madrid, 11 mars 1914-Rome, 23 mars 1994).

Fils de Ramón Portillo (espagnol) y de Clementina Diez de Sollano (mexicaine), il était le troisième d'une famille de huit enfants. Il a fait ses études primaires et secondaires dans une école dirigée par les Pères marianistes à Madrid. Il a suivi une formation d'assistant de travaux publics afin de travailler et pouvoir aider économiquement sa famille. En 1934, pendant qu'il préparait son projet de fin d'étude (qu'il a présenté avec succès en 1935), il a commencé sa carrière d'ingénieur en génie civil qu'il a terminée en 1941 après la guerre civile espagnole.

En mars 1935, il connut S. Josemaría Escrivá et demanda l'admission à l'Opus Dei le 7 juillet de la même année. Durant les années de guerre civile et celles d'après, il fut très proche du fondateur de l'Œuvre. Escrivá put connaître en profondeur les qualités et les dispositions d'Álvaro del Portillo. Ce dernier fut nommé Secrétaire Général de l'Opus Dei. Parallèlement à l'exercice de sa profession d'ingénieur, Del Portillo a commencé ses études ecclésiastiques (Philosophie et Théologie) comme élève externe du Séminaire de Madrid et *à* partir de 1943 dans le Centre d'études de l'Opus Dei en vue de son ordination sacerdotale. Il a obtenu le grade de Docteur en Philosophie et Lettres (option Histoire) en 1944 avec une étude intitulée *Primeras expediciones españolas en California*. Il a reçu les ordres sacrés le 25 juin 1944 des mains de Mgr Leopoldo Eijo Garay, Archevêque de Madrid.

En 1943, Del Portillo s'était rendu à Rome afin d'initier les démarches en vue de l'approbation pontificale de l'Opus Dei. En 1946, il s'installa définitivement avec S. Josemaría dans la ville éternelle. Cette même année, il passa de la fonction de Secrétaire Général à celle de Procureur Général de l'Opus Dei.

L'approbation pontificale permettrait la diffusion internationale de l'Opus Dei. Pendant que celle-ci était à l'étude, Del Portillo commença des études de droit canonique. Il obtint la Licence et plus tard le Doctorat à l'Université Pontificale *Angelicum*. Sa thèse doctorale, qu'il a défendue en 1949, s'intitulait *Un nuevo estado jurídico de perfección : los Institutos Seculares*. En 1947, l'Opus Dei avait reçu l'approbation sous cette forme juridique. Le fait qu'Álvaro del Portillo fut appelé à travailler en 1947 dans la Sacrée Congrégation pour les Religieux atteste du prestige, dû à sa profonde préparation, qu'il avait dans la Curie. Il y a travaillé jusqu'en 1949 en s'occupant principalement des instituts séculiers.

De 1948 à 1954, il fut le premier recteur du Collège romain de la Sainte-Croix, centre d'études pour la formation des fidèles numéraires de l'Opus Dei, dont plusieurs d'entre eux ont été appelés plus tard au sacerdoce. Entre 1948 et 1951, il devint le premier conciliaire de l'Opus Dei en Italie et il se chargea de promouvoir la diffusion du message de sainteté dans la vie ordinaire à Rome et dans plusieurs villes du Nord et du Sud du pays. En 1956, il a été renommé Secrétaire Général de l'Opus Dei, fonction qu'il a occupée jusqu'à la mort du fondateur en 1975.

En plus de ses responsabilités au sein de l'Opus Dei, la Curie vaticane lui confia d'autres tâches : consulteur de la Sacrée Congrégation pour les Religieux (1955), consulteur de la Sacrée Congrégation du Concile (1959) et qualificateur de la Sacrée Congrégation Suprême du Saint-Office (1960). Il a participé à trois commissions préparatoires du Concile Vatican II. Et plus tard, pendant le Concile (1962-1965), en qualité d'expert : dans la Commission de la discipline du clergé et du peuple de Dieu (dont il fut nommé secrétaire), la Commission des évêques et du gouvernement des diocèses et la Commission des religieux.

En 1964, il fut choisi en tant que consulteur de la Commission pontificale pour la révision du Code de droit canonique, poste qu'il conservera jusqu'en 1983.

En 1965, il obtint le titre de Docteur ingénieur des Chemins, canaux et ports, avec un travail intitulé *Proyecto de modernización de un puente metálico antiguo*.

En 1966, il fut désigné juge pour les causes relevant de la compétence du Tribunal de la Sacrée Congrégation pour la Doctrine de la Foi et consulteur du même dicastère jusqu'en 1983.

Fruit de son travail de révision du Code de droit canonique, Del Portillo a publié *Fieles y laicos en la Iglesia. Bases de sus respectivos estatutos jurídicos* (Pampelune, 1969). Cette œuvre « se détache pour sa clarté, son solide fondement sur la doctrine conciliaire, son essai de dessiner un statut complet de fidèle et de laïc qui comprendrait toutes les situations juridiques respectives » (J. Otaduy, p. 1018). L'apport fondamental d'Álvaro del Portillo fut l'application au droit canonique des enseignements conciliaires sur l'égalité radicale des fidèles dans l'Église et sur la dignité et les droits des laïcs, parce qu'ils n'étaient pas reconnus comme il se devait dans la législation canonique en vigueur.

Plus tard, il a édité *Escritos sobre el sacerdocio* à Madrid, en 1970, qui rassemble six articles et deux entrevues en relation avec son travail au Concile autour du décret *Presbyterorum ordinis*. Dans cette œuvre comme dans bien d'autres, Del Portillo ne présente pas une nouvelle doctrine sur le sacerdoce, mais il met plutôt en exergue certains aspects du sacerdoce comme son caractère de don de Dieu, de grâce ineffable, de grand mystère, de mode de représenter le Christ, et sa relation avec le sacerdoce commun des fidèles.

Comme le fait remarquer l'historien John Coverdale, le travail le plus important mais aussi le moins connu d'Álvaro del Portillo depuis son ordination sacerdotale fut celui de confesseur, compagnon et collaborateur du fondateur de l'Opus Dei jusqu'à sa mort en 1975 : « les grâces spéciales que Dieu a données à Escrivá exigeaient un confesseur doté d'une profonde vie intérieure ; quelqu'un qui avait une vie spirituelle en harmonie avec celle du fondateur, quelqu'un qui avait une capacité intellectuelle et une humilité pour le guider dans les affaires quotidiennes et dans la réception des grâces mystiques que Dieu lui octroyait » (P. Gefaell, vol. I, p. 62). En effet, comme l'ont signalé Escrivá et Del Portillo lui-même, une série de circonstances, depuis le début de l'Opus Dei, ont permis que ce dernier puisse travailler aux côtés du fondateur (*cf.* P. Gefaell, vol. I, p. 28-29). En 1956, pendant le deuxième congrès général de l'Opus Dei, Del Portillo fut nommé *custos* du fondateur, c'est-à-dire une des deux personnes qui vivent avec le Président Général pour l'aider dans ses besoins spirituels et matériels. Pour cette raison, en plus de sa fonction de Secrétaire Général, Del Portillo a accompagné Escrivá au cours de ses nombreux voyages en Europe et plus tard en Amérique, pour connaître et promouvoir l'apostolat des fidèles de l'Opus Dei. En 1975, après la mort du fondateur de l'Opus Dei, il fut élu pour prendre sa succession.

Del Portillo a continué de servir la curie et en 1982, il devint consulteur de la Sacrée Congrégation pour les Causes des Saints ainsi que de la Congrégation pour le Clergé. En 1983, S. Jean-Paul II a érigé l'Opus Dei en prélature personnelle et a nommé Del Portillo comme prélat. L'année suivante, ce dernier fut désigné consulteur de la Commission pontificale en charge des communications sociales. En plus, il a participé, grâce à une nomination pontificale, à plusieurs synodes épiscopaux : en 1983, sur la réconciliation et la pénitence dans la mission de l'Église, en 1987, sur la vocation et la mission des laïcs dans l'Église, en 1990, sur la formation des prêtres.

À la tête de l'Opus Dei, d'abord comme Président Général, ensuite comme Prélat, Del Portillo a défini l'étape qui inaugurait la continuité avec les enseignements du fondateur. Un de ses premiers objectifs de gouvernement fut de mener à terme la configuration juridique de l'Opus Dei. En effet, dans les années '50, peu de temps après avoir été reconnu comme institut séculier, le fondateur et Del Portillo avaient averti que cette forme juridique ne correspondait pas au charisme de l'institution. Plus tard, parmi les nouvelles formes juridiques promues par le Concile Vatican II pour favoriser la prise en charge spirituelle des laïcs, ils ont perçu que la forme de la prélature personnelle s'avérait la plus adéquate. Après la mort d'Escrivá, Del Portillo a attendu le temps opportun et a présenté, en accord avec le Pontife, la demande d'érection de l'Opus Dei en prélature personnelle. Ce processus, qui a nécessité beaucoup de travail et de prières, a duré près de quatre ans, de février 1979 à novembre 1982.

Le second objectif d'Álvaro fut de commencer à promouvoir la cause de canonisation du fondateur de l'Opus Dei. Parallèllement, il a mené à bien la publication de plusieurs œuvres du fondateur qui n'avaient pas pu être éditées jusque-là : *Amigos de*

Mgr Álvaro del Portillo y Diez de Sollano, tiré de Wikimedia, © Opus Dei CC BY-SA 3.0.

Dios (1977), *Via Crucis* (1981), *Surco* (1986), *Forja* (1987) et *Amar a la Iglesia* (1986). Del Portillo a présenté en plus son témoignage personnel écrit, qui faisait plus de deux mille pages (partiellement publié comme *Intervista sul fondatore dell'Opus Dei*, Milan, 1992). La béatification de Josemaría Escrivá eut lieu le 17 mai 1992 à Rome. Cette année-là fut édité un des livres de Del Portillo sur le futur bienheureux : *Una vida para Dios. Reflexiones en torno a la figura de Monseñor Josemaría Escrivá de Balaguer. Discursos, homilías y otros escritos* (Madrid, 1992).

Un autre aspect central du travail de Del Portillo à la tête de l'Opus Dei consista à soutenir et promouvoir le travail apostolique de ses fidèles. Durant son mandat, il a effectué plusieurs voyages pour encourager les membres de l'Opus Dei qui résidaient dans les pays où l'Église catholique est minoritaire. D'autre part, il a initié parmi vingt nouveaux pays la diffusion du message de la sainteté vécue à travers la vie ordinaire, propre aux laïcs, dans l'Opus Dei.

Un de ses derniers objectifs fut l'érection du Centre de hautes études ecclésiastiques à Rome, qui est devenu plus tard une université pontificale. Son désir était de contribuer à la formation académique et spirituelle des séminaristes et des prêtres, afin qu'ils puissent être un appui pour leur évêque respectif. Le Centre académique romain de la Sainte-Croix a ouvert ses portes en 1984 : actuellement, il est devenu l'Université pontificale de la Sainte-Croix.

Le 6 janv. 1991, Del Portillo a reçu l'ordination épiscopale des mains de S. Jean Paul II. Álvaro del Portillo est mort à Rome, le matin du 23 mars 1993, après son retour d'un pèlerinage en Terre Sainte. Ce même jour, le pape est venu se recueillir devant le corps de Del Portillo. Ses restes mortels ont été inhumés dans la crypte de l'église prélatrice de l'Opus Dei à Rome. En 2004 s'est ouvert son procès de canonisation, il fut béatifié à Madrid le 27 sept. 2014.

Ses collaborateurs les plus proches et les personnes qui l'ont connu affirment que les caractéristiques de sa personnalité pourraient se résumer à deux facettes : un homme loyal, une personne qui possédait la paix et qui la transmettait autour de lui.

Une partie des écrits d'Álvaro ont été recopiés et publiés sous les titres suivants : V. Bosch (éd.), *Rendere amabile la verità : raccolta di scritti di mons. Alvaro del Portillo : pastorali, teologici, canonistici, vari*, Città del Vaticano, Libreria Editrice Vaticana, 1995. – J. A. Loarte (éd.), *Orar : como sal y como luz. Selección de textos sobre la vida cristiana*, Barcelona, 2013 ; Id. (éd.), *Caminar con Jesús al compás del año litúrgico. Textos tomados de las cartas pastorales*, Madrid, 2014 ; Id. (éd.), *Rezar con Álvaro del Portillo. Textos para meditar*, Alicante, 2014. – G. Della Balda (éd.), *Figli di Dio, figli della Chiesa*, Milano, 2016.

TRAVAUX. – S. Bernal, *Recuerdo de Álvaro del Portillo, Prelado del Opus Dei*, Madrid, 1994. – H. de Azevedo, *Missão cumprida, biografia de Alvaro del Portillo*, Lisboa, 2008. – J. Medina Bayo, *Álvaro del Portillo. Un hombre fiel*, Madrid, 2012. – J. Otaduy, article *Del Portillo, Álvaro*, dans J. Otaduy, A. Viana et J. Sedano (dir.), *Diccionario General de Derecho Canónico*, vol. II, Cizur Menor, 2012, p. 1017-1021. – J. F. Coverdale, *Saxum. The Life of Alvaro del Portillo*, New York, 2014. – P. Gefaell (éd.), *« Vir fidelis multum laudabitur ». Nel centenario della nascita di Mons. Álvaro del Portillo*, 2 vol., Roma, 2014. – F. Castells i Puig, article *Portillo y Diez de Sollano, Álvaro del*, dans J. L. Illanes (dir.), *Diccionario de San Josemaría Escrivá de Balaguer*, Burgos-Roma, 2015, p. 984-989.

M. E. OSSANDÓN

PRÉLATURE, institution juridique plurivoque employée par le Saint-Siège.

1. LE « PRÉLAT », UNE NOTION PLURIVOQUE. – Le prélat, dignitaire ecclésiastique, du latin « prælatus », c'est-à-dire qui est « porté en avant », soit à raison de sa dignité, soit à raison de son pouvoir. Pendant plusieurs siècles, une acception excessivement large de cette notion en vint à désigner toute personne revêtue d'autorité dans la société civile ou ecclésiale. Dans les Décrétales, le terme revêt deux acceptions : dans un sens restreint, c'est le possesseur de bénéfices supérieurs, tel un évêque ; dans un sens plus large, il englobe des dignitaires exempts de la juridiction épiscopale ainsi que ceux qui exercent leur juridiction dans les relations externes, voire des curés. La notion fut ensuite réduite aux seuls clercs qui étaient, soit prélats d'honneur, soit « dignitaires qui avaient la juridiction, à titre propre, au for externe » (F. Claeys Bouuaert, col. 176-177, *cf. infra* la bibliographie). Les prélats *avec juridiction* étaient de grade *majeur* ou mineur. Les premiers étaient évêques ou dignitaires supérieurs aux évêques. Les prélats de grade *mineur* étaient répartis en trois classes : les *prælati nullius*, à la tête d'un territoire exempt d'un diocèse ; les prélats qui, sans avoir un territoire exempt, possédaient une juridiction sur certaines personnes ; et ceux qui présidaient à une église exempte ou à un monastère exempt.

Si les prélats vraiment *nullius* font leur apparition au IXᵉ ou au Xᵉ siècle, le risque d'expansion du phénomène, qui se traduit souvent par une réduction de leur pouvoir

de juridiction, provoquera l'inquiétude de nombreux évêques. De nombreuses plaintes sont soulevées. Ainsi, Martin V, au concile de Constance (1418), révoque des exemptions concédées sans l'accord des ordinaires pendant le grand schisme. Dans la Constitution *Regimini Universalis Ecclesiae* (4 mai 1515), Léon X établit le mode de concession des exemptions à venir. Le concile de Trente refuse de supprimer toutes les exemptions accordées, mais il les limite en les soumettant au délégué du Siège apostolique (Session XXIII, c. 10 ; XXIV, c. 9 *de reformatione*).

Par ailleurs, le titre de prélat purement *honorifique* était décerné à certains clercs attachés à la maison pontificale ou à la curie romaine, même sans pouvoir de juridiction. Le Code de 1917 ne viendra pas à bout de cette praxis. Quant à leurs prérogatives précises, le canon 328 du CIC 1917 renvoie « aux privilèges, règles et traditions de la maison pontificale », à savoir dans l'ordre : 1°) les *protonotaires apostoliques*, subdivisés en trois catégories : *de numero participantium* ; les surnuméraires, qui sont les chanoines des trois basiliques patriarcales de Rome et de quelques chapitres cathédraux d'Italie ; et *ad instar participantium* ; 2°) les *prélats domestiques* ; 3°) les *camériers du pape*, soit secrets soit d'honneur ; 4°) les chapelains du pape, soit secrets (résidents à Rome), soit d'honneur.

À cela s'ajouteront plusieurs collèges ou ordres de prélats énumérés dans la Constitution *Ad incrementum* du pape Pie XI (15 août 1934), par ordre de préséance : 1°) quatre prélats dits « di fiocchetti » (eu égard aux floches qui ornaient leurs équipages) : le vice-camerlingue (autrefois gouverneur de Rome), l'auditeur de la chambre apostolique, le trésorier général de ladite chambre et le majordome du pape ; 2°) les assesseurs et secrétaires des congrégations romaines ; 3°) les protonotaires apostoliques *de numero participantium* (sept membres) ; 4°) les auditeurs de la sainte Rote romaine ; 5°) les clercs de la chambre apostolique, au nombre de huit : ils sont chargés de l'administration des biens du Siège apostolique, spécialement *sede vacante* ; 6°) les prélats de la Signature apostolique, *votantes* ou *referendarii*, qui sont consulteurs et rapporteurs auprès du Tribunal suprême.

Le concile Vatican II s'attache à mettre en œuvre la modernisation de ces praxis peu conformes aux « signes des temps ». Paul VI requalifie les prélats domestiques de sa Sainteté en « prélats d'honneur de sa Sainteté » (art. 7 de la Constitution apostolique *Regimini Ecclesiæ universæ*, 15 août 1967) et, surtout, dans son motu proprio *Pontificalis domus* (28 mars 1968), réorganise la maison pontificale dans un esprit d'adaptation aux « exigences de vérité, d'ordre, de réalisme de la société actuelle où ce qui est efficace, fonctionnel, logique, prend le pas sur ce qui n'est que nominal, décoratif et extérieur » (*preamb.*). En clair, cela signifiait recentrer un certain nombre d'offices autour des fonctions effectivement requises pour la « chapelle pontificale », le service du pape en tant que chef spirituel, ainsi que pour la « famille pontificale », le service du pontife romain en tant que chef d'une société publiquement reconnue par les États et organismes internationaux. Quant aux titres honorifiques, ils furent réduits à trois : les protonotaires apostoliques numéraires et surnuméraires, les prélats d'honneur de sa sainteté et les chapelains de sa sainteté (art. 8). Cette réforme fut complétée par l'instruction de la Secrétairerie d'État *Ut sive sollicite* (31 mars 1969) définissant les formes simplifiées des règles d'habillement, d'utilisation des titres et de recours aux blasons pour les dignitaires ecclésiastiques.

Dès lors que le CIC 1983 ne contient plus de normes régissant le statut des prélats d'honneur, le terme « prélat » est devenu surtout l'expression technique d'une fonction pastorale qu'un clerc, avec l'aide de son presbytérium, remplit au service d'une « prélature » ou, plus précisément, au service des fidèles constituant un *cœtus* ou une portion du peuple de Dieu, sans que cette communauté ecclésiale hiérarchique constitue nécessairement une église particulière au sens strict, comme ce sera illustré plus loin. Mais, au préalable, il y a lieu de revenir au CIC 1917 pour y aborder les structures qui sont à la base des actuelles prélatures territoriales.

2. LES PRÉLATURES DU CODE DE 1917. – Si la première codification ecclésiastique constitue en soi un événement marquant et novateur, l'ecclésiologie de la « société juridiquement parfaite » qui sous-tend ce monument canonique est plutôt figée et continue à se focaliser sur la hiérarchie et sur le pouvoir de juridiction des clercs plutôt que sur les structures pastorales au service des fidèles. Les prélats « au sens propre du mot », c'est-à-dire non à titre simplement honorifique, sont définis au canon 110 : « les clercs, soit séculiers, soit religieux, qui obtiennent la juridiction ordinaire dans le for externe ». Outre les évêques résidentiels, ils comprennent : 1°) les prélats *nullius* et abbés *nullius* ; 2°) les vicaires généraux des évêques, les préfets et vicaires apostoliques ainsi que les administrateurs apostoliques avec un territoire séparé et leurs vicaires généraux ; 3°) les aumôniers généraux des armées, qui ont une juridiction quasi épiscopale sur les militaires (la juridiction serait aujourd'hui qualifiée de « personnelle ») ; 4°) certains supérieurs majeurs (surtout, mais pas uniquement, les généraux et provinciaux des ordres religieux dits cléricaux).

Les deux premières figures évoquées (prélats et abbés *nullius*) sont emblématiques de l'ordonnancement canonique de l'époque. De fait, l'expression « prélats » désignait le plus souvent les prélats mineurs, les autres faisant l'objet d'autres appellations qui l'emportaient (cardinal légat, patriarche, archevêque, évêques…). Le prélat *nullius* est placé à la tête d'une circonscription ecclésiastique dont le territoire est séparé de tout diocèse et exempt de tout autre pouvoir juridictionnel local. Si la prélature est confiée à un institut religieux, il s'agit d'une prélature religieuse, dont le supérieur porte le titre d'abbé *nullius (diœcesis)*. Dans le cas contraire, il s'agit d'un *prélat séculier.* Dans les deux hypothèses, le prélat *nullius* exerce un pouvoir de juridiction quasi épiscopal et est compté au nombre des ordinaires du lieu. Bien que ce clerc ne soit souvent pas ordonné évêque, il jouit de certains pouvoirs et attributions qui sont normalement l'apanage des évêques (croix et anneau, rite pontifical, pouvant conférer la confirmation, assistance d'un chapitre séculier ou régulier, visite sur leur territoire, etc.). Il exerce ainsi une véritable juridiction épiscopale, à l'exception toutefois de tout ce qui requiert le troisième degré du sacrement de l'ordre. N'entrent pas en ligne de compte des prélats qui, tout en étant placés à la tête d'un clergé dans un monastère

exempt ou dans une église collégiale exempte, relèvent directement du souverain pontife. Lorsque le territoire sur lequel ils exercent leur juridiction est compris dans les limites d'un diocèse qui l'entoure de toutes parts, ils ne constituent pas davantage des véritables prélats (abbés) *nullius.* Le critère est donc bien celui d'avoir été placé comme prélat dans un lieu « *séparé* de tout diocèse » (canon 319 § 1 CIC 1917). Il ne suffit donc pas d'un lieu propre simplement exempt : encore faut-il que ce territoire ne se trouve pas dans un autre diocèse, mais soit le résultat d'un démembrement du territoire d'un diocèse. De plus, comme le précise le canon 319 § 2, la prélature *territoriale* doit compter *au moins trois paroisses.* Si cette condition n'est pas remplie, l'entité est régie par un droit particulier (sa « loi propre »), mais pour autant le prélat ne perd pas la qualité de prélat *nullius diœcesis.* Le canon 370 CIC 1983 supprimera la figure comptant moins de trois paroisses.

Toujours sous l'empire du CIC 1917, conformément au canon 215 § 1, l'érection d'une prélature ou d'une abbaye *nullius* est réservée au pape. Le § 2 dudit canon, à moins d'une indication contraire résultant de la nature même de la chose ou notifiée par le contexte, assimile ou équipare juridiquement en principe cette circonscription au diocèse, et l'abbé ou le prélat *nullius* à l'évêque. La nomination et l'institution canonique de l'abbé *nullius* reviennent au pape, comme pour les évêques, excepté dans les cas d'élection ou de présentation, qui supposent une confirmation ou institution successive.

3. LA NOUVELLE ECCLÉSIOLOGIE DU CONCILE VATICAN II ET SON REFLET DANS LE CODE DE 1983. – La Constitution *Lumen Gentium* apporte au peuple de Dieu le souffle de l'Esprit Saint et met en évidence la vocation universelle des fidèles à la sainteté et à l'apostolat. L'ecclésiologie de la *communio* remplacera avantageusement la conception juridico-étatisante du *ius publicum ecclesiasticum*, qui avait triomphé pour des raisons historiques et apologétiques, mais n'en demeurait pas moins théologiquement pauvre et juridiquement inadaptée aux réalités ecclésiales et juridico-politiques de la seconde moitié du XXᵉ siècle. Comment, à partir de la comparaison avec les attributs d'un État, espérer saisir la nature de l'Église ? Celle-ci ne peut être pénétrée qu'à partir du mystère de l'Église, scruté à la lumière de la foi et de la révélation, dans la ligne de la Constitution dogmatique *Lumen Gentium* (*cf.* le décret *Optatam Totius*, n° 16).

Cette nouvelle vision ecclésiale se reflétera dans le CIC 1983 et dans le Code des canons des Églises orientales (CCEO 1990) par une mise en évidence des droits et devoirs des fidèles et des laïcs qui contribuera à surmonter le cléricalisme. Certes, il ne s'agit nullement de nier la hiérarchie dans l'Église ni de mettre en cause la différence « essentielle » entre sacerdoce ministériel et sacerdoce commun, mais il faut présenter le ministère sacerdotal sous son véritable jour : comme un service à rendre aux fidèles dans le cadre d'une communion hiérarchique. C'est pourquoi, dans l'ordonnancement systématique du Code, les droits et devoirs fondamentaux des fidèles précéderont les droits et les devoirs des clercs et ceux de la vie consacrée, et la question des pouvoirs de gouvernement par les ministres ordonnés ne sera traitée qu'ensuite. Une conséquence de cette « révolution copernicienne » est la diminution de l'attention prêtée à la question des « prélats » en tant que titre purement honorifique et la focalisation sur la thématique des circonscriptions ecclésiastiques.

À cet égard, l'expression « communautés hiérarchiques » paraît mieux traduire que « circonscription ecclésiastique » l'idée selon laquelle, sans renier pour autant le principe hiérarchique, l'accent est désormais placé sur les fidèles qui composent, avec leur pasteur propre, les diverses communautés ecclésiales, dans lesquelles ils peuvent remplir un rôle actif allant bien au-delà de celui de simple destinataire de la pastorale. La notion de circonscription, traditionnellement en usage dans la praxis de la curie romaine, a une connotation plutôt administrative et évoque la limitation territoriale des juridictions. De nos jours, elle est employée dans une acception incluant le contenu communautaire mis en relief par l'ecclésiologie de *Lumen Gentium* ; elle s'accorde ainsi à la priorité donnée aux structures pastorales et à la *cura animarum*. L'aspect honorifique de la dignité prélatice devient secondaire, ce qui se répercute sur la terminologie du CIC, dans lequel il ne sera plus question de prélats ou d'abbés *nullius*, mais bien de prélatures ou d'abbayes territoriales ayant un prélat ou un abbé comme pasteur propre.

Ces structures hiérarchiques territoriales sont en principe conçues comme de futurs diocèses en formation. De nombreuses prélatures territoriales surgirent comme fruits d'une intense activité missionnaire. En revanche, le Concile Vatican II freina le recours au modèle des abbayes territoriales. Paul VI, dans son motu proprio *Catholica Ecclesia* (23 oct. 1976), interdit même la création de nouvelles abbayes territoriales, sauf pour des motifs très spéciaux, et donna des instructions en vue de réformer cette ancienne structure pastorale. L'édition 2016 de l'*Annuario pontificio* dénombre 41 prélatures territoriales, dont Pompéi et Lorette, érigées auprès des sanctuaires du même nom (le prélat y exerce la fonction de délégué apostolique et la raison de la création de la prélature est plutôt un contrôle économique qu'un vrai choix pastoral). La Mission de France ou Pontigny est également digne de mention. Cette prélature territoriale servit de point de référence au début du Concile pour les nouvelles prélatures envisagées en tant que structure spécialisée qui fournissait un clergé missionnaire aux diocèses de France en situation de pénurie de prêtres, mais les pères conciliaires s'orientèrent ensuite vers la création d'une toute nouvelle figure, la prélature personnelle, qui n'allait pas être destinée uniquement à favoriser la distribution des prêtres. Finalement, des circonstances propres à l'institution inclinèrent Pontigny à conserver le statut de prélature territoriale dûment adapté aux nouvelles normes.

Quant aux abbayes territoriales, elles ont été drastiquement réduites ; il n'en reste plus que 11 : Marie Einsiedeln, Monte Oliveto Maggiore, Mont Cassin, Montervergine, Pannonhalma, Saint-Maurice, Santa Maria di Grottaferrata, Santissima Trinità di Cavade' Tirreni, Subiaco, Tokugen et Wettingen-Mehrerau.

4. LES CIRCONSCRIPTIONS ECCLÉSIASTIQUES PRÉVUES DANS LE CODE DE 1983. – Si les circonscriptions ecclésiastiques latines restent en principe territoriales et si le diocèse continue à être le modèle-type des églises particulières, le concile Vatican II, dans un souci de flexibilité et de dynamisme pastoral, a souhaité faire place à d'autres communautés hiérarchiques constituées selon un critère personnel (c'est-à-dire non territorial) afin de pouvoir mieux répondre aux besoins spécifiques de la *cura animarum*. La réception du concept eut lieu au n° 10 du décret *Presbyterorum Ordinis*, qui prévoit « des diocèses particuliers, prélatures personnelles et autres institutions » en vue de la distribution du clergé ou de la mise en œuvre d'initiatives pastorales. Ce projet, incluant la possibilité d'avoir un séminaire international et l'incardination de prêtres, trouva un nouvel écho dans le motu proprio *Ecclesiæ sanctae*, n° 4 (1966) et se concrétisa dans la « loi-cadre » que forment les canons 294-297 du CIC 1983.

Les circonscriptions ecclésiastiques se subdivisent en territoriales et personnelles. Les communautés hiérarchiques *territoriales* comprennent une série d'églises particulières : outre les diocèses qui en constituent l'archétype, la prélature territoriale, l'abbaye territoriale, le vicariat apostolique, la préfecture apostolique et l'administration apostolique érigée de manière stable sont des communautés pastorales conçues, du moins théoriquement, comme un diocèse en puissance (*cf.* canon 368). Les canons 294-297 régissant les prélatures *personnelles* établissent un cadre général. Le déplacement de ces canons en phase finale de la révision du CIC s'explique par le souci que les prélatures ne soient pas confondues avec les églises particulières au sens strict. L'emplacement actuel (en dehors de la Partie II sur la constitution hiérarchique de l'Église) ne reflète donc pas la nature hiérarchique des prélatures personnelles. Leur degré d'équiparation *in iure* à un diocèse dépendra de chaque prélature et sera fonction de ce qui est déterminé dans les statuts. Quant au contenu du cadre, il frappe par son caractère schématique, qui est aussi le signe de l'ouverture de ladite structure pastorale à des réalités extrêmement variées.

5. LES PRÉLATURES PERSONNELLES. – La prélature de la *Sainte-Croix et Opus Dei* constitue la première prélature personnelle. Après un long itinéraire en quête d'une figure juridique qui corresponde à son charisme de fondation dans le droit canonique de l'époque, le chemin de sanctification des laïcs au milieu du monde fondé par S. Josémaria à Madrid, en 1928, fut érigé en prélature personnelle par le pape Jean-Paul II (*cf.* la constitution apostolique *Ut sit*. du 28 nov. 1982). Selon l'organigramme de la constitution apostolique *Pastor Bonus* organisant la curie romaine, elle dépend de la Congrégation pour les évêques comme les autres circonscriptions ecclésiastiques qui ne sont pas des circonscriptions de mission ou situées entièrement en territoire de rite oriental.

L'éclosion des prélatures personnelles proprement dites a sans doute été ralenti par le fait qu'un certain nombre de communautés hiérarchiques de type personnel, qui semblaient pouvoir rentrer dans le moule canonique des prélatures personnelles, ont reçu *de facto* une solution juridique différente. Il s'agit tout d'abord des ordinariats militaires érigés dans de nombreux pays (*cf.* la Constitution apostolique *Spirituali militum curæ*, 21 avr. 1986) ainsi que des ordinariats latins pour les fidèles de rite oriental. C'est aussi le cas de l'administration apostolique personnelle *Sancti Ioannnis*

Mariae Vianney, sise à Campos (Brésil) ; celle-ci fut érigée en 2002 pour le soin pastoral des fidèles provenant du schisme de l'évêque Lefebvre et reçus dans la pleine communion avec l'Église catholique. Sous le pontificat de Benoît XVI, se sont ajoutés les ordinariats pour les anciens anglicans désireux d'entrer dans l'Église catholique (*cf.* la Constitution apostolique *Anglicanorum cœtibus*, 4 nov. 2009). Ces différentes figures, à défaut d'avoir été configurées formellement par le législateur canonique comme prélatures personnelles, peuvent sans doute être considérées comme des prélatures personnelles au sens matériel du terme.

Le cadre général des prélatures personnelles (formelles) fourni par les canons 294-297 commence par une disposition précisant les finalités pastorales poursuivies par une prélature, l'autorité habilitée à l'ériger et un aspect de coordination avec les autorités ecclésiastiques locales à respecter : « pour promouvoir une répartition adaptée des prêtres, ou pour accomplir des tâches pastorales ou missionnaires particulières en faveur de diverses régions ou de divers groupes sociaux, des prélatures personnelles constituées de prêtres et de diacres du clergé séculier peuvent être érigées par le Siège Apostolique, après qu'il ait entendu les conférences des Évêques concernées » (canon 294). D'ordinaire, il s'agira de réaliser une répartition des prêtres permettant d'accomplir une tâche pastorale concrète. De fait, aucune prélature personnelle n'a été érigée uniquement pour assurer la répartition adaptée des prêtres : d'autres solutions ont été jugées suffisantes jusqu'à présent comme les agrégations prévues au canon 271, les conventions conclues entre diocèses ou *Fidei donum*.

La prélature personnelle est confiée à un prélat comme Ordinaire propre, c'est-à-dire avec un pouvoir de gouvernement propre (non vicaire) et quasi-épiscopal qui concerne les aspects et les personnes – clercs et laïcs – qui rentrent dans le domaine de la tâche pastorale confiée. Dans le cas de l'Opus Dei, le prélat est élu par un collège d'électeurs et confirmé par le pape. La praxis pour les deux premiers prélats a été leur ordination épiscopale. Il exerce un pouvoir de gouvernement avec l'aide de ses conseils. De manière générale, les prêtres et les diacres (du clergé séculier) peuvent être incardinés dans une prélature personnelle. De même, le prélat peut ériger un séminaire propre national ou international et incardiner des élèves en vue de les préparer à l'ordination pour le service de la propre mission pastorale (*cf.* canon 295), mais l'incardination et le séminaire ne constituent pas une nécessité pour toutes les prélatures personnelles.

L'appartenance des laïcs à une prélature personnelle peut connaître des modalités variables, ce qui a pu prêter à confusion. Les laïcs peuvent être incorporés à la prélature par un acte volontaire, mais ce ne sera pas le cas dans toutes les prélatures : « moyennant des conventions établies avec la prélature, des laïcs peuvent s'adonner aux tâches apostoliques de la prélature personnelle ; mais le mode de cette coopération organique et les principaux devoirs et droits qu'elle comporte doivent être convenablement déterminés dans les statuts. » (canon 296). C'est le cas de l'Opus Dei qui, conformément au charisme de fondation, est un phénomène pastoral centré sur les laïcs (terme pris au sens de la condition canonique de laïc ou tripartition et non de la bipartition qui a trait à la distinction entre fidèles ordonnés ou non). Alors qu'il était au départ une association diocésaine (pieuse union), au terme de son itinéraire juridique, il a été assumé par la hiérarchie de l'Église dans son auto-organisation pour y mener à bien une tâche pastorale spécifique de sanctification et d'apostolat des laïcs dans le monde. Tel est le sens de son érection par Jean-Paul II en prélature personnelle de portée universelle, c'est-à-dire en tant que structure pastorale complémentaire aux Églises particulières ou structures pastorales nécessaires. Les laïcs ayant reçu le don de la vocation à la sainteté et à l'apostolat peuvent s'incorporer dans cette prélature moyennant une convention avec cette dernière générant un lien juridique correspondant à sa nature institutionnelle. Dans le cas de l'Opus Dei, les laïcs incorporés à la prélature demeurent fidèles du diocèse de leur domicile canonique et, à ce titre, restent soumis au pouvoir de gouvernement de leur évêque diocésain dans tous les domaines qui ne font pas l'objet de la convention passée avec la prélature. Les fidèles laïcs, hommes et femmes, en faisant partie sont unis entre eux et coopèrent de façon « organique » sous la juridiction du prélat avec le clergé incardiné à la prélature. La situation des fidèles laïcs de la prélature ne doit pas être confondue avec les laïcs « coopérateurs » de l'Opus Dei qui, eux, n'en font pas partie et ne sont pas soumis à la juridiction du prélat : ils coopèrent avec la prélature de manière associative et auxiliaire, mais pas organiquement.

Enfin, « les statuts déterminent également les rapports de la prélature personnelle avec les Ordinaires des lieux des Églises particulières où, avec le consentement préalable de l'Évêque diocésain, la prélature accomplit ou désire accomplir ses tâches pastorales ou missionnaires. » (canon 297). Dans le cas de la première prélature personnelle, la Société sacerdotale de la Sainte-Croix, intrinsèquement unie à la prélature de l'Opus Dei, permet à des prêtres diocésains de s'y associer en vue de recevoir une assistance spirituelle pour se sanctifier dans l'exercice de leur ministère pastoral au service de leur diocèse, toujours dans l'obéissance à leur évêque.

Que nous réservera le futur ? Il serait erroné et réducteur de prétendre interpréter le cadre général des prélatures personnelles (canons 294-297 du CIC) à la seule lumière de la première prélature personnelle, alors que, selon la *mens* du dernier concile œcuménique et des rédacteurs du Code, il est censé accueillir des réalités pastorales variées. Un pas dans cette direction pourrait être franchi avec l'érection en prélature personnelle de la *Fraternité sacerdotale Saint Pie X*, à savoir les disciples de Mgr Lefebvre souhaitant leur pleine réinsertion dans l'Église catholique, tout en gardant certaines spécificités dans le domaine liturgique. Dans ce cas, les fidèles souhaitant notamment continuer à suivre la forme extraordinaire de la liturgie eucharistique (cfr. motu proprio *Ecclesia Dei*, 2 juil. 1988 ; motu proprio *Summorum Pontificum*, 7 juil. 2007 et motu proprio *Ecclesiae Unitatem*, 2 juil. 2009) pourraient s'incorporer à la prélature personnelle par un acte volontaire, comme cela se passe déjà dans la prélature de l'Opus Dei et dans certains ordinariats personnels. Ce dossier a fait l'objet d'un examen approfondi et il semble permis d'envisager la confirmation de cette hypothèse à court terme, voire à bref délai. Certes, un accord doctrinal doit précéder la constitution apostolique d'érection de la prélature personnelle. Cette seconde application de la figure de la prélature personnelle serait notamment novatrice en ce qu'elle ferait vraisemblablement dépendre de cette réalité pastorale séculière des instituts de vie consacrée actuellement rattachés à ladite Fraternité sacerdotale, à l'instar des instituts de vie consacrée de droit diocésain, c'est-à-dire des instituts religieux dépendant de l'évêque diocésain et non de droit pontifical. L'avenir semble inviter à prendre davantage en compte le phénomène migratoire : immigrés, gitans, réfugiés… vont plus que jamais nécessiter une pastorale spécialisée et interdiocésaine. D'où la nécessité de prélatures personnelles pour que ces tâches pastorales puissent être coordonnées à différentes échelles par un pasteur jouissant d'un pouvoir de juridiction.

Sur les prélats et prélatures d'avant le concile Vatican II. – F. X. Wernz et P. Vidal, *Ius canonicum*, vol. 2, Roma, 1923. – J. Baucher, « Abbaye nullius », dans *Dictionnaire de droit canonique*, vol. 1, Paris, 1935, col. 16-29. – F. Claeys Bouuaert, « Prélat », dans *Ibid.*, vol. 7, Paris, 1965, col. 176-177. – A. M. Stickler, *La bipartición de la potestad eclesiástica en su perspectiva histórica*, dans *Ius canonicum*, 15, 1975, p. 45-74. – G. Dalla Torre, « Prelato e prelatura », dans *Enciclopedia giuridica*, t. XXXIV, Milano, 1985, p. 973-981. – J. Miras, *La noción canónica de « praelatus »*, Pamplona, 1987 ; Id., « *Praelatus* » *: de Trento a la primera codificación*, Pamplona, 1998. – A. Viana, *La doctrina postridentina sobre el territorio separado, 'nullius dioecesis'*, dans *Ius Canonicum*, 42, 2002, p. 41-82. – J. Hervada, *Tempus otii. Fragmentos sobre los orígenes y el uso primitivo de los términos prælatus y prælatura*, 2ᵉ édition, Pamplona, 2004.

Sur les prélatures et figures voisines après le concile Vatican II. – D. Le Tourneau, *La juridiction cumulative de l'Ordinariat aux Armées*, dans *Revue de Droit Canonique*, 37, 1987, p. 171-214 ; Id., *Le soin pastoral des catholiques orientaux en dehors de leur Église de rite propre. Le cas de l'ordinariat français*, dans *Ius Ecclesiae*, 13, 2001, p. 391-419 ; Id., *Les communautés hiérarchiques de l'Église catholique*, Montréal, 2016. – P. Valdrini, « Prélature », dans G. Jacquemet et G. Mathon (éd.), *Catholicisme. Hier-aujourd'hui-demain*, t. 11, Paris, 1988, col. 820-824 ; Id., *Comunità, persone, governo. Lezioni sui libri I e II del CIC 1983*, Città del Vaticano, 2013. – J.-P. Schouppe, *Les Ordinariats aux Armées dans la C.A. « Spirituali militum curae »*, dans *Ephemerides Theologicae Lovanienses*, 64, 1988, p. 173-190 ; Id., *Les circonscriptions ecclésiastiques ou communautés hiérarchiques de l'Eglise catholique*, dans *Ibid.*, 81, 2005, p. 435-467. – E. Baura, *Legislazione sugli Ordinariati castrensi*, Milano, 1992 ; Id., *Movimientos migratorios y derechos de los fieles en la Iglesia*, dans *Ius Canonicum*, 43, 2003, p. 51-86 ; Id., *Los decretos de erección de los Ordinariatos Personales para antiguos fieles anglicanos*, dans *Revista General de Derecho Canónico y Derecho Eclesiástico del Estado*, 28, 2012 [www.iustel.com]. – J. I. Arrieta, *Chiese particolari e circoscrizioni ecclesiastiche*, dans *Ius Ecclesiae*, 6, 1994, p. 3-4 ; Id., *Gli Ordinariati personali*, dans *Ibid.*, 22, 2010, p. 151-172. – J. Abbas, *Canonical Dispositions for the Care of Eastern Catholic outside their Territory*, dans *Periodica*, 86, 1997, p. 321-362. – T. De Mauro, « Prelatura. Prelatura personale », dans T. De Mauro (éd.), *Grande dizzionario italiano dell'uso*, t. V, Torino, 2000, col. 97 et sv. – G. Comotti, *Somiglianze e diversità tra le prelature personali ed altre circoscrizioni ecclesiastiche*, dans S. Gherro (éd.), *Le prelature personali nella normativa e nella vita della Chiesa. Venezia – Scuola Grande di San Rocco –*

25 e 26 giugno 2001, Padova, 2002, p. 79-114. – G. Dalla Torre, *La prelatura personale e la pastorale ecclesiale nell'ora presente*, dans *Ibid.*, p. 115-136. – G. Incitti, *Note sul decreto di erezione dell'Amministrazione apostolica personale S. Giovanni Maria Vianney*, dans *Ius Ecclesiae*, 14, 2002, p. 851-860. – A. Viana, *Pasado y futuro de las prelaturas personales*, dans *Ius Canonicum*, 48, 2008, p. 141-182 ; Id., *Ordinariatos y prelaturas personales. Aspectos de un diálogo doctrinal*, dans *Ibid.*, 53, 2012, p. 481-520. – N. Doe, *The Apostolic Constitution Anglicanorum Coetibus : An Anglican Juridical perspective*, dans *Ecclesiastical Law Journal*, 12/3, 2010, p. 304-323. – J. I. Rubio López, *Tradición anglicana en la Iglesia de Roma. Ordinariatos personales para antiguos fieles anglicanos*, dans *Revista General de Derecho Canónico y Eclesiástico del Estado*, 26, 2011, p. 1-28. – E. Caparros, *The Manifestation of the Will of the Faithful in the Context of « Anglicanorum cœtibus » and other Ecclesiastical Circumscriptions*, dans J. Martínez-Torrón, S. Meseguer et R. Palomino (éd.), *Religión, Matrimonio y Derecho ante el siglo XXI. Estudios en homenaje al profesor Rafael Navarro-Valls*, vol. II, Madrid, 2013, p. 2885-2910. – A. Cattaneo, *Le strutture pastorali personali : unità e pluralità nella comunione ecclesiale*, dans *Veritas et Jus*, 9, 2014, p. 55-72. – *Annuario pontificio*, 2016.

Sur la prélature personnelle de la Sainte-Croix et Opus Dei. – J.-P. Schouppe, *Les prélatures personnelles. Réglementation canonique et contexte ecclésiologique*, dans *Revue théologique de Louvain*, 17, 1986, p. 309-328. – J. Hervada, *Aspetti della struttura giuridica dell'Opus Dei*, dans *Il Diritto Ecclesiastico*, 97, 1986, p. 410-430. – O. Fumagalli Carulli, *Las prelaturas personales en el Concilio Vaticano II. A propósito de algunos estudios recientes (Nota bibliográfica)*, dans *Ius Canonicum*, 28, 1988, p. 753-764. – A. de Fuenmayor, V. Gómez-Iglesias et J. L. Illanes, *L'itinéraire juridique de l'Opus Dei*, Paris, 1992. – V. Gómez-Iglesias, A. Viana et J. Miras, *El Opus Dei, Prelatura personal. La Constitución Apostólica « Ut sit »*, Pamplona, 2000. – S. Gherro (éd.), *Le prelature personali nella normativa e nella vita della Chiesa. Venezia – Scuola Grande di San Rocco – 25 e 26 giugno 2001*, Padova, 2002. – E. Baura (éd.), *Studi sulla Prelatura dell'Opus Dei. A venticinque anni dalla Costituzione apostolica « Ut sit »*, Roma, 2008. – J. R. Villar, *Cooperación orgánica*, dans J. Otaduy, A. Viana et J. Sedano (éd.), *Diccionario General de Derecho Canónico*, Pamplona, 2012, col. 740-744.

J.-P. SCHOUPPE

PSEUDO-EUPOLÈME ou L'HISTORIEN ANONYME, auteur samaritain de langue grecque, à qui Eusèbe de Césarée reprend deux extraits pour écrire l'histoire d'Abraham (*cf.* Apologétique judéo-hellénistique, *supra*, col. 897).

Pour écrire l'histoire d'Abraham, Eusèbe de Césarée a emprunté à Alexandre Polyhistor des extraits que celui-ci attribue à un Eupolème, auteur d'un ouvrage intitulé *Les Juifs*. Mais ces deux extraits ne peuvent être attribués à l'historien Eupolème, cité par Eusèbe, dans le même chapitre (*Préparation évangélique*, IX, 26, 1 ; IX, 30, 1-34, 18).

La première citation attribuée à l'Historien anonyme ou Pseudo-Eupolème par Eusèbe (*Préparation évangélique*, IX, 17, 2-8) est une histoire assez complète d'Abraham né à « la dixième ou treizième génération, après la fondation de Babylone par les Géants rescapés du déluge, constructeurs de la tour détruite par l'action de Dieu » (*Ibid.*, IX, 17, 2-3 ; *cf.* Genèse 10, 1-11,9). Camarina est le nom de la ville de sa naissance. Il n'existe pas en Babylonie de ville portant ce nom, lequel peut rappeler le mot *qamar*, l'un des noms arabes de la lune ; il évoque probablement le culte du dieu lune, Sin Nannar, honoré à Ur où Abraham découvre l'astrologie.

Ardent dans sa piété, Abraham est envoyé par Dieu chez les Phéniciens auxquels il enseigne les mouvements de la lune et du soleil. Avec l'aide des Phéniciens, il délivre son neveu, prisonnier des Arméniens, les Assyriens-Babyloniens de *Genèse* 14, 1. Il est reçu au temple d'Argarizim, « ce qui se traduit par *montagne du Très-Haut* », par « Melchisédech, prêtre de Dieu et roi » (*Préparation évangélique*, IX, 17, 4-6a).

Une famine le contraint à émigrer en Égypte où sa femme est enlevée par le roi des Égyptiens qui la rend dès qu'il apprend qu'elle est l'épouse et non la sœur d'Abraham. Durant son séjour en Égypte, il réside à Héliopolis et enseigne aux prêtres égyptiens l'astrologie et autres sciences qu'il avait reçues des Babyloniens (*Ibid.*, IX, 17, 6b-8).

Suit une généalogie établie par les Babyloniens (*Ibid.*, IX, 17, 9) selon lesquels le premier fut Bèlos, c'est-à-dire Chronos, et que de lui naquirent Bèlos et Chanaan, le père des Phéniciens. À lui naquit un fils, Choum, appelé Asbolos par les Grecs. Choum est le père des Éthiopiens et le frère de Mitsraïm, père des Égyptiens. Selon les Grecs, c'est Atlas qui découvrit l'astrologie. Atlas est identique à Hénoch, père de Mathusalem qui connut tout par des anges de Dieu et ainsi nous avons hérité de ses connaissances.

La deuxième citation (*Préparation évangélique*, IX 18, 21), dite « sans maître », peut être attribuée au Pseudo-Eupolème. Elle fait « remonter l'origine d'Abraham aux Géants qui habitaient en Babylonie, furent anéantis par les dieux à cause de leur impiété ». L'un d'eux, Bèlos, qui avait échappé à la mort, s'établit à Babylone où il construisit comme résidence une tour nommée Bèlon. La finale de la citation est un bref résumé de la première.

Le Pseudo-Eupolème est vraisemblablement un Samaritain dont la Bible est la LXX : il nomme le Garizim « montagne du Très-Haut » avec Melchisédech comme prêtre (*Préparation évangélique*, IX, 17, 5-6) et ne manifeste aucune estime à l'égard de l'Égypte. L'époque où il a vécu est probablement antérieure à la destruction en 128 avant J.-C., par Jean Hyrcan (134-104 avant J.-C.), du temple construit sur le mont Garizim, temple qui semble toujours debout lorsque le Pseudo-Eupolème écrit. Il aurait donc vécu dans la première moitié du second siècle avant J.-C.

J. Freudenthal, *Alexander Polyhistor und die von ihm erhaltenen Reste jüdischer und samaritanischer Geschichtswerke* (coll. Hellenistische Studien, 1-2), Breslau, 1874-1875. – N. Walter, *Pseudo-Eupolemus* (coll. Jüdische Schriften aus hellenistisch-römischer Welt, I/2), Gutersloh, 1976. – A.-M. Denis, *L'Historien anonyme d'Eusèbe (*Praep. Ev. *9, 17-18) et la crise des Maccabées*, dans *Journal for the Study of Judaism in the Persian, Hellenistic, and Roman Period*, 8/1, 1977, p. 42-49 ; Id., *Introduction à la littérature judéo-hellénistique*, t. II, Turnhout, 2000. – C. R. Holladay, *Fragments from hellenistic Jewish Authors*, Chico, 1983. – R. Donan, *Pseudo-Eupolemus*, dans J. H. Charlesworth (éd.), *The Old Testament Pseudepigrapha*, 2, London, 1985. – S. Inowlocki, *Eusebius and the Jewish Authors. His Citation Technique in an Apologetic Context* (coll. Ancient Judaism and Early Christianity, 64), Leiden-Boston, 2006. – J. Riaud, *À la croisée des cultures. Les traditions judaïques à la manière grecque*, Paris, Cerf, 2017, p. 153-160.

J. RIAUD

SULPICE SÉVÈRE (Seuervs Sulpicius), saint, ascète, écrivain latin (après 354-après 406).

Sulpice Sévère est connu principalement grâce aux quelques informations personnelles recélées par ses ouvrages et par la correspondance échangée avec Paulin de Nole (354-413) : seules treize lettres adressées à Sulpice Sévère nous sont parvenues et nous ne possédons qu'une seule lettre de Sulpice Sévère à Paulin (*epistula* 3, *Corpus scriptorum ecclesiasticorum latinorum*, vol. 1, p. 251). Notons que dans toute sa correspondance, il porte uniquement le nom de Sulpicius ; son *cognomen* Seuerus n'est mentionné qu'une seule fois dans la notice du *De uiris* de Gennade de Marseille qui lui est consacrée : « *Le prêtre Sévère, surnommé Sulpice, de la province d'Aquitaine, un homme noble par sa naissance et sa culture, célèbre pour son amour de la pauvreté et de l'humilité, également cher à de saints personnages – l'évêque Martin de Tours et Paulin de Nole – écrivit lettres et ouvrages* ».

I. BIOGRAPHIE. *1° Les débuts de sa vie.* – Sulpice naît en Aquitaine après 354 (puisqu'il est plus jeune que Paulin de Nole). Issu d'un milieu aristocratique et lettré, il étudie le droit et devient un brillant avocat dont le talent oratoire est célébré par Paulin avec lequel il a noué des liens d'amitié dans le siècle. Il épouse la fille d'un riche consulaire et d'une noble dame du nom de Bassula, union qui le met à la tête d'un riche patrimoine. Il entend parler de la foi et de la « vertu » (*uirtus*) de Martin de Tours. Brûlant de rencontrer l'évêque de Tours, Il entreprend un long voyage (*peregrinatio*) à Marmoutier auprès de Martin, après 392/393 ; il est reçu par Martin qui l'incite à abandonner les attraits du monde et les fardeaux du siècle en suivant l'exemple de Paulin. Il l'interroge et enquête auprès de tous ceux qui le connaissent car il éprouve un ardent désir d'écrire la Vie de Martin. Saisi par une « impulsion soudaine », ayant déjà reçu à une date inconnue le baptême, il se convertit à ce nouvel ascétisme en accord avec son épouse, en 393 ou 394, entrant dans la vie parfaite, vraisemblablement à la même époque que son ami ; Il rompt les liens de la chair et du sang, fait vœu de vivre chastement avec son épouse. À la mort de cette dernière, il ne revient pas sur sa décision de mener une vie ascétique. Il se défait d'une partie de ses biens-fonds avec l'appui de sa belle-mère Bassula, malgré l'opposition de son père et les nombreuses critiques des « infidèles ».

2° Les relations épistolaires avec Paulin de Nole. – Il entretient des relations épistolaires avec Paulin. Treize lettres de Paulin à son ami Sulpice Sévère nous sont parvenues : ce sont, dans le vol. 29 du *Corpus scriptorum ecclesiasticorum latinorum*, l'*Epistula 1*, p. 1-10 ; *Ep. 5*, p. 24-29 ; *Epistula 11*, p. 60-73 ; *Epistula 17*, p. 125-128 ; *Epistula 22*, p. 154-156 ; *Epistula 23*, p. 157-201 ; *Epistula 24*, p. 201-223 ; *Epistula 27*, p. 238-240 ; *Epistula 28*, p. 240-247 ; *Epistula 29*, p. 247-262 ; *Epistula 30*, p. 262-267 ; *Epistula 31*, p. 267-275 ; *Epistula 32*, p. 275-301.

Cette correspondance peut être classée sous quatre rubriques : I) Les lettres 1 et 5 décrivent la conversion à l'ascétisme de Sulpice Sévère et insistent sur le parallélisme entre les conversions des deux personnages ; elles évoquent leur vœu commun : honorer S. Félix à Nole. II) Une amitié impossible, tel est le thème des lettres 11, 17 et 22 ; devant le refus de Sulpice Sévère de se rendre auprès du tombeau de S. Félix à Nole, Paulin laisse éclater sa mauvaise humeur. III) La réconciliation entre Paulin et Sulpice Sévère : *l'unanimitas* entre les deux personnages : envoi du messager Victor à Nole et parallèle entre la vie monastique à Nole et à *Primuliacum* : lettres 23, 24, 29, 27. IV) Poursuite des échanges entre Paulin et Sulpice Sévère grâce au messager Victor et description des sanctuaires de Nole et de Primuliacum : lettres 30, 31, 28, 32.

3° Son existence à Primuliacum. – Il vit installé dans son domaine de *Primuliacum* (aux confins de l'Aquitaine et de la Narbonnaise) avec ses esclaves « associés à la sainte servitude du seigneur », il fait retraite avec d'autres fidèles martiniens, vivant dans une cellule, vêtu d'un *pallium* et recevant la visite de moines. Il accueille par exemple le moine de Marmoutier Clarus qui décède avant Martin et est enseveli dans *la domestica ecclesia*. Ses esclaves devenus ses frères vivent aussi dans des cellules, revêtus du cilice (*cilicium*), dorment sur des paillasses pour la nuit, et reçoivent de nombreuses visites le jour. Il permet à ses frères de quitter la communauté monastique pour se rendre dans d'autres pays : tel Pomponius dont Sulpice a appris par Postumianus la mort en vue de l'Égypte.

Il s'excuse auprès de son ami Paulin de ne pas se rendre auprès du tombeau de S. Félix à Nole. Avant l'hiver 399-400, il envoie deux lettres à son ami : l'une, qui peut être vraisemblablement identifiée avec un courrier adressé (*ad s(an)c(tu)m Paulinum episcopum*) annonçant la venue d'un cuisinier (*puerulus*), probablement Victor, qui serait habile à préparer des nourritures simples convenant à des moines, et que Paulin devrait accueillir paternellement, l'autre (perdue) apportée elle-aussi par le messager Victor (dont c'est le premier séjour à Nole), à laquelle il joint, en cadeau, des *pallia* (ici probablement des manteaux en poil de chameau). Il confie à son ami tous les scrupules que lui cause le caractère incomplet de la liquidation de ses biens, car il a gardé un petit domaine dont il ne s'est pas séparé, mais qui a été aliéné comme s'il l'avait vendu, puisque Paulin écrit dans sa réponse : « ce que tu t'es réservé, l'église que tu sers le possède », ces termes ne permettant pas de conclure que Sulpice, comme l'indique le seul Gennade, a revêtu la prêtrise ; Il reçoit en réponse à ces envois trois missives de Paulin : une première lettre très longue dans laquelle, commentant d'après l'Écriture, les activités de Victor, Paulin se réconcilie avec Sulpice ; une seconde où, en compagnie de Therasia, il lui explique son idéal de perfection ascétique et le dur combat qu'il doit mener pour s'avancer dans cette voie étroite ; une troisième enfin que Victor emporte au printemps 400 lors de son retour en Gaule.

4° Les constructions de Sévère. – Entre 401 et 403, il achève l'édification de trois sanctuaires fondés sur son domaine de *Primuliacum*, deux basiliques encadrant un baptistère, dont la description qui figurait dans ses lettres perdues apportées par le messager Victor lors de ses séjours successifs à Nole, est donnée ultérieurement par Paulin en 403-404. Il dispose alors depuis 397 pour ses dévotions personnelles, d'un oratoire privé, la *basilica prior* ou *domestica ecclesia*, la plus ancienne comme son nom l'indique, Il fait ensuite édifier, sans

doute simultanément, les deux autres sanctuaires destinés à la communauté des tenanciers du domaine : il construit un baptistère, certainement l'édifice pour lequel il réclame à Paulin, dès avant l'hiver 401-402, par l'intermédiaire du messager Victor, l'envoi de son portrait afin de le peindre sur l'un des murs, en face de celui de Martin. Sulpice essuie un refus de son ami qui, dans sa réponse datant du printemps 402, trouve sa requête déraisonnable, mais l'autorise toutefois à faire reproduire par un artiste son image, d'après le souvenir qu'il en garde, image qui sera effectivement peinte sur l'un des murs vis-à-vis de Martin. Il édifie en même temps une seconde basilique, la *basilica maior*, plus vaste et plus haute que la première, pour la consécration de laquelle il demande à Paulin, avant l'hiver 402-403, par une lettre apportée par Victor, des reliques de saints ; il reçoit, rapportée au printemps 403 par Victor, une réponse négative, Paulin ne disposant pas d'une quantité suffisante de telles reliques pour pouvoir en céder à son ami ; il est informé cependant que Victor espère obtenir de Silvia des reliques des martyrs d'Orient ; de toute façon, il est, en compensation, le destinataire d'une partie du fragment du bois de la Croix apporté à Nole par Mélanie l'Ancienne (qui l'avait reçu de l'évêque Jean de Jérusalem), offerte plus spécialement à l'intention de Bassula.

Sulpice écrit de nouveau avant l'hiver 403-404 à Paulin un courrier apporté à Nole par le messager Victor qui, retardé par la rencontre de Postumianus à Narbonne et par un retour auprès de Sulpice, arrive tardivement à la fin de l'hiver 404, et reste à Nole le printemps et une partie de l'été. Sulpice est aussi, par le même courrier, le destinataire d'un poème en l'honneur de Félix et du Panégyrique de Théodose (perdu) que Paulin a composé autrefois à la demande d'Endelechius ; Il essuie les reproches de Paulin, qu'il a fait représenter dans le baptistère de *Primuliacum* aux côtés de Martin, dans une seconde lettre envoyée en même temps par Paulin, lettre qui comporte une série de *tituli uotiui* destinés les uns au baptistère pour y commenter les portraits de Martin et de lui-même, d'autres pour la basilique (*domestica ecclesia*) où Clarus, disciple de Martin, est enseveli, d'autres encore pour la basilique « majeure » ; il est informé de la nature des travaux entrepris à Nole et reçoit descriptions et inscriptions en vers (*tituli*) apportées par Victor.

5° Fin de sa vie. – Sulpice envoie pour la cinquième fois à Nole Victor qui arrive auprès de Paulin au printemps 405, porteur d'une brève lettre (perdue) du Gaulois Desiderius et d'une autre lettre de Sulpice (elle-aussi perdue). Il est le destinataire de la réponse de Paulin (deux lettres perdues accompagnées d'une lettre pour Desiderius) envoyée avec un an de retard, par suite de l'insécurité des routes qui oblige le moine Victor à rebrousser chemin et à revenir à Nole où, malade, il prolonge son séjour auprès de Paulin à Nole, puis à Rome (29 juin 406) avant de repartir pour les vendanges en Gaule. Après 406, Sulpice n'est plus mentionné dans la correspondance de Paulin.

Selon le témoignage de Gennade, sans que l'on puisse trouver une preuve quelconque de ces affirmations, Sulpice « *trompé par les pélagiens au cours de sa vieillesse et reconnaissant la faute de ses propos inconsidérés, aurait gardé le silence jusqu'à sa mort pour racheter par ce mutisme total la faute qu'il avait commise en parlant trop* ». Selon le même auteur, il serait crédité à tort de deux lettres adressées à une *soror* Claudia, l'une sur le Jugement Dernier, l'autre sur la Virginité, ainsi que d'autres lettres non identifiées sur l'amour de Dieu et le mépris du monde.

Rien ne permet d'affirmer que Sulpice aurait disparu lors des raids barbares qui dévastèrent la Gaule dès 407, ni qu'il est encore en vie au moment de la rédaction en 412 de la *Vita Ambrosii*, par Paulin de Milan, qui mentionne *la Vie de Martin* de Sulpice Sévère au même titre que la *Vie d'Antoine* d'Athanase et la *Vie de Paul* de Thèbes par Jérôme.

II. ŒUVRES. *1° Vie de Martin.* – Gennade : « *Il écrivit aussi, pour le profit de bien des lecteurs, une Vie du bienheureux Martin, moine et évêque, un homme illustré par des signes, prodiges et miracles* ». Avant 397, il se rend à Tours et même dans d'autre lieux écartés de la cité pour se documenter et lui poser des questions, effectue une ou plusieurs visites à Martin ; il peut ainsi rédiger à *Primuliacum* (entre Toulouse et Narbonne) la *Vie de Martin* ; il achève cette œuvre, petit livre (*libellus*), qui est dédié à Desiderius et publié à la demande de ce dernier, avant le printemps 397.

En tout cas, il complète au cours des années 397-398 la *Vita Martini* par trois lettres : dans la première, adressée avant novembre 397 au prêtre Eusebius, il relate la visite de moines qui ont lu la *Vita Martini* et il réfute, sur un ton polémique, les propos d'un lecteur incrédule, en faisant l'apologie de la puissance thaumaturgique de Martin ; dans la seconde, destinée au diacre Aurelius après la mort de Martin (novembre 397), il rapporte les conditions dans lesquelles il a appris, après un rêve prémonitoire, les circonstances de la mort de Martin ; dans la troisième, adressée à Bassula qui réside alors à Trèves quand lui-même se trouve à Toulouse, après avoir accusé sa belle-mère de voler ses lettres en « soudoyant des sténographes », il lui relate de façon pathétique la mort de Martin à Candes et les funérailles de son héros.

Paulin a lu à l'évêque Nicetas de *Remesiana* (aujourd'hui Bela Palanka, Serbie), présent à Nole jusqu'au printemps 400, la *Vita Martini*, œuvre qu'il a fait connaître aussi vers la même époque à Mélanie l'Ancienne lors du séjour de celle-ci dans la communauté monastique de Nole. Sulpice se félicitera plus tard, dans ses *Dialogues* (403-404) de ce que Paulin a été le diffuseur à Rome de son œuvre et qu'il a répandu cet ouvrage dans l'*Illyricum*.

2° Chroniques. – Il a peut-être commencé, dès 397, la rédaction des *Chroniques* dans lesquelles il présente un résumé en deux petits livres de l'histoire sainte depuis la création du monde jusqu'à l'an 400 (consulat de Stilicon). Avant l'hiver 403-404, il écrit à Paulin (lettres perdues) pour lui demander des renseignements en vue de terminer la rédaction de cet ouvrage, en particulier pour l'aider à résoudre des problèmes de calcul soulevés par cette œuvre. Paulin lui répond après l'été 304 et l'informe qu'il va adresser sa demande à son ami Rufin (d'Aquilée), ne pouvant lui fournir lui-même les renseignements demandés.

Il achève sa *Chronique* au plus tard en 404 ; cette œuvre connue de Gennade, d'Hydace et de Grégoire de Tours comprend deux livres : l'un contracte l'Ancien Testament, l'autre est une histoire de l'Église dans laquelle l'auteur n'hésite pas à dénoncer les mauvais pasteurs, voraces de domaines, et s'en prend aux différentes hérésies (arianisme et surtout priscillianisme).

3° Dialogues. – Gennade : « *Il écrit sous forme de dialogue un Entretien de Postumianus et de Gallus, qui tient en deux tomes, sur le style de vie des moines d'Orient et de Martin lui-même* ». En 404, au retour de Postumianus après trois ans passés en Orient (*triennum* : 401/402-403/404), où ce dernier avait emporté la *Vita Martini*, il complète son œuvre par la rédaction des *Dialogues* qui se présentent comme la transcription de propos échangés lors d'une réunion de deux jours dans sa résidence de *Primuliacum*. Dans ce récit de caractère apologétique primitivement composé de trois entretiens en deux livres, Sulpice avec son ami Gallus écoute la relation des exploits des ascètes orientaux faite par Postumianus et il démontre la supériorité de Martin de Tours reconnue partout, sauf en Gaule. Par la bouche du Gaulois Gallus, dans le second *Dialogue* qui se poursuit le même jour jusqu'à l'arrivée du prêtre Refrigerius, il évoque les nombreux miracles accomplis par Martin. Le lendemain, toujours par l'intermédiaire de Gallus, il poursuit, dans la troisième conférence, son récit des faits et gestes de son héros, devant de nombreux visiteurs : le prêtre Euagrius, Aper, Sabbatius, Agricola, le prêtre Aetherius, le diacre Calupio, le sous-diacre Amator, et les laïcs Eucherius, ancien vicaire, et le consulaire Celsus. Il évoque en particulier les démêlés de Martin avec la cour impériale à Trèves lors de l'affaire priscillianiste et lave son champion de tout soupçon d'hérésie ; il conseille à Postumianus, qui va repartir vers l'Orient, de se rendre en Campanie auprès de Paulin afin de dérouler devant lui le procès-verbal des *Dialogues* et de lui lire tous les entretiens qui s'y trouvent consignés, sans que nous ayons trace de cette venue de Postumianus à Nole ni de la réception des *Dialogues* par Paulin.

ÉCRITS. – C. Halm (éd.), *Libri qui supersunt* (coll. Corpus scriptorum ecclesiasticorum latinorum, 1), Wien, 1866 (traduction française par P. Monceaux, Paris, 1926). – *Vita Martini*, édition française : *Vie de saint Martin*, introduction, texte critique, traduction, commentaire et index par J. Fontaine (coll. Sources chrétiennes, 133-135), Paris, 1967-1969. – *Chronicorum libri II*, édition française : *Chroniques*, introduction, texte critique et commentaire par G. de Senneville-Grave (coll. Sources chrétiennes, 441), Paris, 1999 ; édition italienne : *Cronache Sulpicio Severo*, traduction et notes par L. Longobardo (coll. Testi Patristici, 204), Roma, 2008. – *Gallus, Dialogi I-III*, édition française : *Gallus. Dialogues sur les vertus de saint Martin*, par J. Fontaine, avec la collaboration de N. Dupré (coll. Sources chrétiennes, 510), Paris, 2006.

SOURCES. – Gennadius, *Liber de viris illustribus*, édition par E. C. Richardson (coll. Texte und Untersuchungen, 14/1a), Leipzig, 1896, p. 69. – Paulinus Nolanus, *Epistulae*, édition par W. von Hartel (coll. Corpus scriptorum ecclesiasticorum latinorum, 29), Wien, 1894 (editio altera supplementis aucta, M. Kamptner, Wien, 1999). – Paulin de Nole, *Correspondance avec Sulpice Sévère*, édition établie et annotée par J. Desmulliez, C. Vanhems, J.-M. Vercruysse (coll. Sagesses chrétiennes), Paris, 2016.

TRAVAUX. – J. Brochet, *La correspondance de Saint Paulin de Nole et de Sulpice-Sévère*, Paris, 1906. – F. Ghizzoni, *Sulpicio Severo*, Roma, 1983. – L. Pietri, *La ville de Tours du IVᵉ au*

VIe siècle. Naissance d'une chrétienté (coll. de l'École Française de Rome, 69), Roma, 1983 ; Id., *Pagina in pariete reserata. Épigraphie et architecture religieuse*, dans A. Donati (dir.), *La terza età dell'epigrafia*, Atti del Colloquio AIEGL, Borghesi 1986, (coll. Epigrafia et Antichità, 9), Faenza, 1988, p. 137-157 ; Id., *Les débuts du culte de Martin de Tours*, dans *Mémoires de la Société Archéologique de Touraine*, 63, 1997, p. 183-192. – D. E. Trout, *Amicitia, auctoritas, and Self-Fashioning Texts Paulinus of Nola and Sulpicius Severus*, dans *Studia Patristica*, 28, 1993, p. 123-129. – J. Desmulliez, *Meropius Meropius Pontius PAVLINVS*, dans Ch. et L. Pietri (dir.), *Prosopographie chrétienne du Bas-Empire 2*, vol. 2, *Italie (313-604)*, Roma, 2000, p. 1630-1654 ; Id. et L. Pietri, *SEVERVS 1 cognomento Sulpicius*, dans L. Pietri et M. Heijmans (dir.), *Prosopographie chrétienne du Bas-Empire 4, Gaule (314-614)*, Paris, 2013, p. 1744-1752. – S. Mratschek, *Der Briefwechsel des Paulinus von Nola, Kommunikation und soziale Kontakte zwischen christlichen Intellektuellen* (coll. Hypomnemata, 134), Göttingen, 2002.

J. Desmulliez

TEDESCHINI (Federico), 1873-1959, nuncio apostólico en España (1921-1936) y cardenal de la Iglesia católica, (1933-1959).

Nació en Antrodoco (Rieti, Italia) el 12 de octubre de 1873. Sus padres fueron Patrizio Tedeschini (1837-1912) y Rosa Serani (1842-1923), que era hermana del cardenal Giuseppe D'Annibale. Federico tenía tres hermanos, llamados Constantino (1868-1940), Marino (1876-1964) y Angelina (1880-1960). A los once años entró en el seminario diocesano y a los dieciséis en el Seminario Pontificio Pontificio Romano en el palacio Sant'Apollinare de Roma. Un año más tarde se transfirió al Seminario Pio, que compartía sede con el Seminario Romano, donde estuvo durante diez años hasta culminar su carrera con los doctorados en filosofía, teología, derecho canónico y civil, y letras (1890-1900). Frecuentó contemporáneamente el Instituto de Alta Literatura fundado por León XIII, también emplazado en el palacio Sant'Apollinare.

El 25 de julio de 1896 fue ordenado presbítero en Rieti por Domenico Rinaldi, obispo de Montefiascone, y al día siguiente celebró la primera misa en su ciudad natal. En 1898 ganó el concurso a canónico teólogo en el Capítulo Catedralicio de Rieti y tomó posesión del cargo, obteniendo, por motivo de estudios, dispensa de residencia.

En enero de 1900, Alessandro Volpini, secretario de los breves a los príncipes, lo llamó a la curia para realizar un trabajo por encargo del papa León XIII. Tedeschini acabó sus estudios ese mismo año y regresó a su ciudad, donde aceptó el encargo de profesor de sagrada escritura en el Seminario Diocesano de Rieti.

En agosto de 1901 volvió a Roma para trabajar como *minutante* en la Secretaría de Estado, bajo la dirección de Giacomo della Chiesa, sustituto de la Secretaría de Estado y futuro Benedicto XV, con quien estableció una estrecha amistad. En ese periodo también fue secretario personal del secretario de estado Rafael Merry del Val.

En 1903 fue nombrado camarero secreto de su santidad y en 1908 prelado doméstico. Ese mismo año comenzó a trabajar como canciller de breves apostólicos.

Tedeschini compatibilizó su labor en la curia con diversos empeños pastorales. Desde 1912 fue consiliario asistente eclesiástico de la Juventud Católica Italiana y a partir de 1914, presidente de la Sociedad de San Jerónimo para la Difusión del Evangelio.

En septiembre de 1914 el nuevo papa Benedicto XV lo nombró sustituto de la Secretaría de Estado y secretario de la Cifra, y al mes siguiente, consultor del Santo Oficio. En la Secretaría de Estado trabajó, entre otros, con Pietro Gasparri, Giuseppe Pizzardo, Francesco Marchetti-Selvaggiani y Luigi Maglione. Se ocupó de redactar los *Criterios para determinar las materias de competencia de la Secretaría de los Asuntos Extraordinarios y de la Secretaría de Estado de Su Santidad*.

Durante los años de la Primera Guerra Mundial, Benedicto XV lo eligió para dirigir el *Ufficio Provvisorio per le Informazioni sui Prigionieri di Guerra* – también llamado *Ufficio Informazioni* o *Ufficio dei Prigionieri* –, que se dedicó a buscar y recabar información sobre prisioneros y desaparecidos durante el conflicto mundial.

Tedeschini tuvo la oportunidad de intervenir en algunas de las tareas que imponía el contexto bélico, como la de velar por la protección del Vaticano ante posibles incursiones militares aéreas sobre Roma o la de la atención sacerdotal en el ejército italiano.

Tras la Gran Guerra se tiene constancia de su intervención en el restablecimiento de las relaciones diplomáticas con China ; y en el traslado de la sede central de la Obra de la Propagación de la Fe, de Lyon a Roma.

El trabajo de Tedeschini en la curia se suspendió en 1921, pues en marzo fue nombrado nuncio apostólico ante el rey de España, Alfonso XIII ; el 5 de mayo fue consagrado obispo en la Capilla Sixtina, de manos de Benedicto XV, con el título de arzobispo de Lepanto ; y el 1 de junio llegó a la capital española para desempeñar su nueva misión, presentando el día 9 las cartas credenciales ante el monarca.

Tedeschini vivió en España bajo cuatro regímenes políticos : parlamentario, dictatorial, de transición y republicano. Asistió a la crisis del sistema de la Restauración (1921-1923), al golpe de estado del capitán general de Cataluña, Miguel Primo de Rivera, y a su caída (1923-1930), al intento de volver a la Constitución de 1876 (gobiernos de Dámaso Berenguer y de Juan Bautista Aznar), y al advenimiento y desarrollo de la República (1931-1936).

Durante el trienio parlamentario (1921-1923), Tedeschini se opuso a la libertad religiosa pretendida con la propuesta de reforma del art. 11 de la Constitución ; negoció la exención del impuesto territorial que gravaba desde 1910 sobre las comunidades religiosas ; defendió el aumento del presupuesto estatal a favor del clero y del culto ; trató de impedir un proyecto de reforma de los cabildos, que preveía la amortización de prebendas eclesiásticas ; defendió los bienes artísticos de la Iglesia frente al intento del gobierno de nacionalizarlos ; y denunció el avance del laicismo que, a través de la educación, llevaba a cabo en la sociedad la Institución Libre de Enseñanza. Frente a la pervivencia del patronato regio, que daba derecho al rey de presentar candidatos para el episcopado, el nuncio se esforzó por llegar a un mutuo acuerdo de modo que los elegidos fueran aptos para el cargo. El mismo forcejeo se produjo en el nombramiento de auditores de la Rota Española.

TEDESCHINI

Durante la dictadura primorriverista (1923-1930), se solucionaron algunos de esos problemas. El régimen respetó la tolerancia religiosa, y Tedeschini intervino para obtener la exención del impuesto territorial sobre las comunidades religiosas, y conseguir un aumento en el presupuesto estatal a favor del clero y el culto. Además, la Iglesia obtuvo una mayor autonomía en el nombramiento de beneficios eclesiásticos, gracias a la creación de una Junta Delegada del Real Patronato Eclesiástico (1924), que el nuncio logró que se ocupase también de la presentación de candidatos al episcopado. Otro asunto diplomático en el que el representante vaticano intervino como mediador fue la cuestión de Tierra Santa, donde el gobierno exigía para la corona el derecho de patronato regio sobre algunos de los Santos Lugares.

En los diez primeros años de nunciatura, Tedeschini impulsó las conferencias de metropolitanos para fomentar la unidad de acción del episcopado ; fue el promotor de la entrega de la rosa de oro a la reina Victoria Eugenia (1923) ; realizó numerosas entronizaciones y consagraciones al Sagrado Corazón de Jesús, y coronó diversas imágenes de la Virgen ; puso en marcha las organizaciones juveniles de la Acción Católica y alentó la Acción Católica masculina y femenina. En 1925 viajó a Portugal como representante pontificio, en la conmemoración del cuarto centenario de la muerte de Vasco da Gama.

Del final del decenio se puede destacar su visita apostólica a Cataluña para informar a la Santa Sede sobre el nacionalismo religioso (1928), un supuesto atentado contra su persona (1929), y el homenaje que recibió por su noveno aniversario al frente de la nunciatura (1930).

Durante los años de la República, Tedeschini hubo de afrontar graves dificultades como la expulsión de España del cardenal Pedro Segura, y de Mateo Múgica, obispo de Vitoria ; los incendios de iglesias y conventos ; la supresión del presupuesto estatal para el culto y el clero ; la discusión del proyecto constitucional y su aprobación ; la legislación anticlerical sobre matrimonio, familia, enseñanza y cementerios ; la disolución de la Compañía de Jesús ; y la Ley de Confesiones y Congregaciones Religiosas. En 1934 el nuncio se mostró a favor de un *modus vivendi* con el gobierno, que al final no llegó a materializarse.

A pesar de las difíciles circunstancias por las que atravesaba el país, el papa Pío XI ordenó en 1933 una visita apostólica a todos los seminarios españoles, que fue secundada por Tedeschini. La víspera de su salida definitiva hacia Roma, el nuncio envió a la Santa Sede los informes elaborados por los tres visitadores escogidos por el Vaticano para tan delicada misión.

Tedeschini fue creado cardenal *in pectore* en el consistorio del 13 de marzo de 1933, hecho del que tuvo noticia en noviembre de 1935, y que fue publicado al mes siguiente. Niceto Alcalá Zamora, presidente de la república, le impuso la birreta cardenalicia, pues en ausencia de los Borbones le correspondía por ser el Jefe de Estado. A partir de entonces, Tedeschini siguió dirigiendo la nunciatura con el título de pro nuncio, hasta que dejó España el 11 de junio de 1936.

La nunciatura de Tedeschini en España está marcada por luces y sombras. Las luces corresponden a la defensa

Mgr Federico Tedeschini, Barcelone, 29 avril 1934, photo redimensionnée, © Arxiu Fotogràfic de Barcelona.

que hizo de los « derechos » de la Iglesia, derivados de la confesionalidad del Estado, y al éxito alcanzado en sus gestiones. Su respeto hacia la autoridad constituida y sus cualidades para las relaciones sociales le facilitaron estrechar lazos con los gobiernos de distinto signo, incluido el republicano. Sin embargo, esta actitud le valió también el que amigos del ayer le dieran la espalda por su actitud posibilista hacia la república, como fue el caso de Alfonso XIII, los monárquicos y los integristas. También recibió la acusación de los jesuitas, quienes sospechaban que no había intervenido lo suficiente para impedir la supresión de la Compañía.

Las sombras se cernieron sobre el nuncio por las dificultades personales con destacadas figuras como el obispo de Madrid-Alcalá Leopoldo Eijo Garay, y el primado Pedro Segura.

El balance que se ha hecho de la nunciatura tedeschiniana es en general positiva, en cuanto a que llevó adelante una acción equilibrada tanto frente a la dictadura como hacia la república. Destacan en él las cualidades de hombre culto, observador, de buen porte, cortés, de carácter abierto y dialogante. Sin embargo, se le ha achacado que a pesar de tener una visión más avanzada que los integristas, no supiera traspasar los esquemas tradicionales de su tiempo. Su mentalidad estaba muy en consonancia con la de la época, como se manifiesta en el modo de concebir las relaciones Iglesia-Estado, su papel como representante vaticano, y la importancia que daba a los honores y reconocimientos, así como en el modo de referir sus « éxitos » diplomáticos, o de ostentar su cercanía con los miembros de la corona española. Fue diplomático no sólo de oficio, sino de carácter, lo que le hizo adoptar, en ocasiones, una actitud ambigua para no quedar comprometido.

A su regreso a Roma desempeñó un rol de carácter pastoral, espiritual y de consejo. Fue nombrado datario mayor y protector de numerosas órdenes e instituciones religiosas. Durante los años 1936-1939, Tedeschini fue uno de los cardenales más involucrados en las congregaciones cardenalicias e influyó en la orientación de la Santa Sede respecto a los problemas de la Iglesia española. También se ocupó de proveer las canonjías de las catedrales hispanas que estaban reservadas a la Santa Sede.

Durante la Segunda Guerra Mundial actuó en algunos asuntos como intermediario de la Santa Sede, y puso a disposición de los refugiados un terreno de la Basílica de San Pedro, que estaba bajo su jurisdicción por detentar la dignidad de cardinal arcipreste de la misma.

En 1939 el papa le nombró titular de la iglesia de Santa Maria della Vittoria (Roma) y en 1951 optó por la suburbicaria de Frascati, su sede hasta el final de su vida.

En 1946 celebró su 50º aniversario sacerdotal y 25º aniversario episcopal.

En 1949 visitó España como legado pontificio para clausurar el centenario del fallecimiento de Jaime Balmes ; allí fue objeto de varios homenajes, entre otros el nombramiento como hijo adoptivo de la capital. También fue legado pontificio en Fátima (1951), en Barcelona – con ocasión del Congreso Eucarístico Internacional – (1952), y en Perú, en el Congreso Nacional Eucarístico y Mariano de Lima (1954). En 1954 recibió de Francisco Franco, el título nobiliario de marqués de Santa María de la Almudena a favor de su sobrino Giovanni Battista Tedeschini Danieli.

En este segundo periodo curial de su vida fue camarlengo del Colegio Cardenalicio y formó parte de las siguientes congregaciones : Consistorial, de Sacramentos, del Concilio, de Ritos, del Ceremonial, de Asuntos Eclesiásticos Extraordinarios, y de Seminarios y Universidades. Fue miembro del Tribunal Supremo de la Signatura Apostólica, y de las Comisiones Pontificias para la Interpretación del Código de Derecho Canónico, y Cardenalicia para la Administración de los Bienes de la Santa Sede.

Tedeschini conoció a seis pontífices : León XIII, Pío X, Benedicto XV, Pío XI, Pío XII y Juan XXIII. De entre éstos, tuvo una excelente relación con Benedicto XV y Pío XII. El trato con Pío XI fue un poco distante, pues Tedeschini había criticado su actuación cuando éste fue nuncio en Polonia. Sin embargo, durante el periodo republicano, adoptó la misma posición del pontífice a favor de un *ralliement* con el gobierno español.

Federico Tedeschini falleció en Roma el 2 de noviembre de 1959, a los 86 años de edad, a causa de un cáncer intestinal y una insuficiencia cardiaca. Fue enterrado en las grutas vaticanas, donde yace actualmente.

Recibió numerosas condecoraciones a lo largo de su vida (como el gran collar de Carlos III y el de la Orden de Isabel la Católica) y varias ciudades italianas le concedieron la ciudadanía honoraria.

T. Zuñiga Sánchez-Cerrudo, *Biografía del excelentísimo y reverendísimo señor doctor Don Federico Tedeschini, arzobispo de Lepanto, nuncio apostólico en España leída en la solemne recepción del mismo en el Colegio de Doctores de la Universidad Central*, Madrid, 1929. – J. J. Calabuig Revert, *El cardenal Tedeschini y su actuación en España : 1921-1936*, Totana, 1936. – *Discursos del cardenal Federico Tedeschini*, Santiago de Compostela, 1961. – F. Gutiérrez Lasanta, *Tres cardenales hispánicos y un obispo hispanizante*, Zaragoza, 1965. – V. Cárcel Ortí, *Instrucciones del cardenal Gasparri al nuncio Tedeschini en 1921*, en *Revista Española de Derecho Canónico*, 48, 1991, p. 455-482 ; Id., *El nuncio Tedeschini y los gobernantes republicanos*, en *Ecclesia*, 3338, 2006, p. 6-7 ; Id., *La nunciatura de Madrid y la embajada de España en el Vaticano (1931-1936)*, en *Archivum Historiae Pontificiae*, 44, 2006, p. 245-340 ; Id., *La nunciatura de Federico Tedeschini en Madrid durante la monarquía (1921-1931)*, en *Ibid.*, 45, 2007, p. 97-184 ; Id., *La II República y la Guerra Civil en el Archivo Secreto Vaticano*, Madrid, 2011-2016. – I. Tozzi (ed.), *Monsignor Federico Tedeschini (1873-1959). Il cardinale, la sua città*, Antrodoco, 2004. – R. Corts i Blay, *La visita apostolica de 1928 del nunci Tedeschini a Barcelona. Un intent de repressió d'una pastoral en català*, en *Analecta Sacra Tarraconensia*, 81, 2008, p. 197-604 ; Id., *L'informe final de la visita apostòlica de 1928 del Nunci Tedeschini a Catalunya*, en *Ibid.*, 83, 2010, p. 485-558 ; Id., *La visita del nunci Tedeschini de 1928-1929 a Montserrat*, en *Ibid.*, 84, 2011, p. 839-970 ; Id., *La redacció dels decrets de la Cúria Romana (1928-1929) sobre la « Qüestió catalana » durant la dictadura de Primo de Rivera*, en *Ibid.*, 85, 2012, p. 5-142 ; Id., *La recepció dels bisbes de la Tarraconense dels decrets de la Santa Seu (1928-1929) sobre la « Qüestió catalana »*, en *Ibid.*, 86, 2013, p. 313-732 ; Id., *El cardenal Vidal i Barraquer i la Dictadura de Primo de Rivera. Pràctica i defensa d'un catalanisme*, en *Revista de Catalunya*, nº 291, 2015, p. 48-59 ; Id., *La reacció del clergat i dels seglars als decrets de la Santa Seu (1928-1929) sobre la Qüestió catalana*, en *Analecta Sacra Tarraconensia*, 88, 2015, p. 5-266. – J. Avilés Farré, *El nuncio apostólico y la República laica : la ofensiva anticlerical de 1931 en los informes de monseñor Tedeschini*, en *Aportes*, 30, 2015, nº 88, p. 55-77. – R. Trullén Floría, *Religión y política en la España de los años treinta. El nuncio Federico Tedeschini y la Segunda República*, Zaragoza, 2012. – J. R. Rodríguez Lago, *La batalla eclesial por Madrid (1922-1936). Los conflictos entre Eijo Garay y Federico Tedeschini*, en *Hispania Sacra*, 64, 2012, nº extraordinario 1, p. 205-222. – *Tedeschini, Federico*, en *Enciclopedia Universal Ilustrada Europeo-Americana*, t. LIX, p. 1395. – M. Fuster Cancio, *Los años veinte en España a través de los despachos diplomáticos del nuncio Federico Tedeschini*, Roma, 2017. – *Cardinale Federico Tedeschini*, en la página web del Comune di Antrodoco (visitada el 30 de abril de 2017).

M. Fuster Cancio

THÉRAPEUTES, communauté ascétique juive attestée en Égypte au 1er siècle après J.-C. et en qui Eusèbe de Césarée voyait les premiers croyants égyptiens convertis par Marc (*cf.* Apologétique judéo-hellénistique, *supra*, col. 897).

Depuis Eusèbe de Césarée jusqu'à nos jours, les historiens n'ont cessé de porter un intérêt passionné à une communauté d'hommes et de femmes, que Philon d'Alexandrie nous montre établie sur une colline dominant le lac Maréotis (aujourd'hui le lac Mariout) et dont il décrit la règle dans son traité *De la Vie contemplative ou des Suppliants* (*De vita contemplativa*).

Témoigne de cet intérêt « l'énorme littérature qui se rapporte à ce traité » (É. Bréhier, *Les idées religieuses et philosophiques de Philon d'Alexandrie*, Paris, 1950, p. 321).

Quand on inventorie cette littérature, il apparaît que l'on a vu dans ces hommes et ces femmes que Philon appelle *Thérapeutes, Thérapeutrides* (*De vita contemplativa*, 2) soit une utopie de l'ascétisme, créée par Philon ou par un autre auteur, soit, à la suite d'Eusèbe de Césarée (*Histoire ecclésiastique* I, II, XVI) les premiers croyants égyptiens convertis par Marc, « envoyé en Égypte où il prêcha l'Évangile qu'il avait composé et où il établit des Églises d'abord à Alexandrie même », soit de proches parents, des « cousins germains » des Esséniens (A. Jaubert, « Philon d'Alexandrie », dans *Encyclopaedia Universalis*, t. XII, Paris, 1968, col. 870), soit enfin une communauté religieuse originale, qui « constitue un témoin particulièrement remarquable et intéressant de la vénération du judaïsme alexandrin à l'endroit du sabbat » (V. Nikiprowetzky, *Le 'De vita Contemplativa' revisité* [coll. Sagesse et Religion], Paris, 1979, p. 124). Pour l'inventaire de la littérature suscitée par le traité de Philon, voir J. Riaud, *Les Thérapeutes d'Alexandrie dans la tradition et dans la recherche critique jusqu'aux découvertes de Qumrân*, dans W. Haase (dir.), *Aufstieg und Niedergang der Römischen Welt*, partie II : *Principat*, vol. 20/2, Berlin-New York, 1987, p. 1189-1295.

Pour cerner l'identité des Thérapeutes, il est nécessaire de prêter attention aux renseignements que le traité fournit et de les éclairer en interrogeant l'ensemble de l'œuvre de l'Alexandrin. Ces renseignements concernent les noms des membres de la communauté du lac Maréotis, le régime contemplatif de celle-ci, et quelques-unes de ses particularités.

Pour désigner ceux qu'il appelle « ceux des nôtres qui ont embrassé la vie contemplative » (§ 58), Philon emploie deux termes : *thérapeute* et *suppliant*. Le premier est fréquemment utilisé par l'Alexandrin pour désigner des particuliers et des communautés fort dissemblables. Ce terme qui s'applique à des serviteurs profanes dans le pire sens du mot, tels ceux du Pharaon (*De Ebrietate* 210), peut désigner des idolâtres (*De Decalogo* 66) ou les courtisans-adorateurs de Caligula (*Legatio ad Caium* 97), mais aussi les prêtres-lévites (*Legum Allegoriae* III, 135 ; *De sacrificiis Abelis et Caini* 118 ; *De posteritate Caini* 182 et 184 ; *De ebrietate* 69 ; *De vita Mosis* III, 135. 139. 274, et les « serviteurs de Dieu » en général, assimilés plus ou moins formellement à des prêtres (*De Sacrificiis Abelis et Caini* 12. 13. 127) ; *Quod deterius* 160 : *De Ebrietate* 69. 126 ; *De Posteritate Caini* 184). Reçoivent encore le nom de *thérapeute* le peuple d'Israël (*De plantatione* 60 ; *De Vita Mosis* II, 189), les Esséniens (*Quod omnis probus* 75), et l'armée des anges obéissant aux ordres de Dieu (*De confusione linguarum* 174).

Ce survol de l'emploi du mot *thérapeute* dans le corpus philonien permet de préciser son sens et sa valeur sémantique comme appellation d'une communauté particulière. Le concept le plus général, celui qui englobe toutes les acceptions du mot dans les passages qui viennent d'être mentionnés, est celui de *serviteur*. La nature et le destinataire du service peuvent varier, comme la dignité de ceux qui le rendent, mais les

serviteurs de Pharaon, les courtisans de Caligula, les prêtres-lévites, les « serviteurs de Dieu », le peuple d'Israël, les Esséniens, les anges, ont pour trait commun d'être des *ministres*. De fait, le terme *thérapeute* est souvent associé, dans les textes mentionnés ci-dessus, à des termes qui connotent l'idée de service et principalement de service religieux.

Si Philon qui n'ignore pas que la Septante connaît et emploie volontiers, pour traduire l'hébreu *'bd*, un terme de la famille de *therapeutès*, *therapôn* (cf. *Quod deterius* 62 ; *Quis rerum* 6-9), donne sa préférence à *therapeutès* (*De sacrificiis Abelis et Caini* 12), c'est en raison de la coloration assez précise de ce vocable. *Therapeia*, *therapeutès* sont, en effet, couramment employés par Platon pour désigner soit le culte rendu aux dieux (*Euthryphon* 13d ; *République* IV, 427b) et le prêtre (*Phèdre* 252c ; *Les Lois* V, 740c ; IX, 878a), soit un traitement médical (*Protagoras* 354a) et le médecin (*Gorgias* 517c, 518a ; *République* 341c ; II, 369d). Or Philon indique lui-même en *De Vita contemplativa* 2 que la contemplation des thérapeutes est une thérapeutique de l'âme. Il y a ici une nuance que *therapôn* ne pouvait exprimer. *Therapeutès* est un équivalent plus noble de *therapôn*, et il a une valeur sémantique plus riche que lui. Il désigne, en effet, le serviteur de Dieu qui est aussi un médecin de l'âme.

D'une manière générale, le mot *therapeutès* est précisé par un *nomen rectum* (cf. *De mutatione nominum* 106 ; *De somniis* I, 78 ; *De vita Mosis* II, 274). Si par une singularité, certes remarquable, les confrères du lac Maréotis portent le nom de Thérapeutes employé absolument, le cas n'est pas sans précédent. Un papyrus égyptien, daté du IIᵉ siècle avant J.-C., désigne du nom de Thérapeutes tout court des adorateurs d'Isis et de Sarapis (U. Wilcken, *Urkunden der Ptolemäerzeit*, t. I, Berlin-Leipzig, 1922, p. 8 et 19). Dans deux inscriptions découvertes à Pergame, un Thérapeute est un adorateur d'Asclépios et d'Hygie, ainsi que de Sarapis (L. Vidman, *Sylloge inscriptionum religionis Isiacae et Sarapiacae*, Berlin, 1969, p. 361, note 314). Ces données indiquent que le terme *therapeutès* n'était pas inconnu à l'époque de Philon, et que la raison de son emploi absolu dans le *De vita contemplativa* 2. 22. 88. 90 s'explique par le fait qu'il n'y avait probablement pas de risque d'erreur et qu'il était facile de suppléer au *nomen rectum* manquant. Dans le cas des solitaires du lac Maréotis, il est raisonnable de songer à l'une ou l'autre de ces expressions qui se rencontrent dans l'œuvre de l'Alexandrin, telles que « serviteur de Dieu » (*De sacrificiis Abelis et Caini* 127 ; *Quod deterius* 160 ; *De plantatione* 60 ; *De vita Mosis* II, 135, etc.), « serviteur de celui seul qui est beau » (*De posteritate Caini* 182), « serviteur du seul sage » (*De ebrietate* 60), « serviteur de l'Être véritable » (*De specialibus legibus* I, 309). Il paraît hautement probable que les confrères du lac Maréotis se considéraient comme des prêtres et des adorateurs du Dieu unique et véritable, de « l'Être qui est meilleur que le bien, plus pur que l'un, plus primordial que la monade » (*De vita contemplativa* 2), et comme des philosophes moralistes qui guérissent le corps en soignant l'âme.

Le second terme, *hikétès*, *suppliant*, par lequel Philon désigne les Thérapeutes permet de préciser cette définition. Grâce à ce terme, il a su avec un rare bonheur raccorder à la notion grecque du suppliant des conceptions scripturaires telles que le *cri* à Dieu, le *refuge* en Dieu, ou le *service de Dieu*. Il désigne ainsi une qualité durable et une variété d'hommes particulière. Il donne ce titre à Israël, « la nation orpheline et sans défense » (*De vita Mosis* I, 34-36 ; *De specialibus legibus* II, 217-219 ; IV, 178-180 ; *Legatio ad Caium* 3), aux prosélytes qui ont abandonné leurs coutumes ancestrales (*De specialibus legibus* I, 309-310 ; II, 118), aux veuves et aux orphelins qui ont perdu leurs protecteurs (*De specialibus legibus* I, 310), aux lévites enfin, qui semblent être les suppliants par excellence comme le laisse entendre *De somniis* II, 273. Ils sont appelés *suppliants* parce que leur part est Dieu seul en dehors duquel ils ne possèdent rien, leur statut social étant le même que celui de la veuve, de l'orphelin, du prosélyte et du peuple d'Israël. Mais ce statut résulte d'un choix formel. « Les lévites, s'écrie Philon (*Quod deterius* 62), considèrent la terre et l'eau et l'air et même le ciel et tout l'univers comme un héritage indigne d'eux : seul peut leur suffire le Créateur, et c'est d'ailleurs auprès de Lui qu'ils se sont réfugiés en vrais suppliants. C'est Lui dont ils se sont faits les serviteurs ».

À l'instar des lévites, les Thérapeutes ont choisi délibérément de s'enfuir du monde pour se réfugier en Dieu en s'adonnant, six jours durant, à la contemplation, à l'étude de la Loi que le prêtre a mission d'enseigner, à la composition d'hymnes et au chant (*De vita contemplativa* 2, 12-13. 18-20. 28-29. 78. 80. 83-89). On pourrait dire que les solitaires du lac Maréotis ont fait leur la maxime du *De vita Mosis* II, 67 : « L'honneur qui convient au sage c'est le culte de l'Être véritable. Or c'est la prêtrise qui rend ce culte à Dieu ». Il n'est donc pas étonnant que Philon leur ait donné le titre sacerdotal de *suppliants*. Mais ces sages contemplatifs dont la prière privée et publique (*De vita contemplativa* 27. 84. 89) suivait l'horaire de celle des lévites au Temple (II, chap. 25, 30) avaient très nettement conscience, comme cela ressort de leur régime contemplatif que nous présenterons, que « leur prêtrise ne peut être entendue que par image ou allégorie, ou, si l'on préfère, au sens spirituel » (V. Nikiprowetzky, *Études philoniennes* (coll. Patrimoines – Judaïsme), Paris, 1996, p. 42), Pour eux, comme pour beaucoup d'autres, l'idéal lévitique était le modèle le plus parfait de la vie contemplative. Aussi estimaient-ils qu'en raison de leur vie passée et de leur âge, ils pouvaient revendiquer le privilège du « *Jubilé du lévite* ».

Bien que Philon ne le précise pas, il est possible de préciser à quel âge on pouvait revendiquer ce privilège, et se vouer entièrement à la contemplation sur la colline du lac Maréotis. De certaines données fournies par le traité, il ressort que les solitaires sont des gens d'âge : ils ont laissé « leurs biens à leurs fils, à leurs filles, à leurs proches parents » (§ 13) ; on sert l'eau chaude aux vieillards délicats, aux plus âgés (§ 73) ; les Thérapeutrides sont pour la plupart des « vierges âgées » (§ 68). Ces données et le titre de *suppliants* portent à penser que les Thérapeutes devaient comme les lévites du Temple devenir des contemplatifs à plein temps à l'âge de cinquante ans, ainsi que le laissent entendre deux passage du *De fuga* 37 et du *Quod deterius* 62-66 qui peuvent être rapprochés des indications fournies

par le *De vita contemplativa*. Dans ces deux textes, Philon fait observer, en prenant appui sur Nb 4, 30, et surtout sur 8, 24-36, qu'il allégorise à sa manière, et dans lesquels il retrouvait la doctrine platonicienne concernant la classe des dirigeants (*République* VII, 537-541), que les lévites devaient accomplir les travaux jusqu'à l'âge de cinquante ans (*De fuga* 37). Mais, ajoute-t-il, « après l'abandon du service actif, il leur fut prescrit d'observer et de contempler chaque chose : ils recevaient comme récompense de leur rectitude pendant la vie active une autre vie qui ne trouve sa joie que dans la science et la contemplation ».

Les mots par lesquels Philon désigne la communauté des Thérapeutes sont *airesis* (§ 29) et, bien plus souvent, *proairesis* (§ 2. 17. 29. 32. 67. 79). Le premier peut s'entendre d'une école philosophique, le second désignant un « choix, une vocation » ou « une règle de vie ». Les membres de cette communauté constituaient quatre groupes : les hommes et les femmes, à savoir les Thérapeutes et les Thérapeutrides, les anciens et les jeunes.

Avant de se retirer sur la colline du lac Maréotis, les confrères avaient une vie familiale, femmes et enfants. Ce n'est qu'une fois entrés dans la communauté qu'ils devaient observer le célibat et s'abstenir de relations sexuelles en raison de la tempérance, entendue dans un sens général, comme « maîtrise de soi » (§ 34). Cette maîtrise de soi qui réglait la sphère de la nourriture (§ 37), de l'habillement (§ 38), de l'habitation (§ 24-25) et des soins dus au corps (§ 36), concernait aussi la sexualité de laquelle Philon ne parle jamais explicitement, comme si, pour les hommes, la pratique de la chasteté était évidente. Cependant on peut voir dans le traité (§ 90) une motivation de celle-ci.

En revanche, il donne quelques informations à propos de la virginité des femmes. Il précise tout d'abord que celles-ci ont une dénomination spécifique et tout à fait parallèle à celle des hommes de la communauté : elles possèdent un nom propre, les Thérapeutrides. Cette information mérite attention, car elle montre que les femmes étaient reconnues comme des membres à part entière, comme Philon lui-même l'affirme explicitement (§ 32-33) : partageant « le même zèle et le même genre de vie », elles ont la même dignité et le même statut. Philon les montre participant aux réunions sabbatiques de la communauté, et fournit des indications importantes. Il précise que le sanctuaire commun dans lequel se réunissent les solitaires comporte « deux travées, dont l'une est attribuée aux hommes, l'autre aux femmes ». Le « mur, sorte de parapet de trois ou quatre coudées » qui sépare les travées, est construit à la manière d'une barrière, la partie supérieure étant laissée ouverte jusqu'au toit ». Cela pour deux raisons, précise l'Alexandrin : « respecter la pudeur qui convient à la nature féminine et permettre d'entendre commodément, les auditrices étant assises à un endroit où le son porte bien, et où aucun obstacle n'intercepte la voix de l'orateur ». Cette précision nous offre deux précieuses informations sur le statut des Thérapeutrides : elle confirme d'une part que les femmes partageaient pleinement la vie des solitaires, mise à part probablement l'explication de l'Écriture durant l'assemblée réservée aux hommes (*De vita contemplativa*, 31), et qu'elles maintenaient d'autre part une certaine distance d'avec le groupe masculin en vertu de l'exigence de pureté requise pour la participation au culte.

Confirme cette interprétation *De vita contemplativa* 68 qui, à propos de la célébration de chacun des septièmes sabbats que comportait le calendrier de l'année liturgique de la communauté, donne sur la continence sexuelle des Thérapeutrides l'information suivante : « Des femmes aussi participent au repas ; la plupart sont des vierges âgées, qui n'ont pas observé par contrainte la chasteté comme un certain nombre de prêtresses grecques, mais par une libre résolution, par un désir passionné de la sagesse : cherchant à en pénétrer leur vie, elles ont renoncé aux plaisirs du corps et elles ont conçu non le désir d'une progéniture mortelle, mais le désir d'une progéniture immortelle, que seule peut engendrer l'âme aimée de Dieu, la semence paternelle étant un rayonnement intelligible, qui la rend capable de contempler les maximes de la sagesse ».

Cette information laisse entendre que la chasteté n'était pas seulement observée par les femmes de la communauté durant les rencontres communes, mais qu'elle était un état permanent, choisi librement. Le fait que Philon ne mentionne de manière explicite que le célibat féminin pour les membres de la communauté est significatif de la difficulté de comprendre une décision d'abstinence sexuelle prise par des femmes qui, dans la société antique, et tout particulièrement dans la société juive, ne trouvaient reconnaissance, dignité et position que grâce à leur statut d'épouses et de mères. De ces femmes, il est dit que « la plupart étaient des vierges âgées ». Sans doute s'agissait-il de femmes demeurées veuves, appartenant à une couche élevée de la société juive d'Alexandrie tant économiquement que socialement et culturellement, et qui, à l'instar de leurs confrères masculins, leurs devoirs familiaux et sociaux accomplis, avaient choisi de s'unir à la communauté du lac Maréotis pour mettre leur vie au service de Dieu et vivre en union plus intime avec lui. Leur virginité présente n'était pas un état qui trouvait sa référence dans le passé. En d'autres termes, ces femmes étaient vierges depuis leur entrée dans la communauté, s'abstenant de rapports sexuels, mais pouvaient avoir été mariées dans le passé, avant d'avoir fait le choix de la vie contemplative. Un texte philonien, *De Cherubim*, 50, qui laisse entendre que la femme dont les menstruations ont cessé, retrouve la virginité, paraît éclairer un tel choix. « Avec la nature incorruptible, intacte, pure, celle qui est, en toute vérité, vierge, s'écrie Philon, il est décent que Dieu ait des entretiens ; c'est le contraire avec nous. Chez les hommes, l'union en vue de la création des enfants fait, des vierges, des femmes. Mais quand Dieu commence à avoir commerce avec l'âme, de ce qui auparavant était une femme, il refait une vierge, car il détruit et chasse les désirs sans noblesse ni virilité qui l'efféminaient, pour y substituer les vertus natives et sans alliage. C'est ainsi qu'il n'aura pas d'entretien avec Sarah jusqu'à ce qu'elle abandonne tout ce qui est particulier aux femmes, et s'élance pour reprendre son rang de vierge chaste (*Genèse*, 18, 11) ». En rapprochant ce texte de *De vita contemplativa*, 68, comme l'ont fait certains auteurs, on peut comprendre que la virginité des Thérapeutrides, femmes âgées, et donc ménopausées, consistait dans le fait d'être libres des passions. Elles avaient renoncé volontairement aux plaisirs sexuels

pour demeurer dans un état de pureté qui seul permet d'entrer en contact avec Dieu pour pouvoir recevoir de lui les semences de la sagesse et parvenir à sa vision, le véritable but de la vie du Thérapeute.

Les renseignements sur deux autres groupes de la communauté, les anciens et les jeunes, que donne l'Alexandrin (§ 30), à propos de la célébration du septième jour, sont relativement vagues ; il signale que les confrères « s'assemblent pour une réunion commune, et s'assoient par rang d'âge », et il précise (§ 31) que, durant cette réunion, c'est « le plus âgé et le plus versé dans la doctrine qui s'avance et parle ; le regard tranquille, la voix tranquille, avec réflexion et sagesse ; il ne fait pas étalage d'habileté oratoire, à la manière des rhéteurs ou des sophistes actuels, mais l'exactitude de la pensée, résultat de ses recherches, est ce qu'il fait passer dans ses explications ». Ces informations ne permettent pas d'affirmer si une hiérarchie existait à l'intérieur de la compagnie, basée sur l'âge réel ou sur l'âge d'entrée dans la communauté.

Plus précises sont les données fournies à propos de la Pentécontade. « Après les prières, lisons-nous (§ 67), les anciens, d'après leur date d'admission dans la communauté, prennent place ; ils considèrent comme anciens, non pas des gens âgés et grisonnants, s'ils ont embrassé tardivement la doctrine, mais ceux qui, dès leur jeunesse, ont grandi et mûri dans la philosophie contemplative, la plus belle et la plus divine ». En dépit de sa formulation un peu équivoque, ce paragraphe nous empêche de penser que la société des thérapeutes ait eu en son sein des jeunes gens. Sont considérés comme anciens les thérapeutes qui « dès leur jeunesse, ont grandi et mûri dans la philosophie contemplative » et, de ce fait, ont pu entrer dans la communauté aussitôt qu'il leur a été licite. « Les gens âgés et grisonnants », au contraire, dont la vocation contemplative a été tardive sont tenus pour des enfants, mais ont tout de même le titre de thérapeutes. Les membres de la communauté étaient donc classés suivant la date de leur admission en son sein.

« Les jeunes gens véritables sont les novices » dont l'activité est partiellement décrite à propos du banquet de la Pentécontade (§ 71-72, 77, 81) lequel n'est pas servi par des esclaves, car les solitaires « jugent que posséder des serviteurs est absolument contraire à la nature » (§ 70), mais par ces jeunes dont la vocation est précisément très précoce, et qui ont été « choisis avec grand soin d'après leur mérite » : ils sont « cultivés et bien nés », « tendent vers les sommets de la vertu », et « servent avec une joyeuse émulation, comme de vrais fils servent leur père et mère, estimant qu'ils ont là des parents communs qui leur sont plus proches que les parents par le sang, puisque rien ne rapproche plus étroitement les grandes âmes que la vertu » (§ 72). Bien qu'ils s'acquittent des tâches de serviteurs, ces jeunes les accomplissent par amour pour les anciens de la communauté qu'ils considèrent comme leurs parents spirituels. « En entrant pour servir, ils ont la ceinture dénouée et laissent tomber leur tunique toute droite, afin de n'avoir sur eux rien qui ressemble à une attitude servile », précise Philon (§ 72). Mais cette ceinture dénouée « marque moins l'horreur pure et simple de l'esclavage qu'elle n'indique que ces jeunes gens se comportent comme de vrais esclaves, mais par affection filiale ». Selon *De Decalogo*, 165, « les enfants sont à l'égard de leurs parents dans le même rapport que les esclaves à l'égard de leurs maîtres ». L'activité de ces jeunes ne devait pas se limiter au seul service de la table (§ 70-72, 81) ; elle devait être certainement plus importante que ce que n'en mentionne le traité.

C'est également à l'occasion de la fête de la Pentécontade que sont évoquées d'autres fonctions exercées par l'un ou l'autre des confrères au cours de sa célébration. Tout d'abord celle de l'un des « éphéméreutes » qui donne le signal aux confrères pour qu'« ils s'alignent devant les lits des tables » du banquet, composante de la célébration de cette fête (*De vita contemplativa*, 66). « Éphéméreute » est le nom donné au prêtre de service dans le temple (Lc 1, 15 ; *cf.* I Ch 9, 23 ; 23, 6 ; 25, 8 ; Ne 13, 30). Le thérapeute qui assume cette fonction de « prêtre de service » ne doit pas être confondu avec « le président » qui, une fois les convives installés, « commente quelque point des saintes Écritures ou éclaircit une difficulté qu'un autre lui soumet » (§ 75. 79). Il n'est pas impossible, sans que l'on puisse le prouver avec certitude, que les fonctions de ce « président » de la fête de la Pentécontade soient identiques à celles qu'assume le confrère « le plus âgé » qui intervient lors de la réunion du septième jour. À la fin de son intervention, il « se lève et chante une hymne composée à l'adresse de Dieu : soit une hymne nouvelle composée par lui-même, soit une hymne ancienne des poètes d'autrefois » (§ 80). Mais, lorsque, après le repas, « deux chœurs se forment, un chœur d'hommes, un autre de femmes, on choisit, dans chacun d'eux, un maître de chœur et celui qui entonne chacun d'eux étant le plus respecté et sachant le mieux chanter » (§ 83). Ce choix, fait en fonction de la compétence, ne paraît pas relever d'un ordre hiérarchique quelconque.

On sait que, pour Philon comme pour le judaïsme classique, la législation mosaïque qui constitue la partie centrale de l'Écriture, est une « école de prêtrise » (*De specialibus legibus* II, 164). Le prêtre auquel elle assure une formation est le sage tel que le conçoit l'Alexandrin, c'est-à-dire le juif qui s'adonne à la pratique de la Loi, au service de Dieu, en un mot. Ce service de Dieu se confond avec l'itinéraire spirituel qui fait la trame du Pentateuque, et qui n'est autre que la Migration, inscrite dans le nom même de l'Hébreu selon *De migratione Abrahami* 20. Cet itinéraire spirituel est souvent évoqué par Philon à propos de l'expérience cruciale qui fut celle d'Israël en route vers la Terre promise. On ne saurait s'en étonner, car, à l'époque hellénistique et romaine, à l'époque de Philon, le séjour des Israélites au désert demeure l'expérience où s'alimente le mysticisme de juifs individuels ou de communautés, comme celles des Esséniens et des Thérapeutes.

Certes, rien ne ressemble moins à « l'immense et profond désert » (*De vita Mosis* I, 192) dans lequel Dieu a conduit son peuple que le lieu où Philon situe la communauté des Thérapeutes (§ 22-23). On peut cependant appeler « désert » la colline du lac Maréotis, parce que, à l'époque hellénistique et romaine, la spiritualisation du désert a quelque peu adouci les épreuves que la Bible a rendu fameuses, mais aussi et surtout parce que les raisons que l'Alexandrin allègue pour rendre compte de la présence des Thérapeutes « en dehors des remparts, dans des jardins, dans des domaines isolés » (§ 18-20), sont celles-là mêmes par lesquelles il explique le séjour d'Israël au désert (*De Decalogo* 2-14).

Ce retour au désert des solitaires du lac Maréotis peut être caractérisé comme une conversion radicale à la Loi de Moïse par une méditation continue de celle-ci (§ 25-30) et une mise en pratique des devoirs envers le prochain qui en constituent une partie essentielle et qui n'est possible que par un abandon de la loi des cités et une vie conforme à la loi de nature. Autrement dit, dans la solitude qui abolit toutes les occasions de l'amour propre (§ 39), les Thérapeutes vivaient la sortie d'Égypte, la traversée du désert, l'époptie du Sinaï et le cheminement vers la Terre promise comme une sorte de drame symbolique et sacré. Leur aventure n'était rien d'autre qu'un exode spirituel constamment poursuivi, qui les conduisait hors du domaine du corps et des passions qui symbolise l'Égypte. Cet exode était rappelé par la commémoration du *Cantique de la mer* d'Exode 15 durant la veillée sacrée au cours de laquelle les contemplatifs du lac Maréotis célébraient avec une solennité particulière chacun des septièmes sabbats que comportait leur année liturgique (§ 65-88). À leurs yeux, ce sabbat des sabbats, « plus saint que la sainteté » (*De specialibus legibus* II, 194), était illuminé par sa proximité avec la Pentécontade ; il était aussi « le prélude d'une très grande fête dont la Pentécontade a reçu l'apanage » (§ 65). Cette « très grande fête » – la Pentecôte, probablement –, couronnement de la Pâque, correspond au terme de la migration spirituelle des Thérapeutes : l'entrée de ces sages contemplatifs dans « la Plantation des Vertus » (*Legum allegoriae* I, 53-54).

On ne saurait donc identifier ces contemplatifs qui consacrent « le temps qui s'écoule du matin au soir à la lecture des saintes Écritures, et à la philosophie de leurs ancêtres au moyen de l'allégorie » (§ 28), aux partisans outranciers de l'allégorie, qui négligent tout ce qui n'est pas recherche personnelle de la vérité (*De migratione Abrahami* 90), et aux ermites, poussés par un zèle un peu farouche à s'enivrer de l'amour de Dieu comme d'un vin pur, aux dépens des exigences de la vie sociale (*De mutatione nominum* 39-47 ; *De Decalogo* 108-110). Les reproches cinglants qu'il adresse aux uns et aux autres (*De fuga et inventione* 35-36) ne visent aucunement les solitaires du lac Maréotis. Philon ne condamne que les allégoristes excessifs et nullement les Thérapeutes auxquels il ne reproche jamais de trahir l'âme même de la Loi en faisant fi de la législation matérielle (§ 78) ; il ne leur reproche pas non plus d'avoir choisi à un âge indu, « par lâcheté ou paresse » (*De fuga et inventione* 36), la vie contemplative, avant d'avoir livré le combat de la vie pratique. Bien plus, il insiste sur le fait qu'ils ont vécu dans les cités avant de mourir au monde sensible et de se réfugier en Dieu (§ 13-17) ; ce n'est qu'au terme d'une vie militante pleine d'entreprises et de traverses (§ 13-17) que ces authentiques « disciples de Moïse » (§ 63) recevaient, comme Jacob, en récompense d'un service vaillamment accompli, la couronne réservée aux vieillards : la contemplation (*De praemiis et poenis* 51).

Parvenus à cet âge où la vie contemplative est un privilège incomparable, mais licite, les Thérapeutes avaient la possibilité d'être « à l'intérieur du sanctuaire » (*Quis rerum* § 82), de vivre en permanence dans le

Saint des Saints (Nb 4, 7) dont aucune préoccupation mondaine, aucun souci des choses temporelles ne les arrachaient (§ 18-20. 30). Aussi lorsque Philon les montre s'assembler pour les repas publics (§ 64-82), ne sommes-nous pas surpris de les voir, vêtus de blanc, s'asseoir à la sainte Table des pains de proposition, laquelle se trouvait dans le Saint des Saints (Nb 4, 7). Quant au vêtement blanc (§ 66), il évoque la vêture des prêtres et en particulier du grand-prêtre dans le service à Dieu seul, lorsque, ayant quitté la longue robe où était figuré l'Univers, il pénétrait vêtu de lin blanc dans le Saint des Saints (*De somniis* I, 216-218). Nous ne sommes pas davantage surpris que ces repas publics soient servis par des jeunes gens qui n'ont « sur eux aucune tenue servile » (§ 72), et non par des esclaves, aucun incirconcis de chair et de cœur ne pouvant pénétrer dans le Temple spirituel des Thérapeutes. Ceci dit, on doit remarquer que ce Temple spirituel ne fonctionne que grâce à l'alliance de la vie pratique réservée aux disciples et aux *enfants*, comme dirait Philon, de moins de cinquante ans, avec le régime contemplatif réservé à la classe des grands prêtres.

Le fait que les Thérapeutes se tournaient vers l'Orient pour prier (§ 27. 89) a été parfois considéré comme un emprunt au pythagorisme (I. Lévy, *Recherches esséniennes et pythagoriciennes*, Paris-Genève, 1965, p. 20). Il n'en est rien. La prière qui saluait le début de la journée sainte de la communauté, se disait à l'heure où commençait l'office du matin au Temple, à l'aurore. Les Thérapeutes saluaient avec la même joie le coucher du soleil (§ 27) car, en un certain sens, la lumière qui brille la nuit est supérieure à la lumière du jour. Lorsqu'on les compare, celle du jour est symbole de la lumière sensible et de la vie active, tandis que l'autre, composée du feu de toutes les étoiles, c'est-à-dire de toutes les sciences et vertus sur le fond du ciel nocturne, est l'image de la lumière intelligible. C'est lorsque le soleil se couchait sur leur vie que les Thérapeutes se trouvaient assez purifiés pour n'attacher plus aucun prix aux splendeurs du sensible et pour se laisser éclairer par la lumière de la sagesse (§ 26-27 ; *De somniis* I, 81-85). Il n'y a donc rien de comparable dans la posture à l'Orient des orants avec l'idolâtrie du soleil, qui est condamnée dans Ez 8, 16-18. C'est au Temple de Jérusalem qu'il était interdit de prier tourné vers le soleil, mais on sait que les synagogues étaient orientées vers Jérusalem qui pour les Thérapeutes était située à l'est. C'est même l'orientation à l'est que, dans le cas des cénobites du lac Maréotis, le judaïsme rabbinique eût jugée seule correcte (*Talmud de Babylone, Berakoth* 30 A).

Le repas des Thérapeutes a aussi été rapproché du « déjeuner des Pythagoriciens » (I. Lévy, *op. cit.*, p. 43-44). En réalité, la diète des Thérapeutes, leur non-consommation de mets carnés doivent être regardées à la lumière de la doctrine de Dt 8, 11-14 sur les périls auxquels expose la prospérité matérielle. L'eau, le pain, le sel, l'hysope, sont les symboles d'une diète conforme à la Loi naturelle ou, si l'on préfère, d'une vie conforme à la sagesse. L'eau, en effet, est l'emblème de la sagesse, comme le sel de la pureté. Il s'agit naturellement de la sagesse au sens sacré où l'entend le judaïsme : les pains que consomment les Thérapeutes sont, en effet, assimilés aux pains de proposition du Temple de Jérusalem. D'une manière générale, la signification du

banquet de la communauté est avant tout celle d'un *festin de sagesse*, festin auquel sont conviés ceux qui ont transformé leur vie en « un sacrifice de sobriété », c'est-à-dire selon *De ebrietate* 126, ceux qui sont prêtres et serviteurs de Dieu. Aussi n'est-il pas étonnant que les Thérapeutes s'abstenaient de vin (§ 73-74) : ils étaient des prêtres au sens spirituel et ils vivaient constamment comme les prêtres au sacrifice.

Mais les Thérapeutes avaient parfaitement conscience du caractère allégorique de leur prêtrise. C'est la raison pour laquelle ils consommaient, lors de leur festin, du pain levé et du sel mêlé d'hysope *par respect* pour la table sacrée dressée dans le Saint des Saints. « Il convenait, explique Philon (§ 81-82), d'attribuer les denrées sans mélange et à l'état pur à la classe supérieure, celle des prêtres, comme salaire du culte, et il convenait aux autres de rechercher des aliments de la même espèce, mais de s'abstenir d'aliments identiques, afin que les meilleurs aient un privilège. Sur le plan de la réalité historique, les Thérapeutes savaient qu'ils avaient en commun avec le clergé de Jérusalem non l'exercice du ministère, sacerdotal, mais un même zèle. Nous avons dans les § 81-82, comme E. Renan l'avait fort bien vu (*Histoire d'Israël*, t. 5, Paris, 1893, p. 374), une indication de premier ordre sur le caractère régulier de la communauté du lac Maréotis dans le cadre du judaïsme : ses membres que Philon appelle « citoyens du ciel et de la terre » (§ 90), n'ont rien voulu d'autre que faire de leur existence, à l'instar des Lévites, mais *par figure*, un sacerdoce perpétuel.

Le problème des rapports des Thérapeutes et des premiers moines chrétiens est posé depuis Eusèbe de Césarée qui, on le sait, voyait dans les ascètes que décrit Philon les membres de la première communauté chrétienne d'Alexandrie. Après l'essor du monachisme, au IVᵉ siècle, S. Jérôme (*De viris illustribus* 11) reprendra la thèse d'Eusèbe, et tentera de prouver que le mode de vie des moines de son temps perpétue celui des Thérapeutes. Jean Cassien (*Institutions cénobitiques* 2, 5) verra dans l'institution du lac Maréotis la première ébauche du cénobitisme chrétien. « Il est certain, écrivait A. Guillaumont (*Philon et les origines du monachisme chrétien*, dans R. Arnaldez et J.-Y. Pouilloux (éd.), *Philon d'Alexandrie. Lyon 11-15 septembre 1966*, Paris, 1967, p. 361), que les ressemblances sont frappantes entre le genre de vie des Thérapeutes et celui des moines égyptiens, notamment ceux des déserts de Nitrie et de Scété, situés en Basse-Égypte, au sud-est d'Alexandrie, et qui furent, aux IVᵉ et Vᵉ siècles, l'un des principaux foyers de la vie monastique, pratiquée sous la forme semi-anachorétique ». Ces ressemblances que B. de Montfaucon releva avec un soin tout particulier (*Le livre de Philon de la vie contemplative, traduit sur l'original grec. Avec des observations, où l'on fait voir que les Thérapeutes dont il parle étaient chrétiens*, Paris, 1709, p. 87-202) ne permettent pas de voir dans quelle mesure le *De vita contemplativa* a influencé le monachisme chrétien car, comme le remarquait A. Guillaumont (*op. cit.*, p. 362), il y a entre les Thérapeutes et « les premiers moines chrétiens un hiatus de plus de deux siècles, et nous n'avons aucun moyen de suppléer à l'absence de documentation ». C'est pourquoi, sans suivre M. Black (*The Tradition of Hasidean-Essene : its origins and influence*, dans *Aspects du Judéo-*

Christianisme, Colloque de Strasbourg 23-25 avril 1964, Paris, 1965, p. 31-32) qui pense que les Esséniens ont été les précurseurs de la tradition monastique et que les ascètes d'Alexandrie ont servi de lien entre ces origines palestiniennes et l'extension du monachisme chrétien aux pays de la Méditerranée occidentale, on se contentera d'affirmer avec J.-M.-R. Tillard (*Il y a charisme et charisme. La vie religieuse*, Bruxelles, 1977, p. 91) qu'il n'est peut-être pas entièrement fortuit que « les monastères chrétiens d'Égypte aient prospéré dans le désert de Nitrie, là où les Thérapeutes de Philon *cherchaient Dieu* », et on verra en ceux-ci des ancêtres involontaires du monachisme chrétien.

ÉDITIONS. L. Cohn et P. Wendland, *Philonis Alexandrini opera quae supersunt*, editio major, t. 6, Berlin, 1886-1915. – F. C. Conybeare, *Philo about the contemplative Life*, Oxford, 1895.

TRADUCTIONS. B. de Monfaucon, *Le livre de la vie contemplative...*, Paris, 1709. – F. Delaunay, *Moines et Sibylles dans l'Antiquité judéo-grecque*, Paris, 1874. – F. H. Colson et G. H. Whitaker, *Philo with an English Translation*, t. 9, London, 1929-1962. – P. Geoltrain, *Le traité de la Vie contemplative* (coll. Semitica, 10), Paris, 1960. – Philon d'Alexandrie, *De Vita contemplativa* (coll. Les Œuvres de Philon d'Alexandrie, 29), introduction et notes de F. Daumas, traduction de P. Miquel, Paris, 1963. – D. Winston, *The contemplative life. The Giants, and selections*, New York, 1981. – P. Graffigna, *La vita contemplativa*, Genoa, 1992. – J.-Y. Leloup, *Prendre soin de l'être. Philon et les Thérapeutes d'Alexandrie*, Paris, 1993.

TRAVAUX. H. A Wolfson, *Philo : Foundations of Religious Philosophy in Judaism, Christianity and Islam*, 2 vol. Cambridge (Mass.), 1947. – V. Nikiprowetzky, *Les Suppliants chez Philon d'Alexandrie*, dans *Revue des Études Juives*, 122, 1963, p. 241-278 ; Id., *Recherches esséniennes et pythagoriciennes. À propos d'un livre récent*, dans *Revue des Études Juives*, 125, 1966, p. 313-332 ; Id., *Le commentaire de l'Écriture chez Philon d'Alexandrie. Son caractère et sa portée. Observations philologiques* (Arbeiten zur Literatur und Geschichte des hellenistischen Judentums, 11), Leiden, 1977 ; Id., *Le De Vita contemplativa revisité*, dans *Sagesse et religion*, Colloque de Strasbourg, 20-22 octobre 1976, Paris, 1979, p. 105-125 (= *Études philoniennes*, Paris, 1996, p. 199-216) ; Id., *Quelques observations sur la répudiation de l'esclavage par les Thérapeutes et les Esséniens d'après les notices de Philon et de Flavius Josèphe*, dans *Mélanges à la mémoire de Marcel-Henri Prévost. Droit biblique, interprétation rabbinique, communautés et société*, Paris, 1982, p. 229-271 (= *Études philoniennes, op. cit.*, p. 242-291). – J. Riaud, *Les Thérapeutes d'Alexandrie dans la tradition et dans la*

recherche critique jusqu'aux découvertes de Qumran, dans W. Haase (dir.), *Aufstieg und Niedergang der römischen Welt*, partie II, *Principat*, vol. 20/2, Berlin-New York, 1987, p. 1189-1295 ; Id., *Les thérapeutes d'Alexandrie et l'idéal lévitique*, dans Z. J. Kapera (éd.), *Mogilani 1989. Papers on the Dead Sea Scrolls offered in memory of Jean Carmignac*, Kraków, 1991, p. 221-240 ; Id., *Quelques réflexions sur les Thérapeutes d'Alexandrie à la lumière de* De vita Mosis *II, 67*, dans D. T. Runia, D. M. Hay et D. Winston (éd.), *Heirs of the Septuagint. Philo, Hellenistic Judaism and Early Christianity. Festschrift for Earle Hilgert* (coll. The Studia Philonica Annual, 3), 1991, p. 184-191 ; Id., *La célébration de chaque septième sabbat dans la communauté des Thérapeutes d'Alexandrie*, dans Id. (éd.), *Le Jubilé biblique : Histoire et Interprétation*, Angers, 2003, p. 93-112 ; Id., *La vie communautaire dans le judaïsme ancien*, dans *Revue d'Histoire et de Philosophie religieuses*, 85, juillet-septembre 2005, p. 420-425 ; Id., *Une communauté mystérieuse dans les environs d'Alexandrie aux alentours de l'ère chrétienne*, dans *Rivista di Storia e letteratura religiosa*, 50/2, 2014, p. 195-257. – L. Gusella, *Esperienze di comunità nel Giudaismo antico. Esseni Therapeuti Qumram*, Firenze, 2003 ; Id., *Les thérapeutes : une élite mystérieuse dans les environs d'Alexandrie*, dans J. Riaud (éd.), *Les élites dans le monde biblique*, Paris, 2008, p. 117-133. Cette liste concernant les Thérapeutes et le *De vita contemplativa* pourra être complétée en consultant les bibliographies suivantes : F. C. Conybeare, *Philo about the contemplative Life, op. cit.*, p. 391-399. – H. L. Goodhart et E. R. Goodenough, *A general Bibliography of Philo*, dans E. R. Goodenough, *The Politics of Philo Judaeus. Practice and Theory*, New Haven, 1938, p. 282-289 (réimpr. Hildesheim, 1967). – L. H. Feldman, *Scholarship on Philo and Josephus (1937-1962)*, New York, 1963. – A. V. Nazzaro, *Recenti studi filioniani (1963-1970)*, Napoli, 1973. – G. Delling et M. Maser, *Bibliographie zur jüdisch-hellenistischen und intertestamentarischen Literatur 1900-1970*, Berlin, 1975, p. 58-80. – E. Hilgert, *Bibliographia Philoniana*, dans W. Haase (dir.), *Aufstieg und Niedergang der römischen Welt*, partie II, *Principat*, vol. 21/1, Berlin-New York, 1984, p. 47-97. – P. Borgen, *Philo of Alexandria : A critical and Synthetical Survey of Research since World War II*, dans *Ibid.*, p. 98-154. – R. Radice et D. T Runia, *Philo of Alexandria. An Annotated Bibliography 1937-1986*, Leiden-New York-Copenhague-Köln, 1988. – D. T. Runia, *Philo of Alexandria : An Annotated Bibliography 1987-1996*, Leiden-Boston-Köln, 2000. ; Id., *Philo of Alexandria. An Annotated Bibliography 1997-2006*, Leiden-Boston, 2012. – J. Riaud, *À la croisée des cultures. Les traditions judaïques à la manière grecque*, Paris, Cerf, 2017, p. 153-160.

J. RIAUD